탐험의 역사

옮긴이 _ 김 훈

　　　　고려대학교 사학과를 졸업했고 1981년 〈동아일보〉 신춘문예 희곡부문에 당선되었다. 현재
전문 번역가로 활동하고 있다. 역서로는 《훈 족의 왕 아틸라》《고대의 배와 항해 이야기》《세계 7대
불가사의》《매디슨 카운티의 추억》《패디 클라크 하하하》《페이터의 산문》 등이 있다.

탐험의 역사 ▪역사명저 시리즈 16▪

초판 1쇄 펴낸 날 _ 2004. 1. 15

지은이 _ J.레슬리 미첼 · 루이스 그래식 기번
옮긴이 _ 김훈
펴낸이 _ 이광식
편　집 _ 한미경 · 오경화 · 김지연
영　업 _ 윤영민 · 문은정
펴낸곳 _ 도서출판 가람기획
등　록 _ 제13-241(1990. 3. 24)
주　소 _ (121-130)서울시 마포구 구수동 68-8 진영빌딩 4F
전　화 _ (02)3275-2915~7　팩　스 _ (02)3275-2918
http://www.garambooks.co.kr
e-mail _ garam815@chollian.net

ISBN 89 - 8435 - 164 - 4 (03900)
ⓒ 가람기획, 2004

탐험의 역사

역사를 바꾼 아홉 명의 위대한 탐험가들

J. 레슬리 미첼 · 루이스 그래식 기번 지음

김훈 옮김

Nine
Against
the
Unknown
A Record of Geographical Exploration

가람
기획

미지의 세계에 도전한 방랑자들

미지의 세계는 언제나 우리의 마음을 설레게 한다. 미지의 세계를 탐험하는 일에는 늘 가슴 벅찬 기대와 소망이 따른다. 그리고 낯선 세계에 대한 일말의 두려움과 불안도. 이 세상에 지리상의 프런티어가 더 이상 존재하지 않는 21세기의 벽두에도, 그 옛날 미지의 땅의 비밀을 밝히기 위해 험난한 모험의 여정에 오른 탐험가들의 이야기는 여전히 우리의 마음을 사로잡는다.

이 책은 유럽이 아직 중세의 어둠에 잠겨 있을 무렵, 노르웨이를 떠나 아이슬란드에 정착했다가 거기서 다시 그린란드로 옮겨간 북구인 에리크의 아들 레이브 에릭손이 전설적인 빈란드를 찾아 북아메리카에 간 이야기에서 시작된다.

그의 뒤를 이어 유럽 인들은 서기 1000년대 동안 줄곧 이 지상 곳곳에서 '행운의 땅' 혹은 '황금의 땅'을 찾아나섰다. 마르코 폴로는 그런 땅을 찾아 저 머나먼 동방에 있다는 신비의 나라 중국에 갔고, 콜럼버스는 자신이 '행운의 땅'으로 알고 있었던 인도로 가기 위해 대서양 서쪽으로 나아갔다가 서인도제도를 발견했다. 카베사 데 바카는 그것을 찾아 북아메리카의 멕시코 만 연안과 남아메리카 오지를 헤매다녔다.

이 책에는 우리가 비교적 잘 알고 있는 마르코 폴로와 콜럼버스, 마젤란, 난센 같은 탐험가들도 나오지만, 비교적 생소하거나 거의 처음 접하는 탐험가들도 있다. 최초로 북아메리카를 발견한 북구인 레이브 에릭손, 북아메리카의 멕시코 만 일대의 해안지방과 멕시코 일대를 탐험한 카베사 데 바카, 아시아와 아메리카의 접경지대의 신비를 규명하러 나선 비투스 베링, 나이저 강의 정체와 그것의 발원지 및 출구를 밝히려고 나선 멍고 파크, 동아프리카에서 신비의 도시 하라르를 방문하고 탕가니카 호를 발견한 리처드 버턴 등이 바로 그들이다.

그런데 이 책을 번역하면서 한 가지 의문이 줄곧 내 마음에 걸려 있었다. 이 책의 서사들인 레슬리 미첼과 루이스 그래식 기번이 이들을 선성한 기준은 뭘까? 그 답은 번역하는 과정에서 금방 드러났다.

내가 탐험가를 생각할 때 조건반사적으로 떠오르는 인물들은 콜럼버스와 리빙스턴과 스탠리다. 특히 리빙스턴과 스탠리가 아프리카의 밀림 오지에서 극적으로 상봉하는 장면은 몇십 년 전 우리의 초등학교 교과서에 실려 어린 시절의 내 마음을 사로잡았다. 그밖에도 유명한 탐험가들은 아주 많다. 스페인의 무적함대를 격파한 영국의 해상 영웅 드레이크, 아스텍과 잉카의 정복자들인 코르테스와 피사로, 인도 항로의 발견자 바스코 다 가마, 존 캐벗 등등. 이들이야말로 지리적 발견의 시대의 영웅들이 아닌가. 왜 저자들은 이 책에서 그런 유명한 인물들을 제외하고, 우리에게 비교적 생소한 카베사 데 바카, 리처드 버턴, 멍고 파크 같은 인물들을 포함시켰을까?

이런 의문에 대한 레슬리 미첼과 루이스 그래식 기번의 답은 얼핏 모호한 듯하면서도 선명하다. 이 책에 등장하는 아홉 인물은 거의 하나같이 신비로운 미지의 세계를 찾아나서고 싶어하는 순수하고 깊은 열정(인간의 본능과도 같은)을 지녔다. 그들의 그런 순수한 열정은 상업적인 이익과 명성을 추구하기 위해 나선 다른 탐험가들과 선명하게 대비된다.

그러니 오로지 황금만을 좇아, 위대하다면 위대하다고 해야 할 아스텍 문명과 잉카 문명을 무참하게 짓밟고, 그곳 원주민들을 마구잡이로 학살하거나 노예로 만든 근대의 도살자들인 코르테스와 피사로가 제외되는 것은 지극히 당연하다. 서구문명과 기독교의 우월성을 믿고, 그런 것들을 자신이 암흑의 땅으로 본 아프리카에 이식시키고 원주민들을 개혁하려는 이상을 품은 리빙스턴을 제외한 것도 어찌 보면 당연하다.

스탠리?

스탠리에 대한 루이스와 미첼의 논평은 아주 가혹하다.

"좀더 사사롭고 천박한 동기에서 출발한 스탠리는 처음부터 제외할 수밖에 없는 인물이었다. 그를 움직이게 한 주요 동기는 장삿속, 세상 사람들의 찬양, 명성 같은 것들이었으니까."

바스코 다 가마에 대해 루이스와 미첼은 이렇게 말한다.

"바스코 다 가마는 콜럼버스와 카베사 데 바카…… 페르디난드 마젤란 같은 사람들의 전형적인 특징인 사심 없는 마음, 우리의 연민을 자아내는 영웅적인 외고집 같은 요소들을 결여한 인물이었다."

그리고 드레이크는?

"상업적인 목표를 추구한 탐험가들 중에서 최초의 인물이라 할 수 있는 드레이크는 자기 시대와 그 자신이라는 좁은 범주에서 벗어날 수 있는 마법의 섬이 아니라, 전리품과 재물이라는 아주 분명한 형태의 이익을 추구하면서 세계일주를 했다…… 소문으로만 알려진 남쪽 바다의 거대한 대륙인 테라 아우스트랄리아 논둠 코그니타를 찾아나설 때조차도 드레이크는 미발견된 섬 주변의 이름 없는 바다의 파도소리에 사로잡힌 사람이라기보다는 정체불명의 광산회사 발기인에 더 가까운 태도를 보였다."

그 유명한 탐험가들을 제외하게 만든 이런 여러 가지 이유를 더듬어보면, 어째서 저자들이 그들을 빼고 이 아홉 인물을 참다운 의미의 '지상의 정복자들'로 꼽았는지가 자명해진다.

그들은 가슴 벅찬 희망과 기대감을 품고 고향땅을 등지지만, 낯선 땅과 바다를 헤매고 다니면서 엄청난 고초를 겪었고, 그 힘겹고 험난한 여정에서 몇 사람은 끝내 목숨을 잃기도 했다. 마젤란, 멍고 파크, 비투스 베링이 그러했다. 다행히 그런 엄청난 한계상황을 극복하고 무사히 살아남았다고 해도 결국 바라던 '행운의 땅'을 발견하지 못한 이들은 고통스러운 환멸감을 되씹으면서 죽어갔다. 크리스토퍼 콜럼버스, 카베사 데 바카, 리처드 버턴이 그러했다.

그리고 그런 인물들의 환상과 환멸의 고통스러운 여정을 통해서 인류의 꿈이있던 미지의 '행운의 섬'은 내서양에서, 신내륙에서, 태평양에서, 아프리카 오지에서, 그리고 북극과 남극에서 쫓겨나 결국 이 지상에 '지상천국', '행운의 섬' 같은 것은 존재하지 않는다는 사실이 드러났다. 이 지구 전체가 '알려진 곳'이 되었고.

이 책을 읽는 독자들은 금방 느낄 테지만, 이 책의 저자들은 문명에 대해 좀 남다르고 독특한 시각을 갖고 있다. 그들은 20세기 초의 문명을 왕과 국가, 신들과 종교, 종교가 우리에게 강제한 죄의식, 철제 무기, 자본, 정치·사회·경제·문화적인 온갖 지배 이데올로기가 난무하는 부자유하고 부자연스러운 것으로 봤다. 그리고 문명이 도래하기 이전의 원시시대를 황금시대라고 생각했다. 모든 인간이 어떤 억압도 받지 않은 상태에서 자유롭고 행복하게 살았던 시대로. 그것은 원시적인 삶에 으레 따라오게 마련인 온갖 위험이 존재하기는 하나, 그와 동시에 즐겁고 행복한 시대였다. 저자는 그렇게 위험하면서도 행복한 원시상태에 문명이 들어옴으로써 인간은 타락하고 억압당하고 고통받았다고 봤다.

그들, 그중에서도 특히 레슬리 미첼의 이런 반문명적인 시각은 그가 1930년을 전후해서 이 책을 썼다는 것과 긴밀한 연관을 갖고 있다. 그것은 바로 서구인들이 전세계를 강타한 제1차 세계대전과 대공황을 통해서 자본주의와 제국주의와 문명의 발전에 따른 폐해를 혹독하게 겪은 뒤, 그리고 공포스러운 파시즘의 전조가 유럽의 먼 지평선에서 서서히 떠오르기 시작할 무렵이었으니까.

그들의 반문명적인 시각은 반종교적인 시각으로 이어진다. 특히 서구문명의 기반이자 중핵을 이루는 기독교에 대한 부정적인 시각으로.

그들의 이런 시각은 사실 서구문화사에서는 그리 낯선 것이 아니다. 그들이 태어나기 200년 전 무렵에 이미 장 자크 루소는《인간불평등 기원론》에서 같은 이야기를 했으니까. 루소는, 자연 상태의 인간은 건강하고 선하고 자유롭고 행복한 '황금시대'의 삶을 영위했으나, 문명과 사회가 등장하면서 온갖 악과 불평등이 일어났다고 했다.《수상록》이라는, 에세이의 고전을 남긴 몽테뉴 역시 신대륙의 원시인들을 야만인으로 매도하는 몽매하고 야만스러운 유럽 인들을 비웃었다.

이 책에 등장하는 아홉 인물들은 의식적으로는 포도주가 넘쳐나는 '빈란드', 황금이 땅바닥의 돌멩이처럼 널려 있다는 '황금의 땅' 같은 것들을 찾아 나섰을지 몰라도, 무의식적으로는 타락한 문명사회를 떠나, 자연스럽고 건강한 '황금시대' 사람들이 사는 행복한 세계를 찾아 떠난 사람들이기도 하다.

그렇게 해서 그들은 미지의 대륙이나 섬에서 가난하고 위험한 환경에서도 자유롭고 행복하게 사는 사람들을 만난다. 콜럼버스가 서인도제도에서 만난 순박하고 친절한 섬사람들, 멕시코 만 연안에서 카베사 데 바카를 구해준 인디언들, 난센이 그린란드에서 만난 에스키모가 모두 그런 사람들이었다. 신이 없어 죄의식이 없고, 국가와 사회가 없어 체제유지적 이데올로기의 억압을 받지 않고, 무기를 갖고 있지 않아 타인과 타집단을 정복하거나 살상하지 않는 수렵어로인들.

저자들의 이런 시각은 흔히 "문명은 선이요, 원시는 야만이요 악이라"는 문명인들의 무의식적인 선입견을 여지없이 타파하는 것이어서 여간 신선하지 않다. 게다가 이미 개발과 근대화를 앞세워 자유롭고 행복한 아시아·아프리카의 원시공동체들을 짓밟고 착취한 제국주의 시대의 엉터리 이데올로기는 이미 마각을 드러내지 않았는가. 저자들의 그런 시각은 "아프리카 대륙을 흑인들의 야만 상태의 '어둠'으로부터 백인들의 개발과 산업화라는 새롭고 광범위한 '어둠'으로 전환시키는 데 기여한 대담하고 강인하고 재능 있는 그 많은 사람들"이라는 대목에서 선연하게 드러난다.

바로 이런 참신하고 열린 시각으로 '지리상의 발견의 시대' 주인공들을 다뤘기에, 이 책이 서구인들의 뇌리에 그렇게 오래도록 살아남지 않았나 싶다. 앞에서도 이미 이야기했지만, 이 책은 1934년에 처음 출간되었다. 책들이 한번 서점에 등장했다가 불과 몇 달을 버티지 못하고 영원히 사라져버리는 경우가 대부분인 우리나라의 출판풍토를 생각하면 경이로운 일이다. 하기야 고전이란 세월이라는 체에 걸러져 수많은 알갱이가 빠져나간 뒤에 남은 소수의 굵은 알갱이들이 아니겠는가.

그러나 저자들이 이 책에서 제시한 문화사적인 이론들 중의 일부는 그후에 새롭게 정립된 여러 가지 문화사적인 연구업적들과 어긋난다. 이를테면, 인류의 기원을 중앙아시아로 봤다든가, 최초의 문명을 수메르가 아니라 이집트로 보는 등. 그런 부분들은 번역자가 일일이 주를 붙여 밝혀놓았다.

나는 어렸을 때부터 유난히 탐험기를 좋아했다. 이 책에 등장하는 콜럼버스와 마젤란의 이야기뿐만 아니라, 극지를 탐험한 아문센과 에베레스트를 처음 등정한 힐러리의 이야기에 이르기까지. 그런 실제 인물들의 이야기뿐만 아니라, 《로빈슨 크루소》《15소년 표류기》같은 픽션도 좋아했다. 나는 그런 책들을 읽으면서 한편으로 즐거웠고 한편으로 절망했다. 내가 자랄 무렵 이미 이 지상에는 지리적인 프런티어가 하나도 남아 있지 않았기에. 아마 오늘날 미국 서부에서 태어난 손빠른 아이들 역시, 프런티어 정신은 있어도 새로 개척할 수 있는 지리적인 프런티어는 없기에 나와 비슷한 생각에 빠지지 않을까.

하지만 프런티어나 미지의 세계가 어찌 지리적인 영역에만 국한되겠는가. 지리상의 발견의 시대에는 미지의 땅이 모험적인 사람들의 탐험의 대상이 되었지만 이 행성에 대한 지리적인 탐험이 끝난 이 시대에는 또다른 미지의 세계가 얼마든지 널려 있다. 더 넓은 우주나 전자현미경으로도 다 짚어내지 못하는 마이크로의 세계, 인류가 정복하지 못한 질병, 고질적인 환경문제 등.

미지라는 말이 나왔으니 하는 말이지만, 사실 지식은 무지와 통한다. 지식을 통해서 아는 것이란 얼마나 협소하고 편협한 것인지. 실재(reality)의 세계는 지식의 범주를 넘어서 있다. 우리는 장미꽃이라는 이름과 특성은 알아도 장미꽃 그 자체는 영원히 알 수 없다.

그리고 참으로 아이러니하게도, 우리는 역사시대 이래 늘 바깥만 추구하고 탐구해왔지, 정작 가장 가깝게 여겨지는 자신의 내면 혹은 마음은 거의 황무지로 방치해놓았다. 마음 혹은 영성靈性이야말로 역사시대 이전부터 모든 영적인 스승들이 추구해온 프런티어였다. 대부분의 사람들이 바깥세계는 알아도 제 마음은 모른다는 것은 참으로 괴이한 일이다. 마음이라는 프런티어야말로 영원한 미지의 프런티어일 것이다.

2004년 1월
김훈

CONTENTS

■ ■ ■

그 빛은 암벽에 부딪혀 반짝이기 시작한다.
기나긴 하루가 이울어간다. 달이 서서히 떠오른다.
깊은 신음이 많은 소리와 어우러져 메아리친다.
오라, 내 친구들이여, 더 새로운 세계를 찾아나설 시간은 아직 남아 있다.
떠나라. 그리고 차분히 앉아서 소연한 파도의 이랑을 헤치고 나아가라.
나는 목숨이 다할 때까지 석양 너머,
서방의 모든 별이 빛나는 밤하늘 너머로 항해할 작정이니까.
심연이 우리를 휩쓸어가버릴지도 모른다.
우리가 행복한 섬들에 닿을지도 모르고.

— 《율리시스》

프롤로그 | 황금의 마력과 영생을 찾아나선

최초의 탐험가들

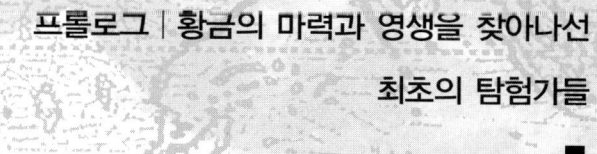

"그는 연회장에 있을 때건 전장에 있을 때건 늘

아직 발견되지 않은 한 섬에 부딪히는

이름 없는 바다의 외침을 들었다."

예술가로서의 인간과 농부로서의 인간이 장구한 역사를 갖고 있다고 한다면, 탐험가로서의 인간은 그보다 훨씬 더 오랜 역사를 갖고 있음이 분명하다. 탐험가의 역사는 인류사를 훨씬 뛰어넘어 자바의 직립원인과 중국의 베이징원인, 큰 턱을 지닌 독일의 하이델베르크 인 같은, 인간 비슷한 이들의 조상이 되는 원숭이류가 넓은 지역을 떠돌아다니던 아득한 시절까지 거슬러올라간다.

탐험은 가장 오래 된 충동의 하나로서, 현생인류 이전 시대에조차 인류의 조상들이 좀더 맛있는 먹을거리나 쾌적한 거처를 찾아 사방을 헤매고 다녔다는 것은 더 말할 필요도 없다. 호기심은 지속성을 지닌 충동이었다. 오늘날 우리가 원숭이 우리 속에서 보는 것은 그들의 돌발적이고 순간적인 호기심을 목격하는 데 지나지 않기는 하지만. 저 너머에 새로운 어떤 것이 있을지도 모른다는 막연한 기대감은 다음 숲, 다음 산자락 너머로 계속 이어졌다.

2, 3만 년 전, 구세계의 북반구 전역에서는 제4빙하기에 형성된 거대한 얼음장벽이 무너져내리기 시작했다. 유럽과 아시아에서는 빙하가 뒤로 물러나면서 축축한 늪지대로 이루어진 러시아의 대평원이 드러났고, 중앙아시아를 둘러싸고 있던 산악지대의 얼음지붕들이 무너져내렸다. 빙하가 맹위를 떨칠 무렵, 인류는 빙하 산지로 둘러싸인 그 지역을 피난처삼아 거주했으므로, 그곳이야말로 인류에게 인간다운 특성을 갖출 수 있게 해준 소중한 터전이었다.

때는 바야흐로 인류의 개화기였고, 각기 다른 그룹의 사람들이 몇천 년에 걸쳐 서서히 다른 지역으로 이동해서 정착함으로써 인종의 분화가 이루어졌다(이것은 인류의 중앙아시아 기원설을 암시하는 대목이다. 저자가 이 글을 쓴 뒤에 이루어진 많은 학문적인 연구 성과에 힘입어 오늘날에는 인류의 발상지를 동부 아프리카로 보는 것이 정설이 되었다. 인류의 발생 연대도 훨씬 더 과거로 소급해 올라갔다―옮긴이).

각자 제 갈 길로 가서 다양한 인종을 창시하기 시작한 초기의 조상들인 그들은 아마 중키에 갈색머리를 지니고, 생김새가 뚜렷하게 고정되지 않은 사람들이었을 것이다. 백인 특유의 흰 피부도, 흑인 특유의 곱슬머리와 평평한 얼굴도, 몽골 인 특유의 누런 피부와 눈꺼풀 주름도 아직 나타나지 않았다. 기후적인 요인들과 돌연변이가 오늘날 우리 눈에 아주 뚜렷하게 보이는 그런 변화들을 낳았다. 한 곳에서 각지로 퍼져나간 탐험가로서의 초기 인간이야말로 인종적인 온갖 자부심과 어리석은 편견을 갖고 있는 현대인들의 조상이었다.

그런 초기 인류는 루소와 백과전서파 사람들이 말한 '자연인自然人' 에 아주 가까운 사람들이었던 듯하다. 사실, 루소의 자연인은 (사람들이 종종 생각하듯이) 몽상적인 철학자의 우연한 상상의 산물이 아니라, 문명화된 유럽 인들이 발견한 초기 인류 최후의 생존자 그룹들―이를테면, 아메리카 원주민 같은 이들―이 갖고 있는 특성들의 총화라 할 수 있다. 자연인은 문화나 집, 신을 갖고 있지 않았다. 그에게는 악마라는 개념은 물론 계급, 농토, 의복, 가축도 없었다. 그는 단지 동물에 불과했다. 이 행성에 그리 드물지 않은, 도구를 사용하는 동물이기도 했고. 세계 곳곳에 아직까지도 살아남아 있는 희귀한 원시인 집단에게서 찾아볼 수 있는 증거들로 미루어볼 때, 그는 대체로 쾌활하고 다정하고 쉽게 즐거워하는 동물이요, 노래하기 좋아하고 사냥하기 좋아하며, 두려움에 짓눌려 있지도 않고, 이상한 소망에 휘둘리지도 않는 존재였다.

우리 행성에서 그런 '황금시대(Golden Age)' 는 실제로 오랫동안 존재해왔다. 서쪽으로 해서 유럽에 들어가고, 동쪽으로 해서 중국에 들어가고, 남쪽으로 해서 아프리카에 들어간 그런 최초의 탐험자들이야말로 그로부터 2만 년 뒤 문명화된 도시에 거주하는 시인들이 동경하는 주인공들이었다.

유럽에서 크로마뇽 인은 오랜 세월에 걸쳐 말과 들소를 사냥하고, 큼직한 그림을 그렸으며, 빙하기의 강추위에서 서서히 회복되어가던 세계에서 대대로 인간의 예술혼을 활짝 꽃피우며 위험하면서도 행복한 삶을 영위했다. 지중해 남쪽이나 그 일대에는 크로마뇽 인과 비슷한 혈통과 특징을 지닌 사람들이 살고 있었다. 오늘날 사하라의 협곡들을 답사하는 여행자들은 그들이 그린 암각화를 보고 몹시 놀라곤 한다.

그러나 그곳의 기후는 점차 건조해지기 시작했다. 숲이 무성하고 습했던 사하라는 서서히 메마른 곳으로 변해갔다. 북부 아프리카에서 숲과 풀밭이 줄어들자, 유제류 동물들과 그들을 먹이로 삼는 육식동물들은 지중해 연안을 따라 동쪽으로 이동했다. 수렵과 어로를 통해 살아가던 낙천적인 초기 인류의 부족들도 그들을 따라서 이동했고, 마침내 나일 강 하류에 이르렀다.

나일 강 일대는 건조한 기후에도 끄떡없었다. 해마다 나일 강은 적도의 따뜻한 물을 실어와 강변에 각종 식물의 씨앗을 싹트게 했다. 그 강변을 따라 펼쳐진 천연의 드넓은 밭에서는 야생 보리가 움터 짙푸르게 자란 뒤 여물어서 씨앗을 땅바닥에 떨어뜨렸고, 이듬해 홍수철이 되면 그 땅에서는 어김없이 다시 새싹들이 돋아났다.

그런 과정은 사냥을 하러 그 지역에 들어온 원시인들의 마음에 깊은 인상을 안겨줬다. 나일 강만큼 그 같은 과정이 인상 깊게 보일 만한 곳은 다시없었을 것이다. 원시인들은 보리가 먹을 만한 음식이라는 것을 깨달았다. 그리고 마침내 그들 중의 하나요, 오랜 세월이 지난 뒤 사람들이 오시리스Osiris 신으로 떠받들기 시작한 최초의 왕은 관개경작자灌漑耕作者로서, 수로를 파고 더 넓은 땅에 강물을 끌어들여 최초로 농사를 짓기 시작했다.

그리하여 인간은 농부가 되어 이듬해 홍수철에 뿌릴 여분의 씨앗을 비축하기 시작했고, 그 씨앗을 저장할 창고를 짓는 과정에서 건축기술을 고안해냈다. 또한 그런 작업을 다른 이들과 함께 해야 했기에, 마을과 도시, 더 나아가 문명을 이루었다. 그 결과의 하나로 계급이 생겨나, 사람들은 왕(으뜸가는 관개경작자), 신관(왕의 신하 겸 시종 겸 대변인), 평민(씨 뿌리고 수확하는 일꾼)으로 구분되었다.

최초의 농부가 등장하고 불과 몇백 년이 지나지 않아 우리의 행성에는 문명이 출현했다(여기서 저자는 나일 문명이 가장 오래 된 문명이라는 것을 암시하고 있으나, 그후 학문연구의 성과에 의해 지구상에서 가장 오래 된 문명은 수메르 문명임이 밝혀졌다—옮긴이). 그러한 문명은 과거 사람들이 생각한 것처럼 야만 상태에서 서서히 진화한 것이 아니라, 사방을 떠돌아다니던 낙천적인 '자연인'의 삶이 신속하게 탈바꿈하면서 갑자기 이루어졌다.

그 당시의 자연인은 신이나 악마의 개념 같은 것을 갖고 있지는 않았으나, 다른 모든 동물과 마찬가지로 죽음을 피하려 애썼다. 그들은 죽음의 원인이 피의 상실이요, 따라서 피 그 자체를 '생명'이라 여겼다. 그 결과, 자연인은 문명이 도래하기 훨씬 전부터 세계의 여러 지역에서 홍옥수紅玉髓처럼 핏빛을 띤 물건이나 물질을 귀하게 여겨왔다. 자연인은 무늬개오지(紫貝)가 새끼를 낳는 포유류의 성기와 비슷하게 생겼고, 따라서 생명을 부여해주는 형상을 가졌다고 해서 부적으로 삼았다. 당시 자연인들은 세계 곳곳에서 그런 물건들을 물물교환하며 아주 소중하게 여겼다.

문명의 출현과 함께 다양한 신들이 속속 등장하고, 죽음과 시신의 부패에 관한 연구가 진척되면서 사람들은 생명을 부여해주는 것들을 찾으려고 한층 더 애썼고, 또 그런 노력은 여러 가지 형태로 나타났다. 이제 사람들은 초록색을 띤 것들도 생존에 필수적인 밀과 닮았다고 해서 '생명을 부여해주는 것'으로 생각했으며, 따라서 초록색을 띤 비취와 공작석을 귀한 것으로 여겨 그것들을 찾으려 애썼다. 금 역시 곡식을 익게 해주는 태양빛을 닮았다고 해서 '생명을 부여해주는 위대한 물질'로 여겼다.

고대 시대에 나일 강 지역을 지배한 왕들은 농업이 번창한 덕분에 인력이 남아돌자, 선장과 뱃사람들을 먼 지역으로 내보내 생존에 꼭 필요하다고 여겨지는 물건들을 구해오게 했다.

이로써 미지의 세계에 대한 탐험이 다시 시작되었지만, 그것은 원래 교역이나 정복을 위한, 혹은 비옥한 땅을 차지하기 위한 목적에서 이루어진 일이 아니었다. 죽음과 불행을 막아주는 부적으로 쓸 만한 것들을 찾기 위해서였다. 장수와 불사不死, 이 지상에서 행복한 삶을 영원히 누리게 해준다고 믿는 귀금속들을 찾기 위한 일이었다.

⚜

비취와 공작석, 금 등이 생명을 부여해준다는 근거 없는 믿음에서 비롯된 비합리적인 충동이 구세계 전역의 문명으로 퍼져나갔다. 이집트의 광물 탐사자, 무역업자, 탐험가 들은 농업과 그것에 부수되는 축복과 해독을 수메르와 시리아, 크레타에 전파했다. 그 지역의 토착민들은 이들 이집트 인들에게서 이론을 배우고 실행방법을 익힌 뒤, 신들을 모시는 제단을 세우고 자기네 고유의 문명을 이룩했다. 그후 이집트 인과 마찬가지로 황금과 진주, 비취, 호박을 찾기 위해 미지의 세계를 탐험했다.

수메르 인들은 그런 문명의 씨앗들을 인도에 전파해서 영화로운 모헨조다로 시를 건설하게 했으며, 중앙아시아에 전파된 문명의 씨앗들은 중국문명을 활짝 꽃피우는 역할을 했다. 크레타 인 역시 그리스 지역과 아울러 저 멀리 스페인에까지 이르는 지중해 일대에 문명의 씨앗을 전파했고, 그 씨앗은 다시 영국으로 전파되었다. 문명은 최초의 의도적인 탐험을 낳았고, 탐험은 다시 고대세계의 다양한 문화를 낳았다.

그러나 세월이 흐르면서 그런 식의 추구와 탐사에 내포된 비합리적인 요소들은 점차 사라져갔다. 이제 사람들은 황금을 마법의 힘을 지닌 금속이나 신비로운 '생명 부여자'가 아니라, 교환수단으로서 다른 일용품들보다 훨씬 더 높은 가치를 지녔고, 어떤 것과도 곧바로 바꿀 수 있으며, 따라서 사회적인 부로서의 가치가 훨씬 더 높다는 점 때문에 귀하게 여겼다.

어느 면에서 이것은 황금에 대한 원래의 생각이 다른 형태로 바뀐 데 불과하며, 세상 사람들은 이렇게 탈바꿈한 개념에 여전히 사로잡혀 있었다. 그러나 그런 식의 탈바꿈은 뚜렷한 결과를 낳았다. 황금 추구에 내재된 환상의 요소는 사라졌다. 그리고 뒤이은 그리스와 로마 문명권에 속하는 시인들이 생각했던 것처럼 '황금시대'를 계승한 '은시대(Silver Age)'가 시작되었고, 뒤이어 잔혹한 착취와 정복의 '철의 시대(Iron Age)'가 시작되었다. '철의 시대'에는 아시리아의 호전적인 군대가 등장했으며, 초기 그리스 인과 켈트 인은 유럽 전역을 무자비하게 침략했다.

사람들의 마음속에서 황금을 평가하는 기준이 달라지면서, 황금이 사람을 끄는 그 강력하고 직접적인 힘도 상당히 약화되었다. 사르곤 왕은 땅에 묻힌 귀금속보다는 땅을 얻으려 애썼다. 그는 사람들과 밀밭을 수중에 넣으려고 했다. 알렉산드르 대왕을 비롯한 위대한 정복자들도 마찬가지였다.

상인들의 해외무역을 장려했던 메소포타미아 문명권 사람들과 지중해 문명권 사람들은 기원전 천년대가 거의 끝나갈 무렵, 이미 자기네의 정치적 세력권 밖에 있던 많은 나라의 사정에 정통해 있었다. 마르살라 출신의 그리스 무역업자인 피테아스는 배를 타고 스페인 해안선을 따라 나아가 브리튼 섬을 한 바퀴 돌았고, 거기서 다시 머나먼 툴레까지 항해했다. 이때의 툴레는 아이슬란드나 노르웨이 땅을 가리키는 말이었는데, 그가 실제로 가본 곳은 노르웨이였을 가능성이 더 높다.

그리스 인 알렉산더(왕이 아닌 무역업자)는 남아시아 해안선을 따라 항해해 저 멀리 하노이까지 갔다. 당시 사람들은 아프리카 동부해안도 샅샅이 탐험했다. 그들은 탄자니아의 다르에스살람까지 내려갔는데, 아마도 그보다 더 남쪽으로 내려갔을 가능성이 많다. 헤로도토스는 이집트의 파라오 네코가 파견한 원정대가 배로 몇 년에 걸쳐 아프리카를 빙 돌아간 이야기를 자신의 책에 수록했다. 원정대는 해안에 바싹 붙어 항해하다가 육지에 상륙하여 곡식을 심어놓고, 그것을 수확한 뒤 다시 항해를 계속했다. 그리고 마침내 '헤라클레스의 기둥(지브롤터 해협 양 기슭에 있는 두 곳―옮긴이)'을 통해 지중해에 들어왔다고 한다.

먼 거리를 항해한 이 세 경우 중에서 적어도 두 경우는 교역과 식민지 개척, 영토 획득을 목적으로 했다. 아마 그중에서 네코가 파견한 원정대가 예외에 속하는 사례였을 것이다. 그 원정은 그보다 훨씬 더 약화된 형태로나마 계속 명맥을 유지했던 다른 예외적인 원정들로 우리를 인도해준다. 기원전 500

년경, 카르타고 사람인 히밀코는 유럽의 서해안을 방문했고, 아마 아일랜드에도 들렀을 것이다. 이어서 그는 대서양 깊숙이 들어갔는데, 일부 사람들은 그가 사르가소 해(서인도제도 서북방의, 비교적 잔잔하고 온통 바닷말로 덮인 해역—옮긴이)에까지 이르렀다고 생각하고 있다. 그가 분명한 어떤 전리품을 얻기 위해서 그렇게 했다고 보기는 어렵다.

세월의 때가 묻은 과거의 기록들을 들춰보면, 그밖에도 많은 사람들이 탐험의 길로 나선 이야기들이 눈에 띈다. 탐험에 대한 새로운 영리적 관점을 갖고서 지구상의 이곳 저곳으로 나아갔던 이들의 불분명한 이야기들이.

그런 시도들에 내재된 동기와 목적을 설명하기 위해서는 나일 계곡 문명 쪽으로 다시 눈길을 돌려봐야 할 것이다. 앞에서 살펴본 대로 '최초의 신'은 신격화된 왕이자 관개경작자였다. 그는 죽은 뒤에도 자신의 후계자들을 통해서, 당대의 애매한 신학적 형이상학 속에서 여전히 추상적인 삶을 영위했다. 그리고 머나먼 태양의 땅에서 이승 사람들의 삶과 전혀 다르지 않은 삶을 영위했다. 그는 '태양의 아들'이었으므로 그의 육신을 썩어 없어지게 해서는 안되었다.

그렇게 해서 불멸의 개념이 생겨났다. 지극히 평범한 사건에 대한 생각과 추측이 빚어낸 개념이. 사람들은 처음으로 마을에 모여 살기 시작하면서, 자기네의 원시적인 조상들과는 달리 사람이 죽으면 시신이 썩어서 저절로 해체되게끔 그 자리에 가만 내버려두지 않았다. 그들은 시신을 마을에서 멀리 떨어진, 나일 강 서안의 모래밭으로 옮겨 구덩이에 파묻었다. 그들은 왕도, 신관도, 평민도 모두 땅 속에 눕히고 모래로 시신을 덮었다.

그러나 그곳은 매장지치고는 특이했다. 이집트의 뜨거운 사막에서는 시신이 부패하지 않아 오랜 기간이 지나도 말짱하게 보존되었다. 시신을 옮겨간 이집트 인들은 굶주린 재칼이 무덤을 파헤친 뒤 시신을 갈가리 찢고 그 일부를 게걸스럽게 먹어치우는 광경을 보고 몹시 놀랐다. 재칼이 시신을 먹는 것은 충분히 이해가 갈 만한 일이었다. 하지만 시신이 말짱한 상태를 유지할 수 있었던 것은 이해가 가지 않았다(사냥꾼들은 시신이 썩는 광경을 보는 것에 익숙

Now Against the Unknown

해 있었으니까). 죽은 이집트 인들은 생시의 모습과 비슷했다. 죽은 게 아니라, 마치 새로운 삶이 오기를 고대하면서 잠들어 있는 것 같았다.

이집트 사람들은 그 삶—이름 붙일 수 없는 미지의 땅에서 지속되는 신비로운 삶—을 좀더 완전하게 해주기 위해 미라 만드는 법과 무덤 축조법을 도입했으며, 그런 관행들은 그 고대문명이 전파되는 경로를 따라 사방으로 퍼져나갔다. 그런 것들이 유럽과 아시아, 아프리카로 퍼져나가면서 그것과 결부된 신화와 전설도 함께 따라갔다. 죽은 이가 행복하고 자유롭고 영원히 죽지 않는 새로운 삶을 살아간다는, 서쪽 지역에 있는 신비로운 땅(원래는 나일 강 서쪽 땅을 뜻했다)에 관한 전설이.

우박도, 비도, 눈도 오지 않고
거센 바람이 불지도 않는
그 섬—아빌리온 골짜기.

그런 개념과 믿음은 신학에, 그리고 '헤스페리데스 동산(축복받은 이들의 동산—옮긴이)' '행운의 섬(Fortunate Isles)' '발할라Valhalla(튜튼 신화에 나오는 오딘의 전당으로, 전사한 영웅의 혼이 깃드는 곳—옮긴이)' '빈란드Wineland' '황금의 땅'과 같은 민간전승 속에 뿌리내렸다. 사람들은 그런 곳을 하늘에 있는 아득히 먼 곳 혹은 다양한 신화에 등장하는 천국이나 하데스Hades(冥府)가 아니라, 지상에 있는 현실적인 파라다이스로 여겼다. 그리고 사람들은 대체로 그곳이 서쪽에 있다고 생각했다.

지리적인 지식이 확대되면서 그런 땅은 이내 대서양 쪽으로 빠르게 물러났다. 드물기는 하지만 가끔 그 땅이 동쪽에 있다고 생각하는 이들도 있었다. 유럽에서는 신비로운 '향료 제도(Spice Islands)'가 바로 동쪽에 있다는 그 땅이라는 이야기가 퍼져 있었으며, 사람들은 '향료 제도'와 '행운의 섬'을 혼동하곤 했는데, 사실 그 섬들은 '동인도제도'에 불과했다.

그렇게 해서 또다시 탐험에 비합리적인 요소, 즉 지리적인 판타지의 땅,

'청춘과 행운과 황금'의 땅을 찾으려는 요소가 끼어들었다.

❧

　대부분의 사람들이 육체를 지닌 평범한 존재로서, 먹을 것과 짝짓기와 출산에만 관심을 갖고, 벽난로 한구석에서 *끄덕끄덕* 졸고, 긴긴 여름날 한가로이 하품이나 하고, 이해할 수 없는 '신들'을 몰이해 상태에서 무조건 경배하는 정도에 머무르는 동안에는 '행운의 섬'을 찾고자 하는 마음이 깊고 강렬한 집단적 충동으로까지 발전하지는 못했다.

　그리스도가 탄생하기 전 시대에 탐험길에 나선 많은 사람들에게 주요한 동기나 목표가 되어준 것이 바로 '행운의 섬'이었다. 이들은 희망과 두려움을 품은 채, 그리고 앞으로 어떤 것이 나타날지 모르는 막연한 상태에서 머나먼 땅으로 나아가거나, 배를 타고 먼 바다를 항해했다. 사람들은 '청춘과 황금의 땅'을 찾겠다는 막연한 야심이나 소망을 품고 새로운 무역로를 따라 나아갔다. 설혹 그 여행이 실패로 돌아간다 하더라도, 최소한 그 과정에서 획득한 이국 땅의 진기한 보물들을 자루에 가득 채워서 돌아올 수는 있으리라.

　앞에서 살펴본 것처럼 그런 믿음과 추구의 기원은 자연의 작용으로 시신이 말짱하게 보존된 현상을 잘못 이해하고 엉뚱한 환상을 품은 데서 비롯되었다. 그러나 그 같은 환상은 지중해 일대와 유럽 전역에 전파되는 과정에서 종교적이고 신학적인 환상의 새로운 부산물들과 뒤얽히면서, 그것을 뒷받침해주는 좀더 확실한 믿음을 얻었다. 그 믿음은 예전에 존재했던 세계, 곧 '초기 인류'의 세계에 대한 막연한 집단적 기억들 위에 건설되었다. 지중해 최초의 문명권 사람들은 문명의 결실을 향유할 때조차도, 선한 왕 크로노스가 하늘을 지배하고, 전쟁을 좋아하는 왕권 찬탈자인 제우스의 존재가 아직 뚜렷하게 드러나지 않았던 '황금시대'를 아쉽게 회고하고 그리워했다.

　옛 세계의 편린들은 시인의 막연한 꿈속을 스쳐가곤 했으며, 아직까지도 사람들의 상상 속에서 그 명맥을 유지하고 있다. 해가 지는 곳에 있다는 저 머나먼 땅을 그리워하며……

기원후 4, 5세기경에 로마 제국이 멸망했다. 유럽은 정치·문화적 무정부 상태에 빠져들었다. 사람들의 상상력과 아울러 무역은 활기를 잃었다. 유럽 무대에서 탐험활동은 그 동기와 갈망을 잃고 시들어갔다. 옛 종교들에서 유래된 많은 개념으로 윤색된 새로운 형태의 기독교가 유럽 전역으로 서서히 퍼져나갔다. 중세의 왕국과 공국들이 서서히 확실한 틀을 갖춰나갔다. 교역과 탐험을 하고 토론하기를 좋아하는 위대한 계급, 곧 중산계급이 서서히 사회 전면에 등장했다. 사람들은 새로 얻은 여가시간에 고대시대에 관한 책을 읽었고, 수도원과 길드 도시 사람들은 깊은 사색에 잠겼으며, 사색의 결실들은 지중해 일대에서 발트 해 일대에 이르기까지 널리 퍼져나갔다. 인구는 빠른 속도로 불어났다. 농사짓기에 적당하지 않은 지역들에서 인구가 빠르게 증가하는 현상은 기원후 1000년대에 지속된 인구이동과 침략, 식민활동의 근본적인 원인이 되었다.

십자군 운동 역시 인구 확산 현상이 낳은 것이기는 하나, 십자군 운동은 이 책에서 다루려는 주제와 무관하므로 자세히 다루지 않을 것이다. 하지만 십자군 운동 역시 새로운 형태의 교역방식을 찾아내려는 충동에서 비롯되었다. 그것은 지리적 탐험에 대한 갈망을 새로이 일깨워주었고, 또한 이 세상을 수중에 넣으려 했던 수많은 정복자를 낳았다.

기원후 1000년 이래 유럽의 탐험가들로 하여금 이 행성 곳곳을 탐험하도록 부추긴 다양한 동기들―전리품이나 명성, 즐거움에 대한 갈망 등―중에서 때로는 의도적으로, 때로는 무의식중에 형성된 '행운의 섬'을 찾고자 하는 갈망은 무수히 많은 이들로 하여금 미지의 세계를 찾아 떠나게 했다. 우리는 20세기 초에 이르기까지 지리적 원정이라는 모든 회색 천에 섞인, 눈에 잘 띄지 않는 엷은 황금실과 같은 그런 갈망의 자취를 추적해볼 수 있다. 그리고 우리는 적어도, 지상을 정복하러 나선 대표적인 아홉 인물의 삶에서 '행운의 섬'을 찾고자 하는 갈망이 영향을 미친 흔적을 뚜렷하게 찾아볼 수 있다. 이 연대기는 바로 그들의 이야기이다.

그 아홉 인물 중 마지막 인물의 시대에 이르기까지 그런 갈망과 충동은 묘하게 뒤섞이고 변형된 추구의 형태를 띠었다. 그러나 레이브 에릭손과 난센은 900년이라는 긴 시간의 격차를 두고 이 세상에 나왔지만, 두 사람 다 얻을 수 없는 것을 추구했다. 그들은 각기 다른 이름과 생김새를 지녔으나, 본질상으로는 똑같은 사람들이었다.

  마르코 폴로는 그의 삶이 '행운의 섬'을 찾아나서는 데 영향을 미쳤다는 점 때문에 이 책에 수록된 유일한 인물이다. 콜럼버스와 카베사 데 바카는 '행운의 섬'을 찾겠다는 의도를 전혀 숨김없이 드러냈다. 마젤란은 정향(정향나무의 꽃봉오리를 말린 향료―옮긴이)과 육두구(약용·향미료로 쓰이는 육두구나무의 종자―옮긴이)로 넘치는, 자기만의 '행운의 섬'을 찾으려는 좀더 은밀하고 냉정한 의도를 지녔다. 그의 갈망은 바로 콜럼버스의 탐험에서 비롯되었다. 비투스 베링은 북태평양의 안개 속에서 자신도 모르는 사이에 서서히 환상의 땅을 찾게 되었다. 멍고 파크는 시종 은근한 열정을 간직한 채 아프리카 대륙 오지의 어떤 강가에 있다는 미지의 땅을 찾아나섰다. 리처드 버턴(그는 탐험을 비웃는 사람들을 비웃었다)은 아라비아에서, 하라르Harar에서, 나일강의 근원인 호수들에서 '과연 존재하는지 의심스러운 미지의 땅'을 찾아다녔다. 난센도 그런 곳을 찾아나섰지만, 자신의 의도를 북극점이라는 "하나의 수학적인 점에 대한 지식을 얻기 위해서"라는 명목으로 위장했다.

  세상 사람들은 그 아홉 사람의 삶과 생각과 행위와 긴밀하게 결부된 미지 세계 탐험에의 추구를 인정해주기도 하고, 또는 거부하고 무시하기도 했다. 그러나 탐험은 그 아홉 사람의 삶에서 가장 중요한 요소였다. '청춘의 땅'에 대한 추구는 때로 판이한 형태로 탈바꿈하기도 했다. '신의 도시', 불완전한 자아에서 벗어날 수 있는 정신적인 피난처, 냉철한 지식의 영역 비슷한 것으로. 이 책은 바로 그 모든 것을 주제로 삼았다.

  탐험의 대상은 바다에 있는 특정한 섬으로부터 인간의 생각 속에 자리잡은 어떤 관점에 이르기까지 아주 다양한 형태로 나타나지만, 그것이 '테라 인코그니타Terra incognita', 곧 미지의 영역이라는 점만은 예나 지금이나 변함이 없다. 우리는 성공을 거둔 아홉 탐험가들의 위대한 삶이 다른 면에서는 하나같이 비극적인 서사시였다고도 말할 수 있다. 보기에 따라서는 모든 인간의 삶이 다 그렇다. 하지만 수많은 사람의 대표격인 아홉 탐험가들의 삶을 지배했던 '행운의 섬'에 대한 믿음에는 비극적인 요소가 전혀 없다. 거기에는 피할 수 없는 강렬한 마력이 있다. 브라타힐드에서의 레이브, 아덴에서의 버턴, 피블스에서의 멍고 파크, 예니세이 강에서 탈진 상태에 빠진 베링, 고아에서 동쪽을 노려보던 마젤란의 마음은 모두 한결같았다.

그는 연회장에 있을 때건 전장에 있을 때건 늘
아직 발견되지 않은 한 섬에 부딪히는
이름 없는 바다의 외침을 들었다.

Leiv Eriksson

제1장 | '행운의 섬' 빈란드를 찾아나선
레이브 에릭손

■

마침내 저 멀리 긴 해안선과 거대한 빙하를 둘러쓰고 하늘 높이 솟아 있는 산들이 보였다. 배에 탄 사람들은 가슴이 벅차올랐지만 비아르니와 마찬가지로 조심스럽게 행동하기로 결정했다. 서서히 돛을 내리고 해안에 접근했다. 그러나 그곳은 '행운의 섬'이 아니었다.

10세기경, 스칸디나비아의 북구인들은 유럽의 위대한 해양민족으로서의 입지를 확고히 굳혔다. 그들은 대서양 항로가 아니라, 유럽을 관통하는 여러 강을 통해서 전해진 이집트와 크레타의 조선기술을 동원하여 훌륭한 배를 건조했다. 단단한 목재로 잘 지은 롱십long ship(가로돛과 노가 함께 있으며, 길이 14~23m. 1,500년 이상 유럽 바다를 제패했다. 일명 바이킹 배—옮긴이)은 아주 튼튼해서 오랜 항해를 무난히 견뎌낼 수 있었다. 그 배의 선원들은 혹독한 추위가 맹위를 떨치고, 토질은 아주 척박한 지역의 출신들이었다. 그 지역은 당대의 농업기술 여건상 삶의 여러 사치를 누리기는 고사하고 근근이 삶을 유지하는 것도 거의 불가능한 곳이었다. 그리하여 그들은 풍요로운 삶의 사치를 누리기 위해 북유럽의 해안선을 끊임없이 두드려대는 하얀 파도 너머로 기나긴 모험의 여정에 올랐다.

　한 해의 대부분이 겨울인 좁은 피오르드(협만)에 갇혀 살면서 짧은 여름철에 약간의 귀리와 보리를 재배하고, 산지에서 여윈 가축들을 방목하고, 사나운 바다에서 고기를 잡는 것으로 생계를 유지하던 북구인들은 본질적으로 주목할 만한 민족이 못되었다. 유럽의 다른 나라들이 그러했듯, 그들은 원시적인 문화에서 출발하여 소국의 왕들과 고만고만한 신들, 각 지역의 족장 혹은 자유민들의 의회, 천한 일들을 맡은 노예와 농노들, '철의 시대'의 더없이 날카로운 칼날 위에서 혹독하게 단련된 민족이 떠받든 '전쟁과 증오의 신들' 혹은 '기적의 신들' 등이 혼합된 문명으로 이행해갔다.

　그들은 지리적인 여건상 바다나 강에 의지해서 살 수밖에 없었다. 그들은 강이나 바다를 통해서 목재와 철을 공급받았으며, 지중해 유역을 거쳐서 들어온 선박건조 기술 덕에 튼튼한 배도 지을 수 있었다. 촌스럽고 굶주리고 가난에 찌들어 있던 그들은 사랑이 아니라, 전리품을 얻기 위해 모험에 나섰다.

　그들은 북해를 가로질러 동남쪽으로 향했고, 스코틀랜드와 헤브리디스 제도, 잉글랜드, 프랑스, 스페인, 북아프리카, 이탈리아 해안을 습격했다. 그들은 거기서 더 나아가 모든 뱃사람의 본향인 이집트까지 진출했다. 그들은 전리품과 머릿가죽, 쇠사슬에 묶인 포로들, 반半신화적인 땅들의 놀라운 이야기, 살해당한 처녀들의 음부, 자기네가 죽인 사내들의 두개골을 갖고 고향으로 돌아왔다. 그리고 그 두개골을 술잔으로 썼다.

바다의 침략자들은 강인하고 대담하고 용감한 호주가好酒家, 연인, 전사들로 이상화되어 왔지만, 후세 사람들의 연구를 통해 그리 아름답지 않은 실제 모습이 드러남으로써 그런 이미지는 크게 퇴색하고 있다. 이제 우리는 그들을 있는 그대로의 모습, 곧 그전이나 그후에 이 지구상에 등장한 어떤 민족보다도 더 잔인한 민족으로 보고 있다. 또 과거에 이상화된 허구적인 이야기들에는 전혀 감동하지 않는다. 자국에서의 그들의 삶이란 북쪽으로 간신히 스며들어간 유럽 문명의 하찮은 찌꺼기들 위에 건설된 것에 불과했다. 그들은 그 어떤 토착 문학도, 문화도, 종교도 갖고 있지 못했으며, 그 사회에서는 그저 잔혹하고 야만적인 미신들만 판을 쳤다. 후세 사람들이 공감할 만한 깊이 있는 사상도 갖고 있지 못했음은 물론이다.

그들의 사가saga(북유럽의 전설 혹은 영웅담―옮긴이)는 무미건조하고 잔혹하고 어리석은 삶을 들려준다. 물고기와 땔나무 같은 것을 훔쳤다고 해서 동료를 살해하고, 손바닥만한 땅의 소유권을 두고 이전투구를 벌이며, 야만스러운 잔인성과 그 속에 숨어 있는 야비한 호기심들에 관해 이야기하고 있다. 그들의 침략으로 큰 고통을 받은 민족들에게 그들은 결코 우월한 민족으로 보이지 않았다. 그들은 참모습 그대로, 곧 잔인하고 무자비한 해적 무리로만 비쳤다.

그들의 실제 모습을 분명히 밝힌다고 해서, 그들을 혹은 그들이 남긴 업적을 훼손하는 것은 아니다. 오히려 그 정반대이다. 그들은 온 인류 중에서 기후조건이나 문명의 부자연스러운 현상에 제대로 적응하지 못해서 가장 혹독하게 고통받은 민족 가운데 하나였다. 그들은 부적응의 진통을 견디다 못해 식량을 구하고 여자들을 강간하고 전리품을 얻기 위해 바다로 나갔으며, 그 과정에서 갑자기 그리고 뜻하지 않게 경이로운 사실들과 맞닥뜨리곤 했다. 그렇게 해서 당대 사람들의 지리적 지식의 한계를 점점 더 넓혀나갔던 것이다. 그들은 황혼녘의 파도 너머에서 넘실거리는 이상한 섬들과 봉우리들을 목격하고, 이야깃거리를 잔뜩 안은 채 노르웨이에 돌아갔다. 이들의 흥미진진한 모험담은 남쪽으로 퍼져나가, 애초에 원시의 나일 강가에서 신관들의 상상을 통해 꿈 같은 이야기로 피어난 '행운의 섬'에 관한 이야기와 하나가 되었다.

그들은 '바다에 진출한' 최초의 유럽 인이었다. 해안의 품을 떠나 바람이나 별빛, 새들에 의지해서 방향을 잡아가며 망망대해를 가로지른 최초의 유럽 인. 하지만 그것은 그들의 항해활동에서 서막에 불과하다는 점을 반드시 이해해야 한다.

북구의 피오르드 일대에 거주하던 이들은 레이브 에릭슨이 브라타힐드에서 마지막 잠을 이뤘던 11세기까지만 해도, 진짜 나침반의 먼 조상격에 해당되는 원시적인 자석을 항해에 이용하는 법을 알지 못했다. 밤에는 북극성이 그들의 나침반 역할을 했고, 낮에는 해·구름의 위치와 조수의 흐름과 비가 그런 역할을 했다. 그러나 그들은 11세기 이전에 이미 그것들만을 이용해서 아이슬란드와 그린란드, 스피츠베르겐(스발바르) 제도, 노바야젬랴에까지 이르렀으며, 11세기 이후에는 그보다 훨씬 더 먼 지역으로 나아갔다.

870년경 북구인들은 아이슬란드에 이르렀다. 그들은 폭풍이나 조수 등에 떠밀려 우연히 그곳에 이르렀거나, 의도적으로 피난처를 찾아 그곳에 갔거나 했을 테지만, 유감스럽게도 전설상에는 그런 부분이 명확하게 드러나 있지 않다. 그들은 아이슬란드의 한 지역에서 예전부터 그곳에 정착해 살고 있던 사람들을 발견했다. 기독교로 개종한 켈트 족이었던 그들은 이미 몇백 년 전부터 그곳에 거주했던 듯하다. 이 지역의 켈트 족에 대해서는 서구 유럽의 변방에 출몰했던 수많은 켈트 족 지파들에 관한 기록 어디에도 나오지 않으며, 이후의 역사기록에서도 발견되지 않는다.

북구인들은 분명 그들을 살해했거나 혹은 노예로 삼고 점차 자기네 무리

속에 흡수, 동화시켰을 것이다. 아이슬란드에는 그 이방인들로부터 유래된 지명들이 오랫동안 남아 있었다.

900년경 노르웨이에서는 금발왕 하랄(Harold Haarfager)이 등장하여 소공국의 왕들을 정복하고 중앙집권체제를 확립했다. 그 무렵, 많은 사람들이 아이슬란드에 건너와 정착했다. 아이슬란드 곳곳에 정착한 노르웨이 인들 중의 상당수는 전제군주가 지배하는 노르웨이에서의 안락한 삶보다 황량한 섬에서 고된 삶을 사는 게 더 낫다고 생각하여, 하랄 왕의 예속을 거부하고 그곳에 왔다.

하지만 그들은 혹독한 자연환경과 맞닥뜨리면서 큰 시련에 봉착했다. 아이슬란드는 쓸 만한 토지가 절대적으로 부족했고, 섬 지체기 대륙에서 아주 멀리 떨어져 있어서, 예전처럼 북유럽 일대를 습격해서 손쉽게 생필품을 구하는 것이 불가능했다. 그 결과 엄청난 피바람으로 점철된 초기 사가들에서 볼 수 있듯이, 중앙집권화된 뚜렷한 정치권력이 존재하지 않았던 섬 전역에서 땅을 두고 다투는 일이 자주 벌어졌다. 그 와중에 살인이 일어나고, 그 살인이 다시 살인을 부르는 무정부적인 난투극이 끝없이 계속되었다. 어떻게 해서든 땅을 차지하려는 절망적이고 필사적인 갈망이 그들을 극한으로 내몰았으며, 그로 인해 그들은 수단방법을 가리지 않는 용기와 무자비함으로 무장했다. 그 무리 사이에 아이슬란드 농부들 중에서도 가장 호전적이고 잔혹한 사람이라 할 수 있는 에리크 라우데Erik Raude가 있었다. 그는 980년경 장차 모든 항해자들 중에서 '최고의 행운아'로 일컬어지게 될 아들을 낳았다.

❦

에리크(북구어로는 에이릭Eirik)와 그의 아버지 예데렌Jaederen은 970년경에 살인죄를 범해 노르웨이에서 추방되어 아이슬란드로 이주했다. 이들 부자는 전통적인 성향도 함께 갖고 왔다. 예데렌은 아이슬란드에 도착한 지 얼마 지나지 않아 살해되었는데, 누군가에 의한 복수였을 것으로 추정된다. 그후 에리크는 섬 남쪽으로 도망쳤다. 그는 에이릭스타드 근방에 살고 있는 이웃들과도 반목하는 사이가 되었다. 결국 거기서도 몇 사람을 살해하고 추방당하게 되었다. 당시 그 지역의 사법기구가 그리 까다롭지 않았음에도 그 같은 판결을 내린 것을 보면, 에리크가 사람들을 몹시 잔혹하게 죽인 듯하다.

에리크는 아내와 함께 아이슬란드에서 좀 떨어진 작은 섬에 있는 농장으로 이주했다. 그는 자신을 따르는 난폭한 무리들과, 해적질을 할 때 포로로 잡혀 노예가 된 이들도 데리고 왔다. 그러나 에리크의 천성이나 그가 처한 상황은 전과 그리 크게 달라지지 않은 듯하다. 그는 곧 다시 살인을 저질렀고, 980년경에 이르러 그와 그의 추종자들은 법의 보호를 받지 못하는 자들로 낙인 찍혀 아이슬란드 해안 여기저기로 쫓겨다니는 신세가 되었다.

노르웨이와 아이슬란드에서 거듭 추방당해 매우 곤란한 처지에 빠진 에리크는 전에 들은 놀라운 이야기를 떠올렸다. 군뵈른이라는 사람이 우연히 배를 타고 바다에 나갔다가 역풍을 만나 서쪽 바다 멀리까지 떠밀려나갔는데, 그때 눈 덮인 봉우리들로 하얗게 보이는 미지의 땅을 발견했다는 이야기였다. 소문은 아이슬란드의 기나긴 겨울철 동안 사람들의 입에서 입으로 널리 전해졌다. 에리크는 배들에 가재도구와 집안 사람들을 태우고 직접 그 땅을 찾아나서기로 결심했다.

그후 오랜 세월이 흐르는 동안 사가의 내용도 간결해졌다. 에리크가 출항하는 대목에서도 그런 결심을 한 뒤 떠났다는 내용밖에 나오지 않는다. 그러나 그와 그의 추종자들은 상당히 강인한 사람들이었던 듯하다. 우리는 그들에 대해 항해에 능숙한 억센 사람들, 집단 유대감으로 똘똘 뭉쳐 살아가고, 정신적으로 미개하고 문화적으로는 석기시대에도 미치지 못한 사람들의 모습으로 그려볼 수 있다. 서쪽의 넓은 바다를 가로질러 '행운의 섬' 너머까지 가면 지상의 물이 쏟아져내리는 거대한 '공포의 만'이 있다고 해서, 당시 사람들이 바다 멀리 나가는 것을 두려워한다는 사실도 에리크 일행은 거의 알지 못했다. 그들에게는 차라리 모르는 게 큰 도움이 되었다.

그들은 그린란드 동쪽의 높은 해안절벽을 발견했을 때 몹시 흥분했다. 하지만 곧 에리크는 거기에 상륙해봤자 아무 소용도 없으리라는 것을 알았다. 빙하로 뒤덮인 땅은 바위투성이에다 몹시 척박해서 사람이 살지 않았다. 그들은 얼마 동안 남쪽으로 더 내려가 오늘날 '페어웰Farewell 곶(작별의 곶)'이라 불리는 곳을 돌아갔다.

그린란드 서쪽 해안에는 만년설이 침범하지 않은 울퉁불퉁한 땅이 드러나 있었다. 북쪽 저 멀리에는 푸르스름한 빙하의 봉우리들이 하늘 높이 솟아 있었지만. 에리크는 롱십들을 피오르드와 작은 협곡들로 이루어진 인적미답의 땅으로 다가가게 했다. 사람들은 그 땅과 바다를 홀린 듯이 응시했고, 배에 함께 싣고 온 소들은 가을 풀밭의 냄새를 맡고 연신 울어댔다. 둔감한 북구 농민들도 눈앞에 펼쳐진 광경에 경이로움과 설레는 감동을 느꼈다. 그들은 적당한 정박지를 발견하고 그곳에 배를 갖다댔다.

바로 그들이 그린란드에 상륙한 최초의 유럽 인들이었다. 하지만 그곳 최초의 주민은 아니었다. 사가에는 그들이 거무스레하고 척박하고 쓸쓸한 서쪽 해안을 따라 올라가다가 육지에 상륙한 뒤, 돌로 된 덫과 뼈, 심지어 금속제 도구들까지 발견했다는 내용이 나온다. 그들은 크게 놀라서 그것들을 바라봤다. 그때 그들은 분명 도끼를 움켜쥐고 주위를 두리번거리면서, 자기네 한테는 적일 수밖에 없는 난쟁이들(북유럽 전설에 자주 등장하는—옮긴이)의 모습이나 소리를 찾았을 것이다. 하지만 주위는 사람의 그림자도 찾아볼 수 없이 고요했다. 들리는 것이라고는 바닷새들의 울음소리와 키 높이 자란 가을 풀들이 스치는 소리뿐……. 에리크는 다시 그 일대를 둘러보기 시작했다.

에리크는 3년 동안 놀랄 만큼 부지런히 그린란드 해안을 답사했다. 우리로서는 그의 성실을 지켜운 농사보다는 바다에 나가는 것을 더 좋아했기 때문이라거나, 피오르드 저 위쪽 어딘가에서 마침내 마음 놓고 약탈할 수 있는 난쟁이들의 부유한 도시를 발견했기 때문이라는 것—혹시 또 아는가, 정말로 그런 곳을 발견했을지?—말고는 달리 설명할 길이 없다.

에리크와 그 일행은 동상에 걸리는 등 많은 고초만 겪었을 뿐, 도시 같은 건 발견하지 못했다. 그러는 사이에 그들은 동쪽 정착지인 에릭스피오르드에 사람들과 가축들이 머물 만한 돌집들을 세웠다. 그 섬에서는 나무가 전혀 자라지 않았다. 하지만 우연히 북구인들(그후 세상 사람들은 그들을 그린란드 인이라 불렀다)은 서쪽 해안에서 유목流木들이 무더기로 쌓여 있는 곳을 발견 했다.

그들은 배를 몰고 와서 유목들을 거둬들여 땔감 등 여러 가지 용도로 사용 했다. 그들은 소떼를 방목하고 약간의 씨앗들을 파종했으며, 고래사냥을 하 거나 물고기를 잡았다. 그들은 혹독한 겨울철을 견뎌냈고, 여름의 첫 태양을 볼 때마다 함성을 질러댔다. 3년이라는 오랜 기간 동안 밤에 잠자리에 들 때 마다 남쪽으로 떠내려가는 빙산들이 부딪치면서 내는 천둥 같은 소리를 듣곤 했다. 그런 와중에도 에리크의 네 아이들, 곧 아들인 레이브와 토르발, 토르 스테인, 그리고 에리크가 다른 여자와의 사이에서 낳은 딸인 프레이디스는 무럭무럭 자라 어느덧 사춘기에 이르렀다. 그는 그 3년의 세월을 즐겁게 보 냈던 것 같다.

에리크는 법의 보호를 받지 못하는 사람이었다. 당시에는 시민의 신분이 라거나 민족 공동체의 개념 따위는 존재하지 않았으므로, 심적으로 별다른 고통을 받지 않았다. 다만 지배하거나 위협하고 맞붙어 싸울 만한 사람이 드 물어서 좀 지루했을 것이다. 그 때문이었을까, 그는 다시 아이슬란드로 건너 갔다.

이제 과거의 추방령 시효기간은 끝났지만, 그는 아이슬란드가 자기 취향에 맞지 않는 곳이라는 사실을 깨달았다. 그러던 중 그의 최대의 적이라고 할 수 있는 토르게스트가 그에게 싸움을 제의해왔다. 사가는 그때의 일을 "토르게 스트가 이겼다"라고 간단히 서술하고 넘어간다. 사람들이 모두 토르게스트 의 손을 들어준 것이다. 그후 에리크는 약간 기가 죽은 듯하다. 누구에게도 굽힐 줄 모르던 난폭한 사람이 갑자기 위축되었다. 집에서 아내나 아이들 혹 은 아랫사람들에게 으르렁거리던 기세도 많이 죽었다. 대신 에리크는 매사 에 신중해졌다. 그는 아이슬란드를 영원히 등지고 그린란드로 돌아갈 것을 결심했다. 가급적 많은 사람을 데리고 가기로 마음먹었다.

에리크는 자기가 발견한 땅 이야기를 널리 퍼뜨렸다. "그 땅에 좋은 이름을 붙여주면 사람들이 더 적극적으로 가고 싶어할 것"이라고 생각해, 그 섬 이름을 붙이고 엉터리 명명식까지 치렀다. 그날 이후로 섬은 그 이름 그대로 불리게 되었다.

990년경, 그린란드에 거주하는 사람들은 당시 북구 사람들이 대충 추산한 대로 꽤 많이 불어났다. 그중 1,000명이 넘는 유럽 인이 섬의 동쪽에서 서쪽으로 대거 이주했으며, 동쪽과 서쪽의 정착지들에 돌집과 축사를 지었다. 그들은 소떼를 방목하면서 아이슬란드에 대한 향수에 젖어 지내는 한편, 아이슬란드나 그보다 더 먼 노르웨이를 오가며 교역도 했다. 그리고 갖가지 위험이 뒤따르는 교역 과정에서 흥미진진한 모험으로 가득한 전설들이 생겨났다.

그린란드 사람들은 자진해서 추방자의 신세로 전락한 자기네의 삶이 얼마나 빈곤하고 열악하며 남다른 것인지를 일찍부터 통감했다. 우리는 오늘날에도 그들이 살았던 거주지의 잔해를 볼 수 있다. 그곳의 축사들은 너무 작아서, 소가 아니라 염소나 양들을 가둬놨던 곳으로 보인다. 집들은 놀라우리만큼 비좁고, 서로 다닥다닥 붙어 있다. 뿐만 아니라 고약한 냄새가 나고 춥고 불편했다. 그린란드에 밤이 찾아와 매서운 바람이 포효할 때면 그 집들은 제구실을 하지 못했다. 밖에서는 늑대들이 쓰레기 더미 주위에 모여들어 별을 보며 길게 울어댔다. 바이킹들은 유목에서 피어나는 희미한 불에 간신히 몸을 녹이며 끄덕끄덕 졸았다. 북구인들은 늘 피로에 지쳐 멍해진 상태에서 어깨를 웅크린 채, 너무나 많은 제약이 따르는 집안일을 하기 위해 정신없이 움직였다.

그들은 열악한 조건에서도 아주 특이하고 역사상 거의 유례를 찾아보기 힘든 이야기들을, 유럽 문명권에서 아득히 먼 아메리카 북극권의 끝자락에서 힘겹게 살았던 사람들의 모험담들을 엮어냈다.

좋은 숫자가 연이은 해라고 할 수 있는 서기 999년, 에리크의 장남 레이브는 자신의 롱십을 타고 노르웨이로 건너갔다.

〈붉은 머리 에리크〉라는 사가에는 레이브가 노르웨이를 향해 떠나기 전까지의 행적에 관해서는 거의 나오지 않는다. 레이브가 언제 어디서 태어났는지는 확실치 않다. 아이슬란드에서 태어났으리라고 짐작할 뿐이다. 특수한 환경에서 사람은 빠르게 성숙하는 법이다. 그는 이때 갓 스무 살을 넘었고, 키가 크고 건장한 전형적인 북구인의 모습에, 푸른색 외투를 걸치고 회색 각반을 찬 잘생긴 청년이었을 것이다. 사가는 그를 이렇게 소개한다. "레이브는 크고 강건한 몸매에 아주 잘생긴 외모를 지녔으며, 영리하고 매사에 반듯하게 행동하는 사람이었다."

그의 정신세계는 사냥과 고래잡이에 관한 전통적인 지식, 토지에 매달려 사는 농민들의 상투적인 사고방식, 그 식민지에서 벌어진 분쟁과 다툼의 와중에서 무기를 휘두른 사람들의 일화들, 전쟁과 바다 신의 이야기 등이 묘하게 혼합된 형태로 이루어졌다. 그리고 그의 내면에는 드넓은 아이슬란드가 가로막고 있고, 그 너머로 노르웨이가 좀더 희미하게 보이는 수평선이 자리잡고 있었다. 노르웨이 남쪽으로는 에이릭스타드의 배경을 이루는 드높은 요쿨 산맥이 북쪽의 안개 속으로 풀려나가는 것과 마찬가지로 유럽의 아련한 연봉들이 전설의 땅들 속으로 어렴풋이 자취를 감추고 있었다.

레이브는 스스로를 북구인이면서 동시에 그린란드 사람이라고 자처했다. 그는 그 여정에서 여러 가지 모험을 하고, 전리품과 아름다운 여자, 그리고 그밖의 뜻하지 않은 소득을 얻을 수 있으리라는 청년다운 기대를 품고 그린란드를 떠났다.

그린란드에서 아이슬란드를 거치지 않고 노르웨이로 바로 가는 직항로는 레이브가 떠나기 전에 이미 잘 알려져 있었을 것이다. 그러나 그의 항해는 기록으로 남아 있는 최초의 대서양 횡단이었다. 비록 곧장 노르웨이로 가려 했던 그의 계획이 중간에 좌절되기는 했지만.

봄철이면 으레 닥치게 마련인 심한 폭풍이 그의 행로를 방해했다. 배는 제 항로에서 벗어나 헤브리디스 제도에 속하는 어느 섬에 표류하고 말았다. 그 섬에서 레이브 일행은 같은 북구인들에게서 환대를 받았다. 그들은 섬에 그 대로 눌러앉아 노르웨이까지 실어다줄 순풍이 불 때를 기다렸다.

그해 봄이 가고 고요한 여름철이 이어졌다. 바람은 전혀 불지 않았다. 대서 양은 기나긴 낮 시간 내내 나른하게 졸고 있었고, 간간이 스쳐지나가는 갈매 기의 날갯짓만이 한낮의 적요를 깨뜨릴 뿐이었다. 밤이면 대서양의 밤하늘 에는 수많은 별이 찬란하게 빛났고, 그 한가운데에서 북구인들의 길잡이인 북극성이 유난히 더 또렷하게 반짝였다. 그렇게 고요한 바다에서는 외돛을 석설히 소설하거나 노를 저으면서 조류를 타고 가는 방법이 있었지만, 레이 브가 가진 항해기술로는 감히 엄두를 낼 수 없었다. 그는 강한 순풍이 불어오 기를 기다렸다. 그 사이 레이브는 그 섬에 사는 토르구나라는 처녀와 사랑에 빠졌다. 사가 문학 최초로 진실한 러브스토리 하나가 기록되는 순간이었다. 육지에서의 사나운 다툼과 온갖 형태의 지리한 항해로 점철된 사가의 기록에 순수하고 아름답고 비극적인 해프닝의 숨결을 담았던 것이다.

당시 레이브와 토르구나 같은 연인들이 사랑에 빠졌다는 것은 두 사람이 그저 상대를 지그시 응시하거나 키스를 하는 정도를 넘어섰다는 것을 뜻했 다. 다시 여름이 가고 가을이 오면서 그들의 목가적인 사랑도 점점 결실을 맺 어가고 있었다. 레이브는 다정하고 열정적인 토르구나의 침대에서 삶의 살 풍경한 회색빛 너머에 깃든 경이로움과 묘한 아름다움에 처음으로 눈을 떴 다. 그리고 마침내 기다리던 바람이 불어왔다.

레이브는 토르구나와 작별할 수밖에 없었다. 그녀는 함께 가게 해달라고 애원했다. 그는 잠시 주저했지만, 이윽고 자신이 머무를 예정인 북구의 궁전 에서 어떤 험악한 상황과 맞닥뜨릴지 모른다는 점을 생각했다. 그는 소수의 남자들만 승선한 배에 그녀를 태우고 험난한 바다로 나갈 수는 없다고 대답 했다. 두 연인이 함께 지낸 감미로운 여름은 그 시점에서 끝내야만 했다.

토르구나는 자기가 레이브의 아이를 임신했다고 말했다. 하지만 그런 말도 그의 마음을 움직이지는 못했다. 레이브가 그녀에게 싫증이 났을 수도 있고, 또 오로지 그녀를 위해서 함께 가는 것을 거부했을 수도 있다. 사람들은 연인들이 작별인사를 할 때 그들의 내면에서 순간적으로 스쳐지나간 동기나 희망, 반감 등의 자취를 찾아보기 위해 지난 세월의 동굴 속을 오래오래 들여다보곤 한다.

토르구나는 아들을 낳으면 그 아이를 데리고 평생이 걸리는 한이 있어도 기필코 그린란드로 찾아가겠다고 맹세했다. 레이브가 그녀의 그런 결심까지 거부하지는 않은 듯하다. 어쩌면 토르구나가 일시적인 기분에서 내뱉은 항의에 지나지 않는다고 생각했을지도 모른다.

레이브는 그녀에게 '금반지 하나, 그린란드 산 모직으로 만든 망토 한 벌, 바다코끼리 어금니로 만든 벨트 한 벌'을 주고, 우울하게 그러나 북구 사내답게 눈물을 보이지 않은 채 바다로 나갔다. 일행이 탄 배는 순풍을 타고 순조롭게 항해해 노르웨이에 이르렀다.

그 당시 노르웨이는 야만인이면서 동시에 유별나게 광신적인 기독교도인 울라프 트뤼그바손(울라프 1세)이 지배하고 있었다. 레이브는 곧장 왕궁으로 갔다. 그는 왕의 세력권 맨 끝에서 온 이교도 야만인이긴 했으나 왕궁에서 좋은 대접을 받은 듯하다. 어쩌면 그는 반공식적인 사절의 임무를 띠고 노르웨이에 왔을지도 모른다. 그리고 울라프와 레이브가 서로에게 끌린 것은 서로 정신적인 성향이나 꿈이 비슷했기 때문일 수도 있다. 왕의 총애를 한몸에 받은 그는 왕을 위해 사제들의 말을 순순히 따르지 않았나 싶다. 그는 999년이 끝나기 전에 기독교로 개종하기도 했다.

그는 노르웨이의 남방, 곧 발트 해 일대나 독일에서 온 사제들과 이야기를 나눠봤을 것이다. 그 야만인 기독교도 왕이 있는 왕궁에는 레이브 외에도 무역업자들과 외교사절을 비롯한 많은 흥미로운 사람들이 드나들었다. 레이브는 그들에게 노르웨이에서 아득히 멀리 떨어진 그린란드 이야기를 해주었고, 연이은 질문공세에 시달렸다. 그 너머에는 다른 땅들이 있는가? 따뜻하고 온갖 과일이 주렁주렁 열리는가? 그와 그린란드 사람들은 아일랜드 너머의 바다에 솟아 있는 '성 브렌던Saint Brendan(켈트 족의 성인으로, 아일랜드와 스코틀랜드에 수도원을 설립했고, '약속된 성자들의 땅'을 찾아 대서양 이곳 저곳을 항해했다는 전설적인 인물—옮긴이)의 아름다운 섬'을 본 적이 있는가? 포도가 주렁주렁 열린 '빈란드'나 '행운의 섬'을 본 적이 있는가?

우리는 한담閑談과 소문과 추측이 오가는 와중에 '백인 그리스도(White Christ)'의 새 사람이 된 젊은 레이브 에릭손의 내면에서 어떤 영상들이 교차했을지 능히 상상할 수 있으리라. 그는 그런 이야기들을 들으면서, 먹을 것과 전리품, 목재 등과 같은 실용적인 것들을 찾아 그린란드 서해안을 샅샅이 훑고 지나간 아버지 에리크의 비전을 훨씬 더 뛰어넘는, 지리적 호기심들로 이루어신 성교한 그물망을 짜고 있었으리라. '근사한 빈란드'와 '행운의 섬' 등에 관한.

그는 니다로스에 있는 왕궁에서 겨울을 난 뒤, 이듬해 봄에 다시 그린란드를 향해 출항할 준비를 했다. 그때 그는 울라프의 권유를 받고—어쩌면 그 자신이 청했을지도 모른다—그린란드의 이교도들을 개종시켜줄 사제 한 사람을 대동하기로 했다. 그는 울라프에게 작별인사를 하고 나서, 파뢰스 제도와 셰틀랜드 제도 사이의 대서양 직항로를 따라 항해했다. 그는 중간에 어떤 곳도 들르지 않고 곧바로 페어웰 곶으로 갈 작정이었다.

그의 계획은 완전한 성공을 거뒀다. 배는 페어웰 곶에 이른 뒤 곶을 돌아갔다. 이윽고 레이브와 그의 선원들의 눈앞에는 에릭스피오르드의 울퉁불퉁하고 황량한 땅과 그뒤에 병풍처럼 솟은 요쿨 대빙하, 그리고 그 위로 하늘 높이 솟은 푸른 봉우리들이 펼쳐졌다.

그들의 감격적인 귀향에 관한 기록은 남아 있지 않다. 사가들은 그런 주제들을 서술하는 일에 대단히 인색했다. 나이 든 에리크와 레이브의 두 형제인 토르스테인과 토르발은 오랜만에 돌아온 레이브를 무덤덤하고 퉁명스럽게 맞았을지는 몰라도, 그가 머물렀던 낯선 고장이나 그와 함께 온 사람들에 대해서는 이것저것 캐물었을 것이다. '백인 그리스도'의 삭발한 사제 한 사람과 노르웨이의 울라프 왕이 하사한 두 명의 스코틀랜드 노예도 레이브와 함께 왔으니까. 남자 노예의 이름은 하키였고, 여자 노예의 이름은 헤크야였다.

그린란드가 처음인 세 사람이 브라타힐드와 에리크의 집을 보고 어떤 생각을 했는지도 역시 기록에는 나와 있지 않다. 두 노예는 요쿨 빙하를 멍하니 바라보다가 부지런히 일하기 시작했다. 전설에 나오는 '행운의 섬'에서 그보다 훨씬 더 험악한 삶이 그들을 기다리고 있으리라는 것을 미처 알지 못한 채.

꽃

때는 서기 1000년이었다. 그해가 다 가기 전에 브라타힐드와 동서 정착지 양쪽에서는 여러 가지 변화가 있었다. 하나님의 강한 손길이나 레이브의 강력한 천거가 작용해서인지는 몰라도, 아무튼 그 선교사의 노력은 대성공을 거뒀다. 그린란드 전역에서 '백인 그리스도'를 받아들였고, 북구의 신들에게 제물을 바치던 전통적인 제사는 규제를 받았다. 레이브의 어머니인 툐드힐드는 최초의 개종자들 중의 한 사람으로서, 동부 정착지에 첫 성당을 세우는 데 큰 도움을 주었다. 그들은 옛 신들과 의식들을 거의 아무 이의 없이 버렸다. 그것은 피와 전쟁의 신조들이 북구인들에게 그다지 큰 힘을 갖고 있지 못했다는 것을 강하게 암시해준다. 그들은 일단 악마의 손길에서 벗어나자, 인류의 대다수와 마찬가지로 좀더 부드러운 신앙과 온건한 미신을 기꺼이 받아들였다.

한 사람만은 예외였으니, 바로 노령에 접어든 난폭한 무뢰한, 붉은 머리 에리크였다. 그는 새로운 교리의 어떤 것도, 그 교리를 설파하는 삭발한 위선자의 말도 받아들이려 하지 않았다. 그는 분명 그 교리가 자신의 권위를 약화시키리라는 것을 알았을 것이다. 자신의 따분하고 단조로운 참모습을 인상적인 것으로 비치게 해준 피와 약탈행위들을 비난하는 보이지 않는 도덕적인 장벽이 세워졌다는 것을. 그리고 그의 예감은 정확하게 들어맞았다.

에리크가 새로운 교리를 듣는 것조차도 계속 거부하자 뜻밖에도 툐드힐드가 심하게 반발했다. 그들 부부는 예전에 이교신들 앞에서 결혼식을 올렸고 슬하에 세 아들을 뒀다. 이제 그녀는 기독교도가 되어, 이교도인 에리크와는 잠자리도, 식사도 함께 하지 않으려 했다. 사가에는 에리크가 그녀의 그런 뜻을 듣고 또 그녀가 그것을 실천에 옮기자, "크게 노했다"는 식으로만 간략하게 서술되어 있을 뿐이다.

페어웰 곶 너머에 있는 그 땅에서도 다사다난했던 한 해가 서서히 저물었다. 이제는 당시 사람들의 감정과 신앙의 변화들도 희미한 이야기가 되었다. 겨울이 오면서 북극권 가까이 있는 황량한 땅 에릭스피오르드에 새로운 소리가 울려퍼졌다. 극소수의 외지 신들만이 들어왔던 고적한 황야에서 미사를 드리는 소리와 찬송가가 늘리기 시작한 것이다.

사실, 유서 깊은 신조와 관습을 후미진 한 지역에서 또 다른 지역으로 전파시킨 운명과 유행의 예기치 않은 전환을 제대로 이해하기란 쉽지 않다. 그린란드 사람들은 미지의 땅 레반트(지중해 동부 해안지역—옮긴이)의 더위와 땡볕 속에서 살았던 한 유대 인 예언자가 사망한 지 1,000년이 흐른 뒤 그를 경배하기 시작했다. 인간의 계획과 믿음만으로 그런 결과를 빚어낼 수는 없다. 그것은 우연과 변화의 조류의 작용과 반작용에서 비롯되었을 뿐이다.

이윽고 브라타힐드에 봄이 찾아왔다. 외양간과 인가 지붕을 뒤덮었던 눈이 서서히 녹아내리고, 간신히 제 모습을 드러낸 좁은 맨땅에서 풀이 돋아났다. 그 무렵, 운명과 우연의 조류에 휩쓸린 사람들이 남쪽 바다에서 전설에 나오는 신비의 땅을 봤다는 소식이 날아왔다.

❁

그린란드 정착자들 중에 아이슬란드 출신의 헤리울프라는 사람이 있었다. 애초에 그는 그린란드로 올 때 가재도구와 가족 일부를 남겨놓고 왔다. 그에 관한 이야기는 지극히 개략적인 것에 불과하다.

1002년 초봄, 헤리울프의 아들인 비아르니 헤리울프손이 그린란드 동쪽 정착지에 거주하는 아버지를 찾아서 배를 몰고 아이슬란드를 떠났다. 함께 승선했던 뱃사람들이 그후에 일어난 여러 사건 때문에 그를 못마땅하게 여긴 것을 보면, 그는 두드러진 개성이나 특징을 가진 젊은이는 아니었던 것 같다.

아이슬란드를 떠나고 나서 얼마 지나지 않아 폭풍이 불어오는 바람에 배는 제 항로에서 떠밀려났다. 폭풍과 함께 안개같이 가는 비가 몰려와 사람들은 방향감각을 완전히 잃고 '바다에서 여러 날 표류했다'. 마침내 폭풍이 가라앉고 안개가 걷혔을 때, 그들은 육지가 있을 리 없는 서쪽 수평선에서 육지를 발견했다.

나무가 우거진 그 땅의 평탄한 긴 해변에서는 하얀 파도가 일고 있었고, 하늘에서는 구름이 빠르게 내달리고 있었다. 북구인들은 놀라움과 설레임에 휩싸인 채 한참을 멍하니 바라보았다. 그들은 배를 몰아 해안 가까이 다가갔다. 그런데 이때 비아르니가 자질 부족을 드러냈다. 그곳에 상륙하기를 거부한 것이다. 그들은 그 땅에 대해 아무것도 알지 못했으며, 비아르니는 전혀 알 필요성을 느끼지 않았다. 그의 행선지는 오로지 그린란드였다.

뱃사람들은 불평을 늘어놓으면서도 그의 말에 따라 배를 북쪽으로 몰았다. 곧 신비로운 땅은 그들의 시야에서 사라졌다. 다시 안개가 그들을 둘러쌌다. 그러나 마침 순풍이 불어와 배는 순조롭게 북동쪽으로 나아갔다. 며칠 뒤 안개가 걷혔을 때 다시 왼쪽에서 평탄하고 황량한 땅이 보였다. 이번에도 역시 비아르니는 상륙하기를 거부했다.

마침내 페어웰 곶이 시야에 나타났다. 여러 날에 걸쳐서 이상한 여행을 한 북구인들은 돛을 내리고 에릭스피오르드를 향해 노를 저었다. 그들은 아메리카 대륙을 목격한 최초의 북구인들이었다.

❧

비아르니 이야기는 레이브 에릭손의 가슴에 불을 질렀다. 아마 그는 니다로스에서 처음 새 신앙에 관해 듣던 때부터 같이 들었던 서쪽의 이상한 나라에 관심을 가졌을 것이다. 그것은 단순한 이야기에 그치지 않는다.

비아르니가 용기와 열정을 가진 사람이었다면 그 이야기 속의 나라가 실재한다는 것을 증명할 수 있었을 것이다. 비아르니는 그린란드에서 즐겁지 못한 시간을 보냈음에 틀림없다. 사람들은 미지의 땅을 발견하고서도 도전하지 않고 그냥 지나쳐버린 그를 조롱하고 야유했을 것이다. 그해 여름부터 겨울까지 내내 에릭스피오르드 사람들은 비아르니 일행이 얼핏 보고 지나친 땅에 관한 이야기로 나날을 보냈다.

마침내 레이브는 여행 계획을 세우고 실천에 옮기기로 했다. 그가 갖고 있는 롱십은 이번 항해에 적합하지 않아 그는 비아르니의 배를 사기로 했다.

비아르니는 기꺼이 그 제의에 응한 듯하다. 그가 롱십을 가시고 있는 한, 사람들은 언제고 그가 다시 그 재수 없는 해변으로 가기 위해 출항할 것이라고 기대하며 자기를 성가시게 할 게 분명하다고 생각했다. 그런데 부탁하지도 않았는데 레이브 에릭손이 배를 사겠다고 나선 것이다.

그해 여름, 레이브는 같이 항해할 남자 서른다섯 명과 여자 한 명을 모았다. 여자는 스코틀랜드 출신의 노예 헤크야였다. 남자 선원들 중에는 그녀의 남편인 하키도 끼어 있었다. 사가에는 레이브 외에 그의 양아버지인 티르커라는 독일인 한 사람만 기록되어 있을 뿐, 나머지 선원들에 대한 언급은 어디에도 없다. 아마 티스커Tysker라는 독일어 이름이 북구어로 바뀌는 과정에서 와전되었을 것이다. 티르커는 체구가 작고 피부가 검었다. 매사에 즐거워하고, 무슨 일을 하든 치밀한 계획을 세워서 처리했으며, 무엇보다 레이브에게 아주 헌신적이었다. 그는 또 그 미지의 땅에 이름을 붙여주는 데도 큰 역할을 했다. 레이브는 그의 형제인 토르스테인과 토르발은 원정대에 포함시키지 않은 듯하다.

에리크는 원정에 참가해달라는 제의를 받았으나 처음에는 거절했다. 하지만 사람들은 에리크가 운이 따르는 사람이라고 인정하고 있었고, 또 그를 위대한 탐험가로 기억하고 있었다. 에리크는 장남인 레이브가 그린란드에 기독교를 들여온 장본인이라는 사실에도 불구하고, 깊은 애정을 갖고 있었던 듯하다. 아들이 조르자 그는 마침내 함께 가겠다고 응낙했다.

어느 여름날 아침, 배에 탈 사람들은 브라타힐드에서 사람들과 작별을 고하고, 롱십이 정박해 있는 해변을 향해 내려갔다. 에리크는 조랑말을 타고 내려갔는데, 얼마 못 가서 말에서 떨어지는 바람에 갈비뼈 몇 개가 부러지고 어깨를 다치는 큰 부상을 입고 말았다. 사가에 의하면, 그는 사고를 당했을 때 그저 "아, 잘됐어!"라고만 했다고 한다.

원정대는 그 일로 지체하지는 않은 듯하다. 선원들은 배를 띄우고 커다란 사각돛을 올린 뒤, 바람을 받으며 서서히 에릭스피오르드를 빠져나갔다. 때마침 남서풍이 적당히 불어와, 그린란드 해안은 요쿨 빙하에서 피어난 여름 안개 속으로 이내 사라져버렸다.

2, 3일 동안 그들은 래브라도를 향해 흘러가는 거대한 해안 조류를 타고 바람보다 빨리 달려갔다. 마침내 저 멀리 긴 해안선과 거대한 빙하를 둘러쓰고 하늘 높이 솟아 있는 산들이 보였다. 배에 탄 사람들은 가슴이 벅차올랐지만 비아르니와 마찬가지로 조심스럽게 행동하기로 결정했다. 서서히 돛을 내리고 해안에 접근했다.

그러나 그곳은 '행운의 섬'이 아니었다. 해안은 커다란 둥근 돌로 덮여 있었고, 그 너머로 드넓은 대지가 저 멀리 눈으로 뒤덮인 인적미답의 산들이 있는 데까지 펼쳐져 있었다. 레이브와 그의 동료들은 열의 없는, 그러나 별로 낙담하지 않은 눈빛으로 살풍경하고 을씨년스러운 광경을 묵묵히 바라봤다. 그곳은(오늘날 래브라도의 한 지역쯤으로 짐작된다) 그들이 찾는 땅이 아니었다.

그들은 '납작한 돌들의 땅'이라는 뜻을 지닌 '헬룰란드Helluland'라는 이름을 붙여주고는 다시 넓은 바다로 나갔다. 헬룰란드는 곧 수평선 밑으로 가라앉았다. 이튿날 새로운 땅이 그들의 시야에 잡혔는데, 비아르니가 보았다는 바로 그 장소인 듯했다.

오늘날의 노바스코샤에 해당하는 그 해변은 숲이 우거져 있고, 그 북구인들이 생전 처음 보는 백사장이 펼쳐져 있었다. 그들은 감격해서 한참을 바라보았다. 레이브와 그 일행은 해변에 배를 대고 물과 땔나무를 찾은 뒤 그 일대를 좀더 답사해봤다. 그들은 여전히 흡족하지 않았다.

그 '마르클란드Markland(지금의 뉴펀들랜드—옮긴이)'는 그런 대로 풍요롭고 비옥했다. 그들이 그저 정착할 땅을 찾으러 나선 길이었다면, 그곳은 척박하고 황량한 그린란드에 비해 천국처럼 보였을 것이다. 그러나 적어도 그들의 지도자로 하여금 먼 바다로 나서게 만든 데는 분명한 이유가 있었다. 망망대해 어딘가에 매일 아침마다 과일이 주렁주렁 열리는 나무들이 아침 햇살에 찬연한 빛을 발하는 '행운의 섬'이 있으리라는 믿음 같은. 레이브는 일행에게 다시 배에 오르라고 지시했다.

그들은 또다시 바다로 나갔다. 그리고 이틀 동안 내내 뒤에서 불어대는 북동풍을 받으면서, 레이브는 니다로스에서 들은 이야기가 사실임을 입증해줄 땅을 향해 나아갔다.

⚜

이틀 뒤 마르클란드 남서쪽에서 새로운 땅이 수평선 위에 떠올랐다. 그 곁에는 여름 햇살에 진초록 풀이 무성하게 자란 섬이 하나 떠 있었다. 그들은 그 섬에 배를 대고 상륙했다.

그들은 화창한 햇살 속에서 사방을 둘러보다가 풀에 이슬이 맺혀 있는 광경을 보았다. 그들은 무심코 손가락으로 이슬을 묻혀 맛을 봤다. 그렇게 달콤한 것은 생전 처음이라고 생각했다.

그들이 도착한 곳은 아마 오늘날의 노세트 섬이었을 것이다. 그리고 풀에 맺힌 그 꿀같이 달콤한 이슬은 작은 곤충의 배설물인 듯하다.

그들의 눈앞에는 이국의 거대한 땅이 펼쳐져 있었다. 검은 곳은 바다 멀리까지 돌출해 있었으며, 남쪽으로는 해안선이 아침 햇살 속으로 아른거리며 뻗어갔다. 남쪽 어딘가에는 분명 그보다 더 좋은 땅이 펼쳐져 있으리라.

    그들은 그 섬에서 조금 더 지체한 뒤 다시 바다로 나가, 노바스코샤의 기다
란 해안을 따라 남쪽으로 내려갔다. 그들 곁으로 입구가 훤히 트인 만灣들과
바다로 돌출한 땅들, 건조한 기후 속에서 뜨겁게 달아오른 숲들이 연이어 지
나갔다. 레이브의 동료들은 풍요롭고 좋은 땅이니 상륙하자고 채근했지만,
그는 생각이 달랐다. 훨씬 더 큰 바람에 사로잡혀 있었다. 그곳은 과일나무가
우거진 '행운의 섬'이 아니었다. 그는 상륙하기를 거부하고 그날 내내 남쪽
으로 뱃머리를 돌렸다. 이윽고 또 다른 섬으로 보이는 장소를 발견하고는 해
안에 배를 대게 했다. 오늘날의 메인 주에 해당하는 땅일 듯하다.

    이틀 뒤 그들은 "육지를 발견하고 그리로 다가갔다. 처음 다다른 곳은 바
다로 돌출한 곳이었다. 그들은 해안을 따라 나아가다가 배의 우현을 해안에
갖다 댔다. 그곳에는 항구가 없었고, 긴 모래사장뿐이었다. 그들은 작은 보트
에 나눠 타고 해안에 상륙했다가, 배의 용골에 해당하는 부분을 발견하고는
그것에 '크얄라르네스Kjalarnes'라는 이름을 붙였다. 그리고 해안을 지나가는
데 오랜 시간이 걸렸다 해서 그곳을 '이상한 해안'이라고 이름지었다."

    그들은 케이프코드에 도착해서 그곳을 빙 돌아갔다. 사가에서 지나가는
듯이 언급한 데 그친 그 용골의 미스터리는 오늘날까지도 풀리지 않은 채 남
아 있다. 그전에 이미 그곳에 닿은 배가 있었던 것일까? 물론 충분히 가능한
일이다. 기나긴 서기 1000년대의 기간 동안, 우연에 의해서건 혹은 의도적이
었건 간에, 대서양을 가로지른 배가 다시 되돌아가지 못한 경우가 가끔씩은
있었을 것이다. 그리고 아이슬란드와 그린란드 사이를 잇는 뱃길에서 난파
된 배에서 떨어져나온 용골이 바람과 파도에 떠밀려 케이프코드의 후미까지
흘러갔을 수도 있다.

    또 다른 가능성도 생각해볼 수 있다. 케이프코드 자체가 용골처럼 생겼기
때문에 레이브와 그의 일행이 주목했을 수도 있다. 하지만 후자가 사실일 가
능성은 좀더 희박하다. 오늘날의 우리는 지도를 통해서 케이프코드를 확인
할 수 있지만, 그 당시 레이브와 그 일행에게는 그저 아득히 멀리 펼쳐져, 그
끝이 회청색으로 가물가물 사라지는 모래땅으로만 보였을 것이다.

레이브의 배는 '이상한 해안'을 돌고, 오늘날의 채텀 유적지 곁을 지나, "만들의 땅에 이르러 어느 한 만으로 배를 몰고 들어갔다." 아마도 그곳은 버저즈 베이Buzzard's Bay였을 것이다. 레이브는 스코틀랜드 출신 노예들인 하키와 헤크야를 불렀다. 둘 다 몸이 날래고 강인했다. 그들은 킬트의 원조격에 해당하는 스커트와, 북구인들이 '키아팔Kiafal'이라고 부른 격자무늬의 긴 숄을 걸치고 있었다. 레이브는 두 사람에게 보트를 타고 뭍으로 가서 가급적 신속히 남쪽으로 내려가라고 지시했다. 그 일대를 잘 살펴본 뒤, 사흘이 지나기 전에 돌아와 본 대로 보고하라고 말했다.

레이브가 그들에게 정찰임무를 맡긴 것은 그들이 빠른 발을 갖고 있었기 때문이다. 아울러 어떤 위험이 도사리고 있을지 모르는 미지의 땅에서 설사 그들이 재난을 당한다 해도, 노예들이라 원정대에 주는 부담이 적을 것이라고 생각했다. 레이브는 닻을 내리고 그 새로운 땅을 바라보면서 두 사람이 돌아오기만을 기다렸다.

사가들은 옛 스코틀랜드 출신의 두 남녀가 어떤 모험과 위험을 겪고 돌아왔는지에 대해서 일절 언급하지 않았다. 그들은 아메리카의 그 지역을 최초로 답사한 참다운 탐험자였다. 그들이야말로 그 땅을 자기 발로 직접 부지런히 밟고 돌아다녔고, 우리가 이름을 통해서 알고 있는 산과 강들을 직접 목격했다.

우리는 그들이 짐승과 새들이 다니는 길에서 무엇을 만나고 목격했는지, 그리고 위협이 눈앞에 닥쳤을 때 어떻게 몸을 숨겼는지 그저 추측만 할 뿐이다. 그들은 어떤 인간도 보지 못했을 공산이 크다. 사실, 레이브 일행 그 누구도 원정기간 동안 훗날 북구인 원정대들을 괴롭힌 끝에 결국 아메리카에서 떠나게 만들 스크랠링그르Skraelingr 인디언들을 본 적이 없었다.

사흘째 날이 거의 저물어갈 무렵, 하키와 헤크야가 아무 해도 입지 않은 말짱한 모습으로 해변을 향해 달려내려왔다. 그들은 많은 곳을 여행한 뒤 야생 포도와 '자생自生 밀'을 양손에 잔뜩 들고 왔다. 레이브와 티르커는 야생포도를 뚫어지게 바라봤다. 포도다! 이곳이야말로 '근사한 빈란드'의 한 끝자락이 아니고 무엇이란 말인가?

레이브는 다시 닻을 올리고, "섬과 곶 사이에 있는 미지의 작은 만으로 배를 몰고 들어갔다." 그 섬은 분명 오늘날의 마르타즈 빈야드 섬이었을 것이다.

그후 그의 행적은 이 책이 출전出典으로 삼고 있는 그린란드와 아이슬란드의 사가들의 내용이 서로 엇갈리는 바람에 상당히 모호하다. 레이브는 가지고 온 식량이 거의 떨어졌으며 여름철도 끝났다고 판단했고, 따라서 다가오는 겨울을 날 만한 거처들을 세우기로 결심했다. 북구인들은 미지의 땅 한 곳에 상륙한 뒤, 신속하게 배를 해변으로 끌어올렸다.

그들이 상륙한 곳은 로드아일랜드 해변이 멀리 바라보이는 마르타즈 섬의 서쪽 끝 어딘가였을 것이다. 하지만 그들은 처음에는 본토에 머무르다가 나중에 마르타즈 섬이나 오늘날 '인적 없는 땅'이라 불리는 섬으로 이주했을 가능성이 더 많다.

그곳에는 새들이 너무 많아서 "새알을 깨뜨리지 않고 발을 내디디기가 힘들 정도"였다. 그들은 섬 중앙의 호수로부터 발원하는 강을 발견했으며, 강가에 나무와 돌로 오두막들을 지었다.

그들은 그물침대와 무기들을 부지런히 옮기다가, 문득 자기네가 까닭도 없이 너무 서두르고 있다는 걸 깨달았다. 화창한 날씨가 연이어 계속되고, 강에는 연어들이 우글거렸다. 연어와 새알이 지천이라, 그것만으로도 굶주리지 않고 얼마든지 지낼 수 있었다. 레이브는 상황이 그렇게 여유가 있었으므로, 오두막을 지을 게 아니라, 영구적인 돌집을 세워야 한다고 생각했다.

그는 그런 일을 지시하는 틈틈이 본토를 탐험하는 일에 착수했다. 이따금 한 번씩 팀을 구성해서 보트를 저어 본토에 다녀왔다. 레이브가 직접 일행을 통솔해서 가기도 했고, 그가 레이프스피오르드의 일을 돌봐야 할 때는 그 없이 다른 이들만 가기도 했다. 레이프는 그 뱃사람들을 노련하게 통솔했던 듯하다. 그들 사이에서 불평불만을 하는 이가 전혀 없었고, 사가의 표현을 빌리자면, 그들은 레이브를 부드럽고 공명정대한 사람으로 인정해줬다. 부드럽고 공명정대하다는 수식어는 사가의 영웅에게 붙여주는 수식어치고는 참으로 이례적인 것이 아닐 수 없다!

그들은 숲 가장자리나 개울 둑을 따라 오랫동안 로드아일랜드 지역을 누비고 다녔으면서도, 본토 땅이 참으로 드넓은 대륙의 일부라는 사실을 전혀 깨닫지 못했다. 그들은 섬들과 바다에만 익숙한 사람들이었고, 레이브는 '근사한 빈란드'를 향한 열망에 사로잡혀 있기는 했지만, 다가오는 겨울철에 대비해야 한다는 생각에 쫓기고 있었다.

그곳이 빈란드라는 이름에 걸맞은 곳임을 발견한 사람은 티르커였다. 어느 날, 티르커는 답사팀의 일원으로 본토에 건너갔다가 동료들과 떨어져 길을 잃고 헤매던 중, 그때까지 그들이 미처 보지 못했거나 무시하고 지나쳤을지도 모르는 것과 맞닥뜨렸다. 그 순간 오랫동안 사용하지 않았던 독일어가 티르커의 목구멍에서 튀어나왔다. 그후 그는 본토를 자주 들락거렸으며, 레이브의 지시에 따라 열심히 사냥했다. 그리고 틈틈이 일행에게서 살그머니 떨어져나와, 온화한 로드아일랜드 하늘이 내려다보는 가운데 자신의 비밀업무를 수행해나갔다.

⚜

얼마 후 그들은 월동 준비를 그만뒀다. 겨울은 오지 않은 거나 마찬가지였다. 종종 시인들의 시나 신화에 등장하는 그 '우묵한 땅(Hollow Land)'에서 기이한 상황이 펼쳐졌다. 서리나 눈은 전혀 내리지 않았고 풀도 마르지 않았다. 시들지 않은 나뭇잎들 사이로 햇살이 은은하게 스며들어왔고, 언제나 따뜻한 기운이 땅 전역에 오래도록 머물렀다. 그들은 그곳에서 전에 보지 못한 대형 연어들을 잡곤 했으며, 낮 시간은 짧아졌으나 겨울의 매서운 칼바람은 불지 않았다. 그린란드 사가는 레이브 에릭손의 모험에 가미된 신화이자 시적 파격으로 취급받던 표현들을 동원해 그때의 일을 서술했다.

우리는 그곳이 마르타즈 섬 부근에 있는, 아메리카 대륙 끝자락의 우묵한 지역임을 알고 있으며, 따라서 이제 레이브가 그곳에 상륙했다는 것은 그가 진짜로 '인적 없는 땅' 의 바위에 자기 손으로 직접 명문을 새기기라도 한 것처럼 확실한 사실이 되었다. 그 바위에 새겨진 명문은 그동안 수많은 논쟁과 논란을 불러일으켰으나, 이제는 논란의 장에서 슬그머니 자취를 감췄다. 그 바위에는 룬Runic 문자(북유럽과 브리튼 섬, 스칸디나비아 반도, 아이슬란드의 게르만 족이 3세기 무렵부터 16세기(또는 17세기)까지 사용한 문자 체계—옮긴이)로 다음과 같은 명문이 새겨져 있다.

Leif Eriksson
MI

그리고 그 밑에는 다음과 같은 글자가 새겨져 있다.

Vinland.

레이브나 일행 중의 어떤 사람이 글을 쓸 수 있었는지는 의심스럽다. 여기에 사용된 룬 문자의 일부는 당대의 노르웨이에서는 거의 알려지지 않은 것들이다. 그들 가운데 정말로 문자 해독 능력이 있는 사람이 있었다면, 그는 레이브의 이름을 'Leifr Eiriksson' 이라 새겼을 것이고, 로마 인들의 연대 표기법인 'MI' 라는 표현을 사용하지 않았을 것이다.

오늘날의 학자들은 그 수수께끼 바위 명문을 황당하고 노골적인 위조품으로 보고 무시해버리고 있다.

인적이 드문 섬에서 언제고 그것이 발견되는 날엔 미국의 모든 이를 깜짝 놀라게 하리라는 희박한 가능성 하나에만 매달린 채, 누군가가 파도가 철썩이는 해안 바위에 남몰래 그런 명문을 새길 수 있는가 하는 것은 참으로 대답하기 어려운 문제다. 그 명문의 유래를 설명해주는 또 다른 학설이 하나 있다. 레이브의 양아버지인 티르커가 새겼다고 하는 주장이 그것이다.

티르커는 독일인으로, 그 북구인들 가운데 유일한 외국인이었다. 그는 아마도 자기 나라에서 글 쓰는 법을 배우고, 그뒤 스칸디나비아에서 룬 문자의 사용법을 익혔을 것이며, 북구의 건물들에 새겨진 것 같은 활달한 필체로 룬 문자를 사용했을 것이다. 당시 북구에는 그런 식의 명문을 새기는 관례가 없었다. 그해 여름에서 겨울에 이르는 오랜 기간에 그런 것을 새길 만한 사람으로, 그리고 연대와 스펠링을 그처럼 놀랍도록 정확하게 새길 만한 사람으로 자기의 양아들이 이룬 업적에 자부심을 느끼고 있는 티르커말고 달리 또 누가 있겠는가?

900년이라는 망각의 세월이 지난 지금, 우리의 머릿속에서 하나의 가능한 그림, 매혹적인 그림을 그려볼 뿐이다. 피부빛이 검고 주근깨가 박혀 있으며, 평퍼짐한 얼굴에 차분하지 않은 눈빛을 지닌, 체구가 작은 그 녹일 사람이 900년 전의 어느 무더운 오후에 빈란드의 포도가 익기를 기다리며, 로드아일랜드의 그 바위 위에 쭈그리고 앉아서 철자법이 맞지 않는 그 수수께끼 같은 글자들을 새기고 있는 장면을.

그런데 레이브에게 새로운 근심거리가 생겼다. 봄이 오면서 마르타즈에서는 뜻하지 않게도 식량이 달리기 시작했다. 그들은 겨울답지 않은 겨울철을 한가롭게 보내면서도, 너무 쉽게 잡히는 연어들을 말리고 훈제해놓을 생각 따위는 전혀 하지 않았다. 그리고 봄이 오면서 연어들은 사라졌다. 본토에서 잡히는 짐승들의 숫자도 줄어들었다. 아마 사람들 사이에서 병도 돌았을 것이다. 그런 상황에서 돌연 티르커가 어디론가 사라졌다.

레이브는 그가 사라진 첫날 적잖이 걱정했다. 이튿날도 그가 돌아오지 않자 근심은 더욱 커졌다. 사흘째 되던 날, 레이브는 더 참지 못하고 수색대를 조직하여 보트를 타고 본토로 건너갔다. 그들은 해변에서 꽤 멀리 떨어진 곳까지 샅샅이 뒤진 끝에 마침내 티르커를 볼 수 있었다. 그는 숲속 깊은 곳에서 평소와는 다른 이상한 모습으로 땅바닥에 앉아 있었다.

처음에 그는 독일어로 한참 이야기했다. 눈자위를 이리저리 굴리고 연신 입술을 뒤틀면서 말을 계속했다. 그러나 그들은 그가 무슨 말을 하는지 알아듣지 못했다. 그는 한참 뒤에야 북구어로 말했다. "나는 여기서 더 멀리 가지는 못했다. 하지만 당신들에게 이야기해줄 만한 새로운 것을 발견했다. 나는 포도나무와 포도를 발견했다."

　사실 그는 술에 취해 있었다. 북아메리카의 고요한 숲속에서 술에 취한 자그마한 독일인이, 자기가 포도를 발견했고 그것으로 포도주를 담근 이야기를 주절거리는 동안, 그를 둘러싼 무장한 북구인들이 눈을 휘둥그렇게 뜨고 멍하니 바라보는 광경은 실소를 자아내기에 충분하다. 티르커가 포도주를 담그는 데는 분명 여러 주가 걸렸을 것이다. 그는 포도에 관한 비밀을 털어놓은 뒤, 레이브와 그 일행을 야생 포도밭으로 데려갔을 것이다.

　레이브는 티르커를 찾음과 동시에 근심거리는 다 사라졌다고 생각한 듯하다. 아마 또 다른 먹을거리들이 좀더 많이 생겨났을 것이다. 하지만 그는 그린란드에 가져가서 팔기도 하고, 또 자기가 발견한 땅이 어떤 곳인지 입증해줄 만한 것을 원했다. 레이브는 그린란드 사람들에게 직접 보여주기 위해 포도를 잔뜩 압착시켜 싣고 가기로 했다.

　봄날은 그렇게 해서 지나갔다. 그리고 어느 날 밤, 야생거위떼가 끼룩거리면서 그들이 남쪽의 마르타즈에 비워두고 온 오두막 위를 날아갈 무렵, 마침내 배는 화물로 가득 찼다. 레이브는 이제 고향으로 돌아가기로 마음먹었다.

　여기서부터 사가는 '근사한 빈란드'에 대해서 더 이상 아무 말도 하지 않는다. 그들이 낯선 '새 피오르드'로 소지품과 무기들을 나르고, 오랫동안 쉬고 있던 돛을 올리고 배에 오를 즈음, 레이브가 최초의 오두막들 곁에 지어놓은, 돌로 기초를 쌓은 큰 집을 돌아본 일 등에 대해서도 마찬가지다. 레이브는 고개를 돌려, 그동안 섬과 본토 사이를 부지런히 오가기는 했지만 사실 제대로 밟아보지 못한 해변을 바라봤을 것이다. '행운의 섬' '근사한 빈란드'의 해변임이 분명한 곳을. 그가 그린란드로 포도를 실어간 것도 거짓말이 아니라는 것을 입증하기 위해서였을 것이다.

　그들은 왼쪽으로 하얗게 빛나는 '신비스러운 해안'을 끼고 난터킷 만을 거슬러올라갔다. 이윽고 용골을 발견했던 해안이 왼쪽으로 아득히 멀어져가면서 그들이 탄 배는 봄 파도가 일렁이는 대서양으로 들어섰다. 그렇게 해서 아메리카에 들른 원정대들 중에서 기록으로 남은 최초의 원정대는 서방의 보물을 잔뜩 싣고 금의환향했다.

❧

그들이 탄 배는 북쪽으로 나아갔다. 그리고 사흘째 되던 날, 레이브는 바다를 바라보다 섬인 듯싶은 육지의 한 끝을 발견했다. 그곳에서 뭔가가 움직이는 듯했다. 그는 티르커를 불러 살펴보라고 한 뒤 뭐가 보이느냐고 물었다. 티르커의 눈에는 아무것도 들어오지 않았다.

하지만 레이브가 잘못 본 것이 아니었다. 그 섬에는 토리라고 하는 사람 소유의 배를 타고 가다 그 섬에 상륙한 북구인들이 있었다. 토리와 그의 아내 구드리드, 그리고 토리가 거느린 농노들이 탄 배가 아이슬란드를 떠나 그린란드로 가던 도중에 항로에서 벗어나 그 섬에 좌초했던 것이다.

레이브가 그들을 발견한 곳은 아마 래브라도 해안에서 좀 떨어진 섬이었을 것이다. 그곳이 정말로 래브라도 근방이었다고 한다면, 레이브의 모험담을 보존하고 있는 기록이 우연히 오늘날까지 살아남은 덕에, 아메리카를 발견한 경우가 얼마나 많았는지 새삼 다시 입증되는 셈이다. 그는 운이 좋은 사람이었다. 그 일행을 구한 것도 역시 운이 작용했고. 토리와 구드리드, 그리고 열다섯 명의 농노들은 레이브의 배로 올라탔다. 거기서 그린란드는 그리 멀지 않았다.

그 후 "레이브는 에릭스피오르드에 상륙하여 브라타힐드로 돌아왔다. 브라타힐드 사람들은 그들을 반갑게 맞아줬다…… 그때부터 사람들은 그를 '행운아 레이브' 라고 불렀다."

사가는 레이브의 모험을 이처럼 간단히 이야기하고 있다. 여기에 에리크가 브라타힐드에 위선적인 사제를 데려와서 자기처럼 좋은 사람을 아내와의 잠자리에서 쫓겨나게 했다 해서, 자기 아들을 불운을 몰고 온 녀석으로 봤다는 식의 짤막한 유머도 곁들이고 있다.

사가는 레이브가 빈란드에서 가져온 화물이 어떻게 되었는지에 대해서도 언급하지 않았다. 그해 겨울, 브라타힐드 사람들은 벽난로 곁에 모여 그의 모험담을 이야기하느라 시간 가는 줄 몰랐다. 하지만 우리에게는 간략한 이야기밖에 전해지지 않는다.

이듬해에 브라타힐드 사람들은 또다시 원정을 떠날 준비를 하느라 분주하게 움직였다. 우리는 레이브가 분명 그 원정대의 대장이 되어 로드아일랜드 습지 너머에 도사리고 있는 미지의 비밀을 밝히려 했으리라 생각할 수밖에 없다.

그런데 그의 원정을 방해하는 큰 사건이 일어났다. 그해 봄 에리크가 죄 많은 오랜 삶을 접고 사망함으로써, 레이브는 동부 정착지 사람들을 통솔하는 책임을 떠맡을 수밖에 없었던 것이다. 그는 북구의 황량한 섬에 자리잡은 작은 공동체의 수장으로서 차분히 자리잡고 앉아 행정업무를 처리하고, 사람들 사이의 분쟁을 수습하고, 곡식 수확량을 어림잡고, 양털 깎는 일을 계획하고, 유목들을 수집하고, 성당 세우는 일 등을 떠맡아야 했다. 그 때문에 거친 바다를 헤치고 나아가 자신이 제대로 밟아보지도 못한 '신비스러운 해안'의 기이한 나라들을 자유롭게 답사하는 계획은 포기해야 했다.

이듬해 아이슬란드 출신의 장사꾼인 토르핀 카를세프니가 에릭스포드에 왔다. 그는 많은 배로 이루어진 대규모 원정대를 조직해서 사람들과 소들을 잔뜩 태우고 자기가 발견한 땅을 식민지화할 계획이라고 선언했다. 이때 그 '운 좋은 사나이'를 바라보는 레이브의 심경이 어떠했을지 능히 짐작할 수 있다.

⚜

카를세프니는 자기네 원정대가 빈란드에서 레이브 일행이 머물렀던 것보다 훨씬 더 오래 머무를 것이라 예상하고는, 레이브를 찾아가 그가 빈란드에 지은 집을 자기에게 양도해달라고 했다. 이에 레이브는 "빌려줄 수만 있다"고 간단히 잘라 말했다. 카를세프니는 그런 조건을 순순히 받아들이고, 결혼식을 포함한 여러 가지 준비작업을 진행해나갔다. 그동안 토리가 사망했다. 미망인 구드리드는 새 땅에 식민지를 개척할 집안의 여주인감으로 손색이 없을 만큼 예쁘고 건강한 여자였다. 그녀는 기꺼이 카를세프니를 따라가겠다고 했다.

카를세프니는 160명(어떤 이들은 140명이라고도 한다)의 장정들과 구드리드, 부관 역할을 할 레이브의 동생 토르발, 에리크의 사생아 딸 프레이디스와 함께 출항했다. 그들은 사흘 동안 항해해서 오늘날의 배핀 섬으로 추성되는 '베어 섬'에 이르렀고, 순풍을 받으면서 다시 이틀간 항해한 끝에 헬룰란드에 닿았다. 그들은 레이브가 그랬던 것처럼 어렴풋이 보이는 그 해안을 오른쪽에 끼고 순조롭게 남행하여 '용골처럼 튀어나온 곳'을 돌아간 뒤, "레이브가 지은 오두막들이 있는 곳에 이르러 짐을 부리고 그 오두막들에 자리잡았다. 그들은 온갖 종류의 가축을 태우고 온 터라 그것들을 그 땅에 풀어놓고 풀을 먹였다…… 그들은 그외에는 아무 일도 하지 않고 그저 그 땅을 이리저리 답사하기만 했다."

그들은 겨울 내내 레이브가 저지른 실수를 그대로 반복했다. 이듬해에는 식량이 달렸을 테고, 아마 자기네가 데려온 가축들을 도살해서 먹었을 것이다. 기록에 "그들은 먹을 것이 생기게 해달라고 기도를 드렸고…… 고기잡이를 할 수 있을까 싶어 보트를 타고 그 섬으로 나갔다"고 한 대목이 나오는 것으로 미루어, 그들은 마르타즈 섬이나 '인적 없는 땅'이 아니라 본토에 자리잡은 듯하다. 그러나 그들 중 한 이교도가 일행에게서 떨어져나와 옛 신들에게 기도를 드린 뒤에야 비로소 먹을 것이 생겼다. 이튿날 고래 한 마리가 해안에 떠밀려왔고, 일행 모두는 그 이색적인 음식물을 먹고 심한 배앓이를 했다.

그 직후 본토에서 짐승들을 잡은데다 좋은 낚시터가 발견되어 상황은 호전되었다. 그리고 구드리드와 카를세프니 사이에서 아메리카 최초의 유럽 인인 스노리 토르핀손이 태어났다. 그들의 로드아일랜드 정착은 순조롭게 진행되어가는 듯했다.

그러나 얼마 지나지 않아 식민지 개척자들 사이에서 불화가 일어났다. 성질 급한 카를세프니는 더 나은 땅을 찾기 위해 남쪽으로 내려가기로 결심했다. 일행 중 아홉 명이 이 새로운 원정에 참여하기를 거부하고 고향으로 떠났다. 불굴의 용기를 지닌 카를세프니는 남은 사람들을 이끌고 해안선을 따라 남진했다.

그들은 '오랫동안' 항해한 뒤 큰 강 어귀에 이르렀다. 아마 그 강은 허드슨 강(오늘날의 뉴욕 주 동부에서 남부를 경유해 뉴욕 만으로 흐르는 강─옮긴이)이었을 것이다. 그곳의 모든 내에는 물고기들이 우글거렸고, 그 일대의 숲에는 사냥할 만한 짐승들이 아주 많았다. 북구인들은 그곳에 상륙했다. 그들은 새 오두막들을 짓고 가축들을 풀었다. 그곳에서 영구히 정착할 마음을 굳힌 듯했다.

보름 동안은 모든 게 다 잘되어나갔다. 그러나 어느 날 아침, 그곳 앞바다에 체구가 땅딸막하고 '아주 못생긴' 사내들이 잔뜩 탄 가죽배 아홉 척이 다가오는 광경이 보였다. 그 사내들은 그들에게 뜻 모를 제스처를 취하더니 이윽고 뱃머리를 돌려 곶 너머로 사라져버렸다.

그것은 그들이 아메리카 원주민들과 맞부딪친 최초의 사건이었다. 그 스크랠링그르들은 사람들이 종종 생각해온 것과는 달리, 피부가 붉은 레드 인디언들이 아니라 에스키모 인이었던 듯하다. 이 무렵 아메리카 인디언들은 북아메리카 해안지방에는 아직 나타나지 않았다. 에스키모 인들은 그전에 이미 그린란드에서 좋은 사냥감이 넘치는 북아메리카의 쾌적한 땅으로 대이동했다. 20여 년 전에 에리크가 그린란드에서 발견한 생활용구들과 집터들은 바로 그들이 예전에 생활했던 흔적들이었다. 묘하게도 에스키모 인들은 훗날 다시 그린란드로 되돌아가 북구인 정착민들을 완전히 몰아내고 그들의 집들을 파괴해버렸다. 그들은 허드슨 강변에서 북구인들이 기독교인인 난쟁

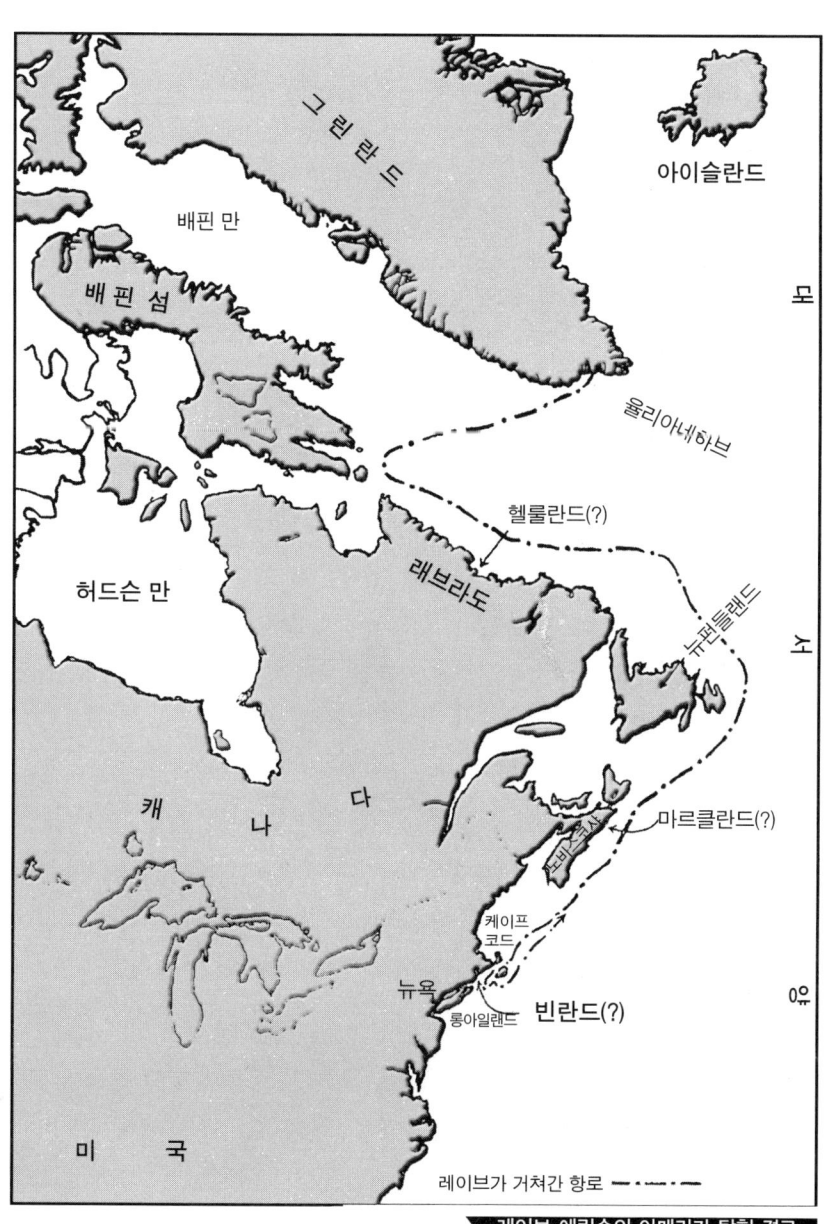

그린란드

아이슬란드

배핀 만

배핀 섬

율리아네하브

헬룰란드(?)

허드슨 만

래브라도

뉴펀들랜드

마르클란드(?)

캐   나   다

노바스코샤

케이프
코드

뉴욕

롱아일랜드

빈란드(?)

미   국

레이브가 거쳐간 항로 ━ ·━ ·━ ·

레이브 에릭손의 아메리카 탐험 경로

이들의 존재에 대해 놀란 것보다 한층 더 의아해하는 눈빛으로 북구인들을 바라봤을 것이다.

그러나 카를세프니는 집 짓는 작업을 계속했다. 북구인들은 거기에서 겨울을 났다. 레이브가 겨울을 난 마르타즈 섬 맞은편의 해안지대와는 달리 서리가 좀 내리기는 했어도, 날은 그리 춥지 않았다. 가축들은 계속 풀을 뜯어먹어 통통하게 살이 올랐다. 그들은 분명 그 가축들에게서 짠 젖으로 북구식 버터와 치즈를 만들어 먹었을 것이다. 어쩌면 농작물을 재배할 땅도 일궜을지 모른다. 물론 그랬을 가능성은 희박해 보이지만.

봄이 되자 뜻밖에도 스크랠링그르들이 만을 까맣게 뒤덮을 정도로 많은 가죽배를 몰고 다시 찾아왔다. 얼마 동안 양쪽은 우호적인 관계를 유지했다. 북구인들은 장터를 세우고, 그곳 해변으로 잔뜩 몰려온 에스키모 사람들과 옷가지들을 물물교환했다. 에스키모 사람들은 검과 방패도 사고 싶다는 뜻을 전했지만, 카를세프니는 조심하는 것이 좋을 듯싶어, 자기네의 무기와 그들의 옷가지를 교환하는 것은 금했다. 교역은 크게 활기를 띠었으나, 얼마 지나지 않아 웃음이 나올 만큼 지극히 하찮은 사건 하나 때문에 하루아침에 중단되고 말았다.

카를세프니의 황소 한 마리가 숲에서 뛰쳐나와 요란하게 울어대기 시작했다. 그러자 스크랠링그르들은 겁을 집어먹고 자기네 보트가 있는 데로 도망쳐 황급히 남쪽으로 사라져버렸다. 그뒤 그들은 한동안 모습을 보이지 않았다.

3주 정도가 지난 어느 날, 남쪽에서 스크랠링그르들이 탄 수많은 배가 밀물처럼 한꺼번에 몰려왔다. 그들은 장대를 공중에 세워 흔들어대면서 (태양의 진행방향과 반대방향으로) 일제히 고함을 질러댔다. 카를세프니와 그의 부하들은 붉은 방패를 집어들어 그들을 향해 쳐들었다. 스크랠링그르들이 배에서 뛰어내렸다. 양쪽 사람들이 일제히 달려들었다. 공중에서는 양 진영으로 돌들이 마구 날아갔다.

스크랠링그르들은 투석기도 갖고 있었다. 카를세프니와 그의 부하들은 스크랠링그르들이 장대 위에 얹어진 큰 포탄을 허공으로 들어올리는 광경을 보았다. 포탄은 양의 위장만큼이나 크고 색깔은 푸르스름했다. 포탄은 카를세프니측으로 날아왔고, 땅바닥에 떨어지면서 요란한 소리를 냈다. 그 소리에 카를세프니와 그의 부하들은 잔뜩 겁을 집어먹고 강을 따라 허겁지겁 도망쳤다.

그들은 험한 바위절벽들이 있는 곳에 이르러서야 비로소 걸음을 멈췄다. 그리고 거기서 완강하게 저항했다. 그때 언제 왔는지, 프레이디스가 그들의 대열이 무너지는 광경을 보고 소리쳤다. "당신들같이 용감한 사람들이 이째서 지런 하찮은 녀석들도 김딩하지 못하고 도밍치는 거야? 저놈들을 소떼처럼 마구 베어 죽일 줄 알았더니만. 나한테 무기만 있다면 당신들 그 누구보다도 더 잘 싸울 거야."

그러나 그녀의 말을 귀담아듣는 사람은 아무도 없었다. 프레이디스는 그들과 함께 달아나려 했으나, 아이를 데리고 있었기 때문에 뒤처지고 말았다. 그래도 그녀는 기를 쓰고 그들을 따라 숲속으로 들어갔지만, 스크랠링그르들이 곧바로 그녀의 뒤를 쫓아왔다. 그녀는 저 앞에 토르브란드 스노라손이란 사람이 죽어서 쓰러져 있는 광경을 봤다. 그의 머리에는 납작한 돌 하나가 박혀 있었고, 그의 칼이 그 곁에 내던져져 있었다. 그녀는 적들과 맞서기 위해 그 칼을 집어들었다. 스크랠링그르들이 그녀에게 달려들었다. 그녀는 옷자락에서 양쪽 유방을 끄집어낸 뒤 검으로 그들을 겨누었다. 그녀를 본 스크랠링그르들은 겁을 집어먹고는 도망치더니 모두 배를 몰고 사라져버렸다.

카를세프니와 그의 부하들이 다가와 그녀의 뛰어난 지략을 칭찬했다. 카를세프니 편에서는 두 사람이 죽었고, 스크랠링그르 편에서는 네 사람이 죽었다. 하지만 그 싸움에서는 카를세프니 편 사람들이 진 것이나 다름없었다. 그들은 집으로 가서 부상자들의 상처를 치료하고 천으로 동여매줬다. 그리고 자기네와 맞서 싸운 적들의 숫자가 얼마나 되나 따져봤다. 곰곰이 생각해보니 적들의 숫자는 절대로 가죽배를 타고 온 인원을 넘을 수가 없었다. 그럼에도 그보다 훨씬 더 많은 것처럼 보였으니, 아무래도 적들의 마법에 홀린 게 분명했다.

한편, 스크랠링그르 사람들은 북구인들과 싸우는 동안 죽어서 쓰러진 북구인 한 사람을 발견했는데, 그의 곁에는 도끼 하나가 뒹굴고 있었다. 그들 중의 하나가 그 도끼를 집어들어 나무둥치를 후려쳤고, 나머지 사람들도 차례로 그것을 휘둘러봤다. 도끼날이 잘 드는 것을 보고 그들은 모두 즐거워했다. 그런데 누군가가 돌덩어리를 집어들고 내리치자 도끼가 갈라져버렸다. 그는 돌덩어리에도 견디지 못하는 것이라면 쓸모없다고 생각하고 도끼를 내던져버리고 말았다.

카를세프니와 그의 부하들은 비록 그 땅이 비옥하고 풍요로워 욕심은 났지만, 자기네보다 먼저 와서 정착한 스크랠링그르 사람들과의 사이에서 늘 분쟁과 갈등이 끊이지 않을 것을 생각하고 미련을 접기로 했다. 그리하여 처음에 정착했던 곳으로 돌아가기 위해 떠날 준비를 했다. 그들은 배를 몰고 북쪽 땅으로 갔다. 거기서 모피 상의를 걸친 다섯 명의 스크랠링그르들이 잠들어 있는 광경을 봤다. 그들은 그 스크랠링그르들을 무법자들이라 여기고 모두 살해했다.

그들은 마르타즈로 무사히 돌아온 뒤 거기서 또 한 해를 지냈다. 하지만 그들은 좀처럼 마음이 놓이지 않아, 그 일대의 멀고 가까운 모든 지역을 샅샅이 답사했다. 그러던 중 레이브의 동생인 토르발이 '고약한 땅'이라고 불리는 곳에서 죽었다. 사가가 엄숙하게 전하는 바에 의하면, 그는 외다리 괴물인 유니페드Uniped에게 살해당했다고 한다. 그러나 그 괴물을 붙잡지는 못했다.

네 해째 여름, 그들은 배를 타고 자기네 식민지 전체에 해당하는 지역의 해변을 따라 북쪽으로 거슬러올라가 마르클란드에 이르렀으며, 거기서 두 명의 젊은 스크랠링그르를 생포했다. 노예가 된 그들은 북구인의 말을 배운 뒤, 사람들에게 에스키모 인의 생활에 관한 다채로운 이야기를 들려주었다. 그중 일부는 사실인 듯하나, 그밖의 것들은 허무맹랑한 이야기로밖에 들리지 않는다. 그들은 가까운 곳에 피부가 하얀 사람들이 사는 나라가 있으며, "거기서 하얀 옷을 입은 신관들이 큰 소리를 지르면서 해변으로 행진해 내려오는" 광경을 봤다고 했다. 기독교도인 그 북구인들은 그곳이 '그레이트아일랜드, 후이트라만나란드Huitramanna-Land'임이 분명하다고 생각했다.

그런데 혹시 그 에스키모 인들은 당시 대륙 저 끝 아득히 먼 멕시코 근방에 자리잡고 있었던 톨텍 문명에 대한 소문이나, 그곳에 가서 직접 목격한 일들을 이야기한 것은 아닐까? 아니면 '미시시피 지역의 마운드 빌더스Mound Builders(선사시대나 역사시대 초기에 미시시피 강 유역이나 미국 동남부 여러 주에 서내한 봉분들을 쌓은 아메리카 인디언의 여러 무속들─옮긴이)'에 관한 전설이나 지식을 말한 것이거나.

그 점에 관해 우리는 결코 확실한 답을 얻을 수 없다. 이윽고 카를세프니는 계속되는 모험에 진력이 났다. 그곳은 풍요로운 땅이기는 했으나, 스크랠링그르들이 계속 주시하고 있어서 정착해서 살기에는 여러모로 불편했다. 그는 그린란드에 돌아가기로 결심했다. 원정대원들도 그의 결정에 찬성했다.

카를세프니와 구드리드, 스노리, 프레이디스와 그녀의 남편 토르바르드를 비롯한 모든 사람은 그때까지 살아남은 가축들을 롱십에 태우고 그곳을 떠났다. 북아메리카를 탐험하고 식민지로 만들려 했던 유럽 인들의 두 번째 시도, 혹은 불운한 시도는 그렇게 해서 끝이 났다. 카를세프니 일행은 무사히 그린란드에 도착했다. 운 좋은 항해자 레이브는 그들을 반갑게 맞아주면서, 그들이 다시 버리고 온 빈란드에 관한 소식을 한시바삐 듣고 싶어 안달했다.

뒷날 북구인들은 또다시 그곳을 식민지화하려고 시도한다.

⚜

이제 다음의 일화를 덧붙여야겠다.

에리크의 딸인 프레이디스는 가르다르에 있는 자기 집에서 나와 (그녀가 빈란드에 가 있는 동안 노르웨이에서 온 모험가들인) 헬기와 핀보기 형제를 찾아가서는, 자기와 함께 빈란드에 가서 좋은 물건들을 구하면 그 몫을 공평하게 나누자고 제안했다. 프레이디스는 그들 형제가 자신의 제의에 응하자, 그들과 헤어져 오빠인 레이브를 찾아갔다. 그리고 그가 빈란드에 세운 집을 자기에게 달라고 요구했다. 그러나 레이브는 그녀에게도 카를세프니에게 했던 것과 똑같은 대답을 해줬다. 즉, 그 집을 빌려주기는 하겠지만 양도하지는 않겠다고. 프레이디스는 그들 형제와, 양측 배에 여자들 외에 건장한 장정들을 서른 명씩만 태우고 가야 한다는 약정을 맺었다.

그러나 프레이디스는 약정을 맺기가 무섭게 자기네 배에 다섯 명의 남자를 몰래 더 태우는 식으로 그것을 어겼으며, 헬기 형제는 빈란드에 도착해서야 그 사실을 알았다. 그들은 함께 떠나자고 약속한 대로 각기 한 척씩의 배를 몰고 바다로 나갔다. 프레이디스가 탄 배와 헬기 형제가 탄 배는 그리 멀리 떨어지지 않았지만, 그 형제가 탄 배가 조금 먼저 목적지에 도착했다. 그들은 재빨리 자기네 물건을 레이브의 집으로 옮겼다.

뒤늦게 도착한 프레이디스는 해안에 배를 대고 일행과 함께 짐을 챙겨서 레이브의 집으로 갔다. 그런데 형제들이 그 집을 차지한 것을 보고 프레이디스는 소리쳤다. "왜 당신들 물건을 여기다 들여놨어?" 그러자 형제는, "당신이 우리한테 한 모든 약속을 지킬 거라고 믿었기 때문에 그랬지"라고 응수했다. 그녀는 "레이브는 이 집을 당신들이 아니라 나한테 빌려준 거야"라고 말했다. 그러자 헬기가 소리쳤다. "우리 형제는 엉터리 약속 때문에 당신하고 다투고 싶지 않아." 그리고 나서 그들은 자기네 짐을 챙겨들고 나가 바다가 내려다보이는 호수 둑 위에 집을 한 채 짓고 그곳에 자리 잡았다.

그동안 프레이디스는 자기 편 사람들을 시켜 배에 싣고 갈 나무들을 베게 했다. 곧 겨울철이 왔고, 다소 마음이 누그러진 형제는 양측이 함께 경기를 하면서 즐기자고 제안했다. 한동안 그렇게 지내나 싶더니, 그마저도 얼마 못 가 서로 다투면서 불화가 일어났다. 양측 사람들은 서로 오가지도 않았다. 그런 상태는 겨울 내내 계속되었다.

어느 날 새벽, 프레이디스는 일찍 잠자리에서 일어나 밖으로 나왔다. 옷을 걸쳐 입기는 했지만, 스타킹이나 구두는 신지 않았다. 밖에는 이슬이 잔뜩 내렸다. 그녀는 남편의 망토를 집어들어 어깨를 감싼 뒤 형제네 집으로 갔다. 누군가가 밖으로 나가면서 문을 닫지 않은 바람에 집 문이 살짝 열려 있었다. 그녀는 문을 밀어젖힌 뒤 문지방 위에서 한동안 조용히 서 있었다. 핀보기가 방 안쪽 깊숙한 곳에서 자고 있다가 인기척을 느끼고 깨어나서 말했다. "무슨 일로 여기 온 거야, 프레이디스?" "당신을 깨우러 왔어. 할 이야기가 있으니 나랑 같이 밖으로 나가지." 핀보기는 순순히 응했다.

그들은 담 가까이에 쓰러져 있는 통나무 쪽으로 가서 그 위에 걸터앉았다. 프레이디스가 물었다.

"여기서 지내는 게 좋아?"

"뭐든지 넉넉하고 풍요로워서 난 아주 좋아. 별일도 아닌 것 같고 우리 사이가 갈라진 건 유감스럽지만 말야."

"맞아. 나도 그렇게 생각해. 한데 오늘 내가 여기 온 것은 당신들과 배를 바꾸자는 제안을 하기 위해서야. 그쪽 배가 우리 배보다 더 크니까. 나는 여기를 뜨고 싶어."

그러자 핀보기가 말했다.

"당신이 정 그렇게 하고 싶다면 응해줘야지 뭐."

그들은 그 말만 하고 헤어졌다. 그녀는 집으로 돌아갔고, 핀보기는 다시 침대로 갔다. 그녀는 침대로 올라가서 싸늘하게 식은 발로 남편인 토르바르드를 깨웠다. 잠에서 깨어난 토르바르드는 그녀의 몸이 왜 그렇게 싸늘하고 물에 젖었느냐고 물었다. 그녀는 사납게 으르렁거렸다.

"저 형제놈들한테 배를 사려고 갔었어. 더 큰 배를 갖고 싶어서. 그러자 그놈들은 내 제안은 들은 척도 하지 않고, 나를 때리고 내게 더할 수 없는 모욕을 줬어. 당신이 이 수치를 씻어주지 않는 한 나는 그린란드로 돌아가지 않을 거야. 그리고 당신이 조금이라도 앙갚음을 해주지 않는다면 나는 당신과 헤어질 거야."

토르바르드는 그녀의 악다구니에 더 이상 견딜 수가 없어, 부하들에게 당장 일어나서 무기를 들라고 소리쳤다. 토르바르드는 무장한 부하들과 함께 곧장 형제네 집으로 처들어갔다. 그들은 곤히 자고 있던 사람들을 모조리 결박하고 하나하나 밖으로 끌어냈다. 그리고 프레이디스는 그들을 모조리 쳐죽이게 했다. 이제 반대 진영에는 여자들만 남았다. 프레이디스 편 사람들은 여자들만은 죽이고 싶어하지 않았다. 이때 프레이디스가 소리쳤다. "나한테 도끼를 줘!" 누군가가 그녀에게 도끼를 건네주자, 그녀는 다섯 여자를 쳐죽였다.

그런 끔찍한 짓을 자행한 뒤 그들은 집으로 돌아갔고, 프레이디스는 일을 속 시원히 마무리지어 아주 흡족해했다. 그녀는 자기 편 사람들에게 말했다. "우리가 다시 그린란드에 돌아갔을 때, 이 일을 발설하는 놈이 있으면 나는 어떻게 해서든지 죽이고 말 거야. 우리가 이곳을 떠나올 때 이 사람들은 여기에 그대로 남았다고 말하기만 하면 돼."

초봄이 되자 프레이디스측 사람들은 형제들 편의 소유물과, 자기네가 그 땅에서 거둬들인 물건들을 배에 싣기 시작했다. 이윽고 배가 화물로 꽉 들어차자 그들은 바다로 나갔다. 그들은 초여름 순풍을 받으면서 무사히 에릭스피오르드에 도착했다.

프레이디스가 집을 비운 동안에도 집은 건재했다. 그녀는 자기가 저지른 죄를 감추려는 마음에서 함께 여행한 모든 사람들에게 선물을 잔뜩 안겨줬다. 그러고 나서야 비소로 그녀는 자기 집에서 발을 뻗고 쉬었다. 하지만 그녀의 동료들은 입이 무겁지 않았다. 자기네가 저지른 악행을 사람들에게 털어놨고, 그 소문은 에릭스피오르드에 널리 퍼졌다.

마침내 소문은 그녀의 오빠인 레이브의 귀에도 들어갔다. 레이브는 그것을 더할 나위 없는 수치라고 생각했다. 그는 프레이디스 편이었던 세 사람을 불러서 심문했다. 그들의 대답은 완전히 일치했다.

"프레이디스는 내 누이라 나로서는 차마 처벌할 수가 없다. 하지만 분명히 단언하건대, 그 아이의 자손들은 결코 좋은 꼴을 보지 못할 것이다."

그렇게 해서 사건은 일단락되었지만, 그때부터 사람들은 그 집안 사람들을 더없이 사악한 인간들로 여겼다.

⚜

탐험가로서의 레이브의 생애에 대해서 언급된 대목들은 그것으로 끝난다. 프레이디스의 피비린내 나는 원정에 관한 소문이 빠르게 번지면서, 그린란드와 아이슬란드 전역에는 빈란드가 귀신들린 사악한 곳이요, 현세에서나 내세에서 구원의 희망이 전혀 없는 곳이며, 연이어 불행한 일들만 일어나는 곳이요, 시간이 지날수록 호전적인 스크랠링그르들이 벌떼처럼 달려드는 곳이라는 확신이 널리 퍼져나갔다. 요컨대, 풍요로운 세계이기는 하나 사람이 살기에는 적당하지 않는 곳이라는 확신이.

최초로 아메리카를 발견한 유럽 인 비아르니의 우연한 목격담을 듣고 원정길에 나서, 결국 전설적인 빈란드에 가봤다고 믿은 그 공정하고 너그럽고 비전에 넘쳤던 레이브 에릭슨. 그는 활개를 치는 소문에도 불구하고 신세계 원정길에 오르는 것을 단념한 것 같지는 않다. 단지 정착지 사람들을 돌보느라 제2차 원정을 포기했던 것이다. 그는 다시 빈란드로 가서 스트라우모이의 새벽에 사프란 줄기들이 나무를 타고 기어오르는 그 신비로운 숲을 답사할 때를 기대했다. 이에 대비해서 그는 빈란드 집을 그 누구에게도 양도하지 않았다. 그러나 매일매일 할 일은 넘쳐나고 시간은 턱없이 부족했기 때문에, 그의 제2차 원정은 아쉬운 꿈으로만 남고 말았다.

그는 1025년에 브라타힐드에서 사망했다. 기록들에는 그가 결혼했다는 사실이 나와 있지 않지만, 아들이 그의 자리를 계승했다. 그는 바로 토르구나와의 사이에서 낳은 토르길스였다. 레이브가 예전에 헤브리디스 제도에서 노르웨이 쪽으로 부는 바람이 찾아오기를 기다리면서 여름철을 지내는 동안에 사귀었던 바로 그 여자의 아들이다. 토르길스는 바다 건너 그린란드에 와서 아버지를 찾아냈다.

토르구나 역시 나이가 꽤 들었을 때, 브라타힐드에 있는 옛 애인을 만나기 위해 배를 타고 아들과 똑같은 경로를 따라 나아갔다고 한다. 하지만 그녀는 도중에 아이슬란드에서 사망해, 금반지를 끼고 그린란드 산 모직 망토를 걸친 채 매장되었다. 그로 인해 레이브는 그녀를 다시는 만나지 못했다. 서쪽에 있다는 '행운의 섬'의 해변을 향해 흐르는 신비로운 바다의 외침이 들리지 않는 영원한 헤브리디스의 여름철에 그늘을 찾아다녔던 그 연인들은 이제 티끌이나 눈과 더불어 하나가 되었다.

⚜

빈란드를 발견한 이야기는 카를세프니와, 여러 번 결혼한 그의 아내 구드리드, 그리고 그들의 아들이요 아메리카에서 태어난 최초의 유럽 인인 스노리에 의해 아이슬란드에 널리 퍼졌다. 그 이야기는 다시 노르웨이로 전해졌고, 또 유럽으로 전해졌을 것이다.

카를세프니가 죽자, 구드리드는 미망인의 가운을 걸치고 저 남쪽, 곧 로마로 '순례여행'을 떠났다고 한다. 그녀는 가는 길에 만나는 많은 사람에게 신비로운 서방에 있는 야성의 땅들에 관한 이야기를 들려줬을 것이다. 자기네가 직접 탐험하고 개척한 땅들에 관한 그 이야기에는 전설과 신화가 뒤섞였다. 그리고 고대의 전설들이 사실임을 입증해주기에 부족함이 없는 이야기들은 지중해 지방에까지 퍼져나가 상상력이 풍부한 천문·지리학자들의 꿈을 부추겼고, 이 책에서 다음에 다룰 콜럼버스와 마르코 폴로 같은 후대의 정복자들의 생각을 사로잡았다.

그러나 그린란드에서는 빈란드를 식민지로 삼고자 하는 열망이 식어버렸다. 얼마 후 북구인들은 아득히 먼 빈란드에서 그린란드까지 그들을 뒤쫓아온 스크랠링그르들과 혹독한 전투를 치러야만 했다. 그 에스키모 인들은 피부가 붉은 인디언들이 그들을 따라 북극 문화권에서 남쪽으로 이동하는 바람에 다시 그린란드로 이동했으며, 이윽고 그린란드 서쪽 정착지에서 그 북구인들과 마주치게 된 것이었다. 양쪽 사람들은 해마다 교역도 하고 사소한 다툼을 일으키기도 하면서 얼마간 공존했다. 그러나 레이브가 죽고 나서 한참 세월이 흘렀을 때, 마침내 스크랠링그르들은 대규모 병력을 동원하여 북구인들을 습격했다. 그들은 북구인들의 재산을 약탈하고 집들을 부수었으며, 살아남은 포로들을 끌고 그린란드 북부의 안개 속으로 사라져버렸다.

그런 일이 일어나기 전인 1121년, 그린란드 주교인 에리크 웁시가 배를 타고 빈란드를 찾아나섰다가 영원히 돌아오지 않은 일이 있었다. 그리고 레이브가 빈란드를 발견하고 나서 350년이라는 긴 세월이 흐른 뒤, 그린란드의 배 한 척이 마르클란드까지 가서 목재를 잔뜩 싣고 무사히 돌아왔다. 《란드나우마보크Land-námabók》('정착에 관한 책'이란 아이슬란드 어―옮긴이)에는 신세계로 원정을 떠나 그레이트아일랜드까지 간 아레 마르손이라는 사람의 이야기가 수록되어 있다. 신전이 있는 어떤 지역에서 하얀 피부를 지닌 신관들이 깃발을 들고 "크게 고함을 지르면서 제물을 바치러 갔다"는 이야기가. 어떤 이들은 그가 길을 잃고 헤매다, 당시의 멕시코나 유카탄 반도에 있는 '마야의 새 제국'에 이르렀을지도 모른다고 생각했다. 그러나 이런 모험들은 레이브의 항해에 뒤이은 사이비 항해 역사의 모호한 기록들에도 미치지 못하는 것들에 불과하다.

Marco Polo

제2장 │ 실크로드를 횡단한 마르코 폴로

마르코 폴로의 여행기에 기술된 동양에 대한 개념들은 서서히 세상에
퍼져나갔고, 열정적인 탐구정신을 지닌 사람들에게 강한 인상을 남겼다.
소아시아라는 한계 너머에는 인도와 드넓은 황야나 사막뿐만 아니라,
엄청난 부와 고도의 문명을 지닌 제국들, 수많은 섬들, 기이한 태양이
뜨는 신비롭고 경이로운 땅들이 무한히 펼쳐져 있었다.

✤

13세기 초 유럽의 변경 저 너머에 있는 아시아 대륙은 수많은 땅이 복잡하게 어울린 기이한 곳으로, 다채로운 신화와 괴수와 무서운 부족들이 거주하는 곳으로 유럽 인들의 심상에 어렴풋이 다가왔다. 프레스터 요한(중세의 전설에 등장하는 기독교 수도사 군주—옮긴이)은 그곳에 기독교 왕국을 세웠다. 그곳에는 로크(전설에 등장하는 유별나게 큰 새로, 코끼리를 새끼들의 먹이로 줬다고 한다—옮긴이)와 유니콘, 우상 숭배자들이 살고 있었다. 또한 금이 엄청나게 많았고, '향료의 땅' '행운의 섬'이라고 불렸으며, 자극적이고 진한 향미를 지닌 향료들이 넘쳐났다.

아시아는 유럽 인들에게 늘 이렇게 비쳐왔지만, 사실은 결코 그런 곳이 아니었다. 고대 지중해 사람들은 오랜 세월에 걸쳐 의도적으로 아시아를 여행했고, 아시아 사람들과 교역을 했다. 인도와 실론 사람들은 로마의 배들과 티레의 갤리 선을 알고 있었다. 프톨레마이오스가 알고 있었던 것처럼, 인도 너머에는 비단과 누에가 지천으로 널려 있는 아련한 세레스Seres(중국) 땅이 펼쳐져 있었다.

과거 어느 한 시기에 로마 제국과 중국 제국의 전초부대가 중앙아시아 혹은 남아시아의 어느 곳에서인가 마주친 적이 있었다. 영원히 공존하면서도 영원히 다른 옛 시절의 동양과 서양을 대표하는 그들은, 로맨틱한 사람들이 그 장면을 생각할 때마다 흔히 떠올리곤 하는 것처럼, 막연한 적의를 품은 채 인사를 교환하고 상대를 지그시 응시했다.

알렉산드르 대제가 대규모 병력을 동원해서 아시아를 공격한 사건은 두 대륙의 남반부에서 문화적 관습과 조각기법들이 밀물과 썰물처럼 교차하는 결과를 빚었다. 아시아와 유럽은 몇백 년에 걸쳐 육로와 바닷길을 통해 신화와 의식儀式과 철학체계를 주고받으면서 서로를 발견했다.

그러나 동서양이 끊임없이 교류하고 서로 영향을 주고받았다는 이런 믿음은 동서양의 영원한 차이를 주장하는 믿음에 비해 그 세가 아주 약했다. 두 대륙의 문화—사실 모든 대륙의 문명, 유럽보다 훨씬 더 서쪽에 있는 문명이나 지팡구Gipangu보다 훨씬 더 동쪽에 있는 문명도 역시—는 같은 데서 발원했다. 문명은 유럽이나 아시아가 아니라 아프리카, 곧 나일 강 골짜기에서 발원했다.

그 최초의 문명은 측량자들과 식민지 개척자들을 동쪽과 서쪽, 북쪽의 먼 세계로 내보냈고, 남쪽으로는 상대적으로 느리게 진행되었다. 스페인에서 예니세이 강까지, 그리고 셰틀랜드 제도에서 알래스카에 이르는 세계 전역에 고리 모양으로 둘러선 거석들, 악마의 돌, 매장실이 있는 묘 등이 세워졌다. 또한 식민지 개척지들은 크레타와 메소포타미아 골짜기의 위대한 문명들을, 수메르의 경이로운 유적들과 크노소스 왕궁을 건설했다.

셈 족의 먼 조상뻘 되는 식민지 개척자들의 일부는 수메르에서 세계의 지붕을 가로질러 인도에 들어가고, 다른 일부는 아직 국가로서 의미를 갖기 전의 중국으로 갔다. 그들은 농사법과 제왕숭배 의식, 종교와 계급제도, 노예제도, 그리고 그밖에 문화의 모태가 되는 것들을 전했다. 이를 토대로 하여 드라비다 족의 왕국들이, 중국에도 여러 강가에 위치한 왕국들이 일어났다.

아시아와 유럽, 아프리카의 원시적인 초창기 세계에 문명이 처음으로 움트고 나서 몇천 년이 흐르는 동안, 대륙들 사이에서는 교역을 통해 문화와 갖가지 재보財寶가 밀물과 썰물처럼 오갔다. 그러나 그 같은 교류는 대체로 역사에 기록되지 않은 채 그대로 묻혀버렸다. 아시아라는 이름 뒤에 숨겨진 아득히 먼 땅에서 생산된 도자기와 비단, 비취 등이 지중해 세계로 유입되었다.

그리고 오늘날 많은 증거가 입증해주는 바와 같이, 유럽 인들은 조각과 미술, 무기제조법 등에서의 새로운 기법들뿐만 아니라, 문화의 중요한 지적 요소들을 아시아에 전해주었으며, 그런 요소들은 위대한 두 종교를 낳는 역할을 했다.

밀레투스의 탈레스가 사망한 기원전 540년 무렵, 세상에는 새로운 조류가 등장했다. 개인적인 시각과 독자적인 추론을 통해 세계를 통찰하고, 삶과 죽음과 시간에 대한 기존의 관념들을 뒤집어엎은 철학의 발전이 그것이다. 철학의 발전은 이집트에서 최초의 문명이 출현한 이래 인류가 자신의 마음을 예속시켜온, 풍요와 다산多産 중심의 고대 종교들의 굴레에서 처음으로 해방되기 시작했다는 것을 뜻했다. 탈레스는 처음에는 불경스러운 자, 3,000년이라는 긴 세월 동안 인류를 지배해온 비합리적인 신들과 '생명 부여자들'에게 맞선 외로운 개인에 지나지 않았다.

그러나 100년이 채 지나지 않아 이오니아에서 멀리 떨어진, 아시아 지역에서도 아주 멀리 떨어진 지역들에서 탈레스의 신조와 아주 유사한 비종교적인 윤리 혹은 도덕률이 널리 퍼져나갔다. 히말라야의 거대한 산맥과 드넓은 중국 사막에 의해 서로 분리된 유교와 불교가 바로 그것이었다. 지중해 지역의 이름 없는 상인들과 여행자들은 탈레스의 합리주의의 씨앗들을 낯선 언어와 관습이 지배하는 세계에 널리 퍼뜨렸고, 그것들이 무럭무럭 자라나 공자와 석가모니로부터 철학이라는 낯선 꽃을 피우고 열매를 맺었다(저자의 이런 주장 역시 20세기 초의 서구 중심주의 견해에서 나온 것이다. 유교와 불교는 중국과 인도의 문화 풍토에서 자생적으로 자라난 종교 내지 사상으로서, 특히 불교는 윤리나 도덕률을 훨씬 뛰어넘는 심오한 종교이다. 불교에 영향을 미친 것은 오래 전부터 인도 땅에서 자생적으로 발전해온 힌두 교를 비롯한 전통 종교들이었다. 오히려 탈레스의 사상을 비롯한 서구철학과 종교가 페르시아를 경유해서 들어온 인도 문화에서 영향을 받아 성숙하고 발전했다고 보는 것이 옳을 것이다.《빛은 동방에서 왔다》참조—옮긴이).

유럽에서 로마 제국이 몰락하고 기독교적인 신화와 야만주의가 판을 치면서 유럽 인들은 아시아에 대해 알고 있던 지식을 거의 잃어버렸고, 그나마 남아 있는 지식들도 역시 기형적으로 변했다. 무역로들이 그때까지 열려 있었다 해도 종교적인 관용의 정신이 사라지는 바람에, 아시아에 대한 미신의 장벽은 아주 높아졌다. 그리고 소아시아와 시리아에서 일어난 이슬람 교도들이 유럽 인들의 오만한 자세와 혐오감을 무너뜨리고 유럽 가까이 진출해오면서, 무역로들 역시 단절되고 말았다. 그와 더불어 전통적으로 티그리스 강 너머의 땅들에 대해 호기심을 품고 있던(그런 호기심은 그 당시에도 여전히 살아남아 있었다) 유럽 인들의 정신은 이슬람의 장벽 안에 갇히고 말았다. 유럽 인들은 인도로 가는 옛 해상로를 잃어버리고, 잊어버렸다.

13세기 초에 이르러 유럽 인들이 잊고 지낸 지 오래 된 머나먼 아시아에서 원인을 알 수 없는 엄청난 폭풍의 소요가 일어났다. 타타르 부족들이 막강한 세력으로 등장한 것이다. 타타르 침략자들은 빠르게 전진해왔다.

중앙아시아나 북부 아시아 문명권의 변방에서 배회하던 그 위대한 유목부족은 인류역사상 가장 위대한 군사지도자 중의 한 사람인 칭기즈 칸 휘하에서 크게 떨치고 일어나 전세계를 정복하려들기 시작했다. 근동의 힘없는 이슬람 국가들은 그들의 말발굽에 사정없이 짓밟혔고, 타타르 군은 러시아를 가로질러 유럽으로 물밀듯이 쏟아져들어갔다. 서기 1242년, 타타르-몽골의 막강한 군사력에 의해 유럽과 아시아 양 대륙은 순식간에 하나의 제국으로 통합될 듯이 보였다.

그러나 새로이 일어난 몽골 세력의 중심지는 유럽에서 멀리 떨어진, 중국 변방의 카라코룸이었으며, 그들의 군사적인 지배는 관료제도의 뒷받침을 전혀 받지 못했다. 나중에 다시 살펴볼 기회를 가질 테지만, 중앙아시아의 드넓은 지역을 가로지르는 도로망과 연락망은 열악하기 짝이 없었다. 얼마 후 칭기즈 칸이 사망했고, 타타르 족은 본국의 호출을 받고 아시아로 돌아갔다. 두 대륙을 가로막았던 어둠의 장막을 몽골 인들이 창검으로 뚫고 나온 아찔한 순간도 종식되었다. 그제야 유럽 인들은 조심스럽게 안도의 한숨을 내쉬었다. 그러나 동방에 대한 긴장을 풀지 못했음은 물론이다.

⚜

타타르 족의 짐마차들이 요란한 소리와 함께 물러나면서 동서 양 진영을 가르던 어둠의 장막이 다시 드리워졌다. 안도한 유럽 인들은 또 다른 가능성을 생각했다.

그 무서운 침략자들은 신앙심 없는 이교도들에 불과했다. 그들이 자신들의 신에게 무관심하다는 것은 널리 알려진 사실이었다. 그들은 합리적이고 회의적인 기마민족이요, 이슬람 사원이나 기독교 성당에서도 웃는 얼굴로 적의 목을 베는 자들이었다. 그들에게 기독교 신앙을 전파할 가능성은 없을까? 그들을 정치적 동맹자로 만들어서 이집트와 사라센 스페인의 이슬람 교도들과 맞서게 할 수는 없을까?

그 결과 두 명의 위대한 여행자의 선구자가 아시아로 파견되어 타타르 족이 지나간 길을 따라나섰다. 프란체스코 수도회의 조반니 드 플라노 카르피니는 교황으로부터 '대 칸(Great khan)'을 만나 그의 의향을 알아보라는 지시를 받고, 1245년 4월 16일에 길을 나섰다. 그는 이듬해 2월에 키에프에 이르렀으며, 거기서 다시 시베리아로 들어섰다. 그는 새로운 땅인 스텝 지방에 와 있었다.

그곳의 일부 지역에는 약간의 나무가 자라지만, 그밖의 지역들에는 나무가 전혀 없다. 때문에 사람들은 가축의 배설물을 태워서 난방을 하고 고기를 익혀 먹는다. 그곳은 날씨 역시 매우 혹독하다. 한여름에도 천둥 번개가 치고 많은 눈이 내린다. 우박도 자주 떨어진다. 여름철에 날이 아주 덥다가도 갑자기 기온이 곤두박질쳐 견딜 수 없이 추워지곤 한다.

그는 몽골 인들에 대해 이렇게 서술했다.

그들은 잔가지들과 가로대들을 정교하게 엮어서 천막처럼 둥글게 만든 집에서 생활한다. 그 꼭대기에는 빛이 들어오고 연기가 빠져나갈 수 있는 창문이 하나 나 있다. 집 안에서 늘 불을 피우기 때문이다. 그곳의 벽은 펠트로 덮여 있다. 문도 역시 펠트로 만들어졌다. 천막의 일부는 금방 해체했다가 조립할 수 있으며, 가축들의 등에 싣고 이동하기도 한다. 해체할 수가 없는 것들도 있는데, 그런 것들은 마차에 싣고 다닌다. 그들은 어디를 가든, 즉 전장으로 가든 그밖의 곳으로 가든 집을 갖고 다닌다.……그들은 자기네가 이 세상 어느 곳 사람들보다도 더 많은 말을 갖고 있다고 생각한다.

그는 카스피 해와 아랄 해 사이의 저지대를 가로질러 톈산 산맥의 서쪽 끝자락에 있는 시르다리야 분지에 이르렀다.

그곳은 약간의 평원들을 제외하고는 온통 산악지대로 이루어져 있으며, 모래투성이의 황량한 땅이 대부분이고, 경작지는 채 1/100도 되지 않는다. ……거기에는 마을이나 도시라 할 만한 것도 없다. 단 하나의 예외는 크라쿠림Cracurim이라고 부르는 곳인데, 사람들의 말에 의하면 꽤 큰 도시라고 한다.

그러나 그는 '꽤 큰 도시' 인 카라코룸에는 가보지 못했다.

그는 시라오르다에서 3개월 동안 머문 후에 칸이 교황에게 보내는 답장을 받았다. 평화의 왕의 추종자들이라고 하는 기독교도들의 호전적인 행위를 신랄하고도 무례한 어조로 따지는, 대단히 간결한 문체로 씌어진 놀라운 답장이었다. 카르피니는 다시 유럽을 향해 출발했다. 그는 왔던 길을 되돌아가, 1247년 6월 9일에 키예프에 도착했다.

그의 연대기는 아시아를 여행했던 다른 이들이 그냥 지나쳐버린 길과 간이역들에 대한 상세한 정보로 가득 차 있다. 하지만 카르피니 자신은 지나치게 냉정하고 차분한 여행자였다. 그가 유럽과 아시아를 가르는 베일 너머로 뚫고들어가 수집해온 아시아에 대한 정보들은 그의 사후 200여 년이 지난 뒤에는 망각의 늪에 묻혀버리고 말았다. 그에게는 탐험가라면 의당 있어야 할 특징, 강한 호기심이 크게 결여되어 있었다. 그가 가지고 온 신비로운 아시아에 대한 정보들은 밋밋하기 그지없었다. 세상 사람들은 더 이상 관심을 보이지 않았다.

다음 선구자는 제6차 십자군 원정에 참여한 프랑스의 루이 9세가 1252년에 '대 칸'에게 보낸 외교사절이었다. 카르피니와 마찬가지로 성직자였던 뤼브릭의 기욤은 활달하고 열정적인 인물이었다. 그는 아크레(오늘날의 팔레스타인 서북부에 자리잡은 항구도시—옮긴이)에서 배를 타고 크림 반도의 수다크에 이른 뒤, 거기서 다시 마차를 타고 아시아 저편에 있는 카라코룸으로 가는 여행길에 올랐는데, 그것은 결과적으로 배나 더 힘겨운 여정이 되었다.

기욤도 카르피니가 이동한 경로와 거의 비슷하게 나아갔다. 아시아의 쓸쓸한 황원荒原의 풍경과 거기서 들리는 소리들은 그보다 먼저 그 길을 지나갔던 이들의 심상에 비친 것들과 아주 흡사했다. 북쪽으로 치우친 길을 따라 나아간 두 여행자는, 사실상 우리가 아시아로 알고 있는 모든 것들을 놓쳤다. 페르시아와 인도와 중국, 그리고 그 사이에 있는 수많은 풍요로운 땅들을.

그러나 기욤은 예리한 관찰력을 지닌 여행자였다. 그는 카르피니가 수집한 정보에 새로 추가할 만한 것은 별로 목격하지 못했지만, 아시아 대륙의 변경지대에 이르렀을 때, 결국 카스피 해가 당대의 지리학자들이 믿었던 것처럼 흑해의 일부가 아니라 내륙의 바다라는 결론을 내렸다. 그리고 1253년 12월에 카라코룸에 도착해서 대 칸을 접견했을 때, 그는 거기서 동쪽으로 더 먼곳에 있다는 한 나라에 관한 이야기를 들었다. "예전 사람들은 바로 대중국 사람들을 '세레스'라고 불렀던 것 같다. 품질이 가장 좋은 비단이 바로 그들에게서 나왔기 때문이다."

그렇게 해서 기욤은 그리스 인들과 로마 제국의 여행자들에게 알려졌다가 그후 존재가 희미해진 민족을 재발견했다. 그가 1년여에 걸쳐서 고생고생하며 유럽으로 되돌아올 즈음, 베네치아에서는 마르코 폴로가 두렵고 경이로운 이 세상에 자신의 탄생을 알리는 첫 울음을 터뜨렸다.

⚜

13세기 중엽, 위대한 두 해상 공화국 베네치아와 제노바가 이탈리아 해안을 지배하고 있었다. 여기서 그 나라들을 공화국이라 불러주기는 했지만, 사실 진정한 의미의 공화국이라고 할 수는 없었다. 왕이 없는 상태에서 존재하는 과두 지배체제, 혹은 자치체제 국가라는 의미의 공화국들에 지나지 않았기 때문이다.

1250년경, 베네치아는 사업의 규모와 부의 양면에서 제노바보다 훨씬 더 앞서 있었다. 베네치아는 동부 지중해에서 가장 강력하고 무자비한 도시국가로 빠르게 성장하고 있었다. 베네치아는 부를 목표로 하고, 부가 그 존재 이유요, 자기 정당화의 명분이 되는 '무역의 몰록Moloch(성서에 나오는 신으로, 부모들이 희생제물로 바친 어린이를 태워 죽였다—옮긴이)' 이었다. 베네치아는 대함대와 군대를 고용해서 자국의 이익을 지키거나, 자국의 경쟁자들이나 우호적이지 않은 상대들을 공격했다. 그리고 벽으로 둘러싸인 니로와 같은 바닷길이나 높은 성벽 안에 포복한 채, 독한 기운을 품은 더운 여름철의 몽롱한 안개 속에서, 혹은 서리 없는 겨울철의 투명하고 맑은 대기 속에서 잔인하고 냉정한 눈빛으로 레반트 해역의 전리품을 노렸다.

대단히 정직한 과거의 작가들은 베네치아의 바로 그런 모습이야말로 마르코 폴로가 평생을 통해 겪게 될 모든 진통 중 생애 최초의 진통을 받고 태어난 그 도시의 위대함을 상징한다고 생각했다. 베네치아를 마르코 폴로의 험난한 삶의 여정에 빗대는 것이 과연 타당한지 의문이기는 하나, 베네치아의 그 같은 초상이 아주 거짓된 것만은 아닐 것이다.

베네치아 인들은 보통 사람의 성향을 모두 지닌 사람들이었다. 서로 상반되는 요소들, 곧 친절하면서 잔혹하고, 변덕스러우면서 소박하고, 애국자이자 매국노요, 혁명적이자 반동적인 사람들. 전쟁과 방랑으로 점철된 삶을 살았던 그들을 한마디로 요약하기는 어려우나, 굳이 갖다 붙이자면 국수주의자라는 상투적인 단어 정도일 것이다.

그러나 13세기 중엽뿐만 아니라, 그뒤로도 몇백 년 동안 베네치아를 지배했던 상류계급 사람들은 특히 더 탐욕스럽고 잔혹하고 비열한 동시에 유별나게 용감했다. 세속적이고 과시적인 면이 두드러지는 건축양식과 화려한 조각양식에서 그들의 특징이 잘 나타난다. 그들에게 종교는 단식이나 금식, 일종의 제스처, 탄원의 기도, 섬뜩한 '두려움'과 위안을 주는 '소망' 등이 주를 이루는 명목상의 필요에 지나지 않았다. 남들을 위해 적극적으로 행동하는 이타주의나 깊은 동정심 같은 것은 결코 존재하지 않았다.

상류계급 사람들의 학문은 그들의 머리칼 속으로 파고드는 지중해 바람만큼이나 젊고 활달했다. 풋풋하기는 하나, 프톨레마이오스 시대의 한계 너머로 조금도 나아가지 못한 우둔한 젊음 같은 것. 그들의 철학은 중세철학의 종합이었다.

또한 그들은 자기네의 모든 에너지를 부를 좇는 데 쏟았다. 부를 탐내고 열망했으며, 그러는 과정에서 엄청난 고통을 겪었고, 또 무자비하게 부를 추구하느라 다른 민족들에게 큰 고통을 안겨줬다. 그들은 그렇게 하는 것 말고는 달리 할 일이 없었다.

당대의 유럽과 아시아 대륙의 지배계급 중에서 따분한 일상으로 지쳐가던 사람들이 전쟁에 관심을 돌렸다. 베네치아의 지배계급 사람들은 착실하고 소박한 평민들과 더불어 무역에 관심을 돌렸다. 베네치아 귀족들은 장사 수완이 뛰어나 귀족이나 부호가 된 것이 아니라, 귀족이기 때문에 장삿길로 나선 사람들이었다. 성 펠리체 교구의 안드레아 폴로는 바로 '생명을 부여해주는 것들' 중에서 가장 유서 깊은 것, 즉 금을 추구한 베네치아 귀족들 중의 한 사람이었다.

안드레아는 사람들의 관심권 밖에서 움직인 인물이었다. 사실 폴로 집안 사람들은 후세 사람들의 정도에 지나친 호기심을 미리 내다보기라도 한 듯 하나같이 음지에서 움직였다. 그런 가운데에서 안드레아는 세 아들, 곧 마르코(마르코 폴로의 큰아버지)와 니콜로, 마페오를 길러냈다. 마르코와 마페오는 그 집안에서 자주 사용한 이름이다. 그 이름들은 그 전세대에도 등장했고, 또 나중 세대에도 다시 등장해 사람들에게 약간의 혼란을 안겨주곤 했다.

세 아들은 성장하면서 그 도시 사람들이 공통적으로 추구하는 관심사에 열정적으로 뛰어들어 장삿길에 나섰다. 그들은 레반트 해역을 오갔고, 그 너머 흑해에도 드나들면서 바다의 거친 파도와 싸웠고, 잘 알려지지 않은 그 연안의 부족들과도 자주 접촉했다. 그후 마르코는 콘스탄티노플—이때는 퇴폐적인 동로마 인들이 차지하고 있었는데, 투르크 인들의 수중에 들어간 것은 훗날의 일이다—에 있는 물자 저장소의 책임자가 되면서, 두 동생과는 달리 대체로 콘스탄티노플에서만 머물렀다.

마르코 같은 부류의 사람들은 그보다 약간 뒤늦은 시대에 나온 이탈리아 그림들에 등장하는 인물들처럼 턱수염을 기르고 화려한 예복을 걸치고 다녔다. 우리는 머리에는 납작한 캡을 쓰고 손에는 반지를 낀 공증인이 근엄한 태도로 회계원장이나 채권을 다루고, 창고 물건들의 입출입을 점검하는 모습을 떠올려볼 수 있다. 마르코는 밤이면 무성한 턱수염을 어루만지면서, 미지의 황야로 사라져간 두 동생과, 아울러 아시아 대륙에 대한 깊은 생각에 잠긴 채 헬레스폰트(오늘날의 다르다넬스 해협—옮긴이) 너머를 응시하곤 했다.

니콜로와 마페오는 1255년에 이르기까지 지극히 정상적인 범위 내에서 무역활동을 했던 것 같다. 그보다 2년 전인 1253년 무렵, 니콜로 폴로는 잠시 베네치아에 머물렀다. 그러나 그가 베네치아의 아내 곁에 머문 시간은 그리 길지 않았다. 당시의 베네치아 남자들이 다 그런 편이기는 했지만, 귀족 출신의 상인들의 경우에는 특히 더했다. 아무튼 1254년경, 장차 수많은 방랑과 모험의 역경을 겪고 숱한 비난과 찬양을 받을 운명을 떠안은 장남 마르코가 태어났다.

마르코의 어머니는 베네치아의 운하들이 내려다보이는, 폴로 가문의 유서 깊은 저택인 수비아타코의 카폴로에서 마르코를 낳은 뒤 죽었다고 한다. 당시의 조산기술은 아주 열악해서, 산모가 출산시에 죽는 경우가 많았다. 그때 죽은 아내를 내려다보고 있던 니콜로는 아마 공허감으로 괴로웠을 것이다. 그는 근동보다 더 먼 곳이라 하더라도 무작정 헤매고 싶은 충동에 사로잡혔을 것이다. 그리고 격심한 무력감에 빠진 다른 남자들과 마찬가지로 아들이 태어난 것을 그리 달가워하지 않았을 것이다. 그후 그는 마르코를 친척들의 손에 맡기고 콘스탄티노플로 돌아갔으며, 사업영역을 좀더 확대하고 싶어한 형의 계획에 따라 각처를 돌아다니면서 무역에 열중했다.

그 무렵 니콜로와 마페오는 흑해를 가로질러 크림 반도에 진출해서, 모피와 호박琥珀 같은 물건들을 거래하면서 큰돈을 벌었다. 그들은 다시 동쪽의 내륙 깊숙이 이동하여 타타르 족의 땅으로 진출했다. 그곳은 칭기즈 칸을 따라왔던 대군이 철수한 뒤 타타르 족 출신의 총독들이 다스리고 있었다.

그런데 그들이 무역활동을 하던 곳과 흑해에 이르는 지역 사이에서 갑자기 전쟁이 일어났다. 전쟁은 규모는 작았지만 아주 치열하게 전개되었으며, 그 바람에 그들 형제와 콘스탄티노플과의 연락망이 차단되고 말았다. 그때 그들의 심경이 어떠했는지는 기록이 없어 알 수 없으나 충분히 짐작할 수 있을 것이다. 그러나 대범한 그들은 콘스탄티노플과의 무역이 더 이상 가망 없다고 보고 놀라운 결정을 내렸다. 즉, 아시아에 더 깊숙이 진출하기로 한 것이다.

1255년에 그들이 아시아를 가로지른 길은, 뤼브릭의 기욤이 카라코룸에서 덜컹거리는 마차를 타고 유럽으로 돌아온 경로와 거의 비슷했을 것이다. 니콜로 · 마페오 형제와 기욤은 여행 도중에 진짜로 만나서 흉금을 털어놓고 이야기를 나누며, 서로가 알고 있는 정보를 교환했을지도 모른다. 폴로 형제가 감히 대 칸의 왕궁에까지 찾아갈 뜻을 품을 수 있었던 것도 그 때문이 아니었을까?

폴로 형제는 온갖 고초를 겪은 끝에 유서 깊은 도시 부하라에 이르러 거처를 정했다. 아마 그들은 여행하면서도 수완을 발휘하여 보석들을 거래하면서 이미 큰 이익을 얻었을 것이다. 그들은 부하라에서 3년이나 머물렀다.

흑해 연안을 소란스럽게 했던 전쟁은, 우리가 다른 기록을 통해서 알고 있는 것과 같이 이미 오래 전에 끝났다. 그러나 형제는 그런 사실을 알지 못했다. 아니면 알고 있기는 했으되, 그쪽 정황에 무관심했을 수도 있다. 형제의 관심은 온통 동방에만 쏠려 있었다. 동방에 매력을 느껴서가 아니라, 그곳에서 얻을 수 있는 부에 정신이 팔려 있었다. 그들이 마음만 먹으면 콘스탄티노플로 돌아갈 만한 사유가 있기는 했으나, 마침 부하라에 아주 중요한 사자使者가 도착하는 바람에 그대로 눌러앉고 말았다.

그 사자는 페르시아와 바그다드를 지배하고 있는 타타르 군주 홀라구가 카라코롬에 있는 동생 쿠빌라이에게 보내는 사람이었다. 아시아 북부 전역을 휩쓸었던 몽골 군의 첫 군주인 대 칭기즈 칸에게는 몽케, 바투, 훌라구, 쿠빌라이, 그리고 실제로 존재했는지의 여부가 확실치 않은 아르티부가라는 다섯 아들이 있었다(이들은 칭기즈 칸의 아들들이 아니라 손자들로, 칭기즈 칸의 아들인 툴루이의 아들들이다 – 옮긴이). 몽케는 대 칸의 지위를 계승한 뒤 훌라구를 서쪽으로 보내 페르시아와 이슬람 왕국들을 정복하게 했고, 쿠빌라이를 남쪽으로 보내 중국을 정복하게 했다. 몽케 자신은 몽골 군의 일부를 이끌고 중국과 맞서 싸웠다. 1258년, 몽케는 합주合州(지금의 쓰촨 성〔四川省〕– 옮긴이)를 포위 공격하다 병사했으며, 쿠빌라이는 그동안 남송 황제와 계속 전투를 벌이고 있었다.

이때 주목할 만한 사건이 일어났다. 바그다드의 잔혹한 정복자 훌라구는 쿠빌라이의 형으로서, 몽케의 다음 계승자였다. 그런데 그가 (중국의 역사가들이 말하는 바에 의하면) 머나먼 중국 땅에 있는 쿠빌라이에게 사자를 보내, 몽골 족의 대군주 자리에 오르라고 권했다. 전례를 찾아보기 힘든 이런 관용의 정신을 보임으로써, 훌라구는 문명의 발전에 두 가지의 기여를 했다. 하나는 자기보다 훨씬 더 훌륭한 통치자를 옥좌에 앉힌 것이고, 다른 하나는 유럽 상인들이 카라코룸 왕궁에 출입하는 것을 최초로 허락해주었다는 점이다.

훌라구의 사절은 다음과 같이 말한다.

"이제 타타르 어에 아주 능숙해진 그 형제와 만나 이야기를 나눠보고는 대단히 흡족해하며 며칠간 형제와 즐거운 시간을 보냈다. 그리고 이제까지 그 형제의 나라 사람이 대 칸을 만나러 온 적이 없으니 그들이 찾아가면 대 칸이 좋아할 것이라 하면서, 자기와 함께 카라코룸으로 가서 대 칸을 알현하는 것이 어떻겠느냐고 권했다. 그는 대 칸이 그들을 정중하게 대해줄 것이고, 나중에 많은 선물도 줄 것이라는 말을 덧붙였다. 그 형제는 자기네가 지금 고국으로 돌아가려 했다간 중간에 여러 가지 위험에 노출될 것이라 확신하고, 그의 권유를 받아들였다. 그들은 '전능하신 하느님' 께 운명을 맡긴 채, 사절 일행을 따라 머나먼 여정에 올랐다. 이때 그들이 베네치아에서 데려온 기독교도

하인 몇 사람도 함께 따라갔다. 그들이 처음 택한 길은 북쪽과 북동쪽 중간 방향으로 난 길이었다. 꼬박 1년이 지난 후 비로소 황궁에 도착했다. 그렇게 시일이 오래 걸린 것은 중간중간에 눈이 내리거나 강물이 불어, 눈이 녹기를 기다리고 강물의 수위가 낮아지기를 기다려야 했기 때문이다. 그들은 여행 하는 동안 감탄할 만한 많은 것을 목격했지만, 마르코 폴로가 책에서 자세히 서술할 터이므로 여기서는 생략하기로 한다.”

⚜

1269년 4월, 팔레스타인 해안에 있는 아크레에서 교황 특사로 근무하고 있던 피아첸차의 테오발도는 상인 두 사람이 자기를 만나고 싶어한다는 전갈을 받았다. 그는 세상사에 밝고, 너그럽고 친절한 사람이었다. 그를 찾아온 상인들은 타타르 인의 것과 비슷한 옷을 걸치고 있었고, 얼굴은 이국의 태양빛에 갈색으로 그을었으며, 이탈리아 어로 느리면서도 어눌하게 말했다. 그들은 자신들을 니콜로 폴로와 마페오 폴로라고 소개하고는, 장사차 여행한 14년 동안의 이야기를 들려줬다.

폴로 형제가 그 시간 동안 겪은 일들 중에서 우리 시대에까지 전해진 것은 얼마 되지 않는다. 그들은 훌라구의 사절과 함께 대 칸의 황궁에 도착했다. 그때 (다른 출전들을 통해서 알고 있다시피) 쿠빌라이는 이미 황제자리에 올라 있었고, 그후 10여 년에 걸쳐서 폴로 형제와 수차례 만났다. 쿠빌라이의 인물 됨에 관해서는 니콜로의 아들 마르코 폴로가 뒤에서 자세히 들려줄 것이다.

중국의 연대기들에 의하면, 쿠빌라이는 호기심이 많고, 정신적으로나 육체적으로 대단히 활동적인 사람이었다고 한다. 그는 유럽 인이라는 낯선 인종을 처음 대했음에도 그들에게 깊은 관심을 보였다. 그는 폴로 형제에게 그들의 왕들과 나라, 전쟁 방식, 평화시의 정책 등을 꼬치꼬치 캐물었다. 그리고 마침내 로마 교황에게 사절을 보내, 원나라 백성들에게 기독교를 설명해줄 100명의 선교사를 보내줄 것을 요청하겠다(일곱 개 학문에 정통한 지식인 100명을 파견해달라고 요청했다는 것이 더 정확한 표현일 것이다—옮긴이)는 결정을 내렸다.

훗날 중국의 황제 한 사람도 쿠빌라이의 그런 행동을 본받아, 기독교 네스토리우스 파 사제들과 불교 승려들, 이슬람 전도자들을 차별 없이 초청했다. 쿠빌라이는 일시적인 기분에서 그런 결정을 내린 듯하다. 하지만 그는 일단 마음먹으면 박력 있게 추진해가는 편이었다. 그는 코가탈이라는 타타르 인을 사절로 임명해서 폴로 형제와 함께 로마에 가라고 지시했다. 쿠빌라이는 그들이 무사히 아시아의 드넓은 황야를 가로지를 수 있도록 문서에 '황제의 인장'을 찍어줬다.

표범수염 같은 턱수염을 기른 폴로 형제는 11년 내지 12년 동안 아시아에 머무르면서 기대했던 부는 거의 얻지 못했겠지만, 황제로부터 안전보장에 대한 확답을 받은 뒤 유럽을 향한 긴 여정에 올랐다. 그런데 여행 도중에 코가탈이 병에 걸리는 바람에 뒤에 남을 수밖에 없었다. 그후 그는 그 이야기에서 완전히 사라지고 말았다.

두 형제는 오랜 기간에 걸쳐 고생을 겪으면서 계속 앞으로 나아갔다. 범람한 강, 가로지를 수 없는 늪이나 사막이 그들의 앞길을 가로막곤 했으며, 때로는 길을 잃고 헤매기도 했고, 다리가 말을 듣지 않아 그대로 주저앉기도 했다. 그들은 영원만큼 길게 느껴지는 3년에 걸쳐서 아시아를 가로질러 드디어 소小 아르메니아의 한 항구에 도착했다. 그리고 거기서 배를 타고 아크레에 와서 교황 대사를 알현하기에 이르렀다.

교황?

하지만 로마 교황 클레멘스 4세는 그들이 아크레에 도착하기 6개월 전에 죽었다. 그리하여 교황 특사 테오발도는 심사숙고한 끝에, 우선은 추기경회의에서 새 교황이 선출될 때까지 기다리는 것이 좋겠다고 조언했다.

니콜로와 마페오는 배를 타고 네그로폰트 섬으로, 다시 베네치아로 갔다. 베네치아 사람들이 그들을 어떻게 맞아들였는지, 그리고 콘스탄티노플에 남았던 그들의 형 마르코의 운명이 어찌되었는지는 기록이 없어 알 수 없다. 아무튼 그들은 베네치아에서 니콜로의 아들이요, 이제 '젊은 한량'으로 자란 마르코를 만났다. 여기서 '젊은 한량'이란 많은 뜻을 함축하는 말일 수도 있고, 그렇지 않을 수도 있다.

그 시대 베네치아 같은 도시에서는 젊은이들이 비교적 빠르게 성숙했을 것이다. 연회와 즐길거리가 많았을 게 분명하고, 그것이 아니더라도 최소한 친척들에게서 많은 이야기를 주워듣게 마련이다. 베네치아의 소년들은 그렇게 보고 듣고 즐길 만한 것들이 넘쳐나는 환경에서 많은 시간을 보냈다.

한편, 새 교황을 선출하는 일이 자꾸 지체되면서 추기경회의에서는 온갖 모략과 음모가 난무했다. 머나먼 중국 땅에서 100명의 선교사가 당도하기를 기다리던 쿠빌라이가 들었다면 대단히 재미있어했을 것이다. 니콜로와 마페오는 대 칸이 자기네가 중국에 돌아올 생각이 없는 것이라 의심할까봐, 그리고 그로 인해 아시아에서 엄청난 부를 얻게 될 가능성이 수포로 돌아갈까봐 몹시 초조해했다.

폴로 형제는 2년이나 지체한 끝에 결국 더 참지 못하고 100명의 선교사를 포기했다. 대신 예수가 부활할 때까지 누워 있었던 '예루살렘 성묘'에서 항상 타오르는 등잔기름만 조금 얻어서(쿠빌라이가 그것을 얻어달라는 부탁도 했다고 한다―옮긴이) 중국에 가기로 결심했다. 이번 여행에는 젊은 마르코도 함께했다.

마르코 폴로는 장차 필생의 과업이 될 탐구의 여정에 오르게 된 셈이다. '빛나는 통치자(Golden Ruler) 쿠빌라이 칸'을 좇는 여정에. 그 같은 추구의 여정은 그가 바라던 목적을 이루기는 했으나, 결코 끝을 맺지는 못했다.

1271년, 그들은 베네치아에서 배를 타고 아크레로 갔다. 그리고 거기서 다시 예루살렘으로 가 '성스러운 기름(Holy Oil)'을 얻은 뒤, 흑해의 라이아서스 항을 향해 떠났다. 그들이 라이아서스에 도착해서 대상隊商을 조직하고 있는데, 그들의 친구 테오발도가 친서를 보내 자신이 교황으로 선출되었다는 소식을 알려주었다. 그들은 즉시 아크레로 돌아가 교황이 대 칸에게 보내는 편지를 교황으로부터 직접 전달받았다.

그동안 일이 뜻한 대로 풀리지 않아 마음고생이 많았던 폴로 가문 사람들은 1271년 말이나 1272년 초에 아크레에서 다시 여행길에 올랐다. 그들은 대칸에게 전달할 교황의 편지와 선물로 '몇 점의 아름다운 수정 화병'을 지참하고, 쿠빌라이가 요구한 100명의 기독교 선교사 대신 사제들과 주교들을 임명할 권한을 부여받은 도미니쿠스 회 수도사 두 명을 대동하고 떠났다. 아마 여러 명의 시종과 하인도 데리고 갔겠지만, 젊은 마르코의 이야기에는 그들에 관한 내용이 빠져 있다. 이제부터는 마르코 폴로의 이야기이기 때문이다.

　　그가 중국을 다녀오기 전까지만 해도, 유럽 인들에게 중국은 자기네 의식의 언저리에 출몰했던 머나먼 땅으로, 뿌연 안개 속으로 살짝살짝 엿본 성노에 지나지 않았다. 이제 마르코는 꼭 필요한 경우를 제외하고는 가급적 개인적인 회상은 삼가면서, 통과한 땅들에 있는 중요하고 놀라운 광경이나 소문들을 마음에 하나하나 기록하기 시작했다.

　　그들은 소아르메니아에 있는 라이아서스 항에 다시 도착했다. 그 도시는 '엄격한 정의를 시행하는' 기독교도 제후가 다스리고 있었지만, 불행하게도 이교도들에게 고초를 당하고 있었다. 문제의 이교도들은 이집트 맘루크 왕조의 술탄인 바이바르스 휘하의 이슬람 교도들이었다. 폴로 가문의 세 사람과 수도사 두 명이 라이아서스에 도착했을 때, 그곳은 '바빌로니아 인들'이 곧 쳐들어와 약탈을 자행할 것이라는 소문으로 인심이 흉흉했다.

　　중국 땅에서 사제들과 주교들을 선임하기 위해 여행길에 오른 두 수도사는 기나긴 여정의 첫 관문에 들어서자마자 섬뜩한 소문을 듣고 겁을 집어먹었다. 그들은 교황의 편지를 폴로 가 사람들에게 넘겨주고 그들의 안전한 여행을 위해 기도를 해준 뒤, 라이아스에 있는 템플 기사단의 보호를 받기 위해 그리로 가버렸다. 폴로 가 사람들은 수도사들의 도주에 크게 마음이 흔들렸을 것이다. 그러나 그들은 그보다 훨씬 더 어려운 상황에 직면해서도 굴하지 않고 나아간 사람들이었으므로, 수도사들이 없는 상황에서도 여행을 계속하기로 결정했다.

그들은 우리가 아나톨리아라 부르는 아르메니아 땅, '타락한 젠트리 계급'과 많은 배가 분주하게 드나드는 항구들이 있는 지역을 가로질러 투르코마니아 북부 지역으로 들어섰다. 그 지역은 이슬람 교도가 된 '거칠고 무식한 종족'인 타타르 족이 남쪽으로 내려와서 정복하고, 그들 중 일부가 정착한 곳이었다. 그들은 앞으로 내처 나아가 카사리아와 시바스를 지나, 대아르메니아에 있는 아르징간 시에 이르렀다. 당시 그곳은 아르메니아 인들이 아니라 타타르 인들이 다스리고 있었다.

그곳에서 폴로 가 사람들은 아득한 옛날에 노아의 방주가 걸렸다는 아라라트 산의 희미한 정상부를 볼 수 있었다. 그들은 그 신비로운 산에 깊은 인상을 받았다. 마르코의 이야기에 의하면, 그 산꼭대기에 쌓인 눈은 결코 녹지 않고 "내리는 대로 자꾸만 쌓인다"고 했다. 그는 그 산꼭대기가 점점 더 높아져 마침내 하늘 높은 곳으로 완전히 사라지는 광경을 볼 수 있을 때까지 그곳에 머무르지는 않았다. 그런 광경을 보는 대신, 그는 조르자니아 부근에서 연고나 연료로 쓰이는 질 좋은 기름이 끊임없이 흘러나오는 대규모 기름 샘에 관해 기록하고 있다. 그것은 바쿠의 유정油井에 관해서 언급한 최초의 지리학적 기록이다.

폴로 가족은 그루지야 땅에 대한 이야기는 많이 들었지만, 정작 들어가지는 않았던 듯하다. 그리고 무슨 이유에서인지는 몰라도, 남동쪽으로 방향을 돌린 뒤, 티그리스 강을 따라 모술 지방을 가로질러 반다스에 갔다. 그 당시 반다스에는 다양한 종교를 믿는 여러 민족이 어울려 살고 있었다. 마르코 폴로는 그중에서도 특히 기독교 계통의 네스토리우스 파에 대해서 언급하고 있다. 마르코의 말에 의하면, 네스토리우스 파 사람들은 인도에까지 선교사들을 파견했다고 한다.

폴로 가족은 여행하는 도중에 오늘날과 마찬가지로 당시에도 "상인들의 물건을 빼앗는 것을 생업으로 삼고 있는 파렴치한 민족"인 쿠르드 족 이야기도 들었다. 서로를 등쳐먹고 사는 관습의 한 변종이라 할 수 있는 그런 관례는 마르코의 마음에 깊은 인상을 남겼다.

이윽고 바그다드에 도착했다. 그들은 얼마 동안 그 도시에 머무르면서 대칸의 황궁으로 갈 때 선택할 수 있는 최상의 경로와 방법 등에 대해서 알아봤을 것이다. 여기서 마르코는 12년 전 무렵에 훌라구의 포로가 된 아바스 왕조의 마지막 칼리프의 비참한 최후에 관한 이야기를 들었다. 그 칼리프가 기독교인들을 박해했었다는 이유로, 마르코는 엄숙한 어조로 그의 끔찍한 죽음을 '우리 주 예수 그리스도'의 뜻이 작용했기 때문이라고 기록했다.

폴로가 사람들은 페르시아 만에 있는 호르무즈 해협으로 내려간 뒤, 거기서 배를 타고 중국으로 가기로 결정했다. 그들은 페르시안 이라크 지방을 가로질러 남동쪽으로 나아가다가 타브리즈에서 잠시 머물렀다. 그곳 사람들은 금실로 만든 옷을 제조했고, 보석과 진수를 매매했다. 마르코는 그 지역의 이슬람 교도들에 대해서는 좋은 이야기를 전혀 듣지 못했으나, 그들을 지배하고 있는 타타르 군주들에 대해서는 아주 좋은 인상을 받았다. 이슬람 교도들은 자기네 지역에 들어온 기독교인을 보기만 하면 붙잡아서 불구로 만들고 싶어했으나, 군주들은 그것을 금했다.

폴로 가족은 페르시아 본토를 가로질러 이동하던 중 사바 시市에 관한 이야기를 들었다. 성서에 등장하는 동방박사 세 사람이 바로 그곳을 출발하여 그리스도가 태어난 베들레헴으로 갔다는 것이었다. 그 일화는 훗날 조로아스터 교의 유서 깊은 교리들과 긴밀하게 뒤얽혔다. 그곳에는 파르시 교도(7~8세기에 이슬람 교도의 박해를 피해 민족 고유의 신앙을 간직했던 페르시아 계의 인도 조로아스터 교도─옮긴이)들이 민족 고유의 신앙을 여전히 고수하고 있는 도시들이 있었다.

마르코는 페르시아 인들이 우수한 품종의 말을 기르고 있다고 했으며, 그 점에 관해서는 나중에 다시 상세하게 언급했다. 그리고 그곳에서는 노새가 말보다 더 비싼 값에 팔렸다. 그 지방을 지나는 길들은 "야만적인 주민들이 서로를 살해하거나 공격하는 짓을 밥 먹듯이 저지르는" 통에 결코 안전하지 않았다. 마르코는 (고맙게도) 타타르 인들이 그런 기막힌 관습을 강하게 통제해왔다고 이야기했다. 그러나 달리 생각해보면, 타타르 인들의 침략을 받아

몰락하는 바람에 절망하고 자포자기 상태가 된 사람들이 그 지방의 곳곳을 휩쓸고 다닌 게 아닐까 싶다. 마르코도 그들의 습격으로 인해 중국으로 가는 길이 막혔기 때문에 그들을 동정하는 마음 따위는 전혀 없었던 것이다.

마르코는 이슬람 교도들이 포도주 금지령을 교묘하게 피한다는 사실을 발견했다. 이슬람 교도들은 끓인 포도주는 마셔도 된다고 생각했다. 포도주를 끓이면 맛과 색깔이 달라지므로 포도주가 아니라나!

여행자들은 대추야자나무들이 자라고 야생노새들이 뛰노는 땅을 가로질러 계속 남하해 케르만에 이르렀다. 그곳에서는 터키 석이 발견되었고, 또 질 좋은 자수제품이 대량 생산되었다. 그곳 사람들은 산악지대에서 '어디든 자유롭게 날아다니는 우수한 품종의 매'를 길렀다.

폴로 가족은 페르시아 만이 있는 남쪽으로 내려가기 위해 그곳 산악지대를 가로질렀는데, 여간 춥지 않았다. 젊은 마르코가 '모피 외투를 겹겹이 껴입고도' 추위에 벌벌 떨었으니, 나이 든 그의 아버지와 삼촌의 경우야 더 말할 것도 없으리라.

그러나 산맥 너머의 평원은 페르시아의 곡창지대로 밀과 쌀은 물론 온갖 과일이 넘쳐났고, 공중에는 꿩과 자고새들이 날아다녔다. 마르코는 여기서 등에 혹이 난 가축과 굵은 꼬리가 달린 양을 처음으로 봤다. 그곳에는 도둑떼가 자주 출몰했는데, 도둑떼 중에서도 몽골 출신의 니코다르 칸이 가장 유명했다. 이 위대한 도둑은 절망에 빠진 사람들을 모아 대군을 일으켜, 인도로 쳐내려가 델리를 정복했다는 것이었다. 니코다르와 그의 동료들은 델리에서 검은 피부의 인도 여자들과 속속 결혼해서 수많은 자식들을 낳아, 한 세대 안에 갈색 피부를 지닌 혼혈민족인 카라우나 족을 만들어냈다(마르코가 미처 알지 못했던 역사적인 사실들에 의하면, 그 종족은 한 세대의 1/3 가량이 지났을 때 이미 등장했다고 한다!).

카라우나 족 사람들은 아버지 세대와 마찬가지로 약탈과 강도질을 일삼았다. 그들은 무리를 지어 페르시아로 되돌아가, 인도에서 배운 사악한 기술을 구사해서 "낮의 빛을 가려 어둡게 할 수 있었다." 그것은 독가스 전戰에 관한

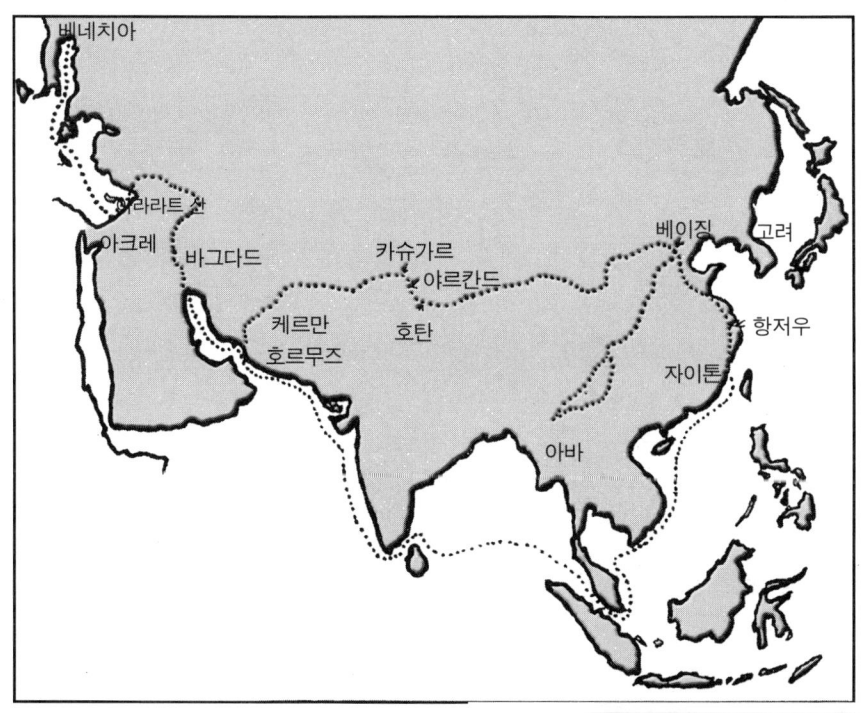

베네치아

아라라트 산
아크레　바그다드

카슈가르
야르칸드

베이징　고려

항저우

케르만
호르무즈

호탄

자이톤

아바

마르코 폴로의 여행 경로

최초의 기록에 해당된다. 해뜰녘이나 해질녘에 홀연히 일어나는 그 침략자들의 말발굽 소리는 초자연적인 현상만큼이나 무시무시하게 들렸을 것이다.

폴로 가족이 호르무즈 가까이에 이르렀을 때가 카라우나 족 무리가 그곳을 습격한 직후였다. 호르무즈 상인들이 말을 풀어놓고 풀을 뜯게 하는 도시 너머의 평원에 그 무리가 출몰해 노예들을 습격하고 가축들을 훔쳐가고 있었다. 폴로 가의 세 사람도 그들의 공격을 받았다. 일행 중 상당수가 살해당하거나 포로로 잡혀서 끌려갔다. 다행히 마르코와 그의 아버지와 삼촌은 근처에 있는 요새로 무사히 몸을 피했다. 하지만 그것은 마르코가 장차 수없이 겪게 될 습격과 전쟁의 서막에 불과했으리라. 그러나 젊고 용맹한 마르코는 그다지 겁을 집어먹지는 않은 듯하다.

폴로 가족은 여전히 강도가 우글거리는 위험한 길을 지나 이틀 동안 여행한 끝에, 유서 깊은 항구인 호르무즈에 이르렀다. 그들은 전설과 사실이 뒤얽힌 이야기들 속에 자주 등장하는 동방에, 페르시아 만 연안에 위치한 덥고 먼지투성이인 도시에 와 있었다. 그곳은 "인도 전역의 상인들이 향료와 약제, 보석, 진주, 금사로 짠 천, 상아를 비롯한 온갖 물건을 갖고 빈번하게 드나드는 항구였다. 이곳에서 인도의 진귀한 물건들이 세계 곳곳으로 퍼져나갔다."

여기서 마르코는 시로코에 관한 이야기를 들었다. 여름철에 불어오는 이 바람은 장사하는 것을 불가능하게 만들고, 호흡조차 어렵게 했다. 마르코의 기록에 의하면, 시로코가 불어올 때 그곳 주민들은 물에 뛰어들어 턱밑까지 몸을 담그고는, "그 바람이 지나갈 때까지 꼼짝하지 않았다"고 한다. 그것은 아주 무서운 바람이었으며, 폴로 가족이 호르무즈에 머무르는 동안에도 불어왔다. 그 도시의 부자들은 여름철이면 서늘한 곳을 찾아 본토 안쪽으로 피신하곤 했다.

예전에 호르무즈의 군주가 케르만에 있는 대군주에게 해마다 바쳐야 하는 공물을 바치지 않고 그냥 넘어가자, 케르만의 대군주가 호르무즈로 원정군을 보냈다고 한다. 밤이면 군사들은 그 고약한 저지대 가장자리의 우거진 숲 가에 진을 치고 잠을 잤다. 이튿날 아침 그들은 시로코가 불 때가 되었다는 것도 알지 못한 채 다시 행군하기 시작했다. 그런데 얼마 지나지 않아 그 무서운 모래바람이 불어와 원정군 모두가 질식해서 죽고 말았다. 마르코는 하나님의 숨결에 휘말려 죽은 또 다른 센나케리브Sennacherib 군(《열왕기》 하 19 : 35—옮긴이)에 관한 놀랍고도 끔찍한 이야기를 확인해보기 위해, 직접 그 현장에 가서 바싹 말라붙은 시신들을 살펴본 듯하다.

⚜

폴로 가족은 호르무즈 해협에서 배들을 살펴보았는데, 그 배들은 한심하다 싶을 만큼 원시적이었다. "배에 탄 상인들과 승객들을 위험에 빠뜨릴" 수 있을 정도로 심각했다. 배들은 못을 사용하지 않고 만든데다 닻도 없었다. 니콜로와 마페오는 그때까지 육로로 여행하면서 갖은 고초를 겪었음에도, 그런 위험한 배에 운명을 맡기느니 차라리 육로로 가는 게 더 낫다는 데 의견의 일치를 봤다.

그들은 다시 북쪽으로 방향을 돌려, 다른 길로 해서 케르만에 이른 뒤, 다시 오늘날 아프가니스탄이라 부르는 땅의 변경을 향해 나아갔다. 케르만으로 가는 새로운 길에는 풍요로운 땅이 펼쳐졌으나, 케르만을 지나면서부터는 지독히 건조한 사막이 나타났다. 처음 사흘 동안 그 사막을 여행하면서 만난 샘들은 염분이 많아 맛이 아주 고약했다. 그보다 더 고약한 것은, "그 물을 한 방울이라도 마실 경우 자주 오줌을 누고 싶어진다"는 점이었다.

그들은 말을 타고 서둘러 여행한 끝에 사막을 무사히 가로질러, 루트 사막 너머에 있는 쿠베이스 시에 도착했다. 마르코는 쿠베이스 시 사람들이 뛰어난 금속세공인들이라고 이야기했다.

얼마 후 그들 앞에는 건너는 데 여드레나 걸리는 사막이 펼쳐졌다. 마르코는 마음의 각오를 단단히 했다. 이윽고 그들은 그 사막을 지나, 1,500년 전에 알렉산드르 대제가 도망치는 페르시아 왕을 뒤쫓았다는 고대의 헤카톰필로스에 해당하는 담간 지역에 이르렀다.

마르코는 그 지역 사람들이 그때까지도, 페르시아 왕과 알렉산드르가 벌인 전투며, 페르시아 왕이 쫓겨 달아나던 일화들을 즐겨 이야기했다고 말하고 있다. 또한 오늘날의 식물학자들이 분류하는 데 실패한 그 지역의 경이로운 플라타너스를 묘사하고, 특히 그곳 사람들이 너무 잘생겨 자기가 보기에 '세상에서 가장 아름다운' 사람들인 것 같다는 말로 담간에 대한 서술을 끝맺었다.

따지기를 좋아하는 역사가들은 마르코의 연대기가 상당히 객관적인 데 반해, 이 대목에서만큼은 그렇지 않은 것을 의아해하곤 한다. 마르코가 이때도 과연 평소처럼 객관적인 시선을 유지했는가, 아니면 그 '젊은 한량'이 담간에서 평상심을 잃은 것은 아닐까?

비록 마르코가 주관적인 상념에 빠지기는 했지만, 다행히 짧은 시간에 그쳤다. 그후에 마르코는 이슬람 교도와 몽골 인 모두를 싫어한, 대단히 배타적인 '산악지대의 노인'에 대해 상세히 서술했다. 그즈음 폴로 가족은 거의 정동쪽으로 난 길을 따라 얀-예름과 니샤푸르를 지나 오늘날 아프가니스탄 북부에 해당하는 발크를 향해 가고 있었다.

호라산의 이 지역에서 그들은 다시 사막을 만났는데, 다행히 그리 넓지 않았다. 사막을 지난 뒤에 다다른 쾌적한 지역은 크고 즙이 많은 멜론의 주산지였다. 마르코는 마음속에 그 멜론을 생생하게 기록해뒀는데, 실제로 그는 그 과일을 맛보면서 맛을 실컷 음미했던 것 같다.

그렇게 해서 그들은 마침내 고전시대의 박트리아 레기아에 해당하는 발크에 도착했다. 그러나 그 도시는 불과 얼마 전에 옛 영화를 모두 잃고 말았다. 1221년, 칭기즈 칸은 그곳을 점령한 뒤 주민들을 모조리 학살하고, 성벽을 완전히 헐어버리라고 명령했다. 그 무렵, '전세계에서 가장 유서 깊은 그 도시'의 주민들이라고는 얼마 되지 않았을 것이다.

그 일대에는 떠돌아다니는 패잔병과 산적이 들끓었고, 도시 북쪽의 산악지대에는 큰 사자들도 서식하고 있었다. 그곳은 식량이 부족한 땅이어서 폴로 가족은 그 산악지대 너머에서 먹을 식량을 갖고 동쪽으로 나아갔으며, 둘쨋날이 저물기 전에 타이칸의 '성城'에 도착했다.

소금 산으로 에워싸인 그 도시에는 곡물을 거래하는 큰 시장이 있었다. 마르코는 오늘날 아프가니스탄 인의 조상뻘 되며 들짐승 가죽으로 만든 옷을 입고 다니는 타이칸 주민들이 잔인하고 신뢰할 수 없는 난폭한 사람들이라는 것을 알았다. 타이칸을 지나자 요새들이 군데군데 흩어져 있는 황량한 평원이 나타났다. 마르코는 이 평원에 서식하는, 몸집이 아주 크고 성질이 사나운 호저(아프리카 바늘두더쥐)에 대한 이야기를 풀어놓았다. 사냥꾼들이 호저를 잡으려고 개들을 풀어놓으면 그것은 "몸에 난 빳빳한 털이나 가시들을 발사해서 사람이나 개에게 상처를 입힌다"고 기록했다. 폴로 가족은 실제로 호저의 생태를 면밀하게 관찰하지는 않은 듯하다.

폴로 가족은 파미르 고원의 드높은 봉우리들이 그림자를 드리운 툰드라 황야에 이르렀다. 그들은 꼬박 사흘 동안 그곳을 가로질러 바다흐샨에 도착했다. 아시아의 심장부에서 멀리 떨어진 바다흐샨에서 마르코는 알렉산드르 대제의 후예라고 자처하는 왕을 볼 수 있었다. 그는 '줄카르네인Zul' karnein(뿔 달린 사람)' 이라는 칭호를 갖고 있기까지 했다. 그것은 1,500년 전 동양 사람들이 마케도니아의 동전에 부조된 아몬 신의 뿔을 보고 알렉산드르에게 붙여준 별명이었다.

그곳 산악지대는 온통 보석으로 이루어진 것으로 유명했다. 골짜기 곳곳에서는 좋은 품종의 말을 길렀으며, 그곳 남자들은 뛰어난 운동선수들이었다. 바다흐샨의 공기는 더없이 맑고 투명했다.

마르코는 그 쾌적한 땅이 마음에 들었다. 폴로 가족은 여기서 얼마간 머무른 듯하다. 젊은 한량은 그 지역의 상류계급 여자들이 걸친 옷에 매혹되었다. 여자들은 엉덩이의 크기를 과장하기 위해 가급적 크게 부풀린 바지를 입었다. 베네치아 청년의 눈에는 그녀들의 풍만한 엉덩이가 신기하기만 했다.

바다흐샨에서 마르코는 힌두쿠시 산맥 너머 저 남쪽의 인도에 있다는 수많은 국가와 도시 이야기를 들었다. 사악한 성품을 갖고 있어 수많은 악행을 저지르고, 우상들을 숭배하고, 쌀을 먹는다는 페샤와르 사람들과, 악마 숭배자와 마법사가 우글거린다는 카슈미르 이야기도 들었다. 그런 이야기의 대부분은 이슬람 교를 믿는 바다흐샨 주민들의 편견에서 나온 것에 지나지 않았다. 그러나 마르코가 기록한 불교 승려들에 대한 내용이나, 인도의 각 지역 공동체 사람들이 입는 옷차림과 음식물에 대한 내용은 우리가 알고 있는 사실들과 일치한다.

세 여행자와 하인들이 바다흐샨에서 얼마나 오래 머물렀는지는 알 수 없다. 아마 그들은 파미르 고원의 높은 고갯길에 쌓인 눈이 녹기를 기다렸을 것이다. 그리고 여행 도중에 병에 걸렸던 마르코가 다시 건강을 회복한 것도 이때 이 쾌적한 고원지대에서 정양한 덕인 듯하다. 하지만 그가 건강을 완전히 회복한 것은 그후의 일이 아닌가 싶다.

그들은 얼마 후 파미르 고원의 고개를 '넘고 또 넘으면서' 북동쪽으로 향했다. 그들은 '세계의 지붕'인 그 고원에서 새 한 마리 보지 못했다. 마르코는 그 고원지대에서는 불이 덜 뜨겁고, 물이 끓는 데도 오랜 시간이 걸린다는 사실을 알았다. 눈 덮인 험한 바위산들이 곳곳에 널려 있는 그 땅에서는 가도 가도 사람이 보이지 않았다. 폴로 가족은 많은 식량을 싣고 갔고, 바다흐샨에서 구입한 겨울옷들로 단단히 무장했을 것이다. 그럼에도 따뜻한 지중해 연안 출신의 그들에게는 그곳 추위가 여간 매섭게 느껴지지 않았을 것이다.

이윽고 그들은 키실마르트를 가로지른 뒤 카슈가르라는 대도시에 도착했으며, 날씨는 다시 따뜻해졌다. 그들은 그 지역에 펼쳐진 드넓은 목화밭과 아마밭, 삼밭들을 가로질렀다. 늘 그렇듯이 지상에서 사악한 존재는 오로지 사람뿐이어서, 카슈가르 사람들 역시 '탐욕스럽고 비열한 종족'이었다.

카슈가르 서쪽으로 사마르칸트가 자리잡고 있었다. 마르코는 이때나 혹은 그후에 실제로 사마르칸트에서 얼마간 머물렀고, 자신의 책에서도 동방의 중요한 상업중심지로서 사마르칸트를 자세히 서술했다. 그 지역 역시 인구는 얼마 되지 않았다. 그곳 사람들은 칭기즈 칸의 아들인 차가타이가 거기서 기독교를 받아들였고, 자신이 거듭나 하나님에게 순종하는 사람이 되었다는 것을 입증하기 위해서 이슬람 사원을 헐어낸 석재들로 기독교 성당의 기둥을 쌓아올렸다는 전설 같은 이야기를 대부분 사실로 믿고 있었다.

마르코는 차가타이를 아주 마음에 들어했다.

아마 그 여행자들은 여기서 중국의 대 칸의 황궁에 가려면 어느 길로 가는 것이 좋은가를 두고 논란을 벌였던 것 같다. 마침내 그들은 남동쪽으로 방향을 돌려 호탄으로 향했고, 그 도시에 이르러 얼마간 머물렀던 듯하다. 호탄은 풍요롭고 비옥한 지대에 자리잡고 있었다. 그러나 "그곳에 상주하는 병사들은 질이 좋은 사람들이 아니어서", 쿠빌라이 황궁을 찾아가기 위해 타클라마칸 사막을 횡단하는 대상들을 노렸다.

호탄에서 북동쪽 방향으로 나아가 베이징에 가려는 여행자들 앞에는 큰 사막이 둘이나 가로놓여 있었다. 둘 중에서 좀더 가깝고 작은 사막은 타클라마칸 사막이고, 멀리 있고 더 넓은 것은 고비 사막이다. 그들이 정확히 어떤 길로 갔는지는 밝혀지지 않았다. 그리고 마르코가 로프 사막이라고 서술한 곳이 타클라마칸인지 아니면 대 샤모(Great Shamo)인지를 밝혀낼 가능성은 앞으로도 없어 보인다(타클라마칸의 동쪽에 로프노르라는 큰 염호가 있는 것으로 보아 마르코 일행이 건넌 사막은 타클라마칸으로 보인다—옮긴이).

그러나 폴로 가족이 가로지른 사막에 대해 서술한 내용은 아주 생생하다. 드넓은 사막을 가로질러 짠물이 나오는 오아시스에서 맑은 물이 샘솟는 오아시스에 이르는 데는 꼬박 한 달이 걸렸다. 그곳에는 '새와 짐승이 먹을 만한 것이 전무했기에' 그들은 그곳을 지나는 동안 어떤 새도, 짐승도 보지 못했다. 그곳은 여행자들이 파멸의 운명을 맞이하는 것을 기꺼워하는 악령들이 사는 곳이었다.

그럼에도 폴로 가족은 어떤 재난도 당하지 않고 무사히 사막을 횡단했다. 어쩌면 그들은 호탄에서 대 칸이 그들을 도와주라고 보낸 사절들을 만났을지도 모른다. 그들이 중국으로 가는 3년이라는 긴 기간 동안, 대 칸은 진작에 그들의 여행 소식을 들었을 가능성이 높다.

폴로 가족은 혐오스러운 매장관습을 행하는 사주沙州에 이르렀으며, 그곳에서도 얼마간 머무르면서 신선한 물과 음식으로 사막을 건너오면서 쌓인 피로를 씻어냈을 것이다. 인근 지방의 생활상과 관습에 대한 여러 가지 이야기도 들었을 것이고.

마르코는 하밀 지역에 대한 재미있는 이야기를 들었다. 그곳의 친절한 주인들은 낯선 손님이 집을 방문하면 손님을 극진히 대접하고자 애썼는데, 자기 아내를 손님의 잠자리로 들여보내기도 했다는 것이다.

첸첸Chen-Chen 사람들은 '불도마뱀의 놀라운 특성'을 알아냈다고 한다. 불도마뱀의 가죽으로 짠 옷감은 불 속에 집어넣어도 타지 않는다고 한다. 그것은 유럽 인이 불에 타지 않는 재료에 대해서 언급한 최초의 기록이다. 그리고 마르코는 아주 질 좋은 대황大黃이 생산된다는 탕구스(오늘날 그곳이 어디인지는 확실하지 않다) 지방과, 거대한 불상들이 있다는 간쑤(甘肅) 지방 이야기도 들었다.

간쑤에 도착한 폴로 가족은 그곳에서 꼬박 1년을 지체했다. 14년간의 체류로 발전해나간 우연한 여행, 3, 4년간 지속된 여행, 24개월이나 지속된 느긋한 항해 등과 같은 엄청난 시간들로 가득한 마르코의 이야기 속에서도 그 1년간의 체류는 아주 중요한 부분을 차지한다. 그러나 마르코는 그저 '사정상 꼭 필요해서' 머물렀다는 식으로 간단히 언급하고 넘어가버렸다. 그들은 쿠빌라이가 지시를 내려주기 바라며, 그곳에서 대기하고 있었던 것은 아니었을까? 관헌에서 그들의 통행을 막고 머무르게 할 만한 곳은 거대한 몽골 제국에서도 간쑤가 유일했다.

그후 그 여행자들이 베이징의 대 칸 황궁까지 어떤 경로로 나아갔는지는 불분명하다. 그 모호한 시간 동안 마르코는 중국인들과 몽골 인들의 생활상과 관습에 관한 세세한 사항들을 기록해놓았다. 하지만 그가 그 북쪽 지방들로 올라갔다고 생각하기는 어렵다. 가장 가능성이 높은 경우는, 그들이 다시 동남쪽으로 방향을 돌려 황허 강을 건너 시닝(西寧) 시에 도착했고, 거기서부터 티베트와 베이징을 연결해주는 큰길을 따라 나아가는 경로를 택했으리라는 것이다.

그곳의 산야에는 몸집이 아주 큰 야생소, 곧 티베트 산 야크들이 풀을 뜯고 있었다. 마르코는 야크 털이 아주 질 좋은 데 깊은 인상을 받아 그것을 몇 마리 샀으며, 뒷날 베네치아로 돌아갈 때도 야크를 데리고 갔다. 산시(山西) 성에는 우상숭배자들(불교도들이거나 유생儒生들), 이슬람 교도들, 기독교도들─네스토리우스 파 계통의 기독교인들─이 뒤섞여 살고 있었다. 그 지역 사람들 사이에서는 크게 부풀려진 환상과 빈약한 사실에 의해 조합된 기독교인 군주, 곧 프레스터 요한의 전설이 떠돌고 있었다. 마르코와 일행은 프레스터 얀의 직계후손이 다스리는 드넓은 기독교인 지역을 실제로 통과한 듯하다.

그들은 마침내 쿠빌라이의 황궁 가까이에 이르렀다. 베이징이 아니라, 대
칸이 최근에 근사한 궁전을 지은 상도上都에. 대 칸의 사자들이 와서 세계의
반을 횡단하느라 엄청난 고초를 겪은 폴로 가족을 재촉했다.

여행자들은 마침내 대 칸 앞에 이르렀다. 마르코가 그 운명적인 만남에 관
해 서술한 내용이 얼마 되지 않아 아쉽기만 하다. 마르코가 대 칸을 직면하고
자신의 꿈이 실현되었다는 것을 실감한 순간, 그의 내면에서 어떤 감정들이
스쳐갔는지 궁금하지 않을 수 없다.

그들이 그곳에 도착하자, 대 칸은 만조백관이 모인 자리에서 그들을 정
중하게 맞아들였다. 대 칸 가까이 이르렀을 때 그들은 바닥에 엎드려 절을
했다. 대 칸은 즉각 그들에게 자리에서 일어나라고 명하고는, 그들이 여행
하면서 겪은 일들과 거룩한 교황과 교섭을 할 때 있었던 일들을 소상히 말
하라고 지시했다.

그들이 자기네가 겪은 사건들을 일어난 순서대로 자세히 이야기하자 대
칸은 주의 깊게 들었다. 그들은 그레고리우스 교황이 보낸 편지와 선물을
대 칸에게 바쳤다. 대 칸은 교황의 편지를 낭독하게 한 뒤, 자신이 파견한
대사들의 충성심과 열성, 근면함을 크게 치하했다. 그리고 그들이 그리스
도의 성스러운 묘에서 가져온 기름을 바치자 대 칸은 정중하게 받은 뒤, 신
하들에게 종교적인 보물이니 잘 보존하라고 지시했다.

대 칸은 마르코 폴로를 유심히 살펴보더니 그가 누구냐고 물었다. 니콜
로가 "이 아이는 폐하의 종이자 제 아들입니다"라고 대답했다. 그러자 대
칸은 "잘 왔다. 이 아이를 보니 짐의 마음이 아주 기쁘다"라고 말하고는,
마르코의 이름을 자신의 시종 명단에 포함시키게 했다. 대 칸은 그들이 무
사히 돌아온 것을 축하하는 의미에서 큰 연회를 베풀고 그들과 함께 즐겼
다. 니콜로, 마페오 형제와 마르코는 대 칸의 황궁에 머무르는 동안 신하들
보다 훨씬 더 높은 예우를 받았다.

폴로 가족은 중국땅에서 오래 머물렀다. 유럽에서 6,400km나 떨어진 그 땅에서는 해마다 봄이 되면 몽골에서 불어오는 바람에 베이징 부근에 있는 어린 나무들의 새싹에 신선한 수액이 올라왔다. 여름이면 많은 인구가 북적거리는 중국 전역에 뜨거운 열파가 몰아쳤고, 가을이면 온갖 곡식과 과일이 풍성하게 익고, 사막에서는 강한 바람도 불어왔으며, 겨울이면 거세게 몰아치는 눈발이 상감 장식이 된 성벽을 두드렸다.

베네치아 청년 마르코는 17년 동안 대 칸의 지시에 따라 수많은 곳을 여행하고 이런저런 임무를 수행하면서, 상상을 초월하는 삶을 살았다. 친숙하고 익숙한 기독교 국가로 돌아가고 싶다는 생각이 가끔씩 고개를 쳐들었지만, 세월이 흐르면서 그런 생각은 점점 희미해졌다. 그런 그리움은 마르코가 대 칸의 업무를 수행하다 지쳐서 쓰러지듯 잠자리에 들 때 밤의 아득한 너머에서 어른거리는 몽롱한 꿈결에 지나지 않았다.

마르코는 좀처럼 만족할 줄 모르는 맹렬한 호기심을 타고난 듯하다. 그는 자기 주위에서 펼쳐지는 온갖 형태의 삶과, 자기가 찾아간 여러 고장에 관한 상세한 이야기를 수집했다. 나아가, 중세의 중국인과 인도차이나 인의 삶을 대체로 거의 완벽하게 복원해놓았다. 그는 자기가 직접 방문하지 않은 지역들에 관해서도 가끔씩 기록한 경우가 있었으나, 이 책에서는 다루지 않을 것이다. 마르코는 피로도 잊은 채 아시아의 머나먼 변방까지도 직접 답사한 듯하다.

처음부터 쿠빌라이의 총애를 받았던 그는 (연대기 저자들이 그에 관해 서술해놓은 바에 따르면) 이내 "타타르 인의 관습을 익혔고, 4개국 언어를 능숙하게 구사하게 되었을 뿐만 아니라, 읽고 쓸 줄도 알게 되었다." 그가 중국어에도 능통했는지의 여부는 그동안 학자들 사이에서 큰 논란거리가 되어왔다. 중국어는 외국인이 익히기에 아주 난해한 언어이기 때문이다. 그러나 대 칸으로부터 중국의 한 도시를 다스리라는 명을 받고 현지에 파견되기도 했던 마르코의 이력을 고려한다면, 자기가 다스리는 사람들의 언어를 몰랐다고 생각하기는 어려운 일이다. 그는 인생의 개화기에 이른 젊은이인데다, 다방면으로 지식에 목말라한 사람이었다.

베네치아 청년은 쿠빌라이의 신하로서 기꺼이 일할 각오가 되어 있었고, 이에 쿠빌라이는 1, 2년 동안 그의 능력과 충성심을 시험해보기 위해 대단히 힘든 업무들을 내리곤 했다. 마르코는 외교적 임무를 띠고, 오늘날의 지리학자들이 호라산으로 보고 있는 카라잔 지역에 파견되었다. 그 땅은 폴로 가족이 동방을 향해 힘겹게 여행할 때 지나간 곳 중의 하나였으며, 중국 서쪽으로 아득히 멀리 떨어진 페르시아의 한 주였다.

쿠빌라이에게서 그 같은 지시를 받았을 때 마음이 내키지 않았다면 마르코는 그런 내용을 기록에 남기지 않았을 것이고, 또 그곳으로 여행한 일에 대해서도 일절 언급하지 않았을 것이다. 그때 아버지와 삼촌은 함께 가지 않았다. 그들은 중국의 수도에서 장사를 계속했다.

마르코는 6개월간 길을 되짚어간 끝에, 공기가 아주 맑고 온화한 아프가니스탄 고원지방에 이르렀다. 마르코는 그곳에서 대 칸이 지시한 임무를 최선을 다해 수행했다. 그러던 중 건강이 나빠져 1년간 그 고원지대에 머무르면서 여독으로 인한 피로를 씻어냈다.

마르코는 쉬는 동안 그간 보고 들은 흥미로운 일들을 아무런 편견 없이, 그리고 꾸밈 없이 기록했다. 그는 거기서 멀리 떨어진 나라들과 사람들, 풍습에 관한 이야기들을 수집했는데, 그렇게 한 데는 본인이 좋아서이기도 했지만, 놀랍고 신기한 것을 좋아하는 쿠빌라이에게 들려주기 위해서이기도 했다.

마르코는 그곳에서의 임무를 끝마치고 돌아온 뒤, 아버지와 삼촌과 더불어 쿠빌라이의 전투준비를 거들었다. 그것은 사이안푸(지금의 샹양(襄陽)−옮긴이)를 탈환하자는 계획이었다. 몽골 인들이 그 일대의 지역을 평정한 뒤에도 사이안푸 사람들은 여전히 완강하게 저항하고 있었다. 마르코의 말에 의하면, 그 도시는 꼬박 3년 동안이나 버텼고, "대 칸에게 그곳의 전투 소식이 들어가자, 대 칸은 다른 모든 지역은 자기에게 복종했는데 그곳만 홀로 완강하고 버티고 있는 것에 몹시 속상해했다"고 한다. 마르코는 그럴 의도가 없었겠지만, 그 표현은 좀 유머러스하다.

폴로 가족은 사이안푸를 두고 서로 의논을 한 뒤 쿠빌라이를 알현하고는, 그 고집 센 도시의 '성벽과 건물을 부수고 주민들을 살상할 수 있는' 대형 투석기를 만들자고 제안했다. 대 칸은 서구문화가 낳은 그 주목할 만한 무기에 대해 듣고는 즉각 관심을 보였다. 네스토리우스 파 기독교인 기술자들이 베네치아 사람들의 지휘 아래 열심히 일한 끝에 며칠 지나지 않아 무기가 완성되었다. 그들은 대 칸이 보는 앞에서 신무기의 성능을 시험했고, 대 칸은 대단히 흡족해했다.

그들은 곧 사이안푸를 공격하기 위해 무기들을 남쪽으로 옮겼다. 몽골 병사들이 투석기로 포격을 가하자마자 사이안푸 사람들은 항복했고, 그 덕에 폴로 가문 사람들에 대한 대 칸의 신임은 한층 더 두터워졌다.

쿠빌라이가 마르코를 양저우(揚州)의 시장으로 임명한 것은 아마 그때의 공로를 높이 샀기 때문일 것이다. 임시 대리시장이기는 했지만 마르코는 그래도 흡족해했다. 양저우는 우상숭배자들과 전쟁무기를 제조하는 사람들이 대부분인 도시였다. 이번에도 마르코는 선정善政을 편 끝에 큰 성공을 거둔 듯하다.

그러나 그 도시에 온 지 2년이 다 돼갈 무렵, 쿠빌라이는 마르코를 다시 황궁으로 불러들였다. 그후 마르코는 황제의 사절과 동등한 자격을 띠고 몽골제국의 먼 변방들로 현지조사를 다녔다. 그는 구불구불한 양쯔 강을 따라 최상류까지 거슬러올라가 봤으며, 그 강이 세계에서 가장 긴 강일 것이라 추정했다. 물건을 실어나르는 배들이나 장사하는 배들이 분주하게 양쯔 강을 오르내렸고, 강의 양 기슭으로 부유한 도시가 줄지어 늘어서 있었다.

마르코는 광시의 홍수이 강 하류에서 '15,000척이 넘는' 배들을 봤다. 그가 다시는 보지 못할지도 모를 저 먼 지중해 해역에서라면 꿈도 꾸지 못할 만한 대함대였다. 그는 예술을 즐기고, '군인들이나 무기와 관련된 직업을 가진 이들을 혐오하고 경멸하는' 불교도들이 살고 있는 킨사이(지금의 항저우(杭州)—옮긴이) 시를 제2의 베네치아라 생각하고 그곳에 관한 인상을 부지런히 기록했다(그는 이때 처음으로 자신의 기록에 관해 언급했다). 그 사람들은 젊고 순진한 마르코가 발견한 가장 놀라운 현상들 중의 하나였다. 그리고 그에 못지않게 놀라운 것은, 참다운 의미의 중국(송) 황제들 중에서도 마지막 황제가 거처했던 장대하고 화려한 궁전이었다. 송 왕조의 한 신하가 마르코를 그곳으로 안내했다.

마르코가 편견이나 선입견에서 벗어나 자유분방한 모습만 보여준 것은 아니었다. 때로는 직접 보지 못한 상태에서 남의 말만 듣고 쉽게 믿기도 했던 것이다. 그는 포키엔 사람들을 식인종들이라고 기록했다. 그러나 실제로 포키엔 사람들은 고대 중국인들 중에서도 가장 문명화된 사람들이었다. 현대의 주석가들은 그런 부보하고 기막힌 내목은 그저 조용히 넘겨버렸을 것이다.

마르코가 몇몇 지방 사람들을 '야만적이라거나 잔인하다' 라는 식으로 계속해서 주장하는 대목들은, 그가 그쪽 사정에 밝지 못했다는 점을 감안하더라도 여간 지루하고 따분한 것이 아니다. 마르코는 곧 이어서 몽골 군의 잔혹한 행위를 높이 평가하는 식으로 서술했을 정도다.

그는 쿠빌라이의 측근이요 몽골 인으로 귀화한 사람이었으며, 따라서 타타르 인의 시각에서 인도인들이나 동양 각처의 원주민들, 중국인들을 봤다. 그는 민주주의 시대와 민주적인 시각이 등장하기 훨씬 전에 살았던 사람이므로, 모든 사람을 그들의 왕이나 군주가 멋대로 갖고 노는 놀이개나 장기판의 졸卒 정도로 보는 것은 당연했다. 설사 그렇다 하더라도, 왕의 존엄성이나 왕의 행위에 대한 그의 동양식 아첨은 정도를 넘어서곤 했다.

쿠빌라이 황궁에 대한 그의 장황한 서술은 도에 지나칠 뿐만 아니라, 너무 엉뚱해서 흡사 미국 중서부 출신의 소년이 베르사유 궁전을 보고 넋 나간 감탄사를 연발하는 것과 비슷하다. 그 대목에서 독자들은 과거 페르시아를 가로지르고 파미르 고원을 넘어갈 때의 마르코의 면모를 그리워하게 된다. 그의 기록은 어느 정도 객관성을 띠고 있기는 하나, 우리는 활달한 풋내기 청년이 다채로운 중국의 풍경들 속에서 서서히 당대의 전형적인 모험가—총명하고 강렬한 지리적인 호기심을 가졌으며, 그곳에서 만난 '빛나는 통치자'에 대한 깊은 믿음을 지녔다는 점을 제외하고는 모든 면에서―로 변신해가는 듯한 느낌을 받는다.

마르코의 이야기 속에서 드러나는 오류들은 그가 정보 제공자의 말을 잘못 알아들은 데서 비롯된 듯한 인상을 받을 때가 많다. 특히, 그가 샤먼(廈門)에 들른 적이 있었는지는 의심스럽다. 그 무렵 샤먼은 예술가들, 특히 초상화가들로 유명한 고장이었다. 하지만 마르코의 기록에는 단지 문신을 새겨주는 사람들로 등장한다. 마르코는 중국 근처는 물론이고, 멀리 인도에서까지 많은 여행자가 배를 타고 샤먼에 와서 몸에 문신을 새겼다고 말하고 있다. 사실 그 여행자들은 자신의 초상화를 그리게 하기 위해 그곳에 왔다.

마르코는 중국인 장군과 몽골 인 장군이 지휘하는 몽골의 막강한 함대가 지팡구(일본)를 정벌하기 위해 쿠빌라이의 항구를 출발할 때 그 현장에 있었을 것이다. 그 두 장군은 일본으로 진군하는 도중에 사이가 나빠졌고, 그로 인해 원정대 내부에서는 분란이 일어났다.

원정대는 지팡구의 첫 도시를 점령하고 나서 그곳의 모든 사람들을 처형하라고 명령을 내렸다. 그러나 그 도시에는 고작 여덟 명의 주술사들만이 부적의 힘을 빌려 버티고 있었는데, 그마저도 오래가지 못했다. 몽골 인들은 꾀가 많은 사람들이었다. 곧이어 육중한 나무몽둥이로 주술사들을 때려 죽였다고 한다.

지팡구 침략에 대한 마르코의 뒤이은 기록은 사실과 전설이 마구 뒤섞여 있다. 그러나 그 원정이 완패로 끝났다는 점에서는 일본측 기록과 일치하고 있다. 일본인들에게 대패한 몽골 인들은 모두 붙잡혀서 노예가 되었으며, 두 장군은 무사히 중국으로 도망쳤지만, 진노한 쿠빌라이가 그들을 처형시켜버렸다. 그 계기로 젊은 베네치아 인은 일본인들을 좋게 보지 않았다. 마르코는 당시 일본인들이 몽골 인들에게 필설로는 형용할 수 없는 잔학한 짓들을 저질렀고, 평소처럼 몽골 인들의 인육으로 큰 잔치를 벌였다고 기록했다.

마르코가 대 칸을 위해 이런저런 임무를 수행하는 동안 어느덧 많은 세월

이 흘렀다. 마르코의 아버지와 삼촌은 역사의 주무대 뒤에서 부지런히 금이
나 모으는 미미한 존재가 되었다.

그후 황녀의 결혼식이 거행되었다. 그때 폴로 가족이 이를 기회라 여기며
책략을 꾸미지만 않았더라면, 적어도 마르코만큼은 화려한 방랑의 여정으로
가득한 기록들로 사람들을 즐겁게 해주고 많은 정보를 전하기 위해 유럽으로
되돌아가고 싶어하지는 않았을 것이다.

마르코는 '몇 척의 배를 거느리고' 동인도의 몇몇 지역을 다녀오라는 지시
를 받았다. 그것은 그가 쿠빌라이 밑에서 맡은 마지막 임무가 된 듯하다. 그
때 마르코는 몇몇 힌두 군주들에게 쿠빌라이의 요구사항을 제시하고, 협상을
벌이기 위해 코친차이나와 안남을 거쳐 인도에 간 뒤 필리핀으로 해서 돌아
왔을 것이다.

그는 1,500년 세월 동안 그 해역을 항해한 최초의 유럽 인이었을 것이다.
당시 그 지역에서는 유럽이란 존재는 물론이고, 유럽에 관한 소문조차 존재
하지 않았으니까. 마르코는 그때 강한 바람이나 조류에 휩쓸려, 뜻하지 않게
셀레베스 섬이나 몰루카 군도, 오스트레일리아에서 그리 멀지 않은 섬들을
먼발치에서 봤을지도 모른다. 더 나아가 그런 곳들에 상륙했을 수도 있다.

그 무렵 새롭게 대 칸의 속국이 된 캄보디아에서 마르코는 "그곳의 젊은
처녀들은 우선 왕에게 수청을 든 뒤에야 결혼을 할 수 있다"는 이야기를 들
었다. 마르코가 과중한 업무를 짊어진 그 왕을 만났을 당시, 왕에게는 326명
의 자녀들이 있었다.

우리 시대의 독자들은 이런 호색적인 이야기 말고 좀더 흥미로운 이야기를
듣고 싶어할 수도 있다. 이를테면, 그 당시 캄보디아에서 활짝 꽃핀 위대한
예술과 종교, 그리고 그런 찬란한 문명을 동쪽과 남쪽은 물론이고, 머나먼 아
메리카 해안지방에까지 전파시킨 이야기 등을 기대할지도 모르겠다. 하지만

마르코는 코끼리와 사생아들에 관한 것 외에는 "달리 특별히 언급할 만한 것이 없다"는 식으로 정리하고 넘어가버렸다.

마르코는 캄보디아를 여행하는 동안 자바와 보르네오에 대해서도 들었다. 하지만 그는 두 나라에 대해 성의 없이 마구 바꾸고 뒤섞어서 기록했으며, 금이 나지 않는 자바 땅에서 많은 금이 난다고 서술했다. 그는 풍요로운 '로차 지방' 이야기도 들었는데, 그곳이 어디인지는 아직도 확실하게 밝혀지지 않고 있다. 그곳은 캄보디아의 남부지방이었을 수도 있고, 더 먼 파푸아였을 수도 있으며, '행운의 섬들'이었을 가능성도 높다.

그런 모험을 강행한 최초의 유럽 인이었던 마르코는, 훗날 전설상으로나 무역업자들의 실질적인 항해를 통해 엄청난 부와 신비로운 지혜의 땅이요, 황금과 향료와 마법의 땅이요, 모든 '생명 부여자'로 넘치는 땅으로 밝혀진 세계에 이르렀다. 그는 훗날 기회만 닿으면 그 섬들에 다시 가고 싶었다. 참으로 이상하게도, 그는 이 책에 등장하는 여러 탐구자들과는 달리 자신이 분명히 느꼈음 직한 흥분과 경이에 대해서는 한 마디도 언급하지 않고 넘어갔다!

아무튼, 마르코가 임무를 마치고 돌아올 무렵 니콜로와 마페오는 이국땅에서 유형자처럼 지내는 생활에 지쳐가고 있었다. 그들은 어느덧 나이가 들었으며, 대 칸인 쿠빌라이도 세월만큼은 물리치지 못한 듯 늙어 있었다. 그들은 몽골 제국의 역사가 보여주듯이, 쿠빌라이가 사망할 경우 제국 전체가 심한 혼란에 휩싸일 것이고, 그런 틈바구니에서 그의 후계자는 하얀 피부의 유럽 인들을 보호해줄 만한 여유가 없거나, 그럴 마음이 아예 없을 수도 있으리라는 것을 잘 알고 있었다.

여기서 더 나아가, 우리는 몽골 인들이나 중국인들이 그들을 그다지 좋아하지 않았을 것이라 추정해볼 수도 있다. 그 이국인들이 그곳에 기여한 것이라고는 타타르 인들의 투석기보다 훨씬 더 뛰어난 성능의 투석기를 제작한 것뿐이었으니까.

그리하여 어느 날 니콜로 폴로는 대 칸이 평소보다 훨씬 더 흥겨워하는 것을 보고 그의 발치에 꿇어 엎드린 뒤, 자기와 가족이 그곳을 떠날 수 있도록 너그러이 허락해달라고 간청했다. 대 칸은 들어줄 기미는커녕 그런 요청을 한 데 대해 기분 나빠하는 기색을 보였다. 대 칸은 어째서 목숨을 잃을지도 모를 위험하고 불편한 여행을 감수하고 싶어하느냐고 물었다. 대 칸은 그들이 이익을 얻을 목적에서 떠나고 싶어하는 거라면 지금의 두 배나 되는 재물을 주고, 그들이 바라는 만큼의 명예를 안겨줄 용의가 있다고 했다. 그리고 자신은 그들의 안위가 염려되어 그 청을 단호히 거부할 수밖에 없다고 했다.

여기에 인용된 대 칸의 말은 늙은 군주의 입에서 나옴 직한 전형적인 것이었다. 폴로 가족에게는 부와 명예도 고국 밖에서는 공허하고 무의미한 것들에 불과했다. 오히려 지중해의 동족들을 놀라게 하고 감탄하게 하는 것이야말로 더없이 즐거운 일이었다. 대 칸으로서는 도저히 이해할 수 없는 영역이었다. 하지만 폴로 가족은 그런 식의 설명을 삼갔다. 대 칸의 총애라는 것은 한 순간에 뒤바뀔 수도 있는 것이었으니까. 마르코의 기록에 등장하는 황궁에는 화려함 뒤에 늘 도살장과 고문실의 냄새가 짙게 깔려 있었다. 그러나 다행히도 몽골 인들의 근친결혼 정책으로 인해 일어난 한 사건 덕에 폴로 가족은 그곳에서 해방될 기회를 얻을 수 있었다.

페르시아에서는 대단히 잔혹한 몽골 전사였던 훌라구의 손자 아르군 칸이 새로 왕위에 올랐다. 아내를 잃고 홀아비가 된 그는 대 칸의 자손들 중에서 부인을 얻고 싶어 쿠빌라이에게 사절단을 보냈고, 그 사절단은 아시아를 가로질러 중국으로 가는 험난한 여정 끝에 황궁에 이르렀다. 쿠빌라이는 아르군 칸의 요청을 전해듣고, 자신의 많은 자손들 중의 하나인 쿠타이를 신붓감으로 정했다. 그는 쿠타이 공주를 넘겨주고는 사절단을 돌려보냈다.

그런데 페르시아로의 여정은 참으로 길고도 험난한 것임이 입증되었다. 그들이 황녀를 모시고 여덟 달 동안을 나아갔음에도 불구하고 페르시아 국경은 여전히 멀리 떨어져 있었다. 그리고 트란속사니아 지방(중앙아시아 투르

키스탄의 역사적 지역—옮긴이)에서는 몽골의 호전적인 소군주들 사이에서 전쟁이 벌어져 여간 혼란스럽지 않았다. 사절단은 할 수 없이 발길을 돌려 온 길을 되짚어 쿠빌라이의 황궁으로 돌아갔다. 그러는 과정에서 몹시 지쳤을 것이 분명한 쿠타이 황녀는 마르코의 기록에서 끝내 그 모습을 드러내지 않았다.

페르시아 사절단이 돌아올 무렵 때마침 마르코도 동인도제도에서 돌아왔다. 마르코는 만조백관이 모인 자리에서 대 칸을 알현하고는 여행하는 동안 겪은 일을 소상하게 보고하면서, 멀고 험난한 항해에서는 안전을 보장해줄 대책이 필요하다는 점을 크게 강조했다. 페르시아 사절단은 그의 이야기를 듣고 폴로 가족을 만나 여러 가지로 의논한 끝에 신중한 계책 하나를 짜냈다. 그들은 대 칸에게 폴로 가족이 함께 황녀를 비호해서 페르시아로 갈 수 있게 해달라고 청원하기로 했다. 쿠빌라이가 청을 허락해줄 경우, 폴로 가족은 쿠빌라이의 직접적인 통치권이 미치지 않는 호르무즈까지 그들을 데려다준 뒤 마음대로 고국으로 돌아갈 수 있으리라.

그들의 계책은 딱 맞아떨어졌다. 쿠빌라이는 자신이 소중히 여기는 베네치아 인들과 헤어지는 것이 그리 내키지는 않았지만 그 요청을 들어줬다. 아마 그는 머나먼 이국땅에서 흘러들어온 이방인이나 진기한 물건을 자랑거리로 삼곤 하는 여느 왕들과 같은 시각으로 그들을 봤으리라. 폴로 가족은 유니콘만큼이나 특이한 존재들이었다. 그들은 17년간 대 칸의 황궁에서 일해왔다. 하지만 그들이 베네치아에서 가족을 만난 뒤 중국으로 되돌아오겠다고 맹세하지 않았더라면 쿠빌라이는 그들을 돌려보내지 않았을 것이다. 폴로 가족은 맹세했다. 지금의 시점에서는, 그들이 어떤 마음을 품고 그런 맹세를 했는지 새삼 따져볼 필요도 없다. 상황이 그들에게 거짓맹세를 강요했으므로 하늘도 용서해주리라 기대했다.

대 칸의 허락이 떨어진 뒤, 각기 네 개의 돛대에 아홉 장의 돛을 펼쳐 항해할 수 있는 배 열네 척을 짓는 작업이 이루어졌다. 배들을 건조하고 장비를 갖추는 작업은 상세히 기술할 만한 가치가 있기는 하나, 내용이 장황해지는 것을 피하기 위해 여기서는 생략하고 넘어가기로 하자. 그 배들 중에는 250명에서 260명에 이르는 선원들이 딸린 배가 적어도 네다섯 척이나 되었다. 페르시아 사절단과 니콜로, 마페오, 마르코 폴로는 그 큰 배들을 타고 가기로 했다.

폴로 가족이 대 칸에게 작별인사를 올렸다. 대 칸은 그들에게 많은 루비와 값비싸고 아름다운 보석들을 하사했다. 또, 항해하면서 2년 동안 먹고 사용할 수 있는 양식과 비품들을 갖춰놓으라고 지시했다.

⚜

마르코의 기록에는 아르군 칸의 신붓감을 모시고 가는 중요한 임무를 담당한 소함대가 언제 출항했는지에 대해서는 나와 있지 않다. 그러나 대략 1291년 초가 아니었을까 싶다. 열네 척의 배에는 페르시아 사절단과 시종들, 병사, 뱃사람, 노예, 여자, 황녀, 그리고 폴로 가족 세 사람을 포함한 총 2천 명 정도의 인원이 승선해 있었다. 소함대의 총지휘관은 마르코였을 가능성이 많다. 아니면 그 원정대의 총대장이었을 수도 있고.

날씨가 좋았음에도 불구하고 그들은 아주 조심스럽게 남지나해를 지나갔다. 페이호를 떠난 지 3개월 가량이 지났을 때 그들의 눈앞에 말레이 반도가 나타났다. 소함대는 오늘날 싱가포르가 자리잡고 있는 반도 끝을 돌아 말라카 해협을 따라 계속 항진했다. 그러나 그곳에서 그들은 역풍을 만나 3개월 동안이나 지체해야 했다.

오늘날의 연구자들은 말라카 해협을 따라 내려오는 그 바람이 남서쪽에서 불어오는 계절풍이라는 것을 알고 있다. 그리고 마르코의 소함대가 그 바람을 만났을 때가 5월 무렵임이 분명하며, 동작이 둔한 큰 배들에 탄 원정대는 그 바람이 북동쪽에서 불어오는 계절풍으로 바뀌는 10월까지 닻을 내리고 대기할 수밖에 없었으리라는 점도 역시 잘 알고 있다.

원정대는 수마트라 북부 해안에 있는 조그만 만에 함대를 정박시켰다. 그들이 남쪽 멀리 내려와 있어서 북극성은 보이지 않았다. 마르코는 북두칠성까지도 보이지 않는다고 했지만, 그것은 과장이다. 마르코는 많은 시일이 지나야 다시 항해할 수 있으리라는 것을 알고, 2천 명 전원을 하선시킨 뒤 해안에 요새화된 진지를 설치했다.

수마트라의 그 지역은 명목상으로는 대 칸의 땅이었다. 그곳의 원주민들은 쿠빌라이의 명성을 익히 알고 있는 터라, 마르코에게 갖가지 선물을 가져다주고 입에 발린 약속을 늘어놨다. 그러나 마르코는 그 원주민들이 "자기네 대열에서 이탈한 사람들을 붙잡아 죽인 뒤 먹어치울 기회를 노리는" 자들일지도 모른다고 의심했다.

마르코는 바다에 면해 있는 진영 뒤편으로 양끝이 함대가 정박하고 있는 항구에까지 이르는 크고 깊은 도랑을 파게 했다. 그리고 그것도 모자라 도랑 양쪽에 몇 겹의 나무방책 혹은 보루를 세우게 했다. ……그는 그곳에서 머물렀던 5개월 동안 그렇게 철저한 방어태세로 원정대의 안전을 지켰다.

다른 사람들은 안전하게 지냈지만, 정작 마르코 자신은 해묵은 떠돌이 근성을 버리지 못했다. 그 당시 수마트라는 여덟 개의 '왕국' 으로 나뉘어져 있었는데, 마르코는 그중 여섯 왕국을 방문했다고 한다. 하지만 그가 정말 방문했는지의 여부는 확실하지 않다.

원정대는 만에 갇혀 하릴없이 세월을 보냈다. 쿠타이 황녀는 황량한 해변에 끝없이 펼쳐져 있는 자갈밭에 앉아 피로에 지친 눈길로 물끄러미 바다를 응시했다. 뱃사람들은 병든 사람들을 요양하기에 좋은 서늘한 곳으로 옮겼다. 생전 처음 먹어보는 이상한 음식들에 물린 페르시아 사절단은 연신 불평을 늘어놓았고, 시간만 나면 턱수염을 쓰다듬으면서 아무리 기다려도 오지 않는 바람을 찾아 해 뜨는 쪽을 망연히 바라봤다. 그러나 젊은 이방인, 끝없는 탐구열을 지닌 총대장은 자주 섬 안쪽으로 사라졌다.

그들이 자리잡은 곳은 페를라크 지역으로서, 해안지대에는 이슬람 교도들이, 산악지대에는 '식인종'들이 살고 있었다. 하지만 마르코의 기록에서 '식인종'이라는 용어는 옷을 입지 않고 다니거나, 대 칸에게 머리 조아리기를 거부하는 사람들을 비하해서 부르는 말에 지나지 않았다.

그 너머 내륙 쪽은 야생 코끼리와 무소가 득실거리는 파세 땅이었다. 당대의 유럽 인들은 무소야말로 전설에 나오는 유니콘이라고 믿었다. 마르코는 무소가 처녀들에게는 고분고분 잘 따른다는 유럽 인들의 속설이 잘못된 것이라고 엄중히 경고했다. 그는 또 예리한 형사처럼, 샐비어가 대단한 특효약이라는 식의, 상업주의가 날조해낸 대표적인 속설이 근거 없는 것임을 밝혀냈다.

예전에 유럽에서 한 무역상이 지나치게 작은 피그미 족―당대의 유럽 인들이 지구 저편에 살고 있다고 생각했던―미라들을 학자들에게 가져와 자문을 구한 적이 있었다. 그러나 마르코는 문제의 피그미 족 미라들이 원숭이(오랑우탄이나 긴팔원숭이)에 지나지 않는다는 사실을 발견했다. 그것들은 현지 원주민들이 붙잡아 죽여 털을 밀어내고 미라로 만든 것들로, 무역로나 여행로를 따라 멀리까지 흘러가서 값싸게 팔렸다. 하지만 유럽에서는 그 괴물들이 아주 비싼 값에 팔렸다. 그것들이 동인도제도에서 머나먼 유럽 대륙까지 오는 데는 오랜 기간이 걸렸다. 마르코가 서술한 이 대목은 인간들이 저지른 어리석은 짓의 대표적인 사례 중의 하나라고 할 수 있다!

마르코는 수마트라 동쪽에 있는 안드라기리 지방의 원주민들이 그들 고유의 의식에 따라서 동족의 시신을 먹는 끔찍한 이야기를 아주 상세히 서술해놓았다. 마르코는 머나먼 미지의 땅에 사는 사람들에 관한 이야기를 할 때마다 툭하면 그들이 식인풍습을 갖고 있다는 식으로 서술하기를 좋아했는데, 안드라기리 사람들이 인육을 먹었다고 서술한 이 대목―그들이 배가 고파서가 아니라 종교적인 이유에서 인육을 먹었다는―은 다른 예들보다 훨씬 더 신빙성이 간다.

그는 우상숭배자들과 농사꾼들이 사는, 수마트라 섬 남쪽 끝에 있는 잠비 왕국에 갔다. 마르코는 그곳 사람들이 인디고 식물을 재배해서 염료로 사용하는 것을 보고 감탄했으며, 그 씨앗을 사기까지 했다. 오랜 세월이 흐른 뒤 마르코는 베네치아에서 그 씨앗들을 심었지만, 날이 추운 탓인지 싹이 나지 않았다. 잠비 왕국에는 '개처럼 한 뼘 정도 길이의 꼬리가 달렸으나, 개와는 달리 털로 뒤덮이지는 않은 사람들'이 있었다. 마르코에게 우호적인 주석가들은 그가 인간을 닮은 원숭이, 특히 오랑우탄을 사람으로 잘못 본 것이라는 식으로 해서 엄청난 명예훼손을 변명해주곤 했다. 공교롭게도 오랑우탄은 호모사피엔스와 마찬가지로 꼬리가 없는 동물이다.

마르코는 잠비 왕국 사람들이 어떤 나무의 속에서 파낸 것으로 일종의 음식 같은 것을 만들어 먹는 광경을 봤다. 그도 직접 그것을 먹어봤는데, 맛이 좋았다. 오늘날 우리는 그것이 사고Sago(사고야자의 나무심에서 뽑은 녹말 모양의 식품)라는 것을 알고 있다. 그는 빛나는 '행운의 섬들'이 그리 멀지 않은 곳에 있다는 이야기를 자주 들었다. 그러나 그때는 이미 10월이 가까워오고 있었을 것이다. 그는 페를라크에 돌아가 오랫동안 발이 묶여 있던 소함대를 몰고 다시 여행길에 올랐다.

그곳에 체류하는 동안 건강에 좋지 않은 기후와 익숙하지 않은 생활로 인해 2천 명이나 되는 인원 중에서 3, 4백 명쯤이 사망했을 것이다. 하지만 몽골 황녀는 살아남았고, 폴로 가족 역시 무사했다. 원정대는 그곳을 떠나 인도양 북쪽을 가로질러갔다.

인도양을 항해하던 도중에 함대는 니코바르 제도에 잠시 정박했는데, 마르코는 그곳 주민들이 벌거벗고 다니는 것이 아주 못마땅해서 '짐승들과 별차이 없는 것들'이라고 기록했다. 거기서 그는 몇몇 장사꾼들한테서, 멀리 떨어진 어떤 섬들에는 머리가 개처럼 생긴 야만인들이 '붙잡은 사람은 누구나' 죽여 그 고기를 먹는다는 이야기를 들었다. 개의 형상을 한 그 식인종들은 분명 안다만 제도의 주민들이었을 것이다. 그들은 원래 온순한 사람들이었지만, 마르코가 찬미해 마지않는 몽골 인들만큼이나 모험가적인 기질을 지닌 말레이 인들이 몇백 년 동안이나 공격하고 인명을 살해하는 바람에 사납고 잔인해졌다.

　마르코는 안다만 제도와 실론까지의 거리를 아주 정확하게 서술해놓아, 함대가 안다만 제도가 있는 인도양 북쪽까지 올라갔을 것이라고 추정할 수 있게 해줬다. 어쨌든 함대는 마침내 실론에 이르러 콜롬보로 짐작되는 항구에 들어갔다.

　함대는 얼마 동안 그곳에 정박했고, 그동안 마르코는 신할리 족의 생활방식과 관습, 지혜로운 신인 소고몬-바르찬Sogomon-barchan―힌두스탄 어와 몽골 어가 뒤섞여서 거의 의미 없는 말이 되어버린 '석가모니 부르찬'이라는 말이 다시 그렇게 묘하게 변형되었다―에 대한 경배의식 등을 관찰했다. 그 신은 바로 붓다였다. 마르코는 왜곡된 형태의 붓다 전설을 들었고, 중국에서 붓다를 이르는 말인 '포Fo'라는 말은 많이 들어봤지만, 붓다라는 이름을 지닌 위대한 스승은 들어보지 못했다. 그에게 붓다의 가르침을 따르는 이들은 인도의 모든 신을 숭배하는 이들과 마찬가지로 '우상숭배자'들에 불과했다.

　그후 함대의 진로는 불분명하다. 마르코는 수많은 힌두 국가들에 관해 장황하게 서술해놓았다. 경이롭고 외경스러운 일들로 가득하고, 거대한 우상들과 엄청난 우상숭배열로 가득한 땅들에 관해. 그 대목에 나오는 몇몇 구절은 함대가 코로만델 해안(인도 동남부의 해안―옮긴이)에 있는 마술리파탐('양질의 굴이 나는')에 이르러 해안을 따라 천천히 남진했다는 것을 암시해준다.

　함대가 남쪽으로 항해하면서 이 항구 저 항구에 들러 식량과 필요한 물자를 조달하는 동안, 마르코는 인도인들에 대해 대단히 많은 정보를 수집했다. 그중에서도 브라만과 그들의 종교의식에 관한 이야기들은 심하게 왜곡되어 있는데, 그것은 마르코가 주로 이슬람 교도들에게서 정보를 전해들었기 때문일 것이다. 함대가 코모린 곶(인도 최남단에 있는 곳―옮긴이)으로 돌아갈 즈음, 마르코는 아라비아 해의 위험과 맞서기 위해 이슬람 교를 믿는다고 꾀어 안내인들을 고용했을 것이다.

　그는 '우상숭배자'들 말고도, 그 시대에 이미 인도에 정착한 많은 기독교도들에 관한 이야기도 들었다. 그들은 성 토머스를 따르는 사람들이었다. 전설에 의하면 성 토머스는 마일라푸르에서 순교했다고 하며, 마르코가 활동하던 무렵까지만 해도 마일라푸르에 그의 무덤이 있었다고 한다. 마르코는 매일 그곳에서 기적이 일어난다는 소문을 듣기는 했지만, 사실인지 확인해보기 위해 그곳에 상륙하지는 않은 듯하다. 그는 함대를 이끌고 코모린 곶을 돌아갔으며, 그 대목에서 그 땅에는 엄청나게 많은 원숭이가 서식하고, 호랑이와 표범과 스라소니가 도처에 우글거린다고 썼다.

이 즈음 그의 기록은 갑자기 델리와 같이 내륙에 있는 나라들에 대한 이야기들로 가득 채워졌다. 그러나 마르코가 대 칸의 사절로 일하는 동안이었다면 모르겠지만, 적어도 이때만큼은 그 나라들을 직접 들르지 못했을 것이다. 그는 인도 서해안을 따라 북상하면서 세인의 뇌리에서 이미 오래 전에 잊혀진 수많은 나라와 도시, 곧 캄바이아, 세르바나트, 케스마코란 등을 직접 목격했거나 들었다. 봄베이를 지난 뒤 함대의 진로는 다시 모호해진다. 그가 이 대목에 이르러 아라비아 해를 가로질러 머나먼 아덴 만 어귀에 있는 소코트라 이야기를 하기 시작했기 때문이다.

함대가 실제로 아라비아 해안에 상륙했고, 그곳에서 '대인도(아프리카)'의 경이로운 땅들에 대해 들었을 가능성이 아주 없다고는 할 수 없다. 마르코는 대인도의 아비시니아와 마다가스카르 등에 관해서 아주 상세히 서술해놓았다. 마다가스카르에 서식한다는 엄청나게 크고 특이한 새에 대한 이야기도 있다.

사람들은 남쪽 지방에 나타나곤 하는 그 새를 루크Rukh라고 부른다. 생김새는 독수리를 닮았지만, 그 크기는 어떤 것과도 비교할 수 없을 만큼 크다고 한다. 어찌나 크고 강한지, 발톱으로 코끼리를 움켜쥐고 공중 높이 날아올라 땅바닥에 떨어뜨린 뒤 그 시체를 뜯어먹는다. 그 새를 본 사람들은 그것이 양 날개를 활짝 펼쳤을 때의 길이가 열여섯 보步나 되고, 깃털 하나의 길이는 여덟 보에, 굵기도 대단히 굵다고 한다. 마르코 폴로는 그 새가 곧잘 그림에 등장하는 그리핀처럼 반은 새요, 반은 사자를 닮았을 것이라 생각해서, 그것을 봤다고 하는 사람들에게 그렇게 생기지 않았더냐고 캐물었다. 하지만 목격자들은 그것이 새, 그중에서도 특히 독수리를 닮았다고 주장했다.

루크는 알바트로스가 아니었을까?

그는 '큰 입과 두툼한 코, 큰 눈을 지닌' 진짜 흑인들이 살고 있다는 잔지바르에 대해서도 들었다.

인도양에 대해 마르코는 대인도와 소인도, 중간 인도로 둘러싸인 거대한 내륙 호수라는 전통적인 생각을 그대로 답습했다고 봐야 할 것이다. 그것은 고전시대의 지리학자들이 갖고 있었던 개념이었으나, 마르코의 기록들은 더할 나위 없이 왜곡된 지리적 개념을 뒷받침해주는 역할을 했다.

그러나 마르코는 자신이 '중간 인도'라고 부른 아프리카의 수많은 땅에 관한 서술을 끝내고 나서, 동인도제도들과 수많은 유인도, 무인도로 이루어진 다른 섬들—12,700개의 섬들로 이루어진—에 관해서 들은 내용들을 회고하는 식의 불안한 머뭇거림을 보인다. 그 섬들이라는 것이 아득히 먼 곳에 있는 드넓은 오세아니아를 가리키는 것은 아니었을까? 아니면 오세아니아에 관해서 들은 소문을 말하는 것은 아닐까?

드디어 그들은 페르시아 해안이 보이는 곳에 이른 뒤, 해안선을 따라 호르무즈 섬을 향해 거슬러올라갔다. 폴로 가족이 근 20년 전에 페르시아 내륙에서 나와 중국으로 갈 배들을 살펴봤던 곳으로.

그들이 거기까지 오는 데 18개월이나 걸렸다. 그 사이 페이호를 떠난 이래 6백 명 가량의 인원이 사망했다. 다행히 쿠타이 황녀는 여전히 살아 있었고, 베네치아 인들은 어떤 어려움에도 굴하지 않을 만큼 강인해졌다.

그러나 얼마 전 아르군 칸이 사망하고, 죽은 칸이 섭정으로 지명한 그의 동생 가이하투가 상속자인 가잔 칸을 밀어내버리는 바람에 페르시아가 크게 혼란해졌다. 그들은 당황하여 가이하투에게 사자들을 보내, 쿠빌라이의 황궁에서 모시고 온 황녀를 어떻게 하면 좋겠느냐고 물었다. 그러자 가이하투는 가잔에게 보내라고 했다. 그리고 폴로 가족에게 거기서 멀리 떨어진 페르시아 북부에 있는 가잔 칸의 영토까지 황녀를 호위해 가라고 지시했다.

폴로 가족은 임무를 완료하기 위해 다시 출발했다. 그리고 페르시아 땅을 가로질러 마침내 가잔의 영토에 이르러 쿠타이 황녀를 넘겨줬다. 마르코는 거기서 어떤 대접을 받았는지에 관해서는 일절 언급하지 않고 있다. 또한 그후 황녀에게 어떤 일이 일어났는지, 중국에서부터 쿠타이 황녀를 모시고 온 몽골의 시종들과 시녀들과 뱃사람들의 운명에 관해서도 언급하지 않아, 우리는 그저 추측만 할 따름이다. 폴로 가족은 그후 기록에서뿐만 아니라 마음속에서도 그들에 관한 모든 기억을 말끔히 지워버린 듯하다. 그들은 아르메니아를 거쳐 유럽으로 가기 위해 서쪽으로 방향을 돌렸다.

최초로 동방세계를 답사한 위대한 탐험가의 이야기는 이것으로 금방 끝나지 않는다. 그 당시 흑해로 가는 길들은 불안하고 위험했다. 가이하투 칸은 그들의 요청을 받아들여 통행증과 말들을 제공했다. 폴로 가족은 아르메니아 땅을 가로질러 천천히, 그러나 꾸준히 나아가 트레비존드(지금의 트라브존)에 도착했다. 그리고 콘스탄티노플과 네그로폰테 섬을 경유하여 항해한 끝에, 드디어 1295년 어느 날 그리운 베네치아에 도착했다.

그후로 1년 동안 마르코와 니콜로와 마페오는 온갖 소문과 전설의 주인공이 되었다. 처음에 그들은 턱수염을 기른 거무스레한 얼굴에 타타르 인 비슷한 옷을 걸친 채 카폴로에 나타나, 타타르 억양이 많이 섞인 이상한 투로 말했다고 한다. 친척들은 그 야만스러운 사람들에게 경계심을 품었다. 예전의 그 중년신사들과 활발한 한량이었던 청년과 닮은 구석이 거의 없었기 때문에 그들을 인정하기를 거부했다. 자기네가 알고 있던 사람들은 20년 전에 배를 타고 동양에 갔다가 거기서 죽었다는 주장만 계속했다.

그러자 세 사람은 낡고 초라한 겉옷을 벗어버리고 안에 입고 있던 값비싼 보석들로 치장한 옷을 보여줬다. 신중하고 계산이 빠른 폴로 가 사람들은 그 제야 완강한 자세를 버리고 세 사람을 친척으로 인정하고 끌어안았다. 이것은 꾸며낸 이야기일 수도 있지만, 그 이면에는 상당한 진실이 담겨 있다.

마르코 일행은 가이하투의 왕궁을 떠나 베네치아로 돌아오는 길에 머나먼 중국 땅에서 쿠빌라이가 사망했다는 소식을 들었다. 그리하여 그들이 중국으로 돌아가겠다고 맹세한 것은 무효가 되었다.

우리는 그들(적어도 니콜로와 마페오의 경우에는)이 떠돌이 생활을 청산하고 베네치아에 정착해 모피옷을 걸치고 비둘기떼가 노니는 프라도 가를 한가롭게 거닐거나, 점잖은 친구들과 둘러앉아 저녁식사를 하면서 일상적이고 소박한 이야기를 주고받는 모습을 그려볼 수 있을 것이다.

'어둠의 장막' 너머에 있는 세계인 동방은 과거 한때 그들에게 신비로운 모습을 얼핏 보여줬으나, 그러한 기억은 뇌리에서 환영처럼 순식간에 사라져버렸다. 끝없이 뻗은 중국의 길들과 구불구불한 강들, 사원의 종소리, 동방의 드넓은 바다에서 흰 파도를 두른 채 떠 있는 섬들의 해변, 그들이 말라카 해협 연안에 머무르는 동안 밤이면 불길이 넘실거리는 신상神像들 근처에서 들려왔던 북소리 등도 모두 사라졌다. 우리는 니콜로와 마페오의 남은 여생을 그렇게 그려볼 수 있을 것이다. 그후 마르코의 기록에서 그들은 모습을 감춰버렸으니까.

우리는 니콜로와 마페오가 탐험가라는 말에 전혀 어울리지 않은 사람들이라는 것을 잘 알고 있다. 그들은 그저 성실하게 장사에만 전념했고, 장사 이외의 목적에는 거의 무관심한 사람들이었다. 그들이 마르코와 함께 여행하지 않았더라면 그들이 본 모든 것은 기록으로 남아 있지도 않았을 것이다.

1296년에 일어난 사건들이 아니었더라면, 그들이 목격한 것들이 과연 기록으로 남았을지 의심스럽다. 그때 지중해의 패권을 놓고 경쟁관계에 있던 베네치아와 제노바가 서로 선전포고를 했다. 베네치아의 폴로 가 사람들은 마르코 일행이 귀국하기 전에 이미 앞으로 벌어질 해전에 대비하여 갤리 선한 척을 마련하라는 통고를 받았다. 마르코는 열정적으로 그 일에 뛰어들어

폴로 가의 갤리 선 선장으로 뽑혔다. 그는 배를 몰고 바다로 나갈 때, 세상 저편에서 목격한 해전에서 동원된 전술들을 열심히 생각했을 것이다. 베네치아 군의 총지휘자는 안드레아 단돌라였다. 베네치아 함대는 지휘자의 인솔 아래 드넓은 바다로 나갔다.

1296년 9월 7일, 베네치아 함대는 크루조라에서 제노바 함대와 맞붙었으나, 이내 크게 패하고 말았다. 마르코 폴로의 갤리 선에도 적병들이 넘어들어와 항복하라고 강요했다. 마르코는 그 자리에서 포로가 되어 제노바의 감옥으로 끌려갔다.

마르코 폴로가 포로가 된 것은 더할 나위 없는 행운이라 할 수 있으리라. 그는 흥미로운 모험을 좇아 세상이 좁다 하고 돌아다닌 사람이라, 처음에 감옥에 갇혔을 때는 미칠 것 같은 심경이었을 것이다. 그는 폴로 집안 사람들에게 편지를 써도 좋다는 허락을 받았고, 그의 편지를 받은 마페오와 니콜로는 몸값을 치르고 그를 빼내기 위해 온갖 노력을 다했다. 하지만 제노바 사람들은 그때까지도 분이 풀리지 않아 모든 제의를 거부했다. 당시에는 포로들을 심하게 다루지 않았던 듯하다. 마르코는 감옥 안에서 이런저런 생각을 하며 한가로운 시간을 보냈지만, 활동적인 그에게는 오히려 분통 터질 만큼 갑갑하고 지루한 생활이었다.

마침 피사 출신의 루스티첼로가 그와 같은 감방에 갇혀 있었다. 마르코는 지루함을 덜기 위해 흥미진진한 여행담을 풀어놓았다. 작가인 루스티첼로는 그의 이야기에 큰 관심을 보였다. 그 여행담은 대로망스를 엮어내기에 부족함이 없었다.

그들 사이에서 어떤 타협이 이루어졌는지는 알 수 없다. 아무튼 마르코는 자신이 밟아온 파란만장한 여정을 이야기하기 시작했고, 루스티첼로는 그것을 받아 적었다. 그들이 어떤 언어를 사용했는지는 확실하지 않다. 마르코 폴로 여행기의 필사본들 중에서 가장 오래 된 것은 프랑스 어 본이나, 그때 그들은 이탈리아 어를 주고받지 않았을까 싶다.

마르코는 분명, 여행하면서 메모해두었던 기록을 베네치아에서 보내줘서 갖고 있었을 것이다. 그는 자료들을 옆에 두고 매일 감방 안을 오락가락하면서 자신이 예전에 거쳤던 강과 산과 사막을 다시 가로질러 호라산 산지에 들어갔고, 바람이 거센 세계의 지붕을 넘어선 뒤, 중국의 넓은 길을 따라 다시 내려가 파도 소리가 요란한 해변에 이르렀다.

구술해나가는 과정에서 이름과 시기들이 정확하게 떠오르지 않는 경우가 적지 않았다. 가끔 기억이 헷갈리거나 예전에 기록해놓은 내용이 잘못되어, 보르네오의 풍습을 중국 중앙부의 것이라 말하는 식의 실수를 저지르기도 했다. 그러나 마르코는 워낙 외곬의 사람이어서 대체로 보고 들은 모든 것을 정확하고 생생하게 기억하고 있었다.

그는 3년간 감옥에 있었다. 마침내 감방문이 열렸고, 그는 제노바를 빠져나왔다. 그후 우리가 알고 있는 한 그는 화려하고 다채로웠던 여행의 페이지들을 접고, 베네치아의 평범한 시민으로 돌아가 보통사람들과 별반 다르지 않은 삶을 살았다. 그는 도나타란 여성과 결혼했는데, 그녀에 관해서는 알려진 것이 별로 없다. 그녀와의 사이에서 낳은 세 딸의 경우에는 더더욱 알려진 것이 없고.

마르코는 부유하고 유명했지만, 동시에 많은 조롱을 받았다. 그의 여행 이야기가 베네치아에 널리 퍼졌고, 그는 누가 물어보면 절대로 말을 삼가는 사람이 아니었기 때문이다. 그가 사람들에게 이야기하면서 자기가 주파한 먼 거리나 직접 본 보석의 화려함을 표현할 때마다 '밀리오네' — '엄청난' — 라는 표현을 거듭하곤 하는 바람에, 재치 있는 사람들은 그에게 '일 밀리오네Il Milione'라는 별명을 붙여주기도 했다.

그의 책의 필사본들은 세상에 널리 퍼져나가기 시작했다. 그는 프랑스의 한 귀족에게도 책을 한 권 보내줬다. 그후 25년 동안 그의 행적은 묘연해진다.

1324년 1월 9일, 마르코는 자신의 막대한 재산을 아내와 세 딸에게 물려준다는 유언장을 작성했으며, 곧바로 사망했다. 생전에 여러 지역을 여행하고 돌아온 뒤 많은 조롱을 샀으며 그로 인해 적잖이 상심했을 그는, 사망한 뒤 카폴로를 떠나 베네치아의 산 로렌초 성당 밖의 묘지에 묻혔다.

마르코 폴로가 산 로렌초 성당 판석 밑의 해묵은 먼지와 재 속에 누워 편안히 잠들어 있는 지금, 우리는 그의 말에 분격하여 그를 조롱했던 당대인들이나, 그의 이야기에 자극받아 과다한 찬사를 보냈던 후대의 주석가들보다 좀 더 냉정한 입장에서 그를 평가할 수 있다.

근본적으로 그는 시인의 마음이 아니라 활동가의 마음을 지닌 사람이었다. 대부분의 탐험가들이 그렇지만, 마르코의 경우에는 특히 더했다. 그의 기록에는 그를 살아 숨쉬는 인물로 만들어줄 사적인 요소들이 크게 결여되어 있었으며, 그가 산과 강, 나라와 왕에 대해 서술한 모든 부분은 예리한 안목을 갖추지 못한 사람이 피상적으로 관찰한 것들에 지나지 않았다. 그리고 오래 전 일들의 날짜를 헤아리고, 이제는 기억 속에서 희미해진 여행경로를 더듬어 나가다보면, 당연히 정확성이 결여되고 군데군데 빠지는 대목이 나오는 것은 피할 수 없는 일이다. 그런데 좀더 비극적인 것은, 그가 본질적으로 범용한 사고방식과 관점을 지닌 사람이라, 자기가 밟은 수많은 지역과 그곳에 거주하는 사람들을 편견 어린 시각에서 제멋대로 보고 판단했다는 점이다.

그의 여행기가 세상에 나왔음에도 불구하고, 베하임(1459~1507, 독일의 항해가·지리학자─옮긴이) 시대에 이르기까지 세계지도들이 옛 모습을 거의 그대로 간직했다는 것은 하등 놀라운 일이 아니다. 그의 여행기는 두 가지 점에서 참으로 이해하기 어려운 책이었다. 즉, 책에 수록된 지리적인 정보들이 계획 없이 마구잡이로 끌어모은 것들이요, 보는 이를 지치게 만들 만큼 많은 것이 복잡하게 뒤섞여 있다는 점이 그 하나다. 그리고 또 하나는 그가 서술한 머나먼 땅들에 사는 사람들이 하나같이 고유한 개별성이나 특징을 갖추지 못한, 허상 같은 사람들이라는 점이다. 마르코 폴로가 서술한 아르메니아 북부 마을과 말라카 해협의 마을 사이에는 본질적으로 아무 차이가 없다. 그리고 그곳의 원주민들은 기독교인들이 아니면 '우상숭배자'들이요, 입체적인 시각이 아니라 평면적인 시각으로 조명된, 기계적인 삶을 영위하는 그림자 같은 사람들로 가득했다.

그는 중국과 그 일대에서 17년의 세월을 보냈다. 그러나 그는 자신을 둘러싸고 있던 '우상숭배자'들의 철학을 파악해보려는 어떤 시도도 하지 않은 듯하다. 그는 공자나 노자에 대해서도 전혀 듣지 못한 듯하다. 그에게 붓다는 동양의 우상신에 지나지 않았다. 실론에 사는 신할리 인들의 붓다와 중국 땅의 佛의 유사성이 너무나 뚜렷한데도, 그는 그것들이 같은 대상을 지칭하는 말이라는 것을 포착해내지 못했다. 마르코가 4개 국어에 능통했다는 것을 의심할 만한 근거는 거의 없으나, 그가 그런 능력을 제대로 활용하지 못한 건 분명하다. 그렇지 않았다면, 유럽 인들의 시야를 가렸던 채색의 베일을 꿰뚫고 동양의 진면목들을 제대로 파악하고 서술할 수도 있었을 텐데. 그 베네치아 인은 그런 일을 감당해낼 만한 능력과 자질을 갖고 있지 못했다.

하지만 그의 기록은 위대한 여행기 중의 하나요, 진정한 의미에서 지상을 정복한 최초의 인물—마르코는 자신이 이루어낸 과업을 제대로 이해하지 못했겠지만—의 이야기로 남아 있다. 그의 여행기는 아직까지도, 머나먼 동방의 삶과 존재와 표면적인 현상들에 대해서 다룬 권위 있는 책으로 남아 있으며, 오늘날 해당 지역의 자료들은 그의 기록이 사실과 부합된다는 점을 거듭거듭 입증해주고 있다.

여행기에 기술된 동양에 대한 개념들은 서서히 세상에 퍼져나갔고, 열정적인 탐구정신을 지닌 사람들에게 강한 인상을 남기며 영향을 주었다. 소아시아라는 한계 너머에는 인도와 드넓은 황야나 사막뿐만 아니라, 엄청난 부와 고도의 문명을 지닌 제국들, 수많은 섬들, 기이한 태양이 뜨는 신비롭고 경이로운 땅들이 무한히 펼쳐져 있었다. 그 땅들 중에서도 가장 매혹적인 곳은 마르코가 언급한 '향료제도', 곧 고대시대로부터 전해내려온 '행운의 섬들'에 다름아닌 곳이었다.

마르코가 산 로렌초 성당에 누운 지 150년이 지났을 때, 마르코가 증오해 마지않았던 적국 도시 출신의 한 아이가 그의 여행기를 펼쳐놓고 홀린 듯이 읽고 있었다.

Christopher Columbus

제3장 | 크리스토퍼 콜럼버스와 지상천국

그는 자기를 둘러싸고 있는 가족의 얼굴을 찬찬히 돌아봤지만, 그의
정신은 이내 그들의 존재를 잊은 채 여전히 서쪽 대양 너머를 응시했다.
그가 마지막으로 한 말은 "주여, 당신의 손에 제 영혼을 맡깁니다"였다.
마침내 그 수수께끼 같은 영혼이 어두운 바다로 나가 머나먼 변경,
그의 '지상천국'으로 들어갔다.

※

　기원전 1만 년 무렵, 시베리아 예니세이 강 근처에서 살고 있던 수렵부족들은 서서히 북쪽과 북동쪽으로 이동하기 시작했다. 그들은 사냥감을 찾기 위해서, 혹은 그저 별 의도 없이 이동했을 것이다. 그들은 몽골 계와 아르메니아 계가 혼합된 사람들로, 키가 크고 여윈 편이었다. 당시까지만 해도 훗날 그 종족의 한 특징이 된, 진지하고 엄숙한 태도 같은 것은 보이지 않았다. 그들은 돌에서 작은 조각들을 떼어내어 날카롭게 만든 무기나 도구로 사냥을 했고, 벌거벗고 다니면서도 수치심을 느끼지 않는 황금시대(태고 때의 인류지복의 시대—옮긴이) 사람들이었다. 그들에게는 문화와 엄격한 관습이나 종교와 미신 같은 것은 물론 왕이나 계급도 없었으며, 사회적 문제나 신념도 없었다.

　그들이 몇백 년에 걸쳐서 북쪽과 북동쪽으로 이동하는 동안 기후는 점차 따뜻해졌다. 당시 지구는 제4빙하기의 혹독한 추위에서 벗어나고 있었다. 그들은 오늘날의 베링 해협에 해당하는 곳 부근에 이르렀을 때, 해 뜨는 곳 저 멀리까지 아득하게 펼쳐진, 초록 식물들로 뒤덮인 해안가 습지대를 발견했을 것이다. 그들은 해 뜨는 쪽 저 멀리서 가물거리는 땅을 향해 나아갔다. 그러나 그들은 자기네가 그 육교陸橋를 통해 구세계에서, 그때까지 인간의 발이 닿은 적 없는 신대륙으로 건너가고 있다는 사실을 전혀 알지 못했다.

　그 대륙은 바로 아메리카였다. 사냥꾼들은 몇천 년에 걸쳐서, 그리고 남북 아메리카 대륙을 종횡으로 누비면서 서서히 남진하여 마침내 아마존의 삼림에, 거기서 더 나아가 티에라델푸에고의 서늘한 대초원에까지 이르렀다. 그들은 수많은 언어 그룹으로 갈라지고 분화되기는 했지만, 서로 다른 민족들로 나뉘어지지는 않았다. 당시에는 문화나 전쟁 등의 개념들과 마찬가지로 민족이라는 개념도 없었으니까.

　그들은 그 이상한 대륙에서 풀과 나무 따위로 얽어 만든 오두막이나 동굴에서 생활하면서 짐승을 사냥했고, 멕시코 만에서 물고기를 잡았으며, 태평양에서 수영을 했다. 최초의 인간들이 팔과 눈 덕에 인류라는 지위에 오른 이래 모든 인간의 삶이 그러했듯이, 그들 역시 고달프기도 행복하기도 한 삶을 영위하면서 살다가 죽었다.

그들은 세계의 나머지 지역과 지리적으로 아주 멀리 떨어져 있고, 넓은 바다 건너 구석기 시대의 다른 부족들이 침입할 수 없는 대륙에서 살았다. 나일강 유역에 살던 사람들이 우연히 발견해낸 사실이 인류사 최대의 혁명을 불러일으킬 때까지, 그런 상황은 변함없이 지속되었다.

구세계 사람들은 농사짓는 법을 창안해냄으로써 문명의 토대를 닦았다. 그들은 '생명을 부여해주는 것들'을 찾아 유럽과 아시아에 진출했다. 그들은 배를 발명해, 기원전 500년경에는 몇몇 무리가 각처를 떠돌아다니다 하나님의 뜻에 따라 태평양 해역으로까지 나아갔다. 문화와 잔혹성, 경제안정, 노예제도 등이 세계 전역으로 퍼져나갔다. 하지만 오랜 세월 동안 아메리카는 세계의 조류와는 무관한 무풍지대로 남아 있었다.

그러나 팔레스타인 땅에서 그리스도가 탄생할 무렵, 고대시대 최초의 탐험가들, 폴리네시아 인의 조상들 혹은 중국인들이 몇십 년의 간격을 두고 서로 다른 경로로 해서 아메리카 해안에 상륙했다. 이방인들은 그 땅을 답사하고 그곳에 정착했으며, 금속과 보석들을 찾아다녔다.

탐험가들의 발길이 닿는 곳마다 옛 문화의 변종이 탄생했다. 옥수수 경작을 토대로 하는 아메리카 문화의 변종, 이민족의 신들이 유입되어 신속하게 아메리카화한 신들을 경배한 문화의 변종도 그렇게 생겨났다. 그후 폴리네시아 인들과 중국인들의 침략이나 탐험의 물결은 한동안 단절된 듯하다.

그러나 기원후 7세기경, 인도와 캄보디아와 동인도제도 전역에서 문화가 크게 융성했는데, 그 지역의 선원들은 태평양 멀리까지 나가 교역을 했다. 그들은 아메리카에—파나마에, 멕시코 해안지방에, 그리고 이스터 섬을 거쳐 페루의 아리카에—이르러 그곳의 미개한 문명에 신선한 문화적 긴장감을 안겨줬다. 새로운 문화적 충격을 바탕으로, 마야와 나우아, 잉카 이전 문명과 잉카 문명 같은 주목할 만한 문명들이 괄목할 만한 성취를 이뤄냈다.

그후 시대가 변하고 운세의 흐름이 바뀌면서, 태평양을 통해 이루어진 교류는 또다시 단절되었다. 쿠빌라이 칸이 지휘하는 몽골 인들이 동아시아 전역을 휩쓸고 다니면서, 문화적 여유와 풍부한 문화자원을 향유하던 시대도 끝나고 말았다. 이제 아시아 인들은 중국의 불교도들 사이에서 전설처럼 떠돌던 그 이상한 나라에 더 이상 사절들을 보내지 않았다. 지금 우리는 그곳이 바로 아메리카라는 것을 잘 알고 있다.

앞에서 이미 살펴봤던 것처럼, 행운아 레이브는 '행운의 섬'을 찾아 떠난 끝에 북아메리카 대륙에서 꿈에서만 그리던 곳과 유사한 곳을 발견했다. 그곳을 발견한 이야기는 여러 경로를 거쳐 유럽에 들어간 뒤 400년의 세월이 흐르는 동안, '행운의 섬'의 전설과 (그것보다 좀더 구체적이긴 하나 본질적인 면에서는 비슷한) 동방의 '향료제도'의 이야기와 나누려야 나눌 수 없을 만큼 함께 뒤섞여버렸다.

14세기가 끝나갈 무렵 베네치아의 니콜로 제노와 안토니오 제노는 북쪽 먼 곳에 있는 파뢰스까지 항해했으며, (그들의 한 후손의 말에 의하면) 그곳에서 아이슬란드와 그린란드 이야기를 들었다. 아이슬란드와 그린란드까지 찾아간 그들은 다시 에스토틸란드라는 나라에 대해서도 들었다. 그 나라는 머나먼 남쪽에 있으며, 북구인들이 정착해서 살고 있다고 했다. 그리고 그보다 더 먼 곳에 있으며, '주민들이 황금과 은에 관해 잘 알고 있고, 도시들에 살며, 우상을 모시는 장대한 신전들을 건설했고, 그 신들에게 인간을 희생제물로 바치는' 나라에 관한 이야기도 들었다.

그 베네치아 인들의 모험이 허구이든 아니든 간에, 오랜 세월이 흐르는 동안 상상력이 풍부한 유럽 인들의 마음속에서는 확신이 점점 더 강해지고 있었다. 즉, 배를 몰고 바다를 한참 헤치고 가다보면 대서양 저 너머 어딘가에서 이상한 신들과, 저절로 조성된 밀밭이 펼쳐진 경이와 신비의 땅, 행운의 섬들, 향료제도가 나타날 것이라는. 동방에서 흘러들어온 향료들은 그들의 확신을 뒷받침해줬다.

그리고 대서양 연안에 살고 있던 유럽 인들은 몇백 년 동안, 폭풍우나 조류에 밀려 서쪽에서 흘러온 표류물들을 목격하곤 했다. 조각이 새겨진 막대들이나 나무둥치들, 유럽 인도 아니고 아프리카 인도 아닌 종족의 시신들을 비롯한 이런저런 표류물들은 그들의 놀라움과 호기심을 자극했다.

이따금 북대서양에서 북구인들이 아닌 사람들의 배가 유럽의 남북부 해안을 따라 항해하다 폭풍우나 조류에 떠밀려 대서양 건너편까지 가기도 했을 것이다. 북구인들은 낯선 나라의 해안을 목격하고 돌아와 사람들에게 이야기를 들려주었을 것이다. 사람들은 반신반의하거나 부인하면서도 흥미로운 이야기들을 한동안 기억했을 것이다.

신비로운 동방에 대한 무궁무진한 이야기가 담긴 마르코 폴로의 여행기가 발간되기 훨씬 전부터, 사람들은 대서양에 많은 섬이 흩어져 있다고 믿었다. 아메리카는 북구인들 말고는 어떤 유럽 인도 밟아보지 못한 땅이었지만, 그럼에도 그 땅에 대한 약간의 사실과 수많은 허구로 조합된 소문들은 끊임없이 나돌았다.

14~15세기의 지리학자들은 유럽에서 멀리 떨어진 대서양 해역에 여러 개의 섬—그중에서 가장 널리 알려진 것은 안틸리아였다—을 점점이 표시해놓았다. 그들은 지구가 정말로 둥글다면, 구체적인 실천을 통해 이론을 뒷받침할 수 있으리라는 것을 자명한 사실로 받아들였다. 즉, 유럽에서 서쪽으로 줄곧 항해해가면 언젠가는 브랜던과 브라질의 섬들, 안틸리아 섬, 북구인들이 발견한 빈란드에 이르게 될 것이라고 생각했다. 그리고 그 너머에 있는 향료 제도와 마르코 폴로가 이야기한 지팡구에도 이르게 될 것이라고 믿었다. 그러나 그곳까지 가려면, 해도도 없고 수많은 불확실성과 두려운 재난의 가능성이 잠복해 있는 드넓은 미지의 바다를 몇 주씩이나 항해해야 하므로, 그런 항해는 무모하고 무익한 짓이 되리라는 점 역시 인정했다.

✦

　유럽의 지리학자들이 제시한 그런 어려운 과제들을 해결하고 주석까지 달아준 인물은 1448년 무렵(그의 출생년도는 확실하지 않다)에 제노바 시에서 태어났다. 그의 아버지 도메니코 콜롬보는 양털을 다듬는 일(양털을 풀어 빗질해서 허드레 털이나 불순물을 없애고 길이가 같은 양털들을 가지런하게 해주는 일—옮긴이)을 하다가 치즈 파는 일로 전업했고, 그것을 집어치우고 다시 출판업에 손을 댔지만 그것도 파산했다.

　콜럼버스는 유대 인인 어머니 수산나 폰타나로사에게서 열정과 신앙, 뛰어난 말솜씨 등을 물려받은 듯하지만, 그녀는 그저 이름뿐인 존재에 지나지 않았다. 그에게는 거짓말하는 버릇—훗날 그는 세계 최고의 거짓말쟁이 중 한 사람이 되었다—이 있었다. 하지만 이 버릇은 그의 참된 본성인 시적인 영혼에서 유래된, 막연한 추측과 몽상을 그럴싸하게 위장하려는 과정에서 저절로 생겨나고 배양된 것이었으리라.

　그는 열한 살 때 아버지가 전전한 직업 중에서 좀더 견실한 쪽에 속했던 양털 다듬는 일을 배웠다. 그는 아버지의 심부름을 하느라 제노바 거리를 바쁘게 뛰어다녔고, 이탈리아 전역을 돌아다니면서 옷감 견본을 보여주고 그것의 장점을 열심히 선전해댔다.

　그는 분주한 가운데서도 어쩌다 책을 얻게 되면 열심히 탐독하면서 깊은 생각에 잠겼다. 그는 깊이 있는 독서를 위해서 라틴 어를 배웠고—훗날 거짓말을 밥 먹듯이 한 크리스토퍼는 자신이 파비아 대학을 다닐 때 라틴 어를 배웠다고 주장했다—책들에 나오는 수많은 이야기를 닥치는 대로 집어삼켰다. 특히 지리적인 추측을 배경으로 하는 이야기들에 대해서는 더욱 집요했다. 신비와 상상으로 가득한 미지의 세계 이야기는 땀내 나는 고된 작업장이나 먼지투성이의 여행길에서도 그를 생생하게 살아 움직이게 했다. 우리는 그가 언젠가는 자기도 그들에 버금가는 업적을 이룰 것이라고 다짐하는 모습을 선연하게 그려볼 수 있다. 그는 늘 그런 환상을 통해 힘겨운 노역과 가난으로부터 도피하곤 했다.

그는 양털 다듬는 일을 하면서 3년이라는 긴 세월을 참고 견딘 끝에, 1475년 디 네그로와 스피놀라 가의 판매촉진 담당으로 고용되어 배를 타고 레반트 지방에 갔다. 이듬해에는 교역차 스피놀라 가의 호위 선단에 승선하여 영국으로 향했다. 그런데 영국으로 가는 도중에 가스코뉴 출신 해적의 습격을 받아, 선단은 와해되고 물건은 모두 약탈당하고 말았다. 이때 포르투갈 배가 그가 탄 배를 구해주고 리스본 항까지 호위해준 덕에 간신히 목숨을 건졌다. 다음해에 배를 수리하고 물건을 실은 후 다시 영국으로 갔다.

그후 수많은 억측을 불러일으킨 3년의 세월이 이어졌다. 그가 아이슬란드를 방문하고 교역을 하기 위해 아프리카 서부에 있는 기니 해안에 갔으며, 프로방스의 르네 왕에게 고용되어 사략선私掠船(전시에 적선을 나포할 권리가 있는 민간 무장선—옮긴이) 선장으로 일했다고 주장했기 때문이다. 말년에 이르러서는 정도가 더 심해져, 그는 앞뒤가 맞지 않는 거짓말을 끝없이 해대면서 사람들에게 자기 행적들을 쏟아냈고, 자신이 실제로 그런 일들을 했다고 믿었다.

그는 아이슬란드를 방문한 사람 치고는 대서양에 대해서 너무나 고루하고 낡은 생각을 갖고 있었다. 사략선 선장으로 일했다는 사람 치고는 항해기술이 너무나 형편없었다. 사실, 피어리 제독과 마찬가지로 그가 일찍이 선원으로 일한 적이 있었다거나, 배를 다루는 기술을 갖고 있었다는 증거는 어디에서도 찾아볼 수 없다.

우리가 생각하는 그의 모습은 그 세월 내내 틈만 나면 책을 펴들고 공상에 젖곤 하던 젊은 행상인의 초상에 불과하다. 대서양에서 해 지는 서쪽 방향으로 며칠만 항해하면 나타날 '행운의 섬들'과 '지상천국' 등과 관련된 환상적인 이야기들에 푹 빠져 노상 꿈꾸는 듯한 눈빛을 하고 있는……

이윽고 그는 운명의 보이지 않는 힘에 이끌려 동생이 지도제작 일을 하고 있는 리스본으로 흘러들어갔다. 당시 리스본은 모험을 좋아하고 기술이 뛰어난 유럽의 모든 키잡이들의 집산지였다. 리스본 사람들은 아프리카 해안 탐사라는 엄청난 사업을 추진해나간 주체들이었고, 그런 사업 덕에 포르투갈은 지난 200년 동안 유럽의 어떤 나라보다도 왕성한 교역활동을 펼쳐왔다. 리스본에서 벌어지는 그런 모든 활동의 언저리에는 지도제작자나 지리학자들이 자리잡고 있었다. 젊은 콜럼버스는 이때 리스본에 와서야 비로소, 대서양을 가로질러 서쪽으로 곧장 항해해감으로써 자신의 꿈을 실현시키겠다는 엄청난 계획을 세웠을지도 모른다.

그러나 전체적인 정황으로 보아 그가 그런 계획을 세운 것은 그로부터 4년의 세월이 흐른 뒤의 일이라 믿을 만한 확실한 증거가 있다. 콜럼버스는 그동안 지도제작 일을 하면서, 그의 분방한 상상력의 소산이 난무하는 괴이하고 형편없는 지도들을 만들어냈다. 그는 세계에 대한 지식은 고사하고, 선박 조종술조차도 거의 알지 못했다. 머릿속에는 그저 '지상천국'에 대한 온갖 상상이 들끓었다. '그 북구인들이 정말로 '와인이 흘러 넘치는 땅'에 상륙한 것은 아닐까? 일 밀리오네 마르코가 지팡구 너머에 있다는 그 섬들을 정말로 목격한 것은 아닐까?

콜럼버스는 미천한 집안 출신인데다 교육을 거의 받지 못해, 시대적으로 뒤처지고 뒤죽박죽인 천문지리학적 지식들만을 지니고 있었다. 그런 이유로 자기처럼 불운한 모든 사람들—독학한 사람들—특유의 오만하고 고집스럽고 감상적인 태도와 함께 그런 확신들에 강하게 집착했다.

크리스토퍼는 리스본에서 포르투산투 총독인 페레스트레요와 그의 매력적인 딸인 펠리파를 만났다. 그들은 귀족들이었다. 크리스토퍼도 정신적인 면에서는 귀족이었다. 크리스토퍼는 친동생 바르톨로메가 놀란 표정을 하고 듣고 있는 가운데 자기네 가계도家系圖를 날조해냈고, 그 말에 페레스트레요 부녀도 존경 어린 표정으로 그를 쳐다봤다.

크리스토퍼는 자기가 미트리다테스를 정복한 로마 장군 콜로니우스의 후예요, 사촌뻘 되는 이들은 귀족들이자 제독들—가스코뉴의 카세노브 쿨롱 제독과 그리스의 콜럼버스 피라타 팔라이올로구스 제독—이라고 했다. 그들의 이름만 들어도 자기 친척들임을 알 수 있지 않느냐고 주장했다. 그리고 자기 집안 사람들은 대대로 바다와 관련된 사람들이며, 자기가 배를 타고 여러 곳을 여행한 것이 바로 그 증거라고 덧붙였다.

그렇게 해서 크리스토퍼는 포르투갈의 항해자요 포르투산투 섬의 초대 총독의 딸 펠리파와 결혼하기에 이르렀다. 얼마 후 리스본을 떠나 포르투산투로 이주한 콜럼버스는 장인의 재산을 물려받았다. 물론 권력까지 물려받지는 못했다.

그는 당대의 공인된 지식과 관례들을 그대로 답습한 지도와 해도를 제작하는 것을 생업으로 삼았다. 포르투산투는 아프리카로 가는 항로의 중심에 자리잡고 있어 지도의 수요가 넘쳐났다. 그가 제작한 지도나 해도도 하루빨리 남쪽 흑인들의 왕국을 습격해서 노예나 금을 약탈하고 싶어 안달하는 항해자들에게 비싼 값으로 팔렸을 것이다.

그러던 어느 날 크리스토퍼에게 큰 행운이 찾아왔다. 무명의 키잡이 한 사람이 콜럼버스에게 흥미로운 이야기를 들려준 것이다. 예전에 그가 탄 배가 맹렬한 폭풍우를 만나 대서양 건너편으로 떠밀려갔으며, 폭풍우가 가라앉은 뒤 주위를 둘러보니 여러 개의 섬이 시야에 들어왔다고 했다. 그럼에도 불구하고 그 섬들을 답사하거나, 소유권을 주장하거나, 이름을 붙이려는 시도를 전혀 하지 않고 곧장 유럽으로 돌아왔다고 했다.

수수께끼의 인물은 젊은이의 가슴에 강렬한 열망을 불태우고는 홀연히 배를 몰고 마데이라 제도를 떠났다. 지팡구, 인도, 안틸리아, '지상천국'은 단순한 소문이나 지리학자들의 공허한 이론, 상상이 빚어낸 도원경桃源境에만 그치는 것이 아니라 '실재' 했다. 세상 저편에서 숨죽인 채 사람들이 자기들을 발견하고 정복해주기를 고대하고 있었다!

그후 콜럼버스에게 강렬한 영감이 찾아왔던 듯하다. 그는 대서양 깊숙이 들어가는 의도적인 모험을 제노바 당국에 처음 제안했다. 하지만 제노바 당국은 원정대에 돈을 대주는 것도, 콜럼버스에게 원정대의 총대장에 걸맞은 대우를 부여해주는 것도 간단히 거부해버렸다. 제노바 사람들이 보기에 그는 여전히 양털 다듬는 사람의 아들에 불과했다.

그러나 그의 이상은 확고부동한 사실에 토대를 둔 것이었기에 이에 굴하지 않고, 다음에는 포르투갈 왕 주앙 2세에게 계획안을 제출했다. 주앙 왕은 당시 전쟁 중이어서 다른 데에 신경을 쓸 여유가 없었지만 관심을 보여주기는 했다. 왕은 구미가 당기는 계획이긴 한데, 콜럼버스의 요구사항들이 도에 지나치고 계획의 성사 여부가 좀 의심스럽다고 생각하여, 그 문제를 포르투갈의 지리학 전문가들로 구성된 위원회에 넘겼다.

위원회의 위원장은 세우타의 주교였다. 콜럼버스는 위원회에 직접 출두하여 자신의 계획을 설명했다. 주교는 그의 계획안을 면밀히 검토해본 뒤 이내 물리쳐버렸다. 지팡구나 안틸리아가 포르투갈에서 불과 몇백 마일 정도밖에 떨어져 있지 않다고 한 콜럼버스의 설명은 어처구니없이 들릴 수밖에 없었다. 그는 콜럼버스가 갖고 있는 천문지리학적인 개념들은 한심할 정도로 시대에 뒤처져 있다고 판단하고(주교의 판단은 전적으로 옳았다), 왕에게 그의 계획은 무모하고 경솔한 것이라고 보고했다.

그러자 왕은 마뜩찮아했다. 콜럼버스의 계획은 그의 환상을 자극하기에 충분했다. 그는 단지 콜럼버스의 엄청난 요구사항들 때문에 주저했을 뿐이다. 콜럼버스는 대제독이라는 직함과 새로 발견된 모든 땅의 부왕副王이라는 지위, 그리고 그 모든 땅과의 교역으로 얻는 이익의 10%를 달라고 요구했다.

그러자 영리한 주교는 막대한 비용이 드는 원정대를 경솔한 이탈리아 인의 지휘에 맡겨 대서양으로 내보내기보다는, 먼저 소형 범선 한 척을 보내 서쪽 해역을 답사하는 것이 좋지 않겠느냐는 의견을 상신했다. 왕은 그다지 내키지 않았지만 제안을 받아들였고, 따라서 포르투갈 당국에서는 소형 범선 한 척을 은밀히 파견했다.

그 배는 1주일 만에 돌아왔다. 선원들은 대양의 초입에서 다시는 만나고 싶지 않은 험난한 파도를 만나 고생을 한 뒤 잔뜩 겁을 집어먹고는, 계속 항해하기를 거부하고 뱃머리를 리스본 쪽으로 돌려버렸다.

1484년, 아내 펠리파가 사망하자 콜럼버스는 세우타의 주교가 자신을 함부로 취급한 것에 분개하여 아들 디에고와 함께 스페인에 이주하기로 마음먹었다. 그동안 바르톨로메는 영국에 가서 헨리 7세에게 콜럼버스의 계획안을 제시하고, 콜럼버스는 스페인 왕궁으로 가서 항해 계획안을 제시하기로 서로 약속한 듯하다.

그 당시 코르도바의 스페인 왕실 사람들은 스페인에 남아 있는 무어 인들과 최후의 결전을 준비하느라 분주했다. 때문에 페르난도 왕과 이사벨 여왕은 콜럼버스의 대단히 신빙성 있는 제안서들에 주의를 기울일 만한 여유가 없었다. 콜럼버스는 경건한 신앙심을 지닌 덕에 스페인에 온 지 얼마 되지 않아 평민과 귀족과 성직자 친구들을 가리지 않고 많이 사귀었다.

상상력이 풍부한 스페인 사람들은 콜럼버스의 시인 기질에서 나온 열렬한 이상에 금방 공감했다. 콜럼버스는 계속해서 자신의 주장을 펴나갔고, 친구들도 그의 주장에 합세했다. 그러자 1487년 페르난도와 이사벨은 마침내 살라망카에서 천문지리학자들의 협의회를 소집했고, 콜럼버스의 주장과 요구 사항을 심의하는 작업에 들어갔다.

콜럼버스는 이번에도 협의회에 출두해서 자신의 주장을 폈지만, 리스본 위원회에서 그랬던 것과 마찬가지로 큰 성과를 거두지는 못했다. 훗날 콜럼버스는 그 협의회를 지구가 평평하다는 전통적인 주장을 고수하는 광신자들로 가득한 집단이라 평했다. 하지만 당시 협의회 회원들 중에서 지구가 둥글다는 사실을 믿지 않은 사람은 거의 없었다고 보는 것이 옳을 것이다.

그들이 망설인 것은 지구가 둥글다는 사실을 인정하지 않아서가 아니라, 인도가 대서양을 며칠간만 항해하면 나올 정도로 가까운 곳에 있다는 콜럼버스의 비현실적인 주장 때문이었다. 지구가 평평하다는 옛 전설이 완전히 힘을 잃은 건 아니었지만, 협의회 사람들은 콜럼버스를 '지구가 둥글다고 주장하는 무책임한 사람'으로 본 게 아니라, 그런 원정을 수행할 만한 능력을 갖추지 못한 몽상적인 사람으로 본 것이 분명했다. 콜럼버스를 무능한 몽상가로 본 그들의 판단은 옳았지만, 그의 계획을 일고의 가치도 없는 것으로 본 것은 잘못이었다. 그들은 콜럼버스의 계획이 '공허하고 실현 불가능하며', 자기네의 위대한 군주가 그렇게 박약한 정보를 토대로 해서 사업을 펼쳐서는 안된다고 판단했다.

콜럼버스가 협의회의 결정에 어떤 식으로 대응했는지는 기록에 나와 있지 않다. 그러나 그의 반박은 별로 설득력이 없었던 것 같다. 모든 정황으로 보아 그 경건한 젊은 시인은 뱃사람의 자질뿐만 아니라, 이론가로서도 크게 부족한 사람임이 분명했다. 그의 천문지리학적인 견해들은 중세적인 차원에 머물러 있어, 협의회 사람들의 수준에 한참 뒤떨어졌다.

그가 제시한 의견 중에서 독창적인 것이라고는 서쪽 저 멀리 떨어진 해역에 미지의 세계가 흩어져 있다고 한 것(마데이라 제도에서 무명의 키잡이가 알려준)뿐이었다. 아마 콜럼버스는 자신의 주장을 뒷받침하기 위해 수많은 섬이 흩어져 있는 태평양에 대해서 언급한 마르코 폴로의 권위 있는 기록을 동원했을 것이다.

그러나 콜럼버스는 자신의 주장을 완강하게 고수한 덕에, 페르난도와 이사벨로부터 그의 기획을 완전히 폐기시킨 것은 아니라는 답변을 얻어내는 데 성공했다. 그들은 지금 당면해 있는 전쟁이 종결되면 다시 검토해보자고 제안했다.

전쟁 중인 5년 동안 콜럼버스는 두 군주에게 줄곧 청원을 해댔다. 적어도 한 사람의 군주는 그를 지겨운 인간으로 봤을 것이다. 그러나 그들은 콜럼버스에게 깊은 인상을 받았다. 비록 천문지리학적인 견해들은 근거가 박약해 보였지만, 시인을 닮은 열정적이고 헌신적인 자세만은 아주 돋보였다. 왕실에서는 그를 그 나라 관리들 중의 하나로 대우해서 왕궁 근처에 집 한 채를 마련해줬고, 다양한 명목의 돈을 하사해서 생계비에 충당하도록 배려했다. 콜럼버스는 기회 있을 때마다 사람들에게 자기의 착상을 이야기했고, 영향력 있는 사람들과 친분을 맺으려 애썼다.

그는 팔로스라고 하는 소읍 근처에 있는 라 라비다 수도원 원장인 마르체나의 후안 페레스와 막역한 친구 사이가 되었다. 페레스는 예전에 이사벨 여왕의 고해신부 역할을 했던 사람으로, 이제는 어린 디에고를 맡아 교육시켜주기로 했다.

그동안 키 크고 혈색 좋고 거짓말 잘하는, 악당이자 시인인 크리스토퍼는 두 가지 유형의 사랑을 추구했다. 그는 한편으로는 여왕의 총애를 얻으려고 안간힘을 썼으며, 다른 한편으로는 신앙심 깊고 상냥하고 몹시 가난한 아라나의 베아트리스 엔리케스를 유혹해 결혼했다(베아트리스는 그와 결혼해 잠자리를 함께한 뒤 처음에는 구박을 받았고, 그후에는 거의 버림받다시피 했다).

그러나 그는 심한 절망감 속에서 왕궁을 떠났다. 그는 디에고를 데려오기 위해 팔로스에 갔다. 그는 이제 프랑스 왕궁에 가서 자신의 운을 시험해보기로 결심했다. 그전에 동생 바르톨로메는 영국에 갔지만, 영국 왕이 워낙 신중한 사람이어서 전혀 성과를 얻지 못했다.

팔로스에 도착한 콜럼버스는 페레스와, 대선주船主인 마르틴 알론조 핀손에게 프랑스에 갈 계획이라는 이야기를 했다. 핀손 역시 대서양을 건널 계획을 갖고 있던 터여서 콜럼버스의 말에 크게 놀랐다. 페레스는 여왕에게 콜럼버스의 청원을 다시 검토해달라고 부탁하는 편지를 써보냈다. 상냥한 이사벨 여왕은 그의 요청을 받아들여 콜럼버스가 왕궁에 돌아올 수 있게끔 돈을 넉넉하게 보내줬다. 그렇게 해서 교섭(이런 표현을 써도 무방할 것이다)은 재개되었다.

그러나 교섭은 이내 결렬되었다. 원정에 드는 비용은 얼마 되지 않아 쉽게 마련할 수 있지만, 문제는 콜럼버스의 개인적인 요구사항들이 너무 지나치다는 데 있었다. 후대의 냉정한 관찰자들도 이에 동의할 것이다. 콜럼버스는 거짓말쟁이이자 물질적인 부를 추구한 사람이었다. 그는 서쪽으로 며칠 동안만 항해하면 '지상천국'에 도달할 수 있을 것이라 굳게 믿고 있었다. 지상천국에 이르지 못할 경우에는 지팡구에라도 도달할 수 있으리라고 확신했다. 그처럼 대단한 목표를 성취하는 데 이 정도의 보상은 당연하지 않나 하는 태도였다.

머리가 반백이 다 된 콜럼버스는 자기의 계획이 얼마나 확고한 근거를 지니는가에 대해 팔로스 수도원에서, 코르도바 궁전에서 역설했다. 그러나 이따금 고요한 밤에 깨어나 자신의 계획의 진정한 토대라는 게 책에서 얻어들은 몽상에다 떠돌이 뱃사람에게서 들은 이야기를 덧보탠 것에 지나지 않는다는 사실을 깨닫게 되는 순간만큼은 두려움과 당혹감에 젖어들곤 했을 것이다.

콜럼버스는 또다시 프랑스에 가겠다고 선언했다. 이에 자극받은 이사벨 여왕은 그를 다시 불러들여 교섭을 재개하게 했다. 냉소적인 페르난도는 교섭에 관여하지 않았다. 그는 콜럼버스를 그다지 좋아하지 않았고, 대단한 인물로 생각하지도 않았다. 그의 눈에 비친 콜럼버스는 이사벨이 뒤를 봐주는 별 볼일 없는 극빈자 중의 하나에 불과했다.

교섭은 빠르게 진척되었다. 콜럼버스가 원정비용의 1/8을 부담한다는 조건에서 그의 요구사항을 모두 들어준다는 계약서의 문안이 작성되었고, 양측 모두 서명했다. 그런데 콜럼버스가 스페인 왕궁에서 7년 동안 입씨름을 벌이면서 줄곧 역설해온 그 원정에 드는 총비용이라는 게 고작 400파운드도 되지 않았다. 그는 이제 크리스토발 콜론Cristóbal Colón 제독이 되어 말을 타고 팔로스로 급히 달려갔다.

팔로스 시 당국에서는 여왕의 지시에 따라 그에게 두 척의 배를 내줬고, 다른 한 척은 그가 돈을 주고 빌렸다. 하지만 선원을 모으는 일은 그리 쉽지 않았다. 이사벨 여왕이 콜럼버스를 어떻게 생각하고 있든 간에, 적어도 뱃사람들은 그 제독이 선원 출신이 아니라는 것을 잘 알고 있었다.

그러나 이번 원정에 참여할 경우 모든 민형사 범죄를 면제해준다는 포고가 나붙으면서, 절망적인 상태에 빠진 스페인의 범죄자들과 채무자들이 떼지어 몰려들었다. 핀손 가에서는 인원과 재원을 대주는 일에 적극 나섰다. 하지만 그렇게 호의를 보인 핀손 가 사람들도 훗날 원정의 어려움을 견뎌내지는 못했다.

세 척의 배 중에서 200톤이 넘는 배는 한 척도 없었다. 그리고 갑판이 설치된 배는 크리스토발 콜론 제독이 탈 산타마리아 호 하나뿐이었다. 콜럼버스 자신은 배를 몰 능력이 거의 없는 처지라, 후안 들 라 코사를 항해사이자 선장으로 뽑았다. 핀타 호와 니냐 호는 갑판이 반만 설치된 소형 범선으로, 마르틴 알론조 핀손과 빈센테 야네스 핀손이 선장을 맡았다. 원정에 참여한 인원은 120명이었으며, 그 가운데는 아일랜드 사람 윌리엄 헤리스와 영국인 아서 레이크가 포함되어 있었다.

1492년 8월 4일, 크리스토발 콜론 제독이 지휘하는 원정대는 후에 알려진 것처럼 아시아 해안에 이르기 위해서가 아니라, "대서양에서 몇몇 섬과 대륙을 찾아내서 그 소유권을 얻기 위해" 출항했다.

⚜

며칠 후 원정대는 카나리아 제도에 이르렀다. 날씨는 화창하고 따뜻했다. 그런데 돌연 핀타 호 선원들이 배의 키를 떼어냈다. 그 배의 선장인 마르틴 알론조 핀손이 이번 사업에서 얻을 소득 중에서 자기 몫이 적은 것에 불만을 품고 사주한 일임이 분명했다. 콜럼버스는 몹시 화가 났지만 이미 어느 정도 예상하고 있던 터라, 핀타 호의 키를 원상복구시킬 때까지 묵묵히 참고 기다려야만 했다.

콜럼버스는 정박 중 세 척의 포르투갈 배가 카나리아 제도에서 좀 떨어진 해역에 떠 있다는 소식을 들었다. 포르투갈 정부 소속의 그 배들은 콜럼버스가 포르투갈의 지배 영역인 '미지의 바다'로 향하고 있었기 때문에 그 원정을 저지하려는 것이었다. 그러나 제독은 별로 당황하지 않았다. 항해에 으레 따르게 마련인 수많은 재난, 험한 파도 등과 맞서 싸워야 하는 판국에 그깟 포르투갈 배 몇 척이 나타난 게 뭐 그리 대수란 말인가. 핀타 호가 키를 다시 끼워넣은 뒤 원정대는 9월 9일 카나리아 제도의 고메라 섬을 떠났다.

다음에 이어지는 항해 이야기는 콜럼버스 자신이 기록했을 가능성이 많은, 의심스러운 항해일지의 간단한 기록에 주로 의지하고 있다.

그는 북동 무역풍을 받아가며 미지의 해역을 향해 거의 정서쪽 방향으로 계속 나아갔다. 북동 무역풍 덕에 배들이 아주 빨리 나아갔다. 이에 콜럼버스는 큰 속임수를 쓰기 시작했다. 콜럼버스 혼자서 그런 일을 해낼 수는 없으므로, 아마 항해사도 공모했을 것이다. 즉, 몰래 간직한 진짜 항해일지와 선원들을 속이기 위한 별개의 항해일지 두 권을 만든 것이다. 그는 미지의 바다에 대한 선원들의 공포심이 증폭되지 않도록, 선원용 일지에는 가급적 자기네가 지나온 거리를 축소해서 기록해놓았다(전해오는 이야기상으로는 그렇다. 하지만 콜럼버스에게 적대적인 핀손 가 사람들이 지휘하는 핀타 호와 니냐 호 항해일지의 경우는 어떠했을까?).

세 척의 범선은 꾸준히 불어오는 무역풍 덕에 높은 파도가 치고, 익숙했던 별들이 수평선 너머로 사라지는 주인 없는 바다를 가로질러 서쪽으로 계속 나아갔다. 밤이면 신비롭게 반짝이며 흐르는 파도 너머로 고요하고 서늘한 9월 밤의 어둠이 짙게 내리깔렸다. 카나리아 제도를 떠난 지 13일째 되던 날 밤, 나침반의 바늘이 북서쪽으로 약간 기울었다. 그리고 14일 아침에는 갑자기 북동쪽으로 기울었다. 유럽 인들이 처음으로 목격한 현상이었다.

14일째 되던 날, 니냐 호 선원들은 바다를 내다보다 상공에 큰 새 두 마리가 선회하는 광경을 목격했다. 그들은 그 새들이 아프리카에서 흔히 볼 수 있는 열대지방 새들로, 육지에서 멀리 떨어진 곳에는 절대로 나타나지 않는다고 생각했다. 아무래도 육지가 가까이 있는 것이 분명했다.

이튿날 저녁, 커다란 유성 하나가 황혼빛에 물든 하늘을 가로지르며 떨어지더니, 저 앞의 바다에서 눈부신 빛을 발하며 폭발했다. 그 광경을 보고 선원들은 크게 두려워했다. 하나님이 언짢아하신다는 것을 뜻하는 신호가 아닐까? 콜럼버스도 아마 속으로는 누구 못지않게 두려움에 떨었겠지만, 겉으로는 냉정하고 태연자약한 표정을 한 채 갑판을 왔다갔다했다. 그때도 그는 안틸리아가 그리 멀지 않다는 믿음을 그대로 갖고 있었을까? 만에 하나 안틸리아가 존재하지 않는다면? 그는 애써 선원들의 놀란 가슴을 진정시켰고, 세 척의 배는 계속 앞으로 나아갔다.

16일째 되는 날, 그들은 수평선 저 멀리까지 펼쳐진 해초 평원의 가장자리에 이르렀다. 해초들은 아침햇살 속에서 마치 살아 있는 생물이라도 되는 양 크게 부풀어올라 꿈틀거렸다. 선원들은 마치 땅도 아니고 바다도 아닌, 지옥의 변방에 있는 늪지대에 이른 것 같은 기분에 사로잡혔다. 세 척의 배는 하루종일 북동풍을 뒤로 받으면서, 그리고 사르가소 해의 끈적끈적한 해초들을 헤치면서 꾸준히 서쪽으로 나아갔다.

이윽고 그 끝없이 넓은 초록 대평원은 밤의 어둠 속에 잦아들었다. 이튿날 아침에도 그들이 탄 배는 여전히 해초들을 가로지르고 있었다. 그날 아침 선원들이 게 한 마리를 잡았다. 그것을 보고 제독은 "육지에서 400km 이상 떨어져 있지 않다"는 것을 뜻한다고 주장했다. 그 순간 자신의 굳은 믿음을 회복했다. 그는 드디어 대양의 끝에 이르렀다고 믿었다.

선원들은 육지가 멀지 않다는 콜럼버스의 말에 불안한 마음을 가라앉혔다. 이튿날, 머리 위로 많은 새들이 날아다니고 하늘에는 짙은 구름이 자욱했다. 그리고 저녁이 되어 어둠이 깃들면서 부슬비—육지의 비—가 내렸다. 육지는 분명 거기서 멀지 않은 곳에 있었다.

그러나 육지는 모습을 드러내지 않았다. 콜럼버스는 음모의 기운—"제독을 몰래 바다에 내던져버리자. 사람들에게는 제독이 별을 보는 데 열중해 있다가 불행히도 발을 헛디뎌 바다에 빠졌다고 이야기하자"—이 싹트고 있다는 사실을 눈치챘다. 콜럼버스는 배를 서쪽으로 내몰고 있는 북동풍 때문에 선원들의 두려움이 통제할 수 없을 만큼 부풀어올라 폭동으로 비화할 가능성이 있다는 것을 깨닫고, 방어태세를 게을리하지 않았다. 선원들은 이미, 그 바다에는 자기네 배를 스페인으로 되돌아가게 해줄 바람 같은 것은 없다는 결론을 내린 상태였다.

그러나 때마침 역풍이 불어와, 뱃사람들은 불안을 가라앉힐 수 있었다. 세 척의 배는 맞바람 때문에 전보다 훨씬 더 느린 속도로 해초들을 헤치고 나아갔다. 얼마 후 남서쪽 하늘 저편에 거무스레한 그림자 같은 것이 떠올랐다. 콜럼버스는 배의 진로를 그쪽으로 바꾸게 했다. 가까운 곳에 육지가 있었다.

하지만 그것은 육지가 아니라 구름에 불과했다. 산타마리아 호가 가까이 접근할수록 서서히 형태를 바꾸더니 흔적도 없이 사라져버렸다.

10월 3일, 육지가 가까이에 있다는 조짐이 다시 나타나자, 선원들은 콜럼버스에게 배의 진로를 바꿔 그 일대를 둘러보자고 했다. 하지만 최근 며칠 동안 이런 조짐에 한두 번 속은 게 아니었다. 그는 곧장 '인도'에 가기로 결심했다. 때문에 선원들의 의견을 묵살하고, 진로를 유지하라고 지시했다. 하지만 우리는 그런 말이 단지 자신의 믿음이 흔들렸기 때문에 나온 것이라고 확신할 수 있다.

하지만 이제 산타마리아 호 선원들은 금방이라도 폭동을 일으킬 것 같은 기세였다. 콜럼버스는 위협과 약속과 거짓이 뒤섞인 말로 그들을 달래야 했다. 그런 상황에 처한 원정대 대장이 으레 자기 부하들에게 함 직한 말로. 제독이 없는 상태에서, 혹은 제독의 명령을 어기고 스페인에 되돌아갈 경우 어떤 일이 일어날 것인지 생각해봤는가? 아내나 자식들이 뭐라고 하겠는가? 그들의 정복을 고대하고 있는 서쪽 땅의 그 엄청난 재물을 생각해봐라 등등……

콜럼버스는 매일 그리고 매시간 갑판을 왔다갔다하면서 반란을 일으키려는 사람들과 입씨름을 벌이고 좋은 말로 구슬렸다. 그러나 그들은 무모한 항해를 거부한 듯했다. 급기야 마르틴 알론조 핀손이 핀타 호에서 건너와 반란자들의 대장이 되었다. 결국 양측간에 타협이 이루어져, 10월 7일 세 척의 배는 진로를 남서쪽으로 바꿨다. 그후로 나흘이 지났지만 여전히 육지는 보이지 않았다.

카나리아 제도를 떠난 지 33일째 되던 날 '테이블 판'과 목제품, 금속조각 등이 산타마리아 호 옆에서 인양되었다(제독이 뱃전 너머로 던져놓았던 것을 다시 건져올린 게 아닐까). 그와 동시에 다른 배에 탄 선원들이 '딸기 종류의 열매가 제 모습 그대로 달려 있는' 가지 하나가 떠 있는 것을 봤다. 육지가 가까이 있는 게 분명했다.

표류물들을 보고 내린 판단은 옳았다. 그날 오후 시간은 아무 일 없이 그냥 지나갔다. 그러나 밤 10시경, 콜럼버스는 뒷갑판을 왔다갔다하다가 서쪽 수평선 낮은 곳에서 불빛 하나를 발견했다. 믿기지 않는 듯 페드로 구티에레스를 불러서 보라고 했다. 두 사람은 나란히 서서 고요한 밤 안개 속을 응시했다. 이윽고 다시 불빛이 반짝이면서 수면에 그 빛이 어른거렸다. 그것은 지중해 연안 출신의 첫 탐험자들이 미지의 아메리카 대륙에서 인간의 거주처를 알려주는 최초의 불빛을 본 의미심장한 장면이었다.

그들은 콜럼버스가 업무를 처리하고 계약을 할 때마다 입회인 역할을 하라고 스페인 왕실에서 그 배에 승선시킨 '감독관'을 불렀다. 감녹관 로드리고 산체스는 마지못해 꾸무럭꾸무럭 다가와 제독과 구티에레스 사이에 서서 서쪽을 바라봤다. 또다시 불빛이 반짝이자 콜럼버스는 흥분하며 산체스더러 잘 좀 보라고 채근했다. 신중한 감독관은 처음에는 아무것도 보이지 않는다고 했다. 하지만 잠시 후에는 그도 눈앞에 분명히 보이는 증거를 부인할 수 없었다.

"그것은 위아래로 흔들거리는 등불 같았으며, 크리스토퍼는 그것이 육지에서 반짝이는 진짜 등불이라는 것을 의심치 않았다. 그리고 그의 판단이 옳았다는 것이 증명되었다. 그것은 사람들이 어느 한 집에서 다른 집으로 가면서 들고 있었던 등불이 발하는 빛이었다."

그날 밤 돛을 감아올리고 멈춰 선 세 척의 배에 탄 사람들은 모두들 잠을 이루지 못했다. 그때 콜럼버스의 마음속에서 어떤 상념들이 스쳐갔을지 대충 짐작해볼 수 있다. 이 땅은 어떤 곳일까? 안틸리아, 지팡구, 빈란드, 혹은 (오 맙소사! 그는 어둠 속에서 성호를 그었다) 행운의 섬, 지상천국……. 선원 출신이 아닌, 단지 레반트 지방에서 옷을 팔러다녔던 그가 하나님의 인도를 받아 드디어 그 해안에 이르렀다…….

이사벨 여왕은 처음으로 육지를 발견한 사람에게는 1만 마라베디를 주겠다고 약속했다. 10월 12일 새벽 2시경, 핀타 호의 로드리고 드 트리아나라는 사람이 육지가 보인다고 소리쳤다. 잘못 본 것이 아니었다. 숲이 울창한 야트막한 해변이 새벽 안개를 뚫고 서서히 그 모습을 드러내고 있었다. 세 척의 배는 해안으로 다가가 닻을 내렸다.

이제 머리는 반백이 다 되었고, 혈색 좋고, 신앙심 깊은 거짓말쟁이이자 시인이요 제독인 콜럼버스의 생애에서 가장 감격스러운 순간이었다. 그는 작은 보트 몇 척에 선원들을 태우고, 자기는 갑옷으로 완전무장하고 한 손에 스페인 왕실 깃발을 든 채 보트에 올라탔다. 핀타 호와 니냐 호에서도 핀손 형제가 깃발을 들고 보트에 올라탔다. 무장한 선원들은 화승총의 심지에 불을 붙인 채, 노 젓는 사람들의 어깨 너머로 가까이 다가오는 해변을 응시했다. 아침 햇살이 내리비치는 해변에는 과거 어떤 유럽 인도 보지 못한 남녀들이 잔뜩 몰려나와 있었다. 키가 크고 몸에 아무것도 걸치지 않은 그들은 놀란 눈빛으로 낯선 사람들을 조용히 바라보았다.

벌거벗은 원시인들은 낯선 사람들이 상륙했을 때 약간 움찔했을 것이다. 콜럼버스는 그 미지의 땅의 해변에 첫 발을 내딛자마자 무릎을 꿇고, 그때까지 자기를 보호해주고 자기의 확신이 옳다는 것을 입증해준 하나님께 감사 기도를 드렸다. 다른 모든 스페인 사람들도 무릎을 꿇고 기도를 드린 뒤 감격에 겨운 표정으로 콜럼버스 주위에 모여들었다. 많은 사람들이 눈물을 흘리면서, 그를 의심하고 반란을 일으키려 한 것을 용서해달라고 소리쳤다. 그것은 감동적인 장면이었고, 소박한 섬사람들 역시 그 광경을 지켜보면서 비슷한 생각을 했을 것이다. 원주민들은 섬에 상륙한 최초의 백인들이 흘린 그 눈물이 지닌 불길한 예언적 의미를 전혀 깨닫지 못했다.

그 장면은 지금의 바하마 제도의 와틀링(산살바도르) 섬에 해당하는 과나아니 섬 사람들이 가장 생생하게 목격했을 것이다. 그들은 수천 년 동안 조상들이 해왔던 것처럼 사람들의 이동경로에서 벗어난 후미진 변경지대에서 평생을 살아온 이들이요, 중앙 아메리카에 잔존하는 '황금시대'의 거의 마지막 사람들이었다.

그들 사회에는 도구나 무기, 계급, 전쟁, 신과 왕이 없었고, 인류의 옛 조상이 그러했던 것처럼 대지와 바다의 소박하고 다정한 아이들이요, '자연인들'이었다. 그리고 그날 아침, 수의처럼 보이는 이상한 옷을 걸친 낯선 사람들이 배를 타고 홀연히 나타났다. 이방인들은 초인超人이면서 동시에 자기네와 똑같은 인간임이 분명했다. 그들은 이방인들이 무릎을 꿇고 마치 두려움이나 고통에 사로잡힌 사람들처럼 기이하게 울부짖는 광경을 보고, 혹시 도움이 될까 해서 좀더 가까이 다가갔다. 그러나 백인들이 울부짖는 것은 제독이 스페인 왕과 여왕의 명의로 그 땅의 소유권을 갖는다고 선언하는 말에 지나지 않았다.

스페인 사람들은 몰려든 원주민들에게서 어떤 적의도 보지 못했다. 콜럼버스는 여러 가지 제스처를 동원하여 원주민들과의 의사소통을 시도했고, 그 섬 이름이 과나아니라는 것을 알아냈다. 그는 그 땅을 스페인 영토에 합병시키면서 산살바도르San Salvador('성스러운 구제자' —옮긴이)라고 이름붙임으로써 애초의 지명을 조용히 말살해버렸다. 태양은 찬연한 빛을 발했고, 공기는 맑고 상쾌했다.

콜럼버스는 벌거벗은 섬사람들의 머리 위를 너머다보았다. 그들 뒤에 펼쳐진 그 땅 전역이 "거대한 정원과 비슷했다." 그는 아무런 경계의 눈치도 보이지 않고 자기 앞에 서 있는 제2의 에덴의 아이들을 유심히 살펴봤다. 그는 한순간 스스로도 의심스러울 만큼 맑고 투명한 안목으로 순수하고 행복해 보이는 사람들을 바라보았다. 그리고 자기가 이 지상낙원의 천사들에게 영원한 종말을 고하게 될 것을 예감했다. 그러나 그런 순간은 빠르게 지나가버렸다.

그들이 우리에게 깊은 우정을 보여줬기에, 그들이 기독교 신앙을 쉽게 받아들이고 무력보다는 사랑을 통해서 좀더 쉽게 개종할 사람들이라는 것을 알았기에, 나는 그들 중의 몇몇에게 화려한 빛깔을 띤 모자와 구슬목걸이를 비롯하여 그다지 값나가지 않는 물건들을 선사했다. 그들은 선물을 받고 기뻐했으며, 감탄할 만큼 우리를 전적으로 신뢰했다. 그후 선물을 받은 사람들은 우리가 쉬고 있는 보트로 헤엄쳐와서 우리에게 앵무새와 면사 실뭉치와 짧은 화살 등을 비롯한 많은 물건을 주었다. 우리가 그들에게 종이나 조그만 유리구슬을 선물한 대가였던 셈이다. 결국 그들은 우리가 준 물건을 받고 고마운 마음을 표하고 싶었던 것이다. 하지만 그들은 어느 면으로 보나 아주 가난한 사람들이었다. 그들은 태어날 때처럼 완전히 벌거벗고 다녔다.

원주민들은 키가 크고 피부가 붉고 잘생긴 사람들이었다. 그들은 재미삼아 몸에 색칠을 하기도 했다. 그들 중 한 사람은 스페인 사람이 갖고 있는 검의 날에 손을 댔다가 손가락을 뺐다. 그들은 무기나 전쟁에 대해서 아무것도 알지 못했다. 그나마 가지고 있는 화살도 짐승을 사냥하기 위한 것에 불과했다. "그들이 어떤 종교도 갖고 있지 않은 것으로 보였기에, 나는 그들이 기독교로 쉽게 개종하리라 믿고 있다." 그렇지만 원주민들은 그와는 또 다른, 자주적이고 야성적인 면도 갖고 있었다. 그것은 야생동물의 야성과 고집스런 측면이었다.

콜럼버스는 그 섬에 가치 있는 어떤 자원도 없다는 것을 확인했다. 이로써 더 지체할 이유가 없게 되었다. 그는 모든 배에 닻을 올리게 했다. 과나아니 섬의 해안을 따라 천천히 항해하면서 그 일대에 무수히 흩어져 있는 섬들을 봤다. 콜럼버스는 예전에 읽었던 책들의 내용을 떠올렸다. 이 섬들이 전에 만났던 키잡이가 말한 바로 그 섬들일까? 아니면 마르코 폴로가 말한 섬들?

과나아니에서 산살바도르로 이름이 바뀐 섬에서 24km쯤 떨어진 데서 그들은 또 다른 섬을 발견했다. 제독은 그 섬에 콘셉시온Concepción이라는 이름을 붙였다. 두 섬의 거리가 그토록 가까운데도 그 섬 사람들은 과나아니 섬 사람들과는 약간 다른 유형의 생활방식을 갖고 있었다. 그곳 원주민들은 그들만의 '원시적인 문화'를 발전시켜나갔다. 그리고 중앙 아메리카와 페루 중심지들에서 아메리카 전역으로 서서히 스며들고 있었다.

그 문화는 원래 카리브 해 연안 사람들이 페루에서 발원하는 아마존 강 지류가 흐르는 지역, 곧 아마존 강 상류지역에서 받아들여 서인도제도에 전파해줬다. 약탈자이자 인간 사냥꾼인 카리브 해 연안 사람들은 '황금시대' 원주민들이 사는 서인도제도 곳곳에 정착했다. 그들은 과나아니 같은 일부 섬들은 그냥 내버려두고 지나쳤으며, 당시 산타마리아 호의 진로에서 그리 멀지 않은 쿠바의 일부 지역은 완전히 점령했다. 콘셉시온 섬은 그 중간쯤에 놓여 있었다. 이제 그 문화는 더없이 평화롭고 원시적인 순수함은 상실했지만, 아직은 따뜻하고 선한 면을 간직하고 있었고, 군소 태양왕들이 너그러운 방식으로 그 섬들을 다스리고 있었다.

그리고 이제 '철의 시대' 가 그 세계에 등장했다.

⚜

산타마리아 드 콘셉시온 제도에 속한 한 섬에서 제독과 선원들은 원주민들이 몸에 착용하고 있는 황금 장신구들을 보고 크게 기뻐했다. 원시문명권의 사람들에게 있어 황금 장신구는 보석이나 돈이 아니라, '생명을 부여해주는 신비로운 것' 으로서의 가치를 지니고 있었다. 콜럼버스 일행 역시 금을 '생명을 부여해주는 것' 으로 보기는 했으나, 그들의 관점에는 신비로운 의미 같은 것은 전혀 깃들여 있지 않았다. 그들은 원주민들에게 금이 어디서 났느냐고 열심히 캐물었다. 원주민들은 "쿠바나칸Cubanacan" 이라고 하면서 남쪽을 가리켰다.

놀랍게도 콜럼버스는 '쿠바나칸' 을 마르코 폴로가 만나본 인물이요, 200년 전에 사망한 위대한 황제 '쿠빌라이 칸' 이라는 말이 와전된 것으로 받아들였다. 그는 배들을 황급히 한데 모이게 한 뒤 카타이(고대 중국을 가리키는 유럽 어—옮긴이) 황궁으로 가기 위해 전속력으로 남진했다.

그들은 섬마다 들러서 금이 있나 확인했다. 황금의 땅은 남쪽에 있다고 하지 않던가. 그러나 정작 쿠바나칸의 발음은 섬마다 크게 차이가 났다. 하지만 마침내, 그들은 진짜 엘도라도 해안에 도착했다!

그곳은 쿠바였다.

그들은 쿠바 북동부 해안을 따라 항해하면서 카누를 타고 다가온 원주민들에게 금에 대해 묻곤 했다. 그리고 금이 쿠바 내륙에 있는 시볼라 광산에 있다는 사실을 알아냈다.

제독은 정찰할 임무를 띤 사람 둘을 내륙으로 파견했다. 그중 한 사람은 헤브라이 어와 칼데아 어, 아라비아 어에 능통해서 쿠빌라이 칸과도 원활하게 의사소통할 수 있을 만한 유대 인이었다. 그러나 '정찰자들'은 몽골 인도 황금도 찾아내지 못했다. 대신 마법사처럼 담배를 피우는 놀라운 부족들을 발견했다. 그들은 끽연 습관을 목격한 최초의 유럽 인들이었다. 정찰자들은 아메리카의 원시문화권 사람들이 사는 개간지 도처에서 환대를 받았다.

한편, 세 척의 배에서 그들을 기다리던 일행은 사정이 그리 좋지 못했다. 핀손과 핀타 호가 사라져버린데다, 과카나가리라고 하는 추장이 다스리는 지역의 앞바다에 정박해 있던 산타마리아 호가 해안풍에 밀려 난파당한 것이다. 그 때문에 산타마리아 호 선원들과 제독은 비좁은 니냐 호로 옮겨야 했다. 이제 제독은 단 한 척의 배로 스페인에 돌아갈 수밖에 없었다. 육지를 발견했을 때의 흥분이 상당히 가라앉은 선원들은 곧 스페인으로 돌아가야 한다고 주장하기 시작했다. 하지만 제독은 과카나가리의 땅에 식민지를 건설하기로 결심했다. 그런 와중에도 쿠빌라이를 만나러 간 사람들은 좀처럼 돌아오지 않았다.

얼마 후 그 유대 인은 돌아왔다. 그는 쿠빌라이도 황금의 도시도 보지 못했으며, 울창한 숲 말고는 아무것도 발견하지 못했다고 말했다. 제독은 그를 혹독하게 나무랐다. 이제 제독은 황금을 찾는 사람의 갑옷 속에 깃든 망령 같은 존재로 화하고 있었다. 이제 그는 출발을 더 이상 늦출 수가 없었다.

콜럼버스 일행은 난파된 산타마리아 호의 목재들을 인양해서 라 나비다드 요새를 건설했다. 영국인과 아일랜드 인을 포함한 40명의 선원들이 남아 그 요새를 지키기로 했다. 1493년 1월 4일, 제독은 니냐 호를 몰고 귀국길에 올랐다.

한편, 핀타 호에 타고 있던 핀손은 고의로 제독(핀손은 제독을 철저히 경멸했던 것 같다)의 대열에서 이탈한 뒤, 소문으로 들은 황금의 섬을 찾아나섰다. 그는 쿠바 해안을 따라 며칠 동안 항해했지만, 전설적인 금광이나 도시 같은 것은 발견하지 못했다. 하지만 남쪽으로 내려가던 중 미지의 만에서 막대한 양의 금을 소유한 원주민들을 만났다. 그들은 무장을 하지 않아 무방비 상태나 다름없는 과나아니 원시인들과는 달리, 어떠한 습격에도 부족을 제대로 지켜낼 수 있을 만큼 완강한 종족이었다. 핀손은 무력으로 금을 탈취하겠다는 생각을 접고, 대신에 물물교환을 통해 꽤 많은 금을 수중에 넣고는 핀타 호의 뱃머리를 돌려 고국으로 향했다.

그 당시 콜럼버스와 핀손이 벌인 다툼은 400년 동안 지리학자들 사이에 많은 논란을 불러일으켰다. 하지만 핀손의 입장을 옹호한 이들은 거의 없었다. 핀손은 그 원정을 지휘한 고결한 몽상가요 기획자인 콜럼버스의 계획을 방해한 비열하고 사악한 인물로 그려져왔다.

그러나 우리는 좀더 냉철한 시각으로 그 문제를 바라볼 수 있다. 핀손은 핀타 호의 주인이었고, 아마 니냐 호도 그의 소유였을 것이다. 그리고 10월 7일에 진로를 남쪽으로 돌리자고 제안한 사람도 핀손이었고—어쩌면 그때 원정대를 지휘하기까지 했을지도 모른다—결국 그렇게 해서 원정대는 육지를 발견했다. 핀손은 원정대가 그곳에서 많은 것을 발견한 공이 콜럼버스뿐만 아니라 자기에게도 있다고 생각했을 것이다. 실제로도 그는 그런 주장을 할 만한 자격을 갖고 있었다.

불운하게도, 고국으로 향하던 핀타 호는 1월 6일에 역풍을 만났으며, 곧 그리 멀지 않은 곳에서 니냐 호를 발견했다. 두 배는 거의 동시에 뱃머리를 돌려 눈앞에 보이는 어디든 재빨리 피신해야만 했다. 핀손은 제독이 니냐 호에 타고 있다는 것을 알고 분개해 마지않았다. 핀손은 콜럼버스에게 억지로 사과를 하고 다시 그의 지휘 아래 들어갔다. 하지만 원주민들에게서 얻은 금을 니냐 호 사람들과 나눈 것 같지는 않다. 콜럼버스도 그 문제로 그를 심하게 몰아붙이지는 않은 듯하다.

그러나 콜럼버스는 핀손이 한 섬에서 대여섯 명의 원주민을 강제로 끌어내 스페인에 데려가 노예로 삼으려는 생각에서 핀타 호에 태운 것을 알고, 그들을 풀어주라고 명령했다. 핀손은 원주민들을 놓아주지 않는 것이 콜럼버스가 자기네를 받아들이면서 보여준 화합과 조화의 정신을 깨뜨리는 짓이라는 것을 모처럼 명확히 통찰하고, 완강하게 맞서 거부했다. 결국 그들은 원주민들을 자원자 자격으로 스페인에 데려가자는 데 합의했다.

열흘 뒤 역풍은 가라앉았다. 제독은 히스파니올라 섬(지금의 아이티 섬―옮긴이)의 해안선을 따라 항해하는 동안 그 매혹적인 해안을 답사해보고 싶은 마음이 굴뚝 같았지만, 바람이 스페인 쪽으로 불고 있었기에 마지못해 포기하고 말았다.

그러나 얼마 후 그 바람은 잦아들었고, 대신 그들은 거센 맞바람과 싸우며 앞으로 나아갔다. 핀타 호는 키가 낡고 불안해서 항해속도가 늦었다. 때문에 니냐 호의 전진속도까지도 크게 떨어졌다. 2월 12일, 그들은 처음으로 대서양의 엄청난 폭풍우와 맞닥뜨렸다. 폭풍우는 사흘 동안 맹위를 떨쳤고, 두 척의 배는 돛을 내린 상태에서 폭풍에 떠밀려갔다. 14일째 되던 날 밤, 핀타 호의 신호 등불이 시야에서 사라졌다. 니냐 호에 탄 뱃사람들은 당대 종교의 전형적인 특징에 영향을 받아 갑작스러운 절망감에 빠져들어 쉽사리 모든 희망을 포기해버렸다.

그러나 그들의 통솔자인 혈색 좋고 거짓말 잘하는 잿빛머리 시인은 꿋꿋한 태도와 믿음을 잃지 않았다. 그는 빈 물통들에 바닷물을 채워 바닥짐으로 쓰라고 지시했다. 그리고 다 함께 무릎을 꿇고 기도를 드렸다. 자기네가 육지를 발견하기만 하면 곧바로 참회의 옷차림에 맨발로 동정녀 마리아를 모시는 가장 가까운 성당까지 걸어가겠다고 맹세했다. 그 같은 약속에 마음이 누그러져서인지, 혹은 때 맞춰서 마련한 바닥짐들에 기세가 눌려서인지는 몰라도, 아무튼 니냐 호는 대서양에서 난파되지 않고 곧장 동쪽으로 나아갔다.

그러던 중에도 제독은 바닥짐을 마련하고 기도를 드린 것도 효험 없이, 끝

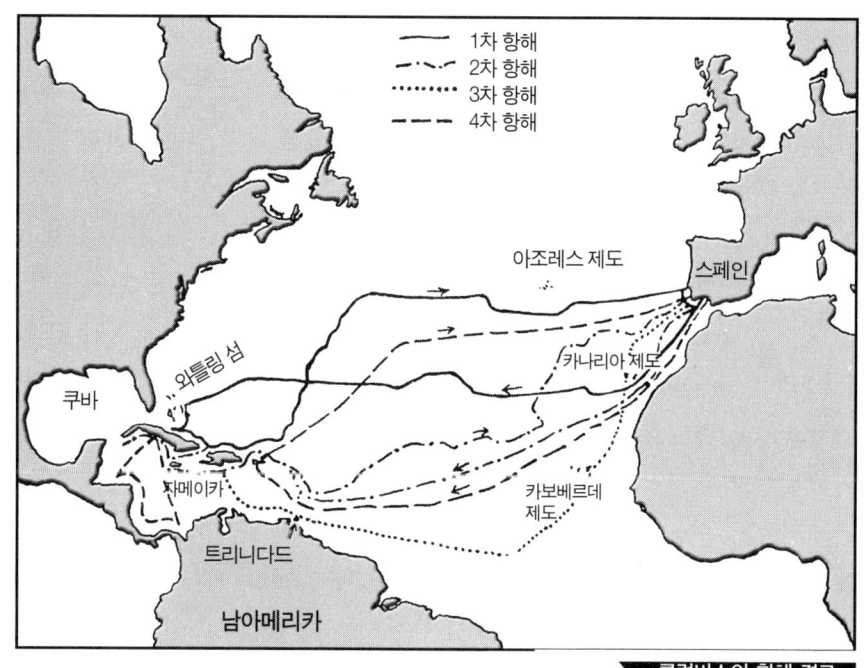

아조레스 제도
스페인
와틀링 섬
카나리아 제도
쿠바
자메이카
카보베르데 제도
트리니다드
남아메리카

1차 항해
2차 항해
3차 항해
4차 항해

콜럼버스의 항해 경로

내 재난을 당할지도 모른다는 생각을 한 듯하다. 그리하여 그는 자신이 항해한 경로와, 그 과정에서 어떤 것들을 발견했는지에 대해 간단히 적어서 밀랍으로 싸고 다시 조그만 통 속에 집어넣고 밀봉한 뒤 바다에 던졌다. 그가 그렇게 하자마자 폭풍우는 누그러졌다. 그리고 2월 15일 아침이 되자, 간밤에 맹렬히 소용돌이치면서 그들을 어둠 속으로 사정없이 내동댕이치던 초록의 괴물들은 얌전해졌다. 그때 문득 육지가 보였다가 이내 짙은 안개 속으로 사라졌다. 그것은 아조레스 제도였다.

17일째 되던 날 밤, 니냐 호 선원들은 또 다른 섬들을 발견하고 그 해안에 정박을 시도하다가 닻 하나를 잃었다. 날이 밝을 무렵 그들은 포르투갈 영토인 세인트메리 섬에 정박하는 데 성공했다.

니냐 호 선원 반수 가량은 셔츠 바람에 맨발로 그 섬에 상륙한 뒤 세인트메리 성당까지 걸어갔다. 그때 길목에 매복해 있던 포르투갈 인들이 튀어나와 그들을 사로잡았다. 바지도 걸치지 않은 뱃사람들은 순순히 포르투갈 인들의 포로가 되었다. 세 명의 선원들과 함께 니냐 호에 남아 있던 제독은 닻을 올리고 세인트메리 섬에서 달아났다.

그러나 얼마 후 그의 열정과 결단력이 되살아났다. 포르투갈 인들이 페르난도와 이사벨의 위임장을 받은 스페인 인들을 모욕한다는 것은 있을 수 없는 일이었다. 콜럼버스는 세인트메리 섬으로 되돌아가 그곳의 총독과 담판을 벌였다. 총독은 양국이 평화를 유지하고 있는 마당에 스페인의 선원들을 납치한 것은 부당한 처사였음을 마지못해 인정했다. 그리하여 선원들은 니냐 호로 돌아왔고, 콜럼버스는 다시 스페인으로 향했다.

그후로도 폭풍우가 연이어 닥쳐와 그들의 진로를 가로막았다. 유럽 해안에는 난파선의 잔해들이 즐비하게 널려 있었다. 그러나 과나아니에서 아침을 맞던 순간처럼 콜럼버스는 다시 감격을 맛볼 수 있었다. 3월 4일, 그는 스페인의 해안을 떠난 지 8개월 만에 니냐 호를 몰고 의기양양하게 타호 강 어귀로 진입했다.

❧

포르투갈 왕은 매우 호의적인 태도로 콜럼버스를 맞았다. 왕은 콜럼버스가 자기의 수로안내인 중의 한 사람으로 활동한 것이라 주장했다. 대서양의 그쪽 해역 전체가 포르투갈의 영역이지 않은가. 그러나 제독은 왕의 주장을 인정하지 않고 팔로스로 떠났다.

3월 15일, 콜럼버스는 애초에 스페인 감옥에서 풀려난 범죄자들로 원정대를 조직하여 출항했던 팔로스 항에 다시 돌아왔다. 핀손 가 3형제 중 두 사람은 함께 돌아왔지만, 알론조 핀손은 키도 없는 핀타 호와 더불어 대서양의 험준한 파도의 골짜기 속으로 사라져버린 듯했다. 콜럼버스는 바르셀로나에 도착하자마자 곧바로 왕과 여왕에게 편지를 써보낸 뒤 왕궁으로 들어갈 채비를 했다.

　그러나 그동안 용케 익사를 모면한 마르틴 알론조 핀손은 심하게 파손된 핀타 호를 몰고 베이온에 입항하는 데 성공했다. 콜럼버스가 팔로스에 도착하던 날, 핀손은 베이온에서 자신의 항해경로와 성과에 대한 내용을 상세히 보고하는 편지를 바르셀로나에 보냈다. 그 편지에서 콜럼버스에 대해서는 한 줄도 언급하지 않았다. 그것은 한 치의 물러섬도 없는 경쟁이었고, 콜럼버스는 일생일대의 위기에 봉착할지도 모를 순간이었다.

　그러나 왕실에서는 주저하지 않고 정당한 절차를 밟아서 지명한 원정대 대장의 손을 들어줬다. 핀손은 제독의 대열에 끼어서 들어오지 않는 한 왕궁에는 얼씬도 하지 말라는 명령을 받았다. 핀타 호를 이끌고 험난한 파도를 헤치고 들어오면서 몸이 심하게 상한데다, 그런 소식까지 듣게 된 핀손은 절망적일 수밖에 없었다. 콜럼버스가 저 머나먼 신비의 땅에서 온 여섯 명의 인디언과 앵무새를 동반한 행렬을 이끌고, 놀라움과 불안 어린 눈빛으로 지켜보는 이들을 눈 아래로 굽어보면서 바르셀로나 거리를 위풍당당하게 행진하던 바로 그날, 좌절한 핀손은 베이온에서 사망하고 말았다.

　페르난도와 이사벨은 콜럼버스를 개선장군처럼 맞아줬다. 왕과 여왕은 그에게 후한 상금과 문장紋章이 수놓아진 코트 한 벌을 하사했고, 그는 물론 그의 형제와 후손들까지 대대로 상속받게 될 스페인의 귀족을 뜻하는 '돈Don' 칭호를 부여했다. 그리고 연회석상에서 그를 대공大公으로 대접했다.

　스페인 전역에서 가장 존경받는 인물이 된 콜럼버스는 사방에서 초대를 받았다. 그러나 이따금 한밤중이면 내면에 도사린 순수하던 시절의 자신의 열정에 귀기울이며 깊은 생각에 잠기곤 했다. 그럴 때면 핀손 가 사람들을 홀대했던 기억이, 자신이 행운과 근거가 박약한 전설 등에 힘입어 새 땅들을 발견하기는 했으나, 그 땅들이 진실로 어떤 곳인지 아직 알지 못하고 있다는 사실이 분명하게 떠올라 괴로웠다. 그중의 하나가 '지상천국'이었다. 마음이 약해져서 제대로 답사도 해보지 않고 돌아온 것은 아닐까 하는 생각에 시달렸다. 그는 그럴 때마다 기도를 하면서 다시 항해에 오르리라 각오했을 것이다.

페르난도와 이사벨은 새로운 땅들의 부왕이 콜럼버스임을 인정해주면서, 하루속히 새 원정대를 조직하라고 지시했다. 포르투갈측에서 그 땅들에 대한 권리를 강력하게 주장하고 나섰기 때문이다. 왕과 여왕은 무어 인들과의 전쟁을 끝낸 터라, 새 땅을 획득하고 수많은 이교도를 기독교로 개종시키는 일에 열성을 보였다(콜럼버스가 데려온 여섯 원주민은 기꺼이 세례를 받았으며, 그중 한 명이 그 직후에 사망하자 교회당국에서는 그가 "그의 종족 중에서 최초로 '천국'에 들어간 사람"이라고 엄숙하게 선언했다).

두 번째 항해는 총 17척의 배와 경쟁적으로 몰려든 1,500명에 달하는 선원들로 조직되었다. 그리고 식민지 개척을 위해 곡괭이와 삽, 각종 씨앗과 식물을 실었다. 또한 원주민들을 개종시킬 임무를 띤 12명의 사제도 포함되어 있었다. 천문지리학자들이 결국, 새로 발견된 땅들이 인도 근처에 있다고 판정해줬으므로 스페인 사람들은 이미 그 원주민들을 '인디언'이라 불렀다.

정작 제독은 자신없어하는 기미를 보였다. 그의 믿음은 지팡구와 인도, 대칸의 영역 변두리 사이를 왔다갔다했다. 니냐 호 선원들이 다그치지 않았다면 그가 답사를 포기하지 않았을 테고, 빛나는 오피르 항이나 성경에 나오는 하빌라 항에 들어갔을지도 모른다. 그는 자신이 풍요로운 대륙의 미개한 변경이나 끄트머리에 도달한 것에 지나지 않았다는 사실을 인정했다. 그 대륙에는 재보가 무진장 널려 있을 것이고, 구원해야 할 많은 사람이 살고 있으리라.

그는 그런 확신—사실, 어느 면에서는 그의 뒤를 이어서 탐험길에 나선 스페인 사람들이 그런 확신이 맞는 것임을 입증해줬다고도 할 수 있다—을 품고서 1493년 9월 25일, 새 원정대를 이끌고 카디스 항을 떠나 서쪽으로 향했다.

⚜

그들은 딱 한 번 폭풍우에 잠시 시달린 것을 제외하고는 대체로 별 어려움 없이 순조롭게 항해했다. 그들은 1차 원정 때의 뱃길에서 남쪽으로 좀 떨어진 항로를 잡고 나아갔다. 11월 3일 일요일, 드디어 '새 땅들' 중의 하나를 목격했다. 신앙심 깊은 제독은 소앤틸리스 제도에 속하는 한 섬인 그 땅에 상륙한 뒤, 일요일에 발견했다 해서 '도미니카'라는 이름을 붙였다.

그 섬은 무인도였다. 거기에서 쿠바가 북서쪽에 위치해 있었다. 함대는 소앤틸리스 제도를 따라 쿠바 쪽으로 천천히 나아갔다. 더없이 완벽한 날씨가 계속되었고, 함대에 승선한 1,500명 선원들의 사기는 아주 높았다. 사람들은 황홀해했다. 완벽한 항해 조건에서 본 다도해의 찬연한 일출과 일몰은 그들에게 진짜 '천국'이나 다름없었을 것이다.

그러나 그것도 잠시, 그들은 과달루페라고 하는 새로운 섬에 상륙한 뒤 끔찍한 광경을 목격했다. 그곳 원주민들은 원시인들이 아니라, 식인 풍습을 지닌 카리브 인들이었다. 그들은 잘 지은 집들과 도로망을 갖춘 수준 높은 문화를 향유하고 있기는 했으나, 그들의 오두막에는 마른 인육 조각들이 줄줄이 매달려 있었다. 남자들은 때마침 배를 타고 다른 곳을 습격하러 나가고, 섬에는 여자들과 아이들밖에 없었다. 원정대 사람들은 공포에 질린 상태에서 그 일대를 대충 살펴보고는 함대에 돌아오자마자 서둘러 북쪽으로 떠났다.

그들은 쿠바로 가는 길에 작은 섬들이 잔뜩 몰려 있는 곳에서 크고 아름다우며 땅이 기름진 섬에 이르렀다. 제독은 그 섬에 산후안San Juan이라는 이름을 붙였다. 훗날 그 이름은 푸에르토리코로 바뀌었다. 과달루페 섬에서와 마찬가지로 그 아름다운 섬에서 오로지 인간만이 사악했다. 카리브 인들은 인간사냥을 생업으로 삼는 사람들이었다.

훗날 알게 된 사실이지만, 원래 식인풍습은 아마존 유역의 카리브 부족들 사이에서 행해진 종교적·제례적 풍습이었다. 그러던 것이 제례적인 범위를 넘어서는 형태로 발전해갔던 것이다. 소앤틸리스 제도에는 먹을거리로 삼을 만한 큰 짐승이 드문 터라, 원래 종교적인 의식에서 행해진 식인풍습이 생존의 한 수단으로 변한 것이다.

그러나 당시 스페인 사람들은 그런 사실을 전혀 알지 못했다. 그들에게 식인풍습은 끔찍하고 혐오스럽기 그지없었으며, 그 원주민들이 인간이 아니라

야수라는 것을 알려주는 명확한 증거로 비쳤다. 스페인 사람들은 푸에르토리코와 과달루페에서 처음으로 만행을 저지르기 시작해서 끝내 그들을 멸종시켰을 것이다. 그 북쪽에 있는 섬들인 바하마 제도의 원시인들은 카리브 인도, 식인종도 아니어서, 금과 노예를 찾으러 온 스페인 사람들에게 전혀 문제가 되지 않았다. 그럼에도 스페인 사람들은 그들을 함부로 살해하고, 뒤에 가서는 식인종들이어서 그랬다는 식으로 양심의 가책을 무마할 수 있었다.

콜럼버스 함대는 쿠바 해안을 따라 항해한 끝에 라 나비다드 요새에 도착했다. 그런데 요새는 없었다. 흔적 하나 없이 파괴되었던 것이다. 1차 원정 때 남게 되었던 40명의 선원도 사라져버렸다. 해골 조각 몇 개와 녹슨 갑옷 파편들만 나뒹굴고 있었다.

당황한 스페인 사람들이 요새 자리를 수색하는 동안, 과카나가리 추장이 보낸 사자들이 와서 라 나비다드 요새의 최후에 관한 이야기를 들려줬다. 콜럼버스가 유럽과 아메리카 간의 우의를 돈독하게 하려는 뜻에서 남겨둔 40명의 스페인 사람들이 처음부터 오만방자하게 굴었다. 그들은 섬을 헤집고 돌아다니면서 원하는 것을 마음대로 집어가고, 인디언들의 일에 간섭하며, 야비하고 거만하게 행동했다. 이웃의 한 추장이 더 이상 견딜 수가 없을 만큼 분노했다. 추장은 사람들을 동원해 요새로 쳐들어가 그곳을 파괴하고 수비대를 몰살시켰다. 과카나가리 추장은 백인들을 지켜주려 하다가 부상까지 입었다.

사자들이 들려주는 사건의 전말은 그러했다. 어쩌면 과카나가리 추장도 요새 습격에 동참했을지 모른다. 설사 그랬다 하더라도 제독은 섬에 남았던 뱃사람들의 됨됨이를 생각하고, 추장이 오죽하면 그랬겠느냐고 생각한 듯하다. 쿠바 원주민들이 백인들과 그들의 행태에 진저리를 치고 있었으므로, 이제 다시 라 나비다드 요새를 세운다는 것은 불가능한 일이 되었다.

그러나 스페인 사람들은 오로지 보물을 찾겠다는 일념으로 스페인을 떠나 오랜 항해의 괴로움을 참고 견뎌온 터였다. 그들은 빨리 육지에 상륙하자고 아우성이었다. 어디든 한 곳을 정해 도시를 건설해야만 했다. 콜럼버스는 함대의 방향을 돌려 히스파니올라로 가게 했다. 그는 함대를 아르 케이프 아이티엔에 정박시키고, 정글이 우거진 그 해변에 신세계 최초의 유럽 인 도시인 이사벨라 시를 세우기 위해 사람들과 물자를 내리게 했다.

이사벨라 시를 건설하는 작업이 착수되었지만 진행속도는 느렸다. 사람들은 그 작업을 지겨워하고 못 견뎌했다. 스페인에서의 총독은 매혹적인 사업에 참여할 동지들을 받아들이던 친절하고 정중한 고관의 이미지를 갖고 있었지만, 이제는 전혀 딴사람으로 변해 있었다. 그는 노동규칙을 만들어 사람들을 무자비하게 몰아붙였고, 자신을 부왕으로 깍듯이 예우하게 했다. 이사벨라 시를 건설하는 작업은 갈등과 불화 속에서 진행되었다.

얼마 후 식량이 떨어지고 의약품도 바닥났다. 콜럼버스는 조만간 스페인 왕실에서 그 식민지에 지나치게 많은 돈이 들어가는 것에 짜증을 내리라 예견했다. 그리하여 그는 페르난도와 이사벨에게 사자 한 사람을 보내, 현재의 지출비용을 식인종 인디언들을 붙잡아서 스페인에 노예로 송출하는 것으로 메우자는 제안을 전달했다. 콜럼버스는 그렇게 하는 것이 "인디언들의 영혼을 위해 더없이 좋은 일이 되리라"고 생각했다.

그는 냉혹하고 변덕스러운 기질을 지닌 사람이었다. 그의 탐욕은 어쩔 수 없는 여러 가지 정황이 결부되어서 나온 것으로, 지상천국을 찾던 사람이 하루아침에 노예상인으로 돌변한 것은 아니었다. 그는 전과 다름없이 진실하고 공정한 사람이었다. 지상에 존재하는 '신의 도시'를 찾고, 신이 선택한 사람이 과업을 제대로 수행할 수 있는 경제적인 바탕을 마련하려면 노예는 반드시 필요했다. 콜럼버스는 여기저기로 배를 내보내 노예사냥을 지시했고, 그런 관행은 이내 일종의 상업활동으로 굳어졌다. 그는 노예 견본들을 스페인에 보냈다.

그 와중에 시볼라 금광이 발견되었다. 콜럼버스는 원주민들에게서 금광을 강제로 빼앗아 스페인 사람들을 시켜 채굴작업을 벌이게 했다. 콜럼버스는 이제 새 식민지 사람들이 한동안은 자기네 도시를 방어할 능력이 있다는 판단을 내렸다. 그리하여 4월 중순, 그는 황금의 땅을 찾아 다시 함대를 몰고 바다로 나갔다.

그는 5개월 동안 자메이카 해역을 이리저리 돌아다니면서 자메이카 섬과 수많은 작은 섬들을 발견했다. 하마터면 함대는 그 섬들 사이에서 침몰할 뻔 하기도 했다. 그 과정에서 어떤 섬에 이르렀는데, 그 해역에서 수상한 배 한 척을 발견했다. 면으로 된 옷을 걸친 사람들이 돛이 달린 카누의 노를 젓고 있었다. 콜럼버스는 그들의 손짓과 표정을 통해서 그들이 서쪽으로 훨씬 더 멀리 떨어진 데서 왔다는 것을 알았다. 그들의 배와 옷차림으로 보아 그들이 문명이 상당한 수준에 이른 곳에서 왔다는 것을 알 수 있었다. 콜럼버스는 가슴이 크게 부풀어올랐다. 그들이야말로 카타이(중국)의 원주민들이 아니고 누구란 말인가!

그러나 이사벨라 시에서 빨리 와달라는 연락이 와서 그는 미지의 서쪽 해역을 답사할 만한 시간 여유가 없었다. 그는 소앤틸리스 제도를 가로질러가는 동안 부하들을 시켜서 노예로 삼을 식인종들을 잡아오게 한 뒤, 이사벨라 시가 있는 히스파니올라 섬 쪽으로 뱃머리를 돌렸다.

그가 와 보니 히스파니올라 섬은 온통 혼란과 소동에 휩싸여 있었다. 섬의 답사를 위해 내보냈던 사람들이 제독에게 불만을 품고 섬의 인디언들을 선동한 것이었다. 섬 도처에서 원시문명의 원주민들이 철기문명이 안겨준 새로운 공포와 맞서 싸우기 위해 들고일어났다. 벌써 행동을 개시한 한 추장은 부족민들을 이끌고 이사벨라 시를 향해 행군해오고 있었다.

함대가 이사벨라 시에 정박할 즈음 콜럼버스는 열병에 걸려 기력이 쇠진한 상태였다. 하지만 무장한 원주민들이 처들어온다는 소식을 접하자, 그의 내면에서는 하나님이 당신을 믿는 기독교인들에게 승리를 안겨주실 거라는 굳은 확신과 아울러 신앙심에 바탕을 둔 뜨거운 열정이 치솟아올랐다. 때마침 그의 동생 바르톨로메가 스페인에서 와 있었다. 제독은 동생에게 이사벨라 시를 맡기고 인디언들과 맞서 싸우기 위해 행군해갔다.

그날은 몹시 더웠다. 바람 한 점 불지 않는 상태에서 몸통 갑옷을 걸친 스페인 사람들은 쪄죽을 것처럼 숨이 막혔다. 하지만 날카로운 돌을 엮어 만든

창과 나뭇가지로 묶은 방패를 든 인디언들을 보는 순간, 그들의 눈은 무서운 빛을 발했다. 원주민들은 용감하게 돌격했고, 스페인 사람들은 화승총을 발사했다.

전투의 운명은 불과 몇 분 내에 판가름 났다. 인디언들은 뿔뿔이 흩어져 달아났고, 제독이 데려온 사냥개들이 그들을 맹렬히 추격했다. 그 전투에서 제독의 군대는 네 척의 배에 가득 태울 수 있을 만큼의 많은 노예들을 생포해서 스페인으로 보냈다.

라 나비다드 요새를 파괴한 장본인이었던 카오나보 추장 역시 무장을 하고 있었다. 돈 크리스토발 콜론과 돈 바르톨로메는 200명의 부하를 이끌고 추장의 진영으로 쳐들어가 무속민늘을 마구 학살했다. 그늘은 섬 도처에서 인디언들을 무찔렀고, 무장한 상태에서 생포된 이들은 노예로 삼았다. 카오나보 추장도 부하가 배신하는 바람에 생포되었다.

콜럼버스는 그를 '반역자'로 재판에 회부하기 위해 스페인으로 보냈다. 하지만 스페인으로 가는 도중에 계속해서 저항하는 바람에 결국 죽고 말았다. 그 덕에 능지처참을 당하거나 교수대에 매달리는 운명은 면했다. 카오나보 추장은 아메리카에서 침략자들과 용감하게 맞서 싸운 최초의 영웅적인 원주민 전사였다. 그는 마야의 모코보Mochovoh, 아스텍의 콰테목Quatemoc, 페루의 위대한 '스토니페이스Stony-Face(무표정한 얼굴)'에 뒤지지 않는 인물이었다.

이제 제독은 히스파니올라 인디언들, 곧 아메리카 변방에 거주하는 불운한 주민 전체를 스페인의 예속민들로 만들고 일정한 공물을 바치게 했다. 불과 4년 전에 과나아니 사람들을 '자유롭고 소박한 사람들'이라고 말했던 제독은 노예들의 숫자를 일정하게 유지하고 그들의 영혼을 구제하겠다는 경건한 바람을 갖고서, 과달루페의 식인종들조차도 두려움으로 하얗게 질리게 만들 만큼 대규모의 인육 장사를 끊임없이 그리고 정기적으로 시행했다.

그러나 식민지 사정은 점점 더 악화되기만 했다. 그 사정이란 주로 지리적인 탐험을 중심으로 해서 서술한 공식적인 기록에는 없는, 식민지 정복과정에서 일어난 모욕과 피와 눈물로 얼룩진 비참한 이야기와 관련된 것이었다. 이상주의적인 성향을 지닌 그 괴이한 악당의 본질에는 그런 사정이 아무런 영향을 미치지 못했을지 몰라도, 탐험가로서의 그의 운명에는 적잖은 영향을 미쳤다.

콜럼버스의 혹독한 독재에 대한 불만이 높아지자 페르난도 왕과 이사벨 여왕은 감독관 한 사람을 파견했다. 감독관은 1495년 10월에 현지에 도착한 뒤, 제독에게 불리한 이야기들을 듣고 보고서를 작성했다. 보고서 내용을 뒷받침해주는 증거는 무수히 많았다. 식민지 정착민들과 인디언들은 감독관에게 떼로 몰려가서, 그 신앙심 깊은 제노바 인이 자행한 끔찍한 불법행위들을 낱낱이 고해바쳤다. 시인의 영혼을 지닌 콜럼버스는 섬 사람들의 배은망덕한 태도를 보고 마음에 깊은 상처를 입었다. 그는 스페인에 돌아가 법정 앞에서 자신의 입장을 변호하기로 결심했다.

그는 니냐 호에 승선했다. 그러자 그가 먼저 스페인에 도착하여 보고를 할까봐 두려웠던 감독관은 다른 배를 타고 귀항에 올랐다. 두 사람은 서로 먼저 출발하기 위해 열띤 경쟁을 벌였다. 그들은 각자의 배에 필요한 인원과 짐을 실은 뒤, 거의 비슷한 시간에 이사벨라 시를 떠나 대서양의 파도를 헤치고 나아갔다. 콜럼버스는 히스파니올라를 다스릴 책임을 바르톨로메에게 맡겼지만, 그는 일을 엉망으로 처리했다.

항해가 계속되면서 양식이 떨어졌다. 두 배에는 다수의 인디언 노예들이 승선해 있었고, 선원들은 정 먹을 것이 없으면 그들을 죽여서 먹겠다고 위협했다. 그 기독교인들도 식인풍습에 물들어버린 듯했다. 그러나 노예들은 값나가는 물건들이었기에 콜럼버스는 노예들을 건드리지 못하게 했다. 그들은 카디스 만에 도착할 때까지 굶주림을 참고 견뎌야 했다.

여기서 콜럼버스는 현실감각이 결여된 사람답게, 첫 원정에서 돌아왔을 때처럼 화려한 행렬을 지어 스페인 땅을 가로질러가기로 마음먹었다. 그는 호사스런 의상을 걸치고 말을 탄 채, 밧줄로 묶은 인디언들을 줄줄이 끌고 왕궁을 향해 행진했다.

그러나 그가 지난 2년 동안 실패만 거듭했다는 소식이 이미 널리 퍼져 있어 가는 곳마다 비난과 조롱을 받았다. 남자들은 모욕했고, 여자들은 그를 나무랐다. 하빌라의 금광은 어디 있지? 지상천국은 어디 있어? 인디언이 대 칸이란 말이냐? 아니면 대 칸보다 더 위대한 칸이냐? 네 꾐에 빠져 바다를 건너간 우리 남편들과 아들들은 지금 어디 있지? 식인종들에게 붙잡혀 모닥불에 구워지는 신세가 된 것 아니냐?

페르난도 왕과 이사벨 여왕은 그저 의례적인 연회를 베풀어 그를 맞아주었다. 그는 감독관과 폰세카 주교가 바랐던 것처럼 재판에 회부되지는 않았다. 하지만 3차 원정에 필요한 비용을 조달해달라는 그의 청원은 한없이 뒤로 미루어졌다.

콜럼버스는 낙담했다. 그가 세상 사람들에게 늘어놓은 거짓말 중의 일부가 그의 목을 죄어왔다. 그의 탐험과 발견에 관한 이야기는 여기서 그만 막을 내리고 마는 듯했다.

❦

그러나 성공을 거두었던 몇 년의 세월 동안에 형성된 자부심 어린 그 낙천적인 표정 뒤에는 불굴의 의지가, 자신이 지어낸 이야기들과 옷 행상인 시절에 읽은 로맨틱한 이야기들에 대한 굳은 믿음이 도사리고 있었다. 이제 '지상천국'을 찾을 수 있으리라는 희망은 빛이 좀 바랬지만, 그는 중세적인 천문지리학 개념들을 여전히 고수하고 있었다. 그의 역사개념들 역시 여전히 중세적이었음은 물론이다.

콜럼버스는 그에게 헛된 희망만 안겨줬던 황금이 널려 있는 인도 땅이나 진주가 널려 있는 카타이 땅의 실재를 확신했다. 그리고 자신이 기독교인으로서 그 땅의 주민들을 기독교 신앙으로 인도해줄 의무를 갖고 있다고 믿었다. 물론 그에 대한 보상으로 약간의 재물도 얻을 심산이었다.

그는 2년 동안 페르난도와 이사벨을 졸라댔다. 마침내 왕과 여왕의 저항도

약해지기 시작했다. 원래 친절한 사람들이었던 그 부부는 제독이 발견한 땅들로 인해 자기네의 명예가 올라간 일을 잊을 수가 없었다. 서인도제도가 범죄자들을 양산해내고 별 쓸모 없는 노예들만 얻게 해줬을 뿐, 효용가치가 거의 없는 땅에 불과하다는 것은 사실이었다. 하지만 제독의 주장이 옳다면? 제독 일행이 전설적인 부로 가득한 동방에 해당하는 거대한 서쪽 대륙의 변두리만 살짝 구경하고 온 정도에 지나지 않은 것이라면?

사실, 그 무렵 서쪽에 대륙이 실재한다는 것은 단순한 소문이 아니었다. 세바스천 캐벗은 영국 배들을 이끌고 대서양을 건너 북아메리카 대륙을 목격했고, 그 해안을 따라 한동안 항해하다 돌아왔다.

콜럼버스는 왕과 여왕이 자신의 새 요구를 들어주자 남쪽으로 항해하기로 마음먹었다. "이제까지 적도 아래쪽으로는 누구도 가본 적이 없어 거의 미지의 바다나 다름없다고 믿고 있다. 나는 적도를 지나 더 아래로 내려가보려 한다."

(여기에 인용한 대목은 시인 기질과 사기꾼 기질이 강한, 그리고 항해 경험은 별로 없는 콜럼버스가 말은 그렇게 했지만 잠시 스스로를 의심하는 듯한 기미를 드러내준다. 앞에서 이미 이야기한 대로 그가 첫 항해를 떠나기 전부터 지중해 서부 일대에는 대서양 해역에 있는 땅들에 대한 소문이 널리 퍼져 있었으니까. 그리고 콜럼버스가 마데이라 제도에서 만난 뱃사람 같은 이들이 이미 오래 전에 적도 해역을 지나갔을 가능성도 없지 않다.)

그는 세 척의 배를 이끌고 카보베르데 제도(세네갈의 서해안에 위치한 섬들─옮긴이)를 떠났다. 그는 첫 항해를 연상시킬 만큼 의욕에 가득 차 있었다. 이때는 부왕이라는 허울을 벗어던져버렸다. 1498년 7월 4일, 그는 대담하게 일개 선장─선장으로서의 능력은 별로 없었지만─의 입장으로 돌아가 갑판을 거닐면서, 대서양 상공에 흩어진 별들을 응시했다. 주위에는 '살을 에일 만큼 싸늘한' 안개가 어려 있었다. 이윽고 배들은 해초들이 가득 널린 드넓은 해역을 가로질렀다. 바람은 자고 수면은 거울같이 고요했다. 수면 밑을 유유히 흐르는 조류가 배들을 이끌고 가는 듯했다. 선원들은 바람이 없는데도 배가 나아가는 것에 겁을 집어먹었다.

서쪽으로 나아가는 동안 더위는 점점 더 심해졌다. 선원들은 악취가 가득한 선창으로 내려가기를 거부했다. 양식과 물이 썩지 않도록 꺼내와야 하는데도 선원들은 더위 앞에서 꼼짝도 못했다. 넋 나간 선원들은 뒤집어놓은 거대한 놋화로 같은 열기에서 자기네를 구원해달라고 하나님께 울부짖었다.

선원들이 더 이상 견딜 수 없을 것 같은 상태가 되었을 때, 마침내 바람이 일기 시작하더니 점점 더 강해졌다. 그것은 곧 거센 바람이 되어 맹렬한 열기로 바짝 마른 돛들을 팽팽하게 부풀어오르게 했다. 세 척의 배는 그 바람을 타고 서쪽으로 빠르게 나아갔다.

그로부터 사흘 뒤인 7월 22일 저녁, 돛대 위에서 망을 보던 선원들은 저물녘의 하늘을 가로질러 북동쪽으로 날아가는 새떼를 목격했다. 콜럼버스는 첫 번째 항해 때 새떼를 봤음에도 육지가 나타나지 않았던 경우를 겪었음에도 불구하고, 이번에도 역시 육지가 가까이 있다고 선언했다. 매일 저녁마다 때를 알리기라도 하듯 새들이 나타나곤 하는 가운데 1주일이 속절없이 지나갔다. 한 번은 알바트로스 한 마리가 커다란 날개를 펼치고 날아와 제독의 배 돛대 위에 내려앉았다. 그런데도 육지는 보이지 않았다.

그리고 7월 31일 목요일, 콜럼버스가 탄 배의 돛대 위에 올라가 망을 보던 알론조 페레스가 서쪽으로 육지가 보인다고 소리쳤다. 그의 말대로 수평선 저 멀리 세 개의 커다란 봉우리가 수면 위에 솟아나 있었다. 훗날, 사람들은 트리니다드의 높다란 세 봉우리를 배경으로 하여 돌출한 그 곳을 카셰포 곶이라 명명했다.

콜럼버스는 배들을 해안 가까이 다가가게 했지만, 배를 정박시킬 만한 곳을 찾을 수 없어 내처 서쪽으로 나아갔다. 선원들은 잘 지은 오두막들이 늘어서 있고, 그 너머로 경작지들이 펼쳐진 해안이 느릿느릿 지나가는 광경을 놀란 눈으로 바라봤다. 그 일대의 카리브 인들도 달려나와, 스페인 사람들보다 한층 더 놀란 눈으로 세 척의 배를 바라봤다. 이윽고 트리니다드의 해안지대에는 어둠이 내려앉았다.

날이 밝은 뒤에도 함대는 여전히 트리니다드 해안을 지나고 있었다. 대서양을 지나는 동안 건조한 열기에 배의 목재들이 심하게 수축되어 여기저기에서 물이 샜다. 제독은 배를 정박시키고 수리할 만한 곳을 찾으려고 연신 해안을 두리번거렸다. 이윽고 그는 알카트라즈 곶 근처에 함대를 정박시키고 신선한 물을 얻을 수 있었다. 거기서 아메리카 대륙의 해안을 처음으로 목격했다. 낮은 해안선은 오리노코 강 어귀에서 이는 흰 파도를 띠처럼 길게 두르고 있었다. 콜럼버스는 그 대륙을 섬으로 생각하고 제타 섬이라 이름 붙였다.

그는 많은 사람이 살고 있고 잘 경작된 땅이 펼쳐져 있는 해안을 따라 나아가다 파리아 만 안쪽으로 들어섰다. 엄청난 수량의 강물이 트리니다드와 남아메리카 해안 사이에 갇혀 한 방향으로 맹렬하게 쏟아져나가는 '서펀츠 마우스Serpent's Mouth(뱀의 입)'의 높은 파도에 밀려 본의 아니게 그곳으로 흘러들어간 것이다. 선원들은 높은 파도에 밀려 코르크처럼 춤추는 자기네 배의 한없는 가벼움에 여간 놀라지 않았다.

그날 인디언들을 잔뜩 태운 카누 한 척이 트리니다드에서 나와 스페인의 배들을 구경하기 위해 접근했다. 제독은 인디언들을 꾀어 납치하기 위해 선원들로 하여금 뒷갑판에서 탬버린을 치고 춤을 추게 했다. 인디언들은 이방인의 행동을 전투개시 신호로 받아들여 한바탕 화살을 쏘고 자기네 해안으로 퇴각했다.

세 척의 배는 며칠 동안 남아메리카 해안을 따라 천천히 항해했다. 그 해안에는 마을들이 곳곳에 흩어져 있었다. 콜럼버스는 파리아 곶에서 원주민들이 자기네한테 저지른 짓에 앙갚음하기 위해 네 명의 인디언을 납치하고, 지광구를 찾아 계속 앞으로 나아갔다. 마침내 함대는 파리아 만의 제2출구인 '드래건스 마우스Dragon's Mouth(용의 입)'도 무사히 통과하고, 소앤틸리스 제도 해역으로 나왔다.

아시아와 하빌라는 여전히 보이지 않았다. 하지만 이튿날 바다와 하늘이 맞닿은 곳에 마르가리타 섬이 희미하게 떠올랐다. 콜럼버스는 멍한 상태였지만, 정신을 차리고 그 해안을 자세히 살펴보려 눈에 힘을 주었다. 그러나 세 척의 배에 탄 모든 선원들, 병사들, 수로 안내인들은 물론이고, 급사들까지도 함대가 파리아 만에 들어선 순간부터 넋이 나간 듯한 그를 보고 몹시 불안해하고 있었다. 그 바다로 맹렬히 쏟아져들어오는 강물을 보고 제독은 자신이 애초에 섬이라 생각했던 것이 실은 대륙임이 분명하다고 확신했다. 아시아 대륙임이 분명하다고. 그는 모두에게 "마침내 세상에서 가장 풍요로운 땅에 도착했다"고 선언했다.

그러나 함대의 사람들은 아무도 그 말을 믿지 않았다. 자기네가 지구의 얇은 테두리를 돌아 다시 아프리카 가까이 왔다고 생각하는 이들도 있었다. 심지어는 바다 멀리 나와 엉뚱한 미지의 나라, 이를테면 스코틀랜드 같은 나라의 한 끝에 이른 것이라 생각했다.

콜럼버스의 수학數學은 불확실성의 긴장을 이기지 못하고 무너져버렸다. 절망에 빠진 그는 곧 다시 배를 몰고 히스파니올라를 찾아나서기로 결심했다. 그곳마저도 지도의 주름 속으로 사라져버리지만 않았기를 간절히 기도하면서…….

제독은 주먹구구식 계산을 해가며 결국 마르가리타를 찾아냈다. 그리고 자신이 알아볼 만한 지형을 찾기 위해 그 환상의 왕국을 떠나 북쪽으로 달아났다.

⚜

콜럼버스는 히스파니올라에 도착해 3년간 그곳을 다스렸다. 그 기간 동안 콜럼버스는 애초에 갖추고 있었던 자신의 최상의 특징들, 곧 몽상적인 탐험가 기질, 거짓말쟁이이기는 하나 그럼에도 매력적으로 비치는 시인 기질, 환상적이고 로맨틱한 종교적 열정의 색채가 짙기는 하나 그럼에도 진지한 성품 등은 오만한 총독이요 하늘이 정해준 부왕이라는 역할 속에서 점차 희미해져갔다. 또한 노예상인에서 한층 더 암울한 모습으로 변해갔다.

콜럼버스는 히스파니올라와 그 일대의 섬들에 거주하는 인디언들을 아무런 명분도 내세우지 않고 마구 잡아들였다. 불쌍한 사람들이 반기를 들었지만, 그는 막무가내였다. 말을 탄 그의 부하들은 사냥개들을 앞세우고 인디언들을 추적해서, 한 번에 몇백 명씩 붙잡은 뒤 스페인으로 싣고 가 세비야 시장에서 노예로 팔아넘겼다.

마침내 이런 관행이 극에 달해 페르난도와 이사벨—이교도들인 무어 인들이 가까이 있지만 않았다면 더없이 너그러운 계몽군주였을—도 더 이상 못 본 체하고 넘어갈 수가 없었다. 그들은 세비야에서 노예매매를 금했고, 계속해서 쏟아져들어오는 콜럼버스에 대한 불평불만을 주의 깊게 경청했다.

불평불만과 비난의 목소리는 그 내용들이 워낙 심각한데다, 너무 자주 들어오는 바람에 왕과 여왕은 현지에 조사관을 파견하기로 결정했다. 조사관 프란시스코 드 보바딜라가 왕과 여왕에게서 분명한 지시를 받은 것은 아니었다. 하지만 그는 격한 성품을 지닌데다, 콜럼버스만큼이나 자기 본위의 면이 강한 사람이었다. 1500년 8월 23일 산토도밍고에 도착한 그는 제독의 저택을 접수하고 콜럼버스와 그의 형제들을 소환해서, 사람들이 고발하는 내용에 답변하게 했다.

본국에서 파견된 조사관이 압제자의 죄상을 추궁한다는 소식은 히스파니올라 전역에 널리 퍼졌다. 궁지에 몰린 스페인 정착민들이 떼로 몰려와 자기네 압제자에게 불리한 증언을 해댔다. 제노바 출신의 외국인이 자신은 사치스럽게 살면서 스페인 정착민들은 굶주리게 하고 괴롭히고 구타했다는 등등……

가톨릭 사제들의 일부는 인디언들의 처지를 대변해줬다. 콜럼버스가 인디언 마을을 습격해 사람들을 생포해서는 노예로 삼기 위해 세례도 받지 못하게 했다거나, 8년이라는 기간 동안 원시문화가 지배하던 나른한 동산을 지상의 지옥으로 바꿔놓았다고 말했다.

조사관은 반백의 제독이 열심히 변호하는 소리를 냉정하고 경멸 어린 태도로 들은 뒤 그를 체포하라고 명령했다. 제독의 형제들도 같이 체포되어 쇠사슬에 묶인 채 스페인으로 떠날 배에 갇혔다.

가짜 귀족의 허울을 벗어던진 콜럼버스는 배에 올라탄 뒤에도 쇠사슬을 차고 있겠다고, 왕이나 여왕의 명령이 떨어지기 전까지는 결코 그것을 벗지 않겠다고 거듭거듭 되뇌었다. 그가 잡혀가는 광경을 구경하기 위해 모여든 스페인 정착민들은 욕설과 저주를 퍼부었다. 여전히 오만하고 당당하면서도 좀 지쳐 보이는 그는 주위 사람들을 쳐다보지도 않고 그 한가운데로 지나갔다.

　콜럼버스가 쇠사슬에 묶인 채 스페인에 도착했다는 소식을 들은 왕과 여왕은 보바딜라가 제멋대로 행동한 것에 크게 놀라면서, 콜럼버스를 풀어주고 정중히 왕궁으로 모시라고 지시했다.

　말주변 좋은 그 제노바 인에게 한 번도 호의를 베푼 적이 없었던 페르난도는 그를 만나기를 거부했다. 그러나 이사벨은 콜럼버스를 은밀히 불러들여 그의 변명을 들어주고, 놀라우리만치 이성적이고 너그러운 태도로 다음과 같이 말했다.

　"아직 자리가 잡히지 않은 식민지에서 그대가 지나치게 혹독한 조처를 취해 결국 사람들이 반기를 들지 않을 수 없었다는 비난을 너무나 많이 들어왔어요. 무엇보다 내가 용서하기 어려운 것은 그대가 죄 없는 수많은 인디언을 노예로 전락시킨 것이오. 그것은 내가 지시한 내용들과는 분명히 정반대되는 조처였어요. 그대가 내 지시를 어겼다는 소식들이 내 귀에 들어왔을 때 불행히도 모든 사람이 이구동성으로 그대를 비난했고, 그대를 옹호하는 사람은 한 사람도 없었어요. 그대를 식민지 정부에 곧 복직시켜주겠다고 약속할 수가 없어요. 그대에 대한 사람들의 감정이 너무나 격해 어느 정도 냉각기가 필요해요. 그대의 제독 지위를 박탈할 생각은 추호도 없었어요. 하지만 나를 믿고 적당한 때가 오기를 기다리며 지내도록 해요."

　콜럼버스는 적당한 때가 오기를 기다렸다. 그리고 마침내 때가 왔다! 그는 다시 4차원정의 기회를 주면 서인도제도보다 서쪽으로 더 멀리 나아가서, 동쪽으로 항해해간 포르투갈 인들이 이미 답사하고 있는 아시아 땅에 이르겠다는 거창한 계획을 청산유수처럼 늘어놨다. 스페인의 두 군주는 다소 의심을 품은 채 그의 말에 귀기울였다. 그리고 몇 달 동안 그의 청원에 시달린 끝에 결국은 다시 손을 들고 말았다. 제독의 황금의 혀는 어떠한 건전하고 이성적인 논리, 사고의 방패와 맞서도 문제 없이 뚫어버렸다.

1502년 5월 9일, 콜럼버스가 이끄는 다섯 척의 배가 카디스 항을 떠났다.

그는 히스파니올라에는 들어가지 말 것이며, 그 식민지의 일에 일절 관여하지 말라는 엄명을 받았다. 그러나 그는 아직도 제독이지 않은가? 그는 항해 도중에 배 한 척을 수리해야 한다는 핑계를 대고 이사벨라 시에 잠시 들르기로 결심했다. 그런데 문득 하늘을 올려다봤을 때, 대서양 특유의 맹렬한 폭풍우가 몰려올 조짐이 보였다. 함대를 피신시킬 만한 곳을 빨리 찾지 못할 경우에는 큰 재난을 당하리라.

새로운 총독으로 임명된 니콜라스 데 오반도는 콜럼버스의 함대가 식민지 항구로 피신하는 것을 허락해주지 않았다. 그리고 총독은 시볼라 금광에서 캐낸 금을 실은 선단이 출항을 미루는 것도 역시 허락하지 않았다. 그 선단은 보바딜라를 포함한 많은 스페인 사람을 태우고 출항했다. 배들이 대서양으로 나아갔을 때 대단한 위력을 지닌 토네이도가 이틀간이나 그 선단을 강타했다. 그런 혹심한 재난의 와중에 배 한 척만이 겨우 빠져나왔다. 나머지 배들은 대서양의 엄청난 파도 속에 수장되었다. 그로 인해 콜럼버스가 진정한 예언자임이 입증되었다.

콜럼버스의 함대는 토네이도가 맹위를 떨치는 동안 미지의 한 곳으로 피신했다가 4차원정의 정해진 진로를 따라 계속 항해해, 1502년 7월 14일 함대는 자메이카 해역에 이르렀다. 함대는 그뒤로도 계속 서쪽으로 나아갔다. 그러나 얼마 후 함대는 그 해역 곳곳에 흩어져 있는 작은 섬들과 암초의 미로—여름철의 타는 듯한 열기를 받아 이글거리는 바위섬들이나 진초록 숲이 우거진 섬들의—속에 거의 갇히다시피 했다. 게다가 바람은 완전히 잦아들었다.

함대는 바다생물들에게 소리 없이 파먹혀 물이 조금씩 새는 상태에서, 두 달 이상이나 자신들의 탈출을 도와줄 바람을 찾아 작은 섬들 사이를 이리저리 헤매고 다녔다. 선원들은 괴혈병에 걸렸고, 작은 섬들에서 솟아나는 염분 섞인 물을 마시는 것에 진저리를 쳤다. 그해 여름은 유난히 더웠다.

이윽고 선원들 사이에서는 불온한 기운이 조성되기 시작했다. 저 제노바 출신의 어릿광대가 혼자 죽기 싫어 자신들을 여기까지 데려온 것이라고 생각했다. 이제 백발이 성성해진 콜럼버스는 갑판을 오락가락했다. 늘 그렇듯이 몽상과 혼자만의 독단에 빠져 있던 그는 여전히 하나님이 길을 인도해주시리라 믿었고, 자신이 지어낸 이야기가 사실일 것이라 확신했다.

마침내 동풍이 불어오기 시작했다. 함대는 그때까지 미지의 해역으로 남아 있던 카리브 해의 서쪽 바다로 들어갔다. 그들은 하루종일 꾸준히 나아간 끝에 조그만 섬 하나를 발견했다. 온두라스 해안에서 좀 떨어진 과나하 섬이었다. 콜럼버스는 서쪽에 있는 대륙의 거무스레한 윤곽을 이미 목격했으므로, 그 일대를 대충 살펴보고는 진로를 북쪽으로 돌려 나아가려다가 우연히 배 한 척을 만났다. 그것은 본토에서 온 인디언들의 배였다. 인디언들은 면으로 된 옷을 걸치고 있었고, 단단한 화살촉과 구리도끼를 거래하는 배였다.

제독은 온갖 제스처를 써가며 그들과 의사소통을 시도했다. 위엄 있는 태도를 지닌 노인인 지도자는 콜럼버스의 속뜻을 완벽하게 이해하는 듯했다. 콜럼버스가 카타이와 대 칸의 왕궁이 근처에 있느냐고 묻자, 카누의 지휘자인 그 노인은 콜럼버스 못지않게 인상적인 몸짓으로 그렇다고 응답했다.

스페인 사람들이 찾고 있는 땅, 제독의 배만큼이나 큰 배들이 자주 들락거린다는 그 땅은 아주 가까이 있었다. 제독은 스페인 사람들을 이끌고 당장에 그리로 가기로 마음먹었다.

⚜

콜럼버스가 애초의 의도대로 북서쪽으로 나아갔더라면, 마야 문명이 서서히 몰락의 길을 걷고 있는 유카탄 반도에 이르렀으리라. 그러나 그는 인디언 노인이 요란한 제스처로 알려준 정보를 염두에 두고, 타마린드Tamarind(열대산 콩과의 상록수—옮긴이)와 양치식물이 우거진 암벽의 곶들이 돌출해 있는 온두라스 해안을 따라 남쪽으로 진로를 잡았다. 그곳은 진짜 아메리카 대륙의 해안이었지만, 콜럼버스는 단지 또 다른 섬, 크기가 꽤 큰 섬 중의 하나에 불과하다고 믿었다. 그 남쪽 어딘가에는 대 칸의 영토로 갈 수 있는 해협이 가로놓여 있으리라.

콜럼버스는 지금은 사라지고 없는 수많은 지명을 곳곳에 붙여가면서 석 달 동안 파나마 지협 부근을 오르내렸다. 그는 그 일대에서 인디언 노인이 알려준 '큰 배들이 자주 들락거리는' 황금의 나라나 해협을 찾고 있었다. 그 인디언 노인은 파나마 지협의 태평양 쪽에 나타난 아시아 무역선에 관한 소문을 전한 것일 수도 있다. 오늘날 우리가 알고 있다시피 아시아 인들은 아득한 옛날부터 아메리카와 교역을 해왔다. 태평양 해역에 이방인들의 배가 나타났다는 소문이 온두라스 전역에 퍼졌을 가능성은 충분하다. 그러나 그런 것은 배로는 건너갈 수 없는 파나마 지협 저 너머에서의 일에 지나지 않았다.

밤에는 모기들이, 낮에는 더위가 선원들을 괴롭혔다. 몸체 여기저기가 삭아버린 배들은 순풍이 불 때도 느리게 전진했다. 한번은 콜럼버스 함대가 작은 섬에 정박했을 때 인디언들이 공격해왔다. 또 인디언들과 한자리에 앉아서 쿠빌라이의 소재지를 캐물은 적도 있었다. 그때 콜럼버스는 인디언들이 파이프로 연기를 내뿜는 것을 즐기는 광경을 보고, 자기에게 저주를 내리는 마법을 거는 것이라 믿고 은근히 겁을 집어먹었다.

12월 초에 이르러 폭풍우가 닥쳐왔다. 배의 구멍으로 인광燐光을 발하는 물살이 마구 쏟아져들어왔다. 콜럼버스는 부득이 예전에 버리고 떠난 해안의 피신처로 물러나야 했다.

그러나 뜻하지 않은 불운 덕에 그는 마침내 황금을 발견할 수 있었다. 그들은 퀴비아라는 이름의 추장―아마 파나마의 영락한 코클레 문화의 상속자였을―이 다스리는 땅 부근의 해역에 닻을 내렸는데, 그 땅 도처에서 황금이 눈에 띄었다. 쉽사리 맥이 빠졌다가 금세 들뜨곤 하는 변덕스러운 스페인 사람들은 물물교환이나 직접 채굴하는 방식을 통해서 상당한 양의 금을 얻은 뒤에도 계속 그 해안에 남고 싶어서 안달을 했다.

그리하여 그들은 한 시내의 둑에 오두막 마을을 조성하고, 그곳을 베들레

헴이라 불렀다. 제독은 직접 스페인에 가서 보급품과 증원대를 싣고 돌아오겠다고 말하고, 그곳을 지킬 80명의 인원을 남겨두었다. 콜럼버스는 바르톨로메에게 그곳 사람들을 통솔할 임무를 맡긴 뒤 함대를 몰고 바다로 나갔다.

그런데 불행히도, 이방인들한테서 모욕을 받은 퀴비아 추장이 병력을 끌어모아 스페인 인 정착촌을 공격할 태세를 취했다. 용감한 몇몇 인디언이 야음을 틈타 물이 새는 적의 보트 몇 척을 침몰시켰다. 이어서 열두 명 가량의 스페인 사람들이 베들레헴 근처에서 인디언들에게 학살당했다. 겁먹은 정착민들은 순풍이 불기를 기다리면서 콜럼버스와 연락을 취하려 했지만 방도가 없었다.

때마침 콜럼버스는 아무래도 정착촌에서의 상황이 순탄지 않을 것 같다는 불길한 예감에 사로잡혔다. 그러나 콜럼버스가 보유하고 있는 빈약한 보트들로는 해안까지 5km나 되는 거리를 가로지를 수가 없었다. 그때 수로 안내인이자 그 원정대의 유일한 영웅인 레데스마가 나섰다. 그는 상어가 우글거리는 해역에 뛰어들더니 바르톨로메가 있는 곳까지 금세 헤엄쳐갔다. 그렇게 해서 콜럼버스 함대는 해안으로 다시 와달라는 연락을 받았고, 결국 정착민들은 모두 함대에 승선할 수 있었다. 그러나 다시 항해하기에 앞서 물이 너무 많이 새는 배 한 척에 운명을 내맡기기에는 무리일 수밖에 없었다. 그렇다고 달리 수가 있는 것도 아니어서, 배를 바람과 조류에 내맡겨야 했다.

콜럼버스 함대는 얼마 동안 다리엔 반도의 해안을 따라 나아갔다. 불운한 베들레헴 정착촌이 점차 시야에서 멀어져갔다. 얼마 후 콜럼버스는 또 배 한 척을 버리고 5월 말경 쿠바를 향해 나아갔다. 구멍이 숭숭 뚫린 배들은 카리브 해의 스콜을 뚫고 술 취한 사람처럼 비틀거리며 나아갔다. 그러던 어느 날 밤 남은 두 척의 배가 정면 충돌했고, 그 바람에 모든 선원을 실은 채 그대로 침몰할 위기에 처했다.

그러나 불굴의 의지를 지닌 제독은 두 척의 배를 급히 땜질하게 했다. 뒤이어 굶주림의 위기가 닥쳐왔고, 며칠 동안 육지는 도통 보이지 않았다. 탈진 상태에 빠져 낯선 해역을 미아처럼 떠돌던 그들의 시야에 마침내 쿠바 남쪽 해안이 잡혔다. 또한 원주민들은 곤경에 처한 사람들을 구해줄 만큼 너그러운 사람들이었다. 바다를 건너온 하얀 악마처럼 보였을 이방인들에게 식량도 제공했다.

그렇게 콜럼버스가 쿠바에 도착함으로써, '지상천국'을 찾아나선 모험담은 끝이 났다. 그때부터는 버림받은 뱃사람, 만용을 부리는 선장, 최후에 이르기까지 줄곧 허풍만 늘어놓은 지독한 자기본위주의자인 한 인간의 긴 기록이 시작되었다.

그의 뒤편, 서쪽 저 멀리에서는 아메리카 대륙이 나른한 잠에 빠져 있었다. 전쟁과 불화로 날을 지새고, 소용돌이꼴 문양으로 장식된 신전에서 신들을 모시는 위대한 마야 문명의 땅들이, 뛰어난 천재성을 꽃피운 아스텍 문명의 광휘에 드리워진 일몰 전의 찬란한 태양빛이, 페루와 그 주위 땅들을 지배하고 있으며 거의 난공불락으로 보이는 거대한 잉카 연맹이, 북아메리카의 드넓은 평원이, 아마존 유역의 거대한 삼림이, 바하마에서 볼 수 있듯이 '자연인'의 마지막 집단들이 여전히 자유롭고 행복하게 야생동물 같은 삶을 영위하고 있는 산과 강가의 좁은 땅들이. 물론 그 '자연인'들의 운명도 콜럼버스의 우연한 발견의 경로를 따라 동쪽에서 밀려들어온 좀더 새롭고 잔혹한 문명의 조류에 밀려 이내 종말을 고하고 말았지만…….

⚜

콜럼버스는 시인이자 탐험가로서의 운명이 거의 다한 상태임에도 그냥 사라질 수는 없는 사람이었다. 그는 다 낡아서 거의 침몰 상태에 이른 두 척의 배를 이끌고 히스파니올라까지 가는 것은 단념해야만 했다. 대신 쿠바 남쪽 해안을 떠나 자메이카 해협을 가로지른 뒤 그곳 해안에 배를 정박시켰다. 그러고 나서 페르난도 왕과 히스파니올라 총독에게 보낼 편지 한 통씩을 썼다. 평소처럼 낙관적 전망과 과장으로 가득한 문체로 파나마에서 목격한 갖가지 경이들을 서술하고 도움을 요청했다.

그의 부관 멘데스는 그 편지들을 갖고 출발해서, 수많은 인디언을 만나고 도망치고 싸우는 등 온갖 고초를 겪은 뒤 산토도밍고에 도착했다. 그후 몇 개월이 지나도록 자메이카 해안에 좌초한 두 척의 배에서 기다리던 사람들에게는 아무 소식도 오지 않았다. 악당 같은 스페인 사람 포라스의 약탈행위에 시달린 그곳 원주민들은 그들에게 점점 더 적대적으로 대했고, 그 때문에 제독과 포라스의 사이는 험악해졌다. 마침내 포라스는 자기를 편드는 몇 사람과 힘을 합쳐 두 척의 배를 탈취하기로 했다.

인디언들이 잔뜩 몰려와 구경하는 가운데 포라스 편 사람들은 공격을 개시했고, 곧이어 해변에서 백중지세의 전투가 벌어졌다. 콜럼버스의 동생 바르톨로메가 크게 활약한 덕에 콜럼버스는 싸움에서 승리하여 포라스와 그 일당을 모두 생포했다. 그리고 6월 28일, 산토도밍고에서 두 척의 배가 도착해서 그 선원들을 모두 싣고 자메이카를 떠났다. 콜럼버스는 자기가 비참한 처지에서 구조받았다는 현실 같은 것은 생각하지도 않고, 총독인 오반도가 부왕인 자기에게 허리를 숙일 것이라 굳게 믿었던 듯하다.

하지만 오반도는 그럴 기미조차 보이지 않았다. 그후 한 달 동안 거만하고 나이 든 제노바 인과, 냉정하고 퉁명스러운 전형적인 스페인 귀족 오반도는 사사건건 부딪쳤다. 그뒤 콜럼버스는 배를 타고 서인도제도를 떠났으며, 다시는 그곳을 보지 못했다.

마지막 항해에서도 불운은 집요하게 콜럼버스를 따라다녔다. 대서양에서 폭풍우가 맹위를 떨치면서 거대한 파도가 연이어 배의 갑판을 휩쓸었다. 콜럼버스는 그렇지 않아도 통풍으로 시달리는데다 열병까지 걸려 선실에 몸져누웠다. 그는 뱃전을 두드리는 천둥 같은 파도 소리에 귀기울이거나 피로한 머리를 이리저리 돌려보았다. 마침내 스스로의 삶에 환멸을 느꼈다.

그럴 만도 했다. 스페인 왕실에서는 그를 부르지 않았고, 4차원정에 나서면서 그에 소요된 막대한 비용을 아무 소득도 없는 일에 탕진해버렸다. 그는 꿈꾸던 해협을 발견하지도 못했고, 200년 동안 베이징에서 기나긴 잠을 자고 있던 쿠빌라이의 영토에 발을 들여놓지도 못하고 돌아왔다. 이탈리아 인들답게 끈끈한 가족애를 지닌 콜럼버스의 가족은 세비야의 집으로 그를 모셔갔다. 그가 그동안 거의 버리다시피 했던 베아트리스와, 아들들인 디에고와 페르디난드는 그를 헌신적으로 보살폈다. 그가 가족의 보살핌 속에 그대로 안주했더라면 목숨을 건지는 것은 물론이요 건강을 되찾았을지도 모른다.

그러나 콜럼버스는 그때까지도 스스로가 지어낸 열정적인 환상에 사로잡혀 있었다. 그 제노바 인은 고상하고 훌륭하게 행동할 수 있는 사람이 못 되었다. 그에게 삶이란 신화와 상상이 빚어낸 황금의 왕국을 찾아 끊임없이 서쪽으로 떠나는 것을 뜻했다. 그에게는 편안하게 쉬면서 삶을 즐길 능력이 없었다.

그는 아들 디에고를 왕궁으로 보내 자기 대신 청원하게 했다. 그러나 페르난도 왕은 여지를 주지 않았다. 제독의 말을 경청해줄 유일한 인물인 이사벨 여왕은 죽어가고 있었다. 그리고 11월 26일, 여왕이 사망하고 말았다. 이로써 콜럼버스의 희망도 완전히 사라졌다.

이제 백발이 성성해진 그는 육체적인 고통에 시달리면서도 행여 복직할 수 있을지 모른다는 생각을 버리지 않은 채 2년의 세월을 보냈다. 1506년 5월 초에 이르러서는 그의 여생이 얼마 남지 않았다는 사실이 명백해졌다. 그는 사제를 집으로 부른 뒤, 평생에 걸쳐서 일관된 경건한 태도로 종부성사를 받았다. 그는 자기를 둘러싸고 있는 가족의 얼굴을 찬찬히 돌아봤지만, 그의 정신은 이내 그들의 존재를 잊은 채 여전히 서쪽 대양 너머를 응시했다. 그러고 나서 세속적인 갈망으로부터도 벗어났다. 그가 마지막으로 한 말은 "주여, 당신의 손에 제 영혼을 맡깁니다" 였다.

마침내 그 수수께끼 같은 영혼이 어두운 바다로 나가 머나먼 변경, 그의 '지상천국'으로 들어갔다. 사람들은 그의 시신을 세비야의 라스 쿠에바스 수도원에 묻었다.

대서양을 가로지르는 항로 발견에 뒤이은 여러 성과들 덕에 콜럼버스는 다른 어떤 탐험가보다 더 세상의 주목을 받았다. 그는 무수히 많은 책과 시선과 관점을 통해 재조명되었다. 그의 아들 페르디난드처럼 영웅이라고 칭송한 사람들도 있었고, 라스 카사스(초기 스페인의 역사가, 아메리카에 파견된 도미니쿠스 수도회 선교사. 유럽 인의 인디언 탄압을 폭로한 최초의 유럽 인.《인디언 역사》등을 썼다—옮긴이)처럼 교활한 사기꾼으로 매도한 사람들도 있었다. 그러나 그가 위대한 인물이라는 데는 거의 논란의 여지가 없다. 그의 발은 인간고人間苦의 피웅덩이 속을 지나간 육신의 발, 시인의 무거운 발이었을지도 모른다. 하지만 그 발은 그가 카스티야 왕국과 레온 왕국에 안겨준 '파도 너머의 신세계'에 굳건히 뿌리박고 있다.

콜럼버스는 아메리카를 발견한 최초의 유럽 인이 아니었다. 비슷한 탐험의 여정에 나선 레이브 에릭슨이 그보다 먼저 아메리카에 도착했다. 7, 8세기의 용맹스러운 아일랜드 항해자들도 그곳에 도착했을 가능성이 있다. 그리고 그가 마데이라 제도에서 만난 떠돌이 키잡이 역시 그보다 먼저 그곳에 이르렀을 수도 있다. 콜럼버스는 '신세계'를 발견한 것이 아니었다. 그 자신 평생에 걸쳐서 아메리카가 신세계라는 것을 믿지 않았고, 또 그런 의견을 내세우는 사람들을 강하게 반박하곤 했다. 그는 신세계가 아니라, 대서양을 가로지르는 항로를 발견했다.

하지만 그것만으로도 충분했다. 그가 그 항로를 발견한 덕에 인구과잉으로 허덕이던 유럽의 굶주린 사람들이 인구가 희박한 아메리카 대륙으로 대거 몰려갔다. 그의 발견은 예술과 과학에—아마 종교에도—새로운 모티프들을 제공했다. 또한 아메리카 원주민들의 문명권에서 이루어진 그들 문화의 명맥을 끊었다. 모든 유럽 인에게 그의 발견은 문화적·지리적 수평선이 넓어지거나 크게 열렸다는 것을 뜻했다.

이후 인류의 마음속에 그때까지도 여전히 남아 있던, 지구가 평평하다는 가설은 완전히 추방되었다. 그것은 지구의 기원, 인류의 기원, 문화인류학적·역사적 사실들과 신화들을 상호 연결시키는 관행과 관련된 기존 사고방식들의 거대하고 정교한 종합이 붕괴되었다는 것을 뜻했다.

황인종 인디언들과 그들 고유의 다양한 문화의 기원에 관한 질문만큼 수많은 논란과 발견을 불러일으킨 주제는 없었다. 대서양 횡단 항로가 정착된 덕에 유럽 인들은 아메리카의 야만적이지도 미개하지도 않고, 그렇다고 문명의 교화를 받지도 않은 최후의 거대한 '자연인' 집단과 맞부딪쳤으며, 그것은 당대와 그 후대의 정치적·사회적 고찰에 깊은 영향을 미쳤다. 토머스 모어, 장 자크 루소, 백과전서파에게도 영향을 주었다고 할 수 있다. 프랑스 혁명과 현대 인도주의의 먼 뿌리를 콜럼버스에게서 찾아볼 수도 있다. 콜럼버스(잔혹하고 섬뜩한 그늘도 지닌)는 근대 합리주의와 역사학에서 전파주의, 무정부주의 철학의 대부였다.

그런 결과들은 그가 의도한 것이 아니었다. 그 자신은 그렇게 위대한 인물이 못 되었다. 그의 정신적인 수준은 대단치 않았고, 천문지리학적인 지식은 지나치게 현실과 동떨어져 있었다.

유럽은 극동에 있는 '경이의 왕국'에 보낼 사절로 베네치아의 젊은 상인이자 모험가요, 총명하고 강인한 마르코 폴로를 선택했다. 유럽은 구제불능의 몽상가요, 무능하며 타고난 거짓말쟁이에 열등 콤플렉스에 시달리는 제노바의 상인을, 레이브가 목격한 그 잊을 수 없는 '행운의 섬들'을 찾으라고 서쪽으로 내보냈다.

그러나 히스파니올라 섬에서 수많은 원주민들을 노예로 부리고, 쇠사슬에 묶이기도 했던 한심한 어릿광대의 상 너머에는, 미지의 서쪽 땅에 이르는 수평선을 활짝 열어놓은 참된 탐험가의 면모가 자리잡고 있었다. 바다에 떨어져 폭발하는 운석을 보고도 두려워하지 않을 만큼 대담한, 그리고 원주민들의 불빛을 보고 하나님의 구원의 횃불이 자기를 아메리카로 인도했다고 믿은 1차원정 때의 콜럼버스처럼. 누가 뭐래도 그는 진정한 탐험가로서의 삶을 살다 간 사람이었다.

Cabeza de Vaca

제4장 | '신의 도시'를 찾아나선 카베사 데 바카

∎

1545년 3월 어느 날, 카베사 데 바카는 쇠사슬에 결박된 상태에서 침
상에 누운 채, 그 작은 선실의 작은 현창을 통해 자신에게 그렇게 많은 환
상적인 꿈을 심어줬고 온갖 환상적인 모험을 하게 한 대륙을 마지막으로
돌아봤다. 그 해안이 서서히 저녁 어스름 속으로 사라지자
그는 피로한 눈을 감았다…….

✤

유럽 인들은 1500년대 이전에 이미 남북 아메리카 대륙을 발견—혹은 재발견—했다. 뒤이은 수백 년 동안 많은 탐험가들이 그 양 대륙을 가로질렀지만, 그들은 이 책의 주요 등장인물들을 이끄는 추진력이 되어준 환상과 외곬의 믿음이라는 깃발 같은 것은 거의 따르지 않았다. 그들은 훌륭한 신조나 고집 같은 것 때문이 아니라, 약탈품과 이익을 얻기 위해 탐험을 했다.

그럼에도 불구하고 남북 아메리카를 탐험하는 작업은 아직도 불완전한 상태에 머물러 있다. 캐나다의 북쪽 오지에는 비행사들이 놀란 눈으로 내려다보곤 하는, 미지의 골짜기들이 적지 않게 남아 있다. 브라질에는 아직도 거대한 미지의 영역이 펼쳐져 있다. 포셋 대령이 행방불명된 곳일 가능성이 많은 울창한 삼림이. 그러나 이제 우리는 주요 강과 산과 평원에 대해서는 잘 알고 있다.

멕시코를 포함한 중앙아메리카는 당대 유럽 인들의 관심의 초점이자 모험의 배경이 된 곳이었다. 유럽 인들은 좁은 지협에서 남북 방향으로 서서히 나아가, 북쪽의 평원과 남쪽의 광대한 삼림으로 들어갔다.

중앙아메리카의 좁은 지협이 남북 아메리카 탐험의 출발점이 된 데는 그럴 만한 여러 가지 이유가 있었다. 콜럼버스가 발견한 땅이 바로 서인도제도였고, 그곳에 유럽 인들이 처음으로 정착했으며, 또 중앙아메리카는 유럽에서 서쪽으로 최단거리에 위치해 있었으니까. 게다가 대서양을 탐험한 이들이 전통적으로 택한 항로는 정서쪽 항로였다. 그들은 그 신비로운 땅이 아시아 대륙의 일부일 것이라는 믿음을 갖고서, 그 대륙을 가로질러 아시아로 가는 길을 찾기 위해 늘 그 항로를 택했다.

그런 전통으로 인해 후안 데 그리얄바와 그밖의 사람들은 중앙아메리카 해안선을 따라 북쪽으로 올라가다가 유카탄 반도를 발견했고, 그 덕에 오늘날 아스텍이라는 이름에 의해 하나로 연결되는, 아메리카 인디언 문명권의 수많은 집단을 발견했다. 그 때문에 스페인 원정대가 아스텍 제국을 습격해서 완전히 멸망시키는 결과를 초래했다.

1511년, 노예상인이요 농장주인 에르난도 코르테스를 대장으로 하는 소규모 스페인 군은 오늘날의 베라크루스 지역에 상륙한 뒤, 몬테수마의 수도인 테노치티틀란에 이르렀지만, 저항은 거의 받지 않았다. 그들은 테노치티틀란이 "세비야보다 더 훌륭한" 거대한 호반도시라는 것을 알았다.

그곳의 드넓은 거리 양쪽에는 돌로 지은 집들과, 오래 전 캄보디아에서 수입된 건축양식에 따라 지은 거대한 피라미드 건축물들이 늘어서 있었으며, 아시아 인들이 늘 혐오해 마지않은 이단적인 신학개념들이 태평양을 건너 그곳까지 흘러들어왔다는 것을 짐작케 해주는 무섭게 생긴 거대한 우상들과 종교의식들을 볼 수 있었다. 그들은 그 문화가 황금의 문화라는 것을 알았다. 그곳은 황금으로 넘쳐나는 곳이었다. 콜럼버스와 그의 동료 모험가들이 꿈속에서나 그려볼 수 있었던 고장.

아스텍 문명을 말살시킨 이야기는 이번 장에서 다루려 하는 주제가 아니다. 우리가 주제로 삼고 있는 정복은 다른 유형의 정복이다. 아스텍 제국은 스페인 사람들이 가져온 머스킷 소총의 일제사격 앞에서 산산이 부서졌다. 그후 스페인에는 황금이 노도와 같이 밀려들어 전세계 재정시장을 대혼란 상태로 몰아넣었으며, 그 때문에 스페인은 300년이라는 긴 세월 동안 빈곤에 허덕였다. 멕시코의 거대한 보물창고를 약탈한 데 대한 역사의 역설적인 논평은 바로 이와 같았다. 그 지리적인 반향 역시 그에 못지않게 역설적이었다.

스페인은 신세계와의 교역을 지배했고, 스페인에 도전하는 세력은 거의 없다시피 했다. 멕시코를 발견한 뒤부터 스페인 사람들이 말하는 신세계는 대서양 해안지역이 아니라, 신화와 전설로 가득한 내륙의 신비로운 영역들을 뜻하는 것으로 바뀌었다. 스페인 사람들은 폐허가 된 아스텍 제국의 남북에서 개척의 손길을 고대하는 부유하고 경이로운 왕국들과 비교할 때, 멕시코는 아주 가난한 지역에 불과하다는 사실을 잘 알고 있었다. 인디언들은 '대문이 황금으로 되어 있는 일곱 도시로 이루어진 왕국'에 관한 이야기 때문에 유럽 인들의 포로 신세가 되었고, 그곳 사람들은 매일 금가루를 바르고, 밤이면 대충 그 먼지를 씻어낸다는 이야기 때문에 혹독한 고통을 겪었다.

그리하여 이상하고 신비로운 나라의, 구름으로 덮인 도시들인 시볼라와 마노아는 스페인의 가난한 젠트리(귀족 다음 가는 중상류 계급—옮긴이)들과 평민들의 마음과 욕망을 사로잡았다. 그들은 그리스도를 따르기 위해서가 아니라, 마법의 아메리카 대륙에서 쉽게 얻고 약탈할 수 있는, 자기네를 손짓해 부르는 부의 별을 좇기 위해 가진 재산을 모조리 팔아치웠다. 대서양은, 앞으로 반드시 척박한 스페인 반도에 돌아와 부와 기쁨으로 넘치는 삶을 누리고, 황금접시를 받쳐든 아메리카 군주의 딸의 시중을 받으리라 확신하는 탐욕스런 모험가들이 탄 배로 크게 붐볐다.

따라서 놀라울 만큼 무지하기는 하나 의욕과 열정에서는 누구에게도 뒤지지 않는 사람들이, 우리의 주인공들인 별을 좇는 지상의 정복자들의 업적을 잠시 가릴 정도로 아메리카 대륙 곳곳을 열심히 탐험했다.

1523년경, 황금에 대한 그런 욕망 때문에 알레요 가르시아라는 포르투갈 사람은 몇몇 동료와 함께 남아메리카의 리우 데 라플라타에 상륙하여 한 무리의 인디언을 끌어모은 뒤, 마노아 시를 찾아 북서부로 행군해갔다. 그들은 해도나 지도도 없는 상태에서 오늘날에도 지도에 '미지의 땅'으로 표기되어 있는 땅으로 들어갔다. 그들은 그로부터 400년 뒤 포셋 대령이 실종된 곳인, 사람이 살 수 없는 야생의 땅을 지나 그란차코(남아메리카 중부의, 아르헨티나·볼리비아·파라과이에 걸쳐 있는 대평원—옮긴이)를 가로질러 안데스 산맥 밑에 이르렀으며, 거기서 태평양 방면에서 온 스페인 정복자들과 만났다. 안데스 산맥의 황량한 서쪽 산비탈 어딘가에서 가르시아와 그의 동료들은 은을 잔뜩 보유하고 있는 원주민들과 격렬한 전투를 벌인 끝에 승리하여 다량의 은을 노획했다. 그들은 그 은을 싣고 방향을 돌려 남아메리카 중앙부의 드넓은 땅을 가로지른 끝에 다시 대서양에 이르렀다.

그후 그들은 먼젓번에 밟았던 길을 또다시 밟아, 그때도 역시 다량의 은을 노획하는 데 성공했지만, 돌아오는 길에 파라과이에서 원주민들과 싸운 끝에 패배했다. 그리고 전염병 때문에 다수가 죽거나 뿔뿔이 흩어졌고, 전리품 역시 모조리 잃고 말았다.

레이브와 콜럼버스처럼 별을 좇는 사람들은 잔혹하고 유능하고 열정적인 그런 사람들의 야성에 넘치는 대모험에 가려 한동안 빛을 잃은 듯했다. 그러나 그것은 단지 일시적인 인상에 불과했다. 약탈만을 일삼은 그런 모험가들은 자기네가 가로지른 땅들에 다른 이들이 믿고 따를 만한 지표를 거의 남겨놓지 않았다. 그들의 눈에 비친 인디언들은 뚜렷한 어떤 언어도, 문화도 갖지 못한, 영혼 없는 야만인들에 지나지 않았으며, 그저 금이 많고 적은 것으로만 구분되었다. 그들은 자기네가 본 강과 산과 평원을 다른 것들과 마구 혼동했다. 그 미지의 땅을 비춘 그들의 빛이란 황야를 비추는 희미한 횃불 정도에 지나지 않았고, 그 횃불도 피에 젖어 꺼져버렸다.

그들의 뒤를 이어 장사꾼 겸 탐험가라 부를 만한 성실하고 평범한 사람들이 신세계에 왔지만, 그들 역시 이 책의 주제에서는 벗어난 사람들이다. 그러나 그들 가운데서 우리의 주제에 걸맞은 참된 빛을 점화시킨, 별을 좇는 사람들이 극소수 포함되어 있었는데, 그중에서 가장 주목할 만한 인물은 카베사데 바카Cabeza de Vaca였다.

그는 위대한 인물도, 더없이 뛰어난 인물도 아니었다. 그러나 그는 운명의 힘에 의해 북아메리카 대륙의 오지를 탐험하는 대모험을 감행했다. 파라과이 강에 수장되고 만 가르시아의 대모험에 버금갈 만한 것을. 그리고 그런 모험을 할 때 그는 아주 특이한 경로를 밟았다.

❋

알바르 누네스 카베사 데 바카는 콜럼버스가 아메리카 항로를 발견한 해인 1492년—그로부터 20년 전에 그의 할아버지인 페드로 데 베라는 카나리아 제도를 정복했다—에 스페인 남부에 있는 헤레스에서 태어났다.

그의 집안은 귀족가문이었으며, 전설에 의하면 그 가문이 귀족계급으로 승격한 것은 불과 300년밖에 되지 않았다고 한다. 그 전설은 한 양치기가 기독교 군대를 자기가 소의 해골로 표시해둔 은밀한 고갯길로 안내해서 무사히 시에라 모레나 산맥을 가로지르게 했다는 1212년으로 거슬러올라간다. 그 양치기인 베라는 그런 공을 세운 덕에 귀족이 되었으며, 그의 후손들은 그 공을 기리는 존칭으로 '소머리(Cowhead)'를 뜻하는 카베사 데 바카라는 성을 별 생각 없이 사용해왔다. 역사가들은 그 이름에 그런 유래가 내재되어 있다는 사실에 크게 당혹해했지만, 그 집안 사람들은 별로 이상하게 여기지 않았던 것 같다.

알바르 누녜스의 젊은 시절에 관해서는 거의 알려진 것이 없다시피 하다. 당시 스페인 전역은 신세계의 엄청난 보물과 전투에 관한 소문으로 떠들썩한 터라, 카나리아 제도의 정복자인 그의 할아버지는 감수성이 예민한 어린 손자에게 자신이 과거에 치른 전투 이야기를 자주 들려줬을 것이다. 사람들은 훗날 그가 스스로에 관해서 이야기한 면모를 적당히 가감해서, 젊었을 적의 그를 차분하고 주의 깊은 청년으로 묘사하곤 했다. 당시의 상황과는 어울리지 않을 만큼 조용하고 회의 어린 청년으로.

사실, 과묵하고, 당대 사람들이 신세계에 관해서 주장하거나 믿은 모든 것을 의심하고 캐묻는 듯한 면모는 그의 전형적인 성격이 되었다. 그는 하늘나라의 일에 관해서는 결코 캐러들지 않았다. 그는 더없이 경건한 가톨릭 교도로 성장했다. 그의 경건하고 진실한 믿음은 아시시의 성 프란체스코의 믿음에 버금갈 만했다.

그러나 그런 경건함도 그가 전쟁에 참가하는 것을 가로막지는 못했다. 카베사 데 바카가 속한 사회와 생활권에서는 전쟁에 참가하는 것을 이해할 만한 일로 여겼다. 카베사 데 바카가 어렸을 때, 서인도제도의 잔인한 모험가들이 열두어 명의 인디언을 열두 사도처럼 일렬로 십자가에 매달아 처형하던 일은 참된 인간적 규범에서 벗어난 추악한 행위임이 분명하다. 어린 시절부터 잔인하고 난폭하게 훈련받아온 탓에서 빚어진 일일 테고. 그러나 그런 잔인성은 대체로 종교에서 비롯되었다. 그리스도와 성인들은 피와 고문을 드러내놓고 좋아하지는 않았겠지만, 잘못된 길에 들어선 사람들을 재판해서 화형시키는 것을 환영했고, 불에 타거나 고문당해 찢어진 살점 냄새를 맡기 좋아했다. 인간의 잔혹함은 하늘나라의 사디즘이 피워낸 향내였다.

1511년, 이탈리아에서는 교황과 이탈리아 군주들 사이에 전쟁이 벌어졌다. 카베사 데 바카는 사관생도로서, 카스티야의 페르난도가 교황에게 빌려준 스페인 파병대의 일원이 되어, 이탈리아에 도착한 뒤 얼마 되지 않아 무기 다루는 기술을 익히고 자신의 경건한 신앙심을 시험할 기회를 얻었다.

교황군과 그 동맹군은 이탈리아 군주들의 군대와 그들의 동맹자인 프랑스군을 향해 진군했다. 양군은 라벤나에서 맞부딪쳤고, 피비린내 나는 기나긴 하루 동안 볼로냐로 가는 길을 차지하기 위해 격전을 벌였다. 그러다 어둠이 깔리면서 교황군은 크게 참패해 전장에서 도망치기 시작했고, 프랑스 인들은 많은 희생을 치른 그 격렬했던 전장에서 퇴각할 준비를 했다. 이 전투 때 유럽에서는 거의 최초로 소총부대가 엄청난 파괴력을 드러냈으며, 전 유럽 인들은 그 광경을 보고 전율을 금치 못했다.

젊은 청년 카베사 데 바카도 그 전장의 참상을 목격하고 두려움에 몸을 떨었다. 그는 패배하여 달아난 다른 부대들과 더불어 나폴리에 도착했으며, 거기서 어느 정도 침착성을 회복한 듯하다. 그 직후에 그는 나폴리 근처에 있는 가에타 시의 시장으로 임명받았다. 그는 상당히 큰 그 도시에서 12년이라는 긴 세월을 보냈으며, 그 세월 동안 시련과 행복, 두려움과 태평한 무관심 등과 같은 것들이 그의 삶이라는 큰 강물에서 많은 잔물결을 일으키기는 했겠지만, 우리로서는 그냥 지나쳐도 상관없는 기간일 것이다.

1513년, 그의 모습은 잠시 뚜렷하게 드러나지만, 그후 스페인 왕과 그에게 반기를 든 귀족들인 코무네로Comunero 사이에 벌어진 오랜 내전의 소용돌이 속에서 그의 모습은 자취를 감추고 만다. 그는 이탈리아에서 돌아온 뒤 세비야의 귀족인 메디나 시도니아 공작의 집사로 일했다. 메디나 시도니아 공작은 군주제 옹호자였다. 카베사 데 바카는 그를 따라 전장으로 나가 귀족들의 군대와 싸웠는데, 이때 그가 어떤 느낌과 신념을 갖고서 싸웠는지는 알려져 있지 않다. 그는 그 전쟁에서 대단한 역할을 한 것 같지는 않으며, 일부 학자들은 그가 그 전쟁에 별다른 열정을 갖고 있지 않았으리라 생각하고 있다.

아무튼 그 전쟁이 끝났을 때 그는 고향인 헤레스에 돌아가, 우리가 이름도 알지 못하는 어떤 여자와 결혼해서 평범한 생활을 영위했고, 따라서 그의 행적은 다시 희미해진다. 하지만 그들의 결혼생활은 행복했다고 보는 것이 옳을 것이다. 왜냐하면 그녀는 그후 자기 곁을 떠나 대서양 건너편에 있는 왕국들을 습격하러 간 그 이상한 남자의 모험을 뒷받침해주기 위해 가진 재산 전부를 저당잡히기까지 했으니까.

그러나 그가 그렇게 떠난 것은 한참 뒤의 일이다. 그는 그 전에 세비야로 이사해서 어떤 귀족의 가신이 된 듯하다. 그는 세비야 거리와 부두에서 흘러넘치는 이야기들, 곧 코르테스가 멕시코를 정복하고, 마젤란이 세계일주를 한 것을 포함한 수많은 발견과 정복의 이야기들에 거의 흥미를 갖지 않았다.

마젤란은 그보다 먼저 원정을 떠났지만, 이 책에서는 마젤란의 이야기를 데 바카의 원정 다음에 다룰 것이다. 그가 마젤란을 만나서 이야기를 나눴을 수도 있긴 하나, 그가 자청해서 그런 기회를 만들었을 성싶지는 않다. 그 두 사람은 단 한 가지 열정을 제외하고는 근본적으로 매우 달랐으니까. 이때까지만 해도 알바르 누녜스는 자기에게 그런 열정이 있다는 사실을 아직 자각하지 못하고 있었다.

그러나 1526년, 그는 신세계에서 온 중요한 방문객, 곧 판필로 데 나르바에스를 만났다. 어떤 일이든지 거리낌 없이 해치울 수 있을 만큼 단순하고 무딘 나르바에스는 코르테스가 아스텍 공략의 주도권을 잡기 위해 한밤중에 자기네 편을 공격해서 해산시키지만 않았더라면, 자기가 멕시코의 그 부유한 왕국들과 테노치티틀란을 정복하는 영예를 차지했을 거라는 생각 때문에 여전히 속앓이를 하고 있었다.

당시 나르바에스는 애꾸눈이 되었지만, 여러 가지 비전과 목표를 지닌 채 스페인에 돌아왔다. 그는, 폰체 데 레온이 발견한 플로리다 너머의 오지인 멕시코 북부지역 도시들의 길이 황금으로 포장되어 있고, 소박한 왕들이 유럽 인들이 정복해주기를 고대하고 있는 영화로운 거대한 왕국이 있다고 주장했다. 그는 스페인 당국에 그 드넓은 영토를 정복할 권리를 달라고 청원했으며, 오랫동안 여러 가지로 공작을 꾸미고 당국으로부터 다양한 심사를 받은 끝에 마침내 그런 권리를 얻어내는 데 성공했다. 당국에서는 그가 그 원정에 소요되는 재원을 조달하고 모든 책임을 진다는 조건으로 그 원정을 허락해줬다.

역사기록들은 이때의 나르바에스 원정대의 회계담당관이 바로 알바르 누녜스 카베사 데 바카임을 밝혀주고 있으며, 그가 그 전에 그런 모험들에 대해서 취했던 태도를 고려한다면 이것은 상당히 놀라운 일이 아닐 수 없다.

⚜

다섯 척의 소형 범선과 600명이 넘는 석궁 사수, 무장 병사, 귀족 출신의 모험가들로 이루어진 원정대는 1527년 6월 17일에 바라메다의 산 루카르에서 출항했다. 일행 중에는 그들의 북아메리카 정복 과정에서 살아남은 이교도들에게 복음을 전할 임무를 띤 다섯 명의 프란체스코 파 성직자들도 포함되어 있었다. 그리고 그 배들에 승선한 귀족들 중에는 테틀라후에후에츠키친이라고 하는 멕시코 추장 한 사람도 포함되어 있었는데, 나르바에스 원정대는 부르기 편해서인지 혹은 그가 수다스러워서인지는 몰라도 아무튼 그에게 '돈 페드로'라는 이름을 붙여주는 자비를 베풀었다.

카베사 데 바카는 회계관 겸 법무관의 임무를 맡았다. 거칠고 난폭한 사람들 속에서 법무관의 직분을 수행하기는 그리 쉽지 않았을 것이다. 그 당시, 선원들에게 일반화된 징계방법은 태형을 가하거나 물 속에 집어넣어 반쯤 죽이는 것 등이었다. 알바르 누녜스 같은 법무관은 그런 일을 그리 달가워하지는 않았을 것이다. 그 배들은 당시 일반적인 관행에 따라 정원을 훨씬 초과하는 인원을 태웠으며, 그런 관행은 노예들을 가득 채우고 서글픈 대서양 항로를 가로지르던 노예선을 통해서 그후 수백 년 동안 이어졌다.

8월 초, 나르바에스 함대는 산토도밍고 항에 들어갔으며, 이때 100여 명의 원정대원이 더 먼 땅에서 모험을 하기보다는 쿠바에서 원주민 여자를 꿰차거나 한 재산 마련하는 게 더 낫다는 생각에서 원정대를 이탈했다. 그러자 나르바에스는 함대를 몰고 쿠바에 가서 자기네의 원정에 참여할 사람들을 좀더 끌어모으려 애썼고, 원정에 소요되는 말들의 대부분을 거기서 구입했다.

카베사 데 바카와 또 다른 한 사람은 각기 배 한 척씩을 이끌고 말먹이를 구하기 위해 쿠바 남쪽으로 갔다. 그런데 두 지휘관이 뭍에 있는 동안 엄청난 폭풍우가 몰아쳐 두 척의 배를 파선시킨 것은 물론이고, 그 섬의 남쪽 지방 대부분을 폐허로 만들었다. 나르바에스는 대서양 겨울폭풍의 엄청난 위력에 겁을 집어먹고 봄이 올 때까지 남은 배들을 항구에 정박시켜두기로 했다. 그리하여 그는 세 척의 배를 끌고 하구아 항에 들어간 뒤 해변으로 끌어올려 수리했다. 할 일이 없어진 원정대 사람들은 해변에 캠프를 치고 지저분한 환경에서 따분하게 시간을 죽이거나, 지루함을 참지 못해 이런저런 난리를 쳤겠지만, 우리는 그들이 그 석 달이라는 긴 기간을 어떻게 보냈는지 거의 알지 못한다.

이윽고 2월 중순이 되었을 때, 나르바에스는 거기에 더 있어봤자 원정에 참여할 사람들을 끌어모을 가망성이 거의 없다는 것을 알았다. 그리하여 그는 400명의 인원과 80필의 말을 배에 태우고, 당시 사람들에게 거의 알려지지 않은 플로리다 해안을 향해 떠났다. 이때 애초에 원정에 참여했던 인원 중에서 1/3은 이미 원정대를 이탈한 뒤였다.

서인도제도를 떠난 뒤 또다시 재난이 닥쳐오기 시작했다. 항해에 익숙하지 않아 뱃멀미를 하는 사람들을 가득 태운 그 작은 배들은 폭풍우를 만나 근 6주 동안이나 사나운 바다를 이리저리 표류했다. 그리고 4월 12일에야 비로소 플로리다 땅이 그들의 시야에 나타났다. 그러나 그 땅을 보는 것만으로도 그들은 다시 기운을 얻을 수 있었다. 폭풍우는 물러갔고, 저 멀리 플로리다 해변에서는 초록빛 숲과 반투명 회색 모래밭이 햇살 아래 환하게 빛나고 있었다. 그들은 정박하기에 적당한 곳을 찾아 해안선을 따라 북쪽으로 조심스럽게 항해해간 끝에, 마침내 그 당시 '정글'로 알려진 곳에 입항했다. 오늘날의 세인트피터즈버그에서 북쪽으로 조금 떨어진 곳에 위치한 그곳은 ‘정글’이라는 이름에 걸맞은 곳이었다.

나르바에스는 그곳에 배를 대고 상륙한 뒤, 북아메리카 대륙정복 사업의 첫발을 내디뎠다.

⚜

해안을 뒤덮고 있는 키 작은 덤불숲 너머로 얼마 떨어지지 않은 곳에 인디언 마을 하나가 보였다. 그 마을은 이상하리만큼 조용했다. 스페인 사람들은 인디언들이 매복하고 있을지도 모른다고 생각하여 조심스럽게 마을에 다가갔으나, 그곳은 완전히 비어 있었다. 마을 한가운데에 자리잡은 ‘긴 집들’을 둘러싸고 옹기종기 모여앉은 오두막들은 깊은 침묵 속에 잠겨 있었다.

스페인 사람들은 그 기분 나쁜 침묵으로 인해 잔뜩 긴장한 채 마을 안을 이리저리 돌아다녀봤지만, 보이는 것이라고는 작은 석제도구들뿐이었다. 그러다 한 병사가 어느 오두막에서 황금요령 하나를 발견했다. 그것은 아마도 백인들이 아메리카 대륙에 첫발을 내딛기 훨씬 전에 멕시코에서 들어온 교역품이었을 것이다. 그것은 원정대가 황금의 도시들이 있는 곳에 제대로 찾아왔다는 확실한 증거로 보여 그들은 일제히 환호성을 올렸다. 그들은 멕시코에서도 해안마을에 사는 사람들은 몹시 가난했다는 사실을 떠올렸다. 그러니 이 지역의 경우에도 내륙에는 부유한 큰 도시들이 자리잡고 있으리라.

그들은 곧 내륙으로 행군해갈 채비를 갖추기 시작했다. 부활절 날 아침, 해변에서는 엄숙한 미사가 거행되었다. 바로 그날 그들은 처음으로 인디언들을 목격했다. 그 인디언들은 ‘황금요령 마을’에서 달아난 사람들임이 분명했다. 그들은 정글 가장자리에 서서 스페인 사람들에게 “다른 데로 가라”고 손짓함으로써 그들에 대한 노골적인 반감을 드러냈다. 그러나 스페인 사람들은 그 이교도들을 무시한 채 엄숙한 자세로 해변에 무릎을 꿇고 앉았다.

그런 원정대들의 경우에 흔히 볼 수 있듯이, 그들은 서로 다른 의견을 갖고 다투는 바람에 그곳에서 몇 주 동안이나 지체했다. 원정대 지도자들의 의견은 크게 둘로 갈렸다. 한쪽은 곧바로 내륙을 탐험하자고 주장했다. 그러나 카베사 데 바카를 필두로 한 또 다른 쪽 사람들은 우선 함대가 정박할 만한 적당한 곳을 찾아내고 병사들을 먹일 식량을 확보한 뒤에 플로리다의 무성한 정글을 가로질러 시볼라를 찾는 일에 나서야 한다고 주장했다. 그때 이미 식량은 바닥이 난 상태였다. 여느 원정대들과 마찬가지로 그들 역시 애초부터 충분치 않은 식량만 갖고 스페인을 떠났고, 쿠바에서도 부족한 양을 제대로 보충하지 못해, 그 새로운 땅에서 지낼 만한 식량이 턱없이 부족한 상태였다.

그 스페인 사람들(카베사 데 바카는 자신의 기록에서 그들을 계속 '기독교인들'이라 지칭하는 식의 무의식적인 유머를 구사했다)은 북쪽으로 진군하여, 옥수수와 호박이 자라는 소규모 경작지들에 둘러싸인 두 군데의 원주민 마을을 만났다. 그들은 그 경작지들에서 농작물을 약탈했는데, 그곳 원주민들은 그들을 제지하지 않고 오히려 거들어준 듯하다.

키가 크고 친절한 그들은 바로 스페인 사람들이 그 무렵 서인도제도에서 거의 멸종시키다시피 한 사람들, '원시문명' 단계에 이르렀고, '태양의 자손들'인 소국 군주들의 다스림을 받는 사람들이요, 전쟁이 뭔지는 알고 있으나 그런 방식에 의지하는 일이 거의 없으며, 하늘을 보고 날씨의 변화를 가늠하고 땅을 경작하면서 살아가는 사람들이었다. '생명 부여자'나 자기네 군주의 권능을 믿고 숭배하며, 1,500년 전에 태평양을 건너 아메리카에 전파된 의식, 곧 악귀들의 사악한 기운에서 벗어나기 위해 그들을 달래는 의식을 되풀이하면서 살아온 사람들이었다.

양편으로 갈라져서 다투던 원정대 사람들은 마침내 적당한 선에서 타협을 했다. 세 척의 배를 북쪽으로 보내 적당한 정박지를 찾게 하고, 병사들 역시 뭍으로 해서 북쪽으로 나아가다 해안을 향해 툭 트인 곳이 처음 나타날 때 바닷가로 내려가 배들과 만나기로 했던 것이다.

그들이 그 근처에 사는 티무쿠아Timucua 인디언들한테서 이미 전해들었던 바와 같이 북쪽에는 정말로 황금의 땅이 있었으니, 아팔라첸이 바로 그곳이

카베사 데 바카의 북아메리카 탐험 경로

멕시코 만

캘리포니아 만

워싱턴
롤리
찰스턴
콜럼버스
인디애나폴리스
오거스타
내슈빌
세인트루이스
멤피스
시카고
미시시피 강
오마하
미주리
캔자스 시
리틀록
털사
오클라호마시티
애머릴로
덴버
산타페
갤럽
주니
엘파소

세인트오거스틴
잭슨빌
세인트피터즈버그
실링 항
탬파
탬파 만
마이애미
키웨스트
펜서콜라
챈들러 섬
모빌 만
모빌
뉴올리언스
갤버스턴
갤버스턴 섬
베드 헤드 섬
코퍼스크리스티
휴스턴
오스틴
샌안토니오
브래저스 강
레드 강
댈러스
아칸소 강

리오그란데
코알리도스
엘파소
산타페
몽클로바
세비 강
그란데
모렐리아
콜리마
과달라하라
컬리칸

리틀 콜로라도 강
솔트 강
힐라 강
투손
피닉스
페이엣빌

었다. 그리고 먼 옛날부터 조지아 북부의 아팔라치 인디언들은 위대한 '생명 부여자'를 채굴해왔다. 문화의 체취를 전혀 맡아보지 못한 그 원시적이고 야만적인 사람들은 금을 채굴해서 외지 사람들에게 팔거나 은밀한 데 숨겨두곤 했으나, 그 스페인 사람들이 그런 것을 알 턱이 없었다. 그들은 제2의 테노치티틀란이 가까이에 있다고 믿었다.

5월 1일, 그들은 북쪽의 내륙을 향해 나아갔다.

❧

지도상으로 볼 때 거기서 북쪽으로 올라가 스와니 강을 건넌 뒤 오클로코니 일대까지 가는 길은 우리 눈에 익숙한 미국 해안선을 둥글게 휘돌아가는 데 불과한 가벼운 여정으로 보인다. 그러나 식량도 충분치 않은데다, 생각이 온통 황금에만 쏠려 있는 병적인 정신상태에서, 튼튼한 가죽옷과 갑옷으로 무장하고 행군하는 원정대에게 그것은 엄청난 고역의 행진이었다. 수시로 늪과 개천이 앞을 가로막는데다, 저 앞에는 햇살을 받아 번들거리는 더 많은 늪과 개천이 널려 있었다.

그들은 매일매일 그렇게 암담한 상황을 돌파해야 했다. 그곳에는 사람들이 도통 살지 않는 모양인지 길도 없을 뿐만 아니라, 거둬들일 식량도, 황금도 없었다. 하루하루 지날수록 다리의 통증과 피로가 가중되어갔다. 이윽고 그들의 높았던 사기는 급속도로 떨어지기 시작했다.

해안이 왼쪽 멀리 떨어져 있어 보이지도 않는 상태에서 계속 진군해가 위들라쿠치 강에 이르자, 마침내 정글 깊숙이 자리잡은 인디언 마을 하나가 보였다. 그들은 강을 건너 마을에 이르렀다. 그곳은 농촌마을이었다. 그들은 허겁지겁 그곳의 경작지로 달려들어가, 오랜만에 신선한 먹을거리를 맛볼 수 있다는 기쁨에 눈물을 흘리면서 닥치는 대로 먹어댔다. 그곳의 아메리카 인디언들은 놀라서 그저 망연자실하게 바라보기만 할 뿐이었다.

카베사 데 바카의 기록에 의하면, 그들은 그곳에서 얼마간 머무르며, 한 무리의 병사들을 강 어귀로 보내 배들이 왔나 살펴보게 했다. 하지만 그곳에는 강 어귀라고 할 만한 것이 없었다. 있는 것이라고는 그저 해변의 백사장을 닮은 평탄한 모래톱뿐이었고, 배라고는 구경도 할 수 없었다. 수평선 저 멀리에서는 멕시코 만의 파도만 작열하는 태양 아래 넘실거릴 뿐이었다.

그들은 황금의 아팔라첸을 찾아, 다시 길도 없는 숲을 뚫고 들어가 북서쪽으로 향했다. 깊은 숲속 여기저기에 마을들이 자리잡고 있었다. 그 일대에서 그들은 그때까지 만나본 인디언과는 아주 다른 부류의 인디언들, 곧 키가 크고 냉정하며, 음악가이자 전사인 사람들을 만났다. 그곳의 원시문명은 세 번째 발전단계에 접어들었기 때문에, 부족의 '태양의 아들'이 죽거나 그의 통치권이 약화되면 부족 자체 내에서 지열한 내선이 벌어지곤 했다. 처음에 그들은 스페인 사람들을 호기심 어린 눈빛으로 지켜보고 먹을 것도 대줬으나, 얼마 지나지 않아 스페인 사람들이 스와니 강 가까이 이를 무렵에는 귀찮아했다. 그리고 어느 날 밤 스페인 사람들이 선잠을 자는 캠프에 한바탕 화살을 쏘아댄 뒤 밀림 속으로 사라졌다.

해안을 따라 출발한 지 6주가 지났을 때, 스페인 사람들은 마침내 황금의 도시 아팔라첸이 보이는 곳에 이르렀다. 그들이 생포한 인디언들이 그때까지 그들을 안내하는 역할을 했는데, 스페인 사람들은 그들의 입을 열게 하기 위해 틀림없이 고문하는 방법을 썼을 것이다. 스페인 사람들은 카베사 데 바카를 대장으로 한 기병돌격대를 편성해 그 도시로 짓쳐들어갔다. 하지만 그 도시 사람들은 전혀 저항을 하지 않았다. 황금의 도시 아팔라첸에는 성벽도, 망루도, 군대도 없었다. 그곳은 그저 평범해 보이는 인디언 농촌마을에 지나지 않았으며, 때마침 마을의 전사들이 모두 북쪽으로 전쟁을 하러 나가고 없어서 무방비 상태였다.

스페인 사람들은 크게 실망한 나머지 모두들 맥이 쭉 빠졌다. 그들은 마을의 오두막들에 함부로 난입하여 물건을 약탈하고 여자들과 아이들을 집 밖으로 몰아냈다. 그곳에는 황금도 보물도 없었으나, 그들은 그곳이 아팔라첸임이 분명하다고 확신했다.

카베사 데 바카는 그곳을 호반의 "도시"라고 했다. 아마 그 호수는 오늘날의 제퍼슨 군에 있는 미코수키 호였을 것이다. 숲이 우거진 그 일대에는 늑대와 곰을 비롯한 맹수들이 우글거렸고, 사슴과 아울러 작은 주머니쥐 같은 유대류도 서식하고 있었다. 카베사 데 바카와 다른 스페인 사람들은 유대류 동물을 생전 처음 보는 터라 놀란 눈으로 그 동물을 바라봤다. 그러나 곧 인디언들이 다가왔기 때문에, 그들은 고된 행군 끝에 한가롭게 사슴사냥을 하거나 휴식을 할 수 있는 기회를 얻지 못했다.

아마 그 인디언들은 아팔라첸을 떠났다가 돌아온 전사들이었을 것이다. 그들은 좀 묘한, 그러나 효과적인 방식으로 그 마을을 포위한 뒤 저물녘이나 새벽녘만 되면 화살을 퍼부어댐으로써, 그렇지 않아도 낙담한 소규모 기독교도 원정대를 괴롭혔다. 아메리카의 이 지역에는 진작부터 활이 들어와 널리 사용되고 있었고, 이 무렵에는 치명적인 효과를 발휘하는 강력한 무기가 되었다. 그리고 얼마 후 그것은 예상보다 훨씬 더 막강한 무기임이 입증되었다.

스페인 사람들은 3주 동안이나 아팔라첸을 사수했다. 그러나 그들은 극도의 공포상태에 빠져 결국 그 마을을 버리고, 오트 마을을 찾기 위해 남쪽으로 행군했다. 오트 마을에는 금은 없어도 식량은 풍부하다고 했다. 인디언들은 그들의 바로 뒤에 따라붙어다니면서 그들이 강 여울이나 호수를 건널 때마다 공격해왔다. 하나같이 덩치가 아주 크고 얼굴과 몸에 색칠을 한 인디언 궁수들이 사용하는 강궁에 비할 때 그 기독교인들이 사용하는 석궁은 어린애 장난감 같았다. 기독교인들의 투구와 장갑 갑옷은 불과 물 속에 번갈아 집어넣어 단단하게 벼린 화살촉에 맞아 갈라지거나 부서졌다.

이때 그 원정에 참가한 멕시코 인 추장 '돈 페드로'와 아벨라네다라는 기사가 인디언들의 화살에 맞아 죽었다. 카베사 데 바카 역시 부상을 당했다. 이름 없는 일반 병사들의 경우에는 더 많이 죽거나 다쳤을 것이다. 밤이면 정글에 서식하는 수많은 곤충들이 달려들어 곤경에 처한 백인들의 피로 향연을 벌였고, 낮이면 뜨거운 태양과 아메리카 인디언들이 그들의 고된 행군을 방해했다. 마침내 그들은 오트에 이르기는 했지만, 그곳은 완전히 불타 잿더미가 되어 있었고, 주민들은 어디론가 달아나버렸다.

카베사 데 바카가 인솔하는 한 무리의 스페인 사람들은 바다를 향해 출발했다. 그들은 해변에 도착하기는 했지만, 그들이 타고 온 배는 흔적조차 보이지 않았다. 그들은 바닷가를 따라 펼쳐진 악취 나는 갯벌을 바라보면서 안타까움에 속만 끓었다. 그들은 오트에 돌아와 자기네가 본 대로 보고했다. 그 소식에 스페인 사람들의 가슴은 내려앉았다. 매일 밤 그곳의 정글은 덩치 큰 인디언 궁수들이 내지르는 함성으로 쩡쩡 울렸다. 어느 기나긴 하룻밤 동안 원정대 사람들은 인디언들의 줄기찬 공격에 시달린 끝에 기진맥진했다. 결국 나르바에스는 열병에 걸리고 굶주림에 수척해지고 사기가 땅에 떨어진 무리를 이끌고 바닷가로 행군하기로 결심했다.

이윽고 해안에 도착한 원정대원들은 함께 모여 의논을 했다. 아무래도 자신들이 타고 온 배는 지상에서 완전히 사라진 듯했으며, 그 해안을 따라 전진하는 것은 불가능해 보였다. 그리하여 그들은 작은 배들을 지어 그것들을 타고 해안선을 따라 항해해 멕시코 최북단에 건설된 스페인 정착촌인 탐피코로 가는 수밖에 없었다.

그들에게는 배 짓는 데 쓸 연장과 목수는 물론이요, 기술과 힘도 없었다. 식량도 없고, 배를 어떻게 지어야 하는지도 알지 못했다. 하지만 병들고 굶주린 스페인 사람들은 화살에 맞아 죽은 말고기와, 인디언 마을에서 약탈한 얼마 되지 않은 식량으로 연명하며, 거의 초인적인 노력을 기울여 밑이 평평한 거룻배들을 지었다. 식량을 약탈당한 인디언들은 그대로 당하고만 있지 않았다. 10명의 스페인 사람들이 덩치 큰 아메리카 인디언들의 화살에 맞아 죽었다. 스페인 사람들은 밤만 되면, 석회가마를 지피는 불이 피어오르고 반쯤 지어진 거룻배들이 모래사장에 무질서하게 엎어져 있는 자기네 진영으로 인디언들이 언제 쳐들어올지 몰라 공포에 떨면서 지냈다.

마침내 덩치만 클 뿐 엉성한 선체를 갖춘 배들이 완성되었다. 그들은 나무를 대충 깎아 노도 만들었고, 셔츠와 속옷들을 기워붙여 돛도 세웠다. 그렇게 해서 그 소함대는 출발한 준비를 갖췄다. 그들은 탐피코 항, 곧 파누코 강이 서쪽 가까운 데 있다고 믿었다. 그들은 지금 자신들이 있는 곳과 가려고 하는 그 항구 사이의 거리가 얼마나 먼지, 자기네가 얼마나 많은 파도를 넘어야 하는지를 전혀 예상하지 못했다.

＊

스페인 사람들은 그런 엉성한 배를 타고 그곳을 떠났는데, 그 옛날 오디세우스의 모험에 버금가는 고난의 항해였다. 그래봤자 그것은 피부가 검고 온화한 성품을 지닌 수수께끼의 인물 카베사 데 바카가 수많은 곳을 방랑하면서 겪은 엄청난 고난의 서곡 정도에 지나지 않았지만.

그들은 열대의 태양이 작열하는 해안선을 따라 30일 동안 죽어라고 노를 저었다. 낮이면 뜨거운 햇살이 사정없이 쏟아져내렸고, 그 무서운 햇살이 안겨주는 고통을 조금이라도 덜어줄 만한 것이라고는 말가죽으로 만든 물주머니밖에 없었으며, 그나마도 물이 조금씩 샜다. 밤이면 싸늘한 바람이 불어와 가릴 것이 없어 그대로 드러난 그들의 상처투성이 사지를 얼어붙게 했다.

그들은 물이 부족해 끔찍한 갈증에 시달리면서 계속 앞으로 나아간 끝에 마침내 펜서콜라 만에 이르렀다. 그때 저 멀리 내륙 쪽으로 인디언 마을 하나가 희미하게 보였다. 그 마을 주민들인 체구가 큰 인디언들이 해안으로 나와 그들을 맞았다. 그들은 스페인 사람들에게 마실 물을 준 뒤, 무슨 이유에서인지는 몰라도 아무튼 그들을 공격했다.

그 전투는 해안에서 밤새 계속되었으며, 그 사이에 스페인 사람들의 상당수는 자기네가 타고 온 배로 피신했다. 하지만 카베사 데 바카와 기운이 남아 있는 일부 사람들은 계속해서 싸웠고, 결국 새벽녘이 되자 인디언들은 견디지 못하고 도주했다. 카베사 데 바카는 인디언들의 카누 30척을 모조리 부수고 불태우게 했다. 그런 뒤 원정대는 다시 바다로 나갔다.

그들이 물을 구하기 위해 모빌 만으로 들어갔을 때, 원정대의 일원인 흑인 한 사람과 그리스 인 모험가 한 사람은, 그들을 구경하기 위해 카누를 타고 몰려나온 인디언들을 따라가자고 주장했다. 그러나 그 두 사람은 인디언들을 따라 육지로 사라진 뒤 다시는 나타나지 않았다. 낮고 평탄한 해안선을 따라 진땀을 흘리며 노를 저어가는 배에서 규율이나 위계에 따른 예의범절 같은 것은 무의미했다. 사람들은 더위를 먹어 탈진했고, 말라리아에 걸려 쓰러졌다. 그들은 흐릿한 눈으로 허공을 더듬으면서 그리운 고국 풍경을 떠올렸다.

그러나 카베사 데 바카는 꿋꿋하게 견뎌냈다. 그는 배의 항로를 바로잡아주는가 하면 원정대 대장의 기운을 북돋아주기도 했으며, 일행 중에서 처음으로 거대한 강의 어귀를 목격했다. 그 드넓은 강에서는 갈색을 띤 엄청난 양의 강물이 황량한 해안으로 쏟아져나왔다. 그것은 바로 미시시피 강이었다. 강 어귀에는 작은 섬들이 여기저기 흩어져 있었고, 스페인 원정대가 타고 있는 엉성한 배들은 그 섬들 사이에서 이리저리 헤매다가 마침내 엄청난 양의 강물에 휩쓸려 바다 멀리 떠내려갔다.

그들은 사흘 동안 육지라고는 구경도 하지 못하다가, 이윽고 다시 아메리카 해안에 이르렀다. 그리고 어둠이 내리자 육지 쪽이 큰 불로 환하게 밝힌 것을 목격했다. 하지만 함대는 역류를 만나 다시 멕시코 만의 망망대해 쪽으로 떠밀려갔고, 그 바람에 카베사 데 바카가 지휘하는 배와 또 다른 배 한 척은 겁을 집어먹고 우왕좌왕하는 나르바에스 본대와 헤어졌다.

이튿날 아침, 카베사 데 바카와 또 다른 배의 지휘관들인 페날로사와 텔레스는 북서쪽으로 가기로 의견을 모은 뒤, 힘겹게 그쪽 방향으로 나아갔다. 그때 폭풍우가 텍사스 남부해안을 가로질러 그 배들을 강타했다. 그들은 하얗게 끓어넘치는 파도 저 너머로 한 섬의 해안선을 목격했다. 훗날 뉴올리언스 시가 들어설 곳을.

두 척의 배는 변덕스럽고 불확실한 바다를 이레 동안 헤맨 뒤, 바다 못지않게 예측할 수 없는 또 다른 하룻밤을 맞았다. 이튿날 새벽녘 카베사 데 바카는 "바다가 요동하는 소리를 들었다. 그곳은 수심이 얕았으므로 파도가 요란한 소리를 내면서 무너져내리곤 했다." 그리고 미명의 어둠 속에서 두 척의 배는 파도와 함께 하늘 높이 솟구쳐 올라갔다가 떨어졌다. 그 와중에서 살아남은 사람들은 해안으로 기어나와 오들오들 떨면서 날이 밝기를 기다렸다. 날이 환해지자 그들은 자기네가 어떤 섬에 상륙했다는 것을 알았다. 카베사 데 바카는 훗날 그 섬을 '불운의 땅' 이라 불렀다.

'불운의 땅(오늘날의 텍사스 주 갤버스턴 시에서 좀 떨어진 한 섬)' 에서는 어부들과 사냥꾼들과 키 큰 궁수들로 이루어진 한 부족이 살고 있었다. 그들은 스페인 사람들을 보고 놀라 아이들처럼 눈을 둥그렇게 떴다. 그들은 스페인 사람들에게 먹을 것을 갖다주고 보살펴주고 치료해줬다. 그것은 '황금시대' 에 속한 사람들의 전형적인 태도로, 그 시대의 자취는 아스텍 땅에서 농업과 과학에 관한 지식들이 그 해안 일대에 속속 전파되면서 빠르게 사라져가고 있었다.

하지만 스페인 사람들에게 그곳은 공포의 땅이요, 그곳 사람들은 두려운 존재들이었다. 카베사 데 바카를 포함한 대다수의 스페인 사람들은 그곳 사람들이 친절하고 아이들처럼 소박하고 단순한 사람들이라는 사실을 미처 깨닫지 못했다.

그 지역에 겨울이 다가오고 있었다. 그리고 '불운의 땅' 북쪽 해안에서 같은 원정대에 속한 사람들이 탄 또 다른 배가 침몰하는 바람에 또 한 무리의 스페인 사람들이 그들 일행에 합류했다. 그 사람들 역시 카베사 데 바카 일행과 마찬가지로 먹을거리를 얻는 일에는 별 도움이 되지 않는 사람들이었다. 그 섬의 인디언들은 계속해서 그들에게 식량을 대주는 너그러움을 보였지만, 군식구들이 한꺼번에 늘어나는 바람에 섬의 식량자원은 곧 바닥날 위기에 처했다.

이윽고 큰 폭풍우가 닥쳐, 인디언들은 엿새 동안이나 고기잡이를 하러 나가지도, 그들이 주식으로 삼고 있는 식물뿌리를 캐지도 못했다. 그럼에도 그들은 차분한 극기의 자세로 굶주림을 견뎌냈다. 그런데 문명화된 스페인 사람들은 그들보다도 참을성이 없어, 그 일부가 정상의 한계를 벗어났다. 인디언들은 곧, 자기네 손님들이 서로 싸워 죽은 사람의 인육을 먹는다는 사실을 알아채고 크게 분노하여 즉각 그런 관행을 중단시켰다. 기독교인들은 그 소박한 황금시대 사람들이 화를 내는 것을 그때 딱 한 번 목격했다.

어느 역사책에 수록된 흥미로운 한 대목은 이와 관련해서 언급할 만한 가치가 있을 것이다. 즉, 이 시기에서 100년도 채 지나지 않아, 그 섬과 그 일대의 본토주민들이 호전적인 기질과 식인풍습으로 악명을 떨쳤다는 대목 말이다. 그런데 카베사 데 바카가 당도했던 무렵의 소박하고 너그러운 원시인들은 스페인 사람들의 호전적인 태도와 사람 고기를 먹는 풍습을 보고 크게 놀라고 역겨워했다. 그들은 바로 유럽의 기독교인들에게서 전쟁을 벌이는 풍습과 사람을 잡아먹는 풍습을 배웠다.

겨울 내내 멕시코 만에서 부는 매서운 바람이 인디언들이 지은 엉성한 오두막 안에까지 뚫고 들어온 탓에 그 섬에는 갖가지 병이 만연했다. 그러다 전염병이 번지면서 80명의 스페인 사람들 중에서 18명만이 살아남았으며, 그 병은 곧 인디언들에게 번져나갔다. 인디언들은 당연히 크게 놀라, 전체가 모인 자리에서 전염병을 예방하기 위해 스페인 사람들을 죽일 것인지 말 것인지를 두고 논란을 벌였다. 만일 그들이 스페인 사람들의 손님으로 와서 전염병을 퍼뜨렸다면 스페인 사람들은 의논조차 하지 않고 즉각 그들을 박멸하자는 결정을 내렸을 것이다.

그러나 인디언들은 스페인 사람들을 소집해서 그들에게 스스로를 변호할 기회를 주고 그들의 말을 경청했다. 여기저기 찢어진 누더기 차림에 피부는 햇볕에 검게 탔지만 경건한 인상을 지닌 카베사 데 바카는, 겸손한 자세로 그 전염병은 자기네가 퍼뜨린 것이 아니며, 자기네 역시 환자들을 치료하려 애쓰고 있다고 말했다. 인디언들은 그의 항변이 일리가 있다고 인정했다. 그리고 그들은 스페인 사람들이 고기잡이하는 데는 아무 쓸모가 없다는 것을 잘 알고 있어서 섬사람들을 치료하는 역할을 맡게 했다. 이윽고 전염병의 기세가 점차 약해지면서 백인들의 몸에서 병균들이 떨어져나갔다. 하지만 카베사 데 바카는 여느 때와 마찬가지로 그 전염병의 원인을 병균 탓이 아니라 신의 섭리 탓으로 돌렸다.

스페인 사람들에게 그 섬은 끔찍한 곳이었다. 그들은 자기네에게 먹을 것을 주고 보살펴준 인디언들을 치를 떨 정도로 싫어했다. 오직 카베사 데 바카만이 예외였다. 당대의 문명인들 중에서 가장 완벽한 문명인인 그는 굶주림의 고통 속에서도 차분히 관찰하고 성찰한 끝에, 그 인디언들이 너그럽고 친절하며, 자기네 아이들을 자애롭게 대하는 사람들이라는 것을 알았다. 그는 식물뿌리를 캐는 일을 하면서도 그들의 그런 면모에 대해 골똘히 생각하면서 새삼 놀라움을 금치 못했다.

살아남은 스페인 사람들은 모두 식물뿌리 캐는 일을 배정받았다. 하지만 그들은 그런 대로 굶주림을 면한 상태임에도 마지못해 일했고, 그런 모습을 보고 인디언들은 눈살을 찌푸렸다. 훗날 카베사 데 바카는 이때의 자기 처지를 노예로 표현했다. 그런 표현을 쓰는 것을 거북스러워하면서도. 소박한 인디언들은 그가 원할 때는 언제든 떠나도 좋다, 하지만 그곳에 계속 머물고 싶다면 먹을 것을 마련하기 위해 일해야 한다고 했다.

봄철이 왔다. 인디언들은 해마다 해온 대로 본토에 건너갔다. 이제는 거의 모든 인원이 뿔뿔이 흩어져 정글과 늪지대로 사라져버렸지만, 한때는 기세당당했던 나르바에스의 원정대가 쿠바를 떠난 지 1년이 지났을 때, 인디언들은 본토에 건너가면서 카베사 데 바카도 함께 데려갔다.

⚜

카베사 데 바카 일행이 속한 인디언 부족은 코코Coco 족 혹은 카호크 Cahoque 족이었다. 그들은 해마다 반년 동안 본토에서 지내면서 산딸기나 새우, 게 등을 찾아 돌아다니거나 해변에서 서식하는 사슴을 사냥하고 본토의 인디언 부족들과 물물교환을 했다. 카베사 데 바카는 '불운의 땅'에 좌초하고 나서 1년 동안을 그런 식으로 보냈다.

처음에는 그런 생활이 절망적인 것으로 비쳤을 것이다. 그러다 그는 병에 걸려 몇 주 동안 혼수상태에 빠졌다. 그동안 전염병에서 살아남은 12명 가량의 스페인 사람들은 곶을 한두 개만 돌아가면 나올 것으로 보이는 파누코에 가기로 결심하고 해안을 따라 나아가기 시작했다. 그들은 그곳을 떠나기 전에 카베사 데 바카의 증세를 살펴봤다. 그는 기력이 너무 약해 함께 가기 힘들어 보였다. 그리하여 그들은 그를 굶주림에 허덕이는 인디언들의 자비에 맡기고 자기네끼리 떠났다.

인디언들은 그에게 충분한 자비를 베풀었다. 그들은 '자연인'의 한 특징인 조용한 온정과 자비심을 갖고서, 자기네 삶에 뛰어들어온 그 쓸모없는 불청객에게 먹을 것을 주고 잘 보살펴줬다. 얼마 후 카베사 데 바카는 건강을 회복하기는 했지만, 자기네 동족에게 버림받은 상태에서 절망에 빠져 몇 달간을 멍하니 보냈다.

그 무렵 그는 '수렵채취인'의 한 사람으로 생활했는데, 여자들이 하는 일 말고는 다른 어떤 일도 할 수 없었기에, 그 사람들과의 관계에서 자존심에 적지 않은 상처를 입었다. 훗날 그가 기록한 내용에 의하면 그것은 부당한 처사였고, 그는 그 때문에 받은 굴욕감을 오래도록 잊지 못했다. 당시에 관한 기록에서 그는 또다시 카호크 인디언들을 자기의 주인들로, 자기는 노예로 서술했다. 그러나 그는 자기가 카호크 족의 곁을 떠나 본토에 있는 다른 부족에게 가고 싶어하자, 그들이 전혀 제지하지 않았다는 점도 아울러 털어났다.

그는 일종의 행상인으로서 본토에 건너갔다. 그리고는 해안에서 수집한 소라껍데기, 숲과 초원에서 잡은 짐승가죽 같은 물건들을 갖고 이곳 저곳으로 돌아다니면서 다른 물건들과 바꿨다. 그러던 중 겨울이 찾아왔다. 그는 본토의 한 부족인 카루코스Charrucos 족 마을에서 겨울을 났다. 그 무렵이면 어디서나 양식이 부족하기 때문에, 그는 배고픔의 고통을 참고 견뎌야 했다. 그러다 봄이 오자 그는 다시 교역활동을 시작했다. 그는 이미 본토 사람들이 쓰는 언어를 어느 정도 습득한 덕에 그런 대로 장사꾼 노릇을 할 수 있었다.

본토의 인디언들은 사냥을 하고 농사를 지으면서 부족들 상호간에 끊임없이 전쟁을 벌였다. 카베사 데 바카의 기록에 나오는, 갤버스턴 만 일대에서 벌어진 전쟁들은 일종의 의식儀式으로서 진행된 전쟁으로밖에는 이해하기 힘들다. 그런 전쟁들은 대체로 일정한 규칙에 따라서 진행되었다.

그 일대에서는 일종의 의식으로서 '일렉스 보미토리아lex vomitoria'로 빚은 술을 마시는 주연이 벌어지곤 했는데, 카베사 데 바카는 그 의식에 참여한 사람들이 무려 사흘에 걸쳐 일정한 간격을 두고 계속 술을 마셔대는 광경을 보고 크게 놀랐다. 가끔 한 부족이 그가 들른 다른 마을에 사는 부족을 습격해서 주민들을 학살하는 광경이 벌어졌다. 하지만 카베사 데 바카는 그런 의식과는 무관한 사람이어서 공격을 받지 않았다.

그는 숲이 울창한 그 일대 전역을 누비고 다녔고, 해안을 따라 남쪽으로 100마일 이상 내려가보기도 했지만, 파누코를 그리워하면서도 그곳을 찾으려는 노력 같은 것은 하지 않았다. 그는 가죽옷을 걸치고 장사할 물건들을 담은 사슴가죽 자루를 짊어지고 다녔다. 그는 늘 맨발이었으며, 수척해진 얼굴에는 수염이 무성했다. 그는 육체적으로나 정신적으로 서서히 변화하여, 지상에서 가장 적응력이 뛰어난 종의 한 구성원으로서, 어디서나 쉽게 적응할 수 있는 사람으로 탈바꿈했다.

그 일대에 남은 다른 스페인 사람이라고는 '불운의 땅'에 거주하는 로페 데 오비에도 한 사람뿐이었다. 카베사 데 바카는 겁이 많아서 좀처럼 그곳을 떠나려 하지 않는 그에게 자기와 함께 기독교인들을 찾으러 남쪽으로 내려가자고 거듭거듭 설득했다. 오비에도는 해마다 이런저런 핑계를 대고 떠나기를 미뤘다. 그는 그 '소박한 사람들'의 생활이 취향에 맞는 듯했다. 그러다 결국 1532년 초가을에 이르러 그는 카베사 데 바카와 함께 떠나는 데 동의했다.

그들은 곳곳에서 모래톱과 하천이 길을 가로막는 텍사스의 해안선을 따라서 줄곧 걷다가 필요하면 헤엄을 쳐서 건너기도 하면서 3주 동안 계속해서 앞으로 나아갔다. 그러다 그들은 오늘날의 오코너 항 부근의 어느 곳인가에서 케베네스Quevenes라고 하는 인디언 부족을 만났다. 두 사람은 그들에게서 3년 전에 열두어 명의 스페인 사람들이 파누코를 찾아 떠났지만, 그중에서 두 명의 백인과 한 명의 흑인을 제외한 나머지 사람들은 모두 죽었다는 이야기를 전해들었다.

카베사 데 바카와 그의 동료 오비에도가 새로 발을 들여놓은 그 지역은 아주 고약한 곳이었다. 케베네스 족은 흉포하고 잔인했다. 아마도 그 전에 그곳을 가로질러간 스페인 사람들이 평소처럼 난폭한 행동을 저질러 그들의 마음속에 심한 증오심을 남겼기 때문일 것이다. 그 인디언들은 두 사람을 진흙탕속에 처박아놓고 활로 위협하면서 조롱했다. 오비에도는 그런 꼴을 당하면서 처음 얼마 동안은 묵묵히 참고 견뎠다. 하지만 그는 곧 분명한 결단을 내렸다. 애초에 자기는 '불운의 땅'을 떠나고 싶은 생각이 전혀 없었으므로 다시 그곳으로 돌아가야겠다고.

그렇게 해서 그는 그곳으로 돌아갔고, 그와 너불어 카베사 데 바카의 기록에서도 영영 자취를 감추었다. 그로부터 200년 뒤, 그 일대의 인디언들이 식인종이자 흉포한 전사로 악명을 떨쳤을 때, 아마 그들 가운데에는 로페 데 오비에도의 자손들도 일부 포함되어 있었을 것이다.

✦

카베사 데 바카는 케베네스 인디언들에게서 달아나, 남쪽으로 내처 걸어간 끝에 과달루페 강에 이르렀다. 그곳에서 그는 마리아메스Mariames라고 하는 새로운 부족과 만났다. 그 부족은 해마다 한 번씩 과달루페 강가의 피칸(북아메리카 산 호두나무의 일종—옮긴이) 숲에 와서 축제를 벌였다. 여기서 그는 케베네스 부족에게서 달아났던 세 명의 생존자, 곧 안드레스 도란테스, 알론소 델 카스티요, 그리고 도란테스의 흑인 노예인 에스테바니코를 만났다. 세 사람은 마리아메스 인디언들에게 붙잡힌 뒤, 우묵한 절구로 피칸 열매 빻는 일을 하고 있었다. 인디언들은 그들을 이상하리만큼 가혹하게 다뤘다. 전쟁은 아메리카의 그 소박한 사람들의 맑은 영혼을 신속하게 파괴해버렸다.

카베사 데 바카는 내륙 부족 사람들에게 붙잡혀 노예생활을 하는 동안, 그들을 면밀히 관찰하고, 그들의 생활상과 습관에 관해서 상세히 기록해놓았다. 그는 마리아메스 족 사람들이 "딸이 태어나면 곧바로 땅에 내던져 개들의 먹이가 되게 한다"라고 썼다. 그리고 여자가 필요하면 적대적인 부족들에게서 약탈해왔다.

우리는 이것을 '원시문명'과 함께 지속된 보편적인 족외혼 풍습의 왜곡된 한 형태라고 생각할 수도 있으나, 어쩐지 있을 수 없는 일로만 여겨진다. 그리고 카베사 데 바카가 그 주위의 다른 부족들도 똑같은 짓을 한다고 서술한 대목에 이르러서는 특히 더 그런 생각이 든다. 그 일대의 부족들이 하나같이 딸들을 키우지 않는다면 자손을 낳는 데 큰 어려움이 따를 테니까.

그러나 그 해안지역에 거주하는 아메리카 인디언들은 타락한 집단임이 분명했다. 마리아메스 족의 가장 주목할 만한 풍습 중의 하나는 동성애 풍습이었다. 그들의 사회에서는 동성애나 양성애가 흔했고, 그곳 사람들은 그런 것들을 묵인했다. 그리고 그런 형태의 사랑에는 즐거움과 아울러 사회적인 의무와 책임도 뒤따랐다. 아메리카 자체 내에서 발전된 이런 풍습은 당대와 후대의 북아메리카 대평원과 산악지대 전체에 폭넓게 퍼져 있었다. 그러나 카베사 데 바카는 그런 사실을 알지 못해, 그것이 단지 그 지역에 국한된 역겨운 풍습으로만 여겼다.

그 일대의 부족들은 해마다 튜너Tuna(부채 선인장. 열매가 달고 맛있다—옮긴이)가 풍부하게 자라는 남서쪽 지역으로 이동하곤 했는데, 그 스페인 사람들은 그들이 그쪽으로 이동하는 틈을 타서 탈출하기로 했다. 1533년 늦여름에 마리아메스 부족은 이동하기 시작했다. 스페인 사람들은 그 부족 여자들과 함께 짐을 날랐고, 여자들과 함께 채찍질을 당했다. 그들은 굶주림과 힘겨운 노역에 허덕이며 행진한 끝에, 오늘날의 코퍼스크리스티 근방에서 잘 익은 튜너가 풍부하게 널려 있는 곳을 발견했다.

그러나 그곳에서 인디언 부족들간에 전쟁이 일어나는 바람에 그들의 탈출 계획은 좌절되고 말았다. 카베사 데 바카 일행은 튜너 열매를 잔뜩 짊어진 채 마리아메스 부족의 본거지로 돌아가 다시 1년 동안 고된 노예생활을 했다. 이 기간에 그는 다른 세 명의 스페인 사람들과 따로 떨어져 일했다. 하지만 그는 심부름꾼을 통해 그들과 연락을 취하는 모험을 계속하면서, 이듬해에 튜너 수확철이 돌아올 때 다시 탈출하려는 계획을 세웠다.

1534년 여름, 텍사스 황야에서는 일출 무렵이면 날이 맑았다가, 해질 무렵이면 짙은 안개가 끼었다. 인디언 부족들은 튜너의 향긋한 즙액 맛을 보기 위해 그곳에 다시 모여들었고, 그 덕에 세 명의 스페인 사람과 자주 벌쭉이 웃곤 하는 에스테바니코도 오랜만에 다시 만났다.

그들은 달도 뜨지 않은 어느 캄캄한 밤에 그곳을 탈출해서, 코아후일테칸 Coahuiltecan이라고 하는 다른 부족 사람들이 머무는 곳에 도착했다. 그들은 오늘날의 앨리스 근방에서 잠시 머물던 온순한 원시부족이었다.

코아후일테칸 족 사람들은 영구적인 정착지를 찾아 '브룩스 대사막 지대'를 가로질러 남쪽으로 이동하던 중이었다. 그 부족사람들은 숨이 차서 연신 헐떡거리는 세 명의 백인과 흑인 하인 한 사람과 함께 햇살이 작열하는 사막 지역을 가로질러 닷새 동안 묵묵히 걸어갔다. 마침내 그들은 널따란 초원과 과일나무들이 자라는 지역에 도착했다. 그곳은 콜로라도 협곡이었다.

그곳에는 때늦은 튜너 열매가 잔뜩 열려 있었고, 시냇물은 나직하게 노래하면서 흐르고 있었다. 그 부족사람들은 모두가 사방에 흩어져서 먹을 것을 거둬들였다. 카베사 데 바카는 누구보다도 더 멀리 나갔다가 그만 길을 잃어버렸다. 그는 그 부족사람들과 동료들을 애타게 찾아 헤매다가, 결국 닷새 만에 그들과 다시 만났다. 코아후일테칸 사람들은 마치 잃어버린 양 한 마리를 되찾은 것처럼 반가워하면서 그에게 먹을 것을 줬다.

카베사 데 바카는 콜로라도 협곡에서 지내는 동안, 그 일대의 부족들 사이에서 기적의 치료사라는 명성을 얻었다. 누군가가 그와 다른 세 명의 스페인 사람에게 죽은 사람을 살려내고 아픈 사람을 치료할 수 있느냐고 물었을 때, 그들은 될 대로 되라는 심경으로 그렇게 할 수 있다고 응답했다. 그러자 그 인디언들은 카베사 데 바카를 한 남자가 죽어 누워 있는—혹은 죽은 것으로 보이는 남자가 누워 있는—어느 오두막 안으로 데려갔다. 카베사 데 바카는 시신 앞에서 기도한 뒤 그의 몸을 문질러주고 입 속에 숨을 불어넣었다. 그러자 잠시 후 시체가 자리에서 일어나더니 싱긋이 웃으면서 걸어다녔다.

그 결과, 스페인 사람들에게는 엄청난 영예와 명성이 따라왔다. 그것은 하나님이 이교도들에게 그들의 능력을 입증해주기 위해 행하신 참된 기적이었다. 좀더 회의적인 뒷세대들은 그것을 진짜로 죽은 것이 아닌 사람을 상대로 해서 벌인 일종의 쇼 같은 것으로 볼 수도 있으리라.

그러나 그 사건에는 그런 범주를 넘어서는 어떤 영적인 요소가 개재되지 않았나싶다. 엄숙하고 경건한 카베사 데 바카는 황야에서 혼자 시련을 겪은 뒤, 하나님이 자기와 같이 보잘것없는 인간을 자기로서는 알 수 없는 어떤 일에 쓰기 위해서 보호해주셨다는 굳은 믿음을 갖기에 이르렀다. 그는 그런 확신에 사로잡히면서 강력한 물리적인 자력 같은 것을 얻게 된 듯하다. 오늘날에도 여전히 영적인 기적을 일으킬 수 있는 그런 자력 같은 것을. 인디언들은 그렇게 믿었다.

그들이 놀라운 치유능력(카베사 데 바카 이외의 다른 스페인 사람들도 역시 그런 능력을 보여줬다)을 지녔다는 소문은 소박한 수렵채취 부족들 사이에 널리 퍼져나갔다. 그해 겨울이 다가왔을 때 스페인 사람들은 치료사로서의 명성 덕에, 그리고 부족사람들이 땔감으로 쓸 나무를 잔뜩 해다 준 덕에 굶주리지 않고 지낼 수 있었다. 겨울 바람이 매서워지면서 기근이 닥쳐왔다. 거의 헐벗다시피한 스페인 사람들은 불 곁에서 오들오들 떨면서 어서 봄이 오기만을 고대했다.

마침내 봄이 왔다. 카베사 데 바카의 마음속에서는 막연한 어떤 계획이 틀을 잡아가고 있었다. 멕시코를 찾기 위해 남쪽으로 내려가보자는. 남서쪽에는 우호적인 수렵채취 부족인 말리아코네스Maliacones 사람들이 살고 있어, 스페인 사람들은 콜로라도 협곡을 떠나 35km 가량 되는 먼 거리를 걸어갔다.

말리아코네스 사람들은 그들을 환영해줬고, 새까만 메스키트 콩을 찾아 또 다른 곳으로 떠나는 길에 그들도 함께 데려갔다. 그들이 도착한 곳에는 그 콩들이 있기는 했으나, 아직 익지 않았다. 그러자 말리아코네스 사람들은 자기네 마을로 돌아갔다. 하지만 스페인 사람들과 흑인 하인은 과거에도 그랬던 것처럼 앞으로도 얼마 동안은 먹을 것이 없어 굶주릴 것이라 생각하고, 작은 개 두 마리를 잡아먹은 뒤 황막한 고장을 가로질러 남서쪽으로 나아갔다.

그러나 그들은 길을 잃고 말았다. 억수같이 쏟아지는 비가 황량한 평원을 휩쓸고 있었다. 그들은 숲속으로 들어갔다가 우연히 두 여자와 몇 명의 청년을 만났고, 그들은 그 스페인 사람들을 쿠첸다도스Cuchendados라고 하는 자기네 부족의 야영지로 데려갔다. 거기서 카베사 데 바카는 다시 치료사의 능력을 베풀었고, 그 때문에 그 부족사람들에게서 대단한 찬사를 받았다. 그들은 그곳에서 부족사람들이 베풀어주는 성찬을 즐기면서 보름 동안 푹 쉬다가 다시 남서쪽으로 나아갔다.

그들은 그때까지도 여전히 백인들의 발길이 한 번도 닿은 적이 없었던 땅을 지나고 있었다. 자기네 같은 사람들이 지나갔다는 소문도 들어보지 못했다. 그들이 여행하는 도중에 만난 떠돌이 부족들은 그들에게 먹을 것을 주고 잔치를 베풀어줬다. 그들은 메스키트 콩과 그것을 갈아만든 시커먼 분말로 만든 음식을 대접받았는데, 의외로 맛이 있었다.

그들이 들어선 그 고장은 그 무렵까지도 아직 때묻지 않은 원시인들이 사는 친절한 고장이었다. 거의 벌거벗다시피한 그 치료사들은 어느 한 부족의 안내를 받아 가시덤불이 우거진 고장을 지나, 마침내 엄청난 수량을 자랑하는 거대한 강이 흐르는 곳에 이르렀다. 카베사 데 바카는 그 강을 "세비야에 흐르는 과달키비르 강만큼이나 넓다"고 했다. 바로 리오그란데 강이다.

그들은 아마 오늘날의 텍사스 주 이달고 군에 있는 어느 지점인가에서 그 강을 건넜을 것이다. 그들은 여전히 수렵채취 부족들이 사는 고장을 지나고 있었다. 카베사 데 바카의 기록에 의하면, 그 소박한 사람들은 스페인 사람들을 존경하고 두려워하면서 마을에서 마을로 호위해줬다고 한다. 그러나 원주민들이 그렇게 한 동기를 면밀하게 따져볼 때, 우리는 카베사 데 바카가 말한 동기들 외에 또 다른 동기가 있었다고 가정해볼 수도 있을 것이다.

원주민들에게 그 스페인 사람들은 아마 따분하고 단조로운 생활 속에 갑자기 출현한 진기하고 놀라운 구경거리로 비쳤을 것이다. 그로부터 몇백 년 전에도 아시아에서 온 그런 진기한 사람들이 멕시코 남부와 캘리포니아 서부에 상륙한 적이 있었다. 원주민들은 '태양의 자손들'을 열렬히 환영했고, 아시아 사람들은 그 지역들에 머물면서 종교의식과 군주제, 샤머니즘 같은 것들로 원주민들의 정신과 감정을 오염시켰다. 그 스페인 사람들은 그런 전통을 답습했다. 그들은 원주민들이 베풀어주는 음식을 먹은 뒤 원주민들에게 자기네의 신앙을 설파했고, 원주민들은 멍하니 입을 벌리고 듣거나 하품을 하거나 웃음을 터뜨리면서도 그들의 설교에 깊은 인상을 받았다.

이제 그들은 멕시코 북부에 들어와 있었으나, 그런 사실을 미처 깨닫지 못했다. 인디언 호위대는 그들을 계속 안내해줬고, 그 일대에서는 그들의 간단한, 그리고 가끔 아무 효험을 보지 못하기도 하는 치료법을 필요로 하는 사람들이 꽤 많았다. 그들은 핀토스Pintos 족 사람들이 드문드문 살고 있는 가시덤불 평원을 가로질러 여전히 남서쪽으로 나아갔다. 안염眼炎을 앓는 사람들이 많은, 피부빛이 하얀 그 이상한 부족은 유럽 인들의 후손일 수도 있었다. 그들은 어쩌면 콜럼버스가 도착하기 전에 그곳에 정착했던 백인들의 후손일지도 모른다. 그런데 어떤 정착민들의 후손일까?

그러나 이곳에 이르러 그들은 남서쪽으로 나아가던 발걸음을 멈췄다. 그들의 눈에 저 멀리 남쪽에 겹겹이 둘러서 있는 드높은 산맥은 마치 하늘 높이 솟아 있는 난공불락의 흉벽들처럼 보였다. 그들은 곤혹스러운 눈빛으로 그 산맥을 바라봤다. 저 산맥을 어떻게 넘는다지? 저 너머에는 뭐가 있을까? 멕시코, 혹은 미지의 악마의 땅이?

이때 그들은 그 시대에는 흔히 그러하듯 여행 코스를 두고 큰 혼란에 봉착했다. 그들은 다음 행선지를 어디로 정할 것이냐를 두고 논란을 벌이다, 동쪽으로 가지는 말자는 쪽으로 의견을 모았다. 동부의 해안지방 사람들은 그들을 심하게 굶주리게 하고 가혹하게 대했기 때문이다. 그렇다고 해서 남쪽으로 갈 경우에는 저 멀리 보이는 높은 산맥이 그들의 진로를 가로막을 것 같았다. 그리고 그 일대 부족들에게서 들은 바에 의하면, 서쪽에는 사람이 살지 않는 사막지대가 펼쳐져 있다고 하니, 그리로 갔다가는 틀림없이 굶어죽을 것이다.

그들이 선택할 수 있는 길은 오직 하나뿐인 듯했다. 거기서 북서쪽으로 나아가 리오그란데 강의 지류들을 가로지르고, 드넓은 사막의 북쪽을 우회해서 가는 것. 그런 코스로 해서 갈 경우 그들은 먹을 것이 풍부한 땅들을 지나, 결국에는 서쪽 지평선 저 너머에서 별 어려움 없이 남쪽으로 내려갈 수 있는 길과 다시 만날 것이다.

게다가 우리는 그 지역을 지나는 과정에서 그 지역에 관한 많은 정보를 알게 될 것이기 때문에 그 코스를 신택했다. 우리 주 하나님께서는 우리를 기꺼이 받아들여주시고, 기독교인들의 땅으로 우리를 안내해주실 것이다. 우리는 그 지역에 관한 그런 정보들과 여러 가지 소식을 기독교인들에게 전할 수 있을 것이고.

그 무렵에 이르러 드디어 그는 탐험가로서의 자신의 참모습을 자각했다. 미지의 서쪽 해안에 있다는 황금의 마력을 좇아 세비야를 떠났을 때만 해도 그는 그것을 미처 깨닫지 못했었다.

그들은 북아메리카에 7년 동안 머물러 있었다. 그 7년 동안 그들은 멕시코 만 해안을 따라 서서히 나아가, 오늘날의 몬테레이 부근에까지 이르렀다. 그리고 이제 그들은 다시 2년 동안 계속될 여행길에 나섰다. 그 2년 동안 그들은 오늘날 사람들조차도 제대로 알지 못하는, 존재가 희미한 부족들이 사는 땅들을 가로질러 3,000km가 훨씬 넘는 머나먼 길을 따라 나아갔다.

❦

그때까지 그들을 호위했던 인디언들은 미지의 서쪽 땅으로 가기를 거부하고, 눈물을 흘리면서 그들과 헤어졌다. 이제 동행도 없이 홀로 남겨진 스페인 사람들은 굽이쳐 흐르는 리오그란데 강이 북쪽 저 멀리 보이는 고장을 터벅 터벅 걸어가기 시작했다.

얼마 후, 서쪽에는 사람이 살지 않는다는 먼젓번 인디언들의 말은 맞지 않다는 사실이 밝혀졌다. 스페인 탐험가들은 곧 어느 마을에 도착했는데, 그들이 7년 전 아팔라첸을 떠난 이래 제대로 농사를 짓는 사람들을 본 것은 그때가 처음이었다. 그들은 또다시, 정착해서 농사를 짓는 공동체들의 영역의 한쪽 경계선에 이른 셈이었다. 그곳의 잘 경작된 밭에서는 옥수수와 호박 등이 자라고 있었다.

그들은 그 마을에서 만 하루 동안만 머물렀지만, 그들이 뛰어난 치료사들이요, 또 자기네 마을에서 실제로 여러 사람을 치료해줬으며, 진기한 종교의식을 행한다는 소문은 급속도로 퍼져나갔다. 그들이 한 마을에서 다른 마을로 이동할 때마다 100명도 넘는 인디언들이 따라가 그 마을에서 유용한 온갖 물건들로 세금을 받아냈다. 그러면 그 마을 사람들도 스페인 사람들을 따라 다음 마을로 가서 자기네가 지불한 것만큼의 물건들을 세금으로 받아냈다. 그런 과정은 카베사 데 바카가 소년 시절에 헤레스에서 배운 터치 게임처럼 마을과 마을로 이어지면서 되풀이되었다.

그들은 그 새 땅에서 가는 곳마다 '태양의 자손들'이요, 다른 땅에서 치유 능력과 마법이라는 새 선물을 가져온 기적의 여행자들이라 해서 대환영을 받았다. 카베사 데 바카는 자기네가 그 지역을 여행하고 그런 열렬한 영접을 받은 최초의 외지사람들이라 믿었다.

그러나 600년 전에 멕시코의 태평양 연안에 상륙한 케트살코아틀 Quetzalcoatl(원래 이 말은 '깃털 달린 뱀'이란 뜻으로, 고대 멕시코 종교의 주요 신인데, 저자는 이를 외지에서 온 사람으로 해석한 듯하다—옮긴이)도 비슷한 대접을 받은 듯하다. 그곳의 인디언들은 길을 잘못 들어 그곳에 표류한 인도네시아 사람, 혹은 힌두 사람인 그를 '태양의 자손'이라 해서 크게 환영했다. 농경부족들이 거주하는 그 지역에는 그 스페인 사람들과 같은 불가사의한 사람들에 관한 전설이 널리 퍼져 있었다. 그리고 그런 사람들은 전설과는 달리 그곳에 사는 사람들에게 여러 가지 축복과 아울러 재난을 안겨줬다.

그들은 어느 한 마을에서 호리병박 모양의 성스러운 요령을 선물받았다. 그후 그들은 마법사의 상징물인 그 요령을 남은 여행기간 내내 갖고 다녔고, 흑인하인인 에스테바니코가 그것을 흔드는 역할을 맡았다. 그들은 시에라마드레 산맥의 한쪽 사면 높은 곳에 자리잡은 또 다른 마을에서 면직옷을 입은 두 명의 외지인을 만났는데, 많은 양의 구리를 갖고 있는 그들은 도란테스에게 구리 요령 하나를 선사했다.

그 두 사람이 어디서 왔느냐 하는 것은 아직까지도 수수께끼로 남아 있다. 하지만 문명의 냄새가 나는 그런 물건들을 본 순간, 스페인 사람들은 하나같이 전율과도 같은 충격이 온몸을 타고 흐르는 것을 느꼈다. 신대륙에 오고 나서 8년 동안 그런 감정을 느껴보기는 처음이었다. 그들을 스페인에서 거기까지 오게 한 동기가 되었던 경이로운 문명이 마침내 가까이 다가온 것은 아닐까?

그 외지인들이 북쪽에 구리가 나는 땅이 있다고 해서, 스페인 사람들은 리오사비나스 강의 지류들을 가로지르면서 북쪽으로 향한 끝에 풍요롭고 비옥한 땅에 이르러 '원시문명권 사람들'의 영접을 받았다. 여기서 그들은 생전 처음 들소가죽을 봤다. 그곳은 북아메리카 들소 서식지의 남방 한계선 가까운 곳이었다. 들소떼는 먹을 것이 별로 없는 척박한 갤버스턴 해안선 위쪽까지 내려왔다.

농사와 사냥을 겸해서 하고 있는 그 지역 부족들은 그곳에 서식하는 사슴과 토끼, 칠면조 덕에 풍족한 생활을 누리고 있어, '황금의 도시'를 찾아 북쪽으로 흘러들어온 그 낯선 손님들에게도 넘칠 만큼 많은 음식을 베풀었다. 가끔 소규모 인디언 호위대가 그들 곁에 따라붙었고, 어떤 때는 하릴없이 그들의 뒤를 따라오는 사람이 수천 명 가까이 될 때도 있어, 밤이면 마치 대규모 군대가 야영이라도 하는 것처럼 그들이 피운 캠프파이어의 불빛이 숲과 평원을 벌겋게 물들였다.

얼마 후 그들은 북쪽으로만 가는 게 싫증이 나서 북서쪽으로 방향을 틀었고, 그 때문에 비옥한 땅을 벗어나 한동안 코아우일라 사막의 을씨년스러운 황무지를 가로질러야 했다. 그곳에는 굶주림으로 인해 사나워진 방울뱀이 곳곳에 숨어 있어, 그들을 따라오던 인디언들의 숫자는 크게 줄었다. 그러나 거주하는 사람들이 드문 그 지역에도 '태양의 자손들'이 오고 있다는 소문은 그들이 도착하기도 전에 퍼져나갔다. 다 떨어져 넝마가 된 옷차림에, 얼굴에는 수염이 무성하고, 피부는 햇살에 검게 그을은 스페인 사람들은 플로리다에서부터 아주 먼 거리를 여행하면서 단련이 되어 이제는 아무리 걸어도 아프지 않은 다리로 씩씩하게 행군했다. 마침내 그들은 사막을 지나 여러 골짜기에서 발원한 널따란 강 앞에 이르렀다. 몇 달 전에 그들이 서쪽 저 아래에서 건넜던 큰 강, 곧 리오그란데 강의 상류에 해당하는 곳에.

빅벤드 산맥 어디쯤에서 그들은 한동안 곤혹스러운 처지에 빠졌다. 그 당시 그들은 농사를 주업으로 삼는 온화한 산악주민들의 마을에 머물러 있었는데, 그 이웃에는 호전적인 부족이 살고 있었다. 그렇게 해서 우리는 원시문명의 영역 변두리에 거주하는, 갤버스턴 일대의 부족들과 비슷한 침략적인 유목민과 다시 맞닥뜨리게 된다. 그 마을 서쪽에 거주하는 그들은 들소를 사냥하면서 사는 난폭한 사람들이었다. 산악마을 사람들은 '태양의 자손들'을 그쪽으로 보내서는 안 된다는 결정을 내렸다.

그렇게 해서 스페인 사람들은 그들과 의논한 끝에, 리오그란데 강과 콘초스 강이 합류하는 곳인, 오늘날의 프레시디오 델 노르테 근방에 있는 다른 농촌 마을에 가기로 했다. 그 지역에서 스페인 사람들은 그때까지 자기네가 만나본 인디언들 중에서 '가장 문명화된' 사람들이 거주하는, 잘 지어진 푸에블로(북아메리카 서남부에서 농경에 종사하는 인디언 지역에서 볼 수 있는 집단주택—옮긴이)들을 발견했다. 그곳 사람들은 다른 부족 사람들과 마찬가지로 '태양의 자손들'을 환영했으며, 병자들을 치료해주고 마법을 가르쳐달라고 청했다. 스페인 사람들은 병자들의 경우에는 어떻게 했는지 몰라도, 그 소박한 원주민들에게 십자가 표시와 그밖의 종교의식적인 형식들은 가르쳐줬다. 그러고 나서 그들은 차분히 앉아서 다음 행선지를 두고 논란을 벌였다.

북동쪽으로 갈 경우에는 멕시코에서 더욱더 멀어질 것이다. 인디언들의 말에 의하면, 남쪽에는 사람이 살기 어려운 황량한 땅이 펼쳐져 있다고 했다. 그 다음으로는 리오그란데 강을 따라 북서쪽으로 나아가는 방법이 있는데, 그쪽 땅에는 먹을 것이 귀했다.

왜 그랬는지는 몰라도, 아무튼 그들은 리오그란데 강을 따라 나아가는 편을 택하고, 1536년 1월 초에 그 미지의 땅을 향해 출발했다.

✤

여행자들은 계속된 굶주림으로 수척해지기는 했지만, 리오그란데 강을 따라 올라가는 여행은 그런 대로 즐겁고 쾌적한 여정이었던 듯하다. 그 일대의 인디언들은 굶주리고 있었다. 하지만 그 인디언들 역시 그들을 '태양의 자손들'로 잘못 알아, 두려워하고 어려워하면서 얼마 남지 않은 양식을 나눠줬다. 스페인 사람들은 당연하다는 듯이 그 음식을 받아먹고는 다음 행선지를 향해 서둘러 떠나곤 했다.

이즈음 흑인 하인을 제외한 세 사람의 백인은 자기네가 반쯤은 신이 된 것처럼 믿으면서 매우 들떠 있었다. 그리고 그들은 자기네가 이따금 한 번씩 보여주는 신앙에 의한 치유의 '기적'을 머나먼 스페인 땅에 있는 친절한 신들 덕으로 돌렸다. 그들은 빠르게 앞으로 나아갔다. 그들은 먹을 것이 거의 없는 땅에서조차도 조금씩이나마 음식을 얻어먹었다.

북서쪽으로 방향을 돌린 지 17일째 되던 날, 그들은 오늘날의 엘패소 근방에서 다시 리오그란데 강을 건넜고, 그렇게 해서 그들의 주목할 만한 여행경로에서 가장 북쪽에 위치한 곳에 이르렀다. 그들이 도착한 뉴멕시코 경계선 부근 지역에는 유목민과 정착민을 겸한 부족들이 우글거렸으며, 그 가운데는 그들이 어쩔 수 없이 밟은 북쪽 지방에서 가장 문명화된, 푸에블로에서 거주하는 유서 깊은 부족이며 뛰어난 기술을 지닌 주니Zuñi 족도 포함되어 있었다.

그곳에서 그들은 서쪽의 사막지대에 그곳을 건너는 사람들의 갈증을 풀어줄 만한 물웅덩이가 일정한 간격으로 늘어서 있다는 이야기를 들었다. 그들은 고된 여행으로 단련된 맨발을 해가 지는 서쪽 방향으로 돌렸다. 그들은 메다노스 모래산을 가로지르고, 살라도라고 하는 소금호수 옆을 지나고, 그 영원한 대륙의 유서 깊은 길들, 곧 1,500년 전 아메리카에 최초의 문명이 도래한 이래 그 일대의 아메리카 인디언들이 무수히 밟은 길을 따라 앞으로 나아갔다.

그들은 사말라유카 근방에서 남서쪽으로 방향을 튼 뒤, 산맥과 사막을 가로질러 부지런히 걸어갔다. 마을에서 마을로 이동하는 그들의 뒤에는 여전히 많은 인디언 수행원이 따라붙었다. 이윽고 그들은 앞으로 나아갈수록 땅이 점차 비옥해지고, 사람들이 정착생활을 하는 것 같은 인상을 주는 마을에 들어섰다.

그러다 시에라마드레 산맥을 넘어 소노라의 야키 강가에 자리잡은 한 마을에 이르렀을 때, 그들은 초록빛 파도처럼 넘실거리는 옥수수밭과 호박밭, 그리고 면직옷을 걸친 농경민을 발견했다. 그 친절한 사람들은 보석으로 만든 화살촉이 달린 화살을 들고 제례祭禮의 춤을 추면서 피로에 지친 '태양의 자손들'을 따뜻하게 맞아줬고, 그들의 옷을 대신 빨아주기까지 했다……. 그것은 그들이 거의 가로지르다시피한 그 거대한 대륙의 한 부분에서조차도 매우 다양한 부족과 문화가 공존하고 있다는 것을 말해주는 새로운 증거였다.

그러나 그들은 대륙을 완전히 가로지르지는 못했다. 그리고 그 무렵 카베사 데 바카의 탐험에 대한 열정은 기세가 꺾여 있었다. 자신들의 처지로는 소문으로 들은 '황금의 도시'를 발견하는 것이 불가능했다. 그들을 주시하는 숭배자들은 '불운의 땅'의 거주자들처럼 벌거벗지 않고 면직옷으로 "부끄러운 부분들"을 적당히 가리고 다닐 만큼 품위 있는 사람들이기는 했으나, 카베사 데 바카는 자신의 동료들 못지않게 하루빨리 그 지역을 벗어나고 싶었다.

그 지역에서는 가끔 치열한 전투가 벌어졌다. 그러나 그들은 '태양의 자손들'이 왔다는 소식을 듣고 휴전을 했다. 카베사 데 바카와 그의 동료들은 아무 방해도 받지 않고 마을에서 마을로 이동하면서 남쪽으로 행군하여, 마침내 소노라 골짜기를 빠져나와 태평양에서 그리 멀지 않은 어느 인디언 마을에 이르렀다. 오늘날의 우레스 유적 근방에 자리잡은 그곳은 진흙벽돌로 지은 집들이 늘어선 꽤 번화한 마을이었다.

여기서 그들은 또다시, 북쪽으로 멀리 떨어진 곳에 거주하는 주니 족의 부와 힘에 관한 소문을 들었다. 이때 그들은 시볼라의 황금 도시들을 직접 목격하기 위해 그 먼 지역까지 올라가볼까 생각하면서 잠시 망설였을 것이다. 하지만 그들의 처지로는 그런 원정을 감행한다는 것이 불가능했기에 단호하게 남쪽으로 돌아섰다.

태평양은 그곳에서 불과 160km 정도밖에 떨어져 있지 않았지만, 그들은 이미 바닷가 어촌마을에 사는 아메리카 인디언들의 고달픈 생활을 신물이 나도록 경험했기에 그 해안에 들르고 싶은 마음이 추호도 없었다. 그들은 보이지 않는 바다와 평행으로 나아가 오늘날의 마타페를 지나고, 수량이 많은 야키 강을 건넜다. 그리고 그 강 건너편에서 목걸이를 하고 있는 한 인디언을 만났는데, 그 목걸이에 매달린 장식 중의 하나인 검대(군도軍刀 따위를 하기 위해 허리에 두르는 띠) 버클이 그들의 눈에 띄었다.

그리하여 그들은 자기네 동족이 가까이 있다는 것을 알았다. 실제로 스페인의 한 원정대가 그렇게 북쪽 멀리까지 쳐들어와 그들의 평소 방식대로 사람을 죽이고 약탈하고 강간하는 짓을 자행했으나, 인디언들이 대규모로 집결하여 리오푸엔테 강 근방에서 그 원정대를 전멸시켜버렸다.

그러나 그곳 인디언들은 맨발로 나타난 그 피로한 여행자들을 잔혹한 스페인 원정대와 같은 사람들로 취급하지는 않았다. 인디언들은 그들을 재워주고, 먹을 것을 주고, 남쪽으로 고이 보내줬다.

이윽고 카베사 데 바카와 그의 동료들은 남쪽으로 내려가는 과정에서 기독교인들이 그리 멀지 않은 곳에 있다는 많은 증거를 발견했다. 불타버린 마을들, 길가에 널린 채 썩어가는 시체들, 나뭇가지에 걸려 있는 앙상한 해골들은 스페인 침략자들이 지나갔다는 것을 알려주고 있었다. 카베사 데 바카는 자신의 책에 동족들이 가까운 곳에 있다는 것을 알았을 때의 기쁨을 기록했다. 하지만 그런 감정과 아울러 자기 동족들이 저지른 끔찍한 광경을 목격하고 참담한 심경에 사로잡히기도 했다.

아마 이때 그의 마음은 아무 방해도 받지 않고 무사히 지나간 마지막 3,000km의 여정으로 거슬러올라갔을 것이다. 그를 친절하게 대해주고 감사하는 마음을 표했던 사람들, 마지막 남은 양식까지도 그 떠돌이들과 함께 나눠먹은 '불운의 땅'의 소박한 사람들, 여행하는 과정에서 이교도들이긴 해도 기독교도들보다 훨씬 더 친절했던 원주민들과 이런저런 경로로 해서 얽혔던 수많은 인연을 향해. 카베사 데 바카는 마치 편견과 두려움, 터무니없는 미신 등으로 이루어진 여러 겹의 장벽을 꿰뚫고 나가기라도 한 것처럼 자기네와 인디언들이 인류라는 똑같은 종에 속한 사람들이라는 깨달음에 이르렀고, 그후로도 그런 생각은 결코 변하지 않은 듯하다.

노예 약탈자들이 휩쓸고 지나간 땅들이 점차 가까워지고 있었다. 카베사 데 바카 일행은 도란테스와 카베사 데 바카가 한 팀이 되고, 카스티요와 흑인 하인 에스테바니코가 또 한 팀이 되어, 각기 다른 길로 해서 기독교인들을 찾아나섰다. 불타버린 집들은 '평화의 왕(예수)'을 따르는 사람들이 가까운 곳에 있다는 사실을 알려줬다. 카베사 데 바카 일행은 그 태평양 연안지방 도처에서 기독교인들이 저지른 잔인한 짓에 관한 소문을 들었다. 그 일대의 모든 부족들은 자기네의 비옥한 경작지를 버리고 안전한 산 속으로 도망쳤다.

1536년 3월 초, 카베사 데 바카는 시날로아 강 근처의 숲속을 빠져나오다 마침내 말을 타고 있는 네 명의 백인과 마주쳤다. 그들은 거의 벌거벗다시피 한데다 수염이 무성하게 자란 그를 보고 놀라서 멍하니 쳐다봤다. 그리고 그가 눈물을 흘리면서 스페인 말로 더듬거리며 소리치자 그들은 환성을 지르면서 그에게 달려갔다.

카베사 데 바카 일행이 만난 사람들은 쿨리아칸 시에 속한 지휘관 중의 한 사람인 디에고 데 알카라스가 이끄는 노예 사냥꾼들이었다. 알카라스는 '태양의 자손들'을 호위하면서 따라온 600여 명의 인디언들을 보고 크게 기뻐했다. 그는 부하들을 이끌고 곧바로 인디언들의 진영을 공격해 모두 사로잡았다. 카스티요와 도란테스, 그리고 혹인하인 에스테바니코(그가 어떤 의견을 갖고 있었는지에 대해서는 기록에 나와 있지 않지만)는 흡족한 표정으로 그 광경을 바라본 듯하다. 인디언들을 노예로 삼는 것은 당연한 일이었으니까.

그러나 경건하고 몽상가적인 기질을 지닌 카베사 데 바카는 그들과는 부류가 다른 사람이었다. 그는 '태양의 자손들'을 따르는 사람들에게 그런 일이 일어난 것을 보고 심한 수치심에 사로잡혔다. 그는 곧장 쿨리아칸 시로 가서, 그 지역 총독인 멜키오르 디아스에게 그런 처사의 부당함을 따졌다. 그렇게 하면서 그는 자신이 8년간에 걸쳐서 방랑하고 탐험했던—원해서 했든 혹은 운명에 의해 우연히 그렇게 되었든 간에—전 과정을 자세히 이야기했으며, 그 이야기는 훗날 이런 기록으로 남게 되었다.

그러나 우리는 이때부터 그가 신세계의 미지의 땅을 가로지르는 또 다른 여정에 나서기 전까지의 그의 삶에 대해서는 간략하게 서술하고 넘어갈 것이다. 아무튼 이때 디아스 총독은 카베사 데 바카의 주장이 옳다고 여기고, 알카라스에게 카베사 데 바카를 따라왔던 인디언을 모두 풀어주라고 명령했다.

그 일이 마무리된 뒤 카베사 데 바카와 그의 동료들은 멕시코 시로 내려가 마침내 기독교인들과 기독교식 음식이 있는 곳에, 그리고 기독교식의 영적인 평화를 누릴 수 있는 곳에 이르렀다. 스페인의 이달고(위계상 둘째 계급에 해당하는 귀족—옮긴이)들은 다 떨어진 옷차림을 한 야만인 같은 카베사 데 바카의 모습에, 그리고 그가 들려주는 경이로운 모험의 여정에 모두들 크게 놀랐다.

그들은 그의 이야기가 도무지 사실같이 들리지 않아 긴가민가했지만, 그중에서 한 가지 이야기는 쉽게 믿고 받아들였다. 시볼라의 황금의 도시들에 관한 소문(거기서 멀리 떨어진 뉴멕시코에 거주하는 주니 족의 푸에블로에 관한 소문에 근거를 둔). 그렇다면 카베사 데 바카는 북방의 그 엘도라도를 약탈하려는 원정대에 가담하고 싶어했을까?

그는 그럴 마음이 없었으며, 다른 계획을 갖고 있었다. 바다에서도 육지에서도 보이지 않았던 또 다른 '황금의 도시'가 그의 마음을 사로잡고 있었다. 아마 그는 멕시코 부왕인 안토니오 데 멘도사에게는 자신의 계획을 털어놓지 않았을 것이다.

그것은 아주 무모하고 대담한 계획이었다. 그는 왕실에서 나르바에스에게 플로리다 땅을 정복할 권리를 부여해준 것을 무효화하거나 다른 사람에게 넘겨준 일 같은 것은 없었으리라 확신하고 있었다. 그런데 이제 나르바에스는 사망했으므로, 카베사 데 바카는 그의 지위를 계승할 자격이 있는 생존자는 자기 한 사람뿐이라는 것을 잘 알고 있었다. 그리하여 그는 스페인 왕에게서 오늘날의 미국 땅 전역을 다스릴 수 있는 권한을 얻어내야겠다고 결심하고 스페인을 향해 떠났다. 그리고 자신이 그 땅의 총독이 되었을 때는―.

아마 그는 자신과 함께 어울려 지냈던 원주민들을 좋은 방향으로 이끌려는 호의적인 의도를 갖고 있었을 것이다. 후대의 주석가들이 그의 이타적인 동기를 지나치게 과장하기는 했지만 말이다. 그는 거대한 북방 식민지를 세우고, 그곳의 인디언들을 노예로 삼지 않고 적절한 절차(틀림없이 강제적인 요소가 포함된)를 거쳐서, 그리고 그 과정을 적절히 감독해가며 기독교로 개종시키려는 복안을 갖고 있었다. 그렇게 하는 과정에서 '시볼라의 황금의 도시들'을 찾아내 스페인 왕의 영역으로 병합시킨 뒤, 하나님의 영광을 드높이기 위해 교회의 통치를 받게 하리라.

그 당시 대서양에는 프랑스 인들의 민간 무장선들이 들끓었으므로, 카베사 데 바카가 탄 배는 스페인으로 가는 동안 그들을 만나 싸우기도 하고 도망치기도 하는 등의 갖가지 재난을 겪은 뒤, 1537년 8월 9일 리스본에 입항했다. 여기서 그는 (그의 관점에서 보자면) 섬뜩한 소식을 들었다.

아메리카에서 황금의 왕국 하나가 정말로 발견되었다. 남아메리카 페루에

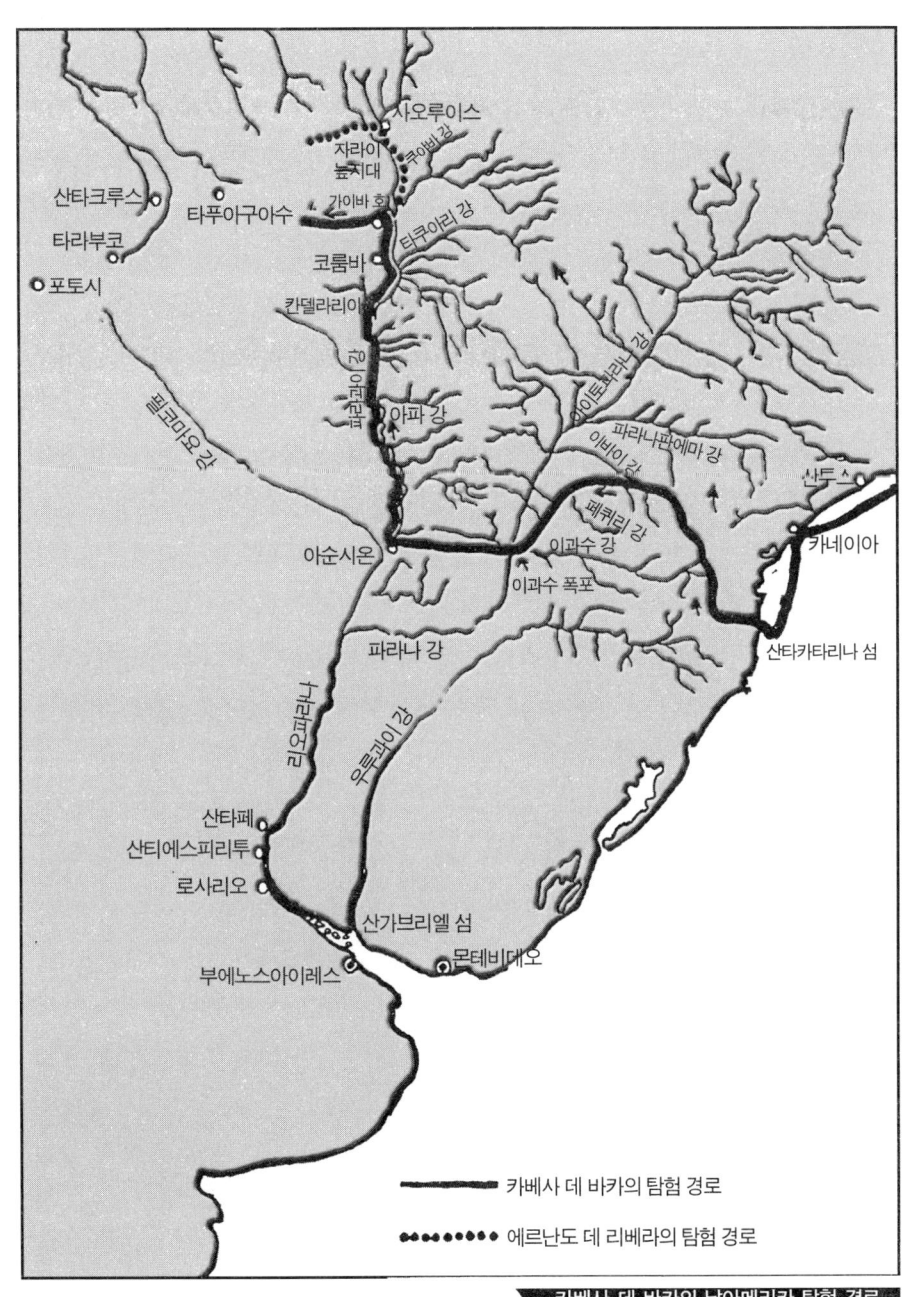

산타크루스
타푸아구아수
타라부코
포토시

자오루이스
자라이 늪지대
쿠이바 강
가이바 호
타쿠아리 강
코룸바
칸델라리아

파라과이 강
아파 강
파이트나 강
파라나판에마 강
이바이 강
산투스

페퀴리 강
이과수 강
아순시온
이과수 폭포
카네이아

파라나 강
산타카타리나 섬

우루과이 강

산타페
산티에스피리투
로사리오
산가브리엘 섬
부에노스아이레스
몬테비데오

━━━━━━ 카베사 데 바카의 탐험 경로

•••••••••• 에르난도 데 리베라의 탐험 경로

카베사 데 바카의 남아메리카 탐험 경로

있는 왕국이. 피사로가 그 왕국을 정복했다. 많은 모험가들이 아메리카 인디언들의 더없이 찬란한 문명권에서 약탈한 전리품을 싣고 속속 돌아오고 있었다. 서력 기원이 시작된 지 얼마 되지 않았을 무렵 태평양을 건너온 문명, 수많은 이질적인 부분들—인도의 제례의식과 폴리네시아의 신화, 이집트 문화, 심지어 그리스 철학의 단편적인 요소들에까지 이르는—이 절묘하게 뒤섞인 문명이 자리잡은 곳에서…….

그러나 아메리카에서 신전을 약탈하고 귀족들을 마구 살해한 스페인 정복자들은 그런 사실을 알지도 못했고, 설사 알았다고 해도 별 관심이 없었다. 그런 식으로 금의환향한 사람들 중에서 가장 유명한 사람은 에르난도 데 소토였다. 스페인 국왕은 그에게서 돈을 빌린 적이 있었고, 그에 대한 반대급부로 플로리다로 알려진 모든 땅을 식민지화할 수 있는 권리를 그에게 부여했다.

그것은 카베사 데 바카에게 큰 타격이었고, 그 때문에 그는 얼마 동안 아주 의기소침해져 있었다. 그는 고향인 헤레스로 돌아갔는데, 존재가 희미한 그의 아내는 그를 따뜻하게 맞아줬다. 그녀의 면모는 역사의 전면에 거의 드러나지 않아서 우리는 그녀의 목소리를 딱 한 번 들었을 뿐이다. 남편이 '서인도제도'에 있는 동안 그의 재산을 관리해온 전말을 그에게 조심스럽게 이야기했을 때. 그녀는 남편의 재산을 적절히 관리해왔다. 아마 그녀는 남편에게 왕을 찾아가서 직접 자신의 입장을 밝히라고 권했을 것이다. 그리고 그가 신대륙에서 겪은 모험을 자세히 이야기하고, 데 소토에게 부여해준 권리를 철회해줄 것을 요청하라고.

왕을 만나러 가는 길에 그는 세비야에 들러 에르난도 데 소토와 이야기를 나눴다. 데 소토는 그에게 자기의 부관으로 일해달라고 제의했다. 그러나 그런 제의는 '북아메리카에 거주하는 모든 인디언의 통치자 겸 보호자'를 꿈꿨던 그 엄숙하고 과묵한 사람에게는 전혀 걸맞지 않은 제의였다.

그는 그곳을 떠나 왕을 찾아갔다. 카를로스 국왕은 그 당시 몬손에 머물러 있었다. 카베사 데 바카는 왕을 알현할 수 있는 기회를 얻었다. 왕은 그의 이야기를 주의 깊게 들었으며, 스페인 사람들이 인디언들을 잔혹한 방식으로 다뤘다는 사실에 전적으로 동감했다. 왕은 인디언들을 노예로 삼는 것에 강하게 반대했으며, 그것은 거짓말이 아니었다. 그러나 데 소토에게 부여해준 권리를 취소할 수는 없는 입장이었다.

카베사 데 바카는 '서인도 위원회'가 그 지역과 관련된 또 다른, 그리고 그럴 만한 자격이 있는 원정대를 고용하는 문제를 심의해주기를 기다려야만 했다.

사라고사의 잿빛 성벽에서는 여름의 열기가 서서히 가셨고, 그곳 산맥의 을씨년스러운 고갯길에서는 매서운 겨울바람이 맹위를 떨쳤다. 그러나 카베사 데 바카는 추위에 몸을 떨면서도 여전히 그곳에 머무른 채 집요하게 청원을 해댔다.

봄이 지나고 여름이 지나면서 또 한 해가 흘러갔다. 우리는 사람들과 입씨름을 벌이면서 가벼운 소동을 일으키곤 했던 그 무렵 그의 모습을 희미하게나마 그려볼 수 있을 것이다. 그는 때로 의기소침한 상태에 빠지기도 했겠지만, 자신의 목표를 이루고자 하는 마음에는 추호도 변함이 없었다. 자기 말고 또 누가 새로운 황금의 땅을 찾아나서서 그리스도의 가르침을 전파할 수 있는 권리를 갖는단 말인가? 그럴 만한 사람은 인디언들이 '태양의 자손'으로 여긴 그 한 사람뿐이었다.

1539년 9월, 끈질긴 인내심을 갖고서 '서인도 위원회' 사람들을 집요하게 괴롭혔던 그의 노력은 보상을 받았다. 그 무렵 남아메리카의 리오 데 라플라타에 있는 스페인 식민지들은 열병이 만연하고 인디언들의 공격을 받는데다, 위정자들이 그 지역을 제대로 다스리지 못하는 등의 어려움에 처한 나머지 본국에 도움을 요청하고 있었다. 카베사 데 바카는 페루의 한 끝에서 마젤란 해협에 이르는 드넓은 땅을 다스릴 새 총독으로 임명받았다.

1540년 10월, 그는 240명의 대원들이 승선한 두 척의 배를 몰고 파라과이를 향해 떠났다.

플라테 강 식민지 총독은 후안 데 아욜라스였다. 앞에서 언급한 대로, 그 식민지에서 한 원정대가 길도 없는 차코 지방을 뚫고 나가 안데스 산맥에 이르러, 은을 잔뜩 보유하고 있는 그곳의 신비로운 나라를 약탈한 뒤 파라과이로 돌아갔다. 그런데 사람을 함부로 죽인 그들은 파라과이에서 그들의 만행에 분노한 원주민들에게 살해당했다. 그 원정대가 거둔 놀라운 성과에 자극받은 아욜라스는 많은 호위대를 이끌고 몇 주 동안 파라나 지방과 파라과이 지방을 거슬러올라간 끝에 칸델라리아에 이르렀다.

거기서 그는 휘하 군대를 반으로 나눠, 도밍고 마르티네스 데 이랄라에게 베이스캠프를 지키라고 한 뒤, 자신은 군대의 반을 이끌고 은으로 넘치는 도시를 찾아 황막한 야생의 땅으로 들어갔다. 이때 그는 강제로 징발한 40명의 인디언도 함께 데리고 갔다. 카베사 데 바카가 리오그란데 강 상류 근방에서 만난 사람들과 거의 비슷한 문명단계에 도달한 인디언들, 곧 농사를 지으면서 사는, 소극적이면서도 강인한 사람들이요, 우호적이면서도 속을 알 수 없는 사람들을.

이랄라는 상관이 돌아오기를 기다리다 불과 몇 달이 지나지 않아 강을 따라 내려가 아순시온 시를 건설했다. 그런데 그가 그 식민지를 가혹하게 다스리는 바람에, 플라테 강 일대의 스페인 사람들은 본국에 사람을 보내 새 총독을 보내달라는 요청을 하기에 이르렀다.

스페인 왕실에서는 카베사 데 바카를 총독으로 임명할 때 중요한 단서 하나를 달았다. 아욜라스가 원정을 끝내고 돌아오고 그의 정신상태가 정상으로 판명될 경우 카베사 데 바카는 총독직을 그에게 양도하고 그의 밑에서 일해야 한다는.

두 척의 배는 당시의 항해가 그렇듯이 느린 속도로 대서양을 가로질렀다. 그들은 브라질 해안에서 좀 떨어진 암초에 좌초될 뻔했으나, 육지가 가까워질 때마다 시끄럽게 울어대는 귀뚜라미 한 마리 덕에 간신히 위기를 모면했다. 결국 그들은 브라질 해안에서 좀 떨어진, 숲이 우거진 한 섬에 배를 댔다.

그 섬은 소극적인 인디언들이 거주하는 산타카타리나 섬이었으며, 카베사 데 바카는 그들을 숲속에서 유인해낸 뒤 "친절하게 대해줬다." 다른 스페인 사람들은 놀라서 그 광경을 멍하니 바라보기만 했다. 이런 게 바로 새 총독이 그런 천한 인간들을 대하는 방식이란 말인가?

그랬다. 그리고 처음에는 그런 방식이 성공적인 것임이 입증되었다. 그는 산타카타리나 섬의 그 수줍어하는 소박한 사람들에게서 과거에 그곳을 거쳐 간 한 원정대가 남기고 간 두 명의 프란체스코 파 성직자가 본토에 살고 있다는 이야기를 들었다. 그는 원주민들을 자기 배로 데려가서 플라테 강 식민지 사정에 관해 캐물었다. 그들은 그곳 사정에 관해서는 아는 게 거의 없었다.

하지만 얼마 지나지 않아 남쪽으로 아득히 떨어진 곳에 있는 부에노스아이레스 수비대에서 배를 타고 도망친 사람들한테서 추가적인 정보를 입수했다. 그들은 아욜라스가 파라과이에서 인디언들에게 살해당했다고 했다. 그리고 이랄라는 밀림 깊숙한 곳에 자리잡은 아순시온에서 총독 행세를 하고 있고, 날로 더 흉포해져가는 인디언 부족들이 그곳을 포위하고 있다고 했다.

원정대가 파라나 강과 파라과이 강을 거슬러올라가 아순시온에 도착하기까지는 얼마나 오래 걸릴까?

아마 1년 정도 걸릴 것이다. 어쩌면 더 오래 걸릴지도 모르고. 이랄라와 그의 부하들은 그전에 이미 인디언들에게 살해당하리라.

이윽고 카베사 데 바카는 자신의 생애에서 두 번째 대탐험에 해당되는 모험을 감행하기로 결심했다. 해안을 따라 부에노스아이레스까지 내려간 뒤, 강들을 힘겹게 거슬러올라가 스페인 수비대가 인디언들의 위협을 받으면서 주둔하고 있는 아순시온까지 가는 대신에 육지를 가로질러 행군하기로 했다.

동료들은 어떻게 해서든지 그의 그런 계획을 단념하게 하려고 무진 애를 썼다. 그 지역은 인육을 먹고 사는 야만인들과, 그런 식인종들에 못지않게 사나운 맹수들이 우글거리는 아주 위험한 야생의 고장이라고 하면서. 하지만 카베사 데 바카는 끄떡도 하지 않았다. 그는 예전에도 식인종들과 맹수들하고 맞닥뜨린 경험이 있었다.

그는 페드로 도란테스를 대장으로 하는 100명의 부대를 본토에 상륙시키고는 서쪽 방면으로 정찰을 나가, 그쪽 코스가 원정대가 지나가기에 적당한지 알아보라고 지시했다. 그들은 마지못해 사시사철 짙푸르기만 한 브라질의 정글 속으로 나아갔다. 그들은 장장 석 달 동안 밀림을 헤치고 높은 산들을 가로질렀지만, 적대적인 원주민들과는 전혀 부딪치지 않았다. 마침내 모두들 무사히 산타카타리나 섬에 도착했다. 그리하여 그 코스가 원정대의 사기를 꺾을 만큼 엄청나게 길지만 않다면 그런 대로 갈 만하다는 점이 입증되었다.

카베사 데 바카는 누가 뭐래도 용기를 잃지 않았다. 1541년 10월 15일, 그는 산타카타리나 섬에서 80km 가량 떨어진 타푸쿠 강 어귀에 250명의 원정대원들을 상륙시켰다. 거기서 그는 그들을 훈련시키고 무기와 장비를 점검한 뒤 11월 22일, 그들을 이끌고 브라질 내륙으로 들어갔다.

⚜

처음에는 작열하는 햇살 속에서 초록빛으로 빛나는, 발이 푹푹 빠지는 숲길을 따라 행군했다. 가벼운 옷차림을 한 일행은 총독의 뒤를 따라 묵묵히 걸었다. 총독이 행군하는 도중에 나타나는 인디언 마을에서 물건을 훔치거나 강탈하거나 강간하는 것을 일절 금했기에 그들은 맥빠진 기색을 보였다. 이런 것이 정복군을 거느린 사령관이 휘하의 부하들을 다루는 방식이란 말인가?

이윽고 황량하고 서늘한 산악지대가 시작되었다. 그들은 험준한 재들을 힘겹게 넘어 이상해 보이는 브라질의 석양을 향해 나아갔다. 해안을 떠난 지 19일째 되던 날, 옥수수와 카사바Cassava(덩이줄기가 달리는 식용식물. 덩이줄기로 카사바 가루, 빵, 타피오카, 알코올 음료를 만든다―옮긴이)를 재배하는 드넓은 밭이 그들의 시야에 들어왔다. 땅을 경작하는 사람들은 식인종인 과라니Guarani 족으로, 그들은 농사를 짓는 외에 닭이나 오리 등도 키웠다. 카베사 데 바카는 그들에게 대가를 지불하고 식량을 구했으며, 그들의 물건을 약탈하고 싶어하는 스페인 사람들의 충동에 철저히 빗장을 질렀다. 스페인 사람들 사이에서는 불만의 목소리가 점점 더 높아졌다.

그들은 다시 시작도 끝도 없는 숲속을 가로지르기 시작했다. 과라니 족의 첫 마을을 보고 나서 닷새쯤 지났을 때 큰 강 앞에 이르렀는데, 그 강은 바로 울창한 밀림을 뚫고 서쪽으로 흘러가는 이과수 강이었다. 여기서 카베사 데 바카는 발에 물집이 잡혀 고통스러워하는 대원들이 강을 수월하게 건널 수 있게끔 다리를 놓게 했다. 그렇게 해서 이과수 강을 건넌 원정대는 이과수 강 줄기를 따라 나아갔다.

인디언들은 그 백인들이 우호적이고 친절한 사람들이라는 소문에 이끌려 떼로 나타나서 맞아줬고 먹을 것을 줬다. 원정대원들은 인디언들이 갖다주는 옥수수와 꿀, 각종의 새들과 사슴고기로 포식을 했다. 하지만 카베사 데 바카가 매일 밤마다 원주민 마을에서 멀리 떨어진 곳에 캠프를 치라고 지시하는 바람에 그들은 몹시 불만스러워했다. 게다가 총독은 그들이 인디언들과 직접 물물교환을 하는 것도 금하고, 자신의 부관들이나 그밖의 입회인들이 보는 앞에서만 그렇게 하게 했다. 그의 부하들은 총독의 이런 처사에 울분을 금치 못했다.

원정대는 이과수-파라나 강을 따라 계속 나아가서 파라과이에 이르는 코스를 택하지 않고, 그 강을 건너 다시 밀림 속으로 들어갔다. 그곳은 온갖 덩굴식물이 나무들을 친친 감고 올라가고, 맑은 대기 속에서 수많은 곤충이 날갯짓을 하고, 병사들이 지나갈 때마다 덩치 큰 원숭이들이 나무 위에서 비명을 질러대고, 개울에서는 게으른 악어들이 지나가는 스페인 병사들의 다리를 노려보는 진짜 브라질 정글이었다. 이제 과라니 족의 경작지들은 보이지 않았다.

오늘날까지도 제대로 답사해본 이가 없는 황량하고 메마른 산맥의 가장자리에 이르러 밀림은 엷어졌다. 그들은 밀림 사이에 난 통로를 따라 신선한 공기가 넘칠 듯이 흐르는 곳을 지나다, 이제는 아주 희박해진 듯한 대기 속에서 헐떡거리며 험준한 산맥을 올라갔다. 산맥을 넘은 그들은 다시 서쪽에 드넓은 정글이 펼쳐진 광경을 봤다.

이제 카베사 데 바카는 원정대의 선두에서 맨발로 걸었고, 그의 곁에서는 인디언 길잡이들이 말을 탄 이달고들의 거만한 얼굴이나 맥없이 서쪽을 향해 걷는 일반 병사들의 땀에 젖은 얼굴을 이따금 한 번씩 힐끔거리면서 걸어갔다. 덤불이 너무나 무성해서 20명 가량의 사람들이 선두에서 나아가며 덤불을 쳐 없애서 피로한 원정대가 지나갈 길을 내줬다.

밤이면 곤충들의 대군이 몰려드는 통에, 그것들의 공세를 피하기 위해 그 일대를 환하게 밝혀줄 정도로 큰 불을 피워야 했다. 일부 병사들은 잠을 청하기 위해 바닥에 누우려다, 선연한 빛깔을 띤 뱀이 스르르 기어가는 것을 보고 기겁을 해서 비명을 내지르곤 했다. 야영지 너머의 어둠 속을 바라보면 그 근처를 살금살금 배회하는, 황갈색을 띤 짐승들이 밝은 황금빛 눈으로 야영지의 불길을 응시하는 모습이 보였다. 우리가 혹시 밀림 속에서 길을 잃은 것은 아닐까? 이 밀림이 끝날 때가 과연 올까?

마침내 그들은 널따란 빈터에 자리잡은 큰 마을에 이르렀다. 그동안 굶주렸던 스페인 사람들은 이것저것 마구 먹어대는 바람에 이튿날 아침에는 카베사 데 바카를 제외한 전원이 배앓이를 했다. 총독은 사람들이 항의하는 데도 불구하고 다시 행군하라고 지시했다. 그들은 그러고 싶어도 그럴 수가 없었다. 반수 이상이 배가 아파 걸을 수 없었으니까! 그러자 총독은 뒤처지는 사람은 영원히 거기 남게 될 것이라고 응수했다. 총독이 길잡이 인디언들과 함께 먼저 출발하자, 배를 움켜쥔 원정대원들이 비틀거리며 그의 뒤를 따라갔다. 이윽고 그들은 카베사 데 바카가 미리 내다본 대로 배앓이의 고통에서 벗어나 제대로 걷기 시작했다.

밀림 사이에 난 좁은 길은 끝없이 이어진 듯했다. 이따금 멧돼지들이 그 좁은 길을 후닥닥 가로질렀다. 그들은 묘하게 생긴 아르마딜로를 봤고, 밀림 깊은 곳에서 나무늘보의 음산한 비명 소리를 들었다. 그들은 도무지 지칠 줄 모르는 그 괴물 총독의 뒤를 따라가면서 성호를 긋곤 했다. 그들은 총독이 또다시 미쳐버려 북아메리카에서처럼 스스로를 하나님으로 상상하고 있으며, 자기를 숭배하는 인디오들을 찾아다니고 있다고 빈정댔다.

12월이 지나갔다. 새해가 시작되면서 숲은 다시 엷어졌고, 군데군데 대숲이 흩어져 있는 고지대가 다시 나타났다. 이제 그들이 지고 가던 양식은 바닥이 났다. 그들은 대나무를 쪼개서 그 안에 둥지를 튼 바구미를 먹었고, 그 기묘한 산비탈에서 흘러내리는 소금기 있는 물을 마셨다.

얼마 후 대숲은 사라졌다. 그들은 서쪽에서 햇살을 반사하면서 굽이쳐 흐르는 강을 봤다. 이튿날 아침, 그들은 파라과이 강의 이름 없는 지류들이 도처에 널려 있는 곳에 이르러, 사슴과 멧돼지떼가 우글거리는 광경을 보고 넋을 잃었다. 오랜 단식으로 시달렸던 그들은 석궁으로 멧돼지를 사냥한 뒤, 그 고기로 모처럼 포식을 했다.

여기서 두 명의 프란체스코 파 사제는 그 괴물 총독과 언쟁을 벌인 뒤, 인디언들이 대부분인 100명의 추종자들을 데리고 먼저 숲속으로 사라져버렸다. 그 사제들은 한동안 기록에서도 사라지지만, 이따금 한 번씩 여기저기서 식량을 약탈하고, 수많은 인디언 여자와 잠을 잤다고 언급한 대목에서 등장한다. 인디언들은 그들의 그런 처사에 고분고분하게 순응했던 모양이나, 카베사 데 바카는 그렇지 않았다. 그는 자신의 공중인을 시켜서 그 사제들의 죄상을 고발하는 공식문서를 작성하게 했다.

총독은 이제 아순시온이 그리 멀지 않다는 이야기를 여러 차례 들었다. 카베사 데 바카는 파라과이 강의 지류라 확신한 한 강변에서 두 명의 인디언에게 강을 타고 아순시온으로 내려가 자기네가 어디 있는지 알려주고, 자기네를 태울 범선 두 척을 파라나 강을 따라 보내달라고 요청하게 했다. 두 명의 인디언은 지시를 받자마자 곧 출발했고, 카베사 데 바카와 그의 일행은 또다시 숲속으로 들어갔다.

이윽고 그들은 다시 큰 강이 흐르는 곳에 이르렀다. 그 강은 그들이 오랜 방랑 후에 다시 만난 이과수 강이었다. 이 지점에서 그 강은 과달키비르 강만큼이나 넓어 보였다(이런 비교는 정확했다). 카사 데 바카는 그 강을 따라 내려가다보면 아순시온에서 보낸 범선들을 만날 수 있으리라는 희망을 품고 다시 출발했다. 그는 원정대원들의 반 가량은 원주민들에게서 구입한 카누에 태워 넓게 휘돌아가는 물굽이를 돌아가게 했고, 나머지 반은 강변을 따라 걸어가게 했다. 그런데 멀리서 폭포수가 굉음을 내며 떨어지는 소리가 들려왔다. 그리하여 그날 그들은 백인들로서는 처음으로 저녁빛 속에 드러난, 등골이 오싹할 만큼 장엄하고 아름다운 이과수 폭포를 목격했다.

그들은 카누에서 내린 뒤 폭포 곁의 드높은 절벽을 타고 내려가는 힘겨운 모험을 감행했다. 간신히 폭포 아래로 내려온 그들은 그곳에서 식사를 한 뒤 편하게 쉬려고 마음먹었으나 일은 뜻대로 되지 않았다. 강인한 궁수들로 이루어진 과라니 족의 부대가 침략자들의 통행을 저지하기 위해 집결한 것이다.

그러자 카베사 데 바카는 주저 없이 한 가지 결단을 내렸다. 그는 멕시코의 쿨리아칸을 향해 가던 무렵, 아무 두려움 없이 인디언들에게 다가갔을 때 그들이 자신을 '태양의 자손'으로 따뜻하게 맞아줬던 일을 떠올렸다. 그는 이번에도 선물을 들고 그들에게 서슴없이 다가갔다. 그러자 과라니 족 인디언들은 부끄러움에 어쩔 줄 몰라하면서 활을 내렸다. 인디언들은 피로에 지친 백인 원정대를 학살하는 대신에, 그들의 등을 두드리면서 노고를 위로하고 잔치를 베풀었다. 그리고 백인들이 무사히 이과수 강을 건너게 해준 것은 물론이요, 강과 헤어져 내륙을 따라 이어진 끝없이 긴 여정에서 줄곧 길안내를 맡아줬다.

이제 울창한 밀림은 사라졌다. 원정대원들은 기복이 심한 땅에 숲이 듬성듬성 흩어져 있는 파라과이의 일라노스 지방에 이르렀는데, 그곳에는 때마침 아찔할 만큼 진한 향기를 풍기는 온갖 꽃이 화사하게 피어나 있었다. 스페인 사람들은 암흑의 대륙에 펼쳐진 그 아름다운 광경에 놀라 눈을 둥그렇게 떴다. 그곳 원주민들은 얼굴이 햇볕에 검게 그을린 경건한 지도자의 모습과 행동에 감복한 나머지 그들을 따뜻하게 대해주고 계속해서 길안내를 해줬다. 2월이 지나갔다. 이제 조금만 더 가면 다시 강이 나온다는 소식이 새 총독의 귀에 들려왔다. 그리고 그들을 아순시온으로 안내해줄 사절단이 도착했다.

그리하여 1542년 3월 11일 오전 9시경, 신임 총독이 이끄는 원정대는 해안에서 내륙을 지나 아순시온에 이르는 1,600km의 기나긴 여정을, 과거에 어떤 백인도 밟아본 적이 없고 또 도저히 뚫고 지나갈 수 없으리라 여겨졌던 험난한 코스를 주파해 아순시온 시내에 들어갔다.

⚜

그 당시 아순시온은 당대의 전형적인 스페인 군인답게 예의바르고 잔혹하며 대담하고 오만한 도밍고 데 이랄라가 다스리고 있었다. 카베사 데 바카가 도착하자 이랄라는 마지못해 총독의 지위를 넘겨줬다. 카베사 데 바카가 자신이 뜻한 바대로 아순시온을 다스리기 시작하자 그곳 사람들은 놀라고 분개했다. 그는 인디언 노예들을 풀어주라고 명령했고, 불필요한 전쟁이나 밀림 속에 사는 인디언 부족들을 공격하는 행위를 금했다.

그는 백인들의 발길이 별로 닿지 않은 아메리카의 심장부에 '신의 도시'를 건설할 계획을 세웠고, 아순시온 북쪽과 북서쪽을 가로질러 '황금의 도시 마노아'에 이를 대규모 원정대를 조직하기 시작했다(그는 '신의 도시'를 건설하는 일과 '황금의 도시'를 찾는 일이 서로 모순된다는 사실을 미처 깨닫지 못했다).

아순시온에서 북쪽으로 올라가는 코스는 과거 스페인 사람들이 두 차례나 답사한 적이 있었다. 그러나 그들은 카베사 데 바카가 이끈 원정대만큼 상세한 기록을 남겨놓지는 않았다. 그와 그의 적들은 남아메리카 내륙 오지에 있다고 하는 '황금의 도시'—불과 10년 전에 포셋 대령도 바로 그 도시를 찾아나섰다—에 이르고자 했던 그 모든 애처로운 시도에 관한 기록을 잔뜩 남겨놓았다.

스페인 사람들은 대서양 해안에서 남아메리카 내륙 오지를 가로지르는 동안, 왕에 버금가는 권력을 지닌 귀족, 마법사, 신과 같은 사람들이 다스리는, 엄청난 보화가 널린 땅에 관한 소문을 도처에서 들었다. 그 곳은 서쪽으로 깊숙이 들어간 데 자리잡고 있으며, 그 지역 중앙에는 황금이 너무 흔해서 집안에서 '가장 하찮은' 도구들을 만드는 데도 그것을 사용하는 도시가 자리잡고 있다고 했다. 그리고 그 도시 옆에는 큰 호수가 있고, 그 호수 한가운데는 신전들이 있는 섬이 있으며, '태양의 자손'이 그 도시를 다스린다고 했다.

오늘날의 연구자들은 당대의 소문과 전설과 방랑에 관해 서술한 부정확하고 모호한 기록들 속에서 번번이 두 가지 가능성과 직면했으며, 그럴 때마다 주저하지 않고 어느 한쪽을 선택했다. 당대에서 오늘날에 이르기까지 남아메리카 사람들의 마음을 사로잡은 비밀의 도시에 관한 그 끈질긴 소문은 우선, 페루의 위대한 토착문명의 권력과 부에 관한 전설의 한 변형에 지나지 않은 것일 수가 있다. 또 한편으로 브라질 밀림 오지에 찬란한 원시문명을 꽃피운 찬란한 도시가 실재했을지도 모른다. 이를테면, 유럽 인들이 발견한 장려한 도시 쿠스코나 한때 대단한 영화를 누렸으리라 짐작되는 티아와나코 같은 도시가.

오늘날의 연구자들은 대체로 전자의 가능성을 더 높이 치고 있기는 하나, 그렇다고 해서 후자의 가능성이 전혀 근거가 없는 것도 아니다. 그 문제에서 우리는 카베사 데 바카에 못지않게 명확히 단언하기 힘든 입장에 서 있다. 그리고 그는 그런 도시에 관한 확연한 정보를 갖고 있지는 못했어도 우리보다 훨씬 더 뜨거운 열정과 낙관론을 품고 있었다. 그런 문명이 밀림이 울창한 강변 어딘가에서 화려하게 꽃피었을 가능성이 아주 없지는 않다. 문명이 뿌리 내리게 되는 동기는 경제적인 이유 말고도 무수히 많으니까.

그러나 적어도 그런 문명이 아직까지 발견되지 않은 채 남아 있을 가능성은 극히 희박하다. 설사 그렇다 하더라도 앞으로 탐험가들이 밀림 속에서 과거에 화려하고 영화로운 마노아 시가 존재했다는 증거가 되어주는 어떤 푸에블로의 유적을 발견할 가능성은 여전히 남아 있다.

카베사 데 바카는 아순시온에 도착하고 나서, 반년쯤 뒤에 출발한 원정대가 목적을 달성하리라는 것을 거의 의심하지 않았던 듯하다. 그는 열 척의 작은 범선에 400명의 스페인 사람들과 인디언들로 구성된 얼마간의 보조인력을 태우고, 가뭄이 계속되는 긴 여름철의 뜨거운 햇살 속에서 파라과이 강을 거슬러올라가게 했다. 원정대는 가끔 가다 한 번씩 강가에 배를 대고 물이나 식량을 실어야 했다. 힘겹게 노를 저으면서 긴 늪지대를 지나가야 할 때도 있었다.

인디언들은 강가에 떼로 몰려나와 놀란 눈빛으로 그들을 바라봤다. 인디언들은 대체로 적대적인 태도를 보였지만, 카베사 데 바카의 뛰어난 솜씨로 인해 금방 긴장을 풀고 우호적으로 대했다. 그는 보화가 넘쳐난다는 전설적인 인디언 도시를 공략하려 했을지는 몰라도, 부하들이 인디언 마을을 약탈하고 그 일대의 밭에서 먹을거리를 빼앗는 것은 일절 금했기 때문에 부하들의 불만을 샀다.

아순시온을 떠난 지 한 달이 채 지나지 않았을 무렵, 그들은 파라과이 강을 거슬러올라가 전 총독이었던 후안 데 아욜라스가 사망한 칸델라리아에 이르렀다. 오늘날 그린헬(초록빛의 지옥)로 알려진 그곳은 그란차코의 경계선 부근에 위치해 있었다. 카베사 데 바카는 그곳에 배를 대고 원주민들과 교섭을 해봤지만, 그들은 백인들에게 욕설을 퍼부으면서 적대적으로 나왔다. 그리하여 원정대는 스스로의 힘으로 원시 그대로의 울창한 밀림을 뚫고 나가야 했다.

그들이 밤낮으로 피곤한 몸을 이끌고 북쪽을 향해 힘겹게 나아가는 동안 모기떼가 계속해서 달려들었고, 밤에 잠을 잘 때면 흡혈박쥐들이 그들의 피를 빨아먹었다. 카베사 데 바카 자신도 박쥐에게 '발가락 살점'을 물어뜯겼다. 그때 그들은 오른쪽에서 초록빛을 띤 질척한 물이 흐르는 타쿠아리 강이 파라과이 강의 맑은 물과 합류하는 광경을 봤다. 늪에서는 악어들이 게으른 눈을 뜨고 범선들이 파라과이 강을 힘겹게 거슬러올라가는 광경을 지켜보았고, 강변에는 거대한 개미집들이 탑처럼 솟아 있었다. 밤이 되어 그들이 범선들을 서로서로 묶어놓고 잠을 청할 때면, 저 멀리서 나무늘보들의 구슬픈 울음소리와 먹이사냥을 하는 재규어가 포효하는 소리가 들려왔다.

그들은 쿠야바 강이 파라과이 강과 합류하는 넓은 어귀에 이르렀다. 예전에 브라질의 포르투갈 인들이 그 강을 타고 내려와 파라과이 강에 이른 뒤, '황금의 도시'를 찾아 서쪽으로 향한 적이 있었다. 카베사 데 바카는 그런 이야기를 듣고, 자신도 원정대를 이끌고 그들의 자취를 따라 서쪽으로 방향을 돌렸다.

얼마 후 카베사 데 바카 일행은 가이바 호반에 위치한 로스레이예스에 이른 뒤, 그곳에 영구적인 기지를 세웠다. 그곳에서 그들은 규모가 큰 인디언 마을을 발견했다. 카베사 데 바카는 귀가 큰 밀림의 경작자들이요, 즐거운 마음으로 악마를 숭배하고, 제례의식 때 인육을 먹는 풍습을 갖고 있는 그곳의 인디언들과 우호적인 관계를 맺었다. 카베사 데 바카는 그들에게 그런 풍습들을 버리라고 엄중히 경고하고, 프란체스코 파의 교리를 가르치면서 지옥이 얼마나 끔찍한 곳인지 알려줬다. 인디언들은 그런 가르침을 준 것에 감사하면서 기지에 계속해서 식량을 대주겠다고 약속했다.

11월이 되자 카베사 데 바카는 마노아를 향해 행군할 준비를 완료했다. 마노아는 분명 정서쪽에 있는 것 같았다. 일부 인디언들은 20일 동안 행군하면 그곳에 이를 것이라 했고, 또 어떤 인디언들은 30일 정도 가야 한다고 했다. 그는 1/4 가량의 원정대원들을 로스레이예스에 남겨두고는 나머지 대원들을 이끌고 인적미답의 정글을 뚫고 서쪽을 향해 나아갔다.

인디언들이 그들의 길잡이 역할을 했다. 그러나 얼마 지나지 않아 밀림에 익숙한 인디언들조차 들꽃들이 화사하게 피어 있고 거대한 등나무 덩굴이 마구 뒤엉킨 무성한 덤불 속에서 길을 잃곤 했다. 카베사 데 바카는 선발대를 보내, 본대가 쉽게 지나갈 수 있게끔 폭넓은 단검으로 덤불을 쳐내게 했다. 말들은 밀림 사이에 난 통로 바닥의 질척한 진흙 속에 발이 푹푹 빠지는 바람에 온몸을 뒤뚱거리며 힘겹게 나아갔고, 아메리카 오지에서 오랜 시간을 보냈음에도 밀림을 뚫고갈 때는 의복과 장비를 가급적 가볍게 해야 한다는 교훈을 배우지 못한 병사들은 무거운 옷과 그보다 더 무거운 갑옷 때문에 무척 고생을 했다.

하지만 카베사 데 바카는 날이 어두워질 때마다 침대에 누워 황금빛과 핏빛으로 물든 석양녘의 하늘을 느긋하게 바라봤다. 그는 경건하고 금욕적인 사람이었으나, 묘하게도 정글에 들어갈 때면 잘 만들어진 야전침대를 꼭 갖고 갔다. 허덕거리면서 밀림을 행군하는 병사들은 그 침대를 생각할 때마다 욕설을 내뱉었다.

그러나 석양녘의 그 아름다운 빛은 좋은 전조가 되지 못했다. 밀림 속을 행군한 지 나흘째 되던 날 비가 쏟아지기 시작했다. 남아메리카 내륙 오지를 강타하곤 하는 엄청난 열대성 폭우였다. 이윽고 밀림 속 길들은 수렁으로 변했다. 카베사 데 바카는 소문으로 들은 한 마을에 인디언 한 사람을 내보냈다. 그 인디언은 반쯤은 기다시피 해서 그 마을에 갔다 와, 그 마을 인디언들에게서 서쪽으로 훨씬 더 멀리 떨어진 곳에도 사람이 산다는 이야기를 전해들었다고 보고했다. 열엿새 동안 행군하면 나오는, 밀림 속에 높이 솟아오른 험준한 바위산에.

열엿새나 더 가야 하다니! 카베사 데 바카는 그 말을 듣고도 기죽지 않고 다시 기운을 냈다. 하지만 그의 부하들은 일제히 들고일어났다. 밀림으로 겹겹이 가로막힌데다, 수렁이나 다름없는 그 끔찍한 진창길을 따라 열엿새 동안이나 기어가야 한다고? 게다가 총독의 침대까지 짊어지고? 그들은 즉각 로스레이예스에 돌아가기로 의견을 모았다.

⚜

이제 돌아가는 수밖에 없었다. 카베사 데 바카는 남은 평생 동안 그의 마음을 사로잡을, 밀림 깊숙한 곳에 자리잡은 마노아의 찬란한 비전을 여전히 가슴속에 간직한 채 부하들에게 돌아가라고 명령했다. 이로써 미지의 아메리카를 답사하는 그의 모험의 여정도 끝이 났다.

로스레이예스에 남겨두고 온 사람들은 절망적인 상황에 빠져 있었다. 그 일대 인디언들이 반기를 들어 굶주린 기독교인들에게 식량을 가져다주기를 거부한 것이다. 카베사 데 바카는 강 상류와 하류 쪽에 부하들을 파견해, 자기네에게 우호적인 원주민들과 식량을 찾아보게 했다. 그들 중의 일부는 열병으로 쓰러졌고, 일부는 식인종인 과라니 족의 곤봉에 얻어맞고 쓰러졌다.

그러나 에르난도 데 리베라가 이끄는 한 부대는 범선을 타고 23일 동안이나 파라과이 강을 거슬러올라갔다가 돌아와서 이상한 이야기를 전했다. 강을 타고 올라간 지 23일째 되던 날, 그들이 자라이의 드넓은 늪지대를 지나 갈대로 산뜻하게 지은 집들이 늘어서 있는 큰 마을에 이르렀을 때, 그곳 인디언 추장이 리베라에게 큼직한 금막대와 은으로 된 보관寶冠을 선물했다. 그 추장은, 가까운 곳에 가슴이 없는 여자들인 아마존 여족이 사는 나라가 있으니, 그 스페인 사람들이 더 많은 부를 원할 경우 그곳을 습격해보라고 말했다 한다.

리베라 일행은 그렇게 하고 싶었다. 그리하여 그들은 오늘날의 산루이스 유적 근방에다 범선들을 정박시키고, 우기라서 계속해서 비가 쏟아지는 밀림의 진창을 뚫고 서쪽으로 행군했다. 그곳은 유독한 기운이 어린 늪지대였다. 그들은 매일매일 무릎까지 빠지는 수렁 속을 헤치고 나아갔다. 밤이면 그들은 유목들을 주워모아 모래밭에다 쌓아놓고 불을 피웠다. 낮이면 진창길에 미끄러지고 비틀거리면서, "아주 화끈하고 부유하다"고 하는 가슴 없는 여자들이 손짓해 부르는 서쪽을 향해 나아갔다.

그들은 15일 동안 그런 식의 끔찍한 행군을 계속했다. 이윽고 더 높은 지대가 나왔다. 리베라 일행은 비에 흥건히 젖은 상태에서 그곳을 따라 올라갔다가 굶주린 인디언들을 만나는 바람에 크게 낙담했다. 리베라는 손짓발짓을 해가며, 아마존 여족의 나라가 어디 있느냐고 물었다.

인디언들은 흐리멍덩한 눈으로 진흙투성이가 된 스페인 사람들을 쳐다보면서, 앞으로 30일 동안 서쪽의 습지대를 가로지르면 인간의 갈망과 욕구를 채워줄 수 있는 땅에 이르게 될 것이라고 했다.

리베라와 그의 일행은 그 인디언들과 그들의 나라를, 멀리 있는 아마존 여족을, 물에 흠뻑 젖은 채 김을 피워올리는 이 행성 전체를 저주하고 욕하면서 돌아섰다. 그들은 끝없이 이어지는 늪지대를 허우적거리며 가로질러 산루이스에 이르렀다. 거기서 그들은 다시 범선을 타고 파라과이 강을 타고 내려와 로스레이에스에 도착했다.

로스레이에스에서 지치고 낙담한 카베사 데 바카는 열병에 걸려 침상에 누워 있었고, 그 사이에 그 식민지 전체에서는 총독과 그의 모든 방식에 대한 격렬한 혐오감과 분노로 인해 항명 기운이 고조되고 있었다.

⚜

그 시점이 지나면서 헌신적이면서 편집증적인 태도, 관대함과 오만함이 더없이 기묘하게 혼합된 인물인 카베사 데 바카의 모험담은 음모와 그에 낯선 음모, 전투, 살인, 갑작스러운 죽음으로 점철된 시궁창 속에 침몰해버리고 만다. 그것은 스페인 사람들이 아메리카를 식민지화하기 시작한 초창기 과정을 집약해서 보여주는 전형적인 한 장면이라고도 할 수 있다. 그는 병든 패자로서 범선을 타고 아순시온으로 돌아왔다. 그곳 사람들은 일제히 들고일어나 그를 투옥한 뒤 죽이겠다고 위협했다. 그러다 결국 그들은 산더미 같은 고소장과 함께 그를 배에 태워 스페인으로 보냈는데, 그 고소장들 중에서 일부는 터무니없는 내용으로 일관하고 있고, 또 다른 일부는 상당히 설득력 있는 내용으로 이루어져 있었다.

1545년 3월 어느 날, 카베사 데 바카는 쇠사슬에 결박된 상태에서 침상에 누운 채, 그 작은 선실의 작은 현창을 통해 자신에게 그렇게 많은 환상적인 꿈을 심어줬고 온갖 환상적인 모험을 하게 한 대륙을 마지막으로 돌아봤다. 그 해안이 서서히 저녁 어스름 속으로 사라지자 그는 피로한 눈을 감았다……

스페인으로 가는 길에 그를 감시하던 사람들은 그를 독살하려 했다. 그러나 그즈음 그는 예전의 그 강철 같은 의지를 상당 부분 되찾았다. 그는 음식을 거부한 채 굶주린 상태에서 자신의 의지를 시험하기도 했다. 결국 12월에 스페인에 도착했다. 곧 이어 재판을 받으러 감옥에서 나왔다가 다시 수감되는, 여러 해에 걸친 기나긴 과정이 시작되었다.

고발과 맞고발이라는 지저분한 싸움의 와중에서 그의 모습은 잘 드러나지 않는다. 그리고 그는 지치고 피로한 모습을 보여준다. 그의 주장과 파라과이 식민지 사람들의 주장을 종합하여 명확한 판결을 내리는 것은 거의 불가능했다. 그러나 1551년 3월, 마침내 판결이 내려졌다. 그는 리오 데 라플라타의 총독직에서 정식으로 해임되고, 다시 아메리카를 방문하는 것을 금지당했으며, 바르바리에서 스페인 왕 군대의 말 사육자로 일하라는 명령을 받았다.

법원의 판결문에는 조건부로 석방한다는 단서가 붙어 있었지만, 늙고 가난한 그는 여전히 구금상태에서 벗어나지 못했다. 그러나 6개월 뒤 그는 감형을 받아 바르바리에는 갈 필요가 없었다. 감옥에서도 풀려났다. 모든 스페인 사람은 그와 그의 사건에 진력을 내고 있었으며, 그가 앞으로 조용히 지내주기를 바랐다.

그러나 그들의 바람은 이루어지지 않았다. 그는 계속해서 상소를 해댔고, 그런 헛된 노력을 하느라 자신과 가족 모두를 한층 더 가난한 처지에 빠뜨렸다. 이때 우리는 그와 마찬가지로 늙고 가난해졌음에도 그를 성심성의껏 도운 그의 아내의 목소리를 희미하게나마 들을 수 있다.

마침내 그가 가진 돈이 모두 바닥나고 말았다. 1556년, 그는 중병에 걸렸으며, 국왕에게 직접 도움을 요청했다. 불가사의하게도 이때 왕은 마음이 많이 누그러져, 그해 9월 "카베사 데 바카가 병에서 회복될 수 있게끔" 상당한 액수의 보조금을 지급해줬다.

그후 카베사 데 바카의 기록은 침묵상태에 빠져든다. 그는 몇 년간 더 목숨을 연장했을지는 몰라도, 중병에서 회복되지는 못한 듯하다. 역사는 그를 추월해서 지나갔다. 역사와 탐험 모두가. 그가 밟았던 남북 아메리카 오지의 길들에는, 그가 미지의 땅에서 재물도 얻고 많은 사람을 하나님의 길로 인도하고자 신기루 같은 황금의 도시들을 찾아나섰던 원시의 밀림과 늪지의 길들에는, 그의 뒤를 이은 모험가들의 발소리가 드높이 울려퍼졌다.

그렇게 해서 '태양의 자손'의 찬연한 빛은 결국 스러지고 말았다.

우리가 앞에서 살펴본 대로 아메리카 탐험사의 마지막 장은 카베사 데 바카가 쓴 것이 아니었다. 사실, 그 마지막 장은 아직까지도 미완의 상태로 남아 있다. 그러나 그의 업적은 참으로 위대했다. 그는 당대의 탐험가들 중에서 가장 예리하고 통찰력 있는 인물 중 한 사람이었다. 그는 산과 절벽, 여러 부족과 그들의 무기, 해가 지는 곳, 우기의 하늘 모습 등에 깊은 관심을 가졌고, 또 다른 의미의 좋은 땅에 대한 갈망을 갖고 있었다.

그러나 그는 당시 대부분의 사람이 갖고 있던 여러 가지 결함을 공유한 사람이기도 했다. 인디언들의 모든 종교의식을 악마의 직접적인 부추김에 의한 것으로 간수했다는 점, 그에 따른 대부분의 의례儀禮들 사이비 기독교적 의례나 사탄의 농간으로 치부했다는 점, 황금을 약탈하는 데 성공했을 때 얻을 수 있는 편안한 삶에 대한 갈망 등이 그 대표적인 예이다.

그러나 두 차례에 걸친 그의 위대한 탐험여행은, 인류로 하여금 아메리카 대륙을 지배하던 문화와 관습의 엄청난 다양성에 눈뜨게 했다는 점에서 그 누구도 따라갈 수 없는 업적을 남겼다. 이때 비로소 유럽 인들은 아메리카가 아시아의 일부가 아니라, 새롭고 이상한 민족들이 거주하는 진짜 '신세계' 요, 인구가 극히 적어 쉽게 정복할 수 있는 곳이라는 사실을 깨닫기 시작했다.

유럽 인들은 갑옷 벨트를 매고 서쪽으로 항해했다. 과거에 그 항로에는 스페인 배 이외에는 거의 다니지 않았지만, 이제는 프랑스를 비롯해 유럽의 함대들도 신대륙을 정복하기 위해 부지런히 오가기 시작했다. 객관적인 입장에서 글을 쓰는 사람이라면, 그런 식의 정복을 카베사 데 바카의 업적 중의 하나로 꼽지는 않을 것이다.

그는 그가 아니었더라면 영영 잃어버릴 뻔한 많은 것을 우리에게 남겨줬다. 그는 아메리카 인디언들의 생활과 삶, 그를 아주 따뜻하게 대해줬던 '소박한 사람들'의 관습에서 '원시문명'의 관습에 이르는 부분들, 백인 침략자들과 약탈자들, 그 자신처럼 친절하기는 하나 문명과 그로 인해 파생된 불신의 영향을 받아 인간적인 규범에서 이탈한 사람들에 대해 비교적 편견 없이 기록한 사람이었다.

Ferdinand Magellan

제5장 | 마젤란과 행운의 섬들

■

마젤란의 시체는 마탄 섬 사람들이 잘 볼 수 있는 곳에 세워진 말뚝에 내걸린 채 오랜 세월 햇빛과 비바람에 시달렸을 것이다. 그와 더불어, 결단이라는 예리한 불꽃에, 늘 자신을 단련해가며 엄격하고도 힘겨운 삶을 살았던 사람, 새 한 마리를 죽이려고 쫓아가다가 잠자는 호랑이를 깨운 소년과 마찬가지로 어리석은 판단에서 나온 사소한 실수로 삶을 마감한 한 사람에 관한 기억들조차도 말끔히 지워져버렸을 것이다.

콜럼버스는 수많은 소문을 좇아 서쪽으로 항해하다 레이브 에릭손과 마찬가지로 아메리카라는 거대한 장벽에 부딪혔다. 카베사 데 바카와 그밖의 수십 명의 사람들은 그 장벽을 횡단하고 탐험해본 뒤, 유럽과 동아시아 사이에 새로운 세계, 예전에는 상상도 하지 못했던, 아니 상상도 할 수 없었던 거대한 대륙이 가로놓여 있다고 확신했다. 그 대륙을 가로질러 그 너머의 바다에, 부와 향료가 넘쳐나는 전설의 섬들에 이르게 해줄 통로나 해협 같은 것은 없을까?

이 무렵의 역사기록들은 당대 사람들이 이름이나 시기를 크게 혼동하고 있었다는 사실을 보여준다. 영국인들과 프랑스 인들이 16세기 초에 이미 그런 통로를 찾아 북쪽으로 항해하기 시작했다고 하는 기록 같은 것이 그 한 예다. 남쪽에서는 어떤 스페인 상인이(공식적으로 인정받은 선단이나 원정대에 포함된 사람이 아닌) 배를 몰고 남아메리카 해안선을 따라 최남단의 혼Horn 곶까지 내려갔을 수도 있다. 거기서 다시, 우리가 이번 장에서 다룰 주목할 만한 인물의 이름을 따서 명명된 해협을 횡단했을 수도 있고.

부에노스아이레스에서 남쪽으로 내려간 상인들이나 항해자들 중에서 탐험가라고 불러줄 만한 사람은 거의 없었다. 그들의 진짜 목적은 교역을 통해 하루아침에 떼부자가 되어 스페인으로 돌아가는 데 있었다.

1515년과 1520년에 나온 쇠너의 지구의地球儀들은 당대의 유럽 인들이 남아메리카 남단에 그 너머의 바다로 통하는 통로가 있다는 것을 이미 알고 있었을지도 모른다는 점을 암시해준다. 그런 가능성은 세상에 알려지지 않은 어떤 상인이 배를 몰고 그 통로를 빠져나가, 미지의 태평양을 가로질러 머나먼 동쪽지방 사람들과 교역하는 광경을 떠오르게 한다. 페르디난드 마젤란이 그런 줄도 모르고 포르투갈과 카스티야 왕궁에서 만나는 사람마다 붙잡고 자신의 계획을 열심히 설파하고 있는 동안에.

그러나 그것은 단지 가능성에 불과하다. 그것도 극히 희박한 가능성 정도에. 그 시대의 지리학자들은 안방에 앉아 이론만 갖고 이야기하는 사람들이었다. 입으로만 용감하고 대담한 사람들, 콜럼버스와 그의 업적을 이어받은 사람들의 항해에 의해 확인된 지역의 폭과 넓이를 두고 이런저런 이론을 구상해낸 사람들.

쇠너가 그런 지구의를 내놓았을 때 그는 '테라 아우스트랄리스Terra Australis'라는 대륙을 상상으로 그려냈던 것처럼 그저 아메리카 대륙에 대해서 혼자 멋대로 상상한 것을 그려놓은 것에 불과했을 가능성이 많다. 그는 그 전에 이미, 지리적인 정황으로 보아 남극 일대에 자리잡고 있고 그 끝이 남극해와 태평양까지 뻗어나간 '테라 아우스드랄리스'라는 거대한 대륙이 존재할 것이라는 가설을 내놓은 바 있었다.

갈색 피부에 수염을 무성하게 기른, 탐욕스럽고 잔혹한 당대의 포르투갈인들은, 우리 같은 이국 사람들의 눈에는 이상하리만큼 비인간적으로 비치곤 했는데, 이 무렵 그들은 아프리카 해안을 돌아 동아시아로 가는 항로의 지도를 서서히 완성해가고 있었다.

그들은 지리적으로 알려지지 않은 땅을 찾아다닌, 이미 널리 알려진 바와 같이 겉보기에만 그럴싸한 모험가들이었다. 약간이라도 통찰력을 지녔거나 사심 없는 마음을 지닌 사람은 극히 드물었다. 그들 대부분은 재물을 얻고 약탈하는 데만 혈안이 되어 있었고, 그런 이유 때문에 바스코 다 가마 같은 이조차도 이 책의 주인공들 중의 하나에 들지 못했다. 바스코 다 가마는 콜럼버스와 카베사 데 바카 같은 사람들, 1497년에 다 가마가 대원정길에 나설 무렵, 고향을 떠나 넓은 세계로 나온 페르난도 데 마가야네스 같은 사람들의 전형적인 특징인 사심 없는 마음, 우리의 연민을 자아내는 영웅적인 외고집 같은 요소들을 결여한 인물이었다.

마젤란은 1480년경에 트라스 오스 몬테스의 차베스 근처에 있는 집안의 영지 사브로사에서 태어났다. 그는 전통적으로 많은 전투에 참가해온 포르투갈의 당당하고 유서 깊은 한 귀족가문의 2남 3녀 중 장남이었다. 따라서 어릴 때부터 자기 가문의 전통이라 할 수 있는 당당한 태도와 강한 자부심, 침착한 태도 등을 교육받았다. 그러나 마가야네스 가문은 지위가 아주 높은 가문은 아니었다. 게다가 그들 가문이 자리잡은 곳은 포르투갈 내륙에 위치한 유일한 주로, 포르투갈이 막 잠에서 깨어나 바다로 진출하기 시작한 그 격동의 시대에는 그다지 중요하지 않은 지역이었다. 그러나 마젤란은 스스로를 그 나라의 어떤 가문에도 뒤지지 않는 명문 출신이라 여겼으며, 그 자신과 기성질서에 대해 추호도 의심하거나 불신하는 마음을 갖지 않았다.

당시 유행했던 헐렁한 반바지 차림에 피부가 검고 시무룩한 표정을 한 그는 늘 고약한 냄새가 풍기고 축축한 포르투갈의 먼지로 뒤덮인데다, 짜임새 없이 넓기만 한 사브로사의 저택 안을 이리저리 돌아다녔다. 그 집은 수많은 숙부와 사촌, 하인, 요리사, 심부름하는 소년, 노새, 당나귀, 깔짚과 왕겨, 쓰레기를 비롯하여 당시 그의 계급에 속한 한 집안의 가정경제를 특징짓는 전형적인 물건들로 가득 차 있었다.

그러나 그는 그런 것들을 자신의 삶이나 운명을 충족시켜줄 만한 것들로 여기지 않았다. 그는 어렸을 때부터 장차 궁정에 가서 왕실사람들의 인정을 받기로 결심했다. 그는 유서 깊은 그 저택을 지배해온 지저분하고 활기 없고 침체된 분위기를 아주 싫어했다. 그리하여 그는 사브로사의 그런 안온하고 엄숙한 분위기 속에서 성장하면서, 그 고장의 산들을 자신의 시야를 가로막는 성가신 것들로 여겼으며, 늘 이런저런 궁금증에 사로잡혀 지냈다.

그 산들 너머에는 무엇이 있을까? 리스본 사람들은 어떻게 행동하고 어떤 옷을 입고 어떤 식으로 말할까? 왕은 어떤 모습을 하고 있을까? 보물선들을 이끌고 타호 강을 거슬러올라가는 대선장은 어떤 기분일까? 동양에서 오는 보물선들, 제노바의 미천한 집안 출신의 장사꾼인 콜롬보(콜럼버스)가 발견하고 스페인의 땅이라 주장한, 머나먼 곳에 있는 신비로운 서쪽 대륙에서 오는 보물선들……. 일개 장사꾼이! 만일 귀족이 그런 항해를 했다면 그는 대단한 영예를 얻었으리라.

마젤란은 지루한 침묵이 지속되는 후텁지근한 오후 시간이면 하인들의 초라한 오두막들에서 개구쟁이들이 호기심 어린 눈빛으로 지켜보는 가운데, 사브로사 저택의 거대한 대문 위에 새겨진 해묵은 무기 모양의 장식들을 묵묵히 응시했다. 저 무기들에 새로운 영광의 빛을 더해줄 거야! 그리고 그는 자신의 나이가 아직 어린 것을 안타까워하면서, 그의 아버지가 장담한 대로, 자신이 장차 염소들과 농부들의 악취로 가득하고 별맛 없는 포도덩굴들이 맥없이 늘어져 있는 그 침체된 골짜기를 떠나 리스본에 가서 살게 될 날이 하루빨리 오기를 고대했다.

오랜 세월이 지난 뒤, 그 저택 대문의 무기 모양의 장식은 왕의 명령을 받은 사람들이 말을 타고 그 골짜기에 들어와 박살을 내버렸다. 그러나 심각한 표정으로 산 너머를 응시하던 소년이 품고 있던 웅대한 비전은 단순히 그런 장식을 빛내는 정도에만 머무르지 않았다. 그의 나이 열여섯이나 열일곱 살쯤 되었을 때 마침내 기회가 찾아왔다.

그 무렵 마젤란은 상당히 수줍어하는 편이었던 듯하다. 그러나 그의 아버지와 어머니 메스키타 임펜타는 아들이 원래 무뚝뚝한 편이어서 그렇다고 여겼다. 신사계급 출신 사람이 출세하려면, 궁정에 들어가 왕실사람들의 총애를 얻어 군대에서 높은 직위에 오르거나 추밀원에서 한 자리를 차지하는 것 외에는 달리 길이 없었다. 그의 부모의 비전은 아들과는 달리 포르투갈 해안을 끊임없이 두드려대는 높은 파도 너머의 드넓은 대양에까지 이르지는 못했다.

※

마젤란이 왕궁에 도착할 무렵 그곳 사람들은 바스코 다 가마의 대항해에 관한 소식으로 몹시 들떠 있었다. 다 가마는 이집트의 파라오 네코가 파견한 함대가 아프리카 남단을 돌아간 이래, 유럽 인으로는 처음 그곳을 돌아 인도 양에 들어선 뒤 인도까지 항해했다. 다 가마의 원정대는 향료무역으로 부유 해진 캘리컷에 이른 뒤, 그 너머에 있는 더 풍요로운 땅들, 곧 계피가 많이 나 는 실론, 정향이 많이 나는 말라카, 대규모의 주석 광산들로 유명한 말라야 등에 관한 소식을 갖고 돌아왔다.

리스본 왕실에서는 제노바 사람이 이끄는 원정대가 대서양을 가로지르면 서 무려 38,000km나 되는 먼 거리를 항해하고 돌아왔다는 소식을 듣고, 처음 얼마 동안은 그런 항해를 어리석고 불필요한 일로 여겼다. 동쪽에는 그만큼 멀지 않고 안전한 항로를 통해 접근할 수 있는 '향료의 땅' 이 있지 않은가. 그들이 고기를 먹을 때나 그것을 오래 보존하는 데 꼭 필요한 향료로 넘치는 땅이.

그 무렵 열아홉 살이 되었고, 듬직한 체구에 당당하고 예의바른 태도를 지 닌 마젤란은 왕실에서 일하는 신사가 갖춰야 할 의무와 덕목을 배우면서 그 런 소문들에 주의 깊게 귀기울였고 혼자서 많은 생각을 했다. 동쪽 항로가 가 장 확실한 항로이기는 할 것이다. 그런데 그 제노바 사람이 대서양에서 발견 했다는 땅들은 대체 어떤 땅들일까? 그 땅들은 다 가마가 소문만 들은 더 멀 리 있는 땅들, 곧 '몰루카 제도라는 향료의 섬들' 과는 어떤 관계가 있는 것일 까?

그는 평소의 업무를 처리하고 그런 생각에 골똘히 잠겨 지내면서 5년이란 긴 세월 동안 우리의 시야에서 사라져버린다. 그동안 포르투갈 항해자들은 세력을 계속해서 넓혀나가 상권을 인도 해안 일대로 확장했다. 인도의 군주 들, 특히 이슬람 교도들을 휘하에 거느리고 있는 군주들과의 관계는 원활하 지 못했다. 그들은 가끔 기독교인들에 버금갈 만큼 잔혹하게 포르투갈 사람 들을 살해했고 포르투갈 배들을 나포해갔다. 그리고 반쯤 알려진 아프리카 해안의 상당 부분과 인도양 해역을 지나는 바닷길은 아직도 불확실한 상태로 남아 있었다. 그리하여 포르투갈 왕실에서는 제2차 원정대를 파견해야 할 필요성을 느꼈다.

1504년, 왕실에서는 그 원정대를 이끌고 항해하는 임무를 바스코 다 가마에게 맡겼다. 그는 14척으로 이루어진 함대를 이끌고 첫 번째 대항해 때와 똑같은 항로를 따라 나아가 인도에 도착한 뒤, 그곳에 포르투갈의 세력기반을 확실히 다진 다음, 부왕인 프란시스코 데 알메이다를 남겨놓고 돌아왔다.

다 가마가 포르투갈을 떠나기 전 수많은 포르투갈 사람들이 그 원정대에 지원하기 위해 리스본으로 몰려들었다. 더없이 잔혹하고, 도량이라고는 손톱만큼도 없으며, 포르투갈 가톨릭 청교도인 그 함대의 대제독은 거칠기는 하나 항해기술이 뛰어난 선장들과, 항해에 대해서는 잘 알지 못하나 검과 화승총을 잘 다루는 예의바른 사람들 중에서 적당한 인물을 선발하느라 애를 먹었다. 제독은 주위 사람들로부터 혼자 고고한 체하는 개종한 광대라는 조롱을 받고 경원시당하는 처지에 놓인 터라 그 일을 제대로 해낼 성싶지 않아 보였다.

하지만 그는 아주 엄정한 태도로 일관하면서 여기서는 거절하고 저기서는 받아들이는 식으로 해서 함대에 승선할 인원을 뽑았다. 이윽고 배들이 준비되었고, 그 배들에 식량과 대포와 교역할 물품들을 싣는 일도 끝났다.

출항하기 전 그들은 엄숙한 미사를 드리면서 평화를 애호하는 신에게 자기네의 죄를 사하여달라고 기도했다. 이제 그들은 그 신의 이름으로 동아시아 전역으로 퍼져나가, 더없이 잔인하고 믿을 수 없는 동양사람들조차 기독교인들이 떠받드는 그 신의 이름이 나오기만 해도 공포로 벌벌 떨게끔 만들 것이다. 바스코 다 가마는 선원들 모두가 고해를 한 뒤에야 승선하게 했다. 그 배들의 선창에는 원주민들을 심문할 때 끝끝내 완강하게 저항하는 자들을 튀겨버리는 데 사용할 충분한 양의 기름도 실려 있었다.

함대의 일반 선원들 중에는 페르난도 데 마가야네스도 포함되어 있었다. 검은 피부에 뚱한 표정, 다부진 체구를 지닌 왕궁의 그 멋쟁이는 왕궁에서의 안락한 생활, 개들, 가벼운 유희 같은 연애, 진한 향료들, 식은 음식 등을 버리고 그 원정에 자원했다. 무엇을 좇아서?

그는 콜럼버스가 발견한 쿠바가 몰루카 제도와 얼마나 떨어져 있고 두 지역 사이에 어떤 상관관계가 있는지에 대해 끊임없이 생각했지만, 누가 무엇 때문에 자원했느냐고 물었다면 아마 명예와 영광 때문이라고 대답했을 것이다.

마젤란은 오랜 세월이 지난 뒤에야 비로소 그런 질문에 답하려 했다. 그동안 그는 심하게 요동하는 뜨거운 갑판 위에서 살을 태울 정도의 뜨거운 햇살과 해전의 역한 냄새를 참아냈고, 학살의 피가 흘러내리는 인도 거리를 부지런히 뛰어다녔다. 그 세월은 고국에 있는 유럽 인들로서는 상상도 할 수 없을 만큼 잔인한 학살과 약탈과 지저분한 탐욕으로 얼룩진 시간이었다.

디우에서 대해전이 벌어졌을 때 마젤란은 알부케르케와 함께 싸웠고, 그 해전에서 인도의 이슬람 교도들의 군대는 기독교도들의 우월한 전술과 막강한 화력 앞에서 맥없이 무너졌다. 그는 알부케르케가 고아를 포위 공격할 때도 참전했다. 그리고 도시가 함락되자 포르투갈 인들은 상황을 냉철하게 따져본 뒤, 그곳 주민들을 조심스럽게 학살하고 강간하기 시작했으며, 그 결과 남녀노소 할 것 없이 그곳 시민은 단 한 사람도 그곳을 빠져나가지 못했다.

마젤란은 그런 모든 현실을 냉정하게 받아들인 듯하다. 그가 영웅적으로 분투하고 위험한 상황에서 아슬아슬하게 탈출했다는 식의 상투적인 일화들이 오늘날까지 전해내려오고 있다. 그가 그 시대, 그 계급의 포르투갈 인들이 으레 그렇듯이 잔인하고 야만스럽다 할 만큼 대담하게 행동했다는 것을 주장하는 일화들이. 그러나 마젤란의 참모습은 내면에 잠복한 채 그대로 남아 있었다. 그동안 포르투갈 인들은 인도의 해안을 따라 남쪽으로 서서히 세력을 확장해갔다.

1507년, 그들은 실론에 도착했다. 고아가 함락된 뒤 1508년에 이르러 포르투갈의 한 원정대가 말라카에 파견되었다. 고국으로 돌아가던 마르코 폴로의 함대가 남서계절풍이 부는 여름철에 몇 달간 머물렀던 곳이다. 그들은 말라카를 점령한 뒤, 안토니오 다브레이가 이끄는 함대를 파견하여 거기서 훨씬 더 먼 곳에 있는, 정향과 육두구(약용과 조미료로 쓰는 육두구나무의 열매—옮긴이)가 나는 섬들을 찾아보게 했다.

마젤란은 그 원정대의 일원으로 낯선 해역, 낯선 섬들이 있는 곳으로 들어가 자바와 수마트라까지 항해했다. 그는 수마트라에서 노예 하나를 생포했는데, 그 사람은 뒤이은 항해 기간 내내 마젤란을 많이 도와줬고, 마젤란은 그에 대한 고상한 보답으로 그를 자신의 노예로 삼았다. 아마 그 노예는 수마트라 원주민이 아니었을 것이다. 그는 마젤란에게 미지의 동쪽 지방의 바다와 조수에 관해 많은 정보를 알려줬고, 마젤란은 다시 자기 친구 프란시스코 세라노에게 그 이야기를 들려줬다.

세라노는 그쪽 해역으로 항해하는 것은 위험한 일이라며 반대했다. 그것은 포르투갈 사람다운 정상적인 반응이었다. 세라노는 돈을 많이 벌고 여자들을 생포해서 실컷 즐기다가 포르투갈로 다시 돌아가고 싶어했다. 그러나 그 섬들이 있는 곳에 이르러 마젤란의 마음은 크게 흔들렸다. 해묵은 의문이 다시 그의 마음을 사로잡았다. 그 섬들 중에서 어느 것이 그 제노바 사람이 발견했다는 쿠바 섬일까?

마젤란과 당시 사람들은 쿠바를 인도네시아 어딘가에 있는 한 섬 정도로만 생각했다. 그들은 그 해역이 지구의 반을 차지할 만큼 드넓은 곳이라는 사실을 미처 알지 못했다. 그들은 실제로 세계일주를 해봄으로써 지구가 정말로 둥글다는 사실을 입증하지는 못한 상태였다. 지구가 둥글다는 것은 한낱 믿음에 불과했다.

그들은 쿠바와 그 일대의 섬들을 대 칸의 영토 변두리에서 꽤 멀리 떨어진 섬들 정도로 크게 잘못 알고 있었다. 그들은 아메리카 대륙 자체도 수많은 섬이 밀집된 곳 정도로 여겼다. 그들은 초창기 아메리카 문명들의 문화적 자산의 상당 부분이 아시아에서 온 것이라는 사실을 어느 정도 알고 있었고, 그 점은 지금의 우리가 알고 있는 것과 크게 다르지 않다.

중앙아메리카를 탐험한 초기의 스페인 사람들은 그 지역 사람들의 삶과 의식과 장식 등이 아시아의 그것들과 너무나 흡사하다고 여겼고, 그들의 그런 판단은 잘못된 것이 아니었다. 그러나 옛 시절에 아메리카에 와서 문명의 싹을 틔운 아시아의 식민지 개척자들이 얼마나 드넓은 바다를 가로질러왔는지에 대해서는 상상조차 하지 못했다. 그들은 그저 쿠바나 파나마나 플로리다 너머 어딘가에 아시아와 아시아의 섬들이 있어 거기서 배를 타고 조금만 더 나가면 될 것이라고만 생각했다.

마젤란도 그렇게 믿었다. 그리하여 그의 마음속에서는 하나의 계획이 서서히 무르익고 있었다. 아마 그는 자신의 노예나 몰루카 제도의 원주민들에게서 거기서 훨씬 더 멀리 떨어진 곳에 있는, 소박하고 어린애 같은 사람들이 산다는 폴리네시아 제도 이야기를 들었을 것이다. "칼날조차도 무디게 만들 만큼 머리가 너무나 단단해서" 스페인 사람들을 화나게 했던 서인도제도의 원주민들만큼이나 천진하고 친절한 사람들이 살고 있을 섬들의 이야기를. 그런 이야기를 듣고 마젤란은 쿠바를 지나 남서쪽으로 항해하면서 수많은 섬들 사이를 빠져나가면 몰루카 제도가 나올 것이고, 그것이야말로 몰루카 제도로 가는 종전의 뱃길보다 훨씬 더 빠른 새 뱃길이 되리라 생각했다.

1517년, 그는 리스본에 돌아왔다. 그리고 갑자기 뜻밖의 연구, 곧 항해술에 관한 연구에 몰입했던 듯하다. 그런 연구는 당대의 교양인들 사이에서는 필수적인 것이었다. 당시 포르투갈에서는 숙녀들조차도 베일로 가려진 깊숙한 규방에서 잘 돌아가지 않는 혀로 더듬거리며 항해술을 배웠으니까. 그러나 일반 선원으로서 바스코 다 가마와 함께 원정에 참여하고 돌아온 마젤란에게는 아마추어의 교양 정도에 불과한 그런 지식만으로는 충분치 않았다. 그 무렵 그는 문득 전문적인 항해자가 되어야 할 분명한 이유를 깨달았다.

그의 부모는 진작에 돌아가셨다. 그는 동양에서 여러 차례 전쟁을 치르고 이곳 저곳을 돌아다니던 시절에 부모가 사망했다는 소식을 들었다. 그리고 그는 사브로사 영지에는 아무 흥미도 갖지 못했다. 검은 머리, 미간을 잔뜩 찌푸리고 있어 양쪽의 검은 눈썹이 하나로 모인 엄숙한 표정에다 매부리코와 무겁게 처진 눈꺼풀을 지닌 그는 이제 키가 꽤 컸다. 다부진 체구는 전과 다름없었다.

그는 리스본에서 항해술을 연구하면서도 눈과 귀는 늘 서쪽을 향하고 있었다. 그 과정에서 그는 그전까지 사람들이 '섬들'로 생각했던 아메리카가 사실은 거대한 대륙임을 밝혀낸 여러 사람의 항해에 관한 소식을 들었다. 디아스 데 솔리스, 아메리고 베스푸치, 캐벗 부자 등의 항해는 아시아와 유럽 사이에 솟아오른 거대한 서쪽 장벽의 본질과 넓이를 좀더 분명하게 규정해줬다.

서쪽에 그런 대륙이 자리잡고 있다? 이 무렵까지만 해도 불현듯 의심이 일어나는 순간들이 있었을 것이다. 이 세상이 둥글지 않고 그저 무수한 높낮이만 있는 평평한 곳에 불과하다고 하다면? 그렇다면 서쪽으로 계속 나아가 아시아와 그가 자신의 노예를 생포한 지역의 섬들에 이른다는 것은 불가능한 일일 것이다. 그럴 때마다 그는 얼른 그런 망상을 털어내버렸다. 스페인 사람들이 남방으로 최대한 진출한 선보다 더 아래로 내려가면, 그 근처 어딘가에 분명 서쪽으로 빠져나갈 출구가 있을 것이다.

그의 그런 생각은 단순한 가정의 범주를 넘어선 것일 수도 있다. 그는 포르투갈에 돌아온 뒤, 콜럼버스 시대 이래 포르투갈 왕의 거대한 보물창고 속에 흘러들어온 수많은 아메리카 지도와 해도를 마음대로 열람할 수 있었던 듯하다. 그런 지도 가운데 상당수는 해안선과 위도가 애매하고 불확실하게 표기되어 있었다. 지도를 작성한 탐험가들은 자신이 직접 탐사해본 곳 너머에 인간을 잡아먹는 야만인, 거대한 괴수, 바다괴물 등의 그림을 그려놓곤 했다. 그러나 일부 탐험가들은 마젤란 자신만큼이나 냉정하고 정확했다. 마젤란이 세계일주를 하고 나서 오랜 세월이 흐른 뒤, 당시의 그런 지도들 중에서 훗날 마젤란의 이름이 붙은 해협의 어귀를 정확하게 표기해놓은 지도를 발견했다는 학설도 나왔다.

그것이 사실이든 아니든 간에 얼마 후 그는 박식하고 구변 좋은 지리학자 루이 팔리에로의 도움에 힘입어 포르투갈 국왕을 알현하고, 자신이 계획하고 있는 원정을 후원해달라고 요청했다. 그것은 포르투갈에게 '향료제도'로 가는 서쪽 항로를 발견하는 이득을 안겨줄 뿐만 아니라, 기독교 세계 전체에 포르투갈의 위상을 크게 드높여줄 것이므로, 이제까지 이루어진 어떤 원정보다도 더 위대한 원정이 될 것임이 분명했다.

마젤란은 포르투갈 왕에게 아메리카 땅 남쪽에는 분명히 통로가 있다고 설득하려 애썼다. 그에게 적대적인 후대의 논평가들은 그때 마젤란은 왕실의 보물창고에서 잠자고 있는, 아무도 돌아보지 않았던 보헤미아의 마르틴이 그린 해도를 마음속에 떠올리면서 그렇게 말했다고 주장했다.

마누엘 왕은 그의 말을 주의 깊게 귀담아듣지 않았다. 그는 생기발랄하고 들뜬 성격을 지닌 군주로, 성급하고 민감하고 잔인하고 경박한 편이어서, 마젤란을 처음 본 순간부터 아주 싫어했던 듯하다.

마젤란은 항해술을 연구하는 중간중간에 아프리카에 가서 무어 인들과의 전투에 참여하곤 했다. 그러다 부상을 입은 뒤 상부의 허락도 받지 않고 귀국해서 왕에게 아메리카 너머로 항해하려는 자신의 원정계획을 지원해달라고 졸라댔다. 그러나 마누엘 왕은 그가 전선에서 무단이탈한 이유를 캐묻는 데만 관심을 가졌다.

이윽고 왕은 그 항해자가 음울한 얼굴에 아첨하는 듯한 표정을 한 채 절름거리며 나타나는 광경을 보기만 해도 속이 뒤집힐 지경에 이르렀다. 왕은 몰루카 제도에서 돌아온, 수염이 무성하고 눈꺼풀이 무겁게 처진 그 모험가의 생김새, 이력, 말투, 생활방식을 비롯하여 그와 관련된 모든 것을 싫어했다. 그리하여 왕은 마젤란이 열심히 이야기하는 계획과 이론을 듣는 둥 마는 둥 했다. 마젤란도 자신이 애초에 기대했던 것과는 전혀 다른 대접을 받고 있다는 것을 알았다.

그는 그것을 깨닫고 격분했다. 그는 자신이 중요한 인물이며 유능한 항해자라는 것을 추호도 의심하지 않았다. 미지의 세계를 정복하러 가는 함대의 지휘자로 손색 없는 인물이라 자부하고 있었던 것이다. 1518년, 마젤란은 왕과 험악한 입씨름을 한 차례 벌인 뒤, 결국 루이 팔리에로와 함께 리스본을 떠나 미지의 행선지를 향해 말을 달렸다.

그 행선지가 어디인지는 곧 드러났다. 마젤란이 스페인 왕궁으로 달려가 스페인 왕 밑에서 일하겠다고 제안했고, 스페인 왕실측에서 그를 스페인 왕에게 새로운 부와 영광을 안겨줄 원정대 대장으로 임명했다는 소식이 리스본에 날아든 것이다.

✦

스페인 왕 카를로스 5세는 마젤란을 정중하게 맞아줬고, 그가 자신의 계획을 이야기하자 깊은 관심을 보였다. 마젤란은 지리적인 식견과 몰루카 제도에서 얻은 직접적인 경험에다 뛰어난 항해기술을 지닌 것으로 유명하다는 장점을 골고루 갖추고 있어, 스페인이 오랫동안 고대해왔던 함대 시위관임이 분명했다. 당시 스페인에서는 에스테파노 고메스라는 인물이 의도가 확실치 않은 원정을 한동안 추진해오고 있었다. 그런데 마젤란은 분명한 목표를 갖고 있었기 때문에 스페인 왕실에서는 고메스 대신 마젤란을 그 원정대 대장으로 임명했다. 그리고 포르투갈측의 권리를 다치지 않게 조심하면서, 원정에 대한 지시사항과 권장사항을 나열한 인가장을 작성했다.

우선 그대는 순조롭게 항해하여 우리의 경계와 세력권 안에 있는 바다의 항로를 찾아내도록 하라……. 그리고 그대는 아직까지 발견되지 않은 항로와 땅들을 찾아내되, 오로지 우리의 경계와 세력권 안에서만 그렇게 하도록 한다……. 포르투갈 왕 폐하의 경계와 세력권 안에 있는 땅들에 접근함으로써 그분의 권리를 침해하는 일은 없도록 하라.

포르투갈의 마누엘 왕은 이런 내용을 보고 흡족해했을 것이다. 그러나 그는 터무니없는 분노에 사로잡혔다. 그는 마젤란을 법의 은전을 받을 수 없는 무법자로 낙인찍고는, 산맥 너머의 주에 자리잡고 있는 먼지투성이의 사브로사 영지에 사자들을 보내, 소년시절의 마젤란이 왕궁의 시동이 되기 전에 자주 응시하곤 했던 대문 위 무기 모양의 장식을 부수게 했다. 마젤란은 그 소식을 듣고도 무덤덤한 반응을 보였다. 그의 모든 관심은 스페인 원정대를 재편성하고, 그에 필요한 인원을 선발하는 데만 쏠려 있었다.

이때 그는 그 일 외에 또 다른 일에도 관심을 보였으니, '모든 관심'이라기보다는 거의 모든 관심이라고 표현해야 적절하리라. 그때만 해도 무슨 일을 하든 서두르지 않던 시대라, 원정대를 재편성하는 작업에 근 2년이라는 세월이 걸렸다 해도 그다지 놀라운 일은 아니다. 그런 작업을 하는 와중에 마젤란은 베아트리스 바르보사라는 처녀와 연애를 하고 결혼까지 했는데, 그녀는 그 포르투갈 청년과 "열정적이고 화려한 연애" 끝에 결혼을 했다는 것 말고는 알려진 것이 거의 없다. 그렇게 열렬한 연애를 한 점으로 미루어 마젤란은 다른 일에서도 그렇게 열정적이고 화려한 면모를 보일 수 있는 인물이었음이 분명하다. 그리고 마젤란을 그렇게 깊이 몰입하게 할 수 있었던 것으로 보아 베아트리스 바르보사는 당대의 스페인 양갓집 처녀들의 한 전형이라 할 수 있는, 나른하고 맥빠진 모습과는 다른 성격과 면모를 지닌 여성이었을 것이다. 그녀는 세비야에 와서 마젤란과 함께 살았다.

1519년 3월, 그들 사이에서 로드리고라는 아들이 태어났고, 마젤란은 아들을 위해 자신의 유언장을 공들여서 새로 작성했다. 마젤란은 '향료제도'를 획득하겠다는 비전뿐만 아니라, 스페인에서 새 귀족가문 하나를 일으켜세우려는 비전도 갖고 있었다.

그러나 마젤란은 새벽부터 밤까지 뱃사람들과 관리들과 선구상船具商들이 부지런히 들락거리고, 식량이나 그밖의 물건을 실은 노새의 긴 대열이 연신 헐떡거리면서 뿌연 먼지구름을 피워올리는 세비야의 과달키비르 강 부근에서 가족과 함께 지내는 동안, 왕실 사람들을 제외한 모든 스페인 사람이 그가 스페인에 와서 원정대의 지휘권을 맡은 것에, 그리고 그가 여러 가지 권리를 주장하는 것에 얼마나 분개하는지를 서서히 눈치채고 있었다.

에스테파노 고메스는 처음부터 말썽꾸러기임이 입증되었다. 마젤란은 그를 부副대장으로 임명—마젤란은 그렇게 한 것을 나중에 깊이 후회했다—했지만 그의 적개심은 그것으로 가라앉지 않았다. 포르투갈 사람에 대한 미움과 불신은 애초부터 원정대에 좋지 않은 영향을 미쳤다. 찡그린 이맛살 뒤에 빛나는 내적 비전—쿠바 너머로 가자!—을 간직한 마젤란은 너그럽지 못하고 오만하고 좀처럼 속을 드러내지 않는 사람이어서 스페인 사람들은 그를 몹시 싫어했다. 그 특별한 항해의 목적은 무엇인가? 저 포르투갈 사람은 대체 어디로 갈 작정인가?

그에게 헌신적이었던 역사가가 여느 때와 마찬가지로 다음과 같은 열정적인 찬사를 늘어놓은 것으로 미루어, 마젤란은 그 원정의 궁극적인 목적까지는 아니라 해도 항로에 대해서만큼은 비밀에 부쳤던 듯하다.

> 총사령관 페르디난드 마젤란은 거센 바람이 휘몰아치고 폭풍우가 사주 출몰하는 대양을 오랫동안 항해하기로 결심했다. 그는 또 그때까지 어떤 항해자도 답사해보지 않은 항로를 개척하기로 결심했다. 그러나 그는 그런 대담한 시도를 미리 발설할 경우, 앞으로 그가 직면해야 할 위험부담을 과장해서 떠들어대는 사람들 때문에 선원들의 사기가 떨어져 원정이 실패로 돌아갈지 몰라, 그 점에 관해서는 밝히기를 꺼려했다. 이번 원정에는 항해에 으레 따르게 마련인 그런 위험들에 더해 총사령관 자신이 지휘하는 기함 외에 다른 네 척의 배의 불온한 분위기도 방해요소로 작용했다. 그 배들의 선장들은, 자기네는 스페인 사람들인 데 반해 총사령관은 포르투갈 사람이라는 이유 하나만으로 총사령관에게 적대적인 태도를 지녔으니까.

마젤란은 스페인 사람들에게는 항로에 대해 발설하지 않으려 조심했지만, 그 원정대의 일원이며 지리학자이자 역사가인 이탈리아 사람 안토니오 피가페타에게만은 진작에 자신의 의도를 털어놨다. 처음부터(그리고 아마도 끝까지) 피가페타는 마젤란을 어떤 잘못도 저지를 수 없는 영웅으로 봤다. 그의 연대기는 마젤란의 아폴로기아Apologia(자신의 동기, 신념, 행위를 정당화하기 위해서 쓴 작품—옮긴이)나 다름없었지만, 형편없는 책은 아니었다.

우리 같은 후대 사람들이 보기에, 스페인 사람들에 둘러싸인 그 이탈리아 사람이 원정대의 지휘관 가운데서 단 하나뿐인 외국인에게 찬탄하는 마음을 갖게 된 것은 충분히 있을 수 있는 일로 보인다. 그 두 사람은 냉혹하고 오만무례한 스페인 사람들에게 둘러싸인 이단자, 야만인, 몽상가, 믿을 수 없는 술책꾼들이었다. 그러나 피가페타가 마젤란을 흠모하는 마음은 그보다 훨씬 더 뿌리깊었다. 그의 그런 마음은 마젤란 밑에 있었던 때뿐만 아니라, 마젤란이 죽은 후에도 오래도록 지속되었다.

적재량이 100톤에서 150톤에 이르는 다섯 척의 범선은 과달키비르 강에서 필요한 장비를 갖췄다. 묘하게도 생김새나 삭구들이 중국의 정크를 연상시키는 그 배들은 투박해 보이기는 했어도, 튼튼하고 조종하기에는 힘들어도 잘 부서지지 않았다. 무뚝뚝한 표정의 포르투갈 사람이 선택한 기함은 그 배들 중에서 가장 큰 트리니다드 호였다.

그 배가 출항할 채비를 갖추자마자 마젤란은 전에 없이 엄한 훈련규율을 적용하기 시작했다. 경례를 해야 할 때와 집합할 때를 규정하고, 취침장소와 기상시간을 정해주는 등. 서쪽으로 항해하는 배들의 전형적인 특징인, 아주 무질서하고 자유로운 상태에 익숙한 스페인 선원들은 그런 규율을 놀랍고도 끔찍한 것으로 여겼다.

그러나 마젤란은 콜럼버스와는 전혀 다른 기질을 지닌 사람이었다. 그는 제멋대로 행동하기 좋아하고 툭하면 반항적으로 나오는 선원들과 함께 드넓은 바다를 항해하는 일에 어떤 환상도 품고 있지 않았다. 그는 함대에 속한 배들을 낮뿐만 아니라 밤에도 항상 일정한 대오를 유지하게 할 목적으로 정교한 신호방법을 고안해내서 그 방법을 학습하게 했다. 마젤란은 적대적인 부관이 지휘했던 니냐 호 때문에 애를 먹었던 콜럼버스의 전철을 밟고 싶지 않았다.

그렇게 해서 마침내 모든 것이 준비되었다. 피가페타는 이때의 일을 다음과 같이 기록했다. "1519년 8월 10일 월요일 아침, 필요한 모든 물자를 선적하고 237명의 대원 전원이 배에 올라타자 출항을 알리는 축포 한 발이 터졌고 앞돛이 올라갔다." 원정대는 세비야에서 과달키비르 강을 따라 내려갔다.

Name of the Unknown

그러나 그 기록자는 당대 작가들이 좋아한 터무니없는 점강법을 따라, 함대가 위풍당당하게 출발한 지 얼마 되지 않아 산루카르 항에 닻을 내린 뒤 "식량을 선적하기 시작했다"라고 엄숙하게 적고 있다(그전에 필요한 모든 물자를 선적했다고 기록한 것을 까맣게 잊어버리고는).

8월이 지나고 9월이 거의 다 지나갈 때까지 스페인 당국에서는 한없이 느러터진 속도로 함대에 식량을 싣는 작업을 진행해나갔다. 갑판에 퍼질러앉은 선원들은 그 작업이 지체되는 것에 조바심을 치거나 짜증을 냈으며, 외국인 지휘관을 욕하고 그의 경건한 태도와 엄격한 규율을 비웃었다. 아무튼 대서양으로 멀리 나갈 때까지 참고 기다렸다가 한번 톡톡히 본때를 보여주리라.

베아트리스는 마젤란이 떠나기 전에 둘째 아이를 가졌다. 그런 사실을 알고, 아메리카 저 너머 어딘가에서 명성과 아울러 세속적인 성공을 얻고야 말겠다는 마젤란의 결심은 한층 더 굳어졌을 것이다. 1519년 9월 20일, 10년이라는 긴 세월 동안 그의 마음을 사로잡았던 원정대는 대서양을 향해, 인류 역사상 가장 위대한 항해의 첫걸음을 내디뎠다.

❧

칠흑같이 어두운 어느 날 밤, 그 빛은 홀연히 나타나 마치 큰 나무꼭대기에 걸린 아주 밝은 횃불처럼 돛대 위에 두 시간 동안 머물렀고, 그 덕에 폭풍우에 시달리던 우리는 큰 위안을 받았다. 그것이 사라지는 순간 거의 우리 눈을 멀게 할 정도로 찬란한 섬광이 일었다. 우리는 이제 죽었다고 체념했으나, 그 빛이 사라지자마자 바람이 잦아들었다.

피가페타는 카나리아 제도에 속한 테네리페 섬(카나리아 제도에서 가장 큰 섬―옮긴이) 너머에서 폭풍우를 만났을 때, 큰 돛대 위에 떨어진 유성의 빛에 대해서 이렇게 기록했다. 이윽고 폭풍우는 가라앉았고, 바다를 내다본 선원들은 "수많은 종류의 새를 봤다. 어떤 새들은 꼬리부분이 없는 것처럼 보였다. 또 어떤 새들은 다리가 없어서 둥우리를 만들지 못했으나, 그런 새들 중의 암컷들은 바다 한가운데서 수컷들의 등에 앉아 알을 낳았다." 폭풍우에 지친 함대가 서쪽을 향해 맥없이 나아가 수평선 너머로 사라지자 그 이상한 새들도 모습을 감췄다.

그렇지 않아도 "아주 낡고 여기저기 땜질을 한" 그 배들은 테네리페 섬 너머에서 만난 폭풍우로 적잖은 피해를 봤다. 뒤이어 역풍이 며칠간 계속해서 불어오는 바람에 그 배들은 "정상적인 날씨가 돌아올 때까지" 항로를 따라 갈지자로 나아갔다. 출항한 지 두 달이 채 안 되어 여기저기 깨지고 뜨거운 열기에 시달린 함대는 리우데자네이루에 도착해서 신선한 채소들을 실었다. 그때까지만 해도 마젤란은 부하들 때문에 속을 썩지는 않았다. 그러나 그럴 조짐이 조금씩 엿보이고 있었다.

감자와 사탕수수를 잔뜩 실은 함대는 브라질 해안을 따라 서서히 남진했다. 함대가 라플라타 강 어귀에 도착했을 때, 마젤란은 누군가가 그 강의 드넓은 어귀가 미지의 해협으로 이어져 있을지도 모른다는 소문을 전하자 여느 때처럼 뚱한 표정으로 묵살해버렸다. 그는 함대를 이끌고 강 어귀를 거슬러 올라가서는, 트리니다드 호에서 두레박을 내려 물을 떠올리게 해서 맛을 봤다. 그 맛은 상큼했다. 그렇다면 거기서 서쪽 바다로 이어지는 수로 같은 것은 있을 리가 없었다.

원정대가 그 일대의 해역에서 지낸 다섯 달 동안 항해를 하거나 돛을 접고 정박을 한 것 등은 거의 기록되어 있지 않으나, 마젤란은 오늘날의 아르헨티나 해안선을 따라 항해하면서, 큰 만이나 작은 만이 나올 때마다 혹시 그것이 기대했던 해협이 아닐까 해서 자세히 살펴봤다. 마젤란의 그런 꼼꼼한 작업은 그가 그 일대에 해협이 있다는 분명한 정보를 갖고 그곳에 왔다는 소문이 사실이 아니라는 것을 입증해주는 최고의 증거가 아닐까 싶다.

그렇게 조사하는 동안 겨울철(그 위도에서는 북반구와는 달리 여름철인)이 지나갔고, 피로에 지친 선원들은 곧 반란을 일으킬 조짐을 보였다. 제 나라에서 쫓겨난 주제에 스페인의 기사들을 지휘하는 이 자는 앞으로 대체 어떻게 할 심산인가?

1520년 3월 말경 그들은 남위 49도 30분에 위치한 아주 좋은 항구에 정박했다. 훗날 산훌리안 항으로 명명된 곳에. 여름철이 되어야 마땅할 때 꽤 추운 겨울철이 다가와, 마젤란은 엄청난 파도와 더불어 파타고니아의 황량한 해변을 강타하기 시작한 폭풍우가 지나갈 때까지 그곳에서 대기하기로 결정했다.

함대는 겨울철이 다가오면서 누렇게 변한 키 큰 팜파스 덤불만 우거진 인적 없는 황량한 해안에 유령처럼 정박해 있었다. 제독은 리스본에서 훔쳐왔다고 하는 해도들을 펼쳐놓고 혼자 깊은 생각에 골몰해 있었고, 선원들은 하품을 하거나 잡담을 나누고, 뱃전 너머를 바라보면서 스페인의 그 긴 봄날의 따뜻한 햇살을 그리워했다.

4월은 그렇게 흘러갔다. 산훌리안 항 어귀에서는 매일 흰머리를 풀어헤친 파도의 조류가 폭풍우에 떠밀려갔다. 엄청나게 많은 새들이 그들의 앞을 스쳐지나갔다. 하늘 역시 해변과 마찬가지로 짙은 구름이 끼어 을씨년스러웠다. 5월이 찾아왔다. 마젤란은 아직도 움직이려 하지 않았다. 그러다 선상에 감돌던 권태로운 분위기가 갑자기 깨지는 일이 일어났다. 선원들은 우르르 모여들어 해변을 바라봤다.

체구가 거대한 사내 하나가 우리 앞에 나타났다. 사내는 백사장에서 거의 알몸으로 뛰어다니며 노래하고 춤췄고, 그러면서도 계속 자기 머리에 모래를 뿌려댔다. 제독은 우리 선원들 중의 한 사람에게 그리로 가서 우정과 평화를 바란다는 표시로 그 사내와 비슷한 몸짓을 해보이라고 지시했다. 거인 사내는 우리 선원의 몸짓이 뜻하는 바를 충분히 이해했다. 그리하여 그는 제독이 상륙한 작은 섬으로 순순히 따라와줬다. 나도 다른 많은 선원과 함께 그 섬의 해변으로 갔다. 거인 사내는 우리를 보고 몹시 놀란 표정이 되었다. 그는 손가락으로 하늘을 가리켰는데, 그것은 우리를 하늘에서 내려온 사람들로 생각한다는 표시임이 분명했다.

남아메리카 변두리에 거주하기는 하나 원시문명의 영향을 살짝 받은, 체구가 장대한 그 원시인들은 신대륙의 거의 모든 지역 사람들과 마찬가지로 '태양의 자손들'에 대한 기억을 여전히 간직하고 있었다. 그들은 마젤란의 부하들을 '태양의 자손들'이라 믿었다. 마젤란은 미간을 찌푸린 특유의 표정으로 팜파스 풀의 그루터기로부터 발을 보호하기 위해 모피 신발을 신은, 파타고네스라는 그 장대한 원주민을 응시하다가 몇 가지 점을 고려한 끝에 그 지방 이름도 그런 식으로 지었다.

마젤란은 그 거인이 친구들을 찾으러 가도 좋다고 허락했다. 이윽고 그는 자기 부족 남자들과 여자들을 데리고 돌아와 스페인 사람들을 바라보면서 연신 하늘을 가리켰다. 스페인 사람들은 그들이 하나같이 체구가 장대한 것을 보고 놀랐다. 마젤란은 일종의 표본으로 그 사람들 한 쌍을 스페인에 데려가기로 마음먹었다. 그들은 세상 끝에 사는 야만인들이므로 스페인 왕실에서는 그들을 보고 재미있어할 것이다. 그리고 그들은 거기서 자식들을 낳을 것이고 미래 세대를 놀라게 할 것이다. 맞아, 짐말처럼 부려먹기에도 아주 좋을 거야!

그는 술수를 써서 원주민 남자 둘을 배에 유인한 뒤 족쇄를 채워놓았다. 그들은 크게 놀라 고래고래 소리지르고 신들에게 붙잡힌 아이들처럼 흐느껴 울었다. 스페인 사람들은 그들을 배 밑에 처넣어 외치는 소리가 밖으로 새나가지 않게 하고는, 앞으로 스페인의 수송문제를 해결해줄 수 있는 일꾼들을 낳아줄 여자 둘을 생포하기 위해 살그머니 해변에 나갔다.

그러나 파타고니아 사람들은 이미 스페인 사람들을 잔뜩 경계하고 있던 터라 얼른 덤불 속으로 도망쳤고, 이에 약이 오른 스페인 사람들은 뒤쫓아갔다. 녀석들을 생포할 수 있으면 좋고, 그렇게 할 수 없다면 최소한 긴 다리로 성큼성큼 달아나는 녀석들을 쏴죽이는 것도 스포츠치고는 괜찮은 스포츠가 되리라.

그런데 유감스럽게도 파타고니아 사람들 중의 한 사람도 뛰어난 스포츠맨이었다. 그는 활 혹은 취관(입으로 화살을 불어서 날리는 무기-옮긴이)을 갖고 덤불 뒤에 숨어서 스페인 추적대가 나타나기를 기다렸다가, 맨 앞에서 달려오는 스페인 사람에게 화살을 날렸다. 스페인 사람은 허벅지에 화살을 맞고 고함을 지르며 쓰러졌다. 그는 가벼운 부상을 입은 정도에 불과하다고 생각했지만 그것은 오산이었다. 그는 불과 몇 분이 지나지 않아 죽었다. 화살에 독이 묻어 있었던 것이다.

기독교인들은 이교도들의 가증스러운 행위에 분개하면서도 기가 꺾여 추적하기를 단념하고는 동료의 시신을 수습해서 해안으로 후퇴했다. 그들은 해안으로 가는 길에 파타고니아의 야만인늘에게 기독교인들의 도덕과 윤리의 우월성을 알리기 위해 그들이 사는 마을에 불을 질렀다.

마젤란은 원주민 남자 포로들을 쇠사슬로 묶어놓았다. 남자들뿐이라 자식들은 낳지 못한다 해도 스페인 왕에게 선물할 경우 왕실 사람들은 그들을 구경하면서 몹시 즐거워할 것이다. 그러나 얼마 후 그는 자신이 다시는 스페인 땅을 밟지 못하는 처지에 빠질 수도 있다는 정보를 입수했다.

❦

그것은 음모였다. 그곳에서 하릴없이 몇 달의 세월을 보내는 동안 다른 배의 선장들 사이에서는 마젤란을 죽인 뒤 함대를 몰고 세비야로 돌아가자는 음모가 서서히 무르익고 있었다. 그러나 마지막 순간에 가서 그런 음모에 가담한 몇몇 사람이 겁을 집어먹고 그 사실을 마젤란에게 제보했다. 그러자 마젤란은 날렵하고도 외교관만큼이나 수완 좋게, 그리고 잔혹하게 행동했다. 그는 선장들은 제쳐놓고, 후안 데 카르타헤나, 재무관 루이스 데 멘도사, 급료지불관 안토니오 코카, 그리고 가스파르 데 카사다를 체포해서 심문했다. 나머지 사람들은 이렇게도 저렇게도 할 수 없는 상태에서 찌뿌둥한 표정으로 지켜보기만 했다.

마젤란은 자신의 천성에, 그리고 잔인한 행위들이 일상화된 시대에 걸맞게 행동했다. 그는 후안 데 카르타헤나는 산 채로 껍질을 벗기라고 명령했다. 그의 명령을 받은 사람들은 그를 해변으로 끌고가, 원정대 사람들이 다시는 잊지 못할 만큼 정확하고 잔인하게 그 극악한 형벌을 집행했다. 멘도사는 심장에 칼을 맞고 죽었다. 코카는 쇠사슬에 묶인 채 구금당했다.

가스파르 데 카사다에 대한 처분을 내릴 때 마젤란은 원정대의 스페인 사람들의 견해에 의하면, 이중적이고 믿을 수 없는 포르투갈 사람답게 악마적인 본성을 드러냈다고 한다. 처음에 그는 그 장교가 스페인 왕이 직접 임명한 사람이므로 용서해주는 척하다가, 곧이어 그를 사제 한 사람과 함께 해변으로 추방하는 처분을 내렸다. 마젤란은 파타고니아 사람들이 이내 해변으로 돌아와서 카사다 문제를 적절히 해결해줄 것이라 계산하고 그렇게 했다.

마젤란에게 몹시 발라맞추는 편인 피가페타조차도 마젤란이 이때 잔인하고 비겁하게 행동했다고 기록해놓았다. 껍질이 벗겨진 몸뚱이가 해변에 널브러진 채 죽을 때까지 꿈틀거리면서 비명을 지르는 광경은 이 시대의 우리들까지도 몸서리치게 만든다.

그러나 반란을 일으킨 사람들이 애초의 목적을 달성했더라면, 마젤란을 죽이는 정도를 넘어서서 그가 온 마음과 영혼을 바쳤던 목표까지도 말살하는 결과를 빚었을 것이다. 마젤란이 그 파타고니아 땅 너머 어딘가에 있으리라 굳게 확신했던 몰루카 제도에 도달하고자 한 목표까지도. 마젤란은 반란자들을 처리할 때 미치광이처럼 광포하게 굴었으나, 불행히도 그는 미친 것과는 거리가 먼 주도면밀한 외교적 처신을 보임으로써, 애초의 정당한 명분조차 훼손하는 결과를 빚었다.

파타고니아 해안에 정박한 원정대에게 닥친 재난은 그것으로 끝나지 않았다. 날씨가 좋아졌을 때 마젤란은 파타고니아 해안을 답사하기 위해 산티아고 호를 남쪽으로 파견했다. 그런데 그 배가 난파당했고, 거기에 탄 선원들은 해변으로 헤엄쳐갔다. 얼마 후 그 선원들 중의 두 사람이 뭍을 따라 오랫동안 걸은 끝에, 잔뜩 지치고 다리까지 절룩거리는 모습으로 산훌리안 항에 나타

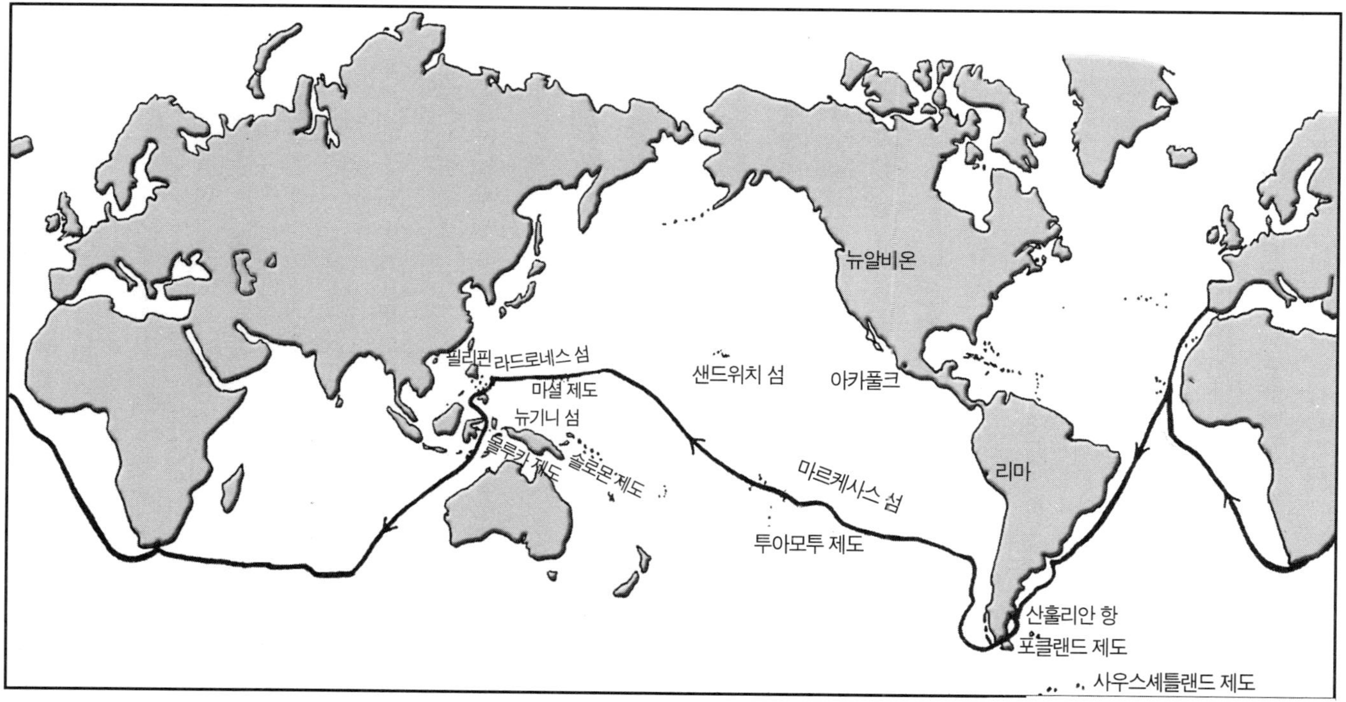
뉴알비온
필리핀
라드로네스 섬
샌드위치 섬
아카풀크
마셜 제도
뉴기니 섬
몰루카 제도
솔로몬 제도
마르케사스 섬
리마
투아모투 제도
산훌리안 항
포클랜드 제도
사우스셰틀랜드 제도

마젤란의 탐험 경로

났다. 그 바람에 마젤란은 선원들을 구조하는 것은 물론이요, 난파된 배에서 해변으로 떠밀려온 양식과 물자를 회수하기 위해 급히 구조대를 조직해서 내보내야 했다.

원정대는 7월과 8월의 두 달간을 이렇게 자기네에게 별도움이 되지 않는 일들을 처리하는 것으로 보냈다. 그러다 마침내 다시 출항할 준비가 완료되었다. 신앙심 깊은 제독은 그 근처에 솟은 몬테크리스토 산 정상에 십자가 하나를 세운 뒤, 8월 21일에 산훌리안 항을 떠났다.

그러나 함대가 남위 50도 40분에 해당하는 해역에 이르렀을 때 폭풍우가 몰아닥쳐 함대를 거의 난파시키다시피 했다. 마젤란은 함대를 자신이 산타크루스로 명명한 만으로 대피시키고 닻을 내린 뒤 폭풍우가 가라앉기를 기다렸다. 그곳에는 목재와 물이 풍족했고 낚시질도 잘되었다. 함대는 그곳에서 많은 양식과 물을 보충했다.

이때 마젤란은 8월은 항해를 하기에 너무 이른 시기라 판단한 듯하다. 그리하여 그에 관해 기록한 연대기에 의하면, 그는 선원들이 미지의 남쪽 해역에서 맞닥뜨릴지도 모를 여러 가지 위험을 능히 이겨낼 수 있을 만한 힘과 건강을 되찾게 하기 위해 함대를 두어 달간 산타크루스 항에 정박시켰다고 한다.

그러나 오늘날 사람들이 볼 때 그렇게 일관성 없는 계획과 지체는 좀 이상하게 비친다. 이때 마젤란은 표면적인 명분 때문이라기보다는 마음이 흔들리고 약해지면서 회의와 절망감에 빠져, 리스본에서 시동으로 일하던 때 이래, 그리고 몰루카 제도에 원정 갔던 때 이래 줄곧 간직해왔던 비전을 한동안 망각했기 때문에 그러지 않았나 싶다. 설사 그런 해협이 존재한다 해도 자기가 과연 그곳에 도달할 수 있을까? 자기를 싫어하고 미워하는 사람들하고 어떻게 그런 목표를 성취할 수 있단 말인가?

결국 그는 선원들로 하여금 사제들에게 고해를 하게 한 뒤, 함대의 닻을 올리고 산타크루스 항을 떠나게 했다. 10월 21일, 원정대 사람들은 울퉁불퉁한 암벽들로 이루어진 오른쪽 해안선에 드넓은 출구 하나가 뚫려 있는 것을 발견했다. 제독의 신호에 따라 양쪽에 가파른 절벽들이 솟아 있는 통로로 들어간 원정대 사람들은 자기네 앞에 또 다른 큰 만에 불과한 것이 펼쳐져 있는 광경을 봤다. 잔뜩 찌푸린 하늘을 찌를 듯이 솟아 있는, 빙하로 뒤덮인 산과 험준한 바위절벽으로 둘러싸인 만을. 선원들은 그런 바위산들 밑에 흩어져 있는 암초 주위에서 파도가 소용돌이치면서 하얗게 끓어오르는 광경을 넋나간 듯이 바라봤다. 저 포르투갈 사람이 우리를 떼죽음시키려고 마음먹은 곳이 바로 여기가 아닐까?

선원들은 반란을 일으킬 조짐을 다시 보이기는 했으나 그런 계획을 실천에 옮기지는 못했다. 마젤란은 갑자기 기운이 난 듯 이런저런 명령과 지시를 내리면서 활발하게 움직였다. 그는 그곳이 만인지 해협인지 사세히 알아보기 위해 산안토니오 호와 콘셉시온 호를 그 만의 서쪽 끝으로 내보낸 뒤, 트리니다드 호와 비토리아 호는 해안 가까운 곳에 정박하게 했다. 두 배에 탄 스페인 사람들은 남쪽에서 소용돌이치면서 몰려오는 거대한 구름장을 근심스럽게 지켜봤다.

그날 밤 폭풍우가 밀려와 밤새도록, 그리고 이튿날 하루종일 맹위를 떨쳤다. 제독이 파견한 두 척의 배는 만으로 보이는 곳의 수면을 하얗게 뒤덮은 높은 파도의 벽들 사이를 뚫고 시야에서 완전히 사라져버렸다. 이틀째 되던 날 선원들 사이에서 두 척의 배가 아무 이유 없이 파멸의 운명에 처하게 되었다는 불만의 소리가 높아져가고 있을 때, 서쪽 저 멀리서 연기가 솟아오르는 광경이 보였다. 원정대 사람들은 그것을 배 한 척이 난파되어 생존자들이 해변에서 연기를 피워 올리고 있다는 신호로 해석했다.

그러나 나흘째 되던 날, 두 척의 배는 깃발을 펄럭이고 대포를 쿵쿵 쏘아대면서 돌아와 자기네가 해협을 발견했다는 사실을 알렸다. 그 배들에 탄 사람들은 현재의 만에서 또 다른 만으로 이어지는 좁은 수로를 발견하고 그 수로로 들어섰다. 그리고 그 수로와 연결된 또 다른 만에서 폭풍우와 싸우는 동안 제2의 수로 하나가 서쪽으로 뚫려 있다는 것을 발견했다.

마젤란은 트리니다드 호의 닻을 올리고 제3의 만을 향해 나아갔다. 이윽고 절벽으로 둘러싸인 그 만에 이른 마젤란은 그곳에 출구가 둘이나 있다는 사실을 발견했다. 남동쪽과 남서쪽으로 난 그 시커먼 협곡들 사이로 하얗게 들끓는 조수가 거세게 흐르고 있었다. 마젤란은 남동쪽 수로에 산안토니오 호와 콘셉시온 호를 파견한 뒤, 자신은 비토리아 호를 대동한 채 기함인 트리니다드 호를 몰고 남서쪽 수로로 나아갔다.

그 수로는 넓어졌다가 좁아진 뒤 다시 넓어지면서 서쪽 수평선 너머로 아스라이 사라져갔다. 마침내 그들은 어떤 강 어귀에 이른 뒤, 그곳이 만인지 수로인지 아직 모르는 상태에서 닻을 내렸다. 선원들은 그곳에 "정어리같이 생긴 작은 고기들"이 우글거리는 것을 발견했다.

마젤란은 그곳에서 선원들의 일부를 보트 한 척에 태워 서쪽으로 솟은 높은 곳 일대의 해안을 살펴보고 오라고 지시했다. 보트에 탄 선원들은 해안에 상륙한 뒤 곶 정상으로 올라갔다. 거기서 그들은 수로의 서쪽 끝에 난 출구와 아울러 그 너머에 있는 "평화의 바다라고 하는 또 다른 대양"을 봤다. 아마 그들은 그 출구를 목격한 최초의 유럽 인들일 것이다.

트리니다드 호에서 그 소식을 전해들은 마젤란은 선상에 주저앉아 눈물을 흘렸고, 냉소적인 스페인 사람들은 그 광경을 보고 적잖이 놀랐다. 마침내 꿈은 이루어졌다! 마젤란은 설레는 마음으로 갑판을 이리저리 거닐면서 북쪽과 남쪽에 높이 솟은 산들을, 동아시아의 구세계를 가로막고 선 험준한 절벽들을 바라봤다. 아마 그때 그는 가슴 벅찬 환희와 충족감에 몸을 떨면서 앞으로 자신의 삶에서 그처럼 감격스러운 순간은 다시 오기 어려우리라 생각했을 것이다.

남동쪽 수로를 조사할 임무를 띠고 떠난 산안토니오 호의 장교들 중에는 과달키비르 강가에서 출항할 준비를 하는 동안 마젤란에게 원정대 대장자리를 빼앗긴 고메스도 포함되어 있었다. 그는 지금이야말로 기다리던 때가 왔다는 것을 정확하게 짚어냈다. 그와 그의 편을 든 다른 장교들은 산안토니오 호의 선장을 공격해서 제압한 뒤 쇠사슬로 묶어놓고는, 돛을 높이 올리고 방향을 돌려 동쪽 출구를 향해 나아갔다. 다시 대서양으로 나온 그들은 북쪽으로 방향을 돌려 항해하다, 산홀리안 항에 들어가 파타고니아 해안에 따로 남겨진 카사다와 사제를 배에 태운 뒤 스페인을 향해 떠났다.

그런 사실을 알지 못한 마젤란은 콘셉시온 호만 돌아오자 사라진 배를 찾기 위해 음산하고 적막한 수로와 만을 샅샅이 뒤지기 시작했다. 결국 그는 더 이상 지체해봤자 소용없다고 생각했다. 그는 "곳곳의 섬들과 곶들에 산안토니오 호의 선원들이 볼 수 있게끔" 표시를 남겨놓고는 수많은 모험이 기다리는 '태평양(평화의 바다)'을 가로지르는 모험의 여정에 올랐다.

그 사이에 여름이 찾아왔다. 그 일대에서는 밤이 세 시간밖에 지속되지 않았다. 마젤란은 기나긴 낮시간을 이제 규모가 꽤 줄어든 함대의 장비를 재정비하는 일로 보냈다. 그 작업이 완료되면 앞으로 몰루카 제도를 향해 나아가리라. 하루 해가 저물 때면 저 남쪽에 있는 바위투성이의 황량한 섬들에서는 작은 불빛들이 반짝이곤 했다. 스페인 사람들은 그 을씨년스러운 미지의 땅인 티에라 델 푸에고Tierra del Fuego(불의 땅)의 어둠 속에 떠오르곤 하는 그 수수께끼 같은 불빛을 볼 때마다 성호를 그었다.

우리는 그 불들이 아메리카에 남은 최후의 진짜 원시종족의 하나인 푸에고 사람들이 요리를 하느라 피운 불이라는 것을 알고 있다. 두려움이라는 것을 모르고, 집도, 신들도, 문화도, 심지어 '태양의 자손들'에 대해서도 모르며, 눈과 얼음으로 뒤덮인 고장에서 벌거벗은 채 행복하게 살아가는 기이한 야만인들. 전성기 때 그들은 이 세상에서 가장 뛰어난 탐험가들이었다. 그들은 북부 아시아 전역을 횡단한 뒤, 남북 아메리카를 종단하여 그 대륙의 끝에 있는 섬에 정착한 사람들의 후손이었다. 아마 그 조상들은 마젤란이 이맛살을 찡그린 채 바라보던 시점보다 1만 년 전쯤에 그 황량하고 험준한 땅에 도착했을 것이다. 그러나 그들의 '황금시대'는 '황금의 섬들'을 찾아나선 사람들의 생각과는 아득히 거리가 먼 것이었다.

그곳에서 너무 오래 지체하는 것은 위험했다. 스페인을 떠날 때는 다섯 척이었던 함대가 이제 세 척으로 줄어들었으며, 237명이었던 선원들도 183명이 되었다. 산안토니오 호 때문에 근심이 되기는 했지만, 양식이 줄어들고 있어서 그 배의 운명은 하늘의 뜻에 맡겨야 했다. 마젤란은 스페인을 떠난 지 1년 2개월이 된 1520년 11월 18일, 다시 닻을 올리고 서쪽을 향해 나아가기 시작했다.

바로 그날 고국으로 향하던 산안토니오 호는 적도를 넘어섰고, 선원들은 사로잡아서 배에 실었던 파타고니아 거인들 중에서 죽은 사람의 시체 하나를 아무 의식도 거행하지 않은 채 바다에 내던져버렸다.

❦

그들은 그 고요한 바다에 나타난 최초의 사람들이었다.

마젤란은 한동안 트리니다드 호를 남아메리카 해안선을 따라 북서쪽으로 항진하게 했다. 그후 그의 태도로 보아, 그는 전진기지도 없고 추가적인 지원도 받지 못하는 상태에서 드넓은 태평양을 횡단하기로 결심한 듯하다. 날씨는 좋았다. 새들이 빠르게 내닫는 날치떼를 쫓고 있는 바다에서는 돛을 조정하는 그 소규모 함대의 전면에 보이는, 석양빛을 받아 붉게 물든 구름장이 가벼운 바람을 타고 느릿느릿 흘러가고 있었다. 함대의 뒤에는 배도, 사람도, 경작지와 도시의 자취도 보이지 않는 해안선과 그 너머의 드넓은 땅이 펼쳐져 있었다. 그리고 그 앞에는…….

그들은 육지와 헤어지고 나서 며칠 동안 뒤에서 부는 무역풍을 받으면서 북북서쪽으로 항해했다. 이윽고 그들은 자기네 머리 위의 하늘이 북극성도 보이지 않는 이상한 하늘이라는 것을 알았다.

남반구의 밤하늘 풍경은 북반구의 그것과 다르다. 이곳의 밤하늘에는 작은 구름처럼 보이는, 수많은 작은 별로 이루어진 두 개의 작은 성운이 보인다. 그 성운들 사이의 거리는 얼마 되지 않는다. 그 성운들 사이에서 아주 크고 밝은 두 개의 별이 뚜렷이 보이는데, 그 별들은 거의 움직이지 않는다. 바로 남극을 가리키는 별들이다.

그렇게 해서 그들은 유럽 인들 중에서는 최초로 마젤란 성운을 봤다. 그들은 마젤란 성운 부근에서 별도 없이 퀭하게 뚫려 있는 드넓은 암흑의 공간(석탄자루 성운. 남십자 자리에 있는 암흑 성운—옮긴이)을 목격했다. 그 너머에는 기독교인들이 좋아하는 별자리인 '남십자성' 이 있었다. 그 스페인 사람들에게, 큰 호弧를 그리면서 낯선 밤하늘을 찬연하게 수놓은 은하수에 떠 있는 남십자성은 가깝고도 친근한 별자리요, 자기네 신앙의 영원한 진실성을 입승해 주는 상징과도 같았다.

함대는 매일매일 쉬지 않고 달려갔지만 어디에서도 육지는 보이지 않았다. 마젤란은 미간을 찌푸린 채 음울한 눈빛으로 주위를 둘러보면서 자신의 영역인 선미루 갑판을 오락가락했고, 선원들은 연신 하품을 하면서 느릿느릿 돛줄을 조정했으며, 배들은 하얀 물보라의 항적을 남기면서 꾸준히 앞으로 나아갔다.

하루하루가 지나 한 주가 되고 몇 주가 흘러 한 달이 되었으며, 거기서 다시 한 달이 더 지났지만 여전히 육지는 보이지 않았다. 그들은 12,000해리를 주파하면서 적도를 넘은 뒤 진로를 서북서 방향으로 돌렸다. 그런데도 육지는 보이지 않았고 폭풍우도 다가오지 않았다. 마젤란이 정한 항로는 수학적인 직선 코스였다. 하지만 그는 직항로를 택하는 바람에 태평양에 흩어진 섬들과, 신선한 초목이 우거진 그 섬들에서 휴식할 수 있는 기회를 멀찍이 빗겨 지나갔다.

물과 음식이 바닥났다. 질식할 듯이 좁은 공간에 갇혀 지내온 선원들은 병에 걸리거나 불안감에 휩싸이기 시작했다.

우리가 먹는 빵은 사실 빵이라 할 만한 것이 못 되었다. 그것은 벌레들이 알맹이를 다 먹어치운, 오물과 벌레덩어리에 지나지 않았다. 게다가 그것은 쥐오줌에 쩔어 아주 고약한 냄새가 났다. 우리는 그에 못지않게 썩고 고약한 냄새를 풍기는 물을 마셔야 했다. 그렇지 않아도 이미 비쩍 마른 우리는 굶주려 죽지 않으려고, 밧줄을 닳지 않게 하기 위해 큰 돛대의 아래활대에 씌워놓은 가죽조각을 벗겨먹었다. 그 가죽조각들은 바닷물과 태양과 바람에 계속 노출된 탓으로 대단히 질겨, 우리는 그것을 네댓새 동안 바닷물 속에 푹 담가놓아 노글노글해진 뒤 푹 삶아서 먹었다. 우리는 자주 톱밥으로 연명해야 했고, 보기조차 끔찍한 쥐까지도 잡아먹으려고 그것을 게걸스럽게 찾아다녔으며, 쥐 한 마리를 반 더컷ducat(옛날 유럽에서 널리 쓰이던 금·은화)씩에 거래했다…….

하지만 그게 다가 아니었다. 우리가 겪은 가장 큰 재난은 아래위턱의 잇몸이 이빨을 다 가릴 정도로 부어오르는 병(괴혈병─옮긴이)이었다. 그 병에 걸린 사람들은 음식을 씹을 수가 없었다. 우리 일행 중에서 19명이 그 병으로 사망했으며, 그중에는 파타고니아 거인 하나와 브라질 원주민 하나도 포함되어 있었다. 그 외에도 25명에서 30명에 이르는 선원들이 팔다리와 몸의 그밖의 부위들에서 격심한 통증이 따르는 병에 걸렸다. 하지만 그 사람들은 모두 나았다…….

우리는 꼬박 3개월 20일 동안 아무것도 보이지 않는 망망대해를 20,000km 가까이 내달렸다. 그동안 우리는 폭풍우도 만나지 않았고, 사람이 살지 않는 두 개의 작은 섬 외에는 어떤 땅도 보지 못했으므로, 그곳은 정말 태평양이라는 이름에 걸맞은 바다라고 할 만했다.

1521년 1월 24일, 마젤란 원정대가 본 그 '사람이 살지 않는 두 개의 작은 섬'은 투아모투 제도에 속한 푸카푸카 환초였다. 마젤란은 그 섬들을 자세히 살펴보려 하지 않고, 하루빨리 '향료제도'에 도착하고 싶은 마음에 내처 앞으로 내달리기만 했다. 그는 노련한 항해자이기는 했으나 계산을 잘못했다. 그들은 그로부터 한 달 반 가까이 육지라고는 구경도 못하다가, 3월 6일에 이르러서야 비로소 섬 하나를 발견했지만, 그 섬 역시 '향료제도'와는 거리가 멀었다.

그곳은 마리아나 제도에 속한 괌 섬이었다. 태평양을 횡단한 그 최초의 유럽 인들은 채소와 맑은 물을 구하기 위해 해안에 상륙했다가 그 섬에 살고 있는 폴리네시아 원주민들과 맞닥뜨렸다.

키가 크고 올리브 빛에 가까운 갈색 피부에 거의 벌거벗다시피 한 그 사람들은 몇백 년 전에 '원시문명'의 변경이라 할 수 있는 그곳에서 그 문명과 살짝 접한 정도에 지나지 않아, 신도, 왕도, 숭배할 수 있는 성상조차도 갖고 있지 않은 원시인들이었다. 그러나 그들은 그 문명의 전달자들이 자기네를 습격했던 때의 일들과 전쟁을, 그리고 그런 것들이 자기네에게 안겨준 재앙을 여전히 기억하고 있었다. 그리하여 그들은 이방인들에게서 훔쳐낼 수 있는 것들은 모조리 훔쳐내기 시작했다.

그들은 무기와 모자, 단검을 훔쳤고, 심지어 트리니다드 호 뒤에 매달려 있는 작은 보트까지도 훔쳤다. 만일 그들이 넉넉한 시간과 충분한 경험을 갖추고 있었더라면 아마 함대 전체를 훔쳐가버려 스페인 사람들을 바닷속에서 허우적거리게 만들었으리라.

마젤란은 그런 일을 많이 경험해본 사람이었다. 그는 신에게서 버림받은 그런 사람들을 어떻게 다뤄야 할지 잘 알고 있었다. 그는 마흔 명의 대원들과 함께 상륙하여 가장 가까이에 있는 마을에 불을 지르고, 쪽배들은 눈에 띄는 대로 모조리 부숴버렸으며, 도망치다가 궁지에 몰린 그 역겨운 야만인 일곱 명을 살해했다. 그는 우월한 문명이 도래했다는 것을 알려주는 그런 증거들을 뒤에 남겨둔 채 자기 배로 돌아와 함대를 몰고 정서쪽으로 나아갔다. 그는 그 섬들에 라드로네스Ladrones, 곧 '도둑의 섬들'이라는 이름을 붙였다.

하지만 그 원주민들이 마젤란에게 어떤 이름을 붙였는지는 기록이 없어 알수 없다.

또다시 망망대해가 펼쳐졌다. 연대기 작가는 그 황막한 바다에는 바닷새 한 마리 날지 않았고, 사람들이 말을 하면 그 소리가 괴이하게 울렸다고 기록하고 있다. 그 항로에서 '향료제도'를 발견하지 못할 경우에는 어떻게 한다지? 이 세상이 완전한 구체球體가 아니라면? 그러나 3월 16일 동틀 무렵, 제독은 문득 핏기 어린 눈을 들었다가 배 앞 저 멀리에서 꽤 높은 산봉우리들이 아침 햇살을 받아 환하게 빛나고 있는 광경을 목격했다. 서서히 그곳으로 다가간 그들은 그곳이 울창한 초목으로 덮인 섬이라는 것을 알았다. 드디어 '향료제도'에 도착한 것일까?

그곳은 필리핀의 사마르 섬이었다. 그러나 마젤란과 그의 동료들은 그것을 알지 못했다. 그들은 한동안 그 근해를 조심스럽게 항해하다가 이윽고 적당한 만으로 들어갔다. 마젤란은 무장한 대원들과 함께 작은 보트를 타고 해안에 상륙한 뒤 그 일대를 조사했다. 적대적인 원주민이든 우호적인 원주민이든 간에 뭐가 좀 보였으면 좋겠건만 원주민은 전혀 보이지 않았다. 그는 대원들에게 병든 사람들을 데리고 해안에 상륙하라고 지시했다.

이튿날 아침, 만에 정박한 그 배들 너머에서 배 한 척이 보였다. "뛰어난 솜씨로 건조된 배"가. 제독은 그 배가 이쪽을 경계하는지 멀찌감치 떨어진 데서 머뭇거리는 것을 보고, 자기네가 어디쯤 와 있는지 한시바삐 알고 싶은 마음에 스페인 선원들에게 적대적인 행동도, 우호적인 행동도 하지 말고 그저 잠자코 있으라는 지시를 내렸다. 그리고 숨을 죽인 채 기다렸다. 이윽고 그 배는 가까이 다가왔다. 스페인 사람들은 그들이 안심하는 기색을 보이는 것을 눈치챘다.

그 배에는 화려한 이국풍의 옷을 걸친 사람들로 가득했다. 그들은 자기네처럼 군주와 신과 악마와 신앙을 갖고 있고, 갖가지 인생고를 겪고 있는 사람들임이 분명했다. 그들은 다시 문명세계에 이르렀던 것이다.

⚜

스페인 사람들과 그 배에 탄 문명화된 섬사람들은 손짓발짓을 해가며 여러 가지 질문을 던지고 환영한다는 뜻을 표했다. 스페인 사람들은 해안 근처의 바다에 원주민 어선들이 떠 있는 것을 발견했다. 필리핀 사람들과 유럽 인들 사이에서는 신속한 교역이 이루어졌다. 유럽 인들은 여기서 생전 처음으로 바나나를 봤다. 이에 깊은 인상을 받은 연대기 저자는 바나나를 "길이가 1피트 정도 되는 무화과"라고 서술했다. 원주민들은 열심히 손짓발짓을 교환한 끝에 스페인 선원들에게, 현재 자기네가 바나나 외에 다른 교역상품은 갖고 있지 않으나, 나흘 뒤에는 자기네 고향에서 다른 물건들을 갖고 올 수 있다는 뜻을 전하는 데 성공했다.

나흘이 지나자 그들은 약속한 대로 후추와 계피, 정향, 육두구 등을 갖고 돌아왔으며, 그것은 결국 그 스페인 사람들이 '향료제도' 가까이 이르렀음을 입증해주는 확실한 증거였다. 좀더 중요한 것은 그곳에 금이 풍부한 듯하다는 점이었다. 몸에 색칠을 한 족장들은 금으로 된 팔찌와 팔장식을 하고 있었으며, 금조각들을 화폐처럼 사용하고 있었다. 게다가 원주민들은 제스처를 통해 서쪽에 금이 나는 땅이 있다는 사실도 알려줬다.

그것은 원주민들이 부담스러운 외지손님들에게서 벗어나려 할 때 흔히 쓰는 수법이었다. 마젤란과 그의 동료들은 고지식하게도 그런 미끼를 그대로 집어삼켰다. 그들은 닻을 올리고 서쪽으로 방향을 돌린 뒤 작별인사삼아 대포를 한 방 쐈고, 그 소리에 필리핀 사람들은 혼비백산했다.

마젤란이 오래 전에 수마트라에서 생포한 뒤 노예로 삼아서 데리고 다니던 사람은 그때까지도 살아 있었다. 이때에 이르러서야 비로소 마젤란은 앞으로 원주민들과 의사소통을 할 때 그 노예를 유용하게 써먹을 수 있으리라는 것을 깨달았다.

후무무를 떠난 지 여드레째 되던 날, 마젤란 함대는 그 섬들 중의 어느 한 섬에 있는 만으로 들어갔다. 섬사람들이 보트를 타고 접근하자 마젤란은 수마트라 사람을 자신의 곁에 서게 했다. 그들은 의심스러워하는 눈길로 스페인 사람들을 쳐다보면서 인사말을 던졌다. 하지만 그 수마트라 사람이 자기네는 평화와 친선을 바라는 사람들이라 외치자 조금 안심이 되는 눈치였다. 그들은 수마트라 사람들의 말을 알아듣는 것 같았다. 수마트라 사람은 이때 처음으로 피가페타의 기록의 전면에 등장하기 시작하며, 그후로는 계속해서 그 위치에 머무르게 된다.

필리핀 사람들은 노를 저어서 다시 뭍으로 돌아갔고, 스페인 사람들은 이튿날 아침까지 기다려본 뒤 수마트라 사람인 헨리를 뭍으로 보내 "그곳을 다스리는 군주"와 교섭하게 했다. 헨리는 뛰어난 외교적 수완을 발휘하여 그 임무를 잘 수행했다. 그는 그 섬의 족장에게 불유쾌해 보이는 그 외국인들이 강간, 약탈, 정복을 하러 온 사람들이 아니라, 재미삼아 그 일대의 해역을 여행하는 사람들이라고 말했다.

"그곳을 다스리는 군주"는 아마 그 진기한 외국인들을 가까이에서 구경하고 앞으로 자기 손자들에게 그 이야기를 해주고 싶은 마음에서 트리니다드 호에 승선했을 것이다. 그는 마젤란을 끌어안은 뒤 그에게 "쌀이 가득 들어 있는 세 개의 도자기를 선물했다." 찌푸린 표정을 한 제독은 답례로 원주민 족장에게 아침식사를 대접한 뒤, 원정대가 갖추고 있는 무기들과 갑옷을 보여줬다. 족장은 그것들을 보고 깊은 인상을 받았다. 그 외국인들은 신이 아니면 악마임이 분명했다. 자신의 추리가 지닌 의미심장함에 스스로 감동한 족장은 마젤란에게 부하 두 사람을 파견하여 그 고장을 둘러보게 하라고 초대했다.

마젤란은 피가페타와 또 다른 사람 하나에게 그런 임무를 맡겼다. 그들은 섬에 상륙한 뒤 족장이 베푼 술잔치에서 술과 음식을 마음껏 먹고 온갖 찬사를 들으면서 하룻밤을 보냈다. 그들은 그 섬에는 볼 게 아무것도 없으며, 그 섬이 이교도들의 비루하고 역겨운 것들로 가득한 여느 고장과 다름없는 곳이라는 판단을 내렸다.

그러나 이튿날 아침 그들은 그 근처에 있는 민다나오 섬의 족장을 대동하고 함대에 돌아왔다. 키가 크고 잘생겼으며, 온몸에 황금장식을 두른 사람을. 그는 말하고 싶은 것이 있으면 참지 못하는 사람이어서, 자기가 다스리는 섬에는 황금이 너무 많아 '침실'에서 쓰는 하찮은 물건들도 황금으로 만들어졌다고 말했다. 스페인 사람들은 구미가 바짝 동해서 입을 반쯤 벌린 채 그의 말을 열심히 들었다. 비단옷을 걸친 이교도인 라자Raja(통치자, 족장을 뜻하는 말—옮긴이) 시아구가 다스린다는 민다나오라는 곳은 어디쯤 있을까?

하지만 여느 때와 다름없이 경건한 태도를 지닌 마젤란은 해변에서 부활절 미사를 드리기 위해 엘도라도 섬을 찾으러 가는 것을 뒤로 미뤘다. 원주민들도 해변에 몰려와서 그 놀라운 광경을 구경했다. 예배가 끝나자 마젤란은 근방에 있는 언덕에 큰 십자가를 세우게 하고, 라자 시아구에게 다음과 같이 설명했다.

그것은 그의 주인인 황제가 그가 상륙한 곳마다 세우라고 당부한 기둥이고, 따라서 그는 그 섬에도 그것을 세워야 한다. 게다가 그 상징물은 상서로운 물건이 될 것이다. 왜냐하면 앞으로 배를 타고 그곳에 찾아올 모든 유럽 인은 그것을 보고 이곳 사람들이 우리를 친구로 맞아줬다는 것을 알고, 그들(필리핀 족장들) 백성의 인명과 재산에 피해를 주지 않으려 할 것이기 때문이다. 그리고 그곳 사람들이 유럽 인들의 포로가 될 경우 그 십자가 모양을 그리기만 하면 자유의 몸이 될 것이다.

피가페타는 이렇게 기록했다. 그러나 그는 마젤란의 그 말에 라자 시아구가 어떤 반응을 보였는지는 기록해놓지 않았다. 필리핀 사람들은 배를 타고 온 그 이상한 침략자들에 대해 확고한 외교적 방침을 정하지 않았나 싶다. 피가페타는 그곳 백성들이 거의 벌거벗고 다니고 빈랑(betel-nut) 열매를 씹는 역겨운 습관을 갖고 있다고 기록했다. 그 사람들은 애초에 생각했던 것만큼 문명화된 사람들은 아니었다. 그러나 중국과 교류하면서 비단과 자기를 비롯한 여러 가지 교역품을 입수하곤 하는 상류계급은 부유하고 막강한 다도해 해역에서도 가장 부유하고 영향력 있는 사람들임이 분명했다. 마젤란은 시간을 두고 그 지역 사람들에 대한 여러 가지 정보를 입수한 뒤, 그 일대에 레이테, 민다나오, 세부라고 하는 세 개의 큰 섬이 있으며, 그중에서도 세부 섬이 가장 크다는 결론을 내렸다.

제독은 세부 섬에 가서, 그곳 라자에게서 스페인의 권위에 복종하겠다는 서약을 받아내고, 자기네 배에 있는 겉만 번드르르한 하찮은 물건들을 그 소박한 주민들이 갖고 있는 실속 있는 금제품들과 교환하기로 마음먹었다. 그렇게 해서 카를로스 5세에게 바칠 근사한 공물들을 확보한 뒤, 진짜 '향료제도'를 찾아내고는, 곧장 유럽으로 돌아가 외로움으로 삭막해진 도나 베아트리스의 품에 안기리라…….

사실 그녀의 가슴은 삭막한 정도를 넘어섰다. 그들 부부의 둘째 아들이 진작에 죽어서 나왔으니까. 그리고 마젤란이 세부 섬을 향해 함대를 몰고 가는 동안 세비야에서 그의 첫째 아들 로드리고도 죽었다.

❧

1521년 4월 7일, 마젤란의 함대는 깃발을 휘날리면서 세부 섬으로 들어가 "일제히 함포를 쐈다." 피가페타의 기록에 의하면 그런 식의 함포 사격은 당시에 일반화된 예법에 따른 것이었다. 그러나 부유하고 문명화된 부르주아들인 세부 섬 주민들은 잔뜩 겁을 집어먹고 시내로 달아났다. 제독은 함대의 닻을 내리게 하고는 거의 무인지경이나 다름없이 된 해안 거리를 의심스러운 눈길로 바라봤다.

마젤란은 사자 한 사람에게, 더없이 소중한 노예인 수마트라 사람 헨리를 데리고 상륙해서 그곳의 라자와 담판을 하고 오라고 지시했다. 사자는 시장에서 겁먹은 주민들에게 둘러싸여 있는 그곳의 통치자를 찾아냈다. 그는 잔뜩 겁에 질려 있으면서도 짐짓 오만한 자세로 마젤란의 사자에게, 외국의 항구에 들어올 때는 좀더 조용히 들어오는 것이 좋을 것이라는 식으로 에둘러 말했다. 그리고 기왕 항구에 들어왔으니, 앞으로 항구의 일반적인 예법에 따라야 한다는 것을 알고 있느냐고 물었다.

약간 당황한 사자는 수마트라 노예의 입을 통해 마젤란 제독은 누구에게도 조공을 바치지 않는 지상에서 가장 위대한 왕의 사절이며, 만일 세부 사람들이 우호적인 방문자가 아니라 침략자를 맞고 싶어한다면 우리는 그렇게 행동하겠다라는 식으로 응답했다.

다행히 그 시장에는 고아나 동인도에서 포르투갈 사람들이 자행한 만행을 목격한 떠돌이 아랍 상인 혹은 말레이 상인 한 사람이 있었다. 그 상인은 세부 섬의 통치자에게, 그 외국인들은 자비심이라고는 손톱만큼도 없는 악마들임이 분명하니 가급적 좋은 낯으로 대하는 것이 좋을 것이라고 강력하게 조언했다.

세부 섬의 통치자인 라자 후마본은 그 상인의 조언을 듣고 하루 동안 심사숙고했다. 그러고 나서 그는 마젤란의 사자들과 조심스러운 협상을 벌였다. 그는 그 외국인들이 자기에게 선물을 바칠 경우 자기도 선물을 주겠다고 했다. 마젤란은 라자가 그런 식의 소박하면서도 당당한 요구조건을 내걸자 이치에 맞는 이야기라 여겼다. 하지만 마젤란은 라자 후마본도 스페인 왕의 종주권을 인정해야 한다는 조건을 내걸었다. 그리고 피가페타의 기록에 의하면, 후마본은 그 조건을 받아들였다고 한다. 아마 후마본은 속으로는 다른 마음을 품은 채 그렇게 했을 것이다.

제독과 라자 사이에 직접적인 협상이 이루어졌다. 라자측에서는 그 해안에 있는 창고 하나를 개방했고, 그에 따라 세부 섬에 사는 모든 사람이 그 창고로 몰려와서 자기네의 순금 덩어리들을 반 더컷도 되지 않는 싸구려 물건들과 교환했다. 제독이 스페인 선원들에게 "우리가 금을 지나치게 탐한다는 인상을 주는 것은 좋지 않으니" 아무 데서나 함부로 거래하는 것을 금한다는 명령을 내리자 함대에서는 큰 소란이 일어났다. 일반 선원들은 제독과 장교들이 섬사람들과의 거래로 톡톡히 재미를 보고 있다고 여기고 있었다. 자기네는 그렇게 하면서 왜 우리가 그렇게 하면 안 된다는 거지?

그리하여 날이 어두워지자 선원들은 몰래 해변으로 헤엄쳐가서 반지와 구슬, 칼, 모자, 외투 같은 것들을 황금과 바꾼 뒤 배로 돌아와서는, 오랫동안 잊고 지냈던 스페인의 서늘한 안뜰에 느긋하게 앉아 시원한 술을 마시면서 쉬는 꿈을 꿨다. 모든 선원이 그런 식의 거래를 했다. 스페인 사람들은 아메리카에서 무수히 환멸을 맛본 뒤 이곳에 와서야 비로소 이교도들에게서 쉽게 황금을 얻을 수 있었다.

그러는 동안에 애국심과 종교적인 열정이 되살아났다. 원정대를 따라온 사제들은 그곳 주민들을 기독교도로 개종시켜야 한다고 주장했으며, 우연히 기적이 일어나는 바람에 그런 사업을 벌이는 데 큰 도움을 받았다. 죽어가던 라자의 동생이 스페인 신부에게 자기 죄를 고해하고 기독교로 개종했는데, 그가 이내 병에서 회복된 것이다. 그는 건강을 회복하자마자 자기네 신상들을 모조리 불질러버리고는 자기가 새로운 신앙을 받아들였다는 사실을 세상에 널리 공표했다. 세부 사람들은 직접 그 광경을 목격했거나 이야기를 듣고는 모두 마음을 바꿨다. 보름이 채 지나지 않아 그 섬사람들은 기독교의 귀신들을 따르기 위해 자기네 귀신들을 저버린 채 모두 기독교로 개종했다.

적어도 피가페타가 설명한 바에 의하면 그랬다. 그런 내용의 9/10는 종려주에 취해서 자기네끼리 떠들어댄 이야기나 완곡한 선전술에서 나온 이야기에 지나지 않겠지만, 아마 그중에는 어느 정도의 진실도 포함되어 있다고 봐야 할 것이다. 실제로 후마본이 미간을 찌푸린 제독의 음울한 얼굴을 쳐다보면서 기독교로 개종하는 의례적인 절차를 밟고, 그와 아울러 스페인 왕을 자기 주인으로 받아들이겠다고 서약했을지도 모른다. 두 번째 서약은 훗날에 가서 제대로 결실을 보게 되었다(훗날 필리핀이 스페인 식민지가 된 것을 뜻한다—옮긴이).

후마본은 스페인 왕을 자기 상전으로 받아들이는 절차를 밟을 때, 자기를 세부 섬과 그 곁에 있는 마탄 섬을 다스리는 군주로 인정해줘야 한다는 조건을 내걸었다. 마젤란은 그 요구조건을 받아들였다. 바로 그때 마탄 섬의 두 족장 중의 한 사람이 후마본 혹은 스페인 왕을 자기네 군주로 받아들이기를 거부했다는 소식이 들려왔다. 그 소식을 듣고 후마본은 마젤란에게 완고한 마탄 섬 사람들을 진압할 병력을 지원해달라고 요청했다.

마젤란은 그 요구를 수락하고는, 보트를 타고 그 섬에 갈 병력을 자신이 직접 지휘하기로 결심했다. 그는 자기네에게 우호적인 원주민과 적대적인 원주민을 막론하고, 그 일대의 모든 원주민에게 자신들의 막강한 힘과 용맹성을 생생하게 보여줄 좋은 기회가 왔다고 여겼다. 그는 마탄 섬 군대를 단번에 들이쳐서 궤멸시킨 뒤 마을을 모조리 불지르고 여자들을 강간하거나 학살하리라 마음먹었다. 아마 그곳에는 금도 많이 있으리라.

이때의 그는 대서양을 가로질러 '향료제도'로 가는 길을 개척하겠다는 비전을 품고 과달키비르 강을 떠날 무렵의 그 엄격한 몽상가의 위치에서 크게 벗어나 있었다. 이제 그는 '향료제도'가 그곳에서 그리 멀지 않은 곳에 있다는 것을 알고 있었다. 그리고 당대의 그 계급에 속한 사람들과 크게 다르지 않은 그의 내면의 다른 부분들은 원주민들에게서 약탈한 전리품을 잔뜩 싣고 스페인에 돌아가려 마음먹고 있었다. 그리하여 그는 자신이 직접 보트를 지휘하고 싶어했다.

그 휘하의 선장들은 마음속으로는 그 포르투갈 사람에게 애정을 품고 있지는 않았을지라도 일단은 말리려 애썼다. 그는 이미 그들에게 더없이 소중한 지휘관임을 입증한 사람이었으므로, 그리 중요하지 않은 일에 목숨을 걸게 할 수는 없는 일이었다. "우리는 그에게 목숨이 위태로울지 모르니 이번 모험에 직접 나서지 말아달라고 간청했지만, 그는 선한 목자가 양떼에게서 떨어져 있을 수는 없다고 대답했다."

그리하여 그는 그런 운명적인 결단을 내리고는, 고르고 고른 60명의 정예 병사들을 투구와 갑옷, 화승총, 검, 방패, 창으로 완전무장하게 한 뒤 보트에 태우고 마탄 섬을 향해 떠났다. 30척의 보트에 탄 원주민 지원군도 그들과 함께 떠났다.

✤

마젤란 군은 해 뜨기 세 시간 전에 마탄 섬 해안에서 좀 떨어진 바다에 도착했다. 해변에는 인도네시아 하늘을 수놓은 무수히 많은 별빛을 받아 음산하고 괴괴한 빛이 감돌고 있었다. 제독은 마탄 사람들에게 사자 한 사람을 보내, 강철 창으로 무장한 군대를 끌고 왔으니 항복하라는 경고를 전했다.

그러나 마탄 사람들은 전혀 굴하는 기색 없이, 자기네도 창을 갖고 있다고 응수했다. 그들의 창은 대나무를 불에 그을려 단단하게 만든 것에 불과했지만 그들은 그것을 쓰는 법을 잘 알고 있었고, 그것으로 제 나라를 지킬 작정이었다. 그것은 참으로 당당한 응수였다. 다른 시대, 다른 환경에서 그런 일이 일어났더라면 고전시대의 역사가들은 스파르타 인을 방불케 하는 그 섬사람들의 용기에 감탄해서 크게 칭송하는 기록을 남겼으리라.

그들은 교활한 점에서도 그리스 인을 방불케 했다. 그들은 마젤란 군에게 사자 한 사람을 보내, 자기네 증원군이 날이 밝은 뒤에야 도착할 예정이므로 그때까지는 공격하지 말아달라고 부탁했다! 마젤란은 그런 천진스런 요청에 대해 깊이 생각해본 뒤, 그것은 스페인 사람들이 날이 아직 어두울 때 공격하게 하려는 술책일 것이라는 결론을 내렸다. 그리고 그의 그런 결론은 옳은 것임이 입증되었다. 실제로 마탄 사람들은 해안과 자기네 진영 사이에 함정을 파놓고 그 위를 살짝 덮어 위장해놓은 뒤 스페인 사람들이 캄캄할 때 공격해오기를 바랐으니까.

마젤란 군의 보트들이 바다에서 대기하는 동안 별빛은 서서히 희미해지다가 완전히 사라져버렸고, 해안 가까운 곳에 우거진 짙은 숲속에서는 엷은 바람이 일었다. 이윽고 마젤란은 49명으로 편성된 부대에게 공격명령을 내렸다. 나머지 사람들은 보트를 지키기 위해 그대로 남아 있었다. 마젤란은 라자 후마본과 그의 부하들은 그 전투에 참여하지 못하게 했다. 마젤란은 그들이 바다에서, 스페인 사람들이 반란자들을 어떻게 응징하는가 자세히 지켜보게 하고 싶었다.

후마본은 마젤란이 엄하게 지시하는 대로 따랐다. 서서히 새벽빛이 밝아오고 육지 저 안쪽에서 수탉 우는 소리가 들려왔다. 미간을 잔뜩 찌푸린 포르투갈 출신 제독의 지시에 따라 노를 저어 해안으로 다가가던 스페인 병사들은, 벌거벗은 채 대나무창을 든 갈색 피부의 원주민들이 잔뜩 몰려 있는 광경을 봤다. 그 해안의 바닥이 얕아 스페인 병사들은 보트에서 물 속으로 뛰어내린 뒤, 화승총 사수들은 오른편에, 석궁 사수들은 왼편에 각기 일렬로 서서 허리까지 차는 바닷물을 헤쳐나가야만 했다.

그들은 해안에 도착해서 대오를 이룬 채 대기하다, 대담무쌍한 마탄 사람들이 공격해오자 곧바로 소총과 석궁을 발사했다. 그것을 신호로 해서 길게 펼쳐진 해안에서는 필사적인 전투가 벌어졌다. 선두에 서서 공격하던 마탄 원주민들은 스페인 사람들의 총탄과 화살을 맞고 곡식이 쓰러지듯 일제히 쓰러졌으며, 스페인 사람들은 벌거벗은 마탄 창병의 엄청난 숫자에 밀려 금방이라도 대오가 무너질 것처럼 위태로운 형국에 처했다.

그것은 마라톤 전투의 축소판 같았다. 스페인 군은 페르시아 군이었고, 마탄 군은 밀티아데스가 지휘하던 아테네 군만큼 정교한 무기를 갖추지 못한 것을 용기와 민첩함으로 보완해가며 맹렬히 싸웠다. 원주민들은 스페인 군이 총탄과 화살을 발사하면 땅바닥에 납작 엎드려 작은 방패로 막다가 다시 일어나 달려들었다. 하지만 그러는 과정에서 너무 많은 인원이 희생당하는 바람에 원주민들은 점차 뒤로 밀려나기 시작했다.

원주민들은 자기네가 파놓은 구덩이 너머에 독 묻은 화살을 입으로 불어서 날리는 사수들을 배치해놓고는, 총알을 재거나 화살을 먹이느라 잠시 머뭇거리는 스페인 병사들을 공격하게 했다. 그들이 날린 수많은 화살이 스페인 병사들에게 우박처럼 쏟아지기는 했지만, 그 대부분은 투구와 쇠사슬 갑옷에 맞아 그대로 퉁겨나갔다. 그 광경을 본 마탄 원주민들은 갑옷으로 보호받지 못한 다리를 겨냥해서 화살을 날리기 시작했다. 이에 몹시 당황한 마젤란은 병사들에게 오른쪽에 보이는 원주민들의 초가마을로 돌격해서 불을 지르라고 명령했다. 그렇게 하면 원주민들은 불을 끄기 위해 마을로 후퇴할 것이고, 스페인 군은 그 틈을 이용해 다시 보트로 돌아갈 수 있으리라.

그 돌격작전은 성공을 거뒀다. 잠시 후 마을이 화염에 휩싸이면서 해변에서 스페인 군을 맹렬히 공격하던 마탄 군은 잠시 주춤했다. 하지만 그 돌격작전은 마젤란이 기대했던 것과는 정반대의 효과를 불러일으켰다. 마탄 원주민들은 섬뜩한 괴성을 지르면서 스페인 군을 맹렬하게 들이쳤다. 마을을 공격한 뒤 해변으로 후퇴하던 스페인 병사 두 사람이 마을에서 살해당했으며, 해변에서의 전투는 한층 더 살벌하게 변했다. 원주민들은 땅에서 뽑아낸 돌뿐만 아니라, 흙이고 막대기고 창이고 간에 손에 잡히는 것은 뭐든지 마구 내던졌다. 수적으로 훨씬 더 우세한 원주민들의 맹공격에 스페인 병사들이 여기저기서 쓰러지기 시작했다.

마젤란은 자기편이 제대로 공격다운 공격도 못 해보고 패배했다는 것을 알고 보트로 돌아가라고 명령했다. 바로 그 순간 독 묻은 화살이 그의 다리에 박히는 바람에 그는 크게 비틀거리면서 하마터면 그대로 바닥에 쓰러질 뻔했다. 하지만 그는 이내 중심을 잡고는 병사들에게 물가로 후퇴하라고 손짓하면서 자신도 뒷걸음질치기 시작했다.

자기네가 패배했다는 것을 깨달은 스페인 병사들 대다수는 그대로 돌아서서 바다에 뛰어든 뒤, 허리를 잔뜩 숙이고 물 속을 달리거나 헤엄을 쳐서 보트 쪽으로 몰려갔다.

그러나 마젤란 곁에서는 충직한 피가페타를 비롯한 7, 8명의 스페인 사람들이 여전히 전투를 벌이고 있었다. 이제 독이 혈관을 타고 전신에 퍼져 비틀거리는 마젤란은 원주민들의 분노의 표적이 되었다. 그들은 그의 화려한 갑옷을 보고 그가 대장임을 알아봤다.

너무나 불공평한 그 전투는 한 시간 이상 계속되었다. 마침내 한 원주민이 창으로 대장의 투구를 꿰뚫는 데 성공하여 그의 이마에 부상을 입혔다. 이에 격분한 대장은 즉각 창으로 상대의 몸을 꿰뚫었고, 그 창은 그의 몸에 박혀서 빠져나오지 않았다. 그러자 대장은 검을 뽑으려 했지만 오른팔에 중상을 입어 그렇게 할 수가 없었다. 그것을 눈치챈 인디언들은 일제히 그에게 달려들었다. 그들 중의 하나가 검으로 대장의 왼쪽 다리를 베자 그는 그대로 땅바닥에 엎어졌다.

적들이 바닥에 쓰러진 그를 둘러싸고 있는 동안 그는 몇 번이나 우리 쪽으로 고개를 돌렸다. 마치 우리가 무사히 그곳을 빠져나갈 수 있는지 확인

Name *Against the Unknown*

해보려는 듯이. 부상당한 사람들을 빼고는 그의 곁에 남아 있는 사람이 아무도 없었고, 우리 역시 그를 구하거나 그의 앙갚음을 해줄 수 없는 처지였기에, 막 그곳을 떠나려 하는 우리 보트 쪽으로 도망쳤다. 우리가 목숨을 건진 것은 정말로 우리 대장 덕이었다. 그가 바닥에 쓰러지자마자 섬사람들이 일제히 그쪽으로 달려들었으니까.

우리의 안내자요 빛이요 후원자는 그렇게 사라져갔다. 하지만 그의 빛나는 이름은 길이 남을 것이다. 그는 많은 미덕을 갖춘 사람이었다. 더없이 혹심한 재난의 와중에서도 그는 늘 확고부동한 자세를 잃지 않았다. 바다에서 부하들이 굶주릴 때면 자기도 같이 굶주렸고, 그들이 갈증을 겪을 때면 같이 갈증에 시달렸다. 해도를 그 누구보다도 잘 판독했던 그는 과거에 그 누구도 시도해보지 못한 세계일주를 감행하면서 입증했듯이 완벽한 항해의 달인이었다.

❧

포르투갈 산악지대에 자리잡은 영지에서, 쿠바 너머에 있다는 그 땅이 어디쯤 위치해 있을까 늘 궁금해했던 소년은 그렇게 해서 쓰러졌다. 스페인 선원 8명도 그 해안에서 그와 함께 죽었다. 살아남은 사람들이 탄 보트는 라자 후마본 일행과 함께 황급히 달아났다. 후마본은 백인들이 싸우는 광경을 구경했고, 그 전투에서 아무런 감명도 받지 못했다. 그리고 총대장은 그 전투에서 사망했다.

그 전투가 자기 평생의 최대 사건임을 자각한 사람이 있었으니, 바로 마젤란이 오래 전에 생포해서 몰루카 제도 너머의 바다에 관해 이것저것 물어보곤 했던 수마트라 노예 헨리였다. 그는 뭍에 올라가서 라자 후마본을 은밀히 만나 음모를 꾸몄다.

그 음모는 거의 완벽한 성공을 거뒀다. 원정대의 새 총대장이 된 후안 세라노는 "몰루카 제도로 떠나기 전에 라자에게서 푸짐한 선물을 받으시라"는 초대를 받고 다른 지휘관들과 함께 뭍으로 올라갔다. 복잡하게 뒤얽힌 어두운 원주민 거리 어디쯤에서, 그리고 중국식으로 장식된 건물 외벽 아래에서 원주민들은 세라노와 20여 명의 스페인 장교들을 잔혹하게, 그리고 아마 일부러 시간을 들여가며 천천히 죽였을 것이다. 살려달라고 빌며 고통스럽게 외쳐대는 그들의 비명소리는 피가페타의 기록을 통해 400년 동안이나 섬뜩하게 메아리치고 있다. 그래도 파타고니아 해변에서 산 채로 껍질을 벗기는 형벌을 받은 사람의 비명소리보다는 약간 덜 끔찍하지만 말이다.

살아남은 스페인 사람들은 그 일대의 주요 섬들에서 멀리 떨어진 외딴 섬으로 항해해가, 거기서 양식을 보충한 뒤 콘셉시온 호를 불질러버리고는 단하나 남은 배를 몰고 다시 동쪽으로 나아갔다. 바다는 고요하고 잔잔했다. 1521년 11월 6일, 그들은 스페인을 떠난 지 2년 3개월 만에 드디어 몰루카 제도에 이르렀다. 마젤란이 온갖 어려움에도 굴하지 않고 완강하고 끈질기게 찾아 헤맸던 곳에.

그러나 마젤란은 사망했고, 그 항해의 남은 이야기는 뒤로 갈수록 점점 더 희미해진다. 단 하나 남은 비토리아 호는 동인도를 떠나 희망봉을 돌아서 아프리카 해안을 따라 북진하는 동안, 적대적이고 복수심에 가득한 포르투갈 배들에게 내내 쫓기면서 결국은 산루카르 항에 도착했고, 이로써 그 스페인 사람들은 인류 역사상 최초로 세계를 한 바퀴 도는 위업을 달성했다. 비토리아 호에는 마젤란을 사랑했고, 그 엄청난 방랑의 여정에 관한 전말기를 쓴, 충직하고 입심 좋은 피가페타도 타고 있었다. 그는 그 기록을 스페인의 카를로스 5세에게 헌정한 뒤 우리의 시야에서 사라져버렸다.

좀더 넓은 의미에서 볼 때, 유럽 여러 민족 출신의 뱃사람들을 수많은 모험으로 끌어들이는 역할을 했던 '향료제도'의 매혹적인 힘은 그렇게 해서 마침내 최대의 승리를 거둔 셈이다. 마젤란은 그곳을 찾아가는 과정에서 수많은 다른 바다와 인적미답의 땅들을 가로질렀다. 그러나 뭐니뭐니해도 그 원정대가 세운 가장 위대한 업적이라 할 만한 것은 고정된 한 출발점을 떠나 지구를 한 바퀴 돌아 다시 제자리에 돌아왔다는 점이다.

도나 베아트리스는 남편이 죽었다는 소식을 듣고 나서 얼마 지나지 않아 죽었다.

스페인은 그 원정을 통해 명예말고는 얻은 게 별로 없었지만, 그렇다고 해서 이익이 아주 없는 것은 아니었다. 그리고 원정대는 그 항해에 관한 연대기를 제대로 보존해서 갖고 돌아왔다.

한편, 마젤란의 시체는 마탄 섬 사람들이 잘 볼 수 있는 곳에 세워진 말뚝에 내걸린 채 오랜 세월 햇빛과 비바람에 시달렸을 것이다. 그러는 동안 뼈에서 살점이 떨어져나가고 뼈들 역시 산산이 흩어졌을 것이다. 그와 더불어, 결단이라는 예리한 불꽃에, 늘 자신을 단련해가며 엄격하고도 힘겨운 삶을 살았던 사람, 새 한 마리를 죽이려고 쫓아가다가 삼사는 호랑이를 깨운 소년과 마찬가지로 어리석은 판단에서 나온 사소한 실수로 삶을 마감한 한 사람에 관한 기억들조차도 말끔히 지워져버렸을 것이다.

Vitus Bering

제6장 | 황금의 가마랜드를 찾아나선

비투스 베링

∎

그는 호르센스 시에서 8,000km나 떨어진 오두막들 뒤의
모래구덩이 속에 묻혔다. 이듬해 봄이 오면서 상트페트르 호의
생존자들은 그 지상의 정복자와, 그가 폭우와 역류를 비롯한
온갖 재난을 이겨내고 성취한 업적들을 뒤에 남겨둔 채 섬을 떠났다.
그리고 그 섬은 1930년대까지 무인도로 남아 있었다.

비투스 베링Vitus Bering(1681~1741)과 그가 감행한 두 차례에 걸친 대모험을 통해, 우리는 마젤란이 필리핀 마탄 섬 사람들의 창에 찔려 목숨을 잃은 이래 오랫동안 잊혀져온 '행운의 섬'을 찾아나서는 새로운 모험의 여정에 들어서게 된다. 마젤란의 원정 이후 200년 동안 많은 사람들이 태평양 해역을 항해하면서 수많은 지도와 해도를 작성했다.

상업적인 목표를 추구한 탐험가들 중에서 최초의 인물이라 할 수 있는 드레이크는 자기 시대와 그 자신이라는 좁은 범주에서 벗어날 수 있는 마법의 섬이 아니라, 전리품과 재물이라는 아주 분명한 형태의 이익을 추구하면서 세계일주를 했다. 마이클 드레이턴이 쓴 다음과 같은 치졸한 시는 그런 신조와 의도를 아주 분명하게 드러내주고 있다.

수많은 나라들이 내란으로 쇠약해져가는 동안
우리는 머나먼 땅에서 수많은 왕국을 찾아나설 것이다…….
기독교화되지 않은 그 야만적인 나라들은 우리를 손짓해 부른다,
잉글랜드라는 이름을 거의 알지 못하는 나라들에서.

소문으로만 알려진 남쪽 바다의 거대한 대륙인 테라 아우스트랄리아 논둠 코그니타Terra Australia Nondum Cognite를 찾아나설 때조차도 드레이크는 아직 발견되지 않은 섬 주변의 이름 없는 바다의 파도소리에 사로잡힌 사람이라기보다는 정체불명의 광산회사 발기인에 더 가까운 태도를 보였다.

1605년, 페드로 페르난데스 데 키로스가 남태평양을 항해하면서 투아모투 제도와 뉴헤브리디스 제도, 뉴기니 섬 등의 해도를 작성한 일도 드레이크의 경우와 비슷한 성격을 지녔다. 스호우텐, 르 메르, 윌리엄 얀스준(오스트레일리아를 최초로 발견한 인물로 기록된)은 회계원장과 창고에서 살짝 벗어난 냉철

한 네덜란드 장사꾼들이었다. 1642년에 태즈메이니아 섬을 발견한 아벨 타스만도 든든한 새 상권과 무역로를 찾으려 혈안이 된 장사꾼에 불과했다. 16세기와 17세기에 남태평양을 답사한 탐험가들은 혹독한 고생을 하면서 많은 성과를 올렸으나, 이 책의 주요 탐험자 명단에서는 제외되었다.

그때까지도 북태평양은 여전히 신화와 전설의 영역으로 남아 있었다. '행운의 섬'은 아프리카 해안, 인도 해안, 향료제도(오랫동안 행운의 섬들로 알려졌던)에서 북쪽으로 이동해 아메리카의 기다란 서북해안 일대에, 그리고 그 반대편의 아시아 해안 일대에 펼쳐진 미지의 태평양 해역의 안개 속에 숨어버렸다.

마젤란이 사망한 이래, 포르투갈 인들과 네덜란드 인들은 일본과 통상관계를 맺고 정기적으로 교류해왔다. 근거 없는 소문을 퍼뜨리는 사람들과 탁상공론을 일삼는 지리학자들은 그 무역로 너머의 바다에 황금과 행운으로 넘치는 수많은 섬을 흩뿌려놓았다. 스페인 사람들이 발견했다고 하는 가마랜드 Gama Land, 네덜란드의 항해자들인 브리스와 쉐프가 발견했다고 하는 스타텐란트(스타텐 섬)와 콩파니스란트 같은 곳들을.

신화는 전설을 바탕으로 해서 피어난다. 가끔은 거짓말을 바탕으로 해서 피어나기도 하고. 그런 거짓말의 대표적인 것이 후안 데 푸카의 경우일 것이다. 그는 자기가 1592년에 멕시코를 다스리는 스페인 당국의 지원을 받아, 그 일대의 해안을 답사하기 위해 태평양 북쪽으로 항해해가 아메리카 대륙을 동북쪽으로 가로지르는 거대한 수로—전설적인 서북 항로임이 분명한—를 발견했다고 주장했다. 그후 그는 멕시코에 돌아왔지만 냉대와 비난만 받다가, 결국 노년에 이르러 동정 어린 마음으로 자기 말을 들어줄 사람들을 찾아 유럽으로 떠났다.

17세기에 그 이야기는 꽤 오랫동안 세상에 떠돌면서 사람들의 마음을 들뜨게 하고 혼란스럽게 했다. 그러나 당시 사람들은 북태평양을 탐험하려는 열의가 별로 없었다. 대서양에서 태평양에 이르는 서북 항로를 발견하기만 하면, 교역이 활발해지면서 많은 이익이 보장되고, 황금의 가마랜드에서 엄청난 전리품을 얻을 수 있을 텐데도. 무역에 열중했던 당시 사람들은 현명하게도, 캐나다 북부의 얼어붙은 해역에서 얼어죽느니, 이미 개척된 무역로를 따라가는 편이 훨씬 더 낫다고 여겼다.

그러나 아시아 북부에서는 안개처럼 희미한 가마랜드와 잃어버린 '행운의 섬'의 경계선을 북극권으로 밀어내는 결과를 빚을, 여러 모험의 배경이 되는 사건들이 전개되기 시작했다. 그 대표적인 것이 러시아 인들의 시베리아 침입과 정복이었다. 그것은 카자흐 인들이 우랄 산맥을 가로질러 타타르 왕국들을 점령하거나 약탈하고, 러시아 황제에게 모피 선물을 보내 인정과 승인을 받곤 한 피비린내 나는 기나긴 역사였다.

오브 강 일대의 타타르 왕국은 1577년에 멸망했다. 그리고 수많은 러시아 상인과 모피 사냥꾼이 러시아 침략군의 발자취를 따라, 인구가 희박하고 황량한 그 지역으로 몰려들었다. 여름이면 농작물이 무성하게 자라고 들꽃들이 화사하게 피어나지만, 겨울이면 온통 눈으로 뒤덮여 을씨년스럽고 황막하기만 한 고장에.

러시아 인들은 교역의 전초기지를 마련하기 위해 토볼스크 시를, 오브 강 상류계곡을 지배하기 위해 톰스크 시를 건설했다. 그뒤를 이어 마을이 속속 들어섰고, 지리멸렬한 타타르 부족들은 마지못해 굴복했다. 유럽의 지리학은 공책과 지구의를 챙겨들고, 피로 얼룩진 상인들과 무역업자들의 동부 진출로를 뒤따라갔다.

얼마 후 레나 강 삼각주에 도달한 사람들은 그곳의 얼어붙은 땅 밑에 황금이 묻혀 있다는 것도 알지 못한 채, 해안에 그늘을 드리우는, 얼음으로 뒤덮인 거대한 산맥을 보았다. 그들은 레나 강의 발원지를 향해 거슬러올라가 알단과 마이아에 이르렀다. 그러다 마침내 러시아 인들은 거대한 산맥 사이에 난 골짜기들을 지나, 우루크에 이르면서 바다와 마주쳤다. 쿠릴 열도와 캄카차 반도에 의해 북태평양에서 분리된 오호츠크 해와…….

무역과 탐험을 겸한 그런 대규모 활동은 북부 아시아 정복이라는 위업을 이루어냈다. 그것은 제2문명이 융성한 이후 백인들이 이루어낸 어떤 활동보다도 더 위대한 것이었다.

러시아 인들은 1640년에 오호츠크 해에 이르렀다. 그로부터 4년 뒤 불굴의 의지를 지닌 미카엘로 스타두친이라는 상인은 경이로운 모험을 했다. 그는 유카히를 가로질러 북극해 해안을 따라 나아간 끝에, 오늘날의 콜림스크가 자리잡고 있는 콜리마 강 어귀에 도달했다. 그는 그곳에 5년 동안 머무르면서 그 일대를 답사했다. 그후 1649년에 이르러 데주뇨프라고 하는 모험가가 한 무리의 검은담비 사냥꾼들을 이끌고 아나디르 반도에 들어갔다.

러시아 인들의 탐험활동은 거기서 갑자기 중단되었다. 아시아의 맨 끝에 자리잡은 아나디르 반도에는 용맹스럽고 격정적이며 석기를 사용하는 '원시 문명권' 사람들, 곧 추크치 족이 거주하고 있었다. 추크치 족은 러시아 사람들이 드넓은 시베리아를 가로지르면서 비교적 쉽게 정복한, 억압적인 형태의 계급과 종교를 지닌 타타르 족과는 아주 다른 기질을 지닌 사람들이었다.

추크치 사람들은 러시아 사냥꾼들이 자기네 땅에 나타난 것을 보고 몹시 분개했으며, 러시아 사람들을 통해 목격한 제2문명에 대해서도 별다른 인상을 받지 못했다. 곧이어 러시아 사람들과 추크치 족 사이에서는 전쟁이 벌어졌고, 러시아 사람들은 추크치 족의 기세에 밀려 뒤로 물러났다. 용맹스런 추크치 족은 러시아 사람들을 사정없이 밀어붙였다. 그렇게 해서 아나디르 반도와 콜리마 강 사이의 지역은 여전히 미지의 영역으로 남았다.

러시아 인들이 그런 위대한 업적을 이뤘다는 소식은 서서히 유럽에 전해졌고, 동작이 굼뜬 지리학자들은 끊임없이 망설이고 실수를 저지르기도 하면서 인류가 정복한 땅의 목록에 이 위대한 새 움직임에 관한 설명을 추가했다. 지리학자들은 러시아 인들과 마찬가지로 콜리마 강에서 기록을 중단했다. 아시아의 맨 끝에 해당되는 그 땅에서는 더 이상 할 일이 없었으므로, 지식은 힘을 잃고 그 대신 믿음이 고개를 쳐들었다. 최초의 이집트 사람들이 나일 강 너머의 서쪽 땅에 묻힌 시신을 바라보면서 깊은 생각에 잠긴 이래 문명화된 사람들의 마음을 사로잡은 소박한 믿음이. 아나디르 강의 발원지 너머, 콜리마 강 북쪽 일대야말로 '행운의 섬'과 '청춘의 샘', 향료와 황금과 엄청난 부로 넘치는 '가마랜드'를 만날 수 있는 곳이 아닐까?

항상 그렇듯이 일부 사람들은 그 땅에 대해 여러 가지 의문을 품었다. 혹시 그곳은 다른 지역과 전혀 다른 성격을 지닌 땅이요, 아메리카 해안의 한 끝이 아시아 대륙과 만나는 곳이 아닐까? 그 '가마랜드'는 두 대륙의 끝과 끝이 만나는 곳이니 당연히 황금과 부로 넘쳐나지 않을까? 그곳은 미래의 탐험 목표임이 분명해 보였다.

그러나 그 일대의 탐험은 오랫동안 뒤로 미루어졌다. 당시 러시아 인들은 시베리아에서도 기후가 좀더 따뜻한 지역들에서 모피를 약탈하기에 바빴으며, 그 새 보물창고는 쉽사리 러시아의 수중에 들어왔다. 러시아 인들은 100여 년 동안 시베리아를 모피와 검은담비털이 나는 곳으로만 여겼고, 시베리아의 각 주는 지사가 아니라 바이보드Voivode라고 하는, 황제의 대리인 같은 성격을 지닌 사람들이 다스렸다. 그들은 모피 공물을 수집해서 러시아 정부에 보내는 임무를 맡았는데, 그러는 과정에서 많은 모피를 빼돌려 자신의 재산을 불렸다. 러시아 정부에 보내는 양이 더 많아야 마땅했지만, 욕심이 앞서서 착복하는 양이 더 많을 때도 적지 않았다.

러시아 인들은 타타르 부족들과 전쟁을 벌였는데, 그것은 타타르 사람들을 러시아에 동화시키고 기독교인들로 만들기 위해서가 아니라, 모피를 생산하지 못하는 사람들을 모조리 없애버리기 위해서였다. 그렇게 해서 아시아 전역은 속 편한 역사가들이 언급한 것처럼 모피로 넘쳐났다. 그러나 겨울의 혹독한 강추위와 무서운 추크치 족이 도사린, 동북쪽 끝에 있는 그 반도는 몇십 년 동안 외부인들의 발길이 일절 닿지 않은 곳으로 남아 있었다.

17세기 말경, 유럽 사람들이 표트르 대제의 등장에 놀라워하고 흥미 어린 눈길로 그 추이를 지켜볼 때까지는.

❧

비투스 베링 스벤드센Vitus Bering Svendsen은 1681년 여름 덴마크 유틀란트 반도의 호르센스 시에서 태어났다. 그의 아버지 요나스 스벤드센은 근면한 사람이기는 했으나, 신들의 부당하고 인색한 처사로 인해 노상 불운에 시달린 상인이었다. 베링 가문 사람들은 몇백 년 동안 덴마크에서 이름을 떨쳤지만, 정작 요나스 자신은 안나 베링과 결혼하고서도 운이 트이지 않아 고전했다. 기록에 요나스의 모습이 등장할 무렵 그는 장사가 잘 안 되어 거의 손을 놓고 지내다시피 했다. 안나의 여동생 마이는 호르센스 시장직을 맡은 사람들과 연이어 결혼했지만, 불운한 언니와 형부에게 도움을 주고 싶어도 그렇게 해줄 방도가 없었다. 요나스는 노상 근심걱정으로 날을 지새야 할 운명을 타고난 사람이어서, 비투스가 태어난 것은 산더미처럼 쌓인 불운에 또 하나의 불운이 덧보태진 것에 지나지 않았다.

요나스에게는 돈을 벌기가 무섭게 메뚜기떼처럼 순식간에 먹어치우는 대가족이 딸려 있었다. 배를 타고 어디론가 사라졌다가 돌아오고, 툭하면 일을 저질러 점잖은 아버지를 곤란하게 만드는 말썽꾸러기 아들도 하나 있었다.

비투스가 학교에 입학해서 글을 배울 무렵, 그리고 그가 밤늦은 시간에 코끝에 북해의 소금기를 묻힌 채 어머니 방에 켜진 가물거리는 촛불빛에 의지해서 그 가난하고 불운한 집으로 이어지는 어두운 골목길을 달려오곤 할 무렵, 유틀란트 중부의 평야지대에 자리잡은 그의 집은 식구는 많은데다 노상 근심걱정이 끊이지 않았을 것이다.

젊은 시절의 비투스에 관해서는 알려진 것이 거의 없다. 그 바람에 훗날 그의 전기를 쓴 작가들은 부득이 그의 러시아 동료들이 그에 관해서 이야기해 준 내용을 토대로 해서 그의 모습을 그려낼 수밖에 없었다. 키가 크고 혈색 좋고 검은 수염을 기른데다 진지하고 유능해 보이는, 그리고 극단적이라 할 정도로 열정적이고 몽상적으로 보이는 모습을. 그러나 그는 그렇게 열정적인 모습을 보이다가도 중요한 고비에 이르면 갑자기 결단력을 잃고 조바심치거나 불안하게 흔들렸다.

비투스는 아버지 요나스의 성격을 그대로 물려받았을 수도 있고, 설사 그렇지 않다고 하더라도, 아주 어린 시절부터 아버지가 사업에 실패한 것 때문에 고통받는 모습을 보면서 적잖이 마음고생을 하지 않았나 싶다.

그러나 젊은 시절의 그의 모습에서 생애 후반기의 그런 전형적인 면모들을 찾아보기는 어렵다. 젊었을 때의 그는 호르센스 시의 상점이나 창고 같은 데서 일하기를 기대하기는 힘든, 대담하고 재기발랄한 청년이었다. 그는 학교에서 비교적 뛰어난 능력과 적성을 보였다. 특히 수학과목에서. 그리고 호르센스의 매혹적인 부두에서 바닥이 넓은 유틀란트 배에 올라, 늘어진 돛을 올리고 긴 해안선을 따라 겨울바람이 포효하는 북해의 물보라 속으로 나아갈 때는 훨씬 더 뛰어난 능력과 적성을 보였다. 그는 자기 아버지로서는 꿈도 꿀 수 없을 만큼 많은 재물을 모으기로 결심하고, 동인도의 무역업자 밑에서 일을 배우기 위해 배를 탔다.

그는 아마 열여섯 살 때, 혹은 그보다 좀더 어린 나이에 그런 생활에 뛰어들었을 것이다. 그가 그후 몇 년 동안 어떤 일을 했고 어떤 생각을 했는지에 관해서는 알려진 바가 거의 없다. 그는 배를 타고 동인도에 가서 '유능한 뱃사람'—이것은 오늘날과는 아주 다른 뉘앙스를 내포한 말일 것이다—이 되었다. 그리고 스물두 살이 된 1703년에는 암스테르담에서, 주목할 만한 인물인 코르넬리우스 크루이스와 친분을 맺었다.

노르웨이 사람인 크루이스는 당시 네덜란드 해군에서 병참선 부함장이라는 지위에 오른 사람으로, 비범한 야만인인 러시아의 표트르 대제가 유럽의 정치무대에 갑자기 등장하지만 않았더라면 아마 더 높은 자리에 올랐을 것이다. 표트르는 러시아 해군을 만들고 싶어했으나, 당시의 러시아 인들은 해군을 조직하는 것은 물론이요, 그 해군을 지휘해서 바다로 나갈 능력도 없었다. 그런데 스칸디나비아 사람들은 기질적으로나 본능적으로 바닷사람이었다. 따라서 그는 스칸디나비아 사람들을 끌어들여야만 했다.

그리하여 크루이스와 페테르 시베르스, 스케빙, 그리브, 단 빌스테르 같은 이들이 표트르 대제 밑에 들어갔다. 그들 모두는 높은 봉급과 빠른 승진을 약속받았다. 크루이스는 암스테르담에서 여기저기 돌아다니며 쓸 만한 청년들을 골라서 발탁하는 역할을 맡았다. 그는 스물두 살 먹은 비투스를 유심히 살

퍼보고는 쓸 만한 재목감임을 알아봤다. 아마 비투스에게서 높이 사줄 만한 점이라곤 결단력과 열정뿐이었을 것이다. 크루이스는 비투스가 성급하고 정직하고 쾌활한 청년으로 엄격한 훈련을 받은 적은 거의 없지만, 큰 이상을 지녔으며 용감하면서도 다소 경솔한 편이라는 이야기를 들었다. 그는 비투스 베링과 오랜 시간 이야기를 나눴다.

그로부터 몇 달 뒤 베링은 러시아 함대의 해군중위로 임명받았다.

요나스와 안나가 그 사건을 어떻게 생각했는지는 기록에 나와 있지 않다. 그러니 그의 생애의 기록에서 늘 희미한 배경 역할만 하는 그의 많은 형제자매가 어떻게 생각했는지에 관해서는 더 말할 필요도 없으리라. 이 무렵의 비투스의 행적은 일기 같은 데서만 가볍게 언급되었을 뿐, 노다시 몇 넌 동안 기록에서 사라져버린다. 그는 발트 해의 한 배에 배치받았다.

그때 전쟁이 터지면서 스웨덴 왕 카를은 파괴의 화신이라도 된 양, 덴마크와 노르웨이, 러시아를 비롯해서 경쟁국의 리스트에 근접한 나라는 어디든 간에 공평하게, 그리고 사정없이 들이쳤다. 표트르 함대는 스웨덴 함대에 쫓겨다니거나 침몰당하거나 여기저기서 포격당했다. 그런 살벌한 전투의 와중에서 베링은 많은 동료와 더불어 선박조종술을 익혔고, 냉정하고 꿋꿋한 자세로 조류와 밤의 어둠과 겨울철의 얼어붙은 발트 해에 으레 따르게 마련인 여러 가지 위험부담과 맞서 싸우는 법을 배웠다.

⚜

그의 모험은 발트 해로만 끝나지 않았다. 그 혼란스러운 상황에서 러시아 함대가 사방으로 흩어졌다가 재집결하는 동안, 베링이 탄 배는 유럽 대륙을 빙 돌아 흑해에 들어갔다. 그의 배는 거기서 다시 아조프 해에 들어가 선적된 화물과 탄약을 부려놓은 뒤, 다른 화물을 싣고 터키 군과 스웨덴 군의 맹공을 받으면서 보스포루스 해협을 빠져나와 무사히 발트 해로 돌아왔다.

오늘날의 학자들은 당시 그가 세웠다는 공적의 일부에 의문을 제기하고 있다. 특히 그가 1711년에 적들의 공격을 받으면서 또다시 보스포루스 해협을 통과했다는 부분에 대해서. 아마 페테르 브레달과 시몬 스코프도 그런 식의 신화에 함께 연루된 사람들일 것이다. 그러나 그는 그때부터 어느 정도의 명성을 얻었고, 표트르 대제에게도 알려진 인물이 되었다.

표트르 대제는 비투스 베링이 불운한 요나스의 자식임을 알려주는 유일한 표식인 가문의 성 '베링'은 인정했지만, '비투스'란 이름은 거부하고 그를 '이반 이바노비치'라 부르곤 했다. 그는 그런 이름으로 서유럽에 알려졌다. 사실 그의 명성이란 그의 성격상의 어떤 요소로 인해 명성이라고 말할 정도까지는 못 되었다. 하지만 러시아 해군 지휘관들은 그를 상당히 주목한 듯하다.

그 무렵의 그의 성격은 그의 항해경력과 마찬가지로 거의 알려져 있지 않다. 그는 내적으로나 외적으로 좋은 장교였던 듯하다. 그는 비번일 때면 당대의 자기 계급 출신 사람들이 흔히 그러하듯 과도한 도락과 방종에 탐닉했고, 표트르 대제가 러시아의 죽은 양들의 시체가 빨리 해체되도록 거들기 위해 해군과 함께 끌어들인 북구의 갈가마귀들(러시아의 양은 전통적인 귀족을, 갈가마귀는 세무행정가를 뜻한다─옮긴이)이 부지런히 긁어모은 관세를 노골적이거나 은밀한 방법으로 착복해서 재산을 불려갔다.

그는 꾸준하게 승진을 거듭해 1710년에는 부함장이 되었고, 그로부터 5년 뒤에는 새로 건조된 전함 셀라파일 호의 함장으로 승진했으며, 1720년에는 제독이 되었다. 그리고 1721년에는 베링에게 재앙이나 다름없는 니슈타트 강화조약(북방의 사자라는 별명을 지닌 스웨덴의 카를 12세가 전사하고 스웨덴 군이 패배하면서 스웨덴은 러시아와 니슈타트 조약을 체결하였고, 이로써 스웨덴은 일류국가라는 지위와 발트 해의 지배권을 상실했다─옮긴이)이 체결되었다. 뒤이어 러시아가 전쟁의 깃발을 접으면서 베링의 꾸준한 승진가도에 비상이 걸렸다. 베링은 승진심사 때마다 제외되었고, 그는 그것을 고의적인 처사로 여겼다. 어쩌면 반쯤 미친 표트르의 궁정에서 그에 반대하는 어떤 음모가 꾸며졌을지도 모른다. 아니면 그의 상관들이 그를 더 높은 지위를 유지할 능력이 없는 사람으로 봤기 때문에 그랬을지도 모르고. 어쨌든 그는 그런 일로 해서 마음이 크게 흔들렸다.

그는 러시아 해군에서 물러났다. 그는 핀란드의 비보르크에 있는 스칸디나비아 인의 거류지에 집 한 채를 갖고 있었기에 그곳으로 낙향했다. 아마 그는 그 무렵에 결혼했을 것이다. 그것이 사실이라면 그의 아내는 불과 열여섯 살의 나이에 그와 결혼했다는 이야기가 된다(1744년에 그녀는 자기 나이가 서른 아홉 살이라 공언했다). 여러 가지 정황으로 보아 그것은 사실일 것이다. 그녀는 오만하고 야심만만하고 남과 싸우기를 좋아하는 여성이었으므로, 아마 부드러운 성격의 비투스를 괴롭혔다가 어르는 짓을 반복했을 테고, 그가 그녀의 품에 안겨 지내기를 좋아했다면 한시도 편안할 날이 없었을 것이다. 가끔은 바다와 배를 그리워했을 것이고.

그 3년 동안에 일어난 일들은 기록에 거의 나와 있지 않아, 그동안 승진심사에 관한 논란이 어떤 식으로 귀결되었는지도 알 수 없다. 궁정에 있는 가상의 적들을 상대로 한 음모공작에 열을 올렸던 베링은, 분명 해군공금을 횡령해서 얻은 그 해안에서의 안락한 생활을 지루하게 여겼을 것이고, 아내에게도 이내 싫증을 느꼈을 것이다. 그리고 그는 크루이스가 암스테르담에서 그를 발탁해준 이래 20년 동안 제2의 천성처럼 굳어진 느낌, 곧 체질에 딱 맞는 곳에서 딱 맞는 일을 하고 있다는 익숙한 감각을 그리워했을 것이고, 일과 책임과 임무로 되돌아가고 싶은 마음이 굴뚝 같았을 것이다. 하지만 그에 관한 기록들은 이런 점들에 대해서는 한 마디도 언급하지 않았다. 그는 기분이나 마음가짐이나 성격 면에서 아주 흥미로운 사람들 중의 하나로 보이나(우리가 보기에는 그렇다), 역사는 그런 점들을 전혀 기록하지 않고 넘어갔다.

그 대신에 역사는 새 페이지를 넘겨 '신성한 표트르', '신하들의 수염을 자른 이', '유럽의 넋나간 얼간이', 반은 야만인이요 반은 백치인 황제의 통치에 주목했다. 서부 유럽은 아시아의 저 머나먼 오지의 지도에 남은 빈자리를 결코 잊지 않고 있었다. 새 세기인 18세기가 진행되면서 다른 곳들에 있는 그런 빈자리는 꾸준히 메워졌고, 지리학자들은 러시아가 과연 그런 미지의 영역의 비밀을 밝혀낼 능력을 갖고 있느냐고 묻기 시작했다. 진보적인 성향을 지닌 교양 있고 개명된 황제가 다스리는 러시아라면 의당 동북쪽 땅을 그대로 미지의 영역으로 남겨두지는 않을 것이다. 그렇지 않은가?

'네바 강의 야만인'은 그런 식의 아첨에 흐뭇해했다. 그는 프랑스 학술원이 그가 그런 사업을 소홀히 하는 것을 신중하고도 부드러운 태도로 나무라자 특히 더 흡족해했다. 아마 이 행성에 대한 그의 관점은 구석기시대의 수준 정도고, 인류의 운명에 대한 관점은 신 수메르 시대의 수준 정도에 머물러 있었을 것이다. 과학 이야기가 나오면 하품이나 해대면서 완전한 몰이해 상태를 드러냈을 것이고. 그러나 아첨은 그의 두껍고 멍청한 두개골을 꿰뚫을 수 있었다.

그는 서부 유럽 인들이 자기를 개명된 인물이요 과학적인 사고를 지닌 사람으로 인정해주자 크게 기뻐했다. 그의 신하들은 80년 전에 이루어진 그 지역 탐험과 답사에 관한 기록들을 찾아내 그에게 읽어줬다. 그는 '가마랜드'를 약탈할 수 있을지도 모른다는 생각과 아울러, 그런 짓을 자행함으로써 전 유럽에 이름을 떨치고 프랑스 사람들에게서 찬양을 들을 것이라는 생각에 후끈 달아서, 캄차카와 아나디르에 원정대를 보내기로 결심했다.

그는 일종의 사전준비 작업으로 한 무리의 사람들을 그 지역에 보내 캄차카와 쿠릴 열도의 상황을 탐지해보게 했다. 그 원정대는 임무를 제대로 수행하지는 못했지만 보고서는 제출했다. 표트르는 그 보고서를 보고 그 일대를 조사할 결심을 굳혔다. 그는 유능한 지휘관으로 누가 적격일까 궁리했다. 명령하고 통솔하는 데 익숙하면서도 지나치게 강압적이지 않고, 결단력 있고, 성실하고, 신뢰할 수 있는 사람으로 누가 있을까?

이윽고 표트르의 뇌리에 비투스 베링이라는 이름이 떠올랐다.

❧

베링은 관자놀이께가 희끗희끗한 마흔일곱 살 때 자신이 원정대 대장으로 발탁되었다는 소식을 들었다. 그는 아랫사람들에게 친절하고 그들의 처지를 잘 배려하는 것으로 유명했다. 이런 미덕들은 당대의 러시아에서는 참으로 찾아보기 어려운 터라 역사에 놀라운 일로 기록되었다. 1719년에 그의 아버지 요나스가 사망하면서, 본인과 그의 아내 안나가 서명한 다음과 같은 애처로운 유언장을 남겨놓았다.

> 우리는 늙고 곤궁하고 쇠약해서 우리 자신도 돌보기 어려운 사람들이다. 우리의 재산이라고는 다 쓰러져가는 낡은 집과 그에 딸린, 재산가치가 거의 없는 살림살이뿐이다.

그런데 기록에 의하면, 그의 아들 비투스는 자신의 몫인 140리그즈달러(덴마크 은화)를 호르센스 시의 가난한 사람들에게 줬다고 한다. 18세기의 풍토에 걸맞지 않은 이런 미덕들이 기묘하게, 그리고 특이하게 혼합된 인물인 베링은 바로 그런 미덕들 덕분에 동북아시아 맨 끝의 오지를 탐험할 임무를 띤 대원정대의 대장으로 발탁되었다.

그는 지도와, 당대 사람들이 그 지역에 대해 품고 있었던 생각이나 믿음 등을 면밀히 연구했다. 그런 자료들은 그가 탐험할 지역에 황금의 땅인 '가마랜드'가 있다고 했다. 어떤 이들은 그 지역과 아메리카 사이에 아니안 해협, 곧 지리학계에 후안 데 푸카가 발견했다고 알려진 존재하지도 않는 해협이 있다고 주장했다. 혼디우스의 지도는 아니안 해협 양쪽에 시베리아 동부와 알래스카가 완벽한 삼각형을 이루면서 반듯하게 마주보고 있는 조화로운 광경을 보여줬다.

그 일대를 두고 그런 대로 근거 있어 보이는 수많은 소문이 난무했다. 표트르는 평소와 마찬가지로 다음과 같이 막연하고 즉흥적인 내용으로 이루어진 원정대 지침을 작성했다.

1. 캄차카나 그밖의 지역에서 갑판이 있는 배 두 척을 건조하라.

2. 그대들은 그 배를 타고 해안을 따라 북쪽으로 항해하도록 하라. 우리는 그 해안에 끝이 있다는 이야기를 듣지 못했으니, 그 해안의 끝은 분명 아메리카일 것이다.

3. 따라서 그대들은 아메리카 해안이 어디에서 시작되는지 탐문해본 후에 유럽 인들이 정착해 있는 곳으로 가도록 하라. 유럽 인들의 배가 보이거든 그 해안의 이름이 뭔지 물어보고 그 이름을 적어둔 뒤, 상륙해서 믿을 만한 정보를 입수하도록 하라. 그런 뒤 그 해안의 해도를 작성해서 돌아오도록 하라.

베링은 이런 뒤죽박죽의 지시사항들이 적힌 지침서를 목에 걸고 원정대를 조직하는 일에 착수했다. 선원과 목수, 기술자를 모집하고 장교들을 임명하는 동안 그해는 거의 다 지나갔다. 베링은 그 과정에서 두 명의 주요 부관인 마르틴 스팡베르그와 알렉세이 치리코프하고 가까운 사이가 되었다. 선원 출신으로 당당하고 유능하고 지적인 치리코프는 부대장이 되었다. 그는 선발대를 이끌고 시베리아를 횡단하라는 명령을 받았다.

선발대의 출발시기가 눈이 많이 내려 꽁꽁 얼어붙은 겨울철로 정해져서, 그들은 시베리아 곳곳을 흐르는 강들에 배나 그밖의 운송수단이 다닐 수 있을 때까지는 상당 부분 썰매를 이용해서 나아가야 했다. 1725년 1월 24일, 치리코프가 이끄는 선발대의 눈썰매들은 긴 대열을 이룬 채 하얀 눈구름을 날리면서 상트페테르부르크를 떠나 아시아 대륙을 횡단하여 태평양에 이르는 기나긴 여정에 올랐다.

그로부터 나흘 뒤 표트르 황제가 사망했다.

황제가 사망했다고 해서 원정대의 전진속도가 떨어지지는 않았지만, 관리들이 그들을 돕는 속도는 현저하게 느려졌다. 황제의 대리인들인 바이보드들은 무서운 표트르가 사망하자 자기네도 이제는 좀 한숨 돌릴 수 있겠다, '가마랜드'를 찾아나서려 하는 베링이라는 외국인이 필요로 하는 물자를 대주고 그의 요청을 들어주는 것은 상황을 봐가며 천천히 해도 상관없겠다고

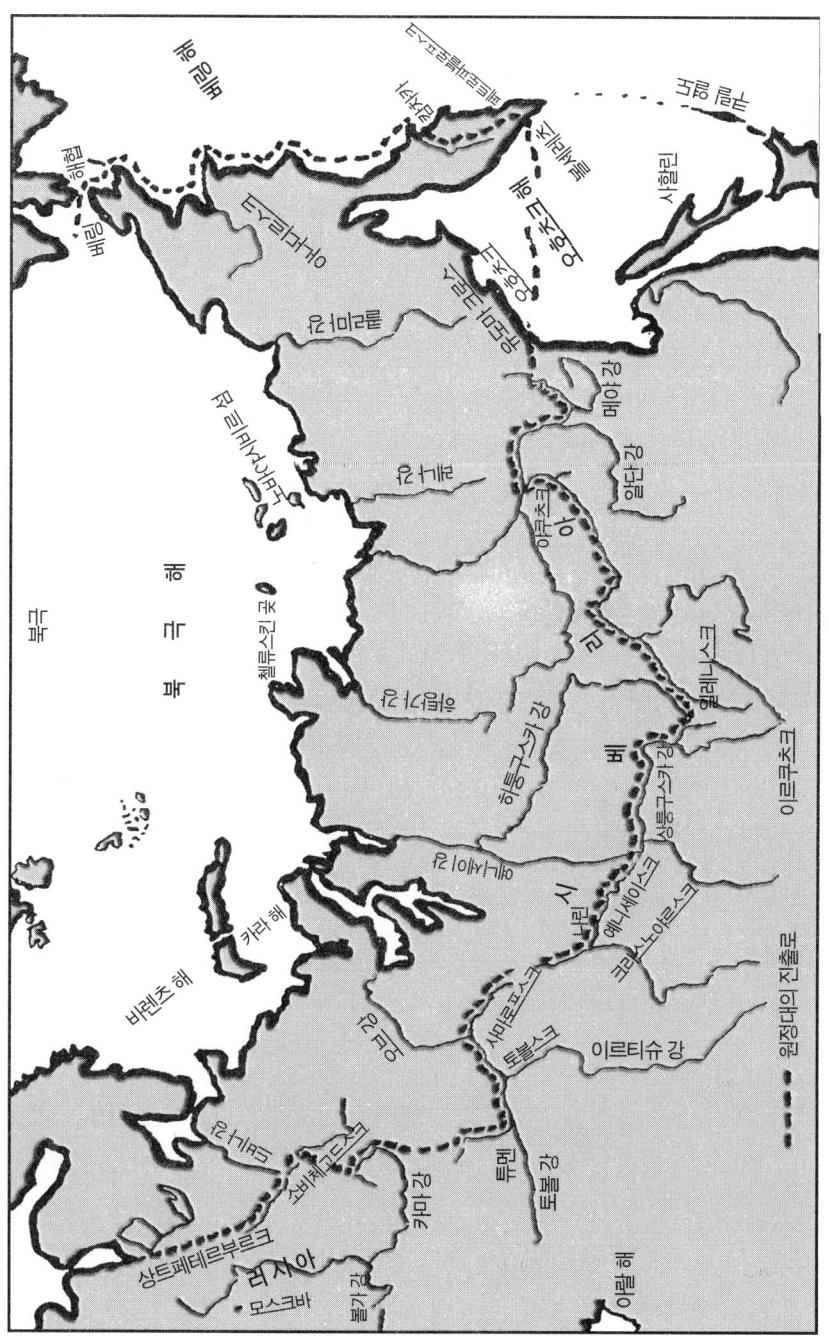

생각했다. 베링으로서는 자기보다 문화적으로나 도덕적으로 뒤처지는 황제가 사망하는 바람에 최대의 후원자를 잃은 셈이 되었다.

그러나 3월 5일, 원정대의 본대를 이끌고 출발한 베링은 상황이 그렇게 전개되리라는 것을 미처 예견하지 못했다. 눈이 바닥을 잘 받쳐준 덕에 반 야생마인 텁수룩한 조랑말들이 끌어주는 눈썰매의 긴 대열은 드비나 강을 빠르게 가로지른 뒤, 우랄의 고갯길들을 넘어 남동쪽으로 내달아 카마 강변의 카이에 이르렀다. 그들은 거기서 다시 튜멘 강을 따라 토볼 강변에 이르렀다. 거기에 도착하자 대기에는 이미 봄기운이 어른거렸으며, 부대장 치리코프와 선발대가 그들을 기다리고 있었다. 토볼스크에서부터는 강을 타고 나아가야 했다.

베링은 그 지역 사람들에게서 빌린 수많은 보트와 바지 선에 짐을 싣고 인원을 태우는 작업을 차분하고도 위엄 있는 자세로 직접 감독했다. 황량한 시베리아의 대지가 길어진 해의 열기에 서서히 녹고 있는 가운데, 여러 나라 출신의 선원들이 탄 배는 이르티슈 강을 따라 북쪽으로 흘러내려갔다. 강 좌우에 펼쳐진 긴 늪지에서는 도요새들이 울어댔고, 울창한 숲에서는 곰들이 쿵쿵거리며 돌아다니다 걸음을 멈추고는, 그 작은 눈으로 베링의 원정대와 희망을 싣고 줄줄이 흘러내려가는 수많은 배를 물끄러미 바라봤다. 이때까지 원정대는 한 번도 지체하는 일 없이 순조롭게 나아갔다.

오브 강의 두 줄기가 만나는 곳에는 사마로프스크가 자리잡고 있었다. 여기서부터 원정대는 해빙기에 이르러 크게 부풀어오른 채 거세게 굽이쳐 흐르는 오브 강 본류에 해당되는 맑은 강을 거슬러올라가야 했다. 원정대원들은 모두 달려들어 힘겹게 노를 저으며 조금씩 조금씩 강 상류로 전진했다.

대원들은 진땀을 흘리며 불평하기도 했지만, 대원들의 온갖 어려움을 일일이 배려해주는 친절하고 합리적이고 진지하고 사려 깊은 '진짜 선장' 인 덴마크 사람의 지휘 아래 씩씩하게 노를 저었다. 밤이면 그들은 배들이 거센 강물에 떠내려가지 않게 잘 묶어놓고는, 강둑을 따라 몇km 늘어선 긴 야영지에서 식사를 하기 위해 불을 피웠다. 그동안 베링은 일지를 펼쳐놓고 동쪽의 어둠을 응시한 채, 세계에서 가장 큰 대륙을 가로지르는 그 무한히 긴 여정을 거듭거듭 헤아리며 다음 며칠 동안의 계획을 세우곤 했다.

얼마 후 원정대는 케티야 강변의 마코프스카 오스트로크에서 예니세이 강까지 60km나 되는 거리를 육로로 이동해야 했다. 그 난관을 어떻게 극복해 나가야 할까?

❀

대원들은 그 어려운 일을 무난히 해냈다. 수염이 무성하게 자라고 옷은 넝마가 된 그들은 대포와 장비와 식량을 투박한 시골마차와 노새 등에 싣고 남은 짐은 직접 짊어진 채 걸어갔다. 그들은 봄 햇살에 녹아 질척한 길을 따라 나아가느라 무진 고생을 했고, 발이 걸려 넘어질 때면 욕설을 퍼붓기도 했지만, 그 먼 길을 꾸준히 전진했다. 그 육로를 따라 나아가는 동안, 냉철하고 유능하며 자질이 뛰어난 부관인 치리코프는 실로 보석 같은 존재임이 드러났다.

마침내 저 멀리 예니세이 강이 보였다. 여기서 원정대는 한동안 지체하면서 예니세이스크 지역을 관할하는 바이보드와 길고 긴 입씨름을 벌이며 밀고 당긴 끝에, 강을 따라 여행하는 데 필요한 배들과 물자를 간신히 얻어냈다.

어느덧 6월이 되었고, 원정대는 시베리아의 더위에 진땀을 흘리면서 예니세이 강의 동쪽 지류인 퉁구스카 강 어귀까지 장대로 배를 밀며 힘겹게 나아갔다. 그런데 막상 퉁구스카 강에 이르고 보니, 그 강은 그들이 이제까지 만난 어떤 강보다도 흐름이 빠르고 거셌다. 대원들이 무더위 속에서 힘겹게 노를 저으며 느릿느릿 강물을 거슬러올라가는 동안 하루하루가 빠르게 지나갔다. 때로는 식량이 바닥나기도 했고, 가끔 전진하는 것을 멈추고 기력이 떨어진 대원들에게 오랫동안 낮잠 잘 시간을 주기도 했다. 그럴 때면 그들은 뜨거운 여름 햇살 속에서 짙푸르게 자란 초목이 조용히 일렁이는 강둑 너머의 땅을, 사슴이 자주 나타나는 사냥꾼들의 땅을 졸린 눈으로 멍하니 바라봤다. 퉁구스카 강과 싸우면서 올라가는 동안 사람의 모습은 거의 보이지 않았다.

어느덧 6월이 지나가고 7월이 왔다. 원정대는 마른 땀의 소금에 절다시피 하면서 힘겹게 노를 저어 올라가기는 했지만, 그때까지 아무 사고 없이 잘 견뎌냈다.

8월에 접어들어 퉁구스카 강 최상류에 이르자 강물이 자취를 감추기 시작했고, 얕은 강바닥 여기저기서 갈색 바위들이 삐죽삐죽 솟아났다. 대원들은 장장 몇km나 펼쳐진 긴 모래톱 위를 삿대로 밀고, 앞에서 당기고 뒤에서 밀면서 나아갔다. 가끔 배가 바위를 들이받아 구멍이 나기라도 하면, 한동안 멈춰선 채 부서진 곳을 땜질해야 했다. 그런 다음에는 다시 그 강과 사투를 벌여야 했고.

9월 30일, 원정대는 일린 강의 일레니스크에 도착했다. 어느덧 겨울이 가까워졌다. 아시아 대륙 한가운데에 자리잡은 그 지역에서 가을은 오자마자 도망치듯 달아나버리고 곧바로 겨울이 닥쳐온다. 베링은 그해의 남은 기간은 여행을 멈추고 그곳에서 지내기로 했다.

베링은 일레니스크에서 겨울을 보내는 동안에는 꼭 필요한 기재사항만 짤막하게 기록하는 것으로 그쳤다. 그는 스팡베르그를 거기서 가장 가까운 레나 강 지류인 쿠트 강으로 보내, 이듬해 봄철에 타고 갈 보트와 바지 선을 짓게 했다.

그해 겨울, 원정대원들은 튼튼한 오두막과 텐트 속에서 거의 고생을 하지 않고 지냈다. 베링 자신은 썰매를 타고 일레니스크 일대를 돌아다니다 남쪽으로 멀리 떨어진 바이칼 호반의 이르쿠츠크까지 갔다. 그 도시는 원정대의 진로에서 크게 벗어난 곳이지만, 앞으로 여행하는 데 필요한 정보를 수집하기에는 아주 좋았다. 이르쿠츠크는 상트페테르부르크에서 동쪽으로 멀리 떨어진 그 일대의 모든 도시가 다 그렇듯이 단순한 무역기지 정도에 불과했다. 베링이 이르쿠츠크에서 돌아와보니 스팡베르그도 벌써 돌아와 있었다.

배들은 준비되었다.

그들은 봄이 올 때까지 기다렸다. 그들의 앞에는, 레나 강을 따라 동쪽으로 나아가 야쿠츠크에 이르고, 거기서 다시 육로로 사람이 살지 않는 미지의 스타노보이 산맥을 넘어 오호츠크 해에 이르는 끔찍한 여정이 가로놓여 있었다.

✤

원정대는 레나 강을 따라 수월하게 항해한 끝에 6월에 야쿠츠크에 도착했다. 야쿠츠크는 무뚝뚝한 바이보드가 자리잡고 있는, 작고 고약한 냄새가 나는 마을이었다. 베링은 느긋한 자신감을 갖고서 그에게 자기를 도와달라고 다그쳤다. 그는 거기서 얼마간 휴식을 취하면서 장비를 보충하고 양식을 공급받은 뒤, 오호츠크 해에 가기 위해 다시 출발했다.

그는 원정대를 둘로 나눠, 한 부대는 배로 그물처럼 얽혀 있는 여러 강을 타고 나아가게 했다. 그 부대는 스팡베르그가 지휘했고, 그 부대가 나아갈 진로도 그가 정했다. 그것은 거세게 흐르는 알단 강과 마야 강, 우루크 강을 따라 거슬러올라간 뒤, 황량한 고갯길을 넘어가는 위험한 시도였다.

또 다른 부대를 지휘할 베링이 정한 진로도 위험하기는 마찬가지였다. 200여 마리의 짐말을 끌고 험준한 산맥을 넘어가는 강행군이 될 테니까. 겨울이 다가오고 있었으므로 베링과 스팡베르그는 서둘러야 했다. 그 위도에서는 가을도 거치지 않고 곧바로 겨울이 왔다. 7월 7일, 스팡베르그가 지휘하는 부대가 먼저 배를 타고 떠났다.

8월 중순경, 육로로 갈 예정인 베링의 부대는 총 거리가 무려 1,100km나 되는, 길도 없는 오지를 가로지르기 위해 출발했다. 그것은 역사적인 대행군 중의 하나였다. 야쿠츠크를 출발하고 나서 정확히 45일이 지난 10월 1일, 12명 가량이 모여 사는 오호츠크 마을의 어부 한 사람은 무심코 집 밖을 내다보다 짐을 실은 조랑말의 긴 대열이 해안으로 내려오고 있는 광경을 목격했다. 그러나 오호츠크에서는 나쁜 소식이 기다리고 있었다. 아무 소식도 오지 않았다는 소식이. 그 일대에서, 먼저 출발한 스팡베르그 부대의 행방을 아는 사람은 아무도 없었다.

10월이 지나고 11월이 다 가도록 스팡베르그 부대는 여전히 감감무소식이었다. 그동안 베링은 부하들을 동원해서 혹독한 겨울 추위를 이겨낼 수 있는 집들을 짓게 했다. 공사는 빠르게 진척되었지만, 오호츠크 해에서 불어오는 매서운 바람과 한파가 상트페테르부르크에서 온, 피로에 지친데다 넝마가 다 된 옷을 걸친 사람들을 오들오들 떨게 만들었다. 그러나 12월 중순 무렵 그들은 새로 지은 따뜻한 집에서 몸을 녹일 수가 있었다. 게다가 목수들과 선원들은 조선대 위에서 배 한 척을 거의 다 지었다. 이제 스팡베르그 부대만 도착하면…….

12월 중순경 기진맥진한 사자 한 사람이 오호츠크 마을을 둘러싼 을씨년스러운 겨울 산들을 넘어 그곳에 나타났다. 그의 말에 의하면, 강을 따라 내려간 원정대는 추위가 닥치는 바람에 거기서 400km 가량 떨어진 곳에서 배를 버리고—배들을 지킬 사람들은 남겨둔 채—이제 도보로 그 해안으로 오고 있는 중이라고 했다.

그들은 행군하는 동안 수많은 어려움을 겪었다. 그들은 동상으로 시달리고 산에서 산다는 악마들에 대한 두려움에 떨었으며, 먹을 것이 떨어져 베링 부대가 지나간 길(그들은 운좋게도 그 자취를 만났다)에서 가끔씩 발견되는 죽은 말을 먹었다. 베링은 그들을 구하기 위해 썰매부대를 파견했다. 그렇게 해서 마침내 1월 6일, 그들은 새로 지은 오두막들이 늘어서 있는 오호츠크 해변으로 비틀거리며 내려왔다.

본격적인 추위가 닥쳐와 새 배인 포르투나 호를 짓는 작업은 중단되었다. 그러나 초봄에 이르러 그 작업은 재개되었으며, 그 일대에서 낡은 배 한 척을 찾아내 수리하는 작업도 진행되었다. 이제 대원들은 베링이 어떤 계획을 품고 있는지 알았다. 북쪽에는 반쯤 탐험된 캄차카 반도가 있고, 그 반도의 북쪽 해안에는 캄차카 강이 흐른다. 베링은 장비와 짐들을 배에 싣고, 오호츠크 해에서 미지의 바다를 1,000km 가량 횡단해 캄차카 남부에 도착해서는, 그곳에 부린 장비와 짐을 육로로 캄차카 강까지 운반하고, 거기서 다시 그 짐들을 보트들에 싣고 강을 따라 내려가 바다에 이르는 것으로 여름 한철을 보낼 생각이었다. 그리고 바닷가에서 추크치 족이 사는 북쪽의 황량한 땅으로 올라갈 배들을 지을 작정이란다!

그것은 대원들을 아연하게 할 만한 계획이었고, 그 계획의 실현을 위해 대원들은 그해 내내 실로 엄청난 고생을 했다. 남부 캄차카 해안은 수심이 너무 얕아 포르투나 호는 뭍 가까이 다가갈 수가 없었다. 그 바람에 대원들은 짐을 보트들과 바지 선들에 옮겨 실은 뒤 해안까지 노를 저어 가야 했다. 그런 다음 캄차카 강까지 가기 위해 황량한 반도를 가로지르는 고된 행군이 시작되었다.

그런데 목적지까지의 거리를 반쯤 지났을 때, 겨울철이 닥쳐오면서 그들이 그때까지 거의 경험하지 못한 엄청난 추위와 더불어 진눈깨비를 동반한 매서운 강풍이 몰아쳤다. 그런 혹독한 추위와 살을 에는 강풍으로 많은 사람이 죽는 바람에 다감한 성품을 지닌 베링은 적잖이 마음고생을 했다. 게다가 대원들은 새 배를 짓는 데 필요한 모든 장비, 곧 범포와 로프, 못, 쇠붙이 등을 캄차카 북쪽 해안까지 운반해야 했다.

대원들은 흡사 신들린 사람처럼 겨울의 악천후와 사투를 벌였고, 그렇게 해서 결국 목적지에 도착했다. 베링이 오호츠크 해를 가로지른 것이 위대한 탐험여행 중의 하나였다면, 캄차카 반도를 가로지른 것은 최대의 희극이라 할 만했다. 만일 그들이 포르투나 호를 타고 캄차카 최남단의 로파트카 곶을 돌아갔더라면, 불과 한 달여 만에 비교적 안전하게 목적지에 이를 수 있었을 것이다. 그런데 베링은 육지를 가로질러가느라 무려 여섯 달을 허비했을 뿐만 아니라, 많은 인명과 물자의 손실을 봤고, 목적지에 도착해서는 또다시 배 한 척을 더 지어야 했다.

그 실수야말로 그에게 위대한 탐험가라는 칭호를 안겨줄 수 없게 만든 두 가지 주요 사건 중의 하나였다. 그렇다고 해서 그를 이 책의 등장인물들의 목록에서 뺄 정도로까지 치명적인 사건은 아니지만. 포르투나 호를 타고 로파트카 곶을 돌아가는 것을 거부하게 만든 그 갑작스런 소심증의 발작은 그의 천성의 일부였다. 겨울비에 흥건히 젖은 호르센스 시의 공동묘지의 흙 속에 잠들어 이제는 사악한 기운의 시달림을 받지 않는 그의 아버지 요나스에게서 물려받은 천성의 일부.

인명과 장비의 가치를 잘 알고 있고, 대원들에게 불필요한 위험부담을 안기기 싫어하고, 자신의 허영심을 만족시키려는 생각 따위는 추호도 없는 것 등이 그의 소심증을 이루는 주요 요소들이었으며, 거기에 개인적인 두려움 같은 것은 전혀 포함되어 있지 않았다. 그가 그의 새 배의 항로 저 앞에 희미하게 어른거리는 '행운의 섬', '가마랜드'를 좇은 것은 사실이었다. 그는 그런 섬이 존재한다는 것을 의심하지는 않았다. '생명수'가 다른 사람들의 인명을 희생하면서까지 얻을 만한 가치가 있는 것일까만 의심했을 뿐.

⚜

그는 깊은 생각에 잠겼다. 내년 봄이 되면 원정을 떠난 지 만 3년이 되는데, 아직까지 어떤 것도 발견하지 못했다. 지리학자들이 안고 있는 수수께끼들 중의 어떤 것도 풀지 못했고, '가마랜드'의 해안 역시 그림자도 보지 못했다. 올해는 어떻게 해서든지…….

7월 13일, 새로 지은 작은 배 가브리엘 호에 승선한 대원들은 뭍에 남은 사람들의 격려의 외침을 뒤로 하고 캄차카를 떠났다. 그들은 순풍을 타고 북쪽으로 올라갔다. 뒤돌아본 그들의 눈에는 오후의 햇살을 받은 캄차카의 평탄한 땅이 장난감처럼 조그맣게 보였다. 저 앞에는 북태평양의 파도가 끊임없이 두드려대는 미지의 험준한 해안풍경이 어렴풋이 보였고.

그들은 1주일간 뒷바람을 받으면서 순조롭게 항해했다. 순풍이 가브리엘 호를 사람이 살지 않는 아시아 대륙 맨 끝 해안을 따라 점점 더 북쪽으로 밀어내줘, 그들은 북위 60도를 넘었다. 8월에 접어들면서 안개와 빗줄기가 때없이 그 작은 배를 휩쌌다. 마실 물이 떨어졌는데 적당한 정박지는 보이지 않았다. 하지만 8월 6일에 이르러 고맙게도 초록빛을 띤 트랜스피겨레이션 만이 수평선에 떠올랐다. 가브리엘 호는 그곳에 정박했다.

그들은 신선한 물을 마시고 그 일대의 해안을 답사한 뒤, 주인이 비워두고 나간 추크치 족의 오두막 하나를 발견했다. 이튿날 아침 추크치 족 몇 사람이 해변에 나타났다. 그중의 한 사람이 그들의 배로 헤엄쳐와서 여러 가지 정보를 알려줬다. '가마랜드?' 그는 그런 땅 이야기는 한 번도 들어본 적이 없다고 했다. 그러나 거기서 북쪽으로 가면 추크치 사람들이 살고 있는 몇 개의 섬들이 있다고 했다. 그것은 러시아 사람들로서는 크게 기뻐할 만한 정보였다. 하지만 러시아 사람들은 기뻐하는 내색을 하지 않으려 애쓰면서 그에게 몇 개의 금속제 장난감을 선물한 뒤, 그가 시린 바닷물 속에 뛰어들어 자기 고향인 신석기 시대의 해변으로 헤엄쳐가는 광경을 지켜봤다.

그들은 아나디르 강 어귀를 지나갔고, 얼마 후에는 추크치 곶을 빙 돌아갔다. 그로부터 이틀 뒤 섬 하나가 보였다. 그날은 로렌스 성인의 날이어서, 베링은 바다 한가운데 떠 있는, 별 매력 없어 보이는 그 섬에 세인트로렌스라는 이름을 선사했다. 그들이 해안과 일정한 거리를 유지하면서 다시 북쪽으로 계속 항해하는데, 맞바람이 일어 가브리엘 호의 뱃머리를 두드렸고, 시베리아 해안에서 긴 검은 안개의 띠가 배 쪽으로 흘러왔다. 그들은 몇천 년 동안 신세계와 구세계를 분리시켜온 해협, 오늘날 가브리엘 호의 선장인 엄숙한 표정의 덴마크 인의 이름으로 널리 알려진 해협을 막 통과하고 있었지만, 동쪽으로 섬이나 육지가 전혀 보이지 않아 그런 사실을 미처 깨닫지 못했다.

그러나 얼마 후 아시아 대륙 해안이 북극해 서쪽으로 점점 더 멀어져가자, 베링의 뇌리에는 한 가지 확신이 찾아왔다. 베링 역시 '가마랜드'가 존재한다고 믿은 사람이었겠지만, 아시아 대륙은 거기서 끝나는 것이 분명했다. 그 대륙과 아메리카 대륙 사이의 통로에 솟아오른 미지의 어떤 땅도, 두 대륙을 긴밀하게 연결해주는 역할을 하는 어떤 땅도 존재하지 않았다. 아시아와 아메리카 사이에는 가브리엘 호가 계속해서 북쪽으로 올라가고 있는 그 바다가 펼쳐져 있었다.

그렇다면 '가마랜드'는 어디 있지? 아메리카 대륙은 어디에? 당대의 지리학적 상식에 근거해볼 때, '가마랜드'와 아메리카 대륙은 거기서 동쪽으로 1,600km 이상 떨어진 곳에 있을 수도 있었다. 아시아 대륙은 이미 자취를 감췄고 어떤 땅도 보이지 않는 상황에서 계속 북쪽으로 항해하는 것은 무의미했다. 그리하여 8월 16일, 베링은 가브리엘 호 선원들에게 회항하라고 명령했다. 위도상으로 북위 67도 18분이 되는 해역에서.

이때 그의 명령에 불만을 토로한 대원들도 있었겠지만, 그런 이야기는 기록에 나와 있지 않다. 여름이 끝나고 곧 그 무서운 겨울이 닥쳐올 시점이라, 베링은 대원들을 위태로운 처지에 빠뜨리고 싶지 않았다. 오늘날 사람들로서는, 이때 그들이 며칠만 더 '행운의 섬들'이나 아메리카를 찾아 동쪽으로 항해했다면 좋았을 것을 하는 아쉬운 기분이 들 수도 있을 것이다. 하지만 당시의 베링으로서는 육지가 보이지 않는 동쪽 바다에서 그 유명한 땅들을 찾아나서려면 또 다른 대규모 원정대가 필요하다는 생각이 들었을 것이다.

그렇게 해서 그들은 또다시 그 해협을 통과했다. 여전히, 그것이 해협인지도 알지 못한 채. 해협을 통과하자 폭풍우가 그들을 덮쳐, 돛은 갈기갈기 찢어지고 닻은 달아나버렸다. 그리하여 그들이 캄차카 항에 도착했을 때, 그 튼튼했던 가브리엘 호는 여기저기서 물이 새는 체나 다름없는 것이 되어버렸다. 그 당시 그들은 그 북쪽 해협의 중간쯤을 지나간 듯하다. 그 해협에서 가장 좁은 곳의 폭은 불과 64km밖에 되지 않아, 날만 좋았다면 아시아 대륙과 아메리카 대륙의 해안선들을 모두 볼 수 있었을 것이다. 하지만 안개와 비와 폭풍우 때문에 그들은 동쪽 해안을 보지 못하고 지나쳤다.

캄차카 반도에 겨울이 닥쳐왔다. 베링은 대원들을 아늑한 숙소 안에서 지내게 했다. 그러나 그 자신은 신비로운 동쪽 땅에 대한 막연한 생각에 사로잡혀 있어 마음이 편치 않았다. '행운의 섬'과 '가마랜드', 혹은 앞의 땅들보다는 덜 매력적으로 보이는 아메리카 서북쪽 끝머리가 가까운 곳에 있으리라 확신했기 때문이다. 그는 훗날 베링 해라는 이름이 붙게 된 바다에서 불어오는, 진눈깨비를 동반한 칼날같이 매서운 바람을 받으면서 겨울 해변을 이리저리 거닐곤 했으며, 그에 관한 기록은 이때의 일을 다음과 같이 서술했다.

그 유목은 아시아 동쪽의 식물군에 속하는 것이 아니었다. 그리고 그 바다는 북쪽으로 올라가도 얕아지지 않았다. 사흘 뒤에 동풍을 타고 유빙이 강 어귀로 떠밀려왔다. 닷새 뒤에는 또 다른 유빙이 북풍을 타고 흘러왔고……. 그곳 원주민들의 이야기는 그의 추론을 뒷받침해줬다……. 1715년에 한 사람이 그곳에 표류해왔는데, 그 사람은 자기 고향이 거기서 동쪽으로 그리 멀지 않은 곳에 있다, 자기 고향에는 큰 강들과 숲들과 아주 큰 나무들이 있다고 했다. 베링은 이 모든 정보를 듣고, 거기서 서북쪽으로 그리 멀지 않은 곳에 넓은 땅이 자리잡고 있다고 믿게 되었다.

⚜

1729년. 상트페테르부르크를 떠나온 지 4년째 되는 그해에 그는 마침내 그곳으로 가져갈 만한 소식들을 입수했다. 북위 67도 남쪽에서는 아시아 대륙과 아메리카 대륙이 만나는 곳이 존재하지 않는다는 것이 그 하나였다. 그리고 그는 북쪽으로 더 올라가도 두 대륙이 만나지 않으리라 생각했다. 그 위도 너머에 인구가 조밀한 지역들이 존재하지 않는다고 가정할 때, 적어도 그는 아시아 대륙의 끝머리를 발견하는 개가를 올린 셈이었다.

그러나 1729년 여름, 그는 미지의 땅을 발견하려는 마지막 시도를 감행했다. 이때 그는 가브리엘 호를 몰고 폭풍우 속을 뚫고가는, 전에 없이 무모한 도박을 했고, 그 때문에 그 튼튼한 배는 꼬박 사흘 동안이나 폭풍우에 시달렸다. 그런 뒤 그가 배의 방향을 서쪽으로 돌리게 하는 바람에 배는 부득이 로파트카 곶을 돌아 오호츠크 해에서 피난처를 구해야만 했고, 그 덕에 결국 캄차카가 반도라는 사실이 입증되었다. 오호츠크 해에 이른 베링은 더 이상 그곳에서 지체하지 않기로 결심했다. 그는 가브리엘 호와 포르투나 호를 수리하라는 명령을 내리고는, 그곳의 조선대와 물자를 지킬 인원들을 남겨둔 채 나머지 대원들을 데리고 그곳을 떠났다. 육로로 산맥을 넘어 상트페테르부르크까지 이르는 기나긴 여행길에 오른 것이다.

본질적으로 콜럼버스의 귀환여행만큼이나 의기양양한 것이어야 마땅했을 그 귀환여행에 관한 구체적인 사항들은 역사의 기록에 거의 남아 있지 않다. 하지만 그것은 승리한 사람들의 개선여행 같은 것은 아니었다. 혹한이 맹위를 떨치는 대륙을 서둘러 가로질러가는 동안, 베링은 모든 사람에게서 냉대를 받으면서 결국 3월 1일 상트페테르부르크에 도착했다. 그리고 러시아 최초의 위대한 탐험가는 제2의 모국으로부터 자기의 정당한 공로를 인정해달라고 요구해야 하는 처지에 빠졌다.

그는 천성적으로 허풍을 떨거나 자기의 업적을 과장할 만한 사람은 못 되었다. 하지만 그는 나라에서 자기 공로를 인정해줘야 마땅하다고 생각했다. 그는 많은 지도와 해도, 항해기록, 두 부관의 증언 등을 확보하고 있었다.

그는 비보르크에서 아내와 제대로 회포도 풀지 못하고, 자기가 확보하고 있는 자료들을 제출하기 위해 급히 왕궁에 가야 했다.

왕궁에서 그는 북극해의 파도나 쿠릴 열도 일대의 폭풍우보다도 더 거칠고 혹독한 러시아 학술원과 맞닥뜨렸다.

❦

그뒤 3년 동안 탐험의 역사에서 가장 기이한 논쟁이라 할 만한 상황이 벌어졌다. 당시의 러시아 학술원에는 본국에서는 별대접을 받지 못했지만 러시아에서는 대환영을 받은 독일과 프랑스의 젊은 사이비 학자들이 대부분이었으며, 러시아에서는 그들을 자기네보다 우월한 서구문명과 문화를 대표하는 사람들로 여겨 칙사대접을 했다. 그들은 베링의 말을 귀담아들으려 하지 않았는데, 그것은 그가 발견한 사실들이 고대인들—고대 아테네와 알렉산드리아에서 연구된 자료들을 토대로 하여 세계의 모습을 그리곤 한 대표적인 고대인들—의 이론과도, 위대한 바스코 다 가마의 탐험결과나 그에 못지않게 '위대한' 마르틴 드브리스의 연구결과와도 일치하지 않았기 때문이다.

특히 두 명의 학술원 회원, 곧 게르하르트 밀러와 요세프 니콜라스 드 리슬

레는 베링의 항해가 '행운의 섬'의 존재를 부정하는 듯했으므로, 자기네의 기존 견해를 옹호하기 위해 베링에게 유달리 더 가혹하게 굴었다. 그들은 자기네가 사랑해 마지않는 지도들을 조금도 바꾸려들지 않았고, 베링은 술주정뱅이요 무능한 인물이며, 그의 주장은 감상적인 것에 불과하다고 매도했다.

그들은 시베리아에 가보지도 못한 사람들이었다. 그러나 그들은 당시 러시아에서 가장 학식 높은 사람들이라는 인정을 받고 있었기에, 침울한 표정을 한 덴마크 출신 뱃사람의 생경한 견해와 주장 때문에 자기네의 견해를 바꿀 기분이 들지 않았다. 더구나 그 덴마크 인은 '가마랜드'를 찾으러 나서지는 않고, 자기 휘하 대원들의 안위에 더 신경을 쓰는 좀스럽고 무지한 사람이 아니던가. 아무튼 그 낭시 베링에 대한 소문은 그렇게 나 있었다.

그 3년의 세월은 베링의 생애에서 퍽이나 암담했던 시절이었으리라. 그는 시종 무뚝뚝한 태도로, 자기의 지도가 옳고 애초에 자기가 진술한 내용이 사실이라는 견해를 굽히지 않았으며, 그렇다고 해서 자기가 밝혀낸 사실들을 과장하지도 않았다.

시간이 지나면서 그의 그런 완강한 주장은 점차 효과를 보기 시작했다. 아주 활동적이고 유능하며 도덕 같은 것에 구애받지 않는 편인 안나 이바노브나 여제(재위 1730~40)는 베링을 좋아했다. 그녀는 탐험에 대한 생각만 해도 전율을 느끼는 사람이었다. 게다가 서쪽에는 아직도 러시아를 야만적이고 무지한 나라로 보는 독일과 프랑스가 있었다. 그리하여 그녀는 러시아가 그들에게 뭔가를 보여줘야 한다고 생각했다.

시간이 지나면서 제2차 원정에 참여할 사람들의 숫자는 엄청나게 불어났다. 박물학자, 야금학자, 지리학자, 천문학자, 물리학자, 동물학자 등이. 아마 거기에는 점성술사와 여성용품 판매상, 배의 바닥짐을 쌓는 데 필요한 심해 잠수부까지 포함되어 있었으리라. 그런 학자들은 모든 각도에서, 모든 학문적 관점에서 시베리아를 연구하라는 지시를 받았다. 원정대는 태평양 해안에 도착해서 중국 해안에까지 이르는 일대의 모든 해안의 해도를 완벽하게 작성해내고, 오호츠크 마을에 말떼와 소떼를 보내, 그 일대의 황야에 문명이 활짝 꽃피게 해야 할 임무를 맡았다. 전 유럽 사람들이 그 성과를 보고 놀라서 입을 딱 벌리게끔. 그런 명령과 계획의 끝에는 '아메리카나 두 대륙의 사이에 있는 땅'을 찾아보라는 지시사항도 붙어 있었다.

베링은 새 원정대 대장으로 임명받았다. 그 원정대는 미지의 땅을 찾아나선 탐험가의 행렬이라기보다는, 바벨 탑에서 내려온 사람들처럼 서로 다른 언어로 갖가지 주장을 내세우는 온갖 어중이떠중이의 행렬과 비슷했을 것이다. 학자들은 가족과 떨어져서 지내는 것을 견딜 수 없어 가족과 집안의 신들까지 대동하고 떠났다. 베링 부인은 남편과 또다시 오랜 별거생활을 해야 한다는 것은 참을 수 없는 비극이라 생각했다. 그리고 원정대 대장의 사모님으로서 시베리아의 황야를 누비는 것도 그런 대로 괜찮아 보였을 것이다. 그리하여 베링 부인을 위한 썰매 한 대도 마련되었다.

원정대의 썰매들에는 평생 예니세이 강까지 가본 적이 없는 남녀들의 물건과 가재도구가 그득히 실렸다. 원정대가 우랄 산맥을 넘기도 전에 그 많은 수의 인원을 먹이고 재우고 이끄는 데 엄청난 돈이 들었다. 실질적이든 명목적이든 간에 베링의 지휘 아래 움직이는 인원은 거의 600명 가까이 되었다. 그 중에는 더없이 소중한 부관 치리코프와 그에 못지않게 도움이 되는 스팡베르그, 한 무리의 하급장교들, 의사들, 그리고 사제들과 그들 못지않게 별도움이 되지 않는 사람들이 포함되어 있었다. 1734년 5월, 다양한 부류의 낙오자들을 제외한 본대는 토볼스크에 도착했다.

베링의 원정의 진짜 목적은 아메리카나 '논란의 여지가 있는 땅'을 찾으러 가는 것이지만, 그는 그것을 향해 계속 나아가는 대신에 토볼스크에서 잠시 전진을 멈추고, '토볼'이라는 보트를 짓는 일을 감독해야 했다. 그는 그 배가 완성되자 그것을 오브 강으로 내려보내, 강 유역과 오브 만 일대를 답사하게 했다. 그리고 그렇게 한 일은 베링의 스토리에서는 빠져 있다. 그는 그 일에서 놓여난 뒤, 가도가도 끝이 없는 시베리아의 머나먼 길을 내처 나아가, 그 원정대의 가장 동쪽에 자리잡은 기지로 예정된 야쿠츠크에 이르렀다.

여기서 원정대는 두 척의 다른 배를 건조해서 레나 강으로 내려보냈다. 그

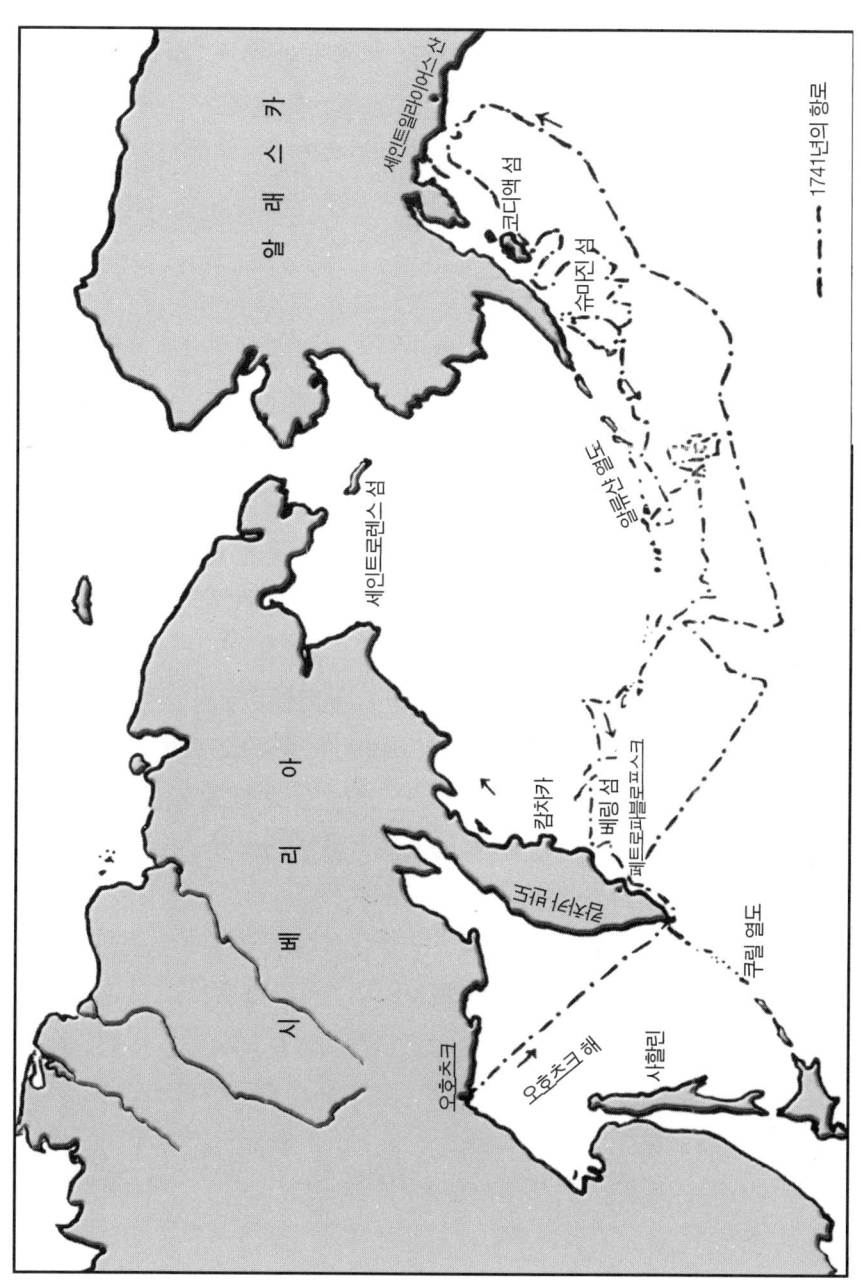

비투스 베링의 아메리카 발견

세인트일라이어스 산

알 래 스 카

코디액섬

슈마진섬

알류샨 열도

세인트로렌스 섬

시 베 리 아

캄차카

베링섬

페트로파블로프스크

캄차카 반도

오호츠크

오호츠크 해

쿠릴 열도

사할린

· - · - 1741년의 항로

배들은 우선 강 하류의 삼각주를 조사해야 할 임무를 띠고 있었다. 그런 다음, 한 척은 서쪽으로 항해해 예니세이 강 어귀를 찾아내 조사하는 임무를, 또 한 척은 동쪽으로 항해해 아시아의 맨 끝 해안을 돌아간 뒤 베링 해협을 통과해 캄차카 항에 정박해야 할 임무를 띠고 있었다. 그 배들은 1년 뒤인 1735년 6월에 진수되었다. 그러나 시베리아 동부 해안 일주는 그로부터 150년 뒤에야 비로소 이루어졌다.

그뒤 원정대의 물자와 장비―오랫동안 버려둔 포르투나 호나 가브리엘 호가 아닌 다른 두 척의 배를 건조하기 위한 모든 장비와 도구―를 거기서 오지의 험한 길로 해서 1,100km나 떨어진 오호츠크까지 운반하는 엄청난 작업이 시작되었다. 여름은 도망치듯 내빼버렸다. 그리고 이내 포효하는 사나운 폭풍과 함께 겨울철이 닥쳐와 작업은 중단되었다.

봄이 오면서 시베리아 황무지에 초목이 울창해지자 배를 짓는 데 쓸 못과 밧줄, 쇠로 된 스테이플을 잔뜩 짊어진 노새와 말의 긴 대열이 비틀거리며 험한 산맥의 고갯길을 넘어갔다. 곧 다시 가을이 오는가 싶더니, 그것은 이내 겨울로 이어졌고, 다시 긴 어둠이 시작되었다. 그렇게 시간이 흐르는 동안 실로 막대한 비용이 지출되었고, 사람들이 강추위와 힘겨운 노역을 견디지 못해 죽는 일이 다반사로 일어났다. 그 기간에 일어난 잦은 지체와 계산착오를 비롯한 모든 부담과 책임은 죄다 그 나이 들고 인정 많은 몽상가인 덴마크 사람에게 돌아갔다.

한편, 야쿠츠크에 머물고 있던 베링 부인은 그런 모험과 베링과 시베리아에 진력이 났다. 그녀는 친구들이나 이웃들과 돌아가며 다투는 바람에 대부분의 사람들과 사이가 나빠진 뒤, 남들이 알면 눈살을 찌푸릴 일에 빠져들었고, 그녀의 그런 행위는 베링의 이름에 먹칠을 했다. 결국 그녀는 비보르크에 돌아가기로 결심했다. 그런데 그녀는 돌아가는 도중에 검문을 담당한 관헌들에게 짐수색을 당한 끝에 밀수품인 모피들을 적발당했다. 그런 처사에 격분한 그녀는 관헌들을 욕하는 히스테릭한 내용의 장문의 편지를 남편에게 써 보내곤 했다.

마침내 1737년 여름, 오호츠크에서는 배를 짓는 작업이 시작되었다. 그러나 작업이 얼마 진척되지도 않았는데 다시 겨울이 닥쳤고, 그와 더불어 야쿠츠크와 오호츠크 사이의 길이 끊기는 바람에 식량공급도 중단되었다. 배의 목수들과 선원들과 박물학자들은 조선대에서 망치질하던 것을 중단하고, 이듬해 봄이 올 때까지 살아남기 위해 모두들 사냥과 낚시에만 매달렸다. 야쿠츠크에서 식량은 오지 않았어도, 정부에서 보낸 사자들은 험준한 산맥을 넘어 그곳에 도착하는 데 성공했다. 상트페테르부르크에서는 묻고 있었다. 어째서 베링은 탐험의 목표를 성사시키지 못했는가? 대체 무슨 까닭으로 벌써 30만 루블이나 허비했는가?

이때 그는 낙담하거나 분개한 기색을 전혀 보이지 않은 듯하다. 그는 지상의 정복자들 가운데서 가장 외로운 사람 중의 하나였으면서도, 평생에 걸친 특징인, 타인을 배려하고 보살피는 일을 결코 잊지 않았다. 그는 정부의 질책을 당하면서도 수많은 근심거리를 혼자 짊어진 채 묵묵히, 그리고 정력적으로 일을 추진해나갔다. 그러는 사이에 1739년이 빠르게 지나갔고, 다시 겨울이 닥쳐와 일을 중단했다. 그러다 결국,

1740년 6월, 두 척의 배가 진수되었다. 두 배 모두 길이는 24m, 폭은 6m, 높이는 2.7m였고 돛대가 둘인 쌍돛대 범선이었으며, 작은 대포 열네 문이 장착되었다. 9월 4일 상트페테르 호와 상트파벨 호는 양식을 실은 두 척의 다른 배(아마 포르투나 호와 가브리엘 호였을 것이다)를 이끌고 오호츠크를 떠났다.

그렇게 해서 9년간의 지체 끝에 제2차 탐험이 시작되었다.

⚜

상트페테르 호와 상트파벨 호는 로파트카 곶을 돌아간 뒤 겨울을 나기 위

해 캄차카의 새로운 항구 아바차에 들어갔다. 때는 아직 9월이었다. 그 배들이 월동용 닻을 던져놓고 이듬해 봄이 오기를 기다리는 동안, 베링은 앞으로 맞부딪칠 북태평양의 험한 파도와 폭풍우에 대비해 모든 장비를 철저히 점검했다.

그렇게 해서 열 번째 겨울이 지나갔다. 이듬해 봄에 두 명의 학자, 곧 당당하고 모험적이며 수완 좋고 대담해서 베링과 정반대되는 타입인 박물학자 겸 지리학자 스텔러와, 천문학자 델리슬 들라크로예르가 원정대에 합류했다. 두 사람은 원정대의 양팔과도 같은 존재가 되었다.

그들은 새 움이 트는 느린 봄 내내 순풍이 부는 여름이 오기를 고대했다. 그러다 마침내 1741년 6월 4일 순풍이 불어오자 그들은 항구를 떠났다. 베링과 스텔러는 상트페트르 호를, 치리코프와 들라크로예르는 상트파벨 호를 타고. 소문에 의하면 남동쪽에 '가마랜드'가 있다고 해서, 그들은 여드레 동안 그쪽으로 항해한 끝에 섬 하나 없는 미지의 해역에 들어섰다.

북위 46도 09분까지 내려갔지만 그 황금의 땅은 보이지 않았다. 베링은 아메리카를 찾아나서기로 했다. 이제 원정대는 정동쪽으로 방향을 바꿨다. 며칠이 지나도 거울처럼 맑고 잔잔한 여름 바다에서는 육지가 보이지 않았다. 그러나 20일 아침 바람과 안개가 몰려왔다. 곧이어 그 바람이 강풍으로 변하면서 그 작은 배들은 사정없이 요동쳤고, 밧줄과 돛대와 돛에서는 요란한 비명이 일었다. 어둠이 내릴 무렵 두 척의 배는 폭풍우에 사정없이 떠밀려갔다. 이튿날 새벽 상트파벨 호 선상에서 거칠게 들뛰는 바다를 내다본 치리코프는 상트페트르 호가 사라졌다는 것을 알았다.

그는 해도도 없는 미지의 바다에서 사흘 동안 베링의 배를 찾아헤맸다. 이윽고 그는 그 배가 침몰했거나 캄차카로 회항했을 것이라 생각하고, 자기 혼자서라도 아메리카를 찾아나서기로 결심했다. 폭풍우는 가라앉았다. 그는 진로를 다시 정동쪽으로 돌렸다.

몇 주가 속절없이 흘러갔다. 그동안 물이 바닥나기 시작해서, 선원들은 북태평양의 뜨거운 열기 속에서 마른 음식을 괴혈병의 기미가 보이는 입 속에

꾸역꾸역 틀어넣어야 했다. 그러나 육지의 흔적은 어디에서도 보이지 않았다. 6월이 지나고 7월이 왔지만, 그들 주위에는 여전히 드넓은 바다만 보였다. 견디다 못한 치리코프가 아메리카 대륙을 찾는 것을 단념하려고 했을 때 갑자기 유목이 보였고 바닷새들의 울음소리가 들려왔다. 가까운 곳에 육지가 있는 게 분명했다. 7월 14일, 상트파벨 호의 선원들은 잔뜩 긴장한 눈빛으로 하루종일 동쪽을 지켜봤다. 그리고 7월 15일, 드디어 아메리카 북부 해안이 그들의 시야에 잡혔다. 역사상 처음으로 유럽 인들이 그 해안을 목격한 것이다.

그곳은 애딩턴 곶과 바돌로뮤 곶 사이에 있는 해안이었다. 그 해안에는 험준한 바위절벽이 솟아 있고, 그 너머로는 녹지 않는 만년설을 머리에 이고 그 아래로 검푸른 소나무숲이 우거진 산맥이 병풍처럼 둘러서 있었다. 상트파벨 호는 마실 물을 얻기 위해 정박하기에 적당한 곳을 찾아 이틀 동안 북쪽으로 거슬러올라가다, 17일에 이르러 북위 58도쯤에 위치한 한 만으로 들어가 닻을 내렸다.

그때 두 건의 이상한 사건이 연이어 일어났다. 치리코프는 키잡이인 데멘티에프에게 무장한 열 명의 대원과 함께 보트를 타고 가까운 후미에 상륙해서 그 일대를 조사해보고, 갖고 간 많은 통에 마실 물을 담아오라고 지시했다. 데멘티에프 일행은 선상의 대원들이 지켜보는 가운데 해안을 향해 떠났다. 그런 뒤 날이 어두워졌는데도 그는 돌아오지 않았다. 그가 무사함을 알려주는 어떤 신호도 보이지 않았음은 물론이다. 이튿날도, 그 다음날도, 또 그 다음날도.

그동안 치리코프의 마음은 점점 더 불안해졌다. 마침내 그는 갑판장에게 또 한 무리의 대원과 함께 하나 남은 보트를 타고 가서 데멘티에프 일행의 행방을 찾아보라고 지시했다. 그런데 그들 역시 감감무소식이었다. 그날 밤 그쪽 후미 저 위쪽에서 가물거리는 불빛들이 보였고, 이튿날 새벽에는 그 앞 해변에 연기가 드리워져 있었다. 그러나 데멘티에프와 갑판장, 그리고 그들이 데리고 간 대원들은 돌아오지 않았다. 치리코프는 그들의 모습을 다시는 보지 못했다.

치리코프는 이럴 수도 저럴 수도 없는 아주 곤혹스러운 상황에 빠졌다. 이제 그 배에는 보트가 하나도 남아 있지 않아서 다시 그 후미에 상륙하는 것은 불가능했다. 그렇다고 행방불명된 동료들을 버려두고 갈 수도 없었다. 처음에는 그렇게 생각했다. 하지만 식수가 부족하고 대원들 사이에 괴혈병이 돌아서 더 이상 그곳에 머물 수가 없었다. 그리하여 7월 26일, 그는 닻을 올리고 캄차카를 향해 뱃머리를 돌렸다.

그 작은 배는 8월 내내 북태평양을 항해하는 동안 예기치 않은 폭풍우와 처음 만나는 조류 때문에 계속해서 시달렸다. 그런 것들이 사라지는가 하면, 그 다음에는 안개가 몰려와 그들의 앞길을 가로막았다. 9월 9일, 알류샨 열도가 그들의 시야에 들어왔다. 원주민들이 카약을 타고 몰려나와, 쇠약해지고 괴혈병에 걸려 고통받는 러시아 인들을 구경했다. 그들은 그저 덤덤한 표정으로 바라보기만 했다. 선원들 사이에서는 괴혈병과 그밖의 병들이 창궐했다. 치리코프 자신도 괴혈병으로 쓰러졌다.

천문학자인 들라크로예르도 쓰러졌다. 들라크로예르는 목숨을 부지하는 아주 특이한 방법을 개발해냈으니, 그것은 선실에서 노상 만취한 상태로 지내는 것이었다. 그런 방법은 그런 대로 효과가 있는 것처럼 보였다. 마침내 10월 8일, 캄차카가 수평선에 떠올랐다. 상트파벨 호는 페트로파블로프스크 항에 들어갔다.

대원들은 중병에 걸린 치리코프를 해안으로 옮겼다. 들라크로예르는 자기도 해변으로 옮겨달라고 부탁했다. 그는 신선한 공기와 접하자마자 금방 사망했다.

상트파벨 호의 주목할 만한 여행은 그렇게 끝났다. 그 배는 드넓은 북태평양을 가로질러 아메리카 대륙을 목격하고 돌아온 최초의 러시아 배, 혹은 최초의 유럽 배였다.

그런데 베링은 어떻게 됐을까?

그 이야기는 베링을 찬미하기도 하고 비방하기도 했으며, 그를 돕기도 하고 헐뜯기도 한 박물학자 스텔러를 통해 세상에 전해졌다. 베링의 상트페트르 호 역시 치리코프의 상트파벨 호처럼 동료들의 배를 찾으려고 며칠간 돌아다녔다. 그런 다음 베링 역시 치리코프와 똑같은 결론을 내렸다. 그리하여 그는 상트파벨 호를 찾는 것을 단념하고 아메리카를 찾으러 나섰다.

그는 상트페트르 호의 진로를 북동쪽으로 잡았다. 그 배는 며칠 동안 비와 안개를 뚫고 항해했으나, 그 다음에는 대체로 순조로웠다. 그렇게 항해하는 동안 육지나 섬을 전혀 보지 못했고, 식수가 바닥났다는 점은 치리코프의 경우와 마찬가지였다. 그러나 그 배는 상트파벨 호에 실린 것보다 좀더 양질의 식량을 좀더 많이 보유하고 있었다. 게다가 그 배에는 더 뛰어난 대원들이 타고 있었다. 숙련된 박물학자들과 학자들, 르네상스의 풋내기들이 과학이라 잘못 부른 것들을 떠받드는 불유쾌한 관행에 과감하게 도전할 수 있는 뱃심을 지닌 사람들이.

그들은 '행운의 섬'을 찾기 위해 밤낮을 가리지 않고 동쪽 바다를 주의 깊게 지켜봤다.

그들은 치리코프가 거기에서 남쪽으로 훨씬 더 떨어진 곳에서 발견했던 아메리카 해안을 그보다 정확히 하루 뒤진 7월 16일에 목격했다. 그러나 북위 58도 14분에 해당되는 그 위도의 해안은 꼭대기가 눈으로 뒤덮인 거대한 산맥을 배경으로 해서 홀로 우뚝 솟아오른 검은 산봉우리가 지배하고 있었다. 그 산은 바로 세인트일라이어스 산이었다. 그 해안에는 강풍이 휘몰아쳐 그들은 닻을 내릴 수도, 상륙할 수도 없었다. 그러나 그로부터 나흘 뒤 그 해안 바로 앞에 자리잡은 카약 섬이 수평선에 떠올랐다. 그들은 바람을 가려주는 그 해안 앞바다에 무사히 정박했다. 상트페트르 호에 탄 대원들은 몹시 기뻐했다.

그런데 원정대 대장만은 예외였다. 그는 얼마 후에 괴혈병으로 알려진 병의 초기 증세로 인해 침대에 누워 있었다. 대원들이 통풍이 잘 되지 않아 답답하고 어두컴컴한 그의 선실에 들어가 아메리카를 발견했다는 소식을 전해 주자, 그는 침대에 누운 채로 그들에게 여러 가지 질문을 던졌다. 그러나 그들은 그곳이 아메리카임을 믿어 의심치 않아 그에게 축하의 말을 건넸다. 당시 관례에 따라 정중하고도 열띤 어조로, 그가 이제 불후의 명성을 얻게 되었다는 등의 이야기를. 그러나 베링은 벽을 향해 고개를 돌리는 것으로 응답했다.

그 원정의 결정적인 순간에 이르러 그에게서 뭔가가 빠져나간 듯했다. 그것은 마치 힘차게 돌아가던 기계가 삐걱거리는 소리를 내면서 서서히 멈추는 것과도 같았다. 그의 원정의 목표였던 땅, 10여 년 동안 밤낮으로 그의 생각을 사로잡아왔던 그 땅이 드디어 발견된 시점에서……. 그는 병들고 탈진한 상태라 아무 감정도 느끼지 못했다. 그는 아픔을 무릅쓰고 일어나, 옷을 걸쳐 입고 갑판에 나가 흐리멍덩한 눈으로 카약 섬의 곶들과 낯선 아메리카 대륙의 험준한 산맥을 바라봤다.

그는 그 드높고 황량한 산맥을 보고 갑자기 두려움에 사로잡혔다.

우리는 이제 우리가 모든 것을 찾아냈다고 생각한다. 그러나 우리는 고향에서 참으로 멀리 떨어진 미지의 고장에 와 있고, 앞으로 어떤 일이 일어날지 알 수 없는 상황에 처해 있다는 점을 염두에 둬야 한다. 우리가 돌아가려 할 때 역풍이 불어와 귀환하는 것을 방해할지 누가 알겠는가? 우리는 이 고장에 대해 아무것도 모르고 있고, 여기서 겨울을 날 수 있을 만한 식량도 보유하고 있지 않다.

그것은 패배의 목소리였다. 그 말에 놀란 부하장교들은 갑자기 겁쟁이처럼 성마르고 신경질적이고 불안한 사람으로 돌변한 나이 들고 병든 덴마크 사람의 수척한 얼굴을 멍하니 쳐다보기만 했다. 스텔러는 그렇게 쳐다보는 정도에서 그치지 않았다. 그 무렵, 혹은 그후부터 그는 베링을 거의 존경하지 않았다. 그는 그곳이 황량하고 척박하다고 노파처럼 불평이나 늘어놓는 소리를 들으려고 그 머나먼 신대륙까지 온 것이 아니었다. 그는 그 땅에 상륙해서 답사를 해보기로 결심했다.

그는 베링의 지시를 무시하고 섬에 상륙했다. 배에서 바라봤을 때 그곳은 어슴푸레하기만 한 금단의 땅이었다. 그러나 섬에 오른 스텔러는 박물학자의 흥미어린 눈으로 그 일대의 모든 것을 살펴봤고, 자기처럼 신대륙에 도착한 것에 감격해하는 동료 한 사람과 함께 식물채집을 하며 돌아다니다 지하에 반쯤 묻힌 흙집 하나를 발견했다.

그는 그 집에서 훈제한 연어, 활과 화살, 불 피우는 도구, '석기시대'의 제례의식과 관련된 여러 가지 물건을 발견했다. 그는 흥미로워 보이는 도구들은 모두 챙겨넣었지만, 쇠솥과 중국제 꺼리는 제자리에 그대로 놔뒀다. 그는 (오늘날의 역사학자들과 마찬가지로) 제례의식과 관련된 그런 물건들이야말로 그들이 아시아계의 혈통을 타고났고 아시아와 많은 교류를 한 사람들임을 입증해주는 증거들이라 판단했다. 그는 지칠 줄 모르는 끈기와 흥미를 갖고서 연구할 만한 다른 대상들을 찾아나섰다.

그런데 날이 어두워질 무렵 상트페트르 호에서 대포 한 문이 연이어 불을 뿜었다. 그것은 뭔가 조짐이 좋지 않다는 것을 알리는 소식이었다. 할 수 없이 배로 돌아간 스텔러는 병이 든 대장에게서 호된 꾸지람을 들었다.

이튿날 아침, 베링은 침대에서 일어나 원정대의 다음 행보를 결정할 수 있을 만큼 어느 정도 병세가 호전되었다. 그는 자신이 오랫동안 찾아헤매기는 했으나, 몇 해째 황달증세가 사라지지 않는 피로한 눈에는 그저 칙칙한 잿빛으로만 비칠 뿐인 그 황량한 해안에 더 이상 머무르고 싶지 않았다. 여름도 거의 다 지나갔고 양식도 떨어졌다. 이제는 시베리아로 떠나야 했다.

그 말에 대원들은 모두 항의했고, 스텔러는 불같이 노했다. 그러나 베링은 요지부동이었다. 스텔러가 볼 때 대장은 자신들이 지켜보는 가운데 그대로 무너져버린 듯했다. 그는 이제 허깨비 같은 존재에 지나지 않았다.

그는 그저 어리석은 고집과 한 줌밖에 되지 않는 원주민들에 대한 두려움, 심약한 마음이 불러일으킨 향수 때문에 그렇게 나오는 것에 지나지 않았다.

이것은 스텔러가 그날의 대장의 처사를 맹렬하게 비난한 말들 중에서 오늘날까지 전해진 명확하고 가혹한 표현 중의 하나다. 과거에 그들은 가까운 친구 사이였던 듯하다. 그러나 스텔러는 학문연구 분야에서는 많은 이해력과 상상력을 보여줬지만, 인간관계에서는 그런 점들이 거의 결핍된 사람이었다.

그는 그 침울한 덴마크 사람의 내면에 자리잡고 있는, 피로에 지치고 좌절감에 사로잡힌 거인의 면모를 전혀 보지 못했다. 사방에서 많은 질책과 비난을 받고, 감사할 줄 모르는 사람들에게서 무시를 당하면서 오랜 세월에 걸쳐 아시아 대륙의 반을 답사해야 하는 과중한 부담에 허덕여온 사람의, 하늘 높이 솟은 세인트일라이어스 산의 을씨년스러운 대빙하들 앞에서 자신의 필생의 과업이 하잘것없는 것으로 돌변하는 것을 목격한 사람의, 그리고 지상의 정복자들 중에서 가장 특이하고 가장 따뜻한 심성을 지녔던 사람의 면모를. 그러나 스텔러가 볼 때 알래스카에서 그대로 물러난다는 것은 우스꽝스러운 겁쟁이나 할 만한 짓이었다.

베링은 그 엄청난 계획을 실천에 옮기기 위해 10년 동안이나 준비해왔다. 그래놓고 정작 그곳에 도착해서는 불과 10시간 동안만 그곳을 답사했다!

❧

바다는, 지상에서는 실제로 존재한 적은 없어도 인간의 마음속에서만은 늘 존재했던 '행운의 섬'의 비밀을 강탈당한 것에 분노해 베링의 생을 아예 끝장내려고 결심하기라도 한 듯이 상트페테르 호의 귀환항로 주위에 폭풍우와 먹구름을 몰고왔다. 7월 말경, 그들은 아직도 알래스카 해안에서 그리 멀지 않은 곳을 항해하고 있었다. 끊임없이 흐르는 안개와 흩날리는 진눈깨비 사이로 언뜻언뜻 해안이 보였다.

이윽고 그들은 섬들의 미로 속에 갇힌 채 남쪽이나 남서쪽으로 방향을 돌리려 애썼지만, 역풍이나 동쪽으로 흐르는 조류에 떠밀려가거나, 알류샨 열도 일대의 소용돌이치는 바다 속에서 화산이 폭발하는 광경을 보고 눈을 휘둥그렇게 뜨곤 했다. 그들은 한두 차례 그 열도의 황량한 해변에 상륙하여 물통을 채우고 돌아오는 데 성공했다. 그러나 선원들 사이에서는 괴혈병이 빠르게 번져갔다.

그 배는 아메리카 해역 일대에서 두 달 동안이나 역풍과 조류하고 힘겹게 씨름하다 마침내 북대평양 횡단 항로에 집어들었다. 그즈음 침울하고 과묵한 베링은 괴혈병을 앓는 바람에 그 배의 실질적인 지휘권을 자신의 두 부관인 박셀과 키트로프에게 넘겨주다시피 했다. 얼마 후 그들은 뒤에서 배를 밀어주는 순풍을 만난 덕에 별탈 없이 아시아 가까이 이르렀으며, 쿠릴 열도 최북단에 있는 섬들의 모습이 보였다. 그때 그들은 당대의 형편없는 항해기술로 인해 큰 착오를 범했고, 그것은 그 배에 탄 대원들 3/4의 운명을 결정지었다.

그들은 캄차카의 위치를 잘못 계산했다. 그들은 자기네 배가 북위 54도 근방에 있었음에도 56도 선상에 있는 것으로 관측했다. 이윽고 육지가 보여 상트페트르 호는 그쪽으로 다가갔다. 칙칙한 물안개가 10월의 암울한 대기를 온통 뒤덮고 있는, 나무 하나 없이 드넓은 모래밭만 펼쳐진 밋밋한 땅을 향해서. 그곳에 수로 하나가 보여 상트페트르 호는 그 어귀 안으로 들어갔다.

그들은 그 수로 안에 들어서자마자 그곳이 아바차 항이 아니라는 것을 알았다. 박셀과 키트로프는 그곳에 들어올 때 못지않게 신속하게 그곳을 빠져나가고 싶어 노심초사하면서 날이 밝기만 기다렸다. 그러나 이튿날 아침에는 엄청난 폭풍우와 함께 짙은 안개가 몰려오는 바람에 주위는 여전히 어두웠으며, 그 작은 배의 주 돛대는 강풍으로 쓰러져 쓸모 없는 것이 되고 말았다.

병으로 두 달 동안이나 가물가물한 의식상태 속에서 갑판 밑의 선실에 누워 있던 베링은 선원들이 연신 쿵쾅거리면서 황급히 뛰어다니는 소리, 돛대가 삐걱거리고 밧줄이 나무와 마찰되는 소리, 거대한 파도가 연이어 그 배를 덮치는 소리를 들었으며, 침침한 현창을 통해서 수많은 파도가 흰 거품을 일으키면서 무섭게 들끓는 광경을 목격했다. 마침내 부하들이 선실로 내려와 그 소식을 전했다. 그들은 그 계절에 상트페테르 호를 몰고 항해하려 하는 것은 무모한 짓이니 여기서 겨울을 날 수밖에 없을 것 같다고 말했다.

베링은 깊은 나락으로 떨어져가는 정신을 간신히 수습하고—그가 정신을 차린 것은 그것이 마지막이었다—는 그렇게 해서는 안 된다고 했다. 그곳이 그들의 말처럼 캄차카 해안이라면 어떻게 해서든지 페트로파블로프스크 항을 찾아내야 한다고. 그러나 그들은 그렇게는 할 수 없다는 식으로 잘라 말하고는 그의 곁을 떠났다. 그 배에 탄 대원들의 3/4이 괴혈병으로 몸져누웠다. 그리고 그들은 그 섬에서 월동을 해야 했다.

그들은 얼마쯤 시간이 흐른 뒤에야 비로소 그곳이 캄차카에 속한 해변이 아니며, 따라서 미지의 땅일 수밖에 없다는 사실을 깨달았다. 그들은 캄차카가 아니라 생전 처음 본 섬에 상륙한 것이다. 오늘날 베링 섬이라 부르는 코만도르스키예 섬에. 캄차카는 그 섬에서 150km나 떨어져 있었다. 꽤 넓은 그 섬은 큰 나무들도 없고 사람도 살지 않는 곳이었다. 섬 안쪽에는 키 작은 관목숲이 널려 있었고 짐승들이 우글우글했다. 그러나 처음에는, 살아 있는 생물이라고는 갈매기뿐이고, 사나운 바람만 끝없이 설쳐대는 황량한 섬처럼 보였다.

그들은 이제 배 위에서는 머물러 있을 수가 없었다. 베링의 부관들은 11월의 칼바람 속에서 대원들을 이끌고 섬에 상륙했다. 그들이 파도가 미치지 않는 을씨년스러운 언덕에 자리잡았을 때 많은 사람이 추위를 견디지 못하고 죽었다. 그동안 스텔러와 장교들은 대여섯 명의 대원들과 함께 움막을 지었고, 돛천과 유목들로 바람막이를 설치했다. 석 달 동안 77명의 대원들 중에서 30명이 넘는 사람들이 죽었다. 지칠 줄 모르는 에너지를 지닌 스텔러는 그 석 달이 거의 끝나갈 즈음 대원들이 광포한 겨울 폭풍우를 피할 수 있는 깊은 구덩이들을 팠다.

대원들은 배의 선실에 누워 있던 베링을 스텔러의 구덩이 바로 곁의 구덩이로 옮겼다. 묘하게도 그즈음에 이르러 스텔러가 대장에게 품고 있던 적개심은 가라앉았다. 그는 이제 노인이 되어버린 대장의 모습을 살펴보고는 그의 최후가 멀지 않다는 것을 알았다.

> 60세의 나이, 비대한 체구, 그동안 겪어온 수많은 고난과 시련, 낙담, 침울한 성격과 무력증 등이 합세해서 그의 병을 악화시켰다……. 아바차 항으로 돌아가 적절한 음식을 섭취하고 따뜻한 방에서 쉴 수만 있다면, 그는 분명 건강을 되찾을 것이다. 그러나 베링 섬의 황량한 해안에 판 모래구덩이 속에 누운 상태에서는 가망이 없었다. 그는 그곳에서 구할 수 있는 유일한 약인 고래기름을 몹시 싫어해서 죽어도 먹지 않으려 들었다. 그는 주위 사람들이 혹심한 고통을 겪고 있다는 사실을 알아채지도 못했다. 원정대가 곤경에 처해 대원들의 앞날이 암담하다는 것을 알았더라면 분연히 떨쳐 일어났을지도 모르는데…….

그렇게 해서 우리는 이 기록 속에 등장하는 스텔러의 다음과 같은 마지막 모습을 목도하게 된다. 여전히 냉정하고 비판적인 태도를 지닌 채 열심히 베링을 보살펴주다, 안개가 낮게 깔린 관목 숲으로 나가 사냥을 하고—그 섬에는 짐승들이 아주 많았고, 그 짐승들은 생전 사람을 본 적이 없어서 스텔러는 손쉽게 사냥을 할 수 있었다—그 일대를 답사한 뒤 다시 구덩이에 돌아와서, 유틀란트에 있는 요나스의 집에서 아주 멀리 떨어진 곳까지 온 늙은 대장의, 눈을 감은 평온한 얼굴을 내려다보고 있는 모습을.

아마도 스텔러는 그 원정을 통해, 베링보다 먼저 '행운의 섬'을 찾아나선 다른 정복자들에게서는 좀처럼 찾아보기 힘든 깊은 인간미, 비관적인 관점, 패배에 직면해서 좌절감에 빠진 인간적인 약점 등을 직접 목격했을 것이다. 베링은 아마 그런 정복자들의 초상을 모아놓은 전시실에서 빠져서는 안 될 인물이었을 것이다. 베링은 다른 정복자들보다 덜 용감했을지는 몰라도 훨씬 더 인간적인 사람이었고, 그런 요소는 그와 같은 삶을 산 사람들에게서는 참으로 찾아보기 힘든 희귀한 것이었다. 그러나 결국 기력이 떨어지고 탈진 상태에 빠지면서 그런 모든 미덕도 그 속에 매몰되어버리고 말았다.

베링은 구덩이에 누워 있었을 때, 부하들에게서 자기네가 도착한 곳이 어떤 섬이라는 이야기를 듣고 희미한 미소를 머금었을지도 모른다. 드디어 '가마랜드', '행운의 섬'에 도착했다고 생각하면서! 그리고 또 어쩌면 육체는 병들고 영혼도 기운이 다해 아무것도 의식하지 못한 채 그대로 잠들었을지도 모른다.

그는 1741년 12월 8일, 날이 밝기 두 시간 전에 사망했다.

그는 호르센스 시에서 8,000km나 떨어진 오두막들 뒤의 모래구덩이 속에 묻혔다. 얼마 후 그의 무덤에는 눈이 잔뜩 쌓였다. 이듬해 봄이 오면서 상트페테르 호의 생존자들은 새 보트 한 척을 지은 뒤, 그 지상의 정복자와, 그가 폭우와 역류를 비롯한 온갖 재난을 이겨내고 성취한 업적들을 뒤에 남겨둔 채 섬을 떠났다. 그리고 그 섬은 1930년대까지 무인도로 남아 있었다.

⚜

8월 27일, 스텔러와 장교들을 비롯한 46명의 생존자들은 드디어 캄차카 해안에 도착해서, 그곳 사람들에게(궁극적으로는 러시아 사람들에게) 자기네가 아메리카를 발견했고 베링이 사망했다는 소식을 전했다.

교역의 관점에서 볼 때 아메리카를 발견했다는 소식보다 훨씬 더 중요한 것은 알류샨 열도를 발견했다는 소식이었다. 러시아 사람들은 서구 사람들에게 자기네가 문명화되고 서구화된 나라라는 인상을 심어주고 싶은 마음은 굴뚝 같았지만, 그런 마음을 꾹 참고 베링의 항해에 관한 거의 모든 정보를 감춰둔 채 알류샨 열도와 알래스카를 개척하는 일에 착수했다.

베링의(그리고 치리코프의) 항해는 '가마랜드'와 '행운의 섬'을 북태평양 지도에서 몰아냄으로써, 그 바다와 관련된 큰 수수께끼를 해결했다. 그리하여 그런 땅들은 대륙의 알려지지 않은 오지들 속에 웅크려 지내는 것을 단념하고, 시간·공간상으로 전혀 새로운 곳을 찾아나서야 했다. 아시아나 남·북극, 그리고 사람들의 호기심을 자극하는 머나먼 아프리카의 오지로.

Mungo Park

제7장 | 나이저 강과 팀북투에 이른
멍고 파크

∎

세고로 가는 길은 늪지대 가장자리를 따라 이어졌다. 그러나 그곳을 지
나자 모든 것이 가지런히 정돈되고 잘 경작된 땅이 펼쳐져 있었다.
이윽고 멍고 곁에서 가던 흑인이 앞을 가리켰다. 강을 보라고!
그 광경을 목도한 최초의 유럽 인인 멍고는 놀란 눈으로 바라보면서
길게 심호흡을 했다. 저 멀리, "웨스트민스터의 템스 강만큼이나 넓고"
'동쪽으로 유유히 흐르는' 강은 바로 나이저 강이었다.

지상을 정복하려는 부지런한 움직임은 11세기부터 시작되어 지상 전역에 인간의 발자취가 거미줄처럼 복잡하게 뒤얽힌 것처럼 보이는 이 시대에 이르기까지 계속되었으나, 아프리카 내륙은 오랫동안 외부인들의 침입을 받지 않았다. 콜럼버스가 등장하기 전, 항해왕 엔리케의 지시를 받은 포르투갈 사람들은 해마다 배를 몰고 아프리카 서해안을 따라 조금씩 조금씩 전진하기 시작해, 그들이 '기니 해안', '황금 해안' 등으로 이름 붙인 해안들에 이르렀다.

그들은 그 해안의 일정한 어떤 선—감비아 강 어귀를 기점으로 한—밑에서부터는 사람들의 피부가 갈색에서 검은색으로 변한다는 사실을 알았다. 그들은 아랍 화된 무어 인들의 지역을 지나 진짜 흑인들이 사는 지역에 이른 것이다. 그리고 그들은 이 책의 다른 장들에서 언급한 바 있는, 오랜 세월에 걸친 논란과 항해 끝에 마침내 희망봉을 돌아 잔지바르(아프리카 동해안)에 도착했고, 거기서 다시 인도로 가는 항로를 열었다.

다른 해양민족들, 곧 네덜란드와 스페인과 영국의 배도 그들의 뒤를 따랐다. 네덜란드 사람들은 남아프리카에 상륙해서 초창기에는 약탈과 경작을 병행하다가, 나중에는 그 지역을 식민지화했다. 포르투갈 사람들은 앙골라에 상륙해서 아프리카 남부 중앙지역까지 뚫고들어가, 17세기가 끝나기 전까지 그 일대 곳곳에 경계가 불분명한 이상한 '왕국들'을 세웠다. 그러나 세월이 흐르고 포르투갈 본국의 세력이 약해지면서 그 왕국들은 하나하나 사라지고 말았다. 아프리카의 드넓은 북부지역은 일부 백인들이 강과 해안을 통해 침입하기는 했지만, 대체로 미지의 영역으로 남아 있었다.

유럽 인들은 그 미지의 영역 중심부 깊숙한 곳을 흐르는 나이저 강에 대한 소문을 오랫동안 들어왔다. 그 일대의 산과 숲 사이를 흐르는, 나일 강에 버금가는 그 큰 강 주위에는 전설적인 팀북투 시가 자리잡고 있었다.

그 강에 대한 소문은 역사시대 초창기부터 지중해 사람들의 마음을 사로잡았다. 후기왕조 시대의 이집트 인들은 그곳을 찾아내기 위해 원정대를 파견했다. 그 원정대는 실제로 차드 호 지역 어딘가에서 나이저 강변에 이른 듯하다. 그러나 이슬람 교가 출현하면서 아랍 인 자신들이 여행에 대한 지식과 지리적인 호기심을 갖게 되기 전까지, 지중해 일대 사람들과 그 강이 흐르는 머나먼 지역과의 교류, 혹은 교류의 꿈은 단절되었다.

그런 지리적 호기심이 나타나기 전인 9세기경 리비아 인들과 베르베르 인들과 아랍 인들은 사하라 사막을 횡단하여 나이저 강 상류지역에 자리잡은, '원시문화' 를 토대로 하는 미개한 흑인 국가들과 접촉했다. 이윽고 그런 접촉을 계기로 해서 송가이Songhay나 보르누Bornu라는 흑인들의 큰 왕국들이 일어나, 11세기와 12세기에 모로코 남쪽을 탐험하러 온 아랍 지리학자들을 놀라게 했다.

나이저 강을 발견한 지리학자들은 묘하게도 유서 깊은 두 가지 논쟁거리에 관해서는 확실한 답을 주지 못했다. 그 하나는, 그 강이 어디에서 발원하는가였다. 1153년에 발간된 이븐 모하메드 알 이드리시의 지도는 그 강이 나일 강에서 발원한다고 표시해놓았다. 그리고 아랍 세계에서 가장 유명한 여행가였고 1353년에 팀북투에 들른 적이 있는 이븐 바투타는 '미지의 땅' 에서 발원한다고 했다. 또 하나의 논쟁거리는, 그 강이 어디로 흘러가는가였다. 이에 대해 알 이드리시는 대서양으로 흘러간다고 했고, 이븐 바투타는 '내륙의 사막지대' 로 흘러간다고 했다.

그러나 17세기와 18세기에 이르러 포르투갈 인들과 프랑스 인들과 영국인들이 서아프리카 해안에서 노예사냥을 시작하면서 그 해안은 세상에 널리 알려졌고, 그 일대의 정확한 지도들도 속속 발간되었다. 그런 상황에서 나이저 강같이 큰 강을 미지의 상태로 남겨두고, 그 강이 그저 대서양으로 흘러간다는 식으로만 생각하고 넘어간다는 것은 있을 수 없는 일로 여겨졌다. 서아프리카의 큰 강들, 곧 감비아 강이나 콩고 강 어귀가 어딘지는 모두들 알고 있었다. 그렇다면 콩고 강이 나이저 강의 또 다른 이름이 아닐까?

1778년, 영국에서는 '아프리카에 대한 과학적인 탐험'을 장려하고 뒷받침하기 위해 조셉 뱅크스 경을 회장으로 하는 '영국 아프리카 협회'가 발족되었다. 그 협회 사람들은 협회가 창설되고 나서 채 5년이 지나지 않은 기간 동안 나이저 강을 답사할 탐험가를 세 차례나 파견했다. 협회가 파견한 첫 번째 탐험가인, 미 해병대 출신의 레드야드는 리비아에서부터 나이저 강을 찾으려는 생각을 갖고 있었다. 그러나 그는 본격적인 원정에 나서기도 전에 카이로에서 사망했다.

두 번째로 선발된 루카스는 예전에 모로코에서 노예로 일하던 사람이었다. 그는 사하라 사막을 가로질러 나이저 지역으로 가겠다는 제안을 했고, 실제로 원정대를 이끌고 트리폴리에서 출발했다. 그러나 그는 출발한 지 불과 닷새가 지났을 때 대장에게 '반기를 든 아랍 인들'과 충돌한 뒤 일행을 끌고 되돌아왔다(그는 그들의 정치적인 행위들에 대해 언급했다).

협회가 그 다음에 선택한 사람은 하우턴 소령이었다. 훗날 프랑스 소유의 큰 비행장이 건설될 고레 섬(세네갈의 다카르 앞바다에 위치한 섬으로, 프랑스의 요새 두 군데가 건설되어 있었다. 노예무역의 주요 중계지 역할을 맡아 2,000만 명에 이르는 흑인노예들이 이곳을 거쳐서 미국으로 수송되었다—옮긴이)에서 소령으로 복무한 적이 있는 그는 당대의 표현을 빌리자면, 비범한 용기와 수완을 지닌 데다 아랍 어를 능숙하게 구사할 줄 아는 인물이었다.

하우턴은 레드야드나 루카스보다 훨씬 더 멀리까지 갔다. 그는 피사니아(지금의 감비아 강 카란타바—옮긴이)의 닥터 레이들리라고 하는 감비아의 백인 노예상인의 도움에 힘입어, 울리, 카손, 카르타라는 이름을 지닌 '흑인 왕국들'을 차례로 통과했다. 카르타 왕국 너머에는 아랍 인들—당시의 표현법으로는 '무어 인들'—의 피가 반쯤 흐르는 사람들의 '왕국'인 루다마르가 자리 잡고 있었다. 얼마 후 자라라는 접경 마을에 도착한 하우턴은 거기서 800km나 떨어진 곳에 있는 레이들리에게 그 특유의 편지를 써보냈는데, 그것이 그의 마지막 편지가 되고 말았다.

친애하는 레이들리 박사님께. 하우턴 소령 근정謹로. 현재 팀북투로 가는 중. 건강은 양호한 편임. 켄드 불라르의 아들에게 모든 물건을 강탈당했음.

하우턴은 이런 암호 같은 마지막 편지를 띄우고 나서 루다마르 왕국에 들어간 뒤 다시 강탈을 당했다. 그는 벌벌 기어서 무어 인들이 사는 어느 마을에 들어갔으나, 그곳 사람들이 음식을 주지 않는 바람에 결국 굶어죽었다. 그렇지 않았다면 그곳 사람들이 몽둥이로 그의 머리를 쳐서 죽인 뒤 시신을 숲 속에 내버렸을 것이다.

하우턴이 그런 재난을 당했다는 소식은 사냥한 노예들을 끌고가는 일행들을 통해 해안까지 전해졌고, 레이들리는 다시 그 소식을 런던의 아프리카 협회에 전했다. 그렇게 해서 세 번째 원정은 불운한 종말을 고하고 말았다. 뱅크스와 그의 동료들은 또다시 불운한 하우턴의 역할을 대신해줄 사람을 찾기 시작했다.

❧

아프리카 협회에서 네 번째로 나이저 강 탐험을 시도할 사람으로 선택한 그 주목할 만한 인물은 1771년 스코틀랜드 셀커크 근방의 한 농가에서 태어났다. 그는 영세농인 아버지와, 스코틀랜드 땅을 경작하면서 살아가는 배타적이고 특이한 가문 출신의 인물 좋고 유능한 어머니 사이에서 태어난 열세 자녀 중의 하나였다. 그의 집은 그리 가난하지도, 부유하지도 않았지만, 하인이 한 사람 딸려 있었다. 오늘날 그를 연구하는 학자는 파울실스에 자리잡은 그 작은 현무암 집을 보고 정말 그랬는지 의심하기는 했지만.

멍고 파크Mungo Park의 아버지는 신앙심이 깊고 엄격하고 무뚝뚝한 사람이었다. 그의 어머니는 자식을 쑥쑥 잘 낳는 다산성의 체질을 갖고 있었는지 몰라도, 지적인 면에서는 남편 못지않게 불모의 상태가 아니었나 싶다. 멍고의 형제자매 역시 평범하고 친절하고 따분한 사람들이었다. 그러나 멍고 자신은 수많은 작은 우연의 작용에 의해서 그들과는 다르게 성장했고, 그로 인해 훗날 머나먼 아프리카의 루다마르 땅에서 사망한 하우턴의 뒤를 잇는 이상한 운명을 밟게 되었다.

그는 키가 크고 갈색머리에, 작은 입과 잘생긴 외모를 지녔으며, 신앙심 깊고 수줍음을 잘 타는 청년이었다. 그를 잘 아는 사람들이 어린 시절의 그를 회고할 때 자주 입에 올리는 것은 바로 그 수줍음이었다. 그의 그런 성격은 평생에 걸쳐 지속되었다. 물론 성장하면서 약간 바뀌기는 했지만, 그것은 내면적인 수줍음이 극도로 냉정하고 자제력이 강한 모습으로 외양만 바꾼 데 불과했다. 그런 외면적인 마스크 뒤에는 아마 우리가 짐작도 할 수 없을 만큼 격렬한 반항심 같은 것이 들끓고 있었을 것이다.

그는 셀커크에 있는 중학교를 다녔는데, 학업성적이 아주 뛰어나고 모범적인 학생이었다. 그는 평상시뿐만 아니라 저녁 무렵이나 아침나절에 스코틀랜드의 진창길을 걸어가면서도 책을 읽었다. 그는 당대의 스코틀랜드에서 발간된 수많은 시와 소설, 종교서적 등을 읽었으며, 아주 어렸을 때부터 식물과 그 삶의 경이로움에 눈을 떴다. 일찍부터 형성된 식물학에 대한 그의 이런 열정은 그의 생애를 틀짓는 역할을 했을 가능성이 많다. 그가 성직자가 되기를 거부하고 의학공부를 하기로 결심하자 부모는 크게 실망했다.

그는 1786년에 그런 결심을 했다. 그는 당시 관례에 따라 근처에 사는 개업의 밑에서 일을 배웠으며, 스승과 함께 그 지방 곳곳을 돌아다니며 환자들에게 약을 지어주거나, 스승이 남다른 방식으로 수술하는 것을 거들었다. 그러나 그는 의사라는 직업에 그리 큰 매력을 느낀 것 같지는 않다. 그는 속내를 알기 힘든, 따라서 애정을 주기도 어려운 청년이었다. 1789년, 그는 에든버러에 가서 대학에 입학했다. 평생 지속된 그의 성격적 특징, 곧 장로교 신자 특유의 차분한 신앙심을 지녔고, 자기 중심적이고 자제심이 강하며, 가끔 친구들에게 열중하고 불행한 사람들에게 연민을 지니는 등의 특성은 이때 이미 거의 형성되었다.

그는 정식 의사가 되었을 때도 다음 단계에 대한 회의에 사로잡혀 머뭇거렸던 듯하다. 그때 그는 불과 스무 살밖에 되지 않았음에도, 주위 사람들은 그가 의료업이건 다른 어떤 직업이건 간에 아무튼 적당한 직업에 안주하지 않고, 자신의 시간은 물론이고 주님의 시간을 하릴없이 낭비하고 있다고 여겼다. 그는 그런 회의를 자기 매부 제임스 딕슨의 친구인 조셉 뱅크스 경에게 솔직하게 털어놨다. 그 일을 계기로 해서 그는 또 다른 운명과 접하게 되었다.

여러 가지 일에 폭넓은 관심을 갖고 있었던 조셉 뱅크스는 그 무뚝뚝한 스코틀랜드 청년에게 관심을 가졌다. 뱅크스는 일반적인 스코틀랜드 개업의들처럼 지루하고 따분한 삶을 살고 싶어하지 않는 그 청년의 심정을 이해했고, 얼마쯤 지난 뒤 결국 그가 좀더 좋아할 만한 일자리를 찾아냈다. 멍고 파크는 수마트라의 벤쿨렌으로 떠날 '우스터 호' 라는 동인도 무역선의 외과의사 자리를 기꺼이 받아들였다.

멍고는 그 배를 타고 1년 동안 항해했는데, 우리는 그때의 일에 대해서는 거의 아는 바가 없다. 그는 그 항해를 즐겼던 듯하고, 수마트라에서 식물연구에 몰입했던 듯하다. 그는 그때까지 이름이 없었던 새로운 물고기 여덟 종을 자세히 서술한 편지를 '린네 협회' 에 보냈다. 우스터 호가 영국 쪽으로 뱃머리를 돌린 뒤, 그는 낮 동안에는 선수루(이물에 있는 선루-옮긴이) 갑판에서 몸이 아픈 선원들을 차분한 자세로 열심히 치료해줬고, 좀처럼 잠이 오지 않는 밤이면 고향 쪽의 하늘에서 빛나는 별들을 바라보곤 했다.

날씨가 좋아 그 배는 순조롭게 희망봉을 돌아갔고, 그는 동쪽 수평선에 거무스레하게 떠오른, 더없이 이상한 거대한 대륙을 몇 주 동안 물끄러미 지켜봤다. 그때 그의 내면에서는 갖가지 의문이 꼬리를 물고 이어졌다. 탐험가들 특유의 호기심 어린 의문들이. 저 대륙 안쪽에는 어떤 것들이 있을까? 황금의 팀북투에 맨 처음 들어간 백인은 누구였을까?…… 아마도 그는 한노(기원전 5세기에 항해탐험단을 이끌고 아프리카 서부해안을 탐험해 식민지를 건설한 카르타고 사람-옮긴이)처럼 밤중에 멀리 떨어진 해안을 바라보다 그 어둠을 밝히는 불빛들을 목격했을 것이다.

우스터 호는 영국에 도착했다. 급료를 받고 그 배를 떠나 다시 실업자 신세가 된 멍고는 런던의 매부 집에 머무르면서 일자리를 알아봤다. 일반 개업의가 되지 않겠다는 결심은 어느 때보다도 더 확고했다. 하지만 오랫동안 배를 타고 항해하는 것도 몹시 지루했다. 그로서는 이도 저도 할 수 없는 막다른 골목에 내몰렸다.

그런데 '영국 아프리카 협회'에 하우턴이 사망했다는 소식이 들어오면서 멍고는 이내 그런 막막한 처지에서 벗어났다. 협회에서는 앞서 파견한 탐험가들이 이런저런 사유로 목적달성에 실패한 것에 그다지 놀라지 않았다. 그럴 수 있으리라는 것을 이미 예견하고 있었으니까. 그리하여 그들은 나이저 강의 발원지와 하구를 밝혀낼 또 다른 탐험가를 파견하기로 결정하고, 그 임무를 맡을 만한 적당한 인물을 찾아나섰다. '교양 있고 믿을 만한 인물'을.

그때 멍고의 매부는 조셉 뱅크스 경에게 또다시 멍고를 추천했다. 조셉 경은 멍고를 기억하고 있었고, 그라면 적임자일 거라는 생각이 들었다. 그리하여 조셉 경은 협회 회원들에게 멍고 이야기를 했다.

그들은 멍고 파크를 적당한 인물로 봤다. 그들은 멍고 파크를 불러들여 면접을 봤다. 그는 수마트라의 햇볕에 갈색으로 탄 자취가 아직도 희미하게 남아 있는, 침착하고 열정적이고 공손한 청년이었다. 그 청년은 현재, 나이저 강을 찾는 일 외에 달리 하고 싶은 일은 없다고 분명히 말했다. "낯선 땅의 비밀을 밝히는 일은 여간 끌리는 일이 아니니까요."

그는 협회로부터 공식적인 위촉을 받고 1795년 5월에 아프리카로 떠났다. 그 자신의 말에 의하면, 그는 영국을 떠나기 전에 협회로부터 몇 가지 지침을 받았다고 한다.

아프리카에 상륙하여 나이저 강으로 가되, 밤부크 길로 해서 가도 좋고, 가장 편리하다고 여겨지는 다른 길로 가도 상관없었다. 나는 그 강이 어떤 코스로 흐르는지, 그리고 가능하다면 그 강의 발원지와 하구도 알아내야 했다. 나는 어떻게 해서든지 그 강 일대에 있는 중요한 마을이나 도시에 들러야 했다. 특히 팀북투와 부사에. 그런 연후에 유럽으로 돌아올 때는 감비아 길로 와도 좋고, 내가 처한 상황이나 그밖의 여러 가지 정황을 고려하여 가장 적합하게 여겨지는 다른 길로 와도 상관없었다.

꽃

멍고는 감비아 강 북쪽 둑에 있는 항구인 질리프리에서 아프리카 말을 쓰는 아프리카 사람을 처음 만났다. 그가 탄 배는 밀랍과 상아를 거래하기 위해 질리프리에 입항했고, 그는 그 항구에서 앞으로 자신이 전설적인 나이저 강을 찾기 위해 여행하려 하는 내륙국가에 관한 정보를 수집하기 시작했다.

그 나라는 흑인들과, 흑인 비슷한 사람들이 세운 소왕국들의 나라였다. 그 중 일부는 최근에 이슬람 교로 개종한 사람들이 세운 왕국들이었고, 또 일부는 이교도들(기독교나 이슬람 교 이외의 종교를 믿는 사람들-옮긴이)이 세운 왕국들이었다. 해안 일대에서 가장 흔히 볼 수 있는 유형의 흑인은 만딩고(만데) 족이었다. 그들은 키가 크고 체격이 우람하며 장사수완이 좋았고, "성품이 온화하고 사교적이고 쾌활한 사람들"이었다. 그들의 추장은 '카이드Caid'라 했고, 부족회의는 '팔라베르스Palavers'라 했는데, 이 팔라베르스라는 말은 그들이 예전에 포르투갈 인들에게서 영향을 받았다는 사실을 드러내준다. 그들은 옥수수와 쌀과 면화를 재배하고, 노예를 수출하고 외국의 노예상인들에게서 세금을 받았다. 그들은 대체로 유럽 인들과 접촉하면서부터 고대의 삶의 방식에서 서서히 벗어나기 시작한 미개인들이었다.

그 지역에는 만딩고 족과 아울러, 멍고의 표현법으로는 무어 인이라는, 말을 타고 다니는 호전적인 귀족계급인 잘로프Jaloff들, 내륙 오지에 거주하는 흑인인 펠루프Feloop들이 곳곳에 흩어져서 살았다. 펠루프들은 비사교적인 사람들로, 오지의 정글에 살면서 노예상인들을 만나면 그들의 목을 베곤 했다. 우리가 짐작하건대, 펠루프들은 원래 '황금시대' 흑인들로서, 문화의 세례를 받은 타지역 사람들이 원시인들에게 부과한 행위규범과 윤리의 속박을 받지 않아도 되는 오지로 이동한 것이 아닌가 싶다(20세기 전후로 그들 역시 이미 다른 집단 사람들과 뒤섞여 살기 시작했기 때문에 우리로서는 이렇게 추측만 할 수 있을 뿐이다).

멍고는 그곳이 해 뜨는 쪽에 펼쳐진 습한 땅일 것이라 추측했다. 그는 미지의 위험 속에 뛰어들기에 앞서 그 일대의 공통어인 만딩고 어를 배우려 애썼다.

얼마 후 그는 감비아에서 활동하는 백인 노예상인들의 마지막 근거지인 피사니아에 도착해서, 오지의 의사요 노예상인이자 자선사업가인 하우턴과 친하게 지냈던 레이들리의 집에 머물렀다. 그곳에서는 감비아 강이 그리 멀지 않았으며, 비가 자주 왔다. 그 진지하고 엄숙한 스코틀랜드 청년은 감비아 강이나 쏟아지는 빗발 같은 것은 거들떠보지도 않고, 선생 격인 현지 사람들을 붙잡고 만딩고 어를 배우거나, 단어장에 적어놓은 만딩고 낱말들을 외우는 것으로 대부분의 시간을 보냈다.

노예상인들은 그 집에 들러 그 청년을 구경하고는, 그에게 내륙의 오지 이야기를 해주곤 했다. 멍고 파크는 차분한 표정으로 귀기울이기는 했으나, 속으로는 그런 이야기의 대부분이 사실이 아닐 가능성이 많다고 판단하고 무시해버렸다. 그는 노예무역에 대해서는 별생각이 없었지만, 노예상인들을 정직한 사람들로는 보지 않았다. 7월 말경, 그는 이제 여행할 준비가 되었다고 판단하고 출발하려 결심했으나 느긋하게 월식을 구경하다가 감기에 걸렸다. 이튿날 그는 온몸이 불덩어리처럼 되어 쓰러졌다.

그는 열병 때문에 석 달이나 누워 지냈다. 그동안 아프리카 서해안 일대를 강타한 엄청난 폭우가 감비아 강에 하얀 물보라를 일으켰고, 온 세상을 하얗게 뒤덮은 그 은회색 빗발 속에 모든 것이 파묻혔다. 감비아 강의 수위는 점점 더 올라갔고, 멍고는 아프리카 개구리들의 요란한 합창 때문에 밤잠을 거의 이루지 못했다. 그는 열병 때문에 일이 뜻대로 이루어지지 않은 것을 냉정하고 초연한 자세로 받아들였다. 적어도 그 덕에 내륙 오지의 열병들에 대한 내성이 길러지겠다는 식으로.

열병은 서서히 가라앉았다. 그는 만딩고 어 공부를 다시 시작했고, 레이들리에게 하인과 말을 구할 수 있겠느냐고 물었다. 멍고를 좋아했던 레이들리는 친절하게도 뎀바라고 하는 젊은 흑인노예를 빌려줬다. 쾌활하고 낙천적이며 수다스러운 뎀바는 멍고를 모시고 무사히 그 해안지역으로 되돌아올 경우에는 노예 상태에서 해방시켜주겠다는 약속을 받았다. 레이들리는 또 존슨이라고 하는, 뎀바보다 좀더 나이 든 현지주민 한 사람을 고용해서 멍고에게 붙여줬다. 존슨은 서인도제도의 노예 출신으로, 영국령 자메이카의 농장에서 그의 윤리의식이나 삶의 의욕을 높여줄 수 있는 어떤 교육도 받지 못한 사람인 듯하다. 그리고 레이들리는 얼마 되지 않는 멍고의 짐과 교역물품들을 운반해줄 나귀들과, 자신을 태우고 아프리카의 내륙 오지로 들어간 "자고 강인한 말" 한 필을 구입하는 일을 주선했다.

마침내 멍고는 열병에서 벗어났으며 몸 상태도 다시 좋아진 것 같았다. 그리하여 1795년 12월 2일, 그는 레이들리와 다른 두 명의 백인 노예상인과 더불어 동쪽을 향해 떠났다. 그것은 네 명의 백인 외에도 두 명의 흑인 장사꾼과 존슨과 뎀바, 그리고 감비아에서 일하다가 고향으로 돌아가는 내륙 출신의 원주민 두 사람도 포함된 소규모 캐러밴(隊商)이었다. 멍고가 탄 말에는 "우산, 휴대용 육분의六分儀, 온도계, 나침반 두 개, 갈아입을 옷 몇 벌" 등이 실려 있었다.

그날 밤 그들은 내륙 마을인 진데이에 도착했다. 그들은 그곳에서 하룻밤을 묵었다. 그리고 이튿날 아침 세 명의 백인은 멍고에게 작별을 고했다. 그들은 멍고가 살아서 돌아오리라고는 전혀 생각하지 않았다. 그러나 훗날 기적적인 우연 몇 가지가 겹쳐 그들의 그런 예상은 빗나가고 말았다.

멍고의 연대기를 보면, 이때 그는 자신과 같은 부류의 백인들이 말머리를 돌려 서쪽 숲으로 사라지는 광경을 지켜보면서 맥이 쭉 빠지고, 자신이 아주 어린아이가 된 것 같은 기분과 아울러 외로운 기분을 느낀 듯하다. 그는 거기까지 함께 온 사람들, 곧 얼굴은 펑퍼짐하고 입술은 두껍고 눈은 둥그렇고 피부빛은 검은, 이질적이고 낯선 사람들을 둘러봤지만, 그들에게서 아무 위안도 얻을 수 없었다.

바로 그때 그의 내면에서는 나이저 강이 떠올랐다. 그는 그 강의 이름을 떠올리는 것만으로도 금방 가슴이 설레고 흥분으로 들떴으므로 기분 좋게 앞으로 나아갈 수 있었다.

❦

그는 곧 왈리 '왕국'에 도착했다. 왈리로 들어가는 길목을 지키던 사람들은 그에게 무거운 세금을 물렸다. 그 스코틀랜드 청년은 세금징수원들의 숫자가 너무 많아 총으로 쏘아 죽이거나 말로 짓밟을 수는 없으리라는 걸 깨닫고, 순순히 세금을 낸 뒤 가던 길을 내처 갔다. 그 나라의 땅은 평탄하고 기름졌지만 남쪽은 정글로 뒤덮여 있었으며, 앞쪽에는 울창한 숲이 펼쳐져 있었다.

그들은 작은 마을이 여기저기 흩어져 있는 고장을 사흘 동안 가로지른 끝에 왈리 왕국을 벗어나 울리 왕국에 들어섰다. 그때까지 멍고 일행의 앞길을 가로막은 사람은 물론 그들을 도와준 사람도 없었다. 그는 아직도 해안지역 가까운 땅들을 지나고 있었고, 그곳 사람들은 크게 놀라는 기색 없이 그 진기한 백인을 흥미로운 눈길로 구경하기만 했다.

12월 5일, 그는 기후가 좋은 땅에 자리잡은 울리 왕국의 수도 메디나에 도착했다. 메디나는 진흙집들로 이루어진 '도시'로, 숲이 우거지고 완만하게 경사가 진 산자락에 자리잡고 있었다. 자타라고 하는 그 도시의 흑인 '왕'은 예전에 하우턴이 왔을 때 그랬던 것처럼 멍고를 따뜻하게 맞아줬다. 그 왕은 하우턴의 이름을 자주 떠올렸다. 그는 멍고에게 하우턴이 어떤 일을 당했는지 아느냐고 물었다. 멍고는 자세한 정보를 얻고 싶었기에 고개를 가로저었다. 그러자 흑인 왕은 멍고가 원하던 정보를 제공했다. 하우턴은 무어 인들에게 살해당했다!

멍고는 그 말을 듣고 크게 놀라고 충격받은 척했다. 그는 아프리카 군주들을 상대할 때면 늘 정중하고 예의바르게 행동하려 애썼다. 자타는 슬픈 눈으로 멍고를 바라보면서, 그 무엇도 그의 앞길을 가로막지는 못할 것이라고 말했다. 그는 그 백인의 무사함을 빌어줬다.

그후 멍고와 일행은 별다른 방해를 받지 않고 울리 땅을 가로질러, 12월 8일에는 여기저기 가벼운 상처가 나고 몹시 지친 상태에서 이야기나 논쟁에 자주 등장하는 유명한 마을에 도착했다. 그곳은 콜로르라는 마을이었다. 멍고는 이때 목격한 흑인들의 의식을 훗날 유럽 사람들에게 처음으로 전해줌으로써, 우리의 어휘를 좀더 풍부하게 해주는 역할을 했다. 콜로르는 멈보-점보Mumbo-Jumbo('미신적인 의식' 혹은 '서아프리카 흑인 부락의 수호신'을 뜻한다. '논점을 흐리게 하거나 상대방을 헷갈리게 하기 위한 의미 없는 말'을 뜻하기도 한다―옮긴이)의 본고장이었다.

콜로르 마을의 어느 가장이 자기 아내들 중의 한 사람을 혼내줘야 할 필요가 있다고 판단할 경우, 그는 그 아내를 추장 앞으로 끌고 가거나 말로만 야단치지 않는다. 그는 나무껍질로 만든 옷이 걸려 있는 마을 대문 밖으로 나간다. 거기서 그는 그 옷을 걸쳐 입고 가면을 쓴 뒤, 밤이 올 때까지 기다렸다가 마을 안으로 들어가 고래고래 소리를 지른다. 마을 사람들은 그 소리를 듣고 마을 광장 한가운데 있는 벤탕 나무 주위에 모여든다. 그곳에서는 연설과 노래가 이어진다. 그런 의식이 한참 진행된 뒤 이윽고 멈보-점보는 자기 말을 듣지 않는 고집 센 아내를 가리킨다. 그런 의식을 벌이게 한 당사자인 그 여자는 그제야 사태를 깨닫는다. 마을 사람들은 그녀를 멈보-점보 앞으로 끌고 온다. 그러면 멈보-점보는 다른 모든 여자들이 환성을 지르는 가운데 몽둥이로 그녀를 무자비하게 구타한다.

멍고는 그런 의식을 직접 목격한 듯하다. 그는 못마땅한 눈길로 그 의식을 바라보다가 다시 그곳을 떠났다. 얼마 후 그는 그때까지 불운한 하우턴을 제외하고는 어떤 백인도 들어간 적이 없는 고장에 이르렀다. 여행을 하는 동안 하우턴의 비참한 최후에 관한 이야기는 줄곧 그의 뇌리를 떠나지 않았다.

울리 왕국과 본두 왕국의 경계선을 넘어선 그는 쿠자르 마을 너머에 있는 드넓은 숲 가장자리에 이르렀다. 진짜 아프리카 정글 가장자리에. 짙푸른 나무들이 하늘 높이 치솟은 그 숲은 마치 난공불락의 요새처럼 보였다. 그 숲길 곳곳에는 야생동물과 산적이 우글거렸다. 두려움에 질린 멍고의 하인들은 길을 관장하는 신들에게 희생제물을 바쳤다. 그러나 멍고는 주저하지 않고 일행과 더불어 그 울창한 숲속으로 들어갔다.

그들은 이틀 동안 아주 빠른 속도로 그 무서운 밀림지대를 지나갔다. 그들은 정동쪽으로 계속해서 나아가면서, 친절한 마을을 만나면 마음껏 배를 채웠고, 불친절한 마을에서는 아무것도 얻어먹지 못한 채 그냥 지나쳤다. 그곳 사람들은 무슨 구경거리나 되는 양 한꺼번에 몰려나와 멍고 일행을 정신없이 바라봤다. 어떤 마을의 경우에는 사람들이 맹렬한 호기심을 이기지 못해 스코틀랜드 출신의 그 젊은 백인을 괴롭히기도 했다.

12월 19일 한낮에 멍고 일행이 어느 마을에 도착했을 때, 멍고를 보고 대단히 놀란 그곳 여자들은 그가 정말로 인간인지 확인해보고 싶은 마음을 참을 수 없어 일제히 그의 바지를 벗기려고 덤벼들었다. 이에 혼비백산한 멍고는 허겁지겁 말을 집어타고 정신없이 달아났고, 하인들은 싱글싱글 웃으면서 그의 뒤를 쫓아왔다.

그때까지는 모든 게 그런 대로 순탄한 편이었다. 하지만 그렇게 별탈 없는 여정은 그리 오래가지 못했다. 얼마 후 숲은 끝났다. 그들의 눈앞에는 노예들이 개미떼처럼 부지런히 일하는 비옥한 경작지가 펼쳐졌다. 그들은 팔레메 강을 건너 본두 왕국의 수도인 파테콘다에 이르렀다. 그곳은 풀라 인의 땅이었다. 흑인들이 아니라, 사하라 사막 변두리 출신인 갈색 피부를 지닌 사람들의 땅. 놀랍게도 그 침략자들 중의 일부는 남쪽으로 진출하는 과정에서 자기네가 오랫동안 신봉해오던 이슬람 교를 버린 듯하다. 본두 왕국의 통치자 알마니는 이교도이자 또 도둑이기도 했다. 멍고는 파테콘다에 도착한 지 한 시간쯤 지났을 때 왕궁으로 들어오라는 지시를 받았다.

왕궁은 사방이 툭 트인 들판에 자리잡고 있었다. 알마니는 멍고를 수상쩍게 여기고 이것저것 꼬치꼬치 캐물었다. 황금이나 '생명 부여자들' 을 얻으려

는 게 아니라면 뭐하러 이렇게 먼 곳까지 왔는가? 알마니의 그런 질문에 멍고
는 호기심 때문에 왔다고 답했다. 그러자 알마니는 코방귀를 뀌었다. 그날의
심문은 그 정도에서 그쳤다.

그러나 이튿날에는 재앙이 닥쳐왔다. 행실이 좋지 않은 그 군주는 멍고가
입고 있는, 놋쇠 단추가 달린 푸른색의 새 외투를 눈여겨보고는 자기한테 줄
선물로 그것이 적당하다는 뜻을 내비쳤다. 멍고는 속으로는 화가 치밀었지
만 겉으로는 태연한 빛을 잃지 않은 채 외투를 벗어서 알마니에게 넘겨줬다.
노블레스 오블리주Noblesse oblige(높은 신분에 따르는 도의적인 의무—옮긴이)를
따르는 셈 치지 뭐. 알마니는 다소 겸연쩍어하면서, 이제 본두 왕국에서는 마
음대로 다녀도 된다고 말했다. 그러나 알마니의 몇몇 후궁이 번갈아가며 밍
고를 자기네 침소로 불러들여 말을 거는 바람에 그는 적잖이 당황했다.

12월 22일 아침, 멍고는 일행과 함께 파테콘다를 떠났다. 본두 왕국과 카자
가 왕국 사이의 국경선 일대 역시 강도들이 들끓는 지역이었다. 햇살이 무섭
게 작열하여, 비버 모자를 쓴 멍고는 땀에 푹 젖었다. 그들은 뜨거운 한낮에
는 마을에 들어가 달이 뜰 때까지 쉬었다.

달이 뜨자 그들은 숲 사이로 해서 동쪽으로 나아갔다. 숲속에서는 짐승들
이 울부짖었고, 사선으로 길게 비쳐든 달빛은 멀리까지 뻗은 숲 사이의 길에
서 아른거리며 춤을 췄다. 새벽녘에 이르러 그들은 카자가 왕국의 경계선을
넘었으며, 크리스마스 전날 정오 무렵에는 조아그에 이르렀다.

조아그에 도착했을 때, 그들은 주민들이 자기네를 적대적으로 대하는 기
미를 분명히 느꼈다. 그런 분위기와 맞닥뜨리기는 그때가 처음이었다. 그날
밤, 멍고가 마을 광장에 있는 벤탕 나무 밑에서 쉬고 있을 때 말을 탄 한 무리
의 사람들이 몰려와 그를 찾았다. 그들은 카자가 왕 바체리가 화가 나서 보
낸 사람들이었다. 어째서 멍고 일행은 그 나라 수도인 마나에 와서 왕을 알
현하지 않았는가? 그들에게서 그런 식의 문책을 받자 멍고는 미처 그럴 시간
이 없었다고 답했다. 멍고와 그 사람들은 벤탕 나무 옆에서 밤새 입씨름을
벌였다. 마침내 새벽녘이 되었을 때 그 사람들은 더 참지 못하고 멍고의 짐

을 마구 풀어헤치더니, 그중에서 마음에 드는 물건들을 멋대로 챙겨들고 가버렸다.

다음 날 멍고는 하루 종일 쫄쫄 굶어가며 다음에 어떤 일이 일어날지 두고 보자는 심산으로 줄곧 벤탕 나무 밑에 앉아 있었다. 그는 아직도 얼마간의 금과 호박琥珀을 품속에 숨겨두고 있었지만, 바체리 왕의 부하들이 언제 다시 나타나서 그것마저 빼앗아갈지 몰라 감히 꺼낼 엄두를 내지 못했다. 그의 하인들은 잔뜩 겁을 집어먹고 있었다. 그러나 저녁 무렵이 되자 늙은 여자 하나가 와서 그들에게 먹을거리를 줬고, 밤이 되자 또 다른 사람이 그들에게 원조의 손길을 내밀었다.

그는 멍고가 나이저 강을 찾기 위해 카자가 왕국 다음으로 꼭 지나가야 할 원주민 나라인 카손 왕국 왕의 조카였다. 그는 카자카 왕국에 들렀다가 멍고가 곤경에 처해 있다는 소식을 들었다. 예의바르고 세심한 사람인 그는 멍고에게 자기와 함께 문명국인 카손 왕국에 가면 모든 일이 다 잘 풀릴 거라고 말했다.

멍고는 감사의 뜻을 표하고 그 제의를 기꺼이 받아들였다. 이튿날 아침, 카손 왕의 조카와 멍고 일행은 숲에 사는 짐승들에게 수탉 한 마리를 희생제물로 바치고 나서 조아그를 떠나, 멍고가 그때까지 본 고장 중에서 가장 비옥하고 활기 있어 보이는 고장을 가로질렀다. 멀리 보이는 북쪽 산자락에는 검푸른 숲이 우거져 있었다. 그러나 저지대에는 추수할 때가 가까운 경작지들이 거의 빈틈없이 들어차 있었다. 그들은 앞쪽 저 멀리에 희미하게 떠오른 세네갈 강을 목격했다. 카손 왕국에 들어가려면 그 강을 건너야 할 것이다.

⚜

얼마 후 그들은 세네갈 강 앞에 이르렀다. 그들은 말고삐를 잡아당겨 말들을 낮은 절벽 아래 흐르는 강물에 뛰어들게 한 뒤 약속의 땅으로 헤엄쳐 건너가게 했다. 그 강을 건널 때만 해도 카손 왕의 조카는 싹싹한 눈길로 멍고를 쳐다봤다. 그러나 그런 겉모양은 완전히 가식에 불과했다. 그들이 카손 땅에 올라서자마자 그는 대뜸 멍고에게 선물을 달라고 요구했다. 상대의 말은 정중했지만, 여차하면 살인이라도 불사할 것 같은 기미를 느낀 멍고는 그에게 "14실링 정도의 값어치가 있는 호박과 약간의 담배"를 건네줬다.

거기서 가장 가까운 마을은 테세였다. 멍고의 '인도자'의 아버지는 그곳에 살고 있었다. 티기티 세고라는 이름을 지닌 그 흑인은 심술 사나운 늙은이였다. 그는 몽롱한 눈으로 멍고를 쳐다보더니, 선물을 요구하지 않고 그냥 내보냈다. 멍고는 아무에게도 방해받지 않고 계속해서 여행할 수 있었으면 했다.

그의 그런 기대는 빗나갔다. 티기티의 아들이 멍고의 말을 빌려 타고 북쪽으로 일을 보러 간 것이다. 멍고를 귀찮게 하는 사람은 아무도 없었지만, 그는 여드레 동안이나 하릴없이 테세 거리를 이리저리 돌아다녔다. 진흙벽으로 둘러싸이고 열대의 폭양이 이글거리는 그 마을은 전쟁의 공포에 휩싸여 있었다. 그 왕국과 그 일대의 비슷한 작은 왕국들은 곧 전쟁이 터질 듯한 아슬아슬한 상황에 처해 있었으니까.

테세의 이교도들은 그 근방에 있는 푸타토라 왕국과 가두마 왕국의 '무어인들'을 두려워하면서 살고 있었다. 그런데 멍고가 그곳에 머물러 있는 동안, 푸타토라 왕국에서 테세에 사자를 보내 자기네의 예언자 마호메트를 받아들여라, 그렇지 않을 때는 곧 그곳에 쳐들어가 이교도들을 전멸시키겠다고 협박했다. 잔뜩 겁을 집어먹은 테세 주민들은 즉각 이슬람 교로 개종하자는 의견을 만장일치로 통과시켰다.

마침내 티기티 세고의 아들이 일을 다 마친 뒤 멍고의 말을 몰고 돌아왔다. 멍고는 남의 눈에 띄지 않게 조용히 움직이면서 곧 그곳을 떠날 준비를 했다. 그러자 그곳의 지배계층 사람들이 그에게 몰려와 분개한 어조로, 그렇게 예의없이 구는 법이 어디 있느냐고 다그쳤다. 그들은 달려들어 그의 짐을 마구 풀어헤쳤다. 그리고는 카자가에서처럼 자기네 마음에 드는 물건을 제멋대로 가져가버려, 멍고가 갖고 왔던 짐은 이제 1/4로 줄어들었다.

그래도 멍고는 낙담하지 않았다. 그는 침착하고 차분한 자세를 잃지 않은 채, 일행을 이끌고 테세를 빠져나와 며칠 동안 카손 왕국을 가로질러갔다. 그는 술로라고 하는 한 마을에서 피사니아의 레이들리에게 빚을 지고 있는 노예상인 한 사람을 만났다. 레이들리는 그전에 그에게 멍고를 만나거든 빚진 돈을 멍고에게 갚으라고 지시해놓았다. 그래서 그가 그렇게 하려던 차에 카손의 왕족들이 나타나, 멍고에게 자기네 수도인 쿠니아카리에 즉각 들어오라고 지시했다. 멍고는 그들에 대한 불신감 때문에 전혀 마음이 내키지 않았지만, 일행에게 출발준비를 시켰다. 이번에는 또 어떤 것을 빼앗을 심산일까?

뎀바 세고 잘라는 뜻밖에도 정직하고 쾌활한 군주였다. 하지만 그는 멍고를 만나자마자 대뜸 하우턴에게 어떤 일이 일어났는지 아느냐는 질문부터 했다. 그동안 멍고는 하우턴 이야기를 하도 많이 들어 그 이름만 나오면 지겨운 생각부터 들었지만, 안다고 순순히 대답했다. 졸린 눈을 한 그 왕은 싹싹한 어조로 그만 물러가라고 했다.

그는 이제 카르타 왕국을 지나가야 했다. 하지만 카르타는 거기서 더 멀리 떨어진 왕국인 밤바라와 막 전쟁을 벌이려 하고 있었다. 그 무렵 멍고는 밤바라에서는 나이저 강이 보인다는 이야기를 들었다. 카손의 왕은 멍고에게 전쟁이 일어날지도 모르는 나라로 가지 말고, 풀라두를 거쳐 북쪽으로 가라고 조언했다. 멍고는 그의 조언을 따르기로 결정하고, 술로로 돌아가 먼젓번의 그 노예상인에게서 빚을 받아낸 뒤, 길도 없는 지역을 가로질러 북동쪽으로 향했다.

2월 1일, 카르타 왕에게서 카르타로 들어가는 길은 아직도 지나갈 수 있으며, 멍고가 원하면 그 길로 여행해도 좋다는 전갈이 왔다. 그는 그 길로 가기로 마음먹었다. 그는 이제 노예인 뎀바와 하인인 존슨만 대동한 채 말을 타고 세네갈 강의 한 지류를 건넜다. 그런데 카르타 왕국의 국경선 부근에 이르고 보니, 그곳은 여간 소란스럽지 않았다. 이번에도 밤바라 왕국이 카르타 왕국과 싸워서 이길 것이라고 판단한 피난민들이 카손 왕국으로 줄줄이 밀려들어 오고 있었기 때문이다.

그곳은 숲이 드문드문 흩어진 산악지대여서, 멍고는 갑자기 고향인 스코틀랜드에 대한 향수에 사로잡혔다. 그 산악지대 너머에는 사막이 펼쳐져 있었다. 그의 일행은 단 하룻밤 동안에 그곳을 가로지르는 데 성공했다. 그들은 사막을 지나다 우물을 만났고, 그곳에 있던 목동들은 기꺼이 물을 마시게 해줬다. 그 지역에서 그렇게 친절한 사람들을 만나는 건 그리 쉬운 일이 아니었다.

다음 마을인 페수라에 이르렀을 때, 그곳 지주는 멍고에게 터무니없이 많은 돈을 요구했다. 놀랍게도 평소에는 조용하던 멍고의 노예와 하인도 그런 처사에는 격분했다. 무슨 일에서건 좀처럼 마음이 흔들리지 않는 멍고는 상황을 냉정하게 판단해본 뒤, 그 과도한 요금을 지불하고는, 숲이 좀더 우거진 지역을 가로지르며 서쪽으로 나아갔다.

얼마 후 세 사람은 산딸기를 따는 데 열중했고, 그러는 과정에서 일행과 헤어진 멍고는 어이없는 일을 당했다. 그는 인적 없는 으슥한 숲길에서 말을 타고 오는 두 사람의 흑인을 만났는데, 백인이라고는 생전 본 적이 없었던 그 흑인들은 멍고를 보더니 그만 공포에 질려, 두 눈을 질끈 감고는 말에 박차를 가해 정신 없이 내빼버렸다.

일행과 다시 만난 멍고는 말을 타고 다시 여행길을 재촉했다. 이윽고 그들은 널따란 평원에 이르렀는데, 그 평원에는 전쟁의 위협을 받고 있는 카르타 왕국의 수도인 켐무가 자리잡고 있었다. 그 도시에서는 고약한 냄새가 났고, 도처에 진창이 널려 있었다. 데시 쿠라바리라고 하는 그 왕국의 군주는 영웅적인 전사요 친절한 성품을 지닌 사람이었다. 남다른 좋은 품성들을 갖춘 그 사람은 멍고의 말에 주의 깊게 귀기울였다. 그리고 지식인이 머나먼 이국땅을 구경하고 싶어하는 것은 하등 이상한 일이 아니라 생각하고는, 그가 여행하는 동안 지원을 아끼지 않겠다고 약속한 뒤 선물까지 주었다. 뜻밖의 친절에 어리벙벙해진 멍고는 켐무에서 하룻밤을 잔 뒤, 이튿날 아침 자신이 갖고 있던 권총들을 답례품으로 데시 왕에게 보냈다.

이에 흑인왕은 감사의 뜻을 표한 뒤, 호위병 하나를 보내 북쪽에 있는 무어 인들의 왕국인 루다마르의 국경선까지 멍고를 안내해주게 했다. 그 나라는 바로 하우턴이 살해된, 흉포한 나라였다. 그러나 그즈음 카르타와 밤바라 사이에 전쟁이 일어나, 밤바라로 곧장 들어가는 것은 불가능했다.

멍고는 호위병과 함께 로터스랜드를 가로질러 북쪽으로 말을 달렸다. 그 지역 사람들은 연꽃 열매를 모아서 상품으로 내다팔았다. 멍고는 그 열매를 맛봤는데, 그런 대로 맛이 있었다. 그러나 그동안 그는 한 가지 문제로 줄곧 마음을 졸였다. 루다마르의 무어 인들은 자기 일행을 어떻게 맞아줄까?

꽃

그는 카르타 왕국의 동쪽 지역에 자리잡은 마지막 마을인 푸닝케디에 도착했다. 흑인들이 사는, 말뚝 울타리를 두른 둥그런 오두막집들은 이미 자취를 감췄다. 푸닝케디는 '무어 인 냄새가 나는' 마을이었다. 그 마을 사람들은 북쪽에서 쳐들어오는 기마병들 때문에 늘 마음 졸이면서 살았다. 멍고는 만 하루 동안 그 마을에서 지냈고, 그동안 루다마르에 가려는 한 무리의 장사꾼이 그곳에 모여들었다.

그들은 떼강도를 피하기 위해 밤에 움직이기로 결정했다. 그 이상한 행렬은 두려움으로 가슴을 졸이면서 번개같이 북쪽으로 내달았으며, 멍고와 뎀바, 존슨은 그 대열의 맨 끝에 따라붙었다. 2월 18일 새벽녘이 되자 안개 속에서 험준한 바위산들이 나타났다. 북쪽 지역 전역이 그런 산들로 뒤덮여 있었다. 그곳은 냇가가 많은 고장이었고, 냇가 양쪽 둑에서는 야생마들이 즐겁게 뛰놀고 있었다. 그 산들 밑에 담으로 둘러싸인 마을 하나가 보였다. 두려움으로 가득한 일행은 그곳에 들르지 않고 그냥 지나쳤다. 정오경 멍고는 무어 인들의 마을로는 첫 번째 마을인 자라에 들어갔다.

레이들리는 그렇게 먼 곳에 사는 한 노예상인에게도 멍고에게 돈을 주라는 지시를 내려놨다. 그 노예상인은 멍고와 그의 흑인하인들을 친절하게 맞아줬다. 자라에서 그들을 환영한 사람은 그 한 사람뿐이었다. 거만한 자세로 말을 타고 거리를 지나가던 사람들은 사나운 눈초리로 멍고 일행을 노려봤다. 노예신분에 해당되는 그곳 흑인들은 그들에게 도움을 주고 싶어도 그렇게 할 수가 없었다. 멍고는 루다마르의 군주인 에미르 알리에게 선물을 보내면서, 루다마르 국경지대를 비스듬히 우회해서 밤바라 왕국으로 들어가도록 허락해달라고 요청했다.

무어 인들에게서는 험상궂은 눈길을, 흑인들에게서는 겁먹은 눈길을 받으면서 지내는 동안 보름이라는 긴 시간이 속절없이 지나갔다. 뎀바와 존슨은 멍고에게 루다마르 안으로 깊숙이 들어가는 위험한 여행에는 동행할 수 없다는 뜻을 분명히 밝혔다. 보름 뒤 마침내 에미르 알리의 노예 한 사람이 와서 멍고 일행을 동쪽으로 안내했다. 그제야 뎀바는 마음이 놓여 주인을 따라갔다.

그들은 사하라 사막 남쪽 변두리에 해당되는 황량한 모래땅에 이르렀다. 그들은 열기가 이글거리는 그 뜨거운 고장을 며칠 동안 느릿느릿 행군했다. 가끔 가다 한 번씩 지평선에 마을이 떠오르곤 했다. 그런 마을에 사는 흑인들은 여행자들을 힐끔힐끔 곁눈질을 했다.

3월 1일, 그들은 아랍(무어)의 색채가 짙은 데나라는 큰 마을에 도착했다. 그 마을에서 멍고 일행은, 겁을 집어먹기는 했으나 친절한 한 흑인의 집에 묵었다. 그러나 그의 일행이 도착했다는 소식은 널리 퍼져나갔고, 그러자 무어 인들이 떼로 몰려와서 그 기독교인을 무슨 신기한 동물인 양 구경하고 침을 뱉었다. 그러다 마침내 그들은 그의 짐을 함부로 풀어헤치더니 각자 마음에 드는 물건을 골라 가져가버렸다.

멍고는 새벽에 그 마을을 벗어나기로 마음먹었다. 그와 뎀바는 사자들이 으르렁거리는 새벽 안개를 뚫고 동쪽으로 달아났다. 한낮이 되자 태양이 무섭게 작열했고, 그들은 피로와 갈증에 시달리면서도 계속해서 앞으로 나아갔다. 한번은 그들이 근처에 있는 샘으로 다가가는 모험을 감행했는데, 하필이면 그때 그들 못지않게 목마른 사자 한 마리가 으르렁거리는 소리가 들려왔다. 그날 밤 그들은 풀라 인 출신의 목동 몇 사람이 머무는 한 오두막에서 불안한 하룻밤을 보냈다.

그러나 이튿날, 그들이 밤바라를 향해 남쪽으로 방향을 돌리자, 경작지가 드문드문 흩어져 있는 삼림지대가 다시 나타났다. 그들은 사흘 동안 아무 방해도 받지 않고 그 고장을 지나갔다. 그동안 멍고는 냉정하고 초연한 눈길로, 메뚜기떼가 경작지를 훑고 지나가는 광경과 아울러 그 고장 사람들이 직접 제조한 화약으로 메뚜기떼를 쫓는 놀라운 광경을 구경했다. 얼마 후 그들은 달루라는 마을에 도착해서 하룻밤을 묵었다. 그곳은 루다마르의 맨 끝에 자리잡은 마을이어서 멍고는 이제 무어 인들의 땅을 무사히 벗어났다고 확신했다. 게다가 물건들을 약탈당한 것 말고는 아무런 피해도 입지 않았다.

그러나 그가 그런 생각을 하면서 앉아 있는 동안 한 무리의 무어 인이 오두막 안으로 들이닥쳤다. 그들은 에미르 알리 왕이 멍고를 그들의 수도인 베노움으로 데려오라고 보낸 사람들이었다. 에미르 알리는 기독교인이라는 무서운 짐승을 한 번도 본 적이 없는 자기 아내 파티마의 호기심을 충족시켜주기 위해서 멍고를 데려가고 싶어했다.

* * *

그것은 재앙이었고 멍고도 그것을 알고 있었다. 멍고는 자기가 가진 모든 물건을 무어 인들에게 주면서 자기를 그냥 내버려달라고 사정했다. 평소의 그 냉정하고 무표정한 마스크가 벗겨진 순간 그는 분명 겁에 질린 아주 어린 외국인처럼 보였을 것이다. 무어 인들은 빈정거리는 태도로 그를 달랬다. 알리 왕은 그를 가만 내버려두고 싶어했지만, 파티마 왕비가 그를 보고 싶어했다고.

결국 멍고는 흙길을 따라, 며칠 전에 고약한 대접을 받았던 데나로 되돌아갔다. 그곳에는 알리 왕의 아들이 살고 있었다. 자기 아버지를 꼭 빼닮은 그 아들은 멍고와 뎀바를 만나 무섭게 협박했고, 그 때문에 두 사람은 잔뜩 겁을 집어먹었다. 그날 밤 뎀바는 그곳을 탈출하려고 했지만 그 시도가 실패로 끝나는 바람에 뎀바는 원래 있던 오두막으로 다시 끌려왔다. 멍고는 현명하게도 조용히 자는 편을 택했다.

이튿날 그들은 사하라 남부에 위치한 베노움에 이르렀다. 그곳은 마을이 아니라, 검은색 텐트로 이루어진 대규모 야영지였다. 베노움 사람들은 멍고를 보고 하나같이 놀라서 소리쳤으며, 모두들 하던 일을 팽개치고 줄줄이 그의 뒤를 따라갔다. 무어 인들은 멍고를 에미르 알리 앞으로 데려갔다.

나이 든 악당인 에미르 알리는 차가운 눈길로 멍고를 바라보다가는 미묘한 심리 테스트를 해보기로 마음먹었다. 그 기독교인은 배를 곯고 있는 게 분명해 보였고, 기독교인들은 원래부터 돼지고기를 먹는 자들이었다. 그러니 잘됐다. 에미르 알리는 돼지 한 마리를 끌고 오게 해서 멍고에게 선물로 줬다. 그는 멍고가 그 돼지를 잡아먹음으로써 본인의 불결함을 만천하에 드러내기를 기대했다.

그러나 멍고는, 자기는 돼지고기를 아주 싫어한다는 식으로 말하면서 그 선물을 완곡하게 거절했다. 이에 낙심한 알리는 잠시 생각을 하다가 또 다른 아이디어를 생각해냈다. 그는 그 돼지가 멍고를 공격하리라 생각하고 그것을 풀어놓으라고 명령했다. 그러나 돼지는 멍고는 가만 내버려두고 그 주위에 있는 다른 모든 사람을 공격했다. 그들은 돼지를 다시 가두고 멍고를 밖으로 끌어냈다. 그렇게 해서 멍고와 뎀바는 오두막으로 되돌아왔다. 그날 밤 그들을 지키던 경비병들은 포로들이 도망치지 않았나 확인하기 위해서 툭하면 풀을 뭉쳐 만든 횃불을 그들의 얼굴에 들이밀었다. 그들은 약간의 음식과 물을 얻어먹고는 불안하고 뒤숭숭한 하룻밤을 보냈다.

이튿날 아침 그들은 어느 오두막으로 끌려갔다. 거기서 무어 인들은 멍고의 몸을 살펴보려고 옷을 모두 벗으라 명령했다. 그들은 그의 몸을 보고 몹시 놀랐다. 특히 다리 모양을 보고. 그들은 멍고가 자기네가 생각하는 호모사피엔스의 개념과는 아주 다른 팔다리를 가졌을 것이라 예상했으니까. 멍고는 잔뜩 긴장한 채 보낸 그 긴 하루 동안 그들이 시키는 대로 몇 번이나 옷을 벗었다 입었다 했다.

그는 밤에도 거의 잠을 이루지 못했다. 무어 인들은 전날 밤의 돼지를 그 오두막의 마룻대에 붙잡아 매놓았다. 그런데 그 오두막에 있는 모든 사람이 잠들었을 때, 멍고는 누군가가 살그머니 자기 쪽으로 기어오는 것을 의식하고 퍼뜩 깨어났다. 그는 자리에서 벌떡 일어났다. 침입자는 상대가 자신의 기척을 알아챘다는 것을 깨닫고는 몸을 돌려 달아났다. 하지만 그는 달아나다가 기독교도의 편인 돼지에게 발이 걸려 그 위에 자빠졌다. 그러자 돼지는 놀라서 꽥 소리치고는 그 무어 인의 팔을 물어뜯었다. 그런 소란은 그뒤에도 계속되다가 새벽녘이 되어서야 겨우 잠잠해졌다.

그런 고약한 포로생활은 계속되었다. 알리는 그를 풀어주려고 하지 않았고, 언제쯤 풀어주겠다는 언질도 주지 않았다. 아무래도 파티마가 올 때까지는 그런 암담한 상태가 계속될 것 같았다. 멍고는 그 지긋지긋한 베노움에서 굶주림과 지루함을 참고 견디면서 주위에서 일어나는 일들을 조용히 응시했고, 나이저 강과 사원들이 있는 팀북투를 꿈꿨으며, 뎀바가 불평하는 소리를 묵묵히 들어넘겼다.

에미르 알리는 부하들을 보내 멍고가 몸에 숨기고 있던 나침반 하나를 제외하고는 그의 모든 소유물을 압수하게 했다. 알리는 그것으로도 성이 차지 않아 그 기독교인이 갖고 있는 재주들을 유용하게 써먹기로 했다. 그는 멍고를 왕궁 이발사로 임명해서, 후궁들의 처소에서 일하는 소년 하나의 머리를 깎아주라고 지시했다. 그러자 멍고는 그 젊은 무어 인의 머리에 상처를 내어 피가 나게 했다. 그는 즉각 이발사직에서 쫓겨나 실업자 명단에 올랐다. 하지만 포로생활은 계속되었다.

그가 사하라 사막 변두리에 위치한 그 낯설고 황량한 고장에서 지낸 이야기는 그의 연대기의 상당 부분을 차지하고 있다. 그 무렵 그는 열병에 걸려 서늘한 곳을 찾아가려고 어느 숲속으로 기어들어갔다. 그러자 무어 인들이 쫓아와서 즉각 그 답답한 오두막으로 돌아가지 않으면 사살하겠다고 위협했다. 그는 할 수 없이 오두막으로 돌아왔다. 날이 좀 선선해지면서 그는 다시 건강을 되찾았다.

그때 알리의 하렘에서 보낸 사람이 와 그를 하렘으로 데려갔다. 하렘의 후궁들은 연신 킬킬거리면서, 기독교인도 유대 인처럼 할례를 받는지 확인하고 싶어 그의 성기를 검사해보려 했다. 그 까다로운 스코틀랜드 청년은 여전히 무뚝뚝한 표정이면서도 부드러운 태도로 그녀들을 대했다. 그는 후궁들 중에서 가장 예쁜 여자를 가리키면서, 그 여자를 제외한 나머지 사람들이 자리를 비켜주면 충분히 확인해볼 시간을 주겠다고 말했다. 그녀들은 배꼽을 잡고 웃었다. 그리고 여전히 깔깔거리면서 그곳을 떠나더니 그에게 음식과 우유를 보내줬다. 아프리카 여자들은 멍고를 마음에 들어했다.

　　그는 후궁들의 처소를 골고루 순회했다. 그 여자들은 그에게 커피를 대접하고 봄 냄새를 맡아보고 자세히 +성하면서 연신 경탄하는 표성이 뇌었다. 그가 하렘에서 돌아오자 그를 지키는 역할을 맡은 경비병들은 이제 그와 함께 있는 것도 심드렁해져, 그를 고정된 표적을 맞히는 훈련도구로 써먹었다. 그들은 멍고를 빈터 한가운데에 세워놓은 뒤 그의 몸 주위에 창을 던지는 연습을 했다. 멍고는 무표정한 얼굴로 그 모든 어려움을 참아냈다. 이들은 대체 언제쯤 나를 풀어줄 것인가?

　　그즈음, 여행을 떠난 이슬람 교도 상인 두 사람이 베노움에 도착했다. 그들은 그 일대를 돌아다녀도 좋다는 허락을 받은 사람들이었다. 멍고가 묵고 있는 오두막에 머물게 된 그들은 멍고가 몹시 굶주리고 있다는 것을 알았으며, 그에게 몇 가지 정보를 알려줬다. 팀북투? 그들은 멍고가 결코 그곳에 갈 수 없을 것이라고 말했다. 그 장사꾼들은, 그곳 주민들이 사하라 남부 전역을 통틀어 가장 흉포한 사람들이어서 멍고를 보자마자 목을 딸 것이라고 단언했다. 그리고 나이저 강이라고도 하고 졸리바 강이라고도 하는 그 큰 강은 밤바라 땅에 가면 보게 될 거라고 했다.

　　멍고는 그곳에서 온갖 고초를 겪으면서 지내는 동안, 앞으로 자기가 그곳에서 풀려나 나이저 강을 찾으러 갈 기회는 영영 오지 않을 것 같은 기분에 사로잡혔다. 그러나 그 나라 남부에서 전쟁이 일어날 조짐이 보였고, 그 때문에 루다마르 사람들은 크게 동요했다. 그때까지 멍고에게는 미지의 나라였던 밤바라 왕국의 왕 만송이 에미르 알리의 나라를 치려 한다는 소식이 날아온 것이다. 나이 든 악당인 에미르 알리는 그 소식을 듣고 잔뜩 겁을 집어먹었다. 그는 부하들에게 베노움에 있는 캠프를 철거한 뒤 북쪽에 있는 또 다른 왕궁 터인 부바케르로 이동하라는 지시를 내렸다. 왕궁 사람들과 함께 먼지를 흠뻑 뒤집어쓴 채 사막을 가로지른 멍고는 마침내 자신을 포로 신세로 떨어지게 만든 장본인인 그 여자를 알현했다.

파티마 왕비는 몸집이 뚱뚱하고 행동거지가 점잖고 느긋한 백치 같은 여자였다. 그녀는 처음에는 짐짓 혐오스러운 표정으로 멍고를 바라봤다. 하지만 조금 후에는 좀 누그러진 표정이 되었다. 그녀는 지난 두 달 동안 고생시킨 것을 보상해주는 의미에서 멍고에게 우유 한 사발을 주게 했다. 놀랍게도 멍고는 그녀의 그 선물을 감사히 받아들였다.

하지만 시간이 지나면서 그런 마음은 점차 사라졌다. 부바케르는 그 고약했던 베노움보다 훨씬 더 고약한 고장이었다. 그 무렵은 더위가 기승을 부리는 때여서 물이 아주 부족했다. 그 일대의 우물들과 구유들 근처에는 갈증에 시달린 소들이 구름처럼 모여들어, 서로 먼저 그 귀한 액체가 있는 곳으로 다가가려고 난리를 피웠다. 무어 인들은 마실 물을 꼼꼼하게 배급하는 식으로 해서 모두들 충분한 양을 확보해두고 있었다. 하지만 그 기독교인과 노예는 그들의 배급 계획에 포함되어 있지 않았다. 그리하여 멍고와 템바는 긴긴 시간을 갈증에 허덕이면서 지내야 했다. 템바가 몇 번 우물에 다가가려 했지만 번번이 매를 맞고 쫓겨났다. 그들은 이따금 한 번씩 무어 인들의 노예들에게서 약간의 물을 얻어마셨다.

멍고는 한동안 착란상태에 빠져 지내면서, 꿈속에서 수정처럼 맑고 투명하고 달콤한 물이 흐르는 스코틀랜드의 잔잔한 야로 강을 보곤 했다. 그는 파울실즈의 소박한 회색 집에서 나와 그 강둑을 향해 정신없이 기어내려갔다. 그는 그 강물을 마시고 그 속에 온몸을 담그고 싶은 갈망에 자꾸자꾸 기어내려갔다. 그런 꿈에 사로잡히는 바람에 나이저 강을 찾겠다는 꿈조차도 망각해버렸다. 그러다 그는 혼곤한 잠에서 깨어나 자신의 노예인 템바의 고통스러운 숨소리만 들리는 그 무덥고 숨막히도록 답답한 어둠 속에 홀로 누워 소리 없이 흐느껴 울었다.

어느 날 자정 무렵 열병에 시달리던 그는 우물에 가보기로 결심했다. 그들의 오두막은 검은 텐트들로 이루어진 도시에서 반 마일 가량 떨어져 있었다. 그는 기력이 쇠진해 비틀거리는 걸음으로 오두막을 나왔다. 사방은 칠흑같이 어두웠다. 달도 뜨지 않아 하늘에는 희미한 별빛들만 가물거렸다. 숲을 벗어난 그는 어디가 어딘지 몰라 잠시 우두커니 서 있었다.

이윽고 그는 더위와 갈증에 시달린 소들의 울음소리를 듣고 우물이 있는 위치를 대충 파악했다. 우물가에서는 밤늦은 시간에도 무어 인들이 횃불 빛에 의지해서 구유에 열심히 물을 채우고 있었다. 그들은 그 빛을 통해 기독교인이 우물로 접근하고 있다는 것을 알았다. 멍고가, 궁금한 마음에 일하던 손길을 멈춘 무어 인들에게 물을 좀 마시게 해달라고 부탁하자, 그들은 욕설과 저주를 퍼부으면서 그를 쫓아냈다.

그러나 멍고는 그런 모욕을 당하면서도 이를 악물고 자신의 정신과 의지를 바늘 끝처럼 날카롭게 가다듬었다. 이 우물 저 우물에서 매를 맞거나 욕설을 듣고 쫓겨나는 일이 거듭됐다. 어느덧 새벽녘이 가까워졌다.

마지막으로 그는 노인 하나와 소년 둘이 물을 긷는 우물에 다가갔다. 노인은 멍고의 부탁을 듣고 순순히 고개를 끄덕이면서 물이 가득 든 두레박을 그에게 내밀었다. 멍고가 두 손으로 그것을 받으려는 찰나, 갑자기 그 무어 인 노인의 마음속에서 미신이 되살아나 친절한 마음을 몰아냈다. 그는 멍고가 기독교인이며, 그의 입이 닿는 순간 우물이 오염될 것이라는 점을 떠올렸다. 그는 몸을 홱 돌려 두레박 물을 가까이 있는 구유에다 쏟아붓고는, 이미 소세 마리가 물을 마시고 있는 구유를 가리키면서 소들과 함께 물을 마시라고 했다.

그리하여 6개월 전만 해도 산뜻한 옷차림에 차분한 모습으로 감비아 해안에 상륙한 점잖은 청년, 파울실즈 출신의 멍고 파크는 지저분한 넝마를 걸친 모습으로 구유 앞에 무릎을 꿇고 소들과 함께 물을 마시면서 기쁨과 아울러 열병의 기운에 취해 눈물을 흘렸다.

그러나 최악의 무더위는 서서히 물러가고 있었다. 서늘한 바람이 일어 야영지 부근의 뜨거운 모래밭을 식혀줬고, 남쪽에서 구름이 잔뜩 몰려와 중천에서 이글거리는 태양을 가렸으며, 얼마 후 아프리카 남쪽 지평선에서는 번개가 계속해서 작렬했다. 우기가 가까워졌다. 멍고에게 그것은 새로운 두려움을 안겨줬다. 무어 인들은 우기가 닥쳐오면 정글지대의 비를 피하기 위해 사막 안쪽으로 더 깊숙이 물러났으니까. 그자들은 이번에도 나를 데려가려 할까?

그러나 뜻하지 않은 행운이 찾아와 일이 그런 식으로 진행되는 것을 가로막았다. 카르타의 영웅적인 왕 데시가 밤바라 인들과, 그들에게 부화뇌동한 카르타 반란군을 물리치고, 루다마르와 카르타 국경선 부근에 있는 루다마르의 최전방 마을인 자라를 공략하려 하고 있었다. 자라에는 몇백 명의 난민들과 카르타 반란군이 몰려와 있었다. 그들은 에미르 알리에게 사자를 보내, 기병 200명 가량을 용병으로 보내줘 데시 왕을 공격하게 해달라고 청했다. 이에 에미르 알리는 자신이 친히 기병을 이끌고 출전하기로 결심했다. 멍고는 알리가 자라로 갈 때 자기도 함께 데리고 가줬으면 했다.

멍고는 파티마 왕비에게 알리가 자기도 함께 데려가게끔 주선해달라고 부탁했다. 놀랍게도 파티마 왕비는 그 청을 들어줬다. 멍고는 옷과 말, 안장, 말고삐를 돌려받았다. 그리고 그와 뎀바는 알리 일행을 따라 남쪽으로 내려가라는 명령을 받았다.

5월 26일, 그 기마행렬은 부바케르를 출발했다. 지치고 탈진한 멍고는 이제 허깨비 같은 몰골로 변해버렸다. 그런 상황에서도 그는 어떻게 하면 나이저 강에 이를 수 있을까에만 골몰했다. 한때의 사소한 고초 따위는 문제가 되지 않았다. 그들이 들판에서 야영한 첫날밤, 알리가 뎀바를 빼돌려 부바케르로 돌려보냈다는 소식을 듣고도 그는 크게 동요하지 않았다. 그는 나이저 강을 발견한 뒤에는 기필코 뎀바를 되찾고야 말겠다고 맹세했다. 그때까지는…….

6월 2일, 알리 일행은 자라에 입성했다. 멍고는 먼젓번에 만난 노예상인의 집을 찾아갔다. 거기서 그는 음식을 얻어먹었고, 아마 돈도 얼마간 얻었을 것이다. 그는 알리에게서 탈출할 계획을 꾸미기 시작했다.

여러 가지 상황이 그의 탈출계획을 거들어줬다. 그 무렵 카르타의 데시 왕이 루다마르를 정벌하려고 결심하고, 군대를 이끌고 자라에서 그리 멀지 않은 곳까지 진군해왔다. 그러자 알리는 이내, 그와 맞서 싸우려던 생각을 버리고 황급히 철수하기 시작했다. 그런 다급한 상황에서 멍고의 존재 따위는 까맣게 잊고 있었을 것이다. 이때야말로 그곳을 탈출해 나이저 강을 찾기 위해 남동쪽으로 가기에 더없이 좋은 기회였다.

존슨도 그와 함께 가겠다고 약속했다.

⚜

6월 27일 오전 무렵, 자라의 담벽 위에서 망을 보던 경비병들은 적이 자라를 향해 접근해온다는 경보를 발했다. 사람들은 허겁지겁 자라를 떠나기 시작했다. 멍고와 존슨은 떼로 몰려나와 피난길에 나선 흑인들 사이를 뚫고 동쪽으로 말을 몰았다. 날은 찌는 듯이 무더웠고, 진땀을 흘리며 달아나는 피난민 행렬 위로는 먼지구름이 뿌옇게 피어올랐다. 무어 인들은 진작에 북쪽으로 달아나고 없었다.

멍고와 존슨은 이틀 동안 루다마르의 북쪽 국경선을 따라 동쪽이나 동남쪽 방향으로 정신없이 달아났다. 그런 뒤 그들은 전진속도를 조금 늦췄다. 데시 왕이 그렇게 깊숙한 데까지 침입해오지는 않으리라. 멍고는 사기충천해 있었다. 이제는 그 고약한 알리 왕에게서 완전히 벗어난 듯했다. 그는 케이라라는 한 마을에서 휴식을 취하면서 자기네의 위치를 대충 파악해내고, 밤바라로 들어가는 가장 좋은 길이 어딘지 알아봤다.

그러나 그날—7월 1일—오후 들어 마을 사람들은 알리가 아직도 그를 잊지 않고 있다는 사실을 알려줬다. 말을 탄 한 무리의 무어 인들이 케이라에

들이닥쳐 주민들에게 그의 소재지를 묻고 다닌 것이다. 고맙게도 그곳 주민들은 그들에게 거짓말을 했다. 무어 인들은 그 기독교인을 다음날 찾기로 하고 하품을 하면서 잠자리에 들었다.

멍고는 얼마 되지 않는 짐을 챙겨들고는 두려움에 진땀을 흘리면서 케이라 마을이 조용해질 때까지 기다렸다. 한밤중이 되어 마을이 칠흑 같은 어둠에 잠기고 대기가 서늘해졌을 때, 존슨이 나타나 무어 인들이 모두 잠들었다고 속삭였다. 그는 멍고와 함께 가는 것은 거부했으나 그런 정도의 일은 해줬다. 그리하여 주인은 그 마을에서 하인과 헤어진 뒤 동쪽으로 말을 몰았다. 그후 그는 존슨을 다시는 만나지 못했으며, 소식도 듣지 못했다.

케이라의 샘을 지나갈 무렵 몇몇 양치기가 그를 알아보고 큰 소리로 욕설과 저주를 퍼부었다. 심장이 무섭게 두방망이질하는 가운데 멍고는 말을 몰아 달려갔다. 얼마 후 그는 뒤에서 누군가가 멈추라고 외치는 소리를 듣고 뒤를 돌아봤다. 말을 탄 세 명의 무어 인이 그를 추격해오고 있었다. 이제 또다시 알리 부하들의 포로 신세가 될 테니, 그의 탈출극은 그것으로 끝이었다.

그런데 놀랍게도 상황은 엉뚱하게 돌아갔다. 그 세 명의 무어 인은 멍고의 옷보따리를 빼앗아 펼쳐 보더니, 그중에서 외투를 골라 갖고는 말에 박차를 가하면서 달려가버렸다. 그들은 그저 하찮은 물건을 빼앗으러 온 자들에 불과했다. 멍고는 다시 비쩍 마른 자신의 말에 올라탄 뒤 적당히 빠른 속도로 달려갔다.

그는 그날 하루종일 선인장들만 자라는 황량한 사막을 동남동 방향으로 가로질렀다. 그는 여기저기서 염소를 먹이는 무어 인들을 만났지만, 그들에게 붙잡힐까 두려워 감히 접근하려들지 않았다. 오후가 되었을 때 혹심한 갈증으로 그의 의식은 점차 흐려졌다. 그는 땅에 내려선 뒤 말 등에서 안장을 끌어내리고는 말의 옆구리를 찰싹 때려 쫓아버렸다. 자기 혼자만 죽으면 됐지 말까지 죽일 이유는 없었다. 그런 다음 그는 혼절해버렸다.

서늘한 밤이 되었을 때 그는 다시 의식을 되찾았다. 어디론가 가버린 줄 알았던 말은 그의 곁에 가만히 서서 대기하고 있었다. 다시 기운을 차린 그는

나이저 강 또는 졸리바 강

부사

팀북투

루다마르

매

산

곰

푸타토로

울리

구두마

바조가

카

가세나

콜로두

호리

만딩   바키리

무람람

상

보투

고래

줌

델티라

맘비아 강

1차 원정 ········

2차 원정 - - - - -

말의 등에 안장을 얹기는 했지만 타지는 않았다. 그는 말을 앞세우고 밤의 어둠을 뚫고 터벅터벅 걸어갔다.

그날 밤은 그의 아프리카 여행에서 가장 끔찍했던 시간 중의 하나였다. 아프리카의 오지에서 그 누구의 도움도 받지 못한 채 외롭고 절망적인 상황에서 갈증과 굶주림에 시달리며 홀로 정신없이 걸었던 시간. 그는 우연이 발걸음을 인도해준 덕분에 방향을 잃지 않고 제 길을 따라 계속 나아갈 수 있었다. 그러나 주위가 칠흑같이 어두워 코앞에 있는 것도 식별할 수 없었다. 말도 그 못지않게 탈진해 있었다. 그때, 천둥소리에 이어 빗발이 후드득거리는 소리가 들리는 것 같았다. 그는 입을 벌리고 하늘 쪽으로 고개를 쳐들었다. 그 순간 그의 입 속에는 모래가 그득 들어찼다. 그것은 모래폭풍이었다.

그날 밤 늦게야 진짜 비가 왔다. 그는 옷을 벗어 널따랗게 펼쳐놓아 빗물에 흠뻑 젖게 한 뒤 그것을 입에다 대고 쥐어짰다. 그 물을 마신 덕에 기운을 차린 그는 옷을 걸치고 다시 터벅터벅 걸었다.

자정 무렵 마을이 하나 나왔지만, 그는 그 마을을 우회해서 지나갔다. 다시 숲이 드문드문 흩어진 마을에 이르렀다. 간간이 비탈길이 나오면 그는 거의 아무것도 볼 수 없는 상태에서 더듬거리며 내려가곤 했다. 나무 사이로 하늘이 서서히 밝아왔다. 그는 근처에서 개구리들이 와글거리는 소리를 듣고, 그 소리에 의지해서 웅덩이를 찾아갔다. 그는 웅덩이 물을 잔뜩 마신 뒤 나무 위에 올라가 그 일대를 살펴봤다. 동남쪽 저 멀리에서 연기기둥 하나가 솟아오르고 있었다.

정오경에 그는 풀라 인들이 마을에 도착했고, 거기서 약간의 음식을 얻어먹고 잠을 좀 잤다. 그러나 그가 잠을 자던 오두막 담 밖에서 마을 사람들이 그를 잡아 묶어 알리에게 넘겨주자고 공모하는 소리가 들려왔다.

그는 황급히 그 마을을 빠져나왔다. 그런데 사정없이 잠이 쏟아지는 바람에 앞의 숲길이 제대로 보이지 않았다. 그는 말을 탄 채 꾸벅꾸벅 졸면서 몇 km쯤 가다가 말에서 내려 어느 나무 밑에 드러누웠다. 그는 곧장 곯아떨어졌다. 얼마 후 그가 너무 깊이 잠들어 오후의 기도시간을 놓칠지도 모른다고 염려한 두 명의 풀라 사람이 그를 깨웠다. 그는 하품을 하면서 고맙다고 말하고는 지친 말을 타고 다시 동남쪽으로 나아갔다.

그는 이제 사하라 사막 변두리를 벗어났다. 그곳은 숲이 드문드문 흩어져 있고 짙푸른 풀이 무성하게 자라는 고장이었다. 멍고의 말은 숲길을 따라 나아가다 어느 웅덩이 앞에 이르렀다. 멍고는 먹을 것은 없지만, 거기서 하룻밤을 보내기로 마음먹었다. 웅덩이 곁에 자리를 잡자 곧이어 모기가 떼로 몰려와서 사정없이 물어뜯었다. 하이에나가 으르렁거리면서 그의 잠자리 주위를 맴돌았다. 멀리서 사자가 포효하는 소리가 들려왔다. 그러나 누구의 도움도 받지 못한 채 잔뜩 지친 몸으로 홀로 낯선 고장을 배회하던 그 스코틀랜드 청년은 너무나 피곤해서 정신없이 잠을 잤다.

다음날 오전에 그는 주린 배를 움켜쥐고 다시 말을 몰았다. 얼마 후 그는 낮은 구릉지대를 지나 풀라 인들이 사는 마을에 도착했다. 마을 사람들은 그를 따뜻하게 맞아주고 먹을 것을 줬다. 그는 이제 밤바라 왕국의 국경선 부근에 와 있었다. 그 국경선 일대에는 울창한 숲이 들어차 있었다. 황혼 무렵 그는 말을 타고 다시 그 숲을 향해 갔다. 그는 그 일대를 배회하는 한 무리의 흑인들을 간신히 피한 뒤, 잠을 청할 수 있을 만한 웅덩이를 찾아 내처 나아갔다. 자정 무렵 그는 그런 웅덩이를 찾아내 그 곁에 잠자리를 마련했다. 하지만 으르렁거리며 주위를 배회하는 늑대들 때문에 제대로 잠을 이루지 못했다.

그는 날이 밝자마자 비쩍 여위고 지친 몸을 말 등에 태운 채 울창한 숲 사이에 난 길을 따라 밤바라 쪽으로 갔다. 그날 아침나절 그는 마침내 루다마르를 벗어나 밤바라 땅에 들어섰다. 그는 아침나절이 조금 지날 무렵 높다란 담으로 둘러싸인 와우라라는 마을에 도착했다.

감비아의 노예상인 출신인 그 마을 촌장은 백인들에게 대단한 존경심을 품은 사람이었다. 그는 멍고를 환대하면서 멍고가 그 답례로 선물을 줄 것이라 기대했다. 멍고는 그가 그런 기대를 품고 있건 말건 아랑곳하지 않고, 부드러운 낯으로 응대하면서 그가 베풀어주는 음식을 먹고 그날 하루 동안 느긋하게 쉬었다.

나이저 강이 지나가는 밤바라 땅에서.

❦

이튿날 아침 그 노예상인은 멍고를 즉각 와우라 마을에서 쫓아냈다. 멍고
는 말을 타고 딩기에라는 마을에 도착했다. 멍고는 그 마을에서 자기에게 먹
을 것을 베풀어주는 대가로 분명한 어떤 선물을 받고 싶어하는 풀라 족 노인
을 만났다. 그가 바라는 선물이란 멍고의 머리카락 한 다발이었다. 그 노인은
멍고에게서 얻어낸 머리카락을 잘 빻아서 먹으면 백인들이 갖고 있는 지혜를
얻을 수 있다고 믿고 있었다. 그들은 서로 즐거운 기분으로 음식과 머리카락
을 교환했다. 곧이어 멍고는 다음 마을인 와시부를 향해 말머리를 돌렸다. 아
마 그 풀라 족 노인네는 위경련을 일으켜서 죽었을 것이다.

와시부 너머에는 길도 없는 울창한 숲이 펼쳐져 있어 안내인이 없이는 그
곳을 뚫고 들어갈 수가 없었다. 멍고는 며칠 동안 그 마을에 머무르면서 마을
사람들의 일을 거들었다. 마을 사람들은 그를 편하게 대해줬고, 그는 느긋하
면서도 정중한 자세로 응대했다. 그즈음 그는 베노움과 부바케르에서 입은
마음의 상처를 딛고 다시 차분하고 평정한 모습을 회복하기 시작했다.

7월 12일, 카르타 사람들로 이루어진 소규모 대상이 밤바라의 수도로 가는
길에 마을에 들렀다. 카르타 사람들은 멍고의 길안내를 해주겠다고 자청했
다. 그것은 며칠이나 걸리는 긴 여정이었다. 바다처럼 드넓은 그 숲속에는 인
심 좋은 아담한 마을들과 그 마을들을 둘러싼 비옥한 경작지들이 군데군데
흩어져 있었다. 그러나 밤바라의 수도가 가까워질수록 땅은 점점 더 척박해
졌고, 사람들의 인심도 사나워졌다. 게다가 힘겨운 여행으로 지친 멍고의 말
은 카르타 사람들의 대열 맨 끝에서 비틀거리면서 간신히 따라가고 있었다.
카르타 사람들은 멍고의 말이 자꾸 뒤처지는 데 짜증이 난 나머지 그만 멍고
를 버리고 자기네끼리만 먼저 가버리고 말았다.

아프리카 내륙지방의 우기를 예고하는 비가 내리기 시작했다. 말고삐를 잡고 진창길을 철벅거리고 걸어가던 멍고는 7월 19일 아침나절에 처음으로 노예들을 끌고가는 대상을 만났다. 밤바라의 수도 세고에서 출발한 그들은 다섯 달 동안 사하라를 가로질러 모로코로 갈 예정이었다. 멍고는 쇠사슬에 묶인 노예들을 보고 마음이 언짢기는 했지만, 애써 외면해버리고 제 갈 길을 갔다.

그는 밤바라의 수도로 가는 동안 가난에 찌든 작은 마을을 여럿 만났는데, 이따금 어떤 마을에서는 물만 주고 먹을 것은 일절 주지 않아 굶주린 상태로 다음 마을을 향해 떠나곤 했다. 하지만 이제 그는 강탈당할 것도 없어 보일 만큼 가진 게 아무것도 없어서 마음은 편했다. 게다가 그 일대는 아주 절박한 사정이 아니고는 굳이 남의 물건을 강탈하고 싶어하지 않는 이교도들이 사는 지역 같아 보였다. 그곳 사람들은 유니콘처럼 이상해 보이는 그 백인이 지나가는 광경을 볼 때마다 가던 길을 멈추고 놀라서 멍하니 쳐다보거나 낄낄거리고 웃기는 했어도 그의 앞길을 막아서지는 않았다. 그는 아프리카를 가로지르는 동안 미개한 야만족은 한 번도 만나지 못했다. 그는 나이저 강 하류쪽에 있는, 사나운 식인종들이 사는 베닌 지역의 왕국들에는 발을 들여놓은 적이 없었다.

그러나 이제는 밤바라 왕국이 점점 더 가까워지고 있었다. 그곳 주민들은 문화의 세례를 받았을 뿐만 아니라, 도시생활에 익숙한 사람들이었다. 그들은 다 떨어진 옷을 걸치고 비쩍 마른 말 뒤에서 맨발로 터벅터벅 걸어가는 멍고를 보고 비죽비죽 웃곤 했다. 장난기가 있는 어떤 사람이 그 말을 동물원의 구경거리로 쓸 테니 팔라고 제의했으나, 멍고는 부드럽게 거절하고 동남쪽으로 내처 걸어갔다.

7월 말경 그는 자기처럼 초라한 백인과 함께 여행하는 것을 창피해하는 흑인 여행자 두 사람과 함께 어느 마을에 도착했다. 그날 밤 멍고는 낮에 들은 이야기 때문에 좀처럼 잠을 이루지 못했다. 이튿날 아침 멍고는 말 등에 안장을 얹어놓은 채 마을의 대문이 열리기만을 기다렸다. 이윽고 대문이 열리자 그는 말을 타고 그 흑인들과 함께 마을을 떠났다. 멍고는 마을을 떠난 지 얼마 지나지 않아, 전에 숲속에서 자기를 버리고 훌쩍 가버린 카르타 사람들의 대열에 따라붙었다. 그 사람들은 그때의 일이 부끄러웠던지, 밤바라의 수도인 세고에 도착하면 멍고를 그곳 왕인 만송에게 소개해주겠다고 약속했다.

세고로 가는 길은 늪지대 가장자리를 따라 이어졌다. 그러나 그곳을 지나자 모든 것이 가지런히 정돈되고 잘 경작된 땅이 펼쳐져 있었다. 이윽고 멍고 곁에서 가던 흑인이 앞을 가리켰다. 강을 보라고!

그 광경을 목도한 최초의 유럽 인인 멍고는 놀란 눈으로 바라보면서 길게 심호흡을 했다. 저 멀리, "웨스트민스터의 템스 강만큼이나 넓고" '동쪽으로 유유히 흐르는' 강은 바로 나이저 강이었다.

⚜

그 강에 도착한 것은 그가 탐험길에 나서서 이룬 최대의 업적 중의 하나였다. 하지만 그는 그 이상을 이루어내고 싶어 몹시 조바심을 쳤다. 그 강이 동쪽으로 흐른다면, 그 큰 강이 정말로 내륙에 있는 사막으로 사라져버린단 말인가? 그리고 '황금의 도시' 팀북투는 그 강 어디쯤에 자리잡고 있을까? 그는 어떻게 해서든 밤바라 왕을 만나 지원을 얻어내는 시도를 해보기로 마음먹었다. 혹시 또 아는가, 어떤 기적이 작용해서 그렇게 될지. 그에게서 지원을 얻어낼 수만 있다면 카누 한 척을 사서 나이저 강을 따라 내려가보리라.

그는 세고의 선창으로 내려갔다. 만송은 강 남쪽에 살고 있다고 했다. 나룻배들이 끊임없이 강 양쪽을 오갔지만, 멍고는 뱃삯이 없다는 확실한 이유로 나룻배 사공에게서 거절을 당했다. 그곳에서는 개오지(패류貝類의 한 가지. 그 중 길이 2.5cm 정도의 노란색 돈개오지의 껍데기가 아프리카 등지에서 화폐로 이용되었다—옮긴이) 껍데기가 화폐 구실을 했는데, 그에게는 그것이 없었다. 카르타 사람들이 배를 타고 사라진 뒤 그는 선창에 앉아 끈질기게 기다렸다.

이윽고 만송이 보낸 사자 한 사람이 왔다. 만송은 백인이 왔다는 소식을 들고 미신적인 불안감에 사로잡혀 있었다. 만송의 사자는 멍고에게 왕의 허락을 받지 않고는 무슨 일이 있어도 강을 건너서는 안 된다고 했다.

멍고는 또다시 맥이 쭉 빠지는 것을 느꼈다. 이윽고 그는 강둑 저 위쪽에 있는 한 마을을 찾아갔다. 그날 그는 음식과 물을 전혀 먹지 못한 채 하루종일 뜨거운 햇빛 속에서 허기진 몸을 끌고 돌아다녔다. 그러나 밤이 되자 한 할머니가 그를 불쌍히 여기고 오두막으로 불러들여, 생선을 주고 잠자리를 베풀어주고 자장가까지 불러줬다. 그녀는 멍고의 모험기에서 이름 없는 최대의 여주인공들 중의 한 사람이라 해야 마땅했다. 그녀가 베푼 자비는, 다 떨어진 옷을 걸친데다 옴에 걸리기까지 한 흑인을 단칸방에 불러들여 재워준 영국이나 미국의 시골사람의 그것에 진배없는 선행이었으니까. 멍고는 만송에게 도와달라고 사정하는 편지를 보낸 뒤, 그녀의 오두막에서 사흘 동안 기다렸다.

7월 22일 아침나절, 왕이 보낸 사자가 그 오두막에 왔다. 왕은 멍고에게 밤바라의 이웃나라로 떠나라는 지시와 함께 약간의 선물을 보냈다. 멍고가 선물이 든 자루를 열어보니, 그 안에는 5,000개의 돈개오지 껍데기가 들어 있었다. 그 정도의 돈이면 해안지방으로 돌아가는 데 쓸 여비로는 충분했다. 하지만 멍고는 전혀 다른 계획을 갖고 있었다. 그는 얼마간의 식량을 구입한 뒤 나이저 강을 따라 동쪽으로 나아갔다.

그곳은 경작지가 잘 조성된 부유한 고장이었고, 현실적이고 실제적인 이교도 흑인들인 그곳 주민들은 제 할 일만 부지런히 할 뿐, 멍고에게는 별관심을 보이지 않았다. 그러나 이틀 뒤 그는 완고한 무어 인들이 살고 있고 이슬람 사원들이 보이는, 강가의 꽤 큰 포구 마을인 산산딩에 도착했다.

그곳의 무어 인들은 떼로 모여들어 멍고를 위협하고, 그에게 예언자 마호메트를 인정하라고 다그쳤으며, 그가 날달걀을 먹는 광경을 유심히 지켜봤다. 멍고는 차분하고 무표정한 얼굴로 그런 위협을 받아넘겼으며, 예언자를 인정하지도 거부하지도 않았다. 덧붙여 백인들이 인간의 고기와 날달걀만 먹고 산다는 이야기는 다소 과장된 것이라고 말해줬다. 마침내 흑인 촌장이

나서서 그를 괴롭히는 사람들을 물리치고, 그가 나이저 강을 따라 갈 수 있게 해줬다.

그는 나흘 뒤 모디부에 도착했다. 그가 가로지른 지역은 사자들이 우글거리는 것으로 유명한 고장이었다. 한번은 그와 그의 말이 너무나 피로한 나머지 그만 사자 한 마리가 웅크리고 있는 것도 보지 못하고 그 앞에서 불과 몇십 cm 떨어진 곳을 지나간 적도 있었다.

세고에서 나이저 강가를 따라 펼쳐진 울창한 숲은 모디부에 이르러 점차 모습을 감췄다. 그는 나이저 강이 그 일대에 이르러서는 수많은 늪지대에서 흘러나온 물과 보이지 않는 많은 지류와 합쳐져 폭이 훨씬 더 넓어진다는 것을 알았다. 강 한가운데에는 사자의 공격을 염려하지 않고 편안하게 소떼에게 풀을 먹일 수 있는 작은 섬 몇 개가 흩어져 있었다.

그러나 모디부에서부터 그의 탐험은 막을 내리기 시작했다. 그곳에 도착한 다음날 아침에 깨어난 멍고는 자신이 열병에 걸렸다는 것을 알았다. 늪지대의 모기들한테 잔뜩 물린 뒤에 그런 증상이 나타난 것이다. 모디부의 촌장은 그의 모습을 보고 놀라, 그날로 당장 그곳을 떠나라고 명령했다. 멍고와 그의 말 모두 기력이 쇠진한데다 열병에 걸려 어지러운 상태에서 모디부 바로 곁에 있는, 케아라는 마을로 향했다.

그리로 가는 도중 말이 그만 길바닥에 주저앉고 말았다. 멍고는 안장을 내리고 고삐를 풀어준 뒤 말을 쓰다듬었다. 그리고 그는 말의 코앞에 풀을 한 다발 놔준 뒤, 현기증으로 눈앞이 어질어질한 상태에서 울창한 숲 사이에 난 길을 따라 비틀거리며 걸어갔다. 그는 이제 완벽하게 혼자 몸이 되었다.

케아 사람들도 그가 머무르는 것을 거부했다. 그는 배 한 척을 발견하고, 그 배를 타고 강을 대각선으로 가로질러 실라에 갔다. 그 마을은 그가 이번 여행길에서 가장 멀리 나아간 마을에 해당되었다. 나이저 강은 실라를 지난 뒤 이런저런 이름을 지닌 미지의 땅들을 지나, 많은 사람이 동경해 마지않는 팀북투를 거쳐 후사라는 땅으로, 뒤이어 인육을 먹는 사람들이 사는 마니아나 땅으로 흘러들어간다.

그는 실라에 있는, 비가 새는 어느 오두막에 앉아서 그런 이야기를 들었다. 그러나 그는 자신이 이제는 더 이상 여행을 할 수 없는 처지라는 것을 알았다. 자신이 아프리카협회에 전할 만한 정보라고 해봤자 얼마 되지 않았고, 나이저 강의 미지의 신비가 그를 손짓해 부르기는 했지만, 그는 이제 방향을 돌려 해안지방으로 돌아가야 했다.

❦

7월 30일, 그는 배를 타고 나이저 강을 가로질러 다시 북쪽 둑에 도착한 뒤, 거기서 800km 떨어진 해안지방으로 돌아가기 시작했다. 다 떨어진 넝마를 걸친 그는 열병에 걸려 약해진 몸을 이끌고 맨발로 터덜터덜 걸어갔다. 수중에는 몇천 개의 돈개오지밖에 없었는데, 그나마도 밤바라 국경선을 넘어가면 쓸모없는 것이 될 것이다.

밤바라 국경선 내에서조차 그의 적들이 생겨나고 있었다. 세고에서 만송의 자문관 역할을 하는 무어 인 관리들은 만송을 열심히 설득해서 그 백인이 스파이라고 믿게 만드는 데 성공했다. 만송은 그가 방향을 돌려 해안 쪽으로 돌아가고 있다는 소식을 듣고, 그를 보는 사람은 즉각 붙잡으라는 명령을 내렸다. 그런데 묘하게도 그의 백성들은 정중하고 공손한 자세로 먹을 것이나 물을 달라고 청하는 그를 붙잡는 데 별관심이 없었다. 그들은 그를 피하거나 욕설을 퍼붓기는 했어도 붙잡지는 않았다.

멍고는 헤어졌던 말을 다시 만났다. 그 말은 어느 마을의 촌장이 잘 돌봐준 덕에 이제는 기운을 되찾았다. 하지만 완전히 회복되지 않아 그가 잘 보살펴줘야 했다. 아프리카의 잿빛 하늘에서는 계속해서 비가 쏟아졌다. 그의 몸에서는 열이 올랐다 내렸다 했으며, 어떤 때는 하루나 이틀 동안 씻은 듯이 사라졌다가 전보다 한층 더 심한 열꽃이 피어올랐다. 그는 세고 북쪽 지역을 지나면서 해안지방으로 이어지는 적당한 길을 찾아내려 애썼다. 가급적 밤바라의 관리들과 마주치지 않으려고 조심했고.

루다마르를 경유하는 길로는 감히 갈 엄두를 내지 못했다. 카르타 왕국의 국경선 부근은 아직도 전쟁의 후유증이 가시지 않아 불안했다. 나이저 강 남쪽의 산악지대에는 콩 왕국이 자리잡고 있었는데, 그곳은 강 북쪽과 언어가 다를뿐더러 여러 가지 장애가 널려 있어 갈 수가 없었다. 그리하여 그는 가급적 나이저 강과 거리를 두고 그것과 평행으로 난 길로 해서 가야만 했다. 만딩과 풀라두를 거쳐서 서쪽으로.

그는 쏟아지는 폭우를 무릅쓰고, 그리고 마을을 만날 때마다 먹을 것을 구걸하면서 계속 앞으로 나아갔다. 어떤 마을에서는 먹을 것을 줬고, 또 어떤 마을에서는 거절했다. 그의 열병은 조금씩 가라앉았다.

8월 중순경 그는 나이저 강물이 넘친 땅을 지나갔다. 그 지역은 해마다 우기가 오면 범람한 나이저 강물에 잠겨 상당 부분이 늪지로 변했다. 쿨리코로에서 그는 널빤지 위에 누운 촌장을 위해서 부적을 써준 대가로 식사를 대접받고 하룻밤을 묵어갈 수 있었다. 사람들은 그 촌장의 몸을 씻어준 물을 호리병박에 담았고, 촌장은 계속 기도를 하면서 그 물을 다 마셨다. 아마 그는 그 기도가 꼭 필요했을 것이다. 그 무렵 멍고가 가는 곳마다 원주민들은 그 계절에 여행을 할 경우 나이저 강의 홍수를 피할 수 없다고 경고했다. 그는 우기가 끝날 때까지 석 달 동안 여행을 하지 말아야 했다.

하지만 그는 그렇게 가만히 쉴 수가 없는 처지였다. 밤바라 왕에게서 받은 돈개오지는 진작에 다 떨어졌고, 양식도 없고, 입고 있는 넝마 외에는 여분의 옷도 없었다. 게다가 비는 계속 내리고 있었다. 하지만 얼마 후 그는 피로한 말을 이끌고 높은 산악지대에 이르렀다. 강둑을 넘어온 물로 진창과 수렁이 된 저지대에서 힘겹게 씨름하다가 그렇게 높은 지대의 단단한 땅에 오니 살 것만 같았다. 다른 데서 도망친 흑인들이 사는, 잃어버린 낙원 같은 골짜기인 쿠마에서 따뜻한 대접을 받고 그는 훨씬 가뿐해진 기분으로 서쪽을 향해 걸음을 재촉했다.

하지만 아직 기뻐하기는 일렀다. 그날 그는 한 무리의 강도를 만나 몸수색과 짐수색을 당해, 모자와 입고 있는 바지를 제외한 모든 것을 다 털리고 그

야말로 "완벽한 알거지가 되었다. 야수들과 그들보다 훨씬 더 야만적인 인간들이 우글거리는 곳에서."

❦

〈여행기〉에서 그는 바로 그때 작은 풀꽃을 봤다고 썼다. 들판에서 그런 작은 꽃도 아름답게 피어나게 해주시는 하나님이 과연 당신과 똑같은 모습으로 창조해내신 존재를 굶주림으로 죽어가게 가만 내버려두실까? 물론 하나님은 능히 그렇게 하실 수 있고, 또 그렇게 해오셨다. 아프리카의 중앙부에서 서부 해안에 이르는 수많은 길에는 노예상인들의 뼈가 무수히 널려 있었으니까. 하지만 멍고가 생각하기에 그 질문에 대한 답은 오직 하나, '절대 그러실 리가 없다'였다.

혼자 그렇게 묻고 답하면서 기운을 회복한 멍고는 다음 마을을 향해 기운차게 걸어갔다. 그 마을에서 그는 따뜻한 대접을 받았다. 마을 촌장은 그의 말과 물건을 빼앗아간 강도들을 잡아주겠다고 약속했다. 멍고는 그에게 깊은 사의를 표하고 서둘러 서쪽으로 걸어갔다.

1주일 뒤 그가 기근이 닥친 한 마을에서 쉬고 있는데, 두 명의 심부름꾼이 마을에 들어왔다. 그들은 그의 말을 앞세우고 왔다. 말의 등에는 그가 강도들에게 빼앗긴 변변찮은 물건들이 실려 있었다. 멍고는 암담한 기분으로 말을 쳐다봤다. 그는 그 말이 이제 도움이 되기보다는 짐이 되기 쉽다고 걱정했다.

그의 우려는 그대로 들어맞았다. 이튿날 아침 말이 우물에 빠진 것이다. 그는 마을 사람들의 도움을 받아 말을 우물에서 간신히 건져냈다. 그 말에게 정나미가 떨어진 그는 그것을 마을 촌장에게 선물했고, 촌장은 그에 대한 답례로 창 하나와 샌들을 선물했다. 멍고는 다시 해안지방을 향해 출발했다.

비가 다시 끝없이 내려, 그 일대는 빗물에 뿌리가 뽑힌 온갖 식물의 초록색 파도로 뒤덮였다. 그는 그 와중에 발목을 삐어 네마쿠라고 하는 마을에서 굶주림을 참아가며 며칠 동안 쉬었다. 삔 자리의 통증이 약간 가라앉자, 그는 다시 절룩이면서 걷기 시작했다.

그러나 머지않아 그에게 구조의 손길이 다가왔다. 그가 어느 산 하나를 넘어가자 카말리아라는 마을이 나왔다. 그곳은 노예무역과 금 채굴의 중심지였다. 거기서 그는 해안지방으로 노예들을 데리고 갈 준비를 하고 있는, 카르파 타우라라는 노예상인을 만났다. 카르파는 멍고가 출발시기를 내년으로 늦추고 그들이 해안지방에 도착했을 때 노예 한 사람분의 대가를 치러준다면, 그에게 먹을 것과 잘 곳을 마련해주고 감비아로 가는 대상에 끼워주겠다고 했다.

굶주림으로 비쩍 마른 그 젊은이는 차분한 태도로 감사의 뜻을 표하고 기꺼이 그렇게 하겠다고 했다.

멍고는 카르파의 친절을 결코 잊지 않았다. 그후 노예상인들을 대할 때마다, 그리고 노예무역이나 노예제도에 대해 언급할 때마다 그는 그때의 기억이 되살아났다. 가끔 마음 한구석에서는 찜찜한 기분이 남아 있었지만. 그때 그는 몸이 아주 쇠약해졌고 잘 데도 없는데다 열병이 다시 도진 상태였다. 카르파는 그를 간호하고 먹을 것을 주고 묵을 오두막도 한 채 마련해줬다. 아무튼 멍고에게 그는 '선한 사마리아 인'이나 다름없었다.

계속해서 비가 내리는 가운데에도 저 머나먼 감비아를 향해 떠날 노예들이 서서히 모여들기 시작했다. 열병에서 회복된 멍고는 그곳에 도착한 노예들을 점검하는 역할을 맡았다. 멍고는 가끔, 자신이 카손 왕국과 카르타 왕국을 여행하던 시절 그 북쪽 지방에서 당당한 자유민으로 살다가 이제 비참한 노예신세가 된 사람들 중에서 자기를 알아보고 반갑게 소리치는 이들과 맞닥뜨리곤 했다.

12월 중순이 되었다. 비는 그쳤다. 동북쪽에서 뜨겁고 건조한 계절풍이 불어왔다. 이제 기력을 되찾은 멍고는 마른 풀을 태우는 불길이 밤하늘을 환하게 물들이는 광경을 묵묵히 응시했다. 열병으로 인한 무력한 혼수상태에서 벗어나자 하루빨리 해안지방으로 떠나고 싶어 좀이 쑤셨다. 하지만 시간은 한없이 더디게 흘러갔고, 그렇게 지리한 나날이 몇 주나 계속되었다. 이러다 해안으로 가지 못하는 것 아닐까?

마침내 1797년 4월 19일, 73명으로 이루어진 노예무역 행렬이 마을을 떠났다. 노예들 중 상당수는 그런 날이 오기를 고대하면서 몇 년이나 쇠사슬에 묶인 채 지내왔다. 아프리카 사람들은 느긋한 자세로 잡담하기를 즐겼다. 그러다 심심하면 하품을 해댔다. 그렇게 해안을 향해 가는 동안에도 행렬은 몇일도 가지 않아 툭하면 행군을 멈추고 머스킷 총을 쏘아대거나 수다를 떨어댔다. 멍고는 짜증 나는 것을 꾹 참고 행렬의 맨 뒤에서 조용히 따라갔다.

얼마 후 그들은 잘론카두라는 드넓은 황야의 가장자리에 이르렀다. 그곳은 며칠을 가도 자거나 쉴 만한 마을 하나 만나지 못하는 곳이었다. 그때까지 한가롭게 노닥거리면서 가던 카르파의 대상은 이제 강행군을 하기로 했다. 그 대열은 번개같이 빠른 속도로 황야에 돌진해 들어갔다.

다 떨어진 샌들 때문에 절뚝거리면서, 그리고 진땀을 흘리면서 따라가던 차분한 스코틀랜드 청년은 연신 주위를 돌아봤지만, 황야 같은 것은 보이지 않고 숲이 울창한 구릉지대와 야생동물들이 뛰어노는 계곡만이 눈에 들어왔다. 그곳은 부족들간의 전쟁 때문에 사람들이 살지 않는 곳이 되어버렸다.

그날 밤 그들은 야생동물들이 배회하는 곳에 텐트를 쳤고, 그 바람에 잠자리가 뒤숭숭했다. 이튿날 정오 무렵 야생벌떼가 행렬을 공격하는 바람에 사람들이 사방으로 달아났다. 여자노예 하나가 말을 잘 듣지 않자 감독하던 사람이 그렇지 않아도 벌에 쏘인 그녀의 살에 채찍을 내리쳤고, 그 채찍소리와 그녀의 비명 때문에 멍고는 기분이 좋지 않았다.

강행군에도 불구하고 황야는 여전히 계속되었다. 매를 맞은 여자가 다시 반항을 해서 그랬는지 아니면 행렬을 쫓아갈 수 없어서 그랬는지는 몰라도, 아무튼 감독자들은 그녀의 쇠사슬을 풀어준 뒤 맹수들의 밥이 되게 내버려두고 길을 재촉했다. 일행은 드넓은 대나무숲을 지나 수세타라는 마을에 도착함으로써, 길이가 약 160km 가량 되는 잘론카두 황야에서 가장 폭이 좁은 곳을 가로질러 마침내 황야를 통과했다.

그들이 지나가는 잘론카라는 '왕국'은 많은 산적들의 은거지이자 본거지였다. 카르파의 대상은 그들을 피하기 위해 가급적 인기척을 내지 않고 조용히 전진했다. 4월 30일, 그들은 틴킹탕 마을에 도착했다. 그들의 눈앞에는 드높은 산맥이 서쪽 하늘을 톱날처럼 자르며 우뚝 서 있었다.

이튿날 그들은 산맥을 넘었다. 이제 그들은 해안에서 그리 멀지 않은 곳에 와 있었다. 멍고의 가슴은 다시 나직한 환희로 들끓기 시작했다. 어떻게 해서든지 행렬에서 뒤처지지만 않는다면!

또 다른 산들과 험준한 산길이 이어져, 무거운 짐을 짊어진 노예들은 고통스러운 신음을 발했다. 그러나 5월 12일 그들은 오래 전에 멍고가 동쪽으로 가기 위해 건넜던 지점에서 남쪽으로 조금 떨어진 지점에서 팔레메 강을 건넜다. 그들은 이제 잘 정리된 비옥한 경작지들이 펼쳐진 고장에 들어섰다. 아랍 인들이 거주하거나, 그들의 침입으로 고통받는 지역들에서 남쪽으로 멀리 떨어진 흑인들의 고장인 그곳은 잘론카보다 치안상태가 좋았다. 그들은 숲과 대밭이 여기저기 흩어져 있고 울퉁불퉁한 지형으로 이루어진 텐다라는 또 다른 황야를 가로질렀다. 다리가 좀 아프기는 했어도 모두들 별다른 불상사 없이 그곳을 지났다.

일행이 그 다음에 지나간 마을들의 경우에는 사람들이 백인들에 관한 이야기를 심심치 않게 듣는데다, 그 가난한 떠돌이 백인은 무어 인의 피가 반쯤 섞인 사람처럼 보여서 그를 보고 놀라는 사람은 거의 없었다. 마을을 하나씩 지날 때마다 해안은 점점 더 가까워졌다. 그러다 마침내 1797년 6월 1일, 동쪽으로 떠난 지 18개월 만에 또다시 감비아 땅이 멍고의 시야에 들어왔다.

⚜

6월 4일, 그들은 울리의 수도인 메디나에 도착했다. 예전에 멍고가 동쪽으로 여행하던 길에 그곳에 들렀을 때 나이 든 왕이자 족장인 자타는 그를 따뜻하게 맞아주었다. 멍고는 그 사람이 병들었다는 소문을 들었다. 하지만 멍고가 자세히 알아볼 틈도 없이 일행은 내처 길을 떠났다. 사실 그는 자타의 건강상태에는 별관심이 없었을 것이다. 그 젊은 스코틀랜드 인은 모든 사람에게 늘 그렇게 냉정한 편이었으니까. 일행은 6일에는 진데이에, 9일에는 텐다쿤다에 도착했다. 텐다쿤다 마을은 멍고가 여행을 시작했던 피사니아에서 그리 멀지 않았다.

여기서 그는 그 일대에 떠도는 여러 가지 소문과 소식을 들었다. 뎀바와 존슨은 그곳에 돌아오지 않았다. 그곳의 모든 사람은 멍고가 내륙지방에서 죽었으리라 짐작하고 있었다. 그리하여 그를 본 사람들은 하나같이 믿어지지 않는다는 표정을 지었다. 그 사람이 18개월 전의 그 백인 청년일 리가 없다는 식으로. 사실 이때의 멍고는 예전의 멍고가 아니었다.

이튿날 피사니아의 백인 상인 한 사람이 말을 타고 숲을 지나 멍고를 마중 나왔다. 그리하여 멍고는 다시 말을 타고 해안지방으로 갔다. 백인들과 따뜻한 음식과 깨끗한 옷과 면도날이 있는 곳으로. 카르파는 말끔하게 면도하여 '앳된 청년'의 모습을 회복한 멍고를 보고 몹시 놀랐다. 레이들리는 멍고가 카말리아 마을에서 약속했던 금액을 카르파에게 지불해줬다. 그리고 이제 멍고는 자기를 고국으로 데려다줄 배가 오기를 초조하게 기다렸다.

그러나 그 무렵은 배가 다니는 철이 아니었다. 사람들은 몇 달 동안 어떤 배도 오지 않을 것이라고 했다. 하지만 운좋게도 미국의 노예무역선인 찰스타운 호가 감비아에 나타나, 멍고는 그 배를 타고 서인도제도를 경유해서 영국에 가기로 했다.

배는 노예들을 태우고 6월 17일에 출항했다. 그 배는 너무 낡아서 여기저기서 물이 샜다. 그리고 얼마 지나지 않아 그 배의 의사가 열병으로 쓰러져, 멍고가 그의 일을 대신해야 했다. 그 배는 그 해안에서 조금 올라간 곳에 있는 고레 항에 정박한 뒤, 식량과 더 많은 노예들이 도착하기를 기다리면서 몇 주 동안 머물러 있었다. 멍고는 울화가 치미는 것을 지그시 참고, 작열하는 햇살 속에 아른거리는 아프리카 해안을 묵묵히 응시했다.

마침내 찰스타운 호는 고레 항을 벗어나 음울한 대서양으로 나왔다. 배는 계속해서 물이 새 노예들이 물을 푸는 일에 동원되었다. 멍고는 더럽고 지저분한 환경에서 갖가지 질병과 열병이 창궐하는 가운데 환자를 돌보느라 분주하게 움직였다. 서인도제도 근방에 이르렀을 때, 그 배가 미국까지 갈 수 없으리라는 점은 분명해졌다. 그리하여 그 배는 안티과 섬에 입항했다.

멍고는 배에서 내린 뒤 자신을 영국으로 데려다줄 다른 배를 찾아냈다. 그렇게 해서 12월 22일, 그는 2년 7개월에 걸쳐 백인들 중에서는 누구도 밟아보지 못한 지역을 답사한 뒤 마침내 영국에 돌아왔다.

그는 진눈깨비가 내리는 새벽에 런던에 도착한 뒤, 싸늘한 겨울바람에 몸을 떨면서, 날이 환하게 밝아져 아는 사람들을 찾아갈 수 있는 시간이 될 때까지 대영박물관의 정원을 이리저리 돌아다녔다. 그는 그렇게 걷고 있다가 매부인 딕슨을 만났다. 그가 나이저 강을 찾는 일을 맡을 수 있게 주선해준 바로 그 사람을.

딕슨은 마치 유령을 보는 것 같은 눈길로 멍고를 쳐다봤다.

아프리카협회 사람들도 딕슨과 같은 반응을 보였다. 그들 모두는 그가 죽었다고 생각하고 있었다. 그의 여행과 발견에 관한 이야기는 런던 전역에 퍼졌다. 멍고는 아프리카협회 사람들과 함께 방에 틀어박혀 자신이 여행한 과정을 서둘러 글로 엮어냈다. 그 책자는 곧 발간되었다. 하지만 그 여행의 전말기는 좀더 공들여 써야 했고, 그는 그것을 쓰기 위해 스코틀랜드에 갔다.

그렇게 해서 그는 자신이 태어난 농가로 되돌아왔다. 그곳은 많이 변했고, 나이저 강 유역의 강렬한 햇살에 시달린 눈이 아직도 회복되지 못한 그에게는 고향이 매우 낯설었다. 그는 그곳에서의 기억을 단 하루도 잊을 수가 없었다. 자신의 수련과정을 지도해준 일반 개업의의 딸인 아일리 앤더슨과 사랑에 빠진 동안에도. 그는 그 여행기를 쓰고, 아일리와 결혼하고, 나이저 강의 발원지와 팀북투를 찾아내는 또 다른 원정길에 나선 뒤 행복하게 살고 싶었다.

✤

그의 계획은 그러했다. 그러나 그 계획들은 여러 가지로 엇나갔다. 얼마 후 그의 여행기가 발간되어, 많은 사람이 읽고 많은 논란을 빚어내고 많은 비난을 받았다. 주로 노예제도 폐지론자들한테. 그런 뒤 그는 서서히 잊혀졌다. 영국정부는 다른 시급한 일들을 처리하느라 바빠, 그 냉정하고 거만한 스코틀랜드 인을 대장으로 하는 나이저 강 원정대에 자금을 대줄 여력이 없었다. 그리하여 멍고는 속이 쓰리기는 했지만 일단 그 계획은 접어두고, 스코틀랜드 땅에서 의사로 일하기로 마음을 굳혔다.

그는 아일리와 결혼했다. 그들은 짧은 결혼생활 내내 다정한 연인이자 친구 사이로 지냈다. 그 부부는 멍고가 새로 개업한 피블스로 이사했다. 그는 말을 타고 황량한 산악지대를 누비면서 농장노동자들이나 소작농들의 병을 치료해줬으며, 어떤 때는 일이 너무 고되어 탈진상태에 빠지기도 했다. 그 무렵 그는 많은 친구를 사귀었고, 그 가운데는 월터 스코트라는 작가도 포함되어 있었다. 적어도 월터 스코트는 나이저 강과 관련된 의문들에 관해 끝없이 이야기를 주고받기에는 더없이 좋은 친구였다. 그 강은 어디서 발원해서 어디로 흘러가는가, 팀북투는 어디쯤에 있는가 하는 의문들에 관해서.

그는 아프리카의 거친 음식들 때문에 생긴 소화불량으로 고생하고, 체질에 맞지 않는 직업에 싫증 내면서도 5년이라는 긴 기간을 잘 참고 견뎠다. 또다시 나이저 강을 찾아나서겠다는 그의 꿈은 서서히 빛을 잃어가고 있었다. 그때 상황이 일변해서, 이제 그것은 꿈이 아니라 그가 선택하기만 하면 현실화될 수 있는 것이 되었다.

영국정부는 아프리카 서해안 내륙의 답사가 영국의 무역에 많은 이익을 안겨줄 수 있다는 사실에 눈을 떴다. 영국정부 당국자들은 멍고를 런던으로 불러들여, 그가 그 원정대의 대장이 되어줄 수 있느냐고 물었다. 멍고는 그렇게 하겠다고 대답했다.

그 사업은 많은 차질이 생겨 계속 지체되었다. 그러나 원정대 구성원들은 하나 둘씩 모여들었다. 멍고가 대장이 되고, 처남인 알렉산더 앤더슨이 부대장이 되었으며, 스코틀랜드 출신의 친구인 조지 스코트가 업무 전반을 관장하는 부관이 되었다. 그들은 배를 타고 우선 고레에 가서, 그곳에 있는 영국 수비대에서 원정대의 호위를 맡을 병사들을 모집할 작정이었다. 그런 뒤 내륙지방을 가로질러 세고 일대를 흐르는 나이저 강에 도착해서, 몇 척의 보트를 만들어 나이저 강을 따라 하구까지 나아가게 될 것이다. 그 끝이 대서양이 될지, 내륙의 사막이 될지는 아직 알 수 없었다.

1805년 1월 30일, 그와 그의 동료들은 다시 나이저 강을 찾기 위해 사우샘프턴 항을 떠났다.

⚜

1차원정보다 좀더 큰 규모로 이루어진 야심적인 2차원정은 처음부터 자꾸 진척이 늦어졌다. 그들이 탄 배가 포츠머스에서 케이프 베르데 제도(세네갈 서쪽에 위치한 섬들—옮긴이)까지 가는 데만도 근 한 달 반이 걸렸다. 멍고와 그의 동료들은 그곳에 상륙해서 짐을 나를 많은 나귀를 산 뒤 고레를 향해 떠났다.

그들은 고레에서, 전에 받던 봉급의 두 배를 주며 원정이 끝난 뒤에는 군대에서 전역시켜주겠다는 조건을 내걸어 35명의 병사를 모집했다. 거기에다 '스퀴럴 호'라는 프리깃 함에서, 앞으로 나이저 강을 따라 내려갈 때 쓸 보트를 짓는 역할을 할 두 사람의 선원을 차출했다. 그리고 마틴이라는 포병장교 한 사람이 자진해서 원정에 참여하겠다고 나섰다. 키가 크고 더없이 침착한 대장 멍고 파크는 대원들을 배에 태우고 감비아의 카이에를 향해 떠났다.

그러나 카이에에 도착해서도 적당한 원주민 안내인을 물색하느라 한동안 지체해야 했다. 피사니아의 레이들리는 이미 죽고 없었으며, 자유민 신분인 흑인들은 멍고가 이해할 수 없는 어떤 이유로 해서 그 계절에 내륙으로 원정을 떠나는 것을 꺼려했다. 그럼에도 그는 결국 만딩고 족 출신의 '신관神官'인 이사코를 안내인으로 나서게 하는 데 성공했다.

King Against the Unknown

4월 26일, 짐을 실은 나귀들과 갑갑한 붉은색 제복을 입은 병사들이 긴 행렬을 이룬 그 원정대는 드디어 기나긴 원정의 첫걸음을 내디뎠다. 병사들은 자기네가 와주기를 고대하는 동쪽 지방으로 나아가면서 철없는 아이들처럼 시시덕거리거나 농담을 주고받았다.

멍고는 10년 전 해안지방으로 돌아올 때 밟았던 코스와 거의 비슷한 코스로 해서 나이저 강에 이를 작정이었다. 그는 그 코스로 해서 갈 경우 6주 정도면 나이저 강에 도착할 수 있으리라 믿었다. 그러나 그 무렵은 우기가 가까운 계절이라 날이 점점 더 더워지고 대기가 숨막힐 정도로 갑갑해, 병사들은 하얗게 질린 얼굴로 숲길을 허덕이며 걸어갔다. 그들은 당시 영국 노동계급 출신 사람들이 대부분 그렇듯이 영양상태가 부실한 중간 정도의 체격을 지닌 탓에 탐험가가 되기에는 적당하지 않았다. 이윽고 두 사람이 이질로 쓰러졌다. 이에 멍고는 신속히 결단을 내려, 그 사람들을 근처의 마을에 버려두고 내처 앞으로 나아갔다. 그후에도 행군을 하면서 비슷한 상황이 벌어질 때마다 그는 그런 무자비한 관례를 따랐다.

찌는 듯이 무덥고 고요한 날씨가 계속되는 가운데, 그들은 메디나를 가로질렀다. 5월 29일, 바두 마을에 도착했을 때, 멍고는 나이저 강에 도착하기 전에 마지막 편지를 쓰기 위해 그곳에서 잠시 지체했다. 편지에서 그는 그때까지 대원들이 모두 건강하고 모든 게 다 순조로우며, 한 달 내에 나이저 강에 도달하리라 확신한다고 썼다. 그 편지내용 중의 일부는 의도적인 거짓말이었고, 또 다른 일부—진실이거나 거짓인—는 지금 와서 볼 때 옛 비극의 처연한 맛을 풍긴다. 이때의 멍고는 동쪽의 비구름대 뒤에서 눈을 부릅뜨고 있는 명백한 사실을 외면했던 것처럼 보인다.

바두를 지나갈 때 일행은 우기의 예고편이라 할 수 있는 엄청난 토네이도에 강타당해 누렇게 시든 숲을 목격했다. 원정대는 그보다 훨씬 천에 그 지역을 가로질러, 이 무렵에는 이미 밤바라의 안전한 피신처에 도착했어야 마땅했다. 그런데 그들은 6월 초에 막강한 파괴력을 지닌 폭풍우가 휩쓸고 지나간 숲길을 터덜거리며 걸어가고 있었고, 결국은 그때까지 머뭇거리던 비가 내리기 시작했다. 비는 일렬로 늘어서서 나아가는 인간과 동물의 긴 대열을 비스듬히 가로지르면서 쏟아졌다.

이윽고 길은 진창으로 변했다. 병사들이 열병과 이질에 걸려 속속 쓰러지기 시작했다. 멍고는 그들을 이 마을 저 마을에 버리면서, 처남 앤더슨과 스코트의 도움에 힘입어 계속해서 대원들을 전진시켰다. 그들은 잘론카두 황야를 피하기 위해 북쪽으로 방향을 틀어 얼마 후에는 딘디쿠 산맥 앞에 이르렀다. 그것은 톱날처럼 뾰족뾰족한 봉우리들이 눈앞의 하늘을 온통 가리면서 우뚝 솟아오른 험준한 산맥이었다. 그들이 그 산맥을 넘는 동안 6월이 지나갔다. 그들은 밤이면 행군을 멈추고 불을 피운 뒤, 낮 동안 비에 흠뻑 젖은 옷을 말리려 애썼다. 병사들은 추위와 두려움에 떨었다. 날이 어두워지기만 하면 비 때문에 먹잇감을 얻지 못해 굶주린 사자들과 늑대들이 마을이나 그들의 야영지 근방을 어슬렁거리면서 으르렁거리거나 사납게 울부짖었다.

강물이 불어나 그곳 사람들이 지나다니는 얕은 여울을 모조리 쓸어가버렸다. 원정대가 돈을 주고 고용한 짐꾼들은 자기네가 원하는 물건을 훔쳐서 달아났다. 어느 강을 건널 때 안내인인 이사코가 악어에게 물려 하마터면 목숨을 잃을 뻔했다. 안내인이 없이는 전진할 수 없었기 때문에, 죽어가는 병사들은 가차없이 버리고 가던 멍고도 그 흑인만은 정성껏 치료하고 돌봐주는 참을성을 보였다. 8월 초, 그들은 밤바라의 접경지대에 이르렀다.

병사들이 숲속에 쓰러져 죽어갔지만, 멍고는 그들을 그냥 버려두고 갔다. 그는 스무 사람분의 일을 혼자 감당해내면서도 지칠 줄 모르는 괴력을 보이며 나이저 강을 향해 줄기차게 앞으로 나아갔다.

그러나 밤바라의 경계선을 넘어설 무렵, 그의 처남 알렉산더 앤더슨이 병으로 쓰러졌다. 냉정하던 멍고도 차마 처남만은 버리고 갈 수가 없었다. 그는 원정대가 전진하는 데 지장이 있는데도 불구하고 혼수상태에 빠진 앤더슨을 자기 말의 안장에 앉히고, 자기는 그 곁에서 말고삐를 잡은 채 걸어갔다. 한 번은 그렇게 걸어가다가 길을 가로막고 선 사자 세 마리를 만났다. 멍고는 머스킷 소총을 들어 그 사자들을 향해서 한 발 쏜 뒤, 부상을 입지는 않았으나 놀라서 얼이 빠진 채 서 있는 사자들을 향해 뚜벅뚜벅 걸어갔다. 사자들은 기분이 나빠 으르렁거리면서도 슬그머니 숲속으로 들어가버렸고, 그 무뚝뚝한 표정의 스코틀랜드 청년은 그대로 그 곁을 지나쳐갔다. 그에게는 사자들과 승강이하는 일로 시간을 낭비할 여유가 없었다.

그들이 쿠미쿠미 마을에 도착하자 날이 갰다. 그들은 우기가 가장 심한 때는 지났다고 믿었다. 그러나 사실 이때는 우기가 제대로 시작되지도 않은 때였다. 비가 멈췄다가 다시 쏟아지는 것을 반복하면서, 고레에서 떠난 병사들이 계속해서 쓰러졌다. 8월 19일경에는 그 많은 병사들 중에서 불과 예닐곱 명만이 살아남았다. 그러나 그들이 어떤 산을 힘겹게 오르던 날, 앞에서 성큼성큼 걷고 있던 멍고가 돌연 걸음을 멈추더니 긴 한숨을 토해냈다. 서 아래 세고 부근에 펼쳐진 숲 사이로 흘러가는 나이저 강이 또다시 그의 눈에 들어왔다.

✤

그 다음에는 나이저 강둑에 있는 이 마을 저 마을에서 만송 왕이 보낸 사자들과 끝없이 긴 입씨름과 논란을 벌이는 과정이 이어졌다. 만송 왕은 원정대가 세고에 들어오는 것을 허락해주지 않았다. 그는 멍고에게서 선물을 받고 카누들을 선물하겠다고 약속했지만 좀처럼 약속을 지키지 않았다. 9월 초가 되자 마침내 그는 멍고와 그의 일행에게 사메 마을로 내려와 카누가 도착하는 것을 기다리라고 했다.

멍고는 병든 처남을 카누에 태운 뒤(스코트는 밤바라 근방의 숲속에서 사망했다) 다른 생존자들은 자신의 명령을 잘 따르지 않는 마틴의 지휘 아래 강을 따라 행군하라고 지시했다. 그렇게 한 뒤 그 자신은 처남 곁에 앉아 폭우 속에서 노를 저어 어느 마을을 향해 갔다. 어쨌든 그 마을은 원정대가 가려고 하는 목적지에 조금이라도 더 가까운 곳이었다. 그리고 조금 있으면 만송이 주겠다고 약속한 큰 카누들이 도착할 것이다. 그 카누들만 도착하면⋯⋯.

계속되는 비로 수량이 엄청나게 불어난 나이저 강은 거센 탁류가 되어 도도하게 흘러내려갔다. 그뒤 멍고는 산산딩(10년 전에 그곳 사람들은 그에게 날달걀을 먹으라고 내줬다)에 머물러도 좋다는 허락을 받고, 원주민들과 교역하기 위해 갖고 온 물건들을 그곳에서 처분했다. 그가 가게를 짓고 물건을 팔기 시작하자, 산산딩 사람들이 떼로 몰려와서 물건을 샀다. 멍고는 수완 좋은 장사꾼 못지않게 신나게 물건을 팔았으며, 그러는 틈틈이 강가로 달려가서 왕이 약속한 카누가 도착했나 살펴보기도 하고, 아내의 남동생이 누워 있는 오두막 안을 들여다보기도 했다.

마침내 약속한 카누 두 척이 도착하긴 했지만, 두 척 다 선체 곳곳이 썩고 헐어빠진 배들에 지나지 않았다. 멍고는 기가 막혀 한동안 그 배들을 멍하니 바라보기만 했다. 하지만 만송 왕이 추가로 다른 배를 보내줄 리가 없으므로, 자기네의 작은 연장창고를 바라보다가 불가능한 일을 해보기로 결심했다. 그는 그때까지 무사히 살아남은, 볼턴이라는 병사와 함께 두 척의 배를 반으로 잘라내 성한 쪽끼리만 합쳐서 그런대로 튼튼한 배 한 척을 만들 작정이었다.

그것은 불가능해 보이는 작업이었으나, 어쨌든 그는 그 일을 하려고 달려들었다. 두 사람은 산산딩의 강가에서 며칠 동안 진땀을 흘리면서 일했다. 그동안 강물은 서서히 줄어들고 있었다. 앤더슨의 병세는 자꾸 악화되기만 했고, 결국 10월 28일 아침나절에 그는 멍고가 병상 곁에서 지켜보는 가운데 사망했다. 그 순간 그는 비통한 심경에 사로잡혔지만, 이내 다시 카누를 짓는 일로 돌아갔다.

마침내 모든 준비가 끝났다. 그는 아마디 파투미라는 새 안내인을 구했고, 파투미는 멍고 일행과 함께 머나먼 후사 땅까지 함께 가주기로 약속했다. 멍고는 그 카누에 살아남은 두 명의 병사와 마틴, 안내인, 그리고 노 젓는 일을 맡기기 위해 돈을 주고 고용한 노예 한 사람을 태웠다. 1805년 11월 19일, 그들을 태운 카누는 빠르게 흐르는 나이저 강의 물살을 타고 동쪽을 향해 떠났다.

그후에는 전투와 살인, 갑작스러운 죽음에 관한 기록으로 이어진 나날이 계속되었다. 멍고는 양식이 떨어진 급박한 경우를 제외하고는 어디에도 상륙하지 않기로 마음먹었다. 신전들이 있는 팀북투 거리를 걷고 싶다는 열망은 진작에 사라지고, 이제 그의 관심은 나이저 강의 출구에 이르는 데만 쏠려 있었다.

무어 인들이 사는 고장에 깊숙이 들어가자, 활과 창을 든 사람들을 가득 태운 카누들이 몰려와 그들의 배를 가로막으려 드는 일이 잦았다. 멍고는 그들과 협상을 하려 하지 않았다. 그는 대원들에게 갈색피부를 지닌 원주민들에게 발포하라고 명령했고, 그들은 번번이 그런 식으로 해서 원수민들을 물리치고 전진했다. 디비에서도, 팀북투의 포구인 카바라에서도 그런 일이 일어났다. 팀북투를 지나면서 강은 남쪽으로 방향을 틀었다. 그들은 이제 과거에 어떤 백인도 배를 타고 온 적이 없었을 뿐만 아니라, 유럽 인들이 생전 이야기조차 들어본 적이 없는 고장에 접어들었다.

그들이 탄 배는 나이저 강의 물살을 따라 키 작은 관목들이 우거진 고장을, 사막을, 강가에 성긴 숲이 늘어선 고장을 가로질렀다. 그들은 이따금 한 번씩 강가에 배를 댄 뒤 원주민들에게서 식량을 구입했다. 원주민들이 조금이라도 적대적인 태도를 보이기만 하면 그들의 머스킷 소총이 사정없이 불을 뿜었고, 그런 공격은 늘 승리로 끝났다. 마침내 그들은 후사 땅에 들어섰다. 여기서 안내인인 파투미는 고향으로 돌아가야 했다.

멍고는 그를 야우루에 내려주면서 그 지역을 관장하는 왕에게 선물을 딸려 보내는 일을 소홀히 했다. 이에 크게 노한 야우루 왕은 그들에게 매복공격을 가하기로 결심했다. 그는 부하들 한 무리를 나이저 강이 '크게 휘어져 돌아가는 곳' 건너편에 보내 백인들이 물살이 빠르게 흐르는 부사 여울목에 다가올 때 들이치라고 지시했다.

탐험의 역사를 통틀어 여러 가지 면에서 가장 기이하고 참혹한 서사시에 해당되는 그 기록은 그렇게 해서 끝이 났다. 멍고 일행이 탄 카누가 여울목에

다가오자 대기하고 있던 원주민들이 공격했다. 그 순간 거품을 일으키면서 빠르게 흐르는 급류에서 그 백인들이 어떻게 하려 했는지는 불분명하다. 아무튼 곧이어 그들이 탄 카누는 강바닥에 닿으면서 좌초했다. 그때 멍고와 마틴은 재빨리 상의를 한 뒤, 각자 병사—두 사람 다 수영을 할 줄 몰랐다—한 사람씩을 붙잡고 강물로 뛰어내려 먼 쪽의 강둑을 향해 헤엄쳐갔다.

그러고 나서 그들의 모습은 영영 사라져버렸다.

⚜

멍고 파크가 부사 여울에서 죽었다는 소식은 수많은 중간단계를 거쳐 몇 년 뒤에야 유럽에 전해졌다. 그의 아들이 그를 찾으러 갔다가 사망했다. 또 다른 구조대가 멍고의 안내인 역할을 맡았던 아마디 파투미를 찾아가 의심스런 눈초리로 그를 지켜보며, 그의 관점에서 본 비극에 관한 이야기를 들었다. 지금까지도, 과연 그 안내인이 배신을 하는 바람에 부사 급류에서 그런 비극적인 사태가 벌어졌는지는 불분명하다.

멍고는 두 차례에 걸친 영웅적인 원정을 감행했으면서도 나이저 강의 출구에 관한 의문은 끝내 풀지 못하고 죽었다. 그러나 1830년, 리처드 랜더가 멍고의 원정을 근거로 해서 그 의문을 푸는 데 성공했다.

리처드 랜더는 기니 해안에서 육로로 부사까지 간 뒤, 배를 타고 강을 따라 내려간 끝에 나이저 강 어귀의, 흰 거품이 들끓는 거대한 삼각주에 이르렀다. 대서양 가까이에 이른 나이저 강은 바로 그 드넓은 삼각주에 막혀 엄청난 수량을 바다에 곧장 쏟아붓지 못했고, 그 때문에 유럽 인들은 몇백 년 동안 그 강 어귀를 찾아내지 못했다.

그의 삶과 죽음이 아프리카 중서부 최고의 비밀을 해결하는 데 크게 기여했다면, 그의 연대기들은 베노움에서 전해들은 이야기들을 통해 그 비밀에 못지않게 놀라운—혹은 실망스러운—소식, 곧 전설적인 팀북투에 관한 소식을 유럽에 전해줬다. 마법과 신비의 도시 같은 것은 존재하지 않고, 이제는

다 무너져가는 먼지투성이의 시장밖에 없다고. 악취 나고 지저분하고 황폐한……. 그리고 1822년에 라잉 소령이 트리폴리에서 출발하여 그곳까지 여행했을 때 발견한 것도 바로 팀북투의 그런 모습이었다.

그때로부터 140여 년이 지난 오늘날에 와서, 냉정하고 열정적이며 어리석다고 할 만큼 용감하고 침착하기 그지없었던 멍고 파크의 성격을 분석해보면, 그것은 아주 모순되어 보이는 여러 요소로 나뉘어진다. 하지만 그 모순되어 보이는 요소들을 녹여내어 융합시켜주는 불의 역할을 한 것은 나이저 강과 팀북투였다. 신비로운 강을 찾아내 역시 신비로운 도시에 이르고자 했던 열정이야말로 그를 움직이게 한 원동력이었다. 그리고 나이저 강을 목격하고 팀북투에 관한 정보를 전해들었을 때, 그 불은 그 어두운 성소에서 활활 타올라 그를 산화시켜버렸다.

Richard Burton

제8장 | 리처드 버턴과 금지된 도시들

성 밖에서 본 하라르의 모습이 실망스러웠다면, 그 안의 풍경은 실망 정도를 지나 환멸감을 안겨줄 만큼 초라했다. 황금빛으로 번쩍이는 학문의 전당과 탑과 신전은 그림자도 찾아볼 수 없었다. 소말리의 전설과 거짓말은 동아프리카의 한 초라한 읍을, 성스러움과 그 읍으로서는 꿈도 꾀볼 수 없는 화려한 부로 장식해왔다!

멍고 파크와 그의 뒤를 이은 탐험가들의 위대한 업적으로 인해 '황금의 도시' 혹은 지리학적인 경이가 숨겨진 곳이라는 팀북투의 명성은 인류의 마음 속에서 사라졌다. 이미 오래 전에 바다를 벗어난 '행운의 섬'은 아직 인간의 발길이 닿지 않은 아프리카의 드넓은 지역으로 달아나버렸다. 19세기는 사람들이 살고 있기는 하나 아직 미개척지로 남아 있는 마지막 대륙인 아프리카에서 많은 사람들이 '황금의 도시'나 '행운의 섬'을 찾아나선 위대한 세기였다.

19세기 초, 아프리카의 드넓은 중앙지역은 멍고 파크가 그랬던 것처럼 미지의 땅들의 진면목을 어렴풋하게 드러낸 몇몇 경우를 제외하고는 아직 완전한 어둠 속에 잠겨 있었다. 나일 강의 발원지가 어딘지도 밝혀지지 않았고, 드넓은 '호수지방'은 소문을 통한 불확실한 정보들을 제외하고는 아직 미지의 영역으로 남아 있었다.

포르투갈 사람들의 노력에도 불구하고 아비시니아는 여전히 신화와 소문만 무성한 땅이었고, 콩고 강 상류지역은 무서운 식인종 부족들, 이상한 동물들, 그보다 더 이상한 전설들의 음침한 서식지였다. 소문에 의하면, 동쪽의 해안지역 너머 어딘가에는 문 산맥이 있다고 했다. 하지만 답사를 통해서 직접 확인해보지 않고는 그 산맥이 어디 있는지 말하기 어려웠으며, 19세기 사람들은 대단한 열정을 갖고서 그런 어려운 일에 달려들었다.

아프리카와 관련된 19세기의 수많은 인물 중에서 리처드 버턴Richard Burton은 별로 알려지지 않은 인물이긴 하나, 이 책 속에 수록될 만한 탐험가로 그를 선택한 것은 지극히 당연한 일이었다. 리빙스턴은 중앙아프리카의 많은 지역을 탐험했고, 그의 뒤를 이어 중앙아프리카에 들어간 스탠리 역시 그 지역을 탐험한 것은 물론이요, 리빙스턴을 찾아내 구출하는 공을 세우기까지 했다. 그러나 두 사람은 그들이 지닌 취향과 성격과 감성 등의 여러 가지 이유로 해서 이 책 주인공들의 반열에서 제외되었다. 선교사이자 개혁자요 강한 종교적 열정을 지닌 인물이었던 리빙스턴은 우리가 이미 살펴본 지상의 정복자들 모두를 움직이게 하는 강력한 추진력이 되어준 본질적인 동기에서가 아니라, 더없이 괴이한 여러 가지 동기로 탐험길에 나선 사람이었다. 좀더 사사롭고 천박한 동기에서 출발한 스탠리는 처음부터 제외할 수밖에 없는 인물이었다.

그를 움직이게 한 주요 동기는 장삿속, 세상 사람들의 찬양, 명성 같은 것들이었다.

독일의 위대한 박물학자 슈바인푸르트는 아프리카를 탐험한 주요 인물들 중에서 마지막 인물이요 가상 널 알려신 인물이라는 점을 세외하고는 모든 면에서 리처드 버턴에 버금갈 만하다. 탐험가 본연의 자세에서 우러난 동기를 갖고 탐험에 임한 인물이었음은 물론이다.

그는 오랜 세월에 걸쳐서 연구를 하고 나일 강 상류를 탐험한 기록에서 볼 수 있듯이 뛰어난 묘사력을 지닌 인물이었지만, 웰레에 관해 판단착오를 일으킴으로써 자신의 업적에 큰 흠집을 남겼다. 그 한 가지를 제외한 다른 모든 면에서 그는 버턴 다음으로 중요한 탐험가로 꼽을 만한 인물이다.

불운한 인물이요, 진짜로 나일 강의 발원지를 찾아낸 최초의 인물이요, 버턴의 적이자 옹졸한 친구였던 스피크도 나름대로 후보자의 반열에 오를 만하다. 케이스 존스턴도 그렇고.

그러나 아프리카 대륙을 흑인들의 야만 상태의 어둠으로부터 백인들의 개발과 산업화라는 새롭고 광범위한 어둠으로 전환시키는 데 기여한, 대담하고 강인하고 재능 있는 그 많은 사람들 중에서 리처드 버턴만큼 미지의 땅들에 더할 나위 없이 강렬한 호기심을 품었던 인물은 다시없었다.

리처드 버턴은 조소 어린 찌푸린 표정을 한 채 유서 깊은 '행운의 섬'을 찾아나섰고, 그 섬을 아프리카와 그밖의 네 대륙에서 쫓아내고 마침내 그런 섬의 존재를 부정함으로써, 그 섬이 유혹하는 소리에서 완전히 벗어날 수 있었다.

리처드 프랜시스 버턴은 "1821년 3월 19일 오후 9시 30분 영국 하트퍼드셔의 바럼 하우스에서 태어났으며, 마을 교회에서 적절한 절차를 거쳐서 세례를 받은 듯하다."

훗날 리처드 버턴은 여러 전기작가들을 통해서 자신의 어린 시절의 이야기들과 그 시절에 일으킨 말썽들에 관한 기록을 남겨놓았다. 그런 전과들 때문에, 그의 어린 시절의 초상은 불유쾌한 육식동물들과 더불어 뛰어놀았던 소년의 모습으로 그려지곤 했다. 그에게는 하이에나와 재칼과 같은 요소들이 평생 따라붙었으며, 그는 그 야수들을 교화시키려고 적잖이 애를 썼다.

그는 어린 시절에 비슷한 기질을 지닌 또래 아이들과 무리지어 다니면서 사람들이 눈살을 찌푸릴 만한 고약한 장난을 즐겼고, 여자 가정교사를 골탕먹이고, 높은 바위를 기어오르고, 동생 에드워드와 함께 여러 가지 말썽을 일으켰다. 인도에서 태어난 영국인인 그의 아버지 버턴은 중령으로 퇴역한 전직 군인으로, 신앙심 깊고, 성마르고, 별일 아닌 것 갖고 남들과 잘 다투곤한 사람으로, 천식 때문에 몹시 고생했다. 그와 그의 가족들은 평생 천식을 달고 살았다. 그의 대부터 천식은 대물림되다시피 했다. 때문에 그는 병이 도질 때마다 그때까지의 생활을 정리하고, 그 병이 침범할 수 없는 성소를 찾아해외로 달아났다가 병이 좀 나았다 싶으면 다시 영국으로 돌아왔다. 아내를 극진히 아끼던 그는 '생명 부여자'를 찾는 이런 순례여행을 할 때마다 가족들도 모두 함께 가야 한다는 주장을 굽히지 않았다. 그 바람에 그의 집안 사람들은 꼼짝없이 가장을 따라 유럽 대륙 일대를 떠돌아다녀야 했고, 아이들은 수시로 나라를 바꿔가며 학교를 옮겨다녀야 했다.

작은 체구에 피부가 거무스레하고 건방진 태도를 지닌 어린 리처드는 세 살 때는 그리스 어를, 네 살 때는 라틴 어를 배웠다. 그는 우연히 뇌조직에 어떤 이상이 생겨서 그런지는 몰라도, 외래어의 복잡미묘한 의미들에 남달리 예민하고, 그런 것들을 수용하는 감수성이 풍부해서, 평생 동안 수많은 외국어를 익히고 그것을 잘 활용하는 사람이 되었다. 외국어는 호기심을 충족시킬 수 있는 수단이 되었고, 아주 어린 시절부터 그에게 늘 붙어다녔던 좌절감으로부터 벗어날 수 있는 방법이 되었다. 위엄 있는 이마와 악당 같은 턱이 돋보이는 잘생긴 얼굴에 가려진 진짜 리처드 버턴은 그런 감정 때문에 남모르는 괴로움을 겪었다. 어린 시절부터 그렇게 많은 지식을 갖춘 사람이라면, 장차 커서 '행운의 섬'—그 외적인 형태야 어떤 식으로 나타나든 간에—을 찾아나서는 것은 당연한 일이라 할 수 있을 것이다.

소년시절 그의 가족들은 바렘, 리치먼드, 투르, 리치먼드, 블루아, 소렌토, 파우 등지를 차례로 전전했다. 그러는 동안 어린 리처드 버턴은 그 나라의 언어를 배웠고, 펜싱을 아주 즐겨해서 얼마 지나지 않아 뛰어난 펜싱 솜씨를 갖췄으며, 그 때문에 후세 사람들은 그가 잔혹하고 기민하며 파괴적인 소년이 되었다고 믿었다. 하지만 그것은 근거 있는 믿음이라 보기 어렵다. 그는 평생에 걸쳐서 학대받는 사람이나 비참한 처지에 빠진 사람을 놀라우리만큼 따뜻하게 대해줬으며, 그런 면모는 그 청년의 어릿광대짓이 일종의 가식이었음을 드러내준다.

그 당시 그의 개성은 훗날보다 훨씬 덜 통합된 모습을 보였으며, 그는 일찍부터 다른 사람들의 오해나 곱지 않은 시선과 맞닥뜨렸다. 그러다 그는 좀더 나이가 들자 못되먹은 인간이라는 주위의 비난을 은근히 즐기면서, 일부러 그런 비난에 부합되게 행동함으로써, 주위 어른들의 눈에 비친 자신의 가공적인 모습과 거의 비슷한 사람이 되었다.

소년시절 피사에 살 때 그는 베수비오 화산에 올라갔다. 그때 그는 저 아래의 심연에서 소용돌이치며 서서히 올라오는 연기에 깊이 매혹되었다. 그는 분화구를 조사하기 위해 로프에 의지해서 그 밑으로 내려갔다가 하마터면 질식사할 뻔했다.

그후 그의 집안은 파우로 이사 갔고, 거기서 그는 사랑에 빠졌다. 그것은 아마 풋사랑이자 수줍은 연모였을 것이다. 속으로는 애타게 상대를 갈망하면서도 겉으로는 무뚝뚝하고 치졸하게 구는, 첫사랑 특유의 패턴 같은 것.

그러나 당시 사람들은 어른이 된 그가 그때 파우에서 겪었던 일을 이야기하자 좀처럼 그 말을 믿으려 하지 않았다. 버턴이 죽은 뒤, 그의 전기작가들은 그때 버턴이 누군지도 확실하지 않은 파우의 그 아가씨에게 욕망을 느끼고, 그녀를 꾀어서 완전히 사로잡은 것처럼 서술해놓았다. 버턴이 살아 있었더라면 아마 그들의 주장에 순순히 고개를 끄덕이면서 거기에 자학적인 이야기들을 덧붙여줬으리라.

그렇게 누이와 남동생 에드워드와 더불어 학교를 다니는 둥 마는 둥 하면서 유럽 여러 나라를 떠돌아다니던 생활은 1840년에 이르러 끝이 났다. 그가 스무 살이 채 안 되었을 때, 그의 아버지는 그와 에드워드를 옥스퍼드의 트리니티 칼리지에 보냈다. 천식으로 시달리던 그의 아버지는 두 아들 모두를 성직자로 만들 작정이었고, 두 아들은 아버지의 그런 의도를 알고 충격을 받았다.

버턴은 트리니티 칼리지를 지겨워하기도 하고 짜증스러워하기도 하고 재미있어하기도 했다. 그는 새 잡는 엽총을 산 뒤, 학감學監이 가든파티를 열 때면 자기 방 창문에서 파티장 위를 날아다니는 까마귀들을 향해 총을 쏘곤 했다. 그러면 삼삼오오 모여 서서 이런저런 이야기를 나누던 점잖은 학자들은 피를 흘리면서 떨어지는 새의 시체를 보고 기겁을 했다.

버턴은 조정을 좋아했고, 펜싱은 그보다 더 좋아했다. 강의준비도 제대로 하지 않은 채 책을 읽다 나오거나, 술 마시다 나온 것 같은 노인네들이 책에서 읽은 것들을 그대로 전해주는 따분한 강의만 아니면 무엇이든 다 좋았다. 그는 아라비아 어를 공부하기 시작했다.

그는 옥스퍼드 근방의 산야를 어슬렁거리고 돌아다니며 이것저것 구경하다가 우연히 버턴이라는 집시 부족을 만났다.

그들은 버턴이라는 이름과 검은 피부, 한곳에 가만히 있지 못하는 성격, 속으로는 인정이 많으면서도 겉으로는 냉혹하고 거칠게 구는 집시 특유의 기질을 닮은 모습을 보면, 그가 자기네 부족의 피를 물려받은 사람임이 분명하다고 주장했다. 혹시 그의 혈관에 그런 피가 흐르는지는 몰라도, 그는 분명 앵글로색슨 족 출신이었다.

그러나 그후 그는 의도적으로 악당같이 보이려 애쓰면서, 자신이 집시와는 무관한데도 사람들에게 자신이 집시의 혈통을 타고났다고 자랑하고 다녔다. 그것은 빅토리아 시대 신들의 위계에 속하는 한 신—기독교적인 악마—에게 경의를 표하는 행위와 비슷했다. 그는 당시 대부분의 사람들이 부르주아 계급에 의해 핍박받고 오해받는 것에 자극받아 그 악마의 편에 섰다.

긴 방학이 찾아오자 그는 집에 내려가서 아버지에게 옥스퍼드 대학을 자퇴하게 해달라고 졸랐다. 그는 군인이 되고 싶었다. 근위대에 들어가려면 많은 돈이 드니 거기에 들어가는 것은 바랄 수 없지만 최전선의 연대라면…….

그러나 인도에서 태어난 영국 출신의 그 퇴역장교는 아들이 성직자가 되기를 바라는 마음에서 그 청을 완강히 거부했다. 자기의 비참한 모습을 보면 군인의 삶과 운명이 어떤 것인지 알고도 남음이 있을 텐데 왜 그러지?

버턴은 그 문제를 어떻게 해결할까 곰곰이 생각하면서 옥스퍼드로 돌아갔다. 그는 학교에서 출입을 금하는 경마장에 가서 치밀한 연출계획에 따라 보란 듯이 행동하여 사람들의 주목을 끌었고, 그 덕에 애초에 계획한 대로 학교에서 정학을 받는 데 성공했다.

그의 아버지도 더는 어찌해볼 수가 없어, 당시에도 인도를 다스리던 동인도회사 소속의 군대에서 장교로 복무할 수 있게 해주려고 여기저기 알아보기 시작했다.

그는 아버지가 돈을 들여가며 힘써준 덕에 발령장을 얻어냈고, 따라서 이제는 잉글랜드 땅 너머에 펼쳐진 경이로운 삶을 찾아서 새출발할 수 있었다. 그는 푸딩처럼 희멀건한 얼굴을 지닌 사람들과, 역시 푸딩처럼 희멀건한 도덕률이 횡행하는 잉글랜드를 몹시 싫어해서, 자신이 속속들이 잘 알고 있는 그 땅의 기억을 머릿속에서 말끔히 지워버렸다.

그는 간단한 군사장비—당시의 군사장비라고 해봐야 별것이 없었다—를 지급받고 배에 오른 뒤, 더위와 악취와 한결같은 일과의 연속인 따분한 나날을 참고 견디며 희망봉을 돌아 1842년 10월 28일 인도에 상륙했다.

뒤이어 참다운 리처드 버턴의 면모—일정한 기준에 의해 이 책의 주인공으로 선택된 지상의 위대한 방랑자들, 위대한 탐험가들의 반열에 그를 오르게 해준—가 형성되는 과정이라 할 수 있는 10년의 준비단계가 이어졌다. 인도에서 그는 힌두스탄 어, 가주라티 어, 페르시아 어, 포르투갈 어(휴가를 맞아 고아에 놀러갔을 때)를 익혔다. 그는 수많은 민족의 언어와 예절과 풍속, 이 세상의 이상한 민족들이 세계와 운명과 시간을 보는 관점들, 그들의 신들과 도덕률, 그들의 사고방식에 안개처럼 배어 있는 소망과 두려움 등을 쉬지 않고 열심히 배웠다.

그는 동료 장교들에게 별로 인기가 없었다. 인도에서 '불한당 딕' 이라는 별명을 얻은 그는 1853년에 영국으로 돌아왔다. 그 별명은 그후 평생토록 붙어다녔다. 불한당 딕은 동료들의 술판이나 도박판, 쓰잘데없는 잡담에 잘 끼지 않는, 거만하고 난폭하고 무례한 자였다. 그리고 그는 원주민들의 부정한 옷을 걸치고도 부끄러운 줄 모르고, 고약한 냄새가 나는 원주민들의 시장을 활보하고 다니는 자였다. 심지어 그는 수피Sufi(이슬람 신비주의—옮긴이) 지도자의 자격으로 원주민 신비주의자들의 교단에 출입하기도 했다. 그는 무신론자였다. 따라서 군 당국자들이 그에게 중요한 보직을 맡기지 않은 것은 지극히 적절하고도 온당한 처사였다.

그는 장기 휴가를 얻어, 현실에 환멸을 느낀, 그러나 아직 완전히 좌절하지는 않은 젊은이로서 영국에 돌아왔다. 그들이 그를 받아들여줬더라면 그는 많은 일을 해냈을 텐데! 군에서는 제 할 일을 못했어도 그에게는 평생 그의 마음을 사로잡은 제2의 충동과 열정이 있었다. 자기가 보고 느끼고 믿은 모든 것, 바뀌어야 한다고 생각한 모든 것에 대해 놀라우리만큼 많은 양의 글을 끝없이 풀어내고 싶어하는 충동과 열정이.

그는 매사냥에 관한 책을, 인더스 골짜기에 관한 책을, 포르투갈 인들이 다스리는 고아에 관한 책을 썼다. '총검술 연습교본' 에 관한 책도 썼고. 그의 저서들 중에서 초기 저서들에 해당되는 그 글들은 당대의 유행인 겉치레와 장식적인 요소들이 짙게 배어 있어, 뒷세대 사람들이 보기에는 부자연스럽고 진부하게 여겨졌다. 하지만 당대 사람들의 취향에는 어떤지 몰라도, 우리의 취향에는 참신한 면이 많이 엿보이는 책들이다. 심지어 총검술 교본조차도 말이다.

어느 정도 기운을 차린 그는 프랑스 북부의 항구도시인 불로뉴에 놀러갔다가, 그후 그의 생애에 엄청난 영향을 미치게 될 이사벨 아룬델이라는 여성과 만났다. 그들의 만남은 감상적이라고 할 만큼 로맨틱했다. 오로지 빅토리아 시대 사람들만이 생각해낼 수 있는 그런 극적인 만남. 버턴은 어느 날 우연히 산책을 하러 나갔다가 이사벨 아룬델과 그녀의 친구를 보고는, 해변의 모래밭에나 "언제 나시 넥을 뵐 수 있을까요?"라고 썼다. 그 글을 본 순간 이사벨은 대번에 그를 사랑하게 되었다.

하지만 그는 무일푼에 평판이 좋지 않은 사람이었다. 집시 얼굴과 악당같이 생긴 눈, 자신의 악명을 익히 잘 알고 있는 사람의 수치심과 타고난 조급함을 가려주는 역할을 하는 조소 어린 표정을 지닌 불한당 딕은 아룬델 집안 사람들이 보기에 구혼자로서는 완전히 낙제였다. 게다가 그런 고약한 평판을 얻은 것 말고 그동안 그가 해낸 게 도대체 뭐가 있단 말인가?

리처드 버턴은 그런 식의 냉소와 경멸에 근사하게 응답할 준비를 하기 시작했다. 그는 옥스퍼드 대학에 다니면서 아라비아 어를 배우겠다는 이야기를 해서 학감들을 난처하게 만들던 때부터 이미 그 계획을 마음속에 품어왔다.

당대의 유럽 인들이 볼 때 아라비아 남부는 아직 탐험의 발길이 미치지 않은 지역이었다. 아라비아 전체로 볼 때는 그렇지 않겠지만. G.A. 윌린과 부르크하르트 같은 위대한 개척자들이 이미 메카와 메디나를 방문한 적이 있었으므로, 유럽 인들도 그런 도시들이 존재한다는 것은 알고 있었다. 그러나 그 일대의 지역, 이슬람 교도들의 관심의 초점인 카바 신전에서 거행되는 의식의 진정한 성격 등은 아직도 제대로 밝혀지지 않았다. 메카는 많은 사람이 추구해 마지않은 '행운의 섬' 같은 것은 아니지만, 그래도 '외국인들의 출입이 금지된 도시'였다. 그는 페르시아의 이슬람 교도로 변장하고 그곳을 순례해

보기로 결심했다.

그는 군 당국에 다시 1년간의 휴가를 내달라고 신청했고, 허락을 받았다. 그리고 얼굴에 호두기름을 바르자, 좀 얼떤 듯하면서 충실한 이슬람 교도로 보였다. P.&O. 사에 '메카와 아라비아의 다른 성스러운 도시들을 순례하러 가는 부시리 출신의 미르자 압둘라'라는 내용으로 예약을 한 그는 1853년 4월 초, 그 회사 배를 타고 사우샘프턴 항을 떠났다.

✤

그 배는 그와 그의 빈약한 짐을 알렉산드리아에 내려놓고 떠났다. 그는 강배(river-boat)로 카이로에 갔다. 배 안에서 그는 수많은 순례자들 속에 뒤섞인 채 밤시간과 아침나절에 무릎을 꿇고 예배를 드렸고, 다른 사람들이 말을 걸면 경건한 태도로 간단하게—지나치게 길게 이야기하는 것은 삼갔다—답하면서 자신의 아라비아 어 억양을 좀더 세련되게 고치고, 이슬람 교도들의 예절과 종교적 관습 등의 세세한 측면에 대한 지식을 쌓아갔다. 그는 자신이 위장한 이슬람 교도라는 사실을 누구에게도 들키지 않은 채 카이로에 도착했다.

거기서 그는 이슬람 교도인 한 친구와 함께 어느 수행원에 들어가 아랍 어를 익히면서, 책으로만 봤던 이슬람 교 의식에 관한 구체적이고 생생한 지식을 열심히 습득했다. 원래부터 검고 엄숙해 보였던 그의 얼굴은 호두기름과 잘 어울려, 그 누구도 그가 유럽 인이라는 사실을 눈치채지 못했다. 마침내 수에즈에서 순례자들을 위한 배에 승선할 무렵 그는 스스로와 그 모험에 대해 완전한 자신감을 얻었다.

그런 자신감은 근거 없는 것이 아니었다. 배는 뱃멀미에 시달리고, 악취를 풍기고, 경건하면서도 좀도둑질을 잘하는 순례자들을 얌부 항에 토해냈다. 그곳에서 순례자들은 사막을 가로지를 여행자단을 조직했으며, 버턴은 낙타를 타고 그 행렬에 합류했다. 그들은 갈증과 뜨거운 햇볕에 시달리면서, 과거에 아주 드물게나마 유럽 인들의 발길이 닿은 적이 있는 아라비아 땅으로 들어섰다. 순례자로 변장한 버턴의 노력은 대성공을 거뒀다. 다른 순례자들은 그를 '수염 난 사제'라 불렀고, 피부가 심하게 벗겨진 환자들이나 부스럼이 생긴 환자들을 데려와서 치료해달라고 부탁했다.

행렬이 엘함라를 지날 무렵 베두인 족이 습격해왔다. 순례자들은 그들과 격렬한 전투를 벌여 마침내 그들을 물리쳤다. 끈기 있는 관찰자인 버턴은 그 코믹한 전투를 냉소적인 태도로 지켜봤다. 그러나 성지로 가는 길은 지루했고 끝없이 멀어 보이기만 했다.

6월이 지나갔다. 아라비아는 7월의 열기 속에서 뜨겁게 타올랐고, 지평선에는 긴 모래협곡들만 끝없이 펼쳐져 있었다. 그러나 7월 24일, 흙먼지를 산뜩 뒤집어쓴 일행은 메디나를 발견하고 환희의 함성을 질렀다. 메디나는 햇빛에 하얗게 바랜 불유쾌한 마을이었다. 버턴은 쉴 곳을 찾아 들어간 뒤, 무척이나 피곤함에도 불구하고 사람들에게 경건한 태도를 보이려 애썼다. 그 여행자단은 뿔뿔이 흩어져서 새 순례자들이 도착하기를 기다렸다.

8월 말경 엄청나게 많은 순례자가 그곳에 모여 '성스러운 도시'로 행진할 채비를 했다. 그리고 9월 1일, 그들은 그곳을 떠나 아라비아에서 가장 성스러운 곳을 향해 열흘 가량 걸릴 단조로운 여행길에 나섰다. 예언자 마호메트가 한 종교의 토대가 되어준 준엄한 훈계와 히스테릭한 비난이 뒤섞인 설교를 한 곳을 향해. 얼마 후 지평선에 햇빛을 받아 하얗게 빛나는 먼지투성이 메카의 모습이 떠올랐다. 그 광경을 보고 버턴은 가슴이 몹시 두근거렸다.

일행은 신앙심 깊은 약탈자들의 도시에 들어선 뒤 대상들의 숙소에 자리를 잡았다. 여기서 버턴은 어느 때보다도 더 참을성 있게, 그리고 그동안 갈고 닦은 지식을 총동원해서 지극히 순례자답게 행동했다. 그는 몸을 씻지 않아 불결하고 병이 들었는데도 간호받지 못하는 몇십 명의 사람들과 함께 잠을 자고, 자기 몸을 기어다니는 이와 벼룩에게 기꺼이 자비를 베풀면서 완벽한 아랍 인으로 행세했다. 외국인으로서는 거의 불가능에 가깝다고 할 수 있을 만큼 지극히 자연스러운 아랍 인으로.

오랜 세월이 지나 그가 사망한 뒤, 그해에 순례차 메카에 온 거의 모든 사람이 그의 정체를 알고 있었지만, 그가 영국 출신의 진지한 이슬람 교도라는 점을 감안해서 그냥 내버려뒀다는 이야기가 널리 퍼졌다. 만일 그게 사실이라면, 그가 사람들의 주시의 대상이 되지도 않고 별다른 방해도 받지 않은 채 혼자 조용히 지냈다는 건 참으로 이상한 일이 아닐 수 없다. 그곳 사람들이 그가 영국 출신의 이슬람 교도라는 것을 알았다면 아마 캔터베리 대성당에 유니콘이 나타난 것에 못지않게 많은 구경꾼이 그의 주위에 구름처럼 모여들었을 것이다.

그 다음 며칠 동안 그는 다른 사람들과 더불어 그 '성스러운 도시'의 이런 저런 유적지를 순례했다. 그 순례는 모든 이슬람 교도들의 마음의 고향이요, 이슬람 교보다도 더 오랜 역사를 지닌 카바 신전을 방문해서, 그곳에 안치된 성스러운 검은 돌에 키스를 하는 것으로 절정을 이루었다.

버턴은 자기 차례가 왔을 때 무릎을 꿇고 경건한 자세로 그 돌에 키스하면서 예리한 눈길로 그것을 재빨리 관찰했다. 그는 그 돌의 결과 생김새를 살펴본 뒤 운석이라는 판단을 내리고는, 그런 사실을 마음속 깊이 새겨둔 뒤 눈을 감고 중얼중얼 기도하면서 그 곁을 지나갔다.

그는 잔뜩 긴장한 채 가장 중요한 그 돌을 목격하고 나서, 어느 날 밤 무심코 유럽 인 특유의 몸짓이나 태도를 보임으로써, 이슬람 교도라는 베일이 벗겨질지도 모른다는 두려움에 사로잡혔다. 뒤이은 며칠 동안 그는 고통스러울 정도로 팽팽하게 긴장한 가운데 메카에서 유럽 쪽 방면으로 갈 순례자들이 모이기를 기다렸다. 제다 방면으로 갈 순례자들이 서서히 모여들었다.

메카를 떠날 때 버턴은 고개를 돌려 뒤쪽의 지평선에 '진주처럼' 하얗게 빛나는 그 도시를 마지막으로 바라봤다.

제다에 도착한 그는 재빨리 변모한 모습으로 안전하고 평화로운 영국 영사관을 찾아갔다. 평생 동안 그의 마스크 역할을 한 모습으로. 이제 싹싹한 모습은 자취를 감췄다. 그리고 그후 그의 내면에는 그 끔찍했던 나날들의 자취가 짙게 남아 있었고, 그는 그때의 일들을 경멸 어린 시각으로 그리고 뛰어난

King Against the Unknown

필치로 냉정하게 서술했다. 자신이 거의 머리가 돌 만큼 심하게 긴장한 상태에서 몇 달 동안 함께 어울렸던 벼룩들과, 서로 심하게 반목하는 야만적인 베두인 족과 이슬람 교도들에 대한 뿌리 깊은 증오심을 갖고서. 그런 점에서 볼 때 그런 상태와 문명 중에서 하나를 선택하라고 한다면 그는 분명 문명을 선택했으리라.

메카 순례기간에 약간의 굴욕스런 경험을 한 기억은 그의 민감한 마음에 상처를 남겼다. 그러나 얼마의 시간이 흐른 뒤에는 내면의 그런 상처를 감추고, 불한당 딕이라는 불명예스러운 별명에 걸맞은 행동과 태도를 보이기 시작했다.

그리는 사이에 이 지성에서 외부인의 출입이 금지된 도시 하나가 사라졌다!

❦

그는 인도의 병영으로 돌아간 뒤 메카 순례에 관한 책을 썼고, 사랑하는 이사벨에게 부지런히 편지를 보냈다. 몇 달 지나지 않아 그곳에서의 생활은 매우 따분해졌다. 그는 이따금 광기 어린 것처럼 보이곤 하는 문명과 규율에 증오심을 품었다. 그는 아라비아 반도를 횡단한 업적 때문에 세상에 꽤 알려진 인물이 되었다. 그 때문에 머리가 아둔한 인도의 영국인 권력자들조차 어느 정도 그를 인정해주지 않을 수 없었다.

인도의 영국정부는 한동안, 그러니까 무려 30여 년 동안 동부 아프리카, 특히 소말릴란드를 탐험할 생각을 품고 있었다. 아프리카와 인도의 연관성은 로마의 대大플리니우스(로마의 학자·작가,《박물지》를 지었다. 23~79—옮긴이) 시대까지 거슬러올라간다. 당시 플리니우스는 소말릴란드가 인도와 연결되어 있고, 태평양은 인도의 한 호수에 지나지 않는다고 생각했다. 묘하게도, 그 두 땅을 결부시키고 소말릴란드에 관심을 가졌던 전통은 동인도회사가 영국을 지배하면서 또다시 고개를 쳐들었다. 하지만 동인도회사는 위험부담이나 책임을 지는 것은 싫어했다. 그 회사는 그 지역에 어떤 사람들이 거주하고 있고 그들이 어떤 생김새와 어떤 풍속을 갖고 있는지, 내륙 저 안쪽에 자리잡은, 이방인들의 출입을 금하는 신비로운 도시 하라르(지금의 하레르)가 정확히 어디에 위치해 있는지 알고 싶어했다. 요컨대, 그 회사는 아비시니아 남부에 종주권을 확보할 가능성이 있는지 확인해보고 싶어했다.

과거에 크루텐든을 비롯한 여러 모험가들이 그곳에 상륙해서 일대를 조사한 적이 있었다. 그들은 열병과 원주민들의 적대적인 태도 때문에 고생을 했으며, 인도의 운명을 쥐고 흔드는, 신중하고 상상력이 결핍된 사람들에게서 거의 아무런 지원도 얻지 못했다.

이제 동인도회사 사람들은 잠시도 가만있지 못하는 새 바보에게서 편지를 받고 잠에서 깨어났다. 그의 동료들이 불한당 딕이라는 별명을 붙여준 버턴이라는 자, 좀 점잖지 못한 방법을 통해 아라비아 반도를 가로질러 메카에 다녀온 그 무모한 자에게서.

버턴은 다른 두 명의 동료와 함께 적당한 양의 양식과 돈을 갖고서 동아프리카 해안에 상륙한 뒤, 그 지역을 가로질러 신비로운 하라르 시를 방문하고는 가나나를 거쳐 잔지바르에 이를 예정이라는 계획안을 제출했다. 헌 중위와 스탁스 중위가 그와 함께 가겠다고 자원했다.

'봄베이 자문위원회'에서는 동인도회사의 중역회의에 보내는 편지에서 그 원정을 후원하는 것이 좋겠다는 의견을 제시했다. 초조하게 응답이 오기를 기다리던 버턴은 동인도회사에서 허락이 떨어지자마자 헌과 스트로이언, 스피크와 함께 곧바로 배를 타고 이번 원정의 출발지가 될 아덴으로 떠났다. 그들은 모두 전속명령을 받고 동아프리카를 가로지를 이번 원정에 참여한 인도의 육군장교들이었다.

아덴 사람들은 그들을 비웃음으로 맞았다. 사납고 오만무례한 소말리 족의 땅을 가로질러 일찍이 그 누구도 발을 들여놓지 못한 하라르 시에 가보겠다고? 고유의 언어와 화폐와 군대를 보유한 '최후의 황금의 도시' 하라르 시에? 불한당 딕은 아주 흥겨운 낯으로 잔뜩 거드름을 피우며 아덴 시내로 들어갔다. 그에게는 하라르 시가 그 어느 때보다 매혹적인 곳으로 다가왔다.

'메카 순례를 마친 회교도('하지'라 한다)'인 리처드 버턴은 아랍 상인으로 변장하고 그다지 어렵지 않게 그 악명 높은 도시에 이를 수 있을 것이라고 생각했다. 그는 인도에서 온 동료들은 데려가지 않을 작정이었다. 그리하여 그는 그들을 동아프리카 해안 곳곳에 분산 배치시켜놓았다. 그가 하라르에서 돌아올 때 행선지로 삼을 만한 곳들에. 그는 그들에게 현지주민들의 환심을 사고, 그 지역의 식물들과 동물들을 잘 관찰하고, 서쪽 방면의 동정에 주의를 기울이라고 지시했다.

1854년 10월 29일, 불한당 딕은 믿을 만한 측근자들로 아덴 경찰서에서 차출해온 두 명의 아랍 인과, 예진에 이슬람 율법학자였으나 기독교로 개종한, 어딘가 나사 하나가 빠진 듯한 사람과 함께 배를 타고 아덴 항을 출발했다. 굴레드와 엘하말이라고 하는 두 명의 경찰관은 원정 기간 내내 버턴을 더없이 충실하게 보좌하고 항상 그의 편에 서서 일한 사람들이었다. 이슬람 율법학자 출신인 아브디 아보크르는 '시간의 종말'이라는 별명을 지닌 재주 좋은 건달로, 예언에 세상의 종말이 오기 전에 먼저 온다고 하는 시대에 꼭 이슬람 성직자 중의 누군가가 낳았을 것 같은 사람처럼 생겼다. 버턴 자신은 상인 같은 차림새를 했다.

배가 문명세계를 뒤로 하고 아덴 항을 벗어나자, 그의 일행과 선원들은 입고 있던 옷을 모두 벗어치우고는 질펀한 술판을 벌이고 음란한 노래를 불렀다. 버턴도 그 술자리에 끼어들었다. 아직 젊고, 시커먼 피부에 악당 같은 인상을 지녔으나, 속마음은 여리고 여러모로 괴상한 데가 있는 사람인 버턴은 메카에 뒤이어 '행운의 땅', 제2의 '금지된 도시 하라르'를 향해 두 번째 모험길에 나서면서 몹시 들떠 있었다. 노예무역의 본고장이자 중심지인 도시는 구중중한 하늘 밑에 펼쳐진 아프리카 해안선 저 너머로 아스라이 보이는 서쪽 땅 어딘가에 자리잡고 있으리라. 그늘 속에 숨어 있는 그 적대적인 검은 용은 성 조지가 오기를 고대하고 있었다.

10월 31일, 일행은 자일라크리크 시에 들어갔다. 아덴 정부에 소속된, 차분하고 온화하면서도 잔인한 데가 있는 자일라 총독은 버턴을 보자마자 금방 마음에 들어했다. 그는 내륙으로 들어가는 데 필요한 모든 편의를 제공해줬으나, 유감스럽게도 그의 힘은 숲 바로 안쪽 정도까지만 미쳤다. 버턴은 내륙으로 들어갈 대상隊商을 조직하느라 3주 동안 부산하게 움직이면서도, 그 일대에 떠도는 소문과 전설을 열심히 수집했다. 특히 소말리 족에 관해 다룬 책자들을 열심히 읽었고, 그들과 관련해서 보고 듣고 냄새 맡을 수 있는 모든 것에 주의를 기울였다. 이제 그를 둘러싼 그 주목할 만한 민족은 어느 정도 문명화된 아비시니아 인들의 오랜 친구이자 적이었다.

그는 소말리 사람들을 허영심이 강하고 다소 비열한 사람들로 여겼고, 그들의 문명은 과거나 현재의 문명들이 대부분 그렇듯이 불유쾌한 요소들이 묘하게 뒤섞인 것이라고 봤다. 지금에 이르러서도 학자들은 빅토리아 중기의 그런 평가를 뒤집을 만한 어떤 연구업적도 내놓지 못한 상태다.

버턴은 종기투성이에, 싸우기 좋아하고 먹을 것도 제대로 먹지 못하고 지내는 그 사람들을 호의적인 시선으로 바라보지는 않았지만, 그들에게 어떤 혐오감이나 경멸감도 갖고 있지 않았다는 점에서 당대의 다른 여행자들과는 아주 달랐다. 그는 그들을 자기와 동등한 인간으로 여겼고, 그 종족과 그들이 이루어낸 업적을 나름대로 평가해줬다. 그는 백인은 원래부터 우월한 종족이라는 믿음을 갖고 있지 않았으며, 소말리 족의 사회를 혁신하거나 억압하고자 하는 의도 같은 것도 없었다. 진실로 그는 막 태어나고 있는, 전형적인 지상의 정복자였다.

자일라에서 하라르까지 가는 데는 두 가지 코스를 이용할 수 있었다. 직선 코스로 가면 닷새에서 열흘 가량 걸린다. 또 하나는 돌아가는 코스로, 해안을 따라 남쪽으로 내려가다가 서쪽의 산악지대를 가로지르는 좁은 길로 들어서는 코스였다. 그런데 직선 코스는 부족들간의 전투로 막혀 있어서 버턴은 두 번째 길로 나아갈 준비를 했다. 9월 27일, 그는 낙타 다섯 마리와 많은 나귀, 상당한 수에 이르는 도보 여행자들과 경호병력으로 이루어진 소규모 대상을 이끌고 예의바른 악당인 자일라 총독의 전송을 받으면서 자일라를 출발했다.

그날은 타는 듯이 뜨거운 날이었다. 그들은 수량이 풍부한 내들을 연이어 건너고, 검은빛을 띤 언덕들이 군데군데 흩어져 있는 단단한 충적토 평원을 가로질렀다. 시간이 지날수록 햇살은 점점 더 강렬해졌다. 일행은 가다가 자주 쉬고 싶었지만, 그 싹싹한 장사꾼이자 악당은 계속해서 전진하게 했다. 마침내 밤이 찾아와 일행은 캠프를 설치하고 대추야자를 먹었다. 버턴은 담요 속에 들어가 이사벨을 생각하다 이내 곤한 잠에 떨어졌다.

이튿날 그들은 좀더 많은 사람이 살고 있는 시역에 들어선 뒤, 베두인 속의 야영지 근처에서 하루를 쉬었다. 베두인 사람들은 떼로 몰려와 버턴을 노려보며, 그의 옷에 손을 대고 여차하면 그를 죽이려 했다. 이에 버턴은 태연자약한 자세로 권총을 뽑더니 공중을 나는 대머리독수리들을 겨냥한 뒤 그중의 하나를 쏴죽였다. 그러자 베두인 사람들은 놀라서 소리를 질렀다. 그 일대 사람들은 아직도 창을 던지고 활을 쏘는 단계에 머물러 있었다. 그들은 그 상인을 함부로 대할 수 없는 무서운 사람이라 여겼다. 그들 중에서 그를 장사꾼이라 믿는 사람은 아무도 없었다. 버턴은 겁먹은 사람들이 조용히 지켜보는 가운데 유유자적하게 그 일대를 스케치하고 기록하는 일에 전념했다.

11월 30일, 그들은 여전히 해안선을 따라가다가 다른 곳으로 이동하는 한 부족을 만났다. 창을 든 남자와 여자 200여 명은 그 무렵 그 일대에 유행하는 이질에 걸린 환자들을 낙타에 태운 채, 수천 마리의 양과 소와 낙타를 몰고 구름 같은 먼지와 고약한 냄새를 피워올리면서 지나가고 있었다. 버턴과 그의 일행은 그 부족사람들과 짐승들 사이를 지나 쿠라날리 마을에 이르렀다. 놀란 마을 사람들이 줄줄이 몰려나와 그들에게 먹을 것을 구걸하거나 훔쳤고, 간혹 근거 없는 말로 위협을 했다. 그는 시커먼 얼굴에 무뚝뚝한 표정을 지은 채 겉으로는 태연자약한 척했지만, 가슴속에서는 아직도 그 여행으로 인한 흥분이 가라앉지 않은 상태였다. 그는 그때까지 본 모든 것과 그런 것들을 보고 느낀 감정들을 잘 기억해두었다.

12월 2일, 그들은 마침내 바다와 헤어져 하라르를 향해 그런 대로 곧게 뻗은 길을 따라 나아가기 시작했다. 하지만 그 길은 얼마 지나지 않아 기복이 심한 길로 변했다. 길은 구불구불하게 휘어지기도 했고 넓어졌다 좁아졌다 했으며, 잠시 자취 없이 사라졌다가 다시 나타나기도 했다. 몸이 약한 종족인 소말리 족 출신 짐꾼들은 짐의 무게에 눌려 진땀을 흘리며 헐떡거렸다. 말을 탄 소말리 사람들조차도 창의 무게를 견딜 수 없어 "창을 어깨에 메기보다는 깔고 앉는 것을 더 좋아했다!"

밤이 되자 날이 매우 추워졌다. 버턴과 함께 아덴에서 온 사람들은 벌벌 떨면서 몹시 불평을 해댔다. 그들은 야간에 불을 피우는 것은 위험한 짓으로 간주되는 지역에 들어와 있었다. 불을 보고 도둑들이 습격해올 수 있으니까. 하지만 버턴은 그런 금기를 무시하고 불을 피우게 했다. 그들은 몸을 웅크린 채 모닥불을 쬐면서, 추워서 이빨을 딱딱 마주치는 안내인들 틈에서 잠이 들었다.

그들이 새로 들어간 지역에는 사자들이 들끓었다. 가난하고 호전적인 그 지역 사람들은 불한당 딕 일행이 보유하고 있는 갖가지 장비와 무기와 소유물을 몹시 갖고 싶어하는 눈길로 쳐다보았다. 그들은 에사 족으로, 원래는 소말리 족이었으나 그 종족의 특징을 상실하고 그렇게 독자적인 한 종족이 되었을 수도 있고, 또 현지에서 자생적으로 형성된 종족일 수도 있다. 일종의 공화정 체제에 속한 그들은 군주일 수도 있고 그렇지 않을 수도 있는 세력자, 곧 레인-메이커Rain-Maker(비를 오게 하는 주술사―옮긴이) 로블레이의 느슨한 지배를 받고 있었다. 그 건조한 산악지대에 사는 사람들은 무엇보다 가뭄을 제일 두려워했다.

하루하루 지날수록 산악지대는 점점 더 험준해져, 겹겹이 둘러선 거대한 화강암 산봉우리들이 그들의 앞을 가로막았다. 그들은 그곳을 지나면서 비와 안개를 만났다. 12월 6일 저녁, 버턴 일행은 사자가 자주 출몰하는 한 마을에서 하룻밤을 묵었다. 그 마을에서 버턴은 원정기간에 만난 사람들 중에서

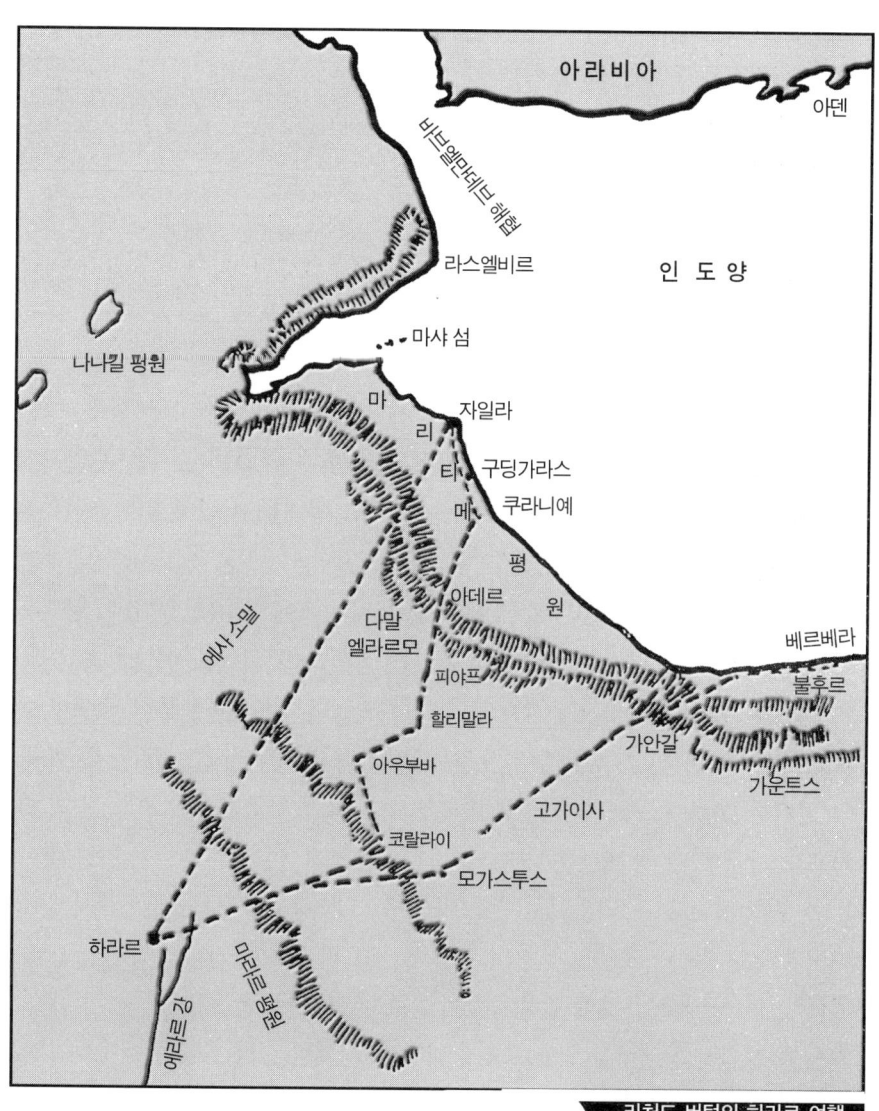

아 라 비 아

아덴

비브엘만데브 해협

라스엘비르

인 도 양

나나킬 평원

마샤 섬

마
리
타
메
평
원

자일라

구딩가라스

쿠라니예

베르베라

불후르

가운트스

에사 소말

다말
엘라르모

피야프

아데르

할리말라

아우부바

가안길

코랄라이

고가이사

모가스투스

하라르

마리르 평원

에라르 강

리처드 버턴의 하라르 여행

호감을 가질 만한 유일한 사람과 마주쳤다. 매력적인 여인을. 그 순간 내면의 시인기질이 발동해, 그는 그렇게 아름다운 얼굴을 본 것에 감사하는 뜻에서 몇 개의 목걸이와 장난감을 그녀에게 선물하는, 지극히 비외교적인 처신을 했다. 그때 그녀의 곁에는 남편이 서 있었으므로 일행은 몹시 긴장했다. 하지만 남편은 심드렁한 표정으로 고개를 끄덕이기만 했다. 그날 밤 버턴의 오두막 주위에서는 사자들이 밤새 요란하게 울부짖었고, 그는 그 소리 때문에 거의 잠을 이루지 못했다.

그 일대의 산길 곳곳에는 높은 돌기둥들이 서 있었다. 아마 그것들은 이슬람 교 계통의 성인들의 무덤이거나, 마호메트가 태어나기 전에 활동한 토착 성인들의 무덤일 것이다. 그 산악지대에는 사람이 전혀 살지 않는 마을이 곳곳에 흩어져 있었다. 저녁마다 추위와 함께 살을 에는 바람이 불어왔다. 그들이 갖고 온 식량과 꿀은 모두 바닥이 났다. 얼마 후 낙타들은 기운이 떨어져 제대로 걷지 못했고, 버턴이 탄 노새의 등은 그 일대에서 쉽게 볼 수 있는 산봉우리처럼 앙상하게 변했다.

그들은 이제 높이가 1,170m 가량 되는 산악지대에 올라와 있었다. 일행은 해묵은 시커모어 나무 밑에서 잠시 휴식을 취했는데, 그 기둥에는 아랍 인들이 들어오기 전에 사용된 문자들이 새겨져 있었다. 버턴은 우묵한 땅에서 미나리아재비가 자라는 것을 발견했고, 딱따구리가 나무 쪼는 소리를 들었다. 그 친숙한 소리에 그는 가슴이 뭉클해졌지만, 그런 기분은 이내 사라졌다. 하라르는 아직 멀리 떨어져 있었다.

그 무렵 버턴은 이질에 걸렸지만, 아무 소리 하지 않고 묵묵히 노새를 몰고 나아가기만 했다. 버턴은 일행의 앞길을 가로막으려 들거나 공물을 요구하거나 그를 자기네 친척과 결혼시키려 드는 것을 비롯해, 이런저런 방식으로 그들의 전진을 방해하는 군소 족장들과 그때그때의 상황에 맞춰 적당히 타협하면서 비옥한 마라르 평원을 가로질렀다. 그리고 12월 23일에는 금지된 도시 하라르로 가는 길목을 지배하는, 난폭하고 호전적이며 막강한 힘을 지닌 대족장 게라드 아단을 만나, 협상을 한 끝에 일행을 보호해주겠다는 약속을 받아냈다.

이제 하라르는 그리 멀지 않았다.

✤

이때 버턴은 새로운 문제에 봉착했다. 게라드 아단과 하라르의 군주 아미르가 서로 반목하고 있어서, 아미르는 그 '금지된 도시'에 어떤 '아랍 친구'도 받아들이려 하지 않았다. 그때까지 어떤 이교도도 받아들인 적이 없었다는 것은 두말할 필요도 없고. 하지만 버턴이 짐작했던 대로 시대는 변하고 있었다. 하라르의 군수는 다른 소군수들과 마찬가지로 아덴 정부와 친교를 맺고 싶어할 것이고, 그들이 자주 제공해주는 보조금을 기꺼이 받아들이려 할 것이다. 그리하여 그는 자신이 '영국정부에서 파견한 특사'로서, 아덴 총독부의 위임을 받고 왔다는 내용으로 이루어진 가짜 공문서를 작성했다.

그는 그렇게 거창한 내용이 들어 있는 위조문서를 지닌 채, 이튿날 아침 일행을 이끌고 하라르 시를 향해 떠났다. 게라드 아단이 지배하는 마을에서는 사람들이 모두 몰려나와 곧 죽을 것이 분명한 버턴과 그 일행에게 작별인사를 했다.

마을을 떠난 지 얼마 되지 않아 높은 산꼭대기에 오른 일행은 "푸르스름하게 보이는 몇 개의 골짜기들 너머로 50km쯤 떨어진 황갈색 평원에 위치한 검은 반점 하나, 곧 하라르 시를" 목격했다.

거기까지 가는 데는 꼬박 이틀이 걸렸다. 그동안 그들은 어떻게 해야 좋을지 몰라 망설이는 국경수비대원들이나 수상쩍은 다른 여행자들하고 몇 차례 다투기는 했지만, 결국 무사히 하라르에 도착했다. 그런데 버턴은 막상 그 유명한 '금지된 도시'의 성벽 앞에 이르러, 지저분한 흰색을 띤 길고 낮은 초라한 성벽을 보고 실망을 금치 못했다. 그는 대문을 지키는 경비병을 통해 아덴 정부의 공문서를 아미르에게 전하고는 응답이 오기를 기다렸다. 혹시 그 응답이 자신의 목을 찌르는 칼날의 형태로 돌아오면 어쩌나 하고 걱정하면서.

하지만 경비병들은 그와 그의 일행을 성 안으로 들어가게 해줬다. 성 밖에서 본 하라르의 모습이 실망스러웠다면, 그 안의 풍경은 실망 정도를 지나 환멸감을 안겨줄 만큼 초라했다. 그 안에는 구불구불하고 좁고 악취 나는 길들이 나 있고, 거리 곳곳에는 굶주린 개들과 흐릿한 눈빛을 지닌 아이들만 바글거렸다. 황금빛으로 번쩍이는 학문의 전당과 탑과 신전은 그림자도 찾아볼 수 없었다. 소말리의 전설과 거짓말은 동아프리카의 한 초라한 읍을, 있지도 않은 성스러움과 그 읍으로서는 꿈도 꿔볼 수 없는 화려한 부로 장식해왔다!

환상에서 깨어나 따분한 기분이 된 불한당 덕은 안내하는 사람을 따라 외양간들이 밀집해 있는 곳에 지나지 않는 '왕궁' 마당 안으로 들어가 구두를 벗은 뒤 그 무섭다는 하라르의 군주 앞에 이르렀다.

그 군주와 상면한 순간은 그날 받은 충격들 중에서도 하이라이트라 할 만했다. 아미르는 체구가 작고 몸에 종기가 잔뜩 나 있었으며, 그의 노란 손은 꼭 매 발톱같이 생겼다. 영양이 결핍된데다, 좁은 소견에서 나온 부정적이고 냉소적인 시각으로 인생을 바라보는 인도의 왜소한 왕을 닮은 모습. 그는 버턴이 자기의 그리 깨끗하지 않은 손에 키스하는 것을 허락해줬다. 그리고 버턴이 그럴싸하게 지어낸, 하라르를 방문한 이유들을 주의 깊게 듣고는 그가 그만 물러가겠다고 하자 선선히 허락했다.

나는, 말을 거의 하지 않고, 어쩌다 입을 연다 해도 상대방을 죽이라는 말밖에 할 줄 모르는 고집스런 왕의 거처에 와 있었다. 외국인들을 몹시 싫어하는 사람들이 거주하는 곳에. 그들의 불친절한 문지방을 넘은 유일한 유럽 인으로서, 장차 그들의 멸망을 초래할 운명적인 도구가 될 사람으로서.

⚜

그는 하라르에 열흘간 머물렀다. 그동안 그는 측정을 통해 그곳이 북위 9

도 20분, 동경 42도 17분에 위치한다는 것을 알아냈고, 다 쓰러져가는 건물들이 늘어서 있는 초라하고 황량한 거리를 돌아다니면서 그 왕국과 함께 비참한 상태로 전락해가는 주민들을 주의 깊게 관찰했다.

예전에 그곳은 몇백 년 동안 기독교국인 아비시니아와 끊임없이 전쟁을 벌였던 위대한 이슬람 제국 하디야(아달)의 수도였다. 그러나 그 도시는 고대의 찬란한 영광을 뒤로하고 암울한 침체의 나락으로 빠져들고 있었으며, 몇천 명 가량 되는 주민들은 그 도시 전체를 지배하는 쇠퇴와 무기력의 악취 속에 잠겨 있었다. 그 사람들은 아직도 아라비아 어나 암하라 어가 아닌 자기네 고유의 말을 쓰고 있었다. 그 성벽 밖에 사는 사람들은 알아듣지 못하는 말을. 그곳에는 영성하고 설익은, 그리고 내향적인 신학을 가르치는 이슬람 율법학자가 세 명 있었다. 그밖에 그 도시에서 관심을 가질 만한 것이라고는 거의 없다시피 했다!

버턴은 그곳에서의 짧은 체류 기간에 재미를 붙일 수 있을 만한 일거리들을 스스로 만들어냈다. 그는 하라르 어의 문법과 어휘에 관한 개략적인 책을 엮어낼 만한 자료를 수집했다. 아미르의 부하들이 면밀히 주시하고 있었으므로 드러내놓고 하지는 못하고 비밀리에. 하라르의 군대도 몰래 점검해본 결과, 그 군대가 화승총으로 무장하고 있고, 넝마 같은 옷을 걸치고 있으며, 하나같이 침울해 보이는 50명의 병사들로 이루어져 있다는 것을 알았다. 그리고 그곳 사람들이 상아를 수출하기는 하나 그것은 그다지 중요하지 않고, 그곳의 주요 수출품은 그 일대에서 생포한 노예들이라는 것을 알았다. 하지만 그곳에서 노예는 거의 보지 못했다.

키가 크고 눈썹이 짙은 그는 무표정한 얼굴로 거리 이곳 저곳을 활보했고, 율법학자들과 식사를 했으며, 아미르를 만나서는 그에 대한 경멸감을 감춘 채, 그가 의심 어린 투로 불평해대는 이야기를 주의 깊게 들었다. 그는 곧 하라르를 떠나 베르베라 방면의 길로 해서 해안 쪽으로 가기로 마음먹었다.

그가 메카 방문에 이어 두 번째로 감행한 모험의 여정은 그렇게 해서 종막에 접어들고 있었다. 새해 1월 13일, 그는 산꼭대기에 올라서서 저 멀리 열기에 휩싸인 아프리카의 골짜기들 속에 자리잡고 있는 하라르를 마지막으로 보았다. 그곳에서 바라본 그곳은 다시 예전처럼 신비로운 모습으로 떠올랐다. 이윽고 그는 자욱한 먼지를 일으키고 시끌벅적하게 떠들면서, 많은 위험이 도사린 해안 방면으로 가고 있는 일행 쪽으로 돌아섰다.

1월 30일, 베르베라가 그들의 시야에 들어왔다. 버턴은 일행을 이끌고 베르베라 시에 들어선 뒤, 여행의 흥분과 피로를 가라앉히기 위해 그곳에 얼마간 머물렀다. 그러나 그는 천성적으로 가만히 앉아서 쉴 수 있는 사람이 못되었다. 그는 인근에 많은 유적이 있다는 소문을 듣고, 노새를 타고 나가 며칠간 그 유적들을 돌아보면서, 그것들의 기원과 운명에 관해 깊은 사색에 잠겼다. 그러나 결국 그는 뱃길로 해서 아덴을 향해 떠나기로 했다.

하지만 이때도 그는 직항로로 해서 아덴에 가고 싶어하지 않았다. 그 항로 주위에는 또 다른 유적들과, 오랫동안 폐허로 방치되어 있기는 하나 거칠고 사나운 주민들이 지키는 거대한 성벽이 있는 섬들이 흩어져 있었다. 버턴은 배를 대고 섬에 상륙한 뒤 현지 주민들을 잘 구슬려서 성벽을 살펴보고는, 다시 배를 타고 그 해안을 따라 또 다른 섬으로 천천히 나아가곤 했다.

그는 그렇게 이 섬 저 섬 들러가며 늑장을 부리는 바람에 짜증이 난 선원들과 끊임없이 말다툼을 벌이면서 아프리카 해안을 거슬러올라갔다. 그 과정에서 한번은 무서운 폭풍우를 만났는데, 이때 그 장관을 즐긴 사람은 불한당 딕 한 사람뿐이었다. 그러다 마침내 1855년 2월 9일 금요일 아침,

> 아덴 화산에서 가장 높은 봉우리인 제벨 샴산이 수평선에 떠올랐다. 그리고 날이 어두워지기 전에 나는 친구들과 군 동료들하고 또다시 해후하는 기쁨을 맛봤다.

✤

그는 지상의 정복자로서 그의 생애에서 가장 중요한 의미를 지닌 원정을

무사히 끝마쳤고, 그와 더불어 많은 업적을 성취해냈다. 하지만 그는 그것을 미처 깨닫지 못했다. 그는 하라르의 정복을 미지의 아프리카의 심장부로 들어가는 더 큰 원정의 서막 정도에 불과하다고 여겼다.

아덴에서 그는 베르베라를 기점으로 해서 내륙으로 직접 뚫고들어가는 대규모 원정에 필요한 자금과 장비를 마련하는 일에 착수했다. 4월 7일, 베르베라의 주민들은 그 키 큰 이교도가 수상쩍은 의도를 품고 자기네 항구에 다시 상륙하는 광경을 보고 몹시 놀랐다. 이번에 그는 42명의 호위대를 대동하고 들어와, 세금도 내지 않고 심문에도 응하지 않는 뻔뻔스러운 태도를 보였다.

베르베라 주민들은 한동안 묵묵히 참고 견뎠다. 그러다 장이 열리자 그 도시는 사나운 소말리 족 사람들로 가득 찼다. 그들은 그 백인을 진혀 존경하지 않았으며, 그의 일행이 갖춘 장비의 성능과 위력이 어느 정도인지 시험해보고 싶어서 안달을 했다. 버턴은 일행을 시내에서 좀 떨어진 곳에서 야영하게 해놓고는, 앞으로 나아갈 길을 안내해줄 사람들을 구하고 그 일대의 정보를 수집하는 일에 몰두했다. 그러던 중 4월 19일 새벽 두세 시 무렵에 그는 권총 소리를 듣고 깨어났다. 급하게 텐트 밖으로 뛰어나간 그는 한 무리의 베두인 족이 습격해오는 광경을 목격했다.

무려 350명의 베두인 사람들이 그 캠프를 공격했다. 버턴 일행은 아직 얼떨떨한 기분이 가시지 않은 상태에서 베두인 사람들과 맞붙었고, 그들의 야영지는 순식간에 아수라장으로 변했다. 버턴과 스피크와 스트로이언은 중앙 텐트를 사수하려 애쓰다가, 이윽고 그것을 지키려 하는 것은 쓸데없는 짓이라는 것을 깨닫고는 해안 쪽으로 나아가는 길을 뚫으려고 시도했다. 그러는 과정에서 버턴은 동료들과 떨어졌다. 한 원주민이 투창으로 그의 얼굴을 찌르며 달려들었고, 그 바람에 그의 입술과 뺨이 찢어졌다. 그는 상대를 때려눕히고는 비틀거리며 어둠 속으로 몸을 감췄다.

그때 한 하인이 그를 발견하고는 얼른 그를 데리고 전투장을 떠나 해안 쪽으로 달려갔다. 그러나 약탈을 목적으로 한 그 싸움터에서 떨어져나온 한 무리의 원주민들이 그들을 따라잡아 그들은 헤어졌다. 버턴은 그 무리와 격투를 벌이면서 이따금 한 번씩 땅바닥에 쓰러졌고, 그럴 때마다 찢어진 얼굴이 땅바닥에 닿으면서 아픔을 이기지 못해 대굴대굴 굴렀다. 그러나 그는 천신만고 끝에 배가 있는 곳에 도착하여 배에 올라탔다.

한편, 스트로이언은 몽둥이에 얻어맞아 죽었고, 스피크는 포위망을 뚫으려 애쓰다가 생포되어 두 손을 결박당했다. 그는 그렇게 두 손을 묶인 채 앉아 있다가 몇 번이나 얻어맞아 부상을 당했다. 그러다 그는 기회를 보아 묶인 손을 풀고는, 우박처럼 날아오는 돌을 피하면서 재빨리 어둠 속으로 달아났다. 그는 몇 개의 돌멩이에 얻어맞아 중상을 입은 상태에서 간신히 배에 오르는 데 성공했다.

'행운의 땅'을 찾으려는 세 번째 시도는 그렇게 끝이 났다. 훗날 버턴을 옹호하는 입장에 선 사람들은 그 사건에서 가장 불운했던 것은 스피크가 아니라 죽은 스트로이언이라고 했다. 불한당 딕은 통증으로 인해 입을 꽉 다문 채 그 배를 아덴으로 향하게 할 즈음 스피크를 구해낸 것이 재앙이라는 사실을 전혀 깨닫지 못했다. 부드러운 심성을 지닌 그는 스트로이언의 비참한 운명 때문에 고통스러워하면서 또다시 결심을 굳혔다.

그는 아프리카에 다시 돌아가겠다고 다짐했다.

❦

버턴은 오랜 휴지기를 가진 뒤에야 비로소 네 번째 시도를 실천에 옮길 수 있었다. 부상당한 스피크는 영국으로 떠나서 버턴의 삶의 반경에서 벗어난 듯하다. 버턴 자신도 불운했던 3차원정의 뒷마무리를 한 뒤 영국으로 돌아왔다. 고향에서 그는 《동아프리카에서의 첫걸음》이라는 책을 써서 약간의 명성을 얻었다.

그는 다시 이사벨을 만났다. 그러나 이번에는 다소 열정이 식은, 딱딱한 자세로 그녀와 상면했다. 아룬델 집안 사람들은 자기네의 대단한 딸과 그 수상쩍어 보이는 모험가의 열정이 결실을 맺는 것에 아직도 완강하게 반대했다.

버턴과 이사벨은 망설였다. 그가 군인으로서 높은 지위에 오른다면…….

버턴은 꼭 그렇게 되고 싶었다. 하지만 그는 동인도회사가 관할하는 군대의 장교였고 인도는 평화로웠다. 상사나 동료들에게 인기가 별로 없어 평화로운 때에는 승진을 기대하기 힘들었다. 그가 어떻게 해야 좋을지 몰라 우물쭈물하는 상황에서 고맙게도 크림 전쟁이 터졌다.

처음에 버턴은 그 전쟁을 그렇게 받아들였다. 그는 인간 생명이 존엄하다는 의식이 거의 없었다. 그는 군사나 제국과 관련된 모든 문제에서 당대의 이념에 충실한 사람이었다. 그는 하루빨리 전선에 나가 부하들을 지휘하고 명령을 내리고 싶은 마음에 몸살을 앓았다. 그는 새벽녘에 밀집된 적의 보병대열을 향해 뭉툭한 주둥이를 치드는 거대한 대포를 보고 싶었고, 그 장임한 포성을 듣고 싶었다. 그에게는 그런 것들이 시와도 같았다.

그는 부지런히, 그리고 계속해서 자원했으나, 한동안 군 당국에서는 아무 반응도 보이지 않았다. 영국 국방부는 목전의 다른 일로 바빠서, 인도나 아프리카에서 설치던 키 크고 유명한 악당을 장교로 발탁하는 데는 관심이 없었다. 의사도, 위생장비도 거의 갖추지 않은 채, 흑모피 모자를 쓰고 경기병용 어깨망토를 두른 모습(영국 근위병이 쓰는 털모자와 진홍빛 제복을 상기해주기 바란다—옮긴이)으로 전투에 임하는 군대의 정규장교들은 정규과정을 거치지 않은 장교들을 몹시 싫어했다.

버턴은 자포자기 상태에 빠졌다. 그때 문득 그의 뇌리에, 산이 마호메트에게 오지 않자 마호메트 쪽에서 산에게 다가갔다는 일화가 떠올랐다. 그는 자기 돈을 들여 크림 반도에 가기로 결심했다.

그는 실제로 그렇게 했고, 그곳에 도착하자 곧 행운이 따라왔다. 버턴과 같은 사람들을 위해 비트슨이 지휘하는 '비정규 기병대'가 조직된 것이다. 그는 그 기병대에 입대하여 비트슨의 부관이 된 뒤, 새로운 유형의 기병공격과 일반전술에 관한 정교한 계획안을 작성해놓고는 하루속히 전투에 투입되기만을 고대했다.

하지만 그의 기다림은 허사로 끝났다. 크림 전쟁은 장기전이 되어, 이제는 전투가 성을 둘러싼 공성전攻城戰과 포위된 군대의 출격, 격퇴와 같은 양상으로 전개되어, 기병제복 차림의 비정규군은 거의 필요하지 않았다. 버턴은 이내 낙담했다. 그 전쟁의 참혹함과 타락한 양상도 그에게는 아무 영향을 미치지 못한 듯하다. 아니면 역겨워 보이는 상황과 직면해서도 여전히 허세를 부린 것이거나. 여러 가지로 고약한 그 전쟁이 끝났을 때 그는 영국으로 돌아왔고, 이사벨과의 관계에서도 아무 진전이 없었다.

그러나 또 다른 계획이 무르익으면서 그의 마음속에서 그녀가 차지하는 비중은 서서히 줄어들었을 것이다. 크림 전쟁이 끝났을 때(그는 크림에서 밤마다 계획을 세우곤 했다) 그는 다시 아프리카에 가고 싶었다. 이번에는 아프리카 동부해안에서—아마 잔지바르에서—충분히 무장을 갖춘 원정대를 이끌고 '달의 산맥'이라고 하는, 사람들마다 의견이 구구한 문제의 그 지역에서 나일 강의 근원을 찾아나설 생각이었다.

아무튼 그는 영국에 돌아와 이사벨의 품에 안겼다. 그녀는 그가 네 번째 원정에서 돌아왔을 때 결혼하자는 데 동의했다. 그것은 아마 몇 년 후의 일이 될 테지만, 당시는 사람들이 매사에 서두르지 않던 시대였다. 오늘날 사람들의 관점에서는 부모의 압력에도 굴하지 않은 용감한 이사벨과 불한당으로 유명한 리처드 버턴처럼, 서로를 열렬히 사랑한 두 사람이 결혼을 그렇게 질질 끈 것이 놀랍게 여겨질 테지만, 당시로서는 그다지 이상한 일이 아니었을 것이다. 그리고 당시 사람들은 지나치게 성적이지도 않았다. 그들의 관심사는 남녀 문제에만 국한된 것이 아니라 신앙, 사상, 미지의 땅이 안겨주는 매혹, 종교(두 사람 다 종교에 깊은 관심을 가졌다는 것도 문제라면 문제였다), 그리고 세상에 잘 알려지지 않은 지역 사람들이 품었던 생각(그 대표적인 것이 '행운의 섬'이라는 개념을 처음으로 떠올린 고대 이집트 인들의 생각이다)에 대한 탐구 등에 이르기까지 아주 광범위했다.

버턴은 왕립지리학회에 자신의 계획안을 제출했다. 학회에서는 그의 계획에 호의적이어서, 그 계획안을 토의에 부쳤다. 그들은 버턴이 하라르를 답사한 일을 기억하고 있었고, 리빙스턴이 중앙아프리카 남부에서 많은 것을 발견했다는 소식을 들어서 알고 있었다. 버턴은 자신의 계획안에서 그 원정의 첫 번째 목표를 '우지지 해海'—그 드넓은 호수에 관한 소문은 이미 동아프리카 해안지역에까지 나 있었다—의 경계범위를 확인하는 것이라고 규정했다. 재정적인 뒷받침을 받을 수만 있다면, "내륙지방의 산물들 중에서 수출할 수 있는 산물과 그 일대 부족들의 민족 문화적 특성"에 관해서도 조사연구할 작정이라고 했다.

학회에서는 그의 계획안을 받아들였다. 그들은 1,000파운드의 자금을 모아주고 버턴을 원정대의 대장으로 임명하면서, '미지의 땅'에 대한 그의 마지막 공격이 될 원정에 대해 다음과 같은 지침을 내렸다.

원정의 가장 큰 목적은 킬와나 아프리카 동부 해안의 다른 어떤 지역에서 내륙으로 뚫고들어가, 가장 적당한 코스를 택해 저 유명한 니아사 호에 이르는 것이다……. 원정대는 이 일대에서 필요한 모든 정보를 수집한 뒤 북쪽으로 방향을 돌려, 개연성이 있는 정보들을 포함하고 있는 우리의 지도들에 표시된 그 산맥을 향해 나아가도록 한다……. 영국으로 돌아올 때는 원정대가 처한 입장에 따라 나일 강을 따라 내려와도 좋고, 왔던 길을 되짚어와도 된다.

버턴은 인도군에서 또다시 2년간의 휴가를 얻었으며, 스피크를 부관으로 대동하고 가도 좋다는 허락을 얻어냈다. 그는 자기 글의 전형적인 특징인 건조한 산문투에서 벗어난 글인 〈행운을 찾아 떠난 네 번째 여정〉에서 서술한 대로 이사벨과 가슴 뭉클한 작별을 나눈—그녀는 눈물을 글썽이면서 가서 "큰 성공을 거두고" 돌아오라고 격려했다—뒤 출발했다.

❀

장비를 잘 갖춘 대규모 원정대는 1856년 12월 19일 잔지바르에 상륙했다.

버턴은 왕립지리학회에서 제공해준 1,000파운드를 평소처럼 아낌없이 펑펑 써가며, 앞으로 모집할 경호병력을 무장시키는 데 필요한 무기와 양식을 넉넉하게 확보했다. 조용하고 무뚝뚝한 스피크는 그의 수석부관 역할을 했다. 그 두 사람은 항상 낯설고 서먹한 사람들처럼 지냈던 듯하다. 상대를 좋아하는 것도 아니고 싫어하는 것도 아닌 관계. 그들의 사고방식과 가치관은 극과 극을 달렸다. 스피크를 영리적인 데 관심이 많은 탐험가로 볼 수도 있겠지만, 어느 면에서 그것은 공정한 평가라고 할 수 없다. 그는 그 정도의 범주는 넘어선 사람이었다. 그는 과학적인 정확성과 뛰어난 판단력을 지녔다는 점에서 다음 세기의 탐험가들의 지표가 될 만한 사람이기도 했다. 그에게서는 버턴 특유의 열정과 근거 없는 확신 같은 요소들을 전혀 찾아볼 수 없었다.

스피크는 원정대가 풍문으로 전해들은 우지지 해와 나일 강의 발원지를 향해 곧장 나아갈 줄로 알았다. 그러나 버턴은 행운을 찾아나아가는 과정에서 이정표가 될 만한 중요한 것들을 만날 때마다 수시로 발걸음을 멈추고, 그것들의 생김새를 살펴보고 그 기원을 추리하는 데 골몰하는 사람이었다.

그리하여 그는 본격적인 원정길에 들어서기에 앞서 잔지바르 섬을 자세히 답사해봐야 한다고 주장했다. 자신의 박학다식함을 유감없이 발휘하여, 그 섬의 지질학적 특징, 식물상, 금속의 분포, 동물상, 민족학적인 특징, 아득한 옛날에 그 유명한 섬에서 일어났던 문화와 민족의 이동에 관해서 알아낼 수 있는 모든 자료를 수집해야 한다고. 그런 일을 하는 데는 몇 달이 소요되었으며, 그제야 버턴의 관심은 조금 시들해지지 않았나 싶다. 이윽고 그는 관심의 방향을 서쪽으로 돌렸다.

그동안에도 스피크와 그는 우지지 해에 관한 많은 정보를 수집했다. 그쪽 방면으로 뻗은 분명한 대상로隊商路가 하나 있긴 했다. 하지만 그 길목에는 다양한 문화 편차를 지닌 많은 부족이 살고 있었고, 그들은 하나같이 사납고 거칠었다. 아무튼 소문에 의하면 그렇다고 했다. 버턴은 해안지방의 부족들과 크고 작은 충돌을 해본 뒤, 그 정보들이 과장된 것이 아니라고 판단했지만 두려워하지는 않았다. 드디어 6월 27일, 버턴은 원정대를 내륙으로 향하게 했다.

원정대는 18일 동안 겨우 190km밖에 가지 못했다.

버턴의 견해에 의하면, 세상에서 그렇게 힘든 여행은 다시없었다. 그 당시 그는 멍고 파크에 관해서 거의 알지 못했거나—훗날에 이르러 그는 아주 낮은 평가를 받았다—자기네가 멍고 파크보다 훨씬 더 열악한 상태에서 행군했다고 믿었을 것이다. 여러 부족이 버턴 원정대의 앞길을 가로막았으며, 사나운 부족 사람들이 열병에 걸린 그의 일행을 멀찌감치서 계속 따라다녔다. 그들은 여행 초기부터 말라리아에 걸렸다. 말들이 속속 죽었고, 병든 짐꾼들이 대열에서 떨어져나갔다.

선봉대를 이끄는 불한낭 닉반큼이나 심하게 열병을 앓고 있었던 스피크는 일행의 맨 앞에서 힘겹게 걸어갔다. 원정대는 정글이 우거지고 군데군데 강이 앞을 가로막는 지역을 지나고, 물이 부족한 건조 지역을 가로지르기도 하고, 험준한 산악지대를 넘어가기도 하면서 하루하루 천천히 전진했다. 밤이 오면 원정대는 가까운 원주민 부락에 들어가 이와 벼룩이 들끓는 지저분한 오두막에서 잠을 잤으며, 닭을 내줘 그들의 굶주림을 면하게 해준 대가로 막대한 금액의 팁을 요구하는 마을 족장들과 몇 시간 동안 진빠지는 승강이를 벌였다.

날은 점점 더 더워졌다. 얼마 후 원정대는 한 곳에 오랫동안 머물렀고, 그동안 버턴은 열병으로 인해 심한 착란상태에 빠져들었다. 버턴에 못지않게 심한 열병증세를 앓고 있던 스피크는 소문과 사람들이 전해주는 말에 의지해서 원정대가 지나갈 지역을 사전답사했다. 우지지 해는 가까운 곳에 있었다. 버턴은 자리를 털고 일어나, 현기증이 이는 것을 무릅쓰고 다시 여행길에 나섰다.

그 길은 그 지역을 지배하고 있는 아랍 노예무역 상인들이 개척한 것이었다. 길목에 거주하는 흑인들은 가끔 아랍 인들에게 반기를 들곤 했고, 따라서 버턴과 스피크를 자기네를 억압해온 사람들과 같은 사람들로 여겼다. 게다가 아랍 인들은 자기네의 상권을 지키려는 마음에서 온갖 수단방법을 동원해서, 병든 지네처럼 서쪽으로 느릿느릿 행군하는 원정대의 앞을 가로막으려 들었다. 그러나 1857년 11월 9일, 원정대는 그런 모든 어려움을 무릅쓰고 고원지대에 자리잡은 카제에 도착했다. 그곳은 아랍 무역상인들의 본거지요, 그 일대에서는 최대의 무역 중심지였다.

버턴은 중병에 걸렸다. 카제에 들어서자 놀랍게도 아랍 인들이 버턴 일행을 따뜻하게 맞아줬지만, 그런 것도 그를 병석에서 일으켜세우지는 못했다. 그들의 목적지는 아직 멀리 떨어져 있었다. 버턴은 아주 서서히 건강을 회복해갔다. 그동안 그는 지리멸렬한 상태가 된 원정대를 재조직하고, 열병에서 회복되지 못한 스피크를 치료하느라 애썼으며, 카제의 아랍 세력가들에게 뇌물을 주면서 어르고 달래 자신을 돕게 했다.

이윽고 원정대는 다시 길을 떠났다. 우기인 겨울철의 큰비에 흠뻑 젖은 숲을 지나고 험준한 산악지대를 가로질러, 그들이 꿈속에서도 그리던 목적지인 우지지 해를 향해 나아갔다.

그렇게 목적지를 향해 나아가던 버턴은 2월 13일 무심코 고개를 쳐들었고, 그 순간 아직도 현기증이 가시지 않은 그의 눈앞에 석양빛을 받아 번쩍이는 드넓은 수면이 펼쳐져 있었다. 그렇게 해서 그는 드넓은 탕가니카 호수를 최초로 목격한 백인이 되었다.

그것은 그의 생애에서 가장 위대한 날이었다. 그러나 그는 병세가 심해서 전신이 아픈 탓에 미처 그것을 깨닫지 못했다. 미지의 땅의 신비를 밝혀내기 위해 나섰던 그의 가장 위대한 탐험의 여정은 여기에서 끝이 났다. 여기에서 그는 900년 동안 탐험가들의 발길을 용케 피해온 그 빛나는 땅의 가장자리에 가장 가까이 다가섰다.

우리는 그 사건에서 자기 현시적인 경향이 강한 버턴조차도 상상할 수 없었던 하나의 드라마를 그려볼 수 있다. 탕가니카 호를 처음으로 목격한 바로 그 순간 그는 《아나바시스Anabasis》(페르시아의 키루스 대제에게 고용된 1만 명의 그리스 용병들이 바빌론 근처에서 흑해까지 행군한 일화를 기록한 크세노폰의 책 이름. '내륙원정기'라는 뜻을 갖고 있다—옮긴이)의 그리스 인들처럼 소리쳤을 것이다.

"바다다! 바다야!"

⚜

    그 당시 그는 서른일곱 살이었다. 그는 세 차례에 걸친 모험을 통해 큰 업적을 이루어냈다. 그는 대중들이 그런 업적을 무시하는데도 별로 신경 쓰지 않았다. 그리고 그는 전체적으로 보아 그에게 좋지 않은 영향을 미쳤다고 할 수 있는 그 대단한 여성과 아직도 결혼을 하지 못한 상태였다.

자신의 이력의 절정에 이른 버턴은 아직 열병에서 회복되지 못했음에도 그 호수 지역 일대를 철저히 답사할 계획을 세우기 시작했다. 그는 탕가니카 호가 나일 강의 발원지라 믿고, 자기처럼 열병에 걸려 있는 스피크를 보내 그 호수의 북쪽 연안을 답사하게 했다. 그 자신은 우지지에서 짧은 거리를 여행하면서 평소처럼 이런저런 방면의 조사연구작업—지형학과 민족학적인 면에 중점을 둔—을 체력이 닿는 데까지 했다. 그러다 결국 당시 사람들이 흔히 쓰는 말로 분노한 자연이 개입해 들어왔다. 그와 그의 부관 모두 정신력과 체력이 완전히 고갈되어버린 것이다. 그리하여 버턴은 해안으로 돌아가기로 결심했다.

그것은 소문으로 들은 니아사 호를 찾아가려는 시도를 포기한다는 것을 뜻했다. 어떤 강—나일 강으로 믿어지는—이 탕가니카 호 북쪽에서 밖으로 빠져나가는지, 혹은 그 호수로 흘러들어오는지 확인해보는 작업을 포기하는 것(스피크가 그런 일을 해낼 수 없는 처지였으므로)을 뜻했고. 그런 작업은 앞으로 다시 그곳에 왔을 때 완수하도록 하리라. 버턴은 병중에서도 또 다른 원정을 계획하는 낙천적인 기질을 보여줬다. 그는 자신이 앞으로 조직될 또 다른 원정대의 대장이 되지 못할 것이라거나, 최소한 그 일원으로 참여하지 못하리라는 생각 같은 것은 꿈에도 하지 않았다.

해안을 향해 나아가는 그 원정대의 여정은, 지상의 위대한 정복자들이 고향으로 돌아갈 때는 대부분 다 그랬듯이 힘겹고 고통스러웠다. 스피크의 건강은 상당히 회복되었으나, 버턴의 병세는 점점 더 악화되어갔다. 그렇지 않아도 열병과 굶주림으로 고통받고 있는 대원들을 거센 빗발이 사정없이 들이쳤다. 타보라(동아프리카 탄자니아 중서부에 있는 도시—옮긴이)에 이르렀을 때 버턴은 스피크를 불러 그에게 일종의 시안試案 같은 것을 제시했다. 북쪽으로 올라가서 그쪽에 있다는 거대한 호수가 정말로 존재하는지, 그리고 그 호수와 연관된 여러 가지 소문이 사실인지 확인해보겠느냐고 한 것이다. 스피크는 버턴의 시안을 반만 받아들이기로 하고, 그 임무를 완수하기 위해 출발했다.

스피크를 제외한 남은 대원들은 비틀거리며 해안을 향해 출발했다. 좀처럼 속내를 드러내지 않는 사람인 스피크가 일행과 다시 합류했을 때, 그는 버턴에게 꼭 알려줘야 할 소식들을 갖고 있었다. 그는 그 호수, 곧 거울처럼 잔잔한 호수를 발견했고, 그것에 빅토리아 여왕을 기린다는 의미에서 빅토리아 니안자Victoria Nyanza라는 이름을 붙였……. 계속 다그쳐 물어도 스피크가 묵묵부답으로 나오자 버턴은 그만 짜증을 내면서 입을 다물어버렸다. 그는 그저 하루빨리 해안지방에 도착하기만을 바랐다.

마침내 1859년 3월 초, 일행은 바다 건너에서 환하게 빛나고 있는 잔지바르를 다시 볼 수 있었다. 버턴은 잔지바르에서 배 한 척을 세내어, 대원들과 남은 장비들, 그리고 병든 자신의 몸과 스피크를 그 배에 태웠다. 그 배는 아덴까지 순조롭게 항해했다. 먼지와 작열하는 햇살이 지배하는 그 도시는 병원과 정성스러운 간호, 깨끗한 침대, 다시 보는 반가운 얼굴들로 해서 버턴에게는 구원의 손길이나 다름없었다.

그곳에 도착한 첫날 밤 그는 예전에 한 번도 느껴본 적이 없는 감사한 마음과 함께 곤한 잠의 나라에 떨어졌다. 돌아온 지상의 정복자는 승리의 기쁨을 만끽하기도 힘들 만큼 몹시 피곤했다.

✤

스피크는 버턴을 병원에 남겨둔 채 영국으로 급히 귀국하여 그 원정의 전
말기를 책으로 펴냈다. 그 책에서 그는 자신이 빅토리아 니안자 호를 발견한
사실을 강조했고, 버턴에 대해서는 일절 언급하지 않았으며, 나일 강이 빅토
리아 니안자 호에서 발원한다고 단언했다. 그는 대중에게서 엄청난 박수갈
채를 받았고, 어딜 가나 칙사대접을 받았으며, 얼마 후 그를 대장으로 하는
새 원정대를 조직할 수 있는 자금이 조성되었다.

버턴은 마치 스피크에게서 지갑을 도둑맞은 것이나 진배없이 명성을 강탈
당한 사람으로서 영국에 도착했다.

✤

그렇게 해서 지상의 정복자인 불한당 딕은 무대에서 사라졌다. 그후 그는
오래도록 살았다. 그는 많은 일을 해내면서 좋은 평판과 나쁜 평판을 동시에
얻었다. 그러나 스피크가 자신을 배신했다는 것을 알았을 때, 그의 내면에서
는 뭔가가 죽은 듯했다. 그 무엇인가는 '낙담' 은 분명 아니었다. 그는 스피크
를 크게 신뢰한 적도, 좋아한 적도 없었다. 영국의 대중과 관리들, 왕립지리
학회에 별다른 애정을 품은 적도 없었고. 그들이나 스피크는 그가 인간이나
인간의 품위에 대해서 품고 있었던 어떤 믿음도 죽이지 못했다. 그것은 좀더
미묘한 형태의 살해였다. 당시 그의 내면에서 죽은 것은 탐험가로서 자신을
능가할 사람이 아무도 없으며, 자신은 '행운의 땅' 을 정복할 운명을 타고난
사람이라는, 스스로에 대한 빛나는 확신이었던 듯하다.

그는 스피크의 주장을 반박하는 통렬한 반론을 썼다. 그는 자신이 그려왔
던 '탐험가로서의 삶' 을 사는 것을 거부당하는 바람에 새로운 생계수단을 찾
아나서야 했다. 그는 모르몬 교의 영토를 답사하고, 모르몬 교도들을 가까이
에서 살펴보기 위해 미국으로 건너갔다. 그는 좀더 정상적인 신학과 문명이
안겨주는 품위, 진정한 악당의 품위로부터 위안을 얻기 위해 악당으로 유명

한 모르몬 교의 2대 교주 브리검 영에게로 달아난 것이다.

그곳에서 돌아온 그는 여느 때와 마찬가지로 모르몬 교에 관한 책을 썼다. 그는 책을 쓰는 일에서 절대로 벗어날 수가 없었다. 그런 뒤 그는 드디어 이사벨과 결혼했다.

결혼식 날 그는 "난파당한 사람 같은 표정"이 되었으나, 그 결혼에 불안감을 갖지는 않았다. 그는 평생에 걸쳐서 완벽하게, 그리고 진실하게 이사벨을 사랑했다. 키가 크고 음울한 얼굴에 미간을 찌푸린 모습은 여전했다. 그리고 세상 사람들을 행복하게 해줄 수 없을 바에야 차라리 깜짝 놀라게 해주고 싶은 정서적인 욕구도 그대로 남아 있었다. 그는 페르난도포 섬(아프리카 서해안의 비아프라 만에 있는 섬. 비오코 섬─옮긴이)의 영사로 임명받은 뒤 별다른 목적 없이 카메룬 일대를 탐험했다. 그는 그 4년 동안 책을 무려 7권이나 썼다. 그 책들을 쓰면서 그는 화산같이 격렬하게 분출하는 에너지를 보여줬지만, 예전의 그 빛나는 상상력과 비전은 눈에 띄게 힘을 잃었다.

그는 (이사벨과 더불어) 브라질, 다마스쿠스, 트리에스테 같은 임지로 옮겨 다녔으며, 그런 지역들의 영사로 재직하면서 불한당이라는 명성에 걸맞게 행동했다. 하지만 그의 독특한 개성은 아내의 기독교 신비주의의 영향을 받아 점차 약화되어갔으며, 그와 아울러 그의 몸도 지속적으로 혹사하는 바람에 많이 약해졌다. 그는 오십줄에 들어서도 다마스쿠스에서 미디안의 금광을 찾아나섰고, 휴가기간에는 아이슬란드 곳곳을 누비고 다녔으며, 한시도 가만 있지 못하는 불안한 사람이 그 불안에서 벗어나기 위한 수단으로 글을 쓰듯 끊임없이 쓰고 또 썼다.

그러다 마침내 1885년과 1888년 사이에는 유려하고 개성적인 문체로《아라비안 나이트》의 완역본을 집필하는 일에 착수했다. 세상 사람들이 지상의 정복자나 지상의 방랑자로서의 그의 운명적인 삶을 거부하자, 그는 그 대신에 세상 사람들을 깜짝 놀라게 할 소명을 받아들였다. 그 번역본이야말로 그가 세상 사람들을 마지막으로 크게 한번 놀라게 하기 위한 작품이었다.

사람들은 그 책을 보고 분개하고 두려워하고 매혹되었다. 총 16권으로 된 버턴의 그 번역서는 출판사에서 한 권씩 출간되어 나올 때마다 날개 돋친 듯이 팔려나갔다. 그 덕에 그는 부자가 되었다. 그리고 마침내 세상 사람들은 《아라비안 나이트》의 책장 곳곳에 널려 있는 음란하고 외설적인 부분들을 그의 탓으로 돌리면서, 그를 그런 오명 속에 매몰시켜버렸다.

Fridtjof Nansen

제9장 | 북극을 찾아나선 프리초프 난센

■

"행운의 섬, 그곳은 현실과는 관계없는 심원한, 그리고 엄청나게 많은
지식과 결부된 곳이다. 수많은 체험과 묘한 느낌들, 혹독한 바람이 인간
을 의식의 한 끝으로 몰고가 결국 이성은 멍한 마비상태에 이르고 만다.
인간의 의식으로는 영원히 알 수 없는 곳, 북극, 그 행운의 섬 변경에서는
침묵이 너무나 깊어 우리는 은하계가 운행하는 소리를 들을 수 있다."

'행운의 섬' 이라는 개념은 기원전 5000년경 나일 강 둑에 죽은 사람을 매장하면서 인간의 상상 속에서 처음으로 움텄고, 그후 인류는 끊임없이 그 섬을 찾아 헤맸다. 이제까지 우리는 이 책에서 그런 개념에 깊은 영향을 받은 서기 1000년대의 위대한 탐험가 여덟 명의 독특한 개성과 활동을 살펴봤다.

그런데 아홉 번째 탐험가는 그 섬으로 나아가는 지리적인 출구가 크게 좁혀진 시대에 태어났다. 그 유서 깊은 탐구의 여정에 동참한 지상의 정복자들 중 마지막 인물이 1861년 오슬로에서 태어났을 때, 이 지상에서 미지의 영역이라고는 아마존 강 유역과 아프리카, 비교적 폭이 좁은 아라비아와 인도차이나를 지나, 이제 흰 눈으로 뒤덮인 드넓은 지역밖에 남아 있지 않았다.

북극지방은 오랜 세월에 걸쳐 노르웨이 사람들의 의식의 한 부분을 사로잡아왔다. 북극 탐험의 선구자는 바이킹 족이었다. 역사상 북극지방을 탐험한 최초의 인물은 그리스 사람인 피테아스였다. 그는 기원전 3세기경에 지중해를 벗어나 브리튼 섬을 일주하고 아이슬란드까지 간 듯하다.

그리고 토지를 빼앗기고 새로운 정착지를 찾아나선 에리크 라우데 같은 농부들과 어부들이 피테아스의 뒤를 이어 그 일대를 떠돌아다녔다. 그 북쪽 바다는 고래들의 서식처여서, 작살로 무장한 어부들은 빙하로 뒤덮인 드높은 산들 사이에 난 긴 수로를 따라 배를 몰아가며 고래를 사냥했다. 그 산들 너머에는 유럽 인들에게 달만큼이나 미지의 영역으로 비치고 학자들 사이에서 많은 논란을 불러일으키곤 한 눈 덮인 고장이 펼쳐져 있었다.

17세기와 18세기의 네덜란드 인과 영국인들은 동인도의 행운의 섬에 이르기 위해 동북항로와 서북항로 일대를 돌아다니면서 그 변경지대들에 이름을 부여했고, 새로운 탐험의 장인 북극지방에서 혹독한 경험을 하면서 그 일대의 험한 기후와 여러 위험요소에 대한 지식을 쌓았다. 18세기 사람들은 동쪽으로 가는 무역로를 그런 북쪽 항로들에서가 아니라 다른 데서 찾았다. 그러나 19세기에 접어들면서 서북항로는 다시 사람들의 관심을 끌었다.

1818년에 배핀 만에 도착한 로스 원정대는 새 항로에 대한 탐구의 문을 여는 역할을 했다. 그리고 1820년에 패리 원정대는 배를 이끌고, 그전의 해도나 지도에 육지로 표시되었던 곳을 지나 해협을 따라 1,000km나 항해했다. 그 후 거의 해마다 한 차례씩 원정대가 캐나다의 북쪽 끝에 위치한 그 춥고 황량한 해협과 섬들을 찾아왔다.

이러한 탐험의 조류를 타고 잊을 수 없는 불운한 인물이요 불굴의 용기를 지닌 프랭클린(영국의 해군소장, 탐험가—옮긴이)의 비극적인 원정이 이어졌다. 배가 난파당하자 프랭클린은 굶주린 서른 명의 대원을 이끌고 지구 변경의 그 춥고 황량한 땅으로 사라져버렸다. 묘하게도 한 에스키모가 그들을 목격했는데, 그때 그들은 굶주린 거미들처럼 보였다고 한다. 그들은 해가 자신들의 얼굴을 비추던 기억을 떠올리며 음식과 밝은 빛이 있는 곳으로 가기 위해 남쪽으로 줄곧 걸어갔으나, 아델라이데 반도와 그레이트피시 강 사이에서 영영 자취를 감추고 말았다. 그후 레이와 매클린턱은 프랭클린의 아내의 후원을 받아 그들을 찾기 위한 원정대를 조직했다. 그들은 서북항로를 따라 1,300km나 나아가면서 프랭클린 원정대 대원들을 찾아보고 그 일대의 바다와 해안을 해도에 표시했다.

바다로 해서 아메리카를 가로지르는 뱃길인 서북항로는, 세상 사람들이 그런 항로가 있다는 것을 알고 나서 오랜 세월이 흐른 뒤에야 비로소 완전히 열렸다. 1903년과 1905년 사이에 아문센이 이외아 호를 몰고 역사상 처음으로 아메리카의 지붕을 동쪽에서 서쪽으로 가로지르는 데 성공한 것이다. 그리고 어쩌면 그것은 역사상 마지막 항해가 될지도 모른다.

그러나 진정한 북극지역은 여전히 미지의 영역으로 남아 있었다. 사람들이 동북항로를 찾으려고 시도하는 과정에서 노바야젬랴 섬이 발견되었다. 사람들은 때로는 동쪽(시베리아의 맨 끝)에서, 때로는 노르웨이나 러시아의 유럽 지역에서 그 항로를 찾아나섰다. 그 두 방향에서 이루어진 탐험은 그때까지 미지의 영역으로 남아 있던 그린란드 너머의 땅들에서 시도된 탐험(서북

항로를 찾으려는 시도)보다 횟수도 적고 일화도 훨씬 더 적다.

1820년, F.P. 브랑겔은 콜리마 강 북쪽에 높은 산지가 있다는 소문을 들었다. 그후 50년 동안 많은 탐험가들이 그 땅에 이르기 위해 폭풍우가 휘몰아치는 베링 해협 북쪽 일대를 찾아다녔다. 사람들은 그 땅이 거대한 북극대륙일 것이라고 생각했다. 그동안의 온갖 실패에도 불구하고 다시 나타난 '가마랜드', '행운의 땅'.

1879년, 드 롱은 그 땅을 찾기 위해 제네트 호를 타고 북쪽으로 항해했다. 그는 어떤 대륙도 발견하지 못했으며, 배는 부서져 침몰했다. 그는 그런 소식을 지닌 채 걸어서 아시아의 북쪽 해안으로 돌아왔으며, 눈과 얼음으로 뒤덮이고, 폭풍우가 불 때 나타나는 괴이한 새들의 울음소리 외에는 아무 소리도 들리지 않는 황량하고 적막한 땅에서 탈진상태에 빠져 사망했다. 그후 '행운의 땅'은 북극 주위로 이동했다.

1876년, A.E. 노르덴시욀드는 베가 호를 타고 노바야젬랴 섬을 떠나, 예니세이 강 어귀에 도착해서 그곳에 한동안 머물렀다. 그리고 1878년 7월, 동북항로를 따라 나아가는 제2차 항해를 시작했다. 16세기와 17세기에 네덜란드 출신의 많은 영웅적인 탐험가들을 현혹시킨 신화와 드높은 희망의 항로를 따라서. 그리고 1879년 7월 19일, 그의 원정대가 탄 베가 호는 아시아 맨 끝의 반도를 돌아서 북태평양에 들어갔다.

그러나 그 너머에는 여전히 인간의 발길이 거의 닿지 않은 진정한 북극지방이 자리잡고 있었다. 프란츠요제프란트(오늘날의 젬랴 프란차 이오시파 제도의 독일이름)와 스피츠베르겐 섬이 발견되기는 했지만, 그 해안들에 대해서는 알려진 것이 거의 없었고, 지도에도 제대로 표시되어 있지 않았다. 그린란드 북부 너머의 드넓은 빙하지역에는 어떤 땅이 있는지, 그리고 어떤 희한한 광경이 펼쳐져 있는지 알 길이 없었다. 그린란드는 그 미지의 영역(아이슬란드 바이킹들의 시대 이래 그 남쪽 끝은 세상에 널리 알려졌지만)을 향해 아득히 멀리 뻗어 있었다. 여름철이 되어 포경선 선원들이 뱃머리에 서서 거대한 포유동물이 뿜어내는 흰 거품을 찾아다닐 때면, 그곳의 눈 덮인 높은 산봉우리들은 햇살을 받아 하얗게 빛나곤 했다. 그곳은 사람들이 알지 못하고, 지도에도 표시되어 있지 않은 얼음의 땅과 항로가 마구 뒤섞여 있는 듯한 미지의 영역으로 사라져갔다. 사람들은 그 영역의 끝에 이르면, 어떤 것도 통과할 수 없는 막다른 곳이 나올 것이라 상상했다.

19세기 전반에 이르러 잉글필드, 케인, 홀, 네어스는 그 해안을 탐험했다. 1853년, 링크는 여러 차례에 걸쳐 그린란드 남부 내륙을 탐험하기 시작했다. 1870년, 동북항로의 정복자인 불굴의 탐험가 노르덴시월드는 디스코 섬에서 출발하여 그린란드를 가로지르려 시도했다. 그러나 그는 그곳을 가로지르는 것이 강추위와 거센 바람이 지배하는 시베리아 해안을 항해하는 것보다 훨씬 더 힘든 일이라는 것을 깨닫고 돌아섰다. 그로부터 13년 뒤, 그는 두 번째 횡단 시도를 감행해 그린란드를 거의 가로질렀으나, 마지막 120km를 남겨놓고 다시 돌아서지 않을 수 없었다.

그 너머에는 아직도 미지의 북극지방이 자리잡고 있었다.

1827년에는 북극을 직접 공략하려는 최초의 시도가 행해졌다. 사실임이 입증된 시도가. 패리 원정대가 바로 그들이었는데, 그들은 북위 82도 45분에서 돌아섰다. 노르덴시월드와 콜드웨이도 대규모 원정을 감행했지만, 두 사람 다 패리만큼 깊숙이 들어가지는 못했다.

북극지역은 엄청난 지리적인 현상들이 일어나는 가상적인 대륙으로 남아 있었다. 다소 분방한 상상력을 지닌 사람들은 세상에서 잊혀진 도시들과 부족들이, 그리고 예전보다 열기가 많이 떨어진 로맨틱한 상상의 잔재들이 바로 그곳에 있을지도 모른다고 생각했다. 그곳은 미지의 영역의 마지막 피난처였다. 거기에는 도대체 무엇이 있을까?

⚜

1861년에 오슬로 근방에 있는 스토레프뢴이라는 아담한 사유지에서 발두르 난센과 그의 아내와의 사이에서 태어난 난센은 장차 자라서 불과 몇 마디의 말로, 그러나 또렷한 억양으로 다음과 같이 말했다.

"행운의 섬, 그곳은 현실과는 관계없는 심원한, 그리고 엄청나게 많은 지식과 결부된 곳이다. 수많은 체험과 묘한 느낌들, 혹독한 바람이 인간을 의식의 한 끝으로 몰고가 결국 이성은 멍한 마비상태에 이르고 만다. 인간의 의식으로는 영원히 알 수 없는 곳, 북극, 그 행운의 섬 변경에서는 침묵이 너무나 깊어 우리는 은하계가 운행하는 소리를 들을 수 있다."

덴마크 상인들과 뱃사람들의 후예인 발두르 프리초프는 대법원의 서기관으로 일했다. 그는 거칠고 모험을 좋아하는 조상들의 혈통을 타고났음에도 불구하고, 냉정하고 정확하고 조직적인 사람이어서, 이 세상과 운명과 시간에 그것들을 명확하게 규정해주는 꼬리표들을 붙여서 각각 적당한 곳에 배치했다. 우리는 그를 생각할 때 빅토리아 시대에 완벽하게 걸맞은 아버지상을 떠올릴 수 있다. 영국이나 미국의 시민계급과 흡사한, 노르웨이의 예의바른 시민계급의 전통 속에서 자라나, 정서적으로 억압되어 있고, 엄숙하고, 과묵하고, 가부장적이고, 애처가에 너그러운 사람의 모습을.

그의 아내이자 프리초프의 어머니는 그와는 아주 다른 기질을 지닌 여성이었다. 강인하고 유능하고 독자적이며, 당대의 여성으로는 보기 드물게 스키를 잘 타고, 혈기왕성한 젊은 시절에 저지른 사소한 비행을 속죄하기라도 하려는 듯 하루종일 집안일에만 몰두하는 여성. 프리초프는 그런 어머니를 아주 사랑스럽고 아름다운 분이라 생각했다.

그는 어머니를 통해서 여성을 신비롭고 사랑스러운 존재이자, 자신과 동격의 존재로 여기는 법을 배웠다. 그는 자신처럼 튼튼하고 활달하며 명랑한 누이와 남동생과 더불어 즐겁게 뛰놀며 지냈다. 스토레프뢴 뒤편에는 노르웨이 특유의 나무들이 짙푸르게 우거진 산들이 솟아 있었다. 긴긴 여름밤이면 하루종일 해가 지지 않았고, 프리초프와 그의 동생도 덩달아서 잠자리에 들지 않았다. 그들은 수영을 하고 사냥을 했다. 그리고 이따금 숲속으로 들어가 며칠 동안 지내면서, 스스로 먹을 것과 쉴 곳을 마련하고, 불을 피우고, 나무 밑에서 잠들었다. 프리초프는 청춘시절에만 감지할 수 있는 여름날 새벽의 그 고즈넉한 침묵 속에서 눈을 크게 뜨고, 방풍림에서 자라나는 샛노란 사프란 꽃을 홀린 듯 바라보곤 했다. 그는 아주 일찍부터, 이 책에 소개된 그 누구보다 더 아리안 족다운 길을 밟아나갔다.

그는 숲에서 가끔씩 만나는 사람들이나 스토레프뢴을 방문한 사람들을 포함한 모든 어른들에게 아주 성가시고 골치 아픈 아이였다. 그는 해 아래에서 일어나는 모든 일의 원인을 자세히 알고 싶어했고, 한두 마디 대답으로는 성에 차지 않아 짜증스러울 만큼 집요하게 달라붙어 물어봤기 때문이다. 차차 성장하면서 프리초프의 질문은 아이들이 흔히 묻는 뜬금 없는 질문의 범주를 벗어나 좀더 뚜렷한 지향성을 지녔다. 그것은 우리 모두를 같은 진흙으로 아주 다르게 빚어내게 하는 수많은 우연과 만남의 작용에 의해서 성이롭고 신비롭게 형성된, 개성이 뚜렷한 인물형이었다.

전기작가들은 그런 끝없는 호기심과 아울러 그가 가끔 우울한 기분에 빠져들어 한동안 멍하니 지냈던 일도 기록했다(실망스럽게도 대부분의 전기작가들이 그려낸 난센의 모습은 현실이 아니라 허구에 근거한 강인한 바이킹, 무모한 모험가의 모습에 머물러 있다). 그의 집안 식구들은 아마 그럴 때마다 그를 거칠게 흔들어 깨우려고 애썼을 것이다. 그 소년에게는 무슨 일이 일어났던 것일까?

우리는 프리초프가 그런 상태에 빠졌을 때, 키가 크고 유능한 그의 어머니가 약병과 수저를 들고 단호한 걸음으로 계단을 올라가 어린 프리초프의 침실에 들어가는 모습을 그려볼 수 있다.

그러나 그런 경우는 그리 잦지 않았다. 대체로 소년 시절의 그는 신나게 뛰어놀고 장난치기 좋아하는 평범한 아이의 모습을 보여줬다. 그러나 열일곱 살이 되었을 때는 그런 평범함의 범주를 넘어섰다.

그해에 그는 노르웨이의 전국 장거리 스케이트 경주에서 우승했고, 이듬해에는 장거리 스케이트 경주 1마일 부문에서 세계신기록을 세웠다. 갑자기 그는 간발의 차이로 승부가 갈리는 경기에 알맞게 단련된 인간의 근육과 힘줄의 경이로움에, 과학적인 훈련을 통해 빚어진 자기 몸의 경이로움에 눈을 떴다. 그리고 그런 경이로움을 발견했을 때도 흥분과 냉정함이 복합된 태도를 보였다는 점에서 남다른 데가 있었다. 그는 스케이트 부문에서 두 번째로 우 승했던 그해에 스키도 열심히 탔다. 그리고 스케이트 연습을 할 때만큼은 아 니어도, 그런 대로 꽤 열심히 연습한 끝에 처음 출전해서 대번에 전국 크로스 컨트리 경주에서 우승했다.

그는 스포츠 분야에서는 쉽게 정상의 자리에 올랐지만, 1880년 오슬로 대 학에 입학해서는 학교생활을 몹시 지루해했다. 그 스포츠맨은 처음에는 모 든 과목을 다 지겹게 여겼으나, 시간이 지나면서 당시 폭넓은 연구분야요 거 의 과목 수만큼이나 많은 분야를 다루는 자연과학에 점차 관심을 갖기 시작 했다. 자연과학에서는 흥미로운 사물과 동물, 새는 물론 암석들과 관련된 '왜?'라는 질문들과 접할 수 있었다. 그는 스키 챔피언답게 '학문' 분야에서 도 타의 추종을 불허할 만큼 열심히 파고들기 시작했다. 그런데 어떤 학문에 그렇게 열중했을까? 물리학? 화학?

그는 저녁 무렵, 학교수업을 마치고 집에 갈 때마다 굵은 눈썹에 큼직한 눈, 무성한 수염이 돋보이고, 어깨가 황소처럼 떡 벌어진 사람이 몸을 좌우로 흔들며 걷는 광경과 맞닥뜨리곤 했다. 이윽고 프리초프는 번번이 자신의 눈 에 밟히는 그 사람을 의식하고는, 친구에게 지나가는 말로 그 사람이 누구냐 고 물었다. 그리고 그 사람이 바다표범을 잡는 배를 타고 북극해를 누비고 다 니는 유명한 선장 악셀 크레프팅이라는 대답을 들었다.

그 대답을 듣는 순간 스포츠와 학교공부에만 쏠렸던 난센의 상상력은 처음 으로 북쪽을 향해 방향을 튼 듯하다. 바다표범? 북극해?…… 빙원氷原의 얼음 뒤에 엎드려 얼음구멍에서 기어나오는 바다표범을 지켜보는 사람. 빠르게 내닫는 배의 갑판에 서서 수평선 위에 겹겹이 떠오르는, 세계의 진정한 지붕 이라 할 수 있는 빙하로 뒤덮인 드높은 산들을 바라보는 사람…….

크레프팅이 새로 건조된 바이킹 호를 타고 처녀항해에 나서려 한다는 소식 을 듣고, 난센은 댓바람에 그를 찾아가 자신을 견습 화물관리인으로 써달라 고 부탁해서 허락을 얻어냈다. 그리고 부모와 학교 당국자에게는, 동물학이 야말로 자신의 필생의 연구과제이며, 이제 곧 북극동물의 생태를 연구하러 가야겠다고 말했다. 그렇게 해서 1882년 3월 11일, 난센은 바이킹 호를 타고 북극을 향해 떠났다.

꽃

그는 183cm가 넘는 키에 떡 벌어진 어깨를 지녔고, 얼핏 보면 솔직담백한 사람처럼 보이나, 그의 눈에는 어둠과 고요한 어떤 세계 속에 홀로 깊이 침잠해 들어가 있는 듯한 빛이 어려 있었다. 바이킹 호에 처음 탔을 때, 그 안에서의 생활은 그에게 충격적으로 비쳤을 것이다. 그것은 진한 동지애와 평등주의 정신이 어린 거칠고 난폭한 세계였을 테니까.

그러나 그는 곧 젊은이다운 열정을 갖고 그 생활에 적극적으로 임했으며, 폭풍우가 부는 동안 돛대 위의 전망대에 올라가거나 선장과 레슬링을 해서 완승을 거두기도 했다. 또한 바이킹 호가 아이슬란드와 스피츠베르겐 섬 사이에 있는 바다표범 서식지를 향해서 빠르게 북상하는 동안, 밤마다 어둠 속에서 활대줄이나 펄럭이는 돛을 물끄러미 응시했다.

그는 별들이 구름에 가려 칠흑같이 어두운 밤에도 배가 마치 살아 있는 동물처럼 물보라를 날리면서 거친 바다를 씩씩거리고 헤쳐나가는 소리를 들을 때마다 묘한 감동을 느꼈다. 그러다 그는 그의 온 영혼을 사로잡는 어둠 속의 희미한 형상들에게서 고개를 돌려, 삶의 현장, 곧 담뱃불빛들이 어른거리고 선원들이 장난을 치면서 북새통을 피우는 선실 쪽을 바라보곤 했다.

3월 18일, 그는 첫 얼음을 봤다. 수평선 위에 아른거리는 희뿌연 선 같은 것을. 먼 훗날 그는 그것을 본 순간, 가슴 벅찬 환희와 메스꺼운 기분이 복합된 감정을 느꼈다고 기록했다. 그런 복합적인 감정은 분명 그의 앞날을 예시해주는 전조 같은 것이었다. 그뒤 발두르의 아들은 자신이 과학자라는 사실을 떠올렸다. 그는 유빙을 주의 깊게 관찰하고 조류의 흐름을 파악해서 이론적으로 정리했으며, 바닷물을 검사해보고 의사처럼 진지한 자세로 수온을 쟀다. 선원들은 그 광경을 보고 배꼽을 잡고 웃었다. 그들은 다소 엉뚱한 구석이 있는, 그 늘씬한 몸매를 지닌 청년을 좋아했다.

그들은 6월 중순이 되어서야 비로소 바다표범이 우글거리는 곳에 도착했다. 난센은 뛰어난 바다표범 사냥꾼이었다. 그는 바다표범을 죽여, 놀랄 만큼 재빠른 솜씨로, 그리고 냉정한 자세로 가죽을 벗겨냈다. 크레프팅은 상상력이 결여된 그 냉혹한 태도를 보고 무척이나 놀랐다. 그는 자신의 학생이 장차 "뛰어난 수의사"가 되리라 생각했다.

그는 희뿌연 빛을 띤 북풍 속에서, 혹은 그 얼음대륙의 변경 너머의 무無를 좇는 과정에서는 자신의 상상력을 분방하게 뛰놀게 할 수도 있었겠지만, 바다표범 산업의 본질인 피와 죽음과 관련된 일에서는 그것을 억제했다. 사실 그는 아직 자각이 덜 된, 덩치만 큰 풋내기 어른에 지나지 않았다.

그 풋내기는 하루종일 바다표범을 죽이고 나서, 다른 선원들이 너무 피곤해 선실 침대에 시체처럼 쓰러져 잠든 동안에도 밤새 뱃전에 앉아 그린란드 상어를 낚을 수 있었다.

그는 서서히 전설적인 존재가 되어갔다. 그는 그 몇 달 동안 수많은 일화와 전설을 남겼다. 아니, 그의 동료들이 그에 관한 일화와 전설을 남겼다고 해야 옳을 것이다. 그러나 북극곰과 맞붙어 싸우고, 얼음처럼 찬 바다에서 수영을 하는 등의 놀라운 일을 해냈다고 해서 그가 장차 뛰어난 탐험가가 되리라는 보장은 없었다. '지상천국'의 마지막 탐구자가 위업을 달성하는 데 꼭 필요한 놀라운 신체적 스태미나를 지닌 청년이라는 점은 입증했지만.

7월 초, 그는 바이킹 호의 돛대 위에서 수평선에 희미하게 떠오른 그린란드 해안을 처음으로 목격하고 짜릿한 전율을 느꼈다. 그 풋내기는 미지의 땅 내륙을 횡단하는 것은 단순한 재미를 넘어서는 일이 되리라 생각했다. 거기에 어떤 것이 존재하는지 아무도 모르고 있으니까. 언제가는 꼭…….

그러나 어느덧 바다표범 사냥 시즌은 끝나가고 있었다. 바이킹 호는 고국을 향해 방향을 돌렸다. 난센은 피와 힘겨운 노역과 온갖 상상으로 후줄근하게 절어 있었다. 마치 엄청난 폭식을 한 것처럼.

그는 베르겐에서 동물학 박물관의 큐레이터 직을 얻었다. 그는 거기서 6년 동안 큐레이터로 일했다. 어쩌다 휴가를 얻어 스키로 중앙산맥을 가로지르며 사냥을 하는 경우를 제외하고는, 과학연구라는 경이로운 왕국들을 위해 바이킹 호를 탔던 시절에 지녔던 열정은 버렸다. 훗날 그가 "무책임한 선장"이라 언급한, 어린애 같은 변덕을 지닌 또 다른 자아는 가죽끈에 단단히 묶여 있었다.

> 나는 동물학에 내 온 정신과 육체를 다 바쳐서 몰두했다. 특히 미세 해부학에. 나는 6년 동안 현미경 속에서 살았다. 그것은 완전히 새로운 세계였으며, '무책임한 선장'은 그 세월 동안 조용히 숨죽이고 지냈다. 우리는 장래가 촉망되는 동물학자의 길을 사이좋게 걸어왔다……. 나는 몇 편의 논문을 썼다. 특히 신경계의 미세 해부학에 관해서. 그 논문들에는 내가 발견한 소중한 몇 가지 사실이 수록되었다. 하지만 그보다 좀더 중요한 것은 그런 사실들이 제기하는 새로운 문제점들일 것이다. 우리는 그런 문제점들을 해결해줄 야심적인 새 연구계획을 갖고 있었다. 이런 연구의 상당수는 그 뒤 다른 사람들이 해냈다. 하지만 나는 그 문제점들의 일부는 아직도 해결을 기다리고 있다고 믿는다.

마지막 문장에서는 프리초프의 특징인 소박한 자만심을 엿볼 수 있다. 그에 더해 그의 모든 글과 발언에서 자주 나타나는 답답한 일면, (모든 인간이 덧없는 존재인 것과 마찬가지로) 자신이 덧없는 존재라는 사실을 깨닫지 못하는 면 등도 엿볼 수 있다. 그런 면들은 훗날 머나먼 북극지방에서 홀로 깊은 수심에 잠겨 있는 사람의 모습과 묘한 조화를 이룬다. 우리는 그가 자기 자신과, 시간과 공간에 관한 섬뜩한 통찰로부터 도피하기 위해 여행자의 길로 뛰어들었다고 생각해볼 수도 있다.

그는 자신의 시야에 어렴풋이 떠올랐던 그린란드 해안 풍경을 결코 잊지 않았다. 1883년, 베르겐에서 하품을 하면서 조간신문을 펼친 그는 노르덴시월드가 그린란드 내륙탐험을 시도했다가 실패했다는 기사를 읽었다. 노르덴시월드는 스키 솜씨가 뛰어난 라플란드 사람 둘과 함께 탐험을 했다고 한다. 그 기사는 그의 마음에 깊이 각인되었다. 뛰어난 스키 솜씨가 모든 문제를 해결해줄 수도 있지 않을까?

그동안 그의 과학연구는 계속되었다. 그는 미조스토미다Myzostomida와 중추신경계 같은 주제들에 관해 많은 논문을 발표했다. 그의 아버지 발두르는 해부학과 화학에는 완전히 문외한이면서도 아들의 그런 논문들을 자랑스럽게 여겼다. 스토레프뢴의 완강하고 엄숙한 부르주아인 발두르는 아들을 뒤에서 조용히 성원하는 데서 위안을 찾았다. 그는 1885년에 사망했다.

난센은 몇 가지 점을 제외하고는 자기에게 완전히 이질적으로만 비쳤던 아버지가 사망하자 깊은 충격을 받았다. 그는 얼마 동안 그 기억을 잊기 위해 나폴리로 휴가여행을 떠났다. 그는 그곳의 해양생물학 박물관에서 탈출구를 발견했다. 키 크고 강건한 체구에 침울한 인상을 지닌 그 청년은 어떤 때는 밤새 춤추고 노래하기도 했고, 또 어떤 때는 혼자 해변으로 나가 몇 시간씩 자신의 껍질 속에 들어앉은 채 이탈리아의 따뜻한 바다 건너편에 솟아 있는, 연기를 뿜어올리는 베수비오 화산을 망연히 응시하기도 했다.

우리는 그 시절 난센이 어떤 상념에 잠겨 있었는지 알 도리가 없으므로, 그 자신이 바랐을 가능성이 많은 해석을 유추해볼 수밖에 없다. 즉, 그는 인류의 무서운 유산이라고 할 수 있는 영혼의 심연을 들여다보고, 인간이 작은 태양을 선회하는 작은 행성의 황야에 떨어진 고독한 존재라는 것을 깨닫게 되었을 것이라고. 안내자도 빛도 확실성도 없고, 안전함도 보장되어 있지 않으며, 신이나 악마나 소망이나 두려움도 동행해주지 않는 절대고독의 상태에서, 오로지 스스로가 만든 지팡이에 의지해서 걸어가야 하는 존재임을 알았다고.

그의 아버지의 죽음이 그에게 그런 통찰을 남겼으리라. 하지만 이윽고 그를 감쌌던 안개는 걷혔고—그렇지 않았다면 그는 살아남지 못했으리라—그는 노르웨이로 돌아왔다.

그러나 그는 가수 에바 사르스를 만나 사랑에 빠진 뒤에도 또 다른 일을 벌임으로써 베르겐 사람들의 눈살을 찌푸리게 만들었다(그들의 만남은 난센의 사람됨에 어울릴 만한 방식으로 이루어졌다. 그는 오슬로 근방의 숲속에서 스키를 타다가 눈밭에서 튀어나온 매력적인 두 다리를 목격했다. 그 다리를 유심히 살펴본 그는 그녀가 자신의 미래의 아내감이 될 만한 여성이라 판단했다. 그는 그녀의 다리를 보자마자 즉각 그런 판단을 내린 듯하다). 그밖에도 그는 틈만 나면 그린란드를 동쪽에서 서쪽으로 횡단하는 원정계획을 짜는 데 골몰하기 시작했다. 1888년 1월, 그는 〈나투렌Naturen〉지에 그 계획을 발표했다.

그 계획에 대해 사람들은 대체로 회의 어린 태도를 보였다. 난센이 제시한 계획안의 골자는, 배를 타고 그린란드 동쪽 해안에 최대한 가까이 다가가서는, 작은 보트를 타고 유빙 사이를 헤치고 나가 해안에 상륙한 뒤, 내륙의 만년설 꼭대기에 올라가 스키를 타고 느긋하게 서쪽 해안으로 내려온다는 것이었다.

작가가 아니라 여행자 출신의 비평가들은 그 계획이 풋내기의 어림짐작에서 나온 어리석고 무모한 계획이라 언급할 가치도 없다고 매도했다. 비평가들의 주목을 끌기 위해 내놓은 엉터리 계획에 지나지 않는다고. 그는 "현지 사정에 완전히 무지하다는 사실을 드러냈다." 베르겐의 한 신문은 다음과 같은 익살스러운 광고를 내서 그를 후원하자고 비아냥거렸다.

알 림 : 다음 6월에 큐레이터 난센이 그린란드의 내륙 빙원에서 스키 장거리 점프 쇼를 보여줄 예정이라고 합니다. 크레바스에 마련된 좌석을 예약하시면 필요한 표를 보내드리겠습니다.

붉은머리 에리크가 다른 이름으로 부른 그린란드 땅을 횡단하려는 과거의 모든 시도는 서쪽에서 이루어졌다. 서쪽에 베이스 캠프를 설치하고 내륙으로 들어가는 방식으로. 난센의 참신함은 카이사르가 루비콘 강을 건널 때처럼, 보트로 동쪽 해안에 이르렀을 때 보트를 불태워버리거나 그냥 내버리고 미지의 땅으로 뚫고들어가, 적은 숫자나마 사람들이 거주하고 있는 서쪽 해안까지 내처 전진하려고 한 결단에 있었다. 돌아갈 길은 없었다. 그렇게 할 경우 그들 앞에는 굶주림이 기다리고 있을 게 분명하니까. 원정대가 살 길은 가능한 한 빨리 서쪽으로 나아가는 것뿐이었다.

그는 노老영웅 노르덴시욀드를 찾아가 자문을 구했다. 노르덴시욀드는 냉소적이고 회의적인 노인이었지만, 도움을 거절하지는 않았다. 그는 짐을 꾸리고 길을 선택하는 방법에 대해, 그리고 썰매에 실을 장비에 대해 유익한 조언을 해줬다.

다음에는 재정적인 문제를 해결해야 했다. 난센은 개명된 기관인 노르웨이 대학에 자금지원을 요청했지만, 노르웨이 대학은 그 무모한 젊은이가 요청한, 300파운드가 채 되지 않는 돈도 마련해줄 수 없을 만큼 재정형편이 어려웠다. 대학 당국자들은 노르웨이 의회에 보조금을 신청해보라고 권했다. 상식적이고 부르주아적인 국회의원들은 그의 요청을 들어주기를 거부했다. 그뒤 코펜하겐의 한 자선사업가가 구원자처럼 나타났다. 그렇게 해서 프리초프는 그린란드 원정에 필요한 돈을 확보할 수 있었다.

당시에는 북극지방을 탐험하는 데 필요한 기술이나 기법이 개발되어 있지 않았다. 그리하여 난센은 썰매와 요리도구, 슬리핑백 같은 것들을 머리를 짜내서 직접 제작해야만 했다. 그러나 그의 뒤를 이어 북극지방을 탐험한 후배들은 장비들을 제작할 때 그가 고안해낸, 괴상하고 복잡하게 생긴 요리도구 같은 것들은 거의 본뜨려 하지 않았다. 북극을 탐험할 때 그가 가장 크게 의지해야 할 장비는 스키였으므로, 그는 그린란드의 풍토에 알맞은 특수한 발디딤판이 달린 스키를 제작했다.

그 시대에는 오로지 스칸디나비아 사람들만이 스키를 탔고, 따라서 원정에 참여할 사람들은 북구 3개국 사람들로만 이루어질 수밖에 없었다. 난센은 새로운 원정계획이 있다 하면 기꺼이 뛰어들고 싶어하는 수많은 응모자 중에서 노르웨이 사람 셋과 라플란드 사람 둘을 뽑았으니, 스베르드루프—훗날 난센이 오랫동안 함께 일했던 그 용감한 스베르드루프—디에트릭손, 트라나, 발토, 라브나가 바로 그들이었다. 트라나는 스물네 살의 청년으로, 난센은 막상 그를 선발해놓고도 그가 과연 그린란드 탐험을 하기에 적당한 인재인지 자신하지 못했다. 난센 자신은 스물여섯 살이었다.

⚜

1888년 6월 4일, 야콥슨 선장과 바다표범 사냥꾼들을 태운 증기선 이아손 호는 아이슬란드의 이사 피오르드를 조심스럽게 빠져나와 서쪽으로 향했나. 그 배에는 난센과 그의 일행이 탔고, 난센이 제작한 유명한 요리도구들과, 접을 수 있는 보트, 스키 등이 실려 있었다. 이때 난센은 조랑말 한 마리도 태웠는데, 이것은 일종의 실험이었지만, 성공할 가능성이 거의 없는 시도였다.

7월 11일, 이아손 호가 안개 속을 한참이나 헤맨 뒤에야 비로소 그린란드 해안이 일행의 시야에 잡혔다. 난센은 몇백 년 전의 레이브 에릭손, 바하마에 도착한 콜럼버스, 태평양과 마주선 마젤란과 마찬가지로 희망에 부푼 눈빛으로 그 해안을 바라봤다. 그 순간은 그가 자신의 생애에서 경험한 두 번의 위대한 신기원 중에서 첫 번째에 해당하는 것이었다. 험준한 바위절벽으로 이루어진 해안에는 바람과 조류에 떠밀려온 유빙들이 모여서 얼어붙은 거대한 빙괴들이 소용돌이치고 있었다. 이아손 호가 해안 가까이 접근할 수 없다는 것은 누구의 눈에나 아주 자명해 보였다.

안개가 끼었다 걷히는 과정이 짜증스러울 만큼 자주 반복되는 바람에 이아손 호는 무작정 그린란드 앞바다를 오락가락했으며, 그 사이에 건초가 바닥나 난센은 부득이 조랑말을 쏘아죽여야 했다. 전체적으로 보아 출발은 순조롭지 못했다. 선원들은 배 안의 불결한 상태로 인해 여러 가지 병에 걸렸다. 냉소적인 의사인 난센은 해안 앞바다를 떠도는 거대한 빙괴들을 바라보면서 지나가는 말로, 갑판을 북북 문질러 닦는 것이 좋겠다는 처방을 내렸다. 놀랍게도 그런 방법은 큰 효과를 봤다.

7월 16일 이아손 호에 탄 사람들은 세르밀리크 피오르드의 전면에 돌출해 있는, 부서진 빙괴들이 띠처럼 길게 둘러싼 단Dan 곶을 목격했다. 난센은 그곳에 상륙하기로 결정했다. 그는 그런 용도에 맞게 특별히 제작된 보트와, 선장에게서 빌린 바다표범 사냥용 보트에 원정대원들을 태우고 각종 장비를 실은 뒤 그린란드를 향해 출발했다. 이윽고 이아손 호는 그들의 시야에서 사라졌다.

뒤이은 몇 시간 동안 난센과 대원들은 손에 물집이 잡힐 만큼 악전고투했으며, 그러는 동안 일행은 점차 희망을 잃고 어찌할 바를 몰라 허둥댔다. 그들은 바닷물이 흐르는 수로에서 얼음판 위로 보트들을 끌어올린 뒤, 그것들을 질질 끌고 나아가 다음 수로에 띄우고 전진하기를 거듭했다. 그 얼음떠들이 서서히 남쪽으로 흘러내려가는 바람에 단 곶에 상륙하는 것은 불가능했다. 얼마 후 폭풍이 일면서 비가 쏟아졌고, 곧 어둠이 찾아왔다. 어둠 속에서 빙산들이 서로 충돌하거나 갈리는 소리가 사방에서 들려왔다. 난센은 얼음판에 텐트를 치게 했다. 일행은 온몸이 푹 젖고 기진한 상태에서 텐트 속으로 기어들어가 이내 곯아떨어졌다.

그들은 다른 빙산들과 계속해서 부딪치고 비벼대면서 그린란드 해안을 따라 남쪽으로 흘러내려가는 유빙 위에 자리잡고 있었다. 18일과 19일, 그들은 그 유빙을 가로질러 육지에 상륙하려고 시도했으나 실패했다. 그것은 고약하게도 자꾸 넓은 바다 쪽으로 흘러가고 있었다. 라플란드 사람들은 텐트 속에 들어앉아 신약성서를 읽었다. 그러자 난센은 구약성서식의 가혹하고 준엄한 태도로 그들을 텐트에서 몰아낸 뒤, 좀더 불안정한 유빙으로 건너가기 위해 보트들을 수로까지 끌고가게 했다. 그런데 놀랍게도 그때부터 유빙이 방향을 돌려 다시 육지 쪽으로 조금씩 다가가기 시작했다.

그들은 주위에서 북극지방의 싸늘한 바다가 사납게 들뛰고 포효하는 가운데, 여드레 동안 그 유빙에 포로처럼 갇혀 지냈다. 난센은 일기를 쓰고, 주위 풍경을 스케치하고, 그린란드 해안선을 따라 긴 띠를 이루면서 밀려갔다 부서지는 파도를 묵묵히 응시하면서 침울해 보이는 표정 뒤에 가려진 내밀한 환희 속에 잠겨 지냈다. 7월 28일 아침, 그들은 해안이 가까이 다가온 것을 보고 다시 보트들을 내려, 마침내 케케르타르수아크 섬의 든든한 땅을 밟았다.

난센은 원래 북위 66도 근방의 세르밀리크 피오르드에서 그린란드를 가로지를 계획이었다. 하지만 그들은 남쪽으로 560km나 떠내려왔고, 그곳에서 그린란드를 가로지를 경우 애초에 가야 했던 거리보다 150km나 덜 가게 된다. 그 코스는 애초의 코스보다 횡단하기에 훨씬 더 쉽지만, 난센으로서는 영 내키지 않는 코스였다. 그리하여 난센은 시간이 허락하는 한 해안을 따라 보트를 저어 최대한 북쪽으로 올라가기로 결심했다. 그린란드의 여름이 빠르게 지나가고 있어 시간여유가 얼마 없었나.

그들은 다시 출발했다. 그들은 이틀간 힘겹게 노를 저은 끝에 빌레 곶에 이르렀다. 그곳에서 난센은 소박하고 친절한 인디언 부족을 만나는 바람에 몹시 놀랐다. 그들은 몸을 씻지 않아 아주 고약한 냄새를 풍겼고, 석제무기로 무장하고 있었다. 그들은 비록 악취를 풍기기는 했지만 야만적이지 않고, 난센 일행이 가진 물건을 강탈하려들지도 않아, 난센이 보기에는 기독교를 믿지 않는 기독교인들처럼 보였다. 사실, 그들은 과거 한때 이 지상 전역을 지배했던 황금시대의 온화하고 순박한 원시인들 중에서 마지막으로 남은 사람들이었다. 난센은 하루 저녁 내내 그들의 오두막과 신앙과 관련된 풍속 등을 자세히 살펴보고는 다시 북쪽으로 올라갔다.

8월 11일에 이르러 카타크 산이 그들의 시야에 들어왔다. 그들은 220km가량을 북상한 셈이었으며, 거기서 더 북쪽으로 올라가려 하는 것은 무모한 짓에 지나지 않았다. 그들은 하늘 높이 솟은 그 곳 밑에 캠프를 설치한 뒤 장비들을 철저히 점검하고 수리했으며, 두 척의 보트를 얼음들이 갈라진 틈 사이에 끼워놨다. 그리고 8월 15일 저녁 무렵, 그린란드를 가로질러 크리스티안샤브에 이르는 대장정의 첫발을 내디뎠다.

그뒤 썰매들을 끌고 곳곳에 크레바스가 도사린 울퉁불퉁한 빙원을 따라 나아가는 힘겹고 고된 여정이 이어졌다. 20일에 이르러 맹렬한 폭풍이 휘몰아쳐, 그들은 부득이 텐트를 치고 그 속으로 들어가서 지내야 했다. 폭풍은 사흘 동안이나 사납게 울부짖으며 그 황량한 미지의 땅 얼음언덕들을 온통 휩쓸고 다녔고, 그동안 난센과 동료들은 각자 슬리핑백 속에 들어가 누워 심심풀이삼아 항해력曆이나 대수표 등을 뒤적거렸다. 나흘째 되던 날 아침, 하늘은 잿빛으로 잔뜩 찌푸려 있었지만 폭풍은 가라앉았다. 그들은 텐트에서 기어나와, 안개에 휩싸여 제대로 보이지도 않는 산 정상을 향해 오르기 시작했다.

이제 그들은 거대한 크레바스들이 입을 쩍쩍 벌리고 있는 황량한 고원에 이르렀다. 크게 입을 벌리고 있는, 시린 푸른빛과 초록빛을 띠고 있는 얼음벽들 저 밑으로는 그 거대한 얼음집의 토대가 되는 땅이 보였다. 그들은 바로 그 얼음집 지붕 위를 따라 비틀거리면서 서쪽으로 나아갔다. 가도 가도 얼음뿐, 땅은 보이지 않았다. 그러나 난센은 제4빙하기의 남은 자취인 그 두터운 빙원 저 밑으로 아득한 옛날에 초목이 무성하게 우거졌던 땅이 자리잡고 있으리라는 것을 잘 알고 있었다.

8월 21일, 그들은 해발 900m 되는 지점까지 올라갔다. 밤시간이라 태양이 북극권의 지평선 가까운 곳에서 희미하게 빛나는 가운데 널따란 눈밭 위로 산봉우리들이 뻬죽뻬죽 솟아나 있었고, 소용돌이치는 물결모양을 이룬 눈밭이 그 높고 험준한 봉우리들까지 이어져 있었다. 그들은 늘 밤에만 이동했으며, 그럴 때마다 그린란드의 별들은 지상 가까운 하늘에서 명멸했고, 오로라가 밤하늘을 아름답게 수놓았다.

난센은 어느 때보다도 더 원기왕성했다. 그는 그 찬연한 오로라와 별들, 결코 서산으로 넘어가고 싶어하지 않는 듯한 큼직한 북극의 달을 경외 어린 눈길로 바라보면서 조금도 지친 기색 없이 썰매를 끌고갔다. 달과 별들이 지상과 너무나 가까운 곳에 걸려 있어서, 지구가 형제뻘이 되는 미지의 행성들 사이에 떠 있는 작은 구체라는 확신이 싸늘한 칼날처럼 의식 속에 선연하게 파고들었다. 이따금 난센의 내면에서는 그런 통찰에서 비롯된 섬뜩한 두려움이 그저 무無만이 존재하는 고요하고 평화로운 세계 속에 차분히 가라앉곤 했다. 그로부터 오랜 세월이 지난 뒤 그때의 일들을 기록하던 무렵에 마음이 그렇게 차분해졌을 수도 있다.

얼마 후 그들은 밤의 행군을 낮의 행군으로 바꿨다. 그린란드 산악지대의 험준한 봉우리들 사이를 뚫고 나아가는 여정은 여전히 힘겨웠다. 그 황량한 지역에는 끊임없이 불어오는 강풍과, 그 강풍에 실려와 그들의 얼굴을 사정없이 후려치는 싸늘한 눈발 외에 움직이는 것이나 소리내는 것은 아무것도 없었다.

매일 아침 그들은 눈더미 속에서 썰매를 파내고 텐트를 철거했다. 식량은 충분히 확보하고 있었다. 다만, 물은 눈을 녹이는 힘든 과정을 거쳐서 얻어내야 했지만. 영하의 날씨에서 무릎관절이 시원치 않고, 약간의 설맹雪盲(적설의 반사광선, 특히 자외선의 자극으로 생기는 눈의 염증－옮긴이) 기운이 있는 것을 제외하고 건강상태는 모두 양호했다. 매끄러운 얼음벌판이 나와 썰매들에 돛을 달면 썰매들은 신나게 서쪽으로 내달았다. 그러다 가끔 썰매가 뒤집어지기도 했다. 그러나 8월 29일이 되자 거세게 불던 바람이 간데없이 사라져버렸다.

어느덧 그해 여름도 다 지나갔다. 그들이 크리스티안샤브까지 무사히 도착한다 해도 고국으로 가는 마지막 배는 진작에 떠나고 없을 것이다. 난센은 목적지를 오래 전에 에리크 라우데(붉은머리 에리크)가 건설한 정착지인 서남쪽의 고타브로 바꿈으로써 그 여정을 줄이기로 결심했다.

그들은 어느덧 해발 2,400m 되는 지점까지 올라갔고, 해안에서 380km나 여행했다. 이제 눈앞에 우뚝 솟은 봉우리들은 모두 사라졌지만, 그들은 여전히 비탈길을 올라가고 있었다. 온통 새하얗기만 한 그 싸늘하고 섬뜩한 눈밭에서 보이는 것이라고는 그들 자신밖에 없었다. 다시 싸늘한 바람이 일기 시작했다. 그 바람은 이내 그들이 여행과정에서 만난 가장 사납고 거친 폭풍으로 변했다.

그들은 꼬박 이틀 밤낮을 텐트 속에 갇혀서 지냈다. 폭풍이 언제 텐트를 걷어가버릴지 몰라 가슴을 졸이면서. 그 사나운 폭풍 속에서 텐트도 없이 맨몸으로 지낸다는 것은 생각만 해도 소름이 끼쳤다. 다행스럽게도 텐트 천과 밧줄이 그런 대로 잘 견뎌줬다. 텐트 안까지 휘젓고 다니는 거센 바람 속에서 석유를 잔뜩 써가며 힘겹게 음식을 만들어 먹는 바람에, 그들의 얼굴과 손을 비롯해 옷 밖으로 노출된 피부에는 검댕이와 때가 잔뜩 끼었다.

폭풍은 지나갔고, 그들은 다시 비탈길을 따라 전진했다. 9월 11일, 난센은 더 이상 올라갈 데가 없다는 사실을 깨달았다. 이제, 피로에 지친 그들의 발앞에는 끝이 보이지 않는 기나긴 경사면이 펼쳐져 있었다. 거기서부터는 행군하기가 훨씬 더 수월해져, 라플란드 출신의 나이 든 라반 한 사람만 하얗고 검은 무채색들 외에는 생명과 연관된 다른 어떤 빛깔도 찾아볼 수 없는 그 백색의 사막에서 두려움과 우울한 기분에 빠져들었을 뿐 나머지 대원들은 사기가 크게 올랐다.

그들은 각자 자기 썰매에 돛을 세웠고, 그 덕에 얼마 동안 아주 수월하게 전진할 수 있었다. 9월 19일, 멀리서 안개에 휩싸인 맨땅이 흐릿하게 떠올랐으며, 그뒤부터는 수월한 여정이 끝났다. 내려다보기만 해도 섬뜩할 만큼 까마득하게 높은 크레바스가 연달아 나타났다. 크레바스들을 조심스럽게 가로지르는 고된 행군을 하고 난 어느 날 밤, 그들은 마치 물에 빠져 죽을 뻔하다 살아난 사람들처럼 텐트 속으로 벌벌 기어들어가 곤한 잠에 떨어졌다.

그러나 이튿날 아침 난센은 평생 잊을 수 없는 광경을 목격했다. 새로 쌓인 눈에 덮여 하얗게 반짝이는 산봉우리들과 검은 협곡들 저 밑으로 고타브 피오르드로 짐작되는 기다란 해안이 펼쳐져 있는 모습이 눈에 들어왔던 것이다. 처음에는 그곳이 그리 멀어 보이지 않았으나, 난센은 곧 자기네가 그곳에서 엄청나게 멀고 높은 곳에 떨어져 있다는 사실을 깨달았다. 그는 대원들을 깨워 평소보다 아침식사를 훨씬 많이 먹게 한 뒤 하루종일 강행군을 했다.

그들이 '내륙빙하'를 가로질러 그 '지상천국'의 해안까지 도착하는 데는 꼬박 사흘이 걸렸고, 그렇게 해서 그들은 백인들의 역사뿐만 아니라, 모든 종족의 역사를 통틀어 처음으로 그곳을 가로지른 사람들이 되었다. 빙하와 거대한 둥근 바위들이 앞길을 가로막았다. 그들은 도저히 가로지를 수 없을 것 같은 협곡들을 만났지만, 그때마다 오랜 시간을 들여가며 힘겹게 우회해서 건너갔다. 그즈음 라플란드 사람들은 거의 탈진상태에 빠졌지만, 세 명의 노르웨이 사람들은 힘들어하면서도 아무 불평 않고 묵묵히 걸었다. 그들은 애초에 계산했던 것보다 북쪽으로 훨씬 더 올라간 곳에 와 있었으며, 해안에 도착했을 때도 고타브는 거기서 남쪽으로 한참 떨어진 곳에 있었다. 다행스럽게도 날씨는 좋았다.

9월 23일, 그들은 눈으로 뒤덮인 가파른 비탈길을 내려와 마침내 그린란드 서쪽 해안에 발을 내디뎠다.

우리는 마치 해방된 소년들처럼 해안을 마구 뛰어다녔다. 다시 흙과 돌, 푹신한 히스 밭을 밟고 풀과 이끼의 향기로운 냄새를 맡았을 때의 그 아찔한 기분은 글로는 형언할 길이 없다. 우리의 뒤에는 협만 위로 완만한 경사를 이루면서 솟아오른 내륙빙하가 펼쳐져 있었고, 앞에는 정다운 땅이 펼쳐져 있었다. 우리는 그 협곡 저 아래로 우리의 시야가 미치는 한도까지 겹겹이 둘러선 수많은 곳을 볼 수 있었다.

난센 일행은 '그린란드 내륙빙하'를 횡단했다. 그리고 다시 해안을 따라 한 달간 걸은 뒤에야 비로소 고타브에 도착할 수 있었다. 그들이 거기서 처음으로 사람을 만났을 때의 심경은 난센 자신의 말을 인용하는 것이 가장 좋을 것이다.

이윽고 유럽 사람 하나가 나타났다. 그가 우리 쪽으로 다가와 우리는 서로 인사말을 교환했다……. "성함이 어떻게 되시는지요?" "저는 난센이라고 합니다. 우리는 막 내륙에서 나오는 길이지요." "아, 박사학위를 받으신

걸 축하드립니다." 그 말을 듣는 순간 꼭 푸른 하늘에 날벼락이 떨어진 것 같은 기분이 들었다. 나는 터져나오는 웃음을 참기 위해 무진 애를 써야 했다. 그린란드를 가로지른 감격스러운 순간에 박사학위 받은 것을 축하한다 따위의 말을 듣는 것은 아무리 생각해도 그저 코미디 같기만 했다.

✤

난센과 그의 대원들은 이듬해인 1889년 5월 30일에 이르러서야 비로소 노르웨이에 돌아왔다. 그전까지 그들은 아주 오랫동안 '큰 희망'이란 뜻을 지닌 고타브에서 배가 오기를 기다려야 했다. 그러나 그들은 지루한 겨울을 지루하지 않게 보냈다. 난센은 에스키모 공동체에 가서 에스키모처럼 지내고, 그들의 눈집 속에서 자고, 그들의 음식을 먹고, 그들의 얼굴을 들여다보면서 그들의 이야기를 들었다.

그는 그들과 어울리면서 받은 인상을 마음속 깊이 간직한 채 돌아왔다. 난센이 에스키모를 발견한 것은 인류학에서 위대한 전환점의 하나가 되었다. 난센이 문명세계에서 가장 멀리 떨어진 북극지방에서 이루어지는 생활을 주의 깊게 관찰한 결과는 그 직후에 태동한 한 역사학파의 신조들을 뒷받침하는 여러 가지 증거를 제공했다. 그 역사학파는 지상에 문명이 출현하기 전에는 인류가 자유롭고 건전하고 행복한 생활을 누렸다고 주장했으며, 애니미즘과 토테미즘 같은 기존의 이론들을 단호하게 배격했다. 생물학적인 진화과정에 대한 오해에서 비롯된, 그리고 인간사에 잘못 적용된 종교와 사회생활의 기원에 대한 갖가지 추측들 역시 멀리했고.

난센은 유서 깊은 마법에 사로잡힌 지상의 위대한 정복자들 가운데 마지막 인물답게, 에스키모의 삶을 통해 과거 한때 전 인류의 것이었던 '지상천국'의 면모를 어렴풋이나마 목도했다.

그러나 키가 크고 펑퍼짐한 광대뼈를 지닌 그 청년이 돌아온 세계에 속한 사람들은 처음에는 그의 그 중요한 발견에 대해서 아무것도 알지 못했다. 그들은 잔뜩 흥분해서 그린란드 지도를 들여다보고, 그 혹독한 내륙을 횡단한 최초의 백인에게 경의의 세례를 퍼부었다. 그리고 그가 그 원정의 전말기인 《최초의 그린란드 횡단》을 펴냈을 때 전세계 대부분의 학술단체들은 그에게 아낌없는 찬사를 보냈다. 그 책에는 일말의 자만심이 어려 있고, 그 때문에 좀 따분한 기분과 아울러 묘한 불쾌감 같은 것을 느끼게 된다.

그러나 그 황량한 땅의 주인들에 대한 혁명적인 보고서인 《에스키모들의 생활》에서는 찬사에 길들여진 사람의 치기 어린 태도 같은 것이 전혀 보이지 않는다. 난센은 에스키모들과 어울려 지내면서 영원히 잊지 못할 경이로운 세계를 조금이나마 엿보았다. 그들의 배후에는 그 누구도 밟아보지 못한 더 넓은 황원荒原이 펼쳐져 있었다. 그리하여 오슬로 대학 박물관의 큐레이터라는 좀더 명예롭고 편안한 자리를 얻은 난센은 이제 한가로운 시간이나 조용한 밤시간의 대부분을 북극지방에 대해 생각하고 연구하는 일로 보냈다.

그는 가수 출신인 에바 사르스와 결혼한 뒤, 오슬로 피오르드의 바깥쪽 가까운 곳에 위치한 리사케르에서 살았다. 그는 그녀를 유별나다 할 만큼 마음 깊이 사랑했다. 지상의 정복자들 중에서 멍고 파크의 경우를 제외하고 그와 같이 자기 아내를 열렬히 사랑한 예는 거의 찾아보기 힘들다. 난센 부인은, 북극지방을 결코 잊지 못하는 그 키 크고 이상한 소년—그는 소년에 지나지 않았다—과 잘 어울리는 짝이었다.

그와 그녀는 겨울철이 되면 산악지대로 여행을 가 스키와 등산을 즐겼다. 그들은 눈보라 속에서 길을 잃었다가 구조를 받는 로맨틱한 모험을 한 것 때문에 다시 한 번 사람들의 박수갈채를 받았다. 그들은 육체적으로나 정신적으로 더할 나위 없이 행복하고 완벽한 부부생활을 영위해나갔다. 그동안 난센은 행운의 섬의 최종 거처라 할 수 있는 북극을 둘러싼 신비의 핵심으로 곧장 파고들 원정대를 조직하려는 계획에 점점 더 깊이 몰두했다.

그가 말한 대로 그 계획의 뿌리는 오래 전부터 그의 마음속에서 둥지를 틀고 있었다. 그것은 1879년에 제네트 호를 타고 원정길에 나섰던 드 롱 원정대의 운명에 관한 기사를 읽었을 때 처음으로 싹텄다. 시베리아 북부에 있다는 신비로운 북극대륙을 찾아나선 그 원정대에 관한 이야기는 앞에서 일부 언급했다. 여기서 중요한 것은 제네트 호가 난파당한 뒤에 일어난 일이다. 그 배는 베링 해협에서 좀 떨어진 북위 77도 15분, 동경 155도 해상에서 빙산과 부딪쳐 침몰했다. 그리고 그로부터 3년 뒤, 거기에서 아득히 멀리 떨어진 그린란드 서쪽 해안에 있는 율리안하브의 앞바다에서 제네트 호의 잔해임이 분명한 것들이 발견되었다.

그것들은 어떻게 해서 그곳까지 흘러간 것일까?

몰름 교수는 그 잔해들을 연구하고 그것들을 연관된 모든 자료와 대조해본 뒤, 깜짝 놀랄 만한 이론을 발표했다. 그리고 그 이론은 한동안 잊혀졌다가 난센이 자신의 계획을 발표했을 때 다시 세상 사람들의 이목을 집중시켰다. 그 이론의 핵심인즉슨, 제네트 호의 잔해들은 유빙에 실려 북극 해역을 가로질러갔다는 것이었다.

그렇다면 배의 잔해가 아니라 온전한 배 한 척을 통째로, 그것도 의도적으로 얼음 속에 갇히게 해서 그 얼음을 타고 시베리아에서 북극 해역을, 아니 북극 그 자체를 가로질러 그린란드까지 흘러가게 할 수도 있지 않을까? 아주 튼튼한 배를 건조할 수만 있다면, 그리고 그 배가 얼음 속에 갇힌 채 해류를 타고 흘러가는 과정에서 육지에 가로막히지 않는다면? 난센이 생각하기에 그런 방법이야말로 북극에 도달하는 유일한, 그리고 지극히 정상적인 방법이 아닐까 싶었다.

그는 마음속에서 이미 결정된 계획을 좀더 완전하게 가다듬기 위해 한동안 뜸을 들였다. 그런 뒤 그는 영국으로 건너가 왕립지리학회에서 연설하면서 자신의 계획을 발표하고, 그에 대해 비판할 것이 있으면 서슴없이 비판해달라고 부탁했다. 그리고 그는 엄청난 비판을 받았다.

왕립지리학회 사람들은, 북극 해류 같은 것은 없다, 난센의 배는 성냥개비처럼 부서질 것이고, 그와 그의 대원들은 모두 죽고 말 것이다, 북극탐험의 모든 규칙과 관례를 무시하는 그런 원정을 감행해서 목숨을 내던지는 것은 어리석은 짓이라고 비판했다. 왕립지리학회 사람들은 그에게 호감을 품었고

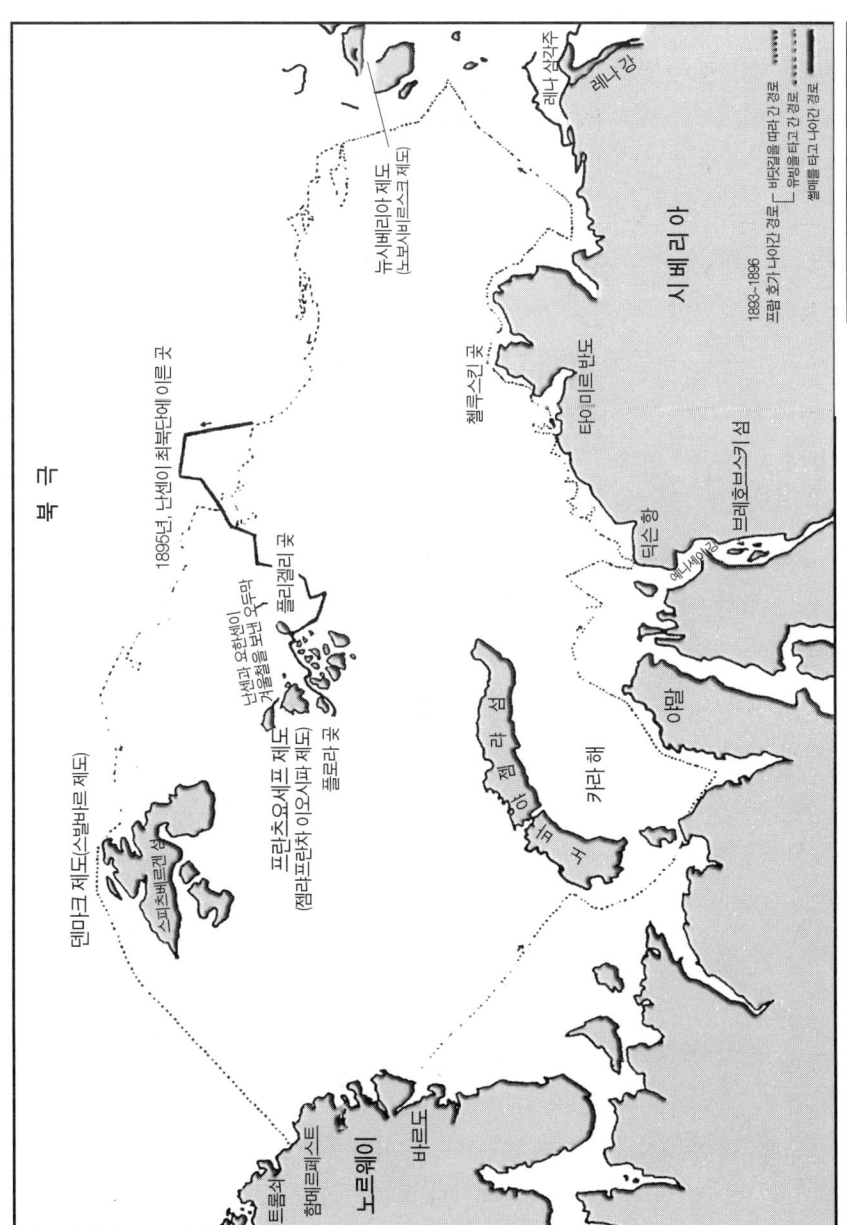

북극

덴마크 제도(스발바르 제도)

트롬쇠
함메르페스트
노르웨이
바르되

스피츠베르겐섬

프란츠요세프 제도
(젬라프란차 이오시파 제도)
플로라 곶

난센과 요한센이
겨울철을 보내 유드막
플리겔리 곶

1895년, 난센이 최북단에 이른 곳

뉴시베리아 제도
(노보시비르스크 제도)

레나 삼각주
레나 강

시베리아

첼류스킨 곶

타이미르 반도

딕손 항

브레호스티섬
예니세이 강

바
야
가

칸
스
크

오브 강
카라 해

1893-1896
프람 호로 나아간 경로
유빙을 타고 간 경로
썰매를 타고 나아간 경로

그의 대담함에 감탄하기는 했지만, 그 계획에 찬동할 수 없어 유감이라는 작별인사와 함께 그를 떠나보냈다. 난센은 별로 당황하거나 낙심하지 않은 채 고국에 돌아와 자신의 계획을 발표했다.

그가 예상했던 대로 엄청난 반대여론이 터져나왔다. 미국의 A.W. 그릴리는 "난센 박사의 비논리적이고 자멸적인 계획"에 대해 통렬하고 악의적이기까지 한 논평을 가했다. 그러나 개중에는 찬사를 보내는 이들도 적지 않았고, 꽤 많은 사람들이 북극의 이내와 안개 속에서 '지상천국'을 찾아나서는 그 원정대에 참여하겠다고 자원했다. 난센은 전례 없이 튼튼하고 펠트Felt로 가장자리를 두른, 빙산의 엄청난 파괴력에도 능히 버틸 수 있는 '프람Fram('전진'이라는 뜻) 호'를 건조해줄 훌륭한 조선기사를 찾아냈다.

난센 부인은 남편을 격려하고 도왔다. 그러나 난센은 사랑스러운 아내와 유일한 자식인 리브와 헤어질 생각을 할 때마다 가슴이 아팠다. 노르웨이 정부에서는 그 원정에 15,000파운드를 제공해주겠다고 약속했으며, 실제로는 총 25,000파운드라는 거금을 제공해줬다. 난센은 젊고 강건한데다 냉정하며, 두 눈에 뜨거운 열의의 빛이 어린, 전설적인 바이킹의 한 전형 같은 사람이었다. 그는 1893년 6월 24일, 시베리아의 빙판을 향해 출항했다.

권위 있는 조선기사들 중에서 프람 호가 북극의 얼음 속에 갇혔을 때 얼음의 파괴력을 견뎌내리라 믿은 사람은 거의 없었다. 프람 호가 갖추고 있는 여러 가지 훌륭한 특징들에 관해 들었을 때조차도. 그 배를 건조한 기사는 대부분의 사람들이 그 원정대의 성공 가능성을 어떻게 보고 있는가에 대해서 다음과 같은 글을 남겼다.

과거에 그렇게 높은 위도에서 항해한 경우를 서술한 기록들을 봐도 위로가 될 만한 점은 찾아보기 어렵다. 훌륭한 많은 배들이 비슷한 시도를 했지만, 여러 가지 결함이 발견되었으며, 따라서 얼음의 압력을 견디기 어렵다는 일반적인 믿음을 강화해주는 역할만 했다. 그러므로 프람 호가 여러 가지 설비를 갖추고 출항할 준비를 마쳤을 때, 그 배가 건조되는 과정을 지켜본 사람들의 대체적인 의견은, 우리는 난센과 그의 대원들은 다시 볼 수 있을지 몰라도 그 배는 결코 다시 보지 못할 것이라는 데로 모아졌다.

⚜

저 유명한 아르고 호(그리스 전설에 나오는 이아손과 50명의 용사가 황금양털을 구하기 위해 타고 떠난 배—옮긴이)와 비슷한 사명을 띠고 있었던 프람 호는 여기서 짧게나마 언급하고 넘어갈 만한 가치가 있는 배다.

그 배는 뱃머리에서 배 끝까지의 길이가 불과 39m에, 가장 넓은 곳의 폭은 11m였고, 얼음의 압력을 받을 때 배가 위로 들리게끔 양쪽 뱃전의 경사도를 받침접시의 그것처럼 완만하게 만들었다. 그 배의 바깥 목재는 배가 얼음의 압력을 받아 위로 솟아오를 때 얼음이 뱃전을 움켜쥐지 못하도록 종잇장처럼 매끄럽게 다듬어졌으며, 뱃전을 이루고 있는 이탈리아 참나무 목재의 두께는 61cm에서 71cm 가량 되었다.

그 배에는 세 개의 돛대와 세 장의 세로돛이 설치되었으며, 증기 엔진을 돌려서 갈 경우에는 6노트 내지 7노트의 속력을 낼 수 있었다. 그리고 유빙들 사이에 갇혀서 스크루와 키를 급히 갑판으로 끌어올려야 할 경우에 대비해서 갑판과 그것들 사이를 연결해주는 통로를 만들었다. 난센과 프람 호를 설계하고 건조한 기사 아르체르는 서로 긴밀하게 협조하면서, 실제 항해를 통해서 입증된 바와 같이 실로 전무후무하다고 할 만큼 훌륭한 배를 만들어냈다.

그 배의 아주 용감하고 대담한 승무원들 중에서 여기에 언급할 만한 사람들로, 그린란드 원정 때 난센과 동행한 적이 있고 이때 프람 호 선장으로 임명받은 스베르드루프와, 화부 역할을 맡았던 히알마르 요한센을 들 수 있다. 난센은 엄격한 규율을 공표했고, 또 그 규율에 따라서 대원들을 다스렸다. 하지만 그것은 육군이나 해군에서 적용되는 규율과는 아주 달랐다. 그것은 고급사관실과 일반선원실이 따로 분리되어 있지 않은 배 안에서 대체로 함께 먹고 자고 일하는 동등한 동료들에게 동등하게 부과되는 규율이었다. 7월 21

일, 프람 호에 탄 대원들은 노르웨이의 최북단에 위치한 바르도 항이 수평선 밑으로 가라앉는 광경을 목격했다.

편의성이 아니라 내구성을 고려해서 건조된 프람 호는 돛을 다 펴지 않은 채 동북동 쪽을 향해 안개 낀 바다를 가르고 전진했다. 얼마 후 빙산들이 나타나기 시작했으나, 프람 호는 감탄사가 절로 나올 만큼 그 빙산들 사이에 난수로를 요리조리 잘 헤치고 나아갔다. 그러나 난센은 벌써부터 근심하기 시작했다. 그 빙산들은 카라 해(북극해 주변 해역)의 상태가 그리 좋지 않으리라는 것을 예고해줬으니까.

그럼에도 프람 호는 빙산이 떠다니는 해역을 아주 수월하게 항진했다. 7월 29일 난센은 프람 호를 트론헤임 항에 정박시킨 뒤, 북극 원정에 사용할 개들을 사모았다. 그런데 덩치 큰 개들 중에서 수컷은 대부분 거세된 개들이어서, 애초에 난센은 북극을 표류하는 동안 그 개들에게서 새끼를 얻을 계획을 갖고 있었기에 마뜩지 않은 낯으로 개들을 바라봤다. 그러나 다른 개들을 사들이기에는 시간이 촉박했다.

난센은 대원들이 탄 여러 대의 썰매에 개들을 잡아 묶어 빙판에서 시험을 해봤다. 그런데 난센이 서술한 바에 의하면, 개들로 이루어진 그 팀들은 달릴 생각은 하지 않고 마구 뒤엉켜 싸웠고, 난센은 "놀라서 멍한 얼굴로 그저 바라보기만 했다." 대원들은 뒤엉킨 개들을 채찍으로 때려 간신히 떼어놓고, 주인들에게 순순히 복종하게끔 길을 들인 뒤 프람 호에 태웠다.

8월 3일 프람 호는 다시 출항했고, 4일에는 짙은 안개에 휩싸인 두려운 카라 해 안으로 진입해 들어갔다. 그곳에서 난센은 배의 닻을 내리게 한 뒤 뭍에 올라가 짙은 안개를 걱정스럽게 바라봤다. 안개가 너무 짙어 더 이상 나아간다는 것은 불가능했다. 안개가 빨리 걷히지 않으면 애초에 계획했던 일정에 큰 차질이 올 것이다.

8월 9일이 되자 안개는 걷혔다. 카라 해 일대에는 뭉쳐진 얼음들이 둥둥 떠다녔다. 프람 호는 부정확한 해도에 의지해서 그 위험한 바다를 조심스럽게 헤치고 나아가기 시작했다. 매일매일 프람 호가 빠른 속도로 내달리는 동안

푸르스름한 유빙들 너머로 섬들의 검은 봉우리가 나타났다 사라지곤 했으며, 얼마 후에는 그들이 오기를 고대하기라도 하듯이 구름 사이에서 햇살이 내비쳤다.

8월 20일, 여전히 햇살이 비치는 가운데 그들은 켈만 제도에 이르렀다. 그들은 보일러를 수리하기 위해 거기에 닻을 내린 뒤, 육지에 상륙해서 사냥을 하러 나섰다. 그들은 충분한 식량과 보급품을 확보하고 있었지만, 난센은 땅을 밟고 싶은 마음에 견딜 수가 없었다. 거기서 순록떼를 발견한 그와 스베르드루프는 순록들을 잡으러 나섰다. 순록들이 달리면 그들도 달렸고, 순록들이 숨으면 그들도 숨었다. 결국 그들은 몇 마리의 순록을 사냥하는 데 성공했고, 북극곰 한 마리와 맞닥뜨리자 그것도 총으로 쏘아서 잡았다.

사냥꾼들은 의기양양하게 보트가 있는 곳으로 돌아왔다. 그런데 파도가 보트를 덮쳐 거기에 실린 물건들이 모조리 바닷물에 젖어 있었다. 게다가 보트와 반대 방향으로 흐르는 조수 때문에 보트는 좀처럼 프람 호에 다가갈 수가 없었다. 마침내 프람 호에 승선했을 때 그들은 기진맥진했다. 북극지방에서의 스포츠에는 많은 위험이 뒤따랐다.

겨울이 다가오고 있었다. 프람 호는 도저히 뚫고나갈 수 없을 것처럼 보이는 얼음장벽에 둘러싸인 채, 동쪽 수로를 찾아 이리저리 배회했다. 그들은 뭍에 상륙하여 다시 사냥을 하기도 했고, 불길한 예감과 무력감에 휩싸인 채 하늘과 빙판을 멍하니 바라보기도 했다. 얼음을 타고 북극을 횡단하는 엄청난 모험을 하는 대신에 여기서 겨울을 나면서 이 별볼일 없는 고장이나 탐험해야 한다는 말인가?

9월 5일이 되자, 심한 폭풍이 불어와 프람 호를 요란하게 뒤흔들었다. 이튿날 바다를 내다본 그들은 동쪽에 얼음들이 전혀 떠다니지 않는 구불구불한 수로가 나 있는 광경을 목격했다. 기적처럼 폭풍이 불어와 그들을 위해 길을 열어준 것이다. 프람 호는 닷새 동안 그 수로를 따라 빠르게 내달렸다. 그리고 10일에는 시베리아의 최북단에 자리잡은 첼류스킨 곶에 이르렀다. 이제 그 곳을 지나면서부터는 빙판에 실린 채 북극을 가로지를 길을 찾아야 한다.

저 남쪽 중앙아시아의 흑토지대에서 발원한 레나 강은 북쪽으로 흘러, 툰드라와 금광지대를 지나 바다에 이른 뒤, 뉴시베리아 제도에 이르기까지 따뜻한 물을 쏟아냈다. 그 출구에서 흘러나온 맑은 물은 몇십 km까지 거침없이 흘렀다. 프람 호는 그 앞을 지나 다시 공해상으로 빠져나왔다. 그러나 9월 20일, 대원들은 "안개 속에서 푸르게 빛나는 긴" 얼음대를 다시 목격했다. 그들은 북위 77도 44분에 이르렀다.

따뜻한 레나 해류의 배후에서 얼음과 얼음이 갈리는 굉음을 발하며 움직이는 이상한 얼음괴로부터 안개가 다시 소용돌이치며 피어올랐다. 프람 호가 그 얼음괴의 가장자리를 따라 나아가는 동안, 난센은 그것이 정말로 움직이는 것처럼 보였다. 하지만 난센의 마음속에서는 스스로에 대한, 그리고 자신이 기획한 사업 전체에 대한 회의와 의심이 피어올랐다.

그 움직임은 그 얕은 바다에서 깊고 폭넓게 진행되고 있는 것일까? 애초에 그는 프람 호가 얼음판에 실려 북극을 횡단하려면 그런 지속적인 움직임이 꼭 필요하다고 생각했다. 그 얼음괴가 움직이는 것처럼 보이는 것은 자신의 착각에서 비롯된 것은 아닐까?

그로서는 직접 시험해보는 것 외에 달리 방도가 없었다. 그 검은 장막 너머로 북극까지 펼쳐진 '행운의 섬', 존재할 것 같지 않은 섬을 좇아 더없이 이상한 모험을 해보는 수밖에.

9월이 거의 끝나가고 있었지만, 얼음괴들 사이로 뚫린 새 수로는 보이지 않았다. 그런 것이 있어야 프람 호를 좀더 전진시켜 북극 일대를 흐르는 얼음괴 속에 프람 호를 단단히 뿌리박게 할 수 있을 텐데. 그들은 좀더 앞으로 나아가 거대한 얼음괴 앞에 이른 뒤 그것에 닻을 단단히 고정시켰다.

9월 25일 월요일. 기온은 점점 더 빠르게 하강하고 있다. 날씨는 아직 좋다. 간밤의 기온은 영하 13도였다. 이제 겨울이 다가오고 있다.

그들은 한동안—이듬해에 얼음이 풀릴 때까지—그 거대한 빙산에 프람 호를 정박시킬 수밖에 없다는 것을 미리 내다보고 프람 호를 그 빙산에 단단히 고정시켜놨다. 그들은 빙산 위에 작업장을 설치하고, 발전기를 돌리기 위해 풍차를 세우고 정기적인 관측을 하기 위한 시설도 만들어놓았다. 그것은 해류가 북쪽으로 흐르기를 기대하면서 빙판 위에 건설해놓은 작은 공동체였다.

그러나 대원들은 해류가 북쪽으로 흐른다는 이론에 이내 의심을 품기 시작했다. 그들이 빙산에 배를 정박시킨 9월 20일에서 한 달 반이 지난 11월 7일 사이에 바람의 방향은 자주 바뀌었으며, 11월 /일에 관측해보니 프람 호는 원래의 위치로 되돌아와 있었다. 난센이 그 빙산을 레나 강의 따뜻한 어귀에서 얕은 북극해를 가로질러 북극을 통과하게 해주리라 계산했던, 계속해서 흐르는 해류 같은 것은 없었다. 그리고 매달 수심 측량을 해볼 때마다 그들이 위치한 바다의 깊이가 오히려 더 얕아진다는 것을 알 수 있었다. 대략 3,600m 정도로. 대원들이 비교적 정확하게 측량하고 관측한 것으로 미루어, 난센의 예상은 크게 빗나간 것으로 보였다. 그 일대를 흐르는 해류라고는 시베리아 해안에서 바깥쪽으로 흘러가는 해류밖에 없는 듯했다. 그것도 순풍이 불 때만 그렇게 흐를 뿐이며, 얼마 후 그 해류조차도 흐름을 멈췄다가 다시 해안 쪽을 향해 천천히 역류했다.

프람 호가 빙산에 못박힌 채 이리저리 흘러다니는 동안 한 해가 이울고 새해가 찾아왔다. 대원들은 크리스마스와 설날을 왁자한 술판을 벌이고 여러 가지 장난을 치면서 보냈지만, 난센은 이맛살을 찌푸린 채 해도를 들여다보는 일로 돌아갔다.

기나긴 북극의 밤시간 동안 프람 호 주위에서는 얼음들이 부딪치거나 갈리는 소리가 계속해서 들려왔다. 멀리서 코요테가 울부짖는 소리와 곰이 개들을 습격하려고 배 가까이 접근할 때마다 개들이 요란하게 짖어대는 소리, 풍차의 두 팔이 돌아가는 소리가 간간이 그 소리들에 뒤섞이기도 했다. 바람이 잘 불 때면 풍차는 낮게 웅웅대면서 힘차게 돌아갔고, 바람의 방향이 바뀔 때나 바람이 잘 때면 머뭇거리거나 맥없이 돌아갔다. 1894년 4월 1일 이전까지 그들은 북위 80도 선을 세 번이나 가로질렀다.

> 우리는 5개월에 한 번꼴로 북위 80도 선을 가로질렀다. 우리가 이런 비율로 전진한다 할 때 45개월이나 50개월이 지나야 겨우 북극에 도달할 것이다. 북극 건너편의 북위 80도 선은 100개월 후에나 도달할 것이고……. 모든 일이 지금처럼 순탄하게 돌아간다고 할 때 우리는 잘 해야 8년 후에나 고국으로 돌아갈 것이다.

프람 호에는 5년치의 식량이 실려 있어 그만큼의 기간은 버틸 수 있었다. 하지만 자신의 계산은 분명한 증거를 토대로 해서 이루어진 것이 아닌가? 그는 제네트 호의 잔해들을 떠올렸고, 그 잔해들이 베링 해협에서 그린란드까지 표류한 사실을 설명해줄 수 있는, 어떻게도 부정할 수 없는 유일한 이론을 떠올렸다. 그곳에는 분명 북극을 가로지르는 해류가 있을 것이다.

대원들은 곰들이 갑판의 개장들에 갇혀 있는 개들을 잡아먹으려고 다가올 때마다 번번이 그것들을 뒤쫓아가 총으로 쏘아 잡아왔다. 겨울밤이 점점 더 짧아지면서 가끔 새들이 나타났다. 난센은 북극을 향해 썰매나 스키를 타고 전진할 경우나 프람 호가 난파당할 경우에 대비해 전 대원에게 하루에 두 시간씩 스키 연습을 하라고 지시했다. 하지만 프람 호는 난센이 바랐던 대로 꾸준히 움직이고 있었다. 난센은 해도에 표시된 프람 호의 궤적이 80도 선을 따라 오르락내리락하면서 나아가는 것을 볼 수 있었다.

봄이 오자 그들 주위의 거대한 빙산들이 꿈틀거리기 시작했다. 그것들은 서로서로 부딪쳐서 충돌하거나 겹쳐져 하늘 높이 솟아올랐다. 때로는 그렇게 높이 솟아오른 빙산이 금방이라도 프람 호를 덮칠 것처럼 바싹 다가오기도 했다. 빙산들이 부딪치고 갈리는 소음은 계속되었고, 그 바람에 프람 호는 계속해서 몸을 떨고 신음했다.

그러나 콜린 아르체르가 잘 마른 튼튼한 이탈리아 산 목재로, 뛰어난 기술과 정확한 계산을 적용하여 잘 지은 덕에 프람 호의 선체는 빙산의 압력을 끄떡없이 견뎌냈다. 가끔 선체가 심한 치통을 앓는 사람처럼 몇 시간 동안 계속해서 격렬하게 몸을 떨 때면 난센은 배를 떠나 뭍에서 사냥을 하거나 빙판 위에서 스키 연습을 했다.

마침내 여름이 와서 프람 호 주위에는 수많은 물길이 났다. 그 일대에 떠다니는 얼음덩어리들은 이제 아주 작아져 프람 호가 전진하는 데 아무 방해도 되지 않았다. 해류는 계속해서 80도 선을 오르내렸고, 난센은 그런 불운한 시기를 지내면서 서서히 비관적인 생각에 젖어들었다. 늘 낙천적으로 지내왔던 과거에는 좀처럼 있을 수 없는 일이었다. 그는 과거에 자신과 비슷한 목표를 추구했던 다른 정복자들과 마찬가지로 실패의 쓴잔을 마셨다.

결코 끝나지 않을 것처럼 지루하게 흘러가던 여름이 마침내 이울기 시작했다. 새들도 그들 곁을 떠났다. 얼음들이 갈리고 부딪치는 소리도 사라지고 다시 높은 얼음괴가 형성되었다. 그런 현상과 더불어 예기치 못한 이상한 기적이 찾아왔다. 이제까지 북극을 향해 느리게 흐르다 다시 반대방향으로 흐르곤 하던 해류가 북서쪽으로 계속해서 흐르기 시작한 것이다. 11월 1일, 프람 호는 북위 82도 선을 넘었고, 난센의 가슴은 희망으로 크게 부풀어올랐다. 얼마 후 해류의 속도는 떨어졌다. 하지만 여전히 북쪽으로 흐르고 있었다. 1895년 새해 첫날 프람 호는 북위 83도 선을 넘었다.

그러나 그해 겨울은 사람이 홀로 있을 때면 무척이나 길고 두렵게 느껴졌다. 그리고 그 원정의 모든 책임을 양 어깨에 짊어진 난센은 자주 혼자 지냈다. 가끔 다른 사람들이 그 짐을 대신 져줄 때도 있지만, 얼어붙은 침묵만이 지배하는 북극지방의 어둠 속에서 홀로 싸늘한 하얀 별들을 바라보고 서 있을 때면 그 이상한 모험의 모든 짐을 자기 혼자 짊어진 것만 같았다. 그는 혼자 빙판에 나와 우두커니 서서, 거대한 반원을 그리고 있는 은하수를 올려다보면서 인간이 고독한 존재임을 새삼 절감했다.

자신이 하고 있는 그 모험은 얼마나 하찮은 것인가. 우리가 인생이라고 부르는, 끝없는 어둠 속에서 찰나적으로 빛나는 그 짧은 순간에 하찮은 목표와 희망과 두려움에 매여 전전긍긍하다니 그 얼마나 부질없는 일인가. 그는 빛이 반짝하는 그 찰나의 순간을 평화와 안식, 영양가 있는 음식, 우정, 갈망 같은 것들이 아니라, 격렬한 토론과 고함, 목표가 되는 것의 정체가 무엇인지도 모르면서 그것을 찾아 떠나는 모험으로 가득 채웠다. 그러다 마침내 태양이 열기를 잃으면서 프람 호를 둘러싼 빙괴처럼 거대한 얼음더미가 온 세상을 다시 뒤덮을 때까지. 인류와 그들의 이상한 모험이 '지상천국'에도 이르지 못한 채 영원히 끝날 때까지.

그러나 일단 시도해보기는 했다…….

그의 일기의 모든 페이지는 그런 심경으로, 모든 삶의 공포스러움과 아름다움과 궁극적인 비극성을 수용하는 현대의 금욕주의자의 마음자세로 가득 차 있었다. 그런 심경은 난센의 마음속에, 그리고 훗날 그가 밟은 소박한 인생행로에 영원히 지워지지 않을 자취를 남겼다. 우리는 그의 그런 회의를 과학과 희망이란 이름들로 그럴싸하게 덮어버릴 수 있는지, 지상의 마지막 정복자가 그런 기분에 젖는 것이 과연 온당한 일인지에 대해 의문을 품을 수도 있을 것이다. 적어도 예술가라면 그의 그런 심경에 공감을 표할 수 있으리라.

그날 밤, 여우 한 마리가 밤새도록 울었다.

아, 가끔 이런 무력감이 나의 영혼을 짓누른다. 그럴 때 나의 삶은 밖의 겨울밤만큼이나 암울해 보인다. 과거나 아득히 먼 미래를 제외하고 내 삶의 어느 구석에도 햇살은 비치지 않는다.

❀

1895년의 어느 초겨울 밤, 프람 호는 얼음의 엄청난 압력을 받고 좌현 쪽으로 기울었다. 난센은 그 배를 버려야 할 때가 올지도 모른다는 생각에서 대원들에게 배의 창고 속에 저장해둔 모든 식량과 보급품, 도보로 돌아갈 때 필요한 썰매와 그밖의 모든 장비를 얼음판으로 옮겨놓으라고 지시했다. 그러나 프람 호는 빙괴의 엄청난 압력을 받고서도, 그리고 그 빙괴의 끝이 프람 호를 타고 높이 솟아올라 덮치는데도 끄떡없이 견뎌냈다. 이윽고 얼음의 압력이 풀리면서 프람 호는 서서히 바른 자세로 돌아오기 시작했다.

다시 봄이 오자 난센은 그 전해 내내 그의 마음속에서 서서히 틀이 잡혀온 계획을 실천에 옮겼다. 이제 그는 북극해류가 존재한다고 확신하고 있었다. 하지만 그와 동시에 프람 호가 그 해류를 타고 북극을 가로지를 수 없으리라는 점 역시 굳게 믿고 있었다.

그는 노르웨이를 떠날 때 어떤 위험을 무릅쓰고라도 "사실상 수학적인 점에 불과한 곳"에 이르겠다고 발표하지는 않았다. 그는 그저 북극 일대를 탐험하겠다는 정도로만 이야기했다. 그러나 그에게 북극점은 단순한 수학적인 점의 범주를 훨씬 넘어서는 것이었다. 그는 그것에 깊이 사로잡혀 있었다. 평생토록 자신의 그런 속마음을 고백하지 않고 넘어갔지만. 프람 호가 북극점을 지나가지 않는다면 도보로 해서 가면 되리라.

난센은 '지상천국'을 향해 가는 그 여정에 두 척의 카약과 세 대의 썰매, 그 썰매들을 끌어줄 개들, 그리고 단 한 명의 대원만 동원하기로 했다. 그는 프람 호를 지휘하는 임무를 스베르드루프에게 맡기기로 했다. 그리고 스베르드루프에게 이제까지 해오던 과학적인 관측과 관찰을 가능한 한 계속하도록 하고, 오로지 긴박한 상황이 닥쳤을 때만 프람 호를 버리라고 지시했다. 프람 호가 얼음에서 놓여나면 그 배가 북극권의 어느 지점에 와 있든 간에 수로를 따라 노르웨이로 돌아가라고 했고.

난센은 북극탐험을 시도하는 데 어느 정도의 양식과 보급품이 필요하고 어떤 훈련을 해야 하는지 꼼꼼히 따져봤다. 그는 북극에 이르려면 52일간 720km를 행군해야 하고, 북극에서 돌아선 뒤에는 스피츠베르겐 섬 북쪽에 있는 세븐 제도까지 1,150km를 행군해야 할 것이라 계산했다. 그것은 미지의 땅, 혹은 미지의 얼음판을 총 1,900km나 행군해야 하는 엄청난 모험이었다.

그는 스베르드루프와 그 계획에 관해 의논한 끝에 함께 갈 동료로 싹싹한 성품에 강인하고 건강한 몸을 지닌 히알마르 요한센을 선택했다. 난센은 몇 달이라는 긴 기간 요한센과 최상의 관계를 유지해야만 했다. 난센처럼 자신 만만하고 불 같은 기질을 지닌 사람에게 그것은 그리 쉬운 일이 아니었다. 그 는 그런 기질 때문에 자칫하면 거만한 사람으로 보이기 십상이었으니까. 나 머지 선원들은 그 새로운 원정이 성공할 가능성이 많다고 보는 듯했다. 그들 은 2월 중순에 떠나기로 계획했다.

그러나 여러 가지 이유로 그 계획은 지체되었다. 그들은 훈련삼아 출발했 다가 썰매가 더 필요하다는 것을 알고 프람 호로 돌아온 뒤, 총 여섯 대의 썰 매를 갖고 제대로 출발했다. 그러나 그들은 전진을 멈추고 배로 돌아와 짐을 다시 재배치했다. 그렇게 해서 난센과 요한센은 3월 14일이나 되어서야 마침 내 세 대의 썰매와 함께 진짜로 프람 호를 떠났다. 얼마쯤 가다 돌아보자 프 람 호는 높이 솟은 얼음괴에 가려 보이지 않았다. 그때 프람 호는 북위 84도 4 분, 동경 102도가 되는 지점에 와 있었다.

거기서 북극까지의 거리는 560km 가량 되었다. 북극에 갔다가 돌아올 때 까지의 여정을 대충 계산해볼 때, 북극에서 스피츠베르겐 섬까지 가려면 4개 월 정도가 소요되므로, 그들은 50일 이내에 북극에 도착해야만 했다. 그것은 앞으로 다가올 무서운 겨울밤과의 팽팽한 경주가 될 터였다.

그들이 3월 내내 비교적 평탄한 얼음판을 가로질러 북쪽으로 행군하는 동 안 추위는 점점 더 심해졌다. 그들은 북극에 도착할 때까지 빙판이 계속 그런 상태를 유지해줬으면 하고 바랐다. 그러나 3월 말경이 되자 평탄하던 빙판이 수평 압력을 받아 시야를 온통 가리는, 톱날처럼 날카로운 능선이 곳곳에 생 겨났고, 그 때문에 하루에 22km 가량을 전진하던 것이 가끔 그 반 가량으로 떨어졌다. 날은 한층 더 추워졌다. 밤이 되면 그들은 뼛속까지 얼어붙은 몸으 로 잠을 잤고, 입술이 얼어터지는 바람에 식사 한번 하는 것도 여간 고통스러 운 일이 아니었다. 그럼에도 그들은 느리게나마 꾸준히 전진했다.

개들도 지쳐서 행군하는 동안 자주 싸우고 서로를 물어뜯었으며, 몇 마리 는 도망치기까지 했다. 얼마 후 북동풍이 불어와 개들과 사람들을 한층 더 힘들게 했다. 난센과 요한센은 채찍으로 개들을 다그치며 혹독하게 몰아붙였고, 한계상황에 이르러 개들이 쓰러지면 그대로 버려두고 갔다. 훗날 난센은 개들을 그렇게 가혹하게 취급한 것을 두고두고 자책했다. 그러나 당시에는 인류의 궁극적인 희망을 찾아나선 길이라 그런 것에 일일이 마음을 쓸 겨를이 없었다.

4월 들어, 솟아오른 얼음능선과 눈보라, 간간이 나타나는 수로 등이 그들의 빠른 전진을 가로막았다. 두 사람은 마치 신들린 사람처럼 온갖 어려움과 정신 없이 싸워나갔다. 그러나 이윽고 난센은 자기네가 하루에 7km 이하의 속도로 나아간다는 것을 깨달았다. 갑자기 그의 뇌리에는 그렇게 온갖 악조건이 널려 있는 험한 빙판을 뚫고 나아간다는 것은 정신나간 짓이라는 생각이 스치고 지나갔다. 상황이 크게 나아지지 않는다면……

상황은 나아지지 않았다. 아니, 오히려 더 악화되었다. 수로와 얼음언덕, 끝없이 엉겨붙은 얼음덩어리들이 비틀거리면서 걷는 그들의 앞을 계속해서 가로막았다. 제대로 쉬지도 못하고 달려야 하는 개들의 발바닥은 껍질이 벗겨지고 부어올랐다. 개들은 얼음언덕을 만날 때마다 걸음을 멈추고 썰매를 잡아끌고 올라가야 했으며, 썰매가 얼음덩어리 사이에 끼거나 우묵한 곳에 빠질 때마다 힘겹게 끌고 나와야 했다.

그 미지의 북극권 빙판에서 북극점에 이르겠다는 난센의 희망은 점점 힘을 잃어갔다. 그들이 간신히 체력과 건강을 유지해가며 마침내 북극점에 도달한다 해도 그것은 6월이나 되어야 이루어질 일이었고, 그때쯤 방향을 돌려서 목적지까지 무사히 되돌아간다는 것은 불가능했다.

희망이 사라지면서 상식과 분별이 되살아났다. 과학자의 상식이 지상의 정복자의 야망을 꺾어 누르면서, 난센의 생애에서 두 번째 위대한 국면에 해당하는 한 시기가 마침내 종막을 고했다. 그후 그는 프람 호에서 보낸 기나긴 겨울밤들 동안에 느꼈던 웅대하면서도 절망적인 소망의 극점에, 그리고 북극으로 돌진하던 초기에 지녔던 높은 비전에 다시는 이르지 못했다. 4월 7일에 이르러 그는 다음날의 행군이 순탄치 않을 경우에는 돌아서기로 결심했다.

빙판의 상태는 한층 더 나빠지기만 했고, 우리가 나아갈 길은 없었다. 우리 앞에는 얼음언덕이 겹겹이 솟아 있고, 주위에 보이는 것이라고는 얼음덩어리들밖에 없었다……. 그곳은 우리의 시야가 미치는 데까지 빙괴들만 널려 있는 엄청난 혼돈의 도가니였다. 계속 더 나아간다는 것은 무모한 짓이었다. 우리는 그 일에 소중한 시간을 바쳤으나, 아무 성과도 얻지 못했다.

그들은 23일 동안 썰매로 184km를 달린 끝에 북위 86도 14분, 북극에서 435km 떨어진 곳에서 전진을 멈췄다.

그들은 인류가 아직까지 발을 내딛지 못하고 목격하지도 못한(북극점에 도달했다고 하는 피어리 제독의 주장과 쿡 박사의 주장이 과연 사실인지에 대한 의문이 강하게 대두되고 있는 실정이므로 그곳은 아직까지 인적미답의 지점으로 남아 있다[저자가 글을 쓰던 무렵에는 그러했으나 오늘날에는 이 지상에서 인간이 발을 내딛지 못한 곳은 한 군데도 없다고 해야 할 것이다―옮긴이]) 마지막 행운의 섬으로부터 한참 떨어진 곳에서 발길을 돌려 스피츠베르겐 섬을 향해 기나긴 여행길에 올랐다.

❧

4월 21일, 그들은 빙판 위에 튀어나와 있는 커다란 목재 하나를 발견했다. 그들은 그 목재에 자기네 이름의 머릿글자를 새겨놓고 계속 전진했다. 땅이 가까워진 것일까?

그러나 그들은 이따금 자기네가 나아가는 진로를 가로지른 여우 발자국들만 발견했을 뿐, 그 땅(그런 땅이 실제로 존재한다면)은 결코 발견하지 못했다. 그들은 다시 빙판 곳곳에 수로가 나 있는 지역에 이르렀다. 썰매를 끌고 그런 지역을 가로지르는 것은 그들의 정신과 육체에 심한 고통과 피로를 안겨줬다. 그들은 몇 주 동안 악전고투하면서 남쪽으로 행군했다.

썰매에서 이탈한 개들이 나오면 총으로 사살한 뒤, 그 고기를 내일이면 죽을지도 모를 산 개들에게 줬다. 개들을 죽일 때마다 기분이 아주 고약했다. 그럴 때마다 난센은 더 젊었던 시절에 바이킹 호 선장을 도와 즐겁게 바다표범을 도살했던 순간을 떠올리면서 마음을 달랬다. 5월 중순 무렵 그들은 더 넓은 수로가 널려 있는 곳에 이르렀다. 그 수로들에는 일각고래들이 우글거렸고, 그들은 그 불운한 동물을 잡아 그 살을 베어 먹었다. 고래고기로 포식한 그들은 다시 남쪽으로 나아갔다.

사방 어디를 둘러봐도 육지는 보이지 않았다. 난센은 곳곳에 물길이 나 있는 남쪽의 드넓은 빙판을 바라보면서 갑자기 깊은 절망감에 빠졌다. "우리는 우리가 어디에 와 있는지 알지 못했고, 이 행군이 언제쯤 끝날지도 알지 못했다." 여름철이었고, 북극새들은 자주 볼 수 있었으나 식량은 거의 바닥이 났다. 그러던 중에 6월 22일 요한센이 바다표범 한 마리를 총으로 쏘아 잡았다. 그들은 카약 두 척을 띄우고 물길을 따라 나아갔다.

그러나 물길이 시원스럽게 뚫려 있지 않아 그들은 빠르게 전진할 수가 없었다. 두 사람은 빙판 위에 텐트를 치고 빙판이 좀더 넓게 벌어질 때가 오기를 기다렸다. 그렇게 기다리는 동안 6월이 다 지나갔으나, 물길이 넓어질 조짐은 보이지 않았다. 곰 한 마리가 그들의 텐트로 접근하자 그들은 그것을 쏘아 잡아 두꺼운 모피를 벗겨냈다. 그들은 매연으로 시커멓게 그을은 텐트 속에서 그것을 둘러쓰고 잠을 자거나 쉬었다. 마침내 6월 중순이 되자 그들은 모든 것을 운명에 맡기고 다시 남쪽을 향해 떠났다.

그러던 어느 날 그들은 땅을 발견했다. 그러나 그들은 땅이 자기네의 전진을 방해한다는 생각에서 별로 기꺼워하지 않았다. 빙판 위로 검은 봉우리들이 떠오른 해역에 이르렀을 때 곰 한 마리를 만났다. 그 곰은 요한센을 물었고, 난센은 그 곰과 힘겹게 겨룬 끝에 간신히 사살하는 데 성공했다. 그것은 실로 옛날 방식의 영웅적인 혈투였다. 그뒤 그들은 카약들을 저어 물길을 헤쳐나아가다, 난센이 '하얀 땅(White Land)'이라 이름 붙인 미지의 섬들에 이르러 2년 만에 처음으로 단단한 땅을 밟았다.

그곳은 사냥하기에 좋은 곳이어서, 그들은 부지런히 돌아다니면서 사냥을 한 뒤, 다시 카약을 타고 남쪽으로 나아갔다. 그러나 번번이 물길이 막혀 그들의 전진을 방해했다. 마침내 8월, 폭풍이 몰아치자 난센은 그해에는 더 이상 여행할 수 없다는 사실을 깨달았다. 그것은 생각만 해도 아찔한 일이었으나, 그들이 살아남으려면 그 섬들 중의 어느 곳에선가 머물러야 했다.

그들은 놀란 북극여우가 지켜보는 가운데 근처에서 주운 돌들과 흙으로 집을 짓기 시작했다.

그들은 10월 15일에 마지막 태양을 봤다. 그들은 북극지방에서 세 해째의 겨울을 맞아, 어둡고 악취 나는 그 돌집의 어둠 속에서 기나긴 시간을 보냈다. 짐승들이 다가와서 그들이 식량으로 쓰기 위해 저장해둔 사냥한 짐승고기를 먹거나 다른 데로 끌고갔다. 그들의 얼굴에는 지방과 땀과 그을음이 겹겹이 쌓였다. 가끔 물을 끓일 때가 있었지만, 그럴 때도 옷을 세탁하는 일 같은 것은 엄두도 내지 못했다.

따분하고 지루해서 미칠 것만 같았던 그들은 가끔 혼자서 오두막을 떠나 빙판을 돌아다녔다. 난센은 좀더 훤한 남쪽을 바라보면서 절망감에 빠지곤 했다. 예전과는 달리 이제 그런 감정은 쉽게 찾아왔다. 자기가 과연 이 끔찍한 생활에서 벗어날 수 있을까? 언제고 다시 노르웨이에 돌아가 그곳의 환한 햇살과 다정한 얼굴들을, 그리운 아내 에바와 아들 리브를 다시 볼 날이 올까?

아들의 얼굴을 떠올릴 때마다 그의 마음속에서는 희망과 괴로움이 교차했다. 지상의 마지막 정복자는 비록 행운의 섬에 등을 돌리고 떠났고, 그후 다시는 그곳에 이르지 못했지만 여러 가지 면에서 훌륭한 사람이었다. 그는 모범적인 일부일처주의자였고, 위대한 연인이요 작가였다.

요한센은 밤마다 코를 골았는데, 어찌나 심하게 골았는지 난센은 견디다 못해 그를 발길로 차곤 했다. 그러면 요한센은 잠시 몸을 뒤척이다간 다시 코를 골았다. 머리와 수염이 길고 두툼하게 자랐으나, 그들은 추위를 막기 위해 그것들을 그대로 내버려뒀다. 겨울밤은 영원만큼이나 길었고 불편한 점은 한두 가지가 아니었다. 그들의 몸은 늘 젖어 있었고 지저분하고 갑갑했다. 과연 그 겨울이 끝날 날이 오기는 할까?

그러나 그것은 결국 끝났다. 3월 들어 다시 햇살이 모습을 보이자마자 그들의 양식은 동이 났고, 때맞춰 덩치 큰 곰 한 마리가 나타났다. 그들은 즉각 곰을 사살하여 잔치를 벌였다. 4월 들어 그들은 남쪽으로 떠날 준비를 하기 위해 카약에 장비를 실었다.

5월 19일, 그들은 다시 여행길에 오르긴 했지만, 카약이 아니라 썰매를 끌고 갔다. 바람이 불면 난센은 예전에 그린란드에서 그랬던 것처럼 돛을 세워 바람의 힘에 의지해서 전진했다. 그들은 바람 덕에 한동안 빙판을 신나게 달렸다. 얼마 후에는 심한 눈보라가 몰아쳐와 그들은 6월 초순까지 썰매를 끌고 힘겹게 전진했다.

6월 중순경부터 그들은 카약을 타고 나아갔는데, 사람을 도무지 두려워하지 않는데다, 열심히 노를 젓는 두 명의 비쩍 마른 인간을 구경하고 싶어 몸이 단 해마들을 쫓아내면서 전진하느라 무척 애를 먹었다. 그 바람에 한번은 카약이 두 척 다 뒤집어져 그들은 물건들과 장비들을 말리는 일로 하루 해를 보냈다. 카약 한 척에는 15cm나 되는 긴 구멍이 났다. 6월 15일의 일이었다.

그리고 6월 17일 아침, 난센은 다 떨어진 텐트에서 기어나와 초라한 아침 식사를 준비하려다, 남쪽 저 먼 곳에서 개 짖는 소리가 들려오자 깜짝 놀랐다. 요한센도 얼른 기어나와 그의 곁에서 주의 깊게 귀기울였다. 난센은 손을 부들부들 떨면서 소리 나는 곳으로 가봤다.

"갑자기 나는 3년 만에 처음으로 인간의 목에서 나는 외침, 이상한 외침을 들었다고 생각했다." 그는 평소의 냉정하던 태도를 일거에 떨쳐버렸다. 그는 육중한 얼음괴 위로 허둥지둥 기어올라가 무엇인지도 모르는 대상을 향해 있는 힘껏 소리쳤다. 그는 좀전에 들린 그 외침 뒤에는 구원이, 노르웨이가, 오슬로의 햇살이, 그리고 자신이 도달하지 못한 '지상천국'을 감싸고 있는 북극의 그 끔찍한 어둠에서 벗어날 길이 펼쳐져 있으리라는 것을 잘 알고 있었다. 그리운 에바 사르스를 다시 만나게 되리라는 것도……

그리고 그 얼음언덕들 사이에서 누군가가 그를 향해 급히 다가오고 있었다. 말끔하게 면도한 깨끗한 얼굴로 그를 보고 반색을 하는 한 백인이. 그 사람은 스피츠베르겐을 향해 가고 있던 잭슨 함스워스 원정대의 일원인 잭슨이었다.

⚜

그렇게 해서 그는 해방되었고, 위대한 모험은 성공리에 끝났다. 그 영국 원정대의 배 윈드워드 호는 그와 요한센을 노르웨이의 함메르페스트 항에 데려다줬다. 함메르페스트에서 난센이 넓은 길을 빠르게 걸어가 두 팔을 벌린 에바의 품에 안기는 순간, 그가 난센임을 알아본 건 영리한 암소 한 마리뿐인 듯했다. 그 암소는 놀란 눈으로 난센을 바라봤으니까. 그리고 난센이 함메르페스트에 있을 때, 프람 호도 3년 동안 갇혀 있던 얼음에서 무사히 풀려나 노르웨이로 돌아오고 있다는 소식이 날아왔다.

프람 호는 8월 20일 스체르보에 입항했고, 난센도 그리로 가서 스베르드루프와 용감한 아르고 선 선원들과 반갑게 해후했다. 평소의 그 무뚝뚝하고 냉정한 표정을 버리고 환하고 따뜻한 얼굴로.

우리는 노르웨이 해안선을 따라 도시에서 도시로, 이 축연장에서 저 축연장으로 이동했다. 9월 9일, 증기 엔진의 힘에 의지해 오슬로 피오르드에 들어간 프람 호는 왕도 시샘할 만큼 성대한 영접을 받았다. 오랜 역사를 지닌 튼튼한 전함 노르트스티예르넨 호와 엘리다 호, 새로 건조된 우아한 전함 발키리 호, 그리고 민첩한 작은 어뢰정들이 프람 호의 앞에서 길잡이 역할을 했다.

사람들이 새까맣게 둘러선 증기선들이 우리 주위에 모여들었다. 수많은 깃발이 나부꼈고, 어디서나 환하게 밝은 얼굴들이 인사말을 던지고 만세를 부르고 손수건이나 모자를 흔들었다. 오슬로 피오르드의 모든 사람이 우리를 환영했다. 그 피오르드 안에는 우리 집이 있고, 햇살을 받아 환하게 미소 짓는 익숙한 해변이 펼쳐져 있었다. 곧이어 모든 증기선에서 다시 함성이 솟아올랐다. 우리 대원 모두는 자리에서 일어나 모자를 벗고, 환호하는 사람들에게 허리 숙여 인사했다.

페페르비크에서는 수많은 사람이 보트를 타고 몰려나와 깃발과 페넌트를 흔들어댔다. 곧이어 선도하는 역할을 하는 전함들이 열세 문의 대포를 차례로 쏘아 우리의 입항을 축하해줬고, 이어서 유서 깊은 요새인 아케르스후스에서도 열세 발의 축포를 쏘았으며, 그 우렁찬 소리는 그 일대의 산들에 메아리쳤다.

그날 저녁 나는 오슬로 피오르드의 해변으로 나왔다. 축포의 메아리는 이미 사라진 지 오래였고, 저녁 어스름에 잠긴 소나무숲은 고요했다. 그 곳에서는 우리를 환영하는 의미에서 피워놓았던 화톳불의 마지막 남은 자취가 연기를 피워올리고 있었다. 내 발밑에서 찰랑거리는 바닷물은 "이제 너는 집에 와 있어"라고 속삭이는 듯했다. 가을 저녁의 그 더할 나위 없이 평화로운 분위기가 내 피곤한 영혼을 감싸안았다.

나는 내가 이 해변에 마지막으로 발을 담갔던 그해 6월 비 오는 날 아침나절을 떠올리지 않을 수 없었다. 그로부터 3년 이상의 세월이 흘렀다. 우리는 힘써 일하면서 씨를 뿌렸고, 이제 수확철을 맞이했다. 나는 참으로 기쁘고 감사한 마음에 속으로 흐느껴 울었다.

얼음과 사선으로 길게 빗겨드는 달빛만 보이던 북극의 밤들, 그때의 그 미칠 듯한 그리움과 갈망은 아득한 옛날에 다른 세계에서 꾼 꿈만 같았다. 한번 찾아왔다가 가버린 꿈. 그러나 그런 꿈들이 없다면 인생이란 게 무슨 의미가 있겠는가?

그렇게 해서 위대한 지상의 정복자들 중에서 마지막 인물인 그는 우리의 시야에서 사라져, 가끔 과거 한때 그를 사로잡았던 위대한 북극탐험과는 거의 무관해 보이는 삶 속에 젖어든다. 국내정치의 하찮은 말다툼의 장 속으로,

노르웨이가 국가의 지위와 민족적 자부심을 획득하는—그런 자부심에 곁들여지는 여러 가지 편견도—것을 거드는 일로, 가끔 북쪽 바다를 항해하는 일로, 그리고 제1차 세계대전 기간 동안 당혹스러운 중립을 지키는 일로. 그 용맹스러운 독수리조차도 나이가 들었다.

이어서 그는 10년 동안 러시아와 제네바에서 정력적으로 일함으로써 또다시 전세계 사람들에게 위대한 지상의 정복자가 지닌 마법적인 힘을 상기시켜준다. 이때 그가 추구한 것은 연민과 자비심이요, 아마 이런 것들을 추구하는 일이야말로 모든 정복사업 중에서 가장 참다운 정복사업일 것이다. 900년 전에 같은 나라 사람 레이브 에릭손이 처음으로 찾아나섰던 '행운의 섬'으로 곧장 이어지는 해협이나 수로일 것이고.